21世纪法学系列教材

民商法系列

民法学

(第二版)

申卫星 著

图书在版编目(CIP)数据

民法学/申卫星著. —2版. —北京:北京大学出版社,2017.9
(21世纪法学系列教材)
ISBN 978-7-301-28795-8

Ⅰ.①民… Ⅱ.①申… Ⅲ.①民法—法的理论—中国—高等学校—教材 Ⅳ.①D923.01

中国版本图书馆CIP数据核字(2017)第228721号

书　　　名	民法学(第二版) MINFAXUE
著作责任者	申卫星　著
责任编辑	邓丽华
标准书号	ISBN 978-7-301-28795-8
出版发行	北京大学出版社
地　　　址	北京市海淀区成府路205号　100871
网　　　址	http://www.pup.cn
电子信箱	law@pup.pku.edu.cn
新浪微博	@北京大学出版社　@北大出版社法律图书
电　　　话	邮购部 62752015　发行部 62750672　编辑部 62752027
印刷者	北京宏伟双华印刷有限公司
经销者	新华书店
	730毫米×980毫米　16开本　38.75印张　738千字 2013年9月第1版 2017年9月第2版　2019年5月第2次印刷
定　　　价	65.00元

未经许可,不得以任何方式复制或抄袭本书之部分或全部内容。
版权所有,侵权必究
举报电话：010-62752024　电子信箱：fd@pup.pku.edu.cn
图书如有印装质量问题,请与出版部联系,电话：010-62756370

作者简介

申卫星,清华大学法学院院长、教授、博士生导师。德国科隆大学访问学者(1999),德国弗莱堡大学高级访问学者(2002),美国哈佛大学富布莱特访问学者(2009),德国洪堡学者(2015),第七届"全国十大杰出青年法学家"(2014)。兼任中国法学会民法学研究会常务理事、北京市法学会物权法研究会副会长、中国卫生法学会副会长、中国法学教育研究会副会长。主要研究领域为民法学。出版专著和教材17部;发表法学学术论文60多篇,研究成果有广泛的学术影响,其中被《新华文摘》全文转载3篇;著有英文和德文论文,多篇论文被翻译为日文、韩文和法文。曾多次应全国人大及国务院有关部委的邀请,参加《合同法》《物权法》《基本医疗卫生法》和《城镇住房保障条例》等立法工作,为国计民生建言献策。

第二版序言

2017年3月15日,第十二届全国人民代表大会第五次会议上,《中华人民共和国民法总则》以2782票赞成高票通过,从而吹响了编纂中国民法典的号角,也使得本书的修订成为必要。

《民法总则》是未来整部民法典的开篇之作,对民法典各分编的编纂起到了统率作用,具有重要的历史意义。其与先前1986年制定的《民法通则》相比有许多创新之处:将社会主义核心价值观纳入《民法总则》;在既有民法基本原则之外,顺应时代发展要求,增加了民事主体从事民事活动要节约资源保护生态环境的绿色原则;将习惯增列为民法的法源之一;对胎儿利益的保护有很大的突破;将未成年人无行为能力的年龄下调到8岁;建立了维护老年人权益的成年监护制度,以及对临终关怀具有重要操作价值的预先指示制度等,体现了民法对人"从摇篮到坟墓"予以充分关怀的人文主义精神。法人制度中区分了营利法人与非营利法人,设立特别法人,承认非法人组织一定情况的民事主体地位,满足现实生活中对企业形态多样化的需求。初步列举了重要的民事权利类型,特别强调了信息化时代对个人信息的保护,以及数据和网络虚拟财产与有体财产一样受法律保护,为未来民法典分则的起草奠定了基础。民事法律行为制度中,最大的变化是取消了"合法性"为民事法律行为的要件,使其本质回归到意思表示,这一点笔者在1996年即撰文呼吁,该变化将有利于鼓励民事主体自主自为地参与民事法律关系的积极性;法律行为制度部分还调整了影响法律行为效力的因素,进一步完善了代理规则。诉讼时效制度将一般诉讼时效由两年调整为三年,并吸收了大量的司法实践经验,有较大的变化,以适应社会生活的新情况。

以上诸多创新之处,在民法典尚未形成,《民法通则》仍然有效,又面临众多民事单行法的情况下,使得法律解释和法律适用尤为复杂。本书尽可能吸收学界观点,勉力形成本书的第二版,不当之处,请读者诸君不吝赐教。本书的修订得到了我的博士生杨旭同学的协助,得到邓丽华编辑的专业校订,在此一并致谢!

申卫星
2017年8月20日于清华大学法学院明理楼

序言
——学习法律始自于概念

王泽鉴教授在其著作《法律思维与民法实例》中提到,作为法律人(Jurist)应具备的三种能力:法律智识能力、法律思维能力和争议解决能力。我在任何一种类型法学课程之始,都会援引王老师这三种能力来开启我的授课。之所以如此,与我个人二十年来的教学体验有关。

本人自1992年从事法学教育以来,曾先后在吉林大学、北京大学和清华大学系统地讲授过民法总论、物权法、债权法和侵权责任法等课程,在教学过程发现学生对于基本概念的学习不以为然,认为背诵概念体现不出优秀学生的智力。

回想自己初学法律时,熟悉的人都会对我说,学习法律,一要嘴皮子好,二要记忆力好。嘴皮子好,可能是受大专辩论赛和英美电视剧的影响,以为学习法律,上了法庭就要有舌战群儒的气派;记忆力好,则是说学习法律要多背法条。我本人对这两种说法颇为反感,仿佛学习法律的人到处逞口舌之能,学习法律只需要记忆无需智力似的。于是,我偏偏不爱记法条,偏偏不爱背概念,最烦考试的名词解释。那时喜欢阅读《论法的精神》《社会契约论》这样一些内容抽象的书。后来1994年跟随崔建远教授攻读民法学硕士,老师给我们讲授《民法解释学》,举起例子信手提及很多条文,我则一脸茫然,惭愧得紧,印象深刻;再后来阅读郑玉波先生的著作,其中提到了"经由法条而超越法条"一言,心有触动;及至1999年赴德国科隆大学学习时,看到上课时教授与学生集体翻《德国民法典》的壮观景象,颇为震撼!此时方知,未经法条何以成为法律人!由是幡然醒悟。

至于概念的重要性,大学毕业授课时方有体会。当时备课压力很大,简直就是"背课"。给学生讲解一个概念,总是想着统编教材怎样说的,背下来教给学生,讲得枯燥无味,学生也不愿意学。我就在想,这概念是哪里来的?谁说的算?

于是阅读哲学书籍,了解到概念乃是一种思维形式,是"反映对象本质属性的一种思维形式"。概念的产生,是"人们通过实践从概念所反映之对象的许多属性中,撇开非本质属性,抽出本质属性概括而成的"。所以,概念不可怕,概念并非天上掉下来的。要想掌握概念,必须充分了解概念所反映之对象的本质属性,某种意义上可以说,只要了解了概念所反映的对象,掌握了其本质内涵,任何人都可以自己下定义,任何人皆可成为概念的界定者。这一认识,使我的授课变得游刃有余。

王泽鉴教授曾形象地说，如果将学习法律比做"练功"，则法律概念，犹如练功的基本动作，必须按部就班，稳扎稳打，确实掌握。本人经过多年的教学体会深以为然。很多学生（不少是优秀学生），不屑于记诵基本概念，但是多年法律学下来，甚至到了法学硕士和博士入学面试都会发现，一些基本的民法知识都不能精准地回答。或者即使把法律行为与事实行为、权利能力与行为能力的区别背得滚瓜烂熟，等到问到"一个六岁的孩子，画了一幅画，能否取得著作权"时，要么诉诸简单直观的正义，回答说孩子应该取得著作权，因为他的行为合法；要么回答说不能，因为六岁的孩子没有行为能力。显然，没有理解行为能力只是从事法律行为或者准法律行为的要求。

再比如，问到"马达之于汽车是否是重要成分？"很大一部分学生都会回答说是。马达之于汽车是很重要，但它不是重要成分。重要成分和非重要成分的区分不是看该组成部分在一物的构成中是否重要，而是看其与物是否可以分离，且不因分离而影响物的价值。学习概念时，不屑于记忆，回答问题望文生义，令人失望。当然，这与我们把 wesentlicherBestandteil 翻译成为"重要成分"有关，本书认为，准确的翻译应为"本质成分"。个中差别，请读者诸君阅读本书相关部分，自我体会。

行文至此，再问读者，概念重要否？法条必要否？再一次引用王泽鉴老师的话："法律诚非背诵之学，但经由理解而'记忆'，确实把握基本概念则属必要，任何学科皆如此，殆无例外。"王伯琦先生亦有云："不患其不能自由，唯恐其不知科学；不患其拘泥逻辑，唯恐其没有概念。"概念乃建构法学大厦之基石，读者诸君，每一个真正的法律人，均始自于法学的基本概念。

本书系基于以上理念而设计的一本民法学基本书，正文后附有术语索引，以便检索。寄望能给学生提供民法学的基本概念、基本范畴、基本制度和基本体系，务求学生切实掌握这些基本知识。唯其如此，方能达致王泽鉴先生所要求的法律人的第一层能力——法律智识能力，其后才能讨论法律思维能力和争议解决能力。正所谓"不行跬步，无以至千里"！

是为序。

申卫星

2013 年 5 月 6 日

于清华大学明理楼

目 录

第一编 民法总论

第一章 民法本论 (1)
 第一节 民法的含义 (1)
 第二节 民法的调整对象 (4)
 第三节 民法的性质 (5)
 第四节 民法的体系 (8)
 第五节 民法的邻居 (11)
 第六节 民法的渊源 (14)
 第七节 民法的适用范围 (16)
 第八节 民法的解释 (18)
 第九节 民法的作用：社会进步、人的发展与现代民法 (21)

第二章 民法基本原则 (35)
 第一节 民法基本原则的含义与功能 (35)
 第二节 平等原则 (38)
 第三节 私法自治原则 (39)
 第四节 公平原则 (40)
 第五节 诚实信用原则 (41)
 第六节 公序良俗原则 (43)
 第七节 禁止权利滥用原则 (44)

第三章 民事法律关系 (46)
 第一节 民事法律关系的概念、特征与意义 (46)
 第二节 民事法律关系的特性 (50)
 第三节 民事法律关系的构成 (53)
 第四节 民事权利、民事义务与民事责任 (56)
 第五节 民事法律关系的变动 (63)
 第六节 民事法律事实 (64)

第四章　民事法律关系主体：自然人 (67)
 第一节　自然人的民事权利能力 (67)
 第二节　自然人的民事行为能力 (71)
 第三节　自然人的人身权 (73)
 第四节　自然人监护制度 (78)
 第五节　宣告失踪与宣告死亡 (83)
 第六节　住所、户籍和居民身份证 (86)

第五章　民事法律关系主体：法人 (88)
 第一节　法人制度概说 (88)
 第二节　法人的成立 (91)
 第三节　法人的民事能力 (93)
 第四节　法人机关 (95)
 第五节　法人的变更、终止与清算 (96)
 第六节　营利法人 (99)
 第七节　非营利法人 (102)
 第八节　特别法人 (105)

第六章　民事法律关系主体：非法人组织 (107)
 第一节　非法人组织概述 (107)
 第二节　合伙的概念与种类 (110)
 第三节　合伙的成立 (111)
 第四节　合伙的法律地位 (113)
 第五节　合伙能力与合伙债务的承担 (114)
 第六节　入伙、退伙与合伙的终止 (116)

第七章　民事法律关系变动原因：民事法律行为 (118)
 第一节　民事法律行为制度概说 (118)
 第二节　民事法律行为的成立 (123)
 第三节　民事法律行为的有效要件 (125)
 第四节　民事法律行为的效力体系 (129)
 第五节　民事法律行为的约款 (135)

第八章　民事法律关系变动原因：代理 (137)
 第一节　代理制度概说 (137)
 第二节　代理权及其行使 (143)

第三节　无权代理与表见代理……………………………………(146)
　　第四节　代理关系的终止…………………………………………(149)

第九章　民事法律关系的限制：时间………………………………(151)
　　第一节　期限………………………………………………………(152)
　　第二节　诉讼时效…………………………………………………(153)
　　第三节　除斥期间…………………………………………………(161)
　　第四节　权利失效期………………………………………………(163)

第二编　物　　权

第十章　物权通论……………………………………………………(164)
　　第一节　物权的概念与本质………………………………………(164)
　　第二节　物权法的体系与意义……………………………………(176)
　　第三节　物权的种类………………………………………………(195)
　　第四节　物权的客体………………………………………………(208)
　　第五节　物权的效力………………………………………………(219)
　　第六节　物权的变动………………………………………………(236)

第十一章　所有权……………………………………………………(260)
　　第一节　所有权概述………………………………………………(260)
　　第二节　所有权的种类……………………………………………(264)
　　第三节　共有………………………………………………………(269)
　　第四节　所有权的取得与消灭……………………………………(273)
　　第五节　建筑物区分所有权………………………………………(278)
　　第六节　相邻关系…………………………………………………(281)

第十二章　用益物权…………………………………………………(285)
　　第一节　用益物权概说……………………………………………(285)
　　第二节　土地承包经营权…………………………………………(290)
　　第三节　建设用地使用权…………………………………………(300)
　　第四节　宅基地使用权……………………………………………(310)
　　第五节　地役权……………………………………………………(313)
　　第六节　典权………………………………………………………(322)

第十三章　担保物权 ·· (326)
- 第一节　担保物权概说 ··· (326)
- 第二节　抵押权 ··· (332)
- 第三节　质权 ·· (349)
- 第四节　留置权 ··· (368)

第十四章　占有 ·· (378)
- 第一节　占有制度概说 ··· (378)
- 第二节　占有的分类 ·· (382)
- 第三节　占有的效力 ·· (386)
- 第四节　占有的取得与消灭 ·· (390)

第三编　债　　权

第十五章　债权总论 ··· (393)
- 第一节　债与债权 ··· (393)
- 第二节　债的发生 ··· (402)
- 第三节　债的分类 ··· (404)
- 第四节　债的履行 ··· (409)
- 第五节　债的保全 ··· (419)
- 第六节　债的担保 ··· (429)
- 第七节　债的移转 ··· (444)
- 第八节　债的消灭 ··· (454)

第十六章　合同之债 ··· (466)
- 第一节　合同的概念与特征 ·· (466)
- 第二节　合同的分类 ·· (467)
- 第三节　合同的订立 ·· (470)
- 第四节　合同的内容与形式 ·· (484)
- 第五节　合同的履行 ·· (491)
- 第六节　合同的变更与解除 ·· (500)
- 第七节　违约责任 ··· (505)
- 第八节　合同解释 ··· (511)

第十七章　法定之债（一）：不当得利之债 ·· (514)
- 第一节　不当得利概说 ··· (514)

第二节　不当得利的成立条件…………………………………(515)
　　第三节　不当得利的基本类型…………………………………(517)
　　第四节　不当得利之债的效力…………………………………(519)

第十八章　法定之债（二）：无因管理之债………………………(522)
　　第一节　无因管理概说…………………………………………(522)
　　第二节　无因管理的成立要件…………………………………(524)
　　第三节　无因管理之债的效力…………………………………(526)

第四编　侵权责任

第十九章　侵权责任概论……………………………………………(529)
　　第一节　侵权行为的概念、特征与类型………………………(529)
　　第二节　侵权责任的概念与特征………………………………(532)

第二十章　侵权责任的归责原则……………………………………(534)
　　第一节　侵权责任归责原则概说………………………………(534)
　　第二节　过错责任原则…………………………………………(535)
　　第三节　无过错责任原则………………………………………(537)
　　第四节　公平责任原则…………………………………………(538)

第二十一章　一般侵权责任的构成…………………………………(540)
　　第一节　加害行为………………………………………………(541)
　　第二节　损害事实………………………………………………(542)
　　第三节　因果关系………………………………………………(543)
　　第四节　过错……………………………………………………(545)

第二十二章　数人侵权………………………………………………(549)
　　第一节　数人侵权行为概述……………………………………(549)
　　第二节　共同加害行为…………………………………………(549)
　　第三节　共同危险行为…………………………………………(552)
　　第四节　教唆、帮助侵权行为…………………………………(554)

第二十三章　各类侵权责任…………………………………………(556)
　　第一节　国家机关及其工作人员的职务侵权责任……………(556)
　　第二节　产品责任………………………………………………(558)
　　第三节　高度危险责任…………………………………………(560)

第四节 环境污染责任……………………………………………（563）
第五节 地面施工致害责任………………………………………（564）
第六节 物件致人损害责任………………………………………（565）
第七节 饲养动物损害责任………………………………………（568）
第八节 监护人责任………………………………………………（571）
第九节 医疗侵权责任……………………………………………（573）
第十节 道路交通事故责任………………………………………（575）
第十一节 教育机构侵权责任……………………………………（578）
第十二节 网络侵权责任…………………………………………（580）
第十三节 用人者责任……………………………………………（583）

第二十四章 侵权民事责任………………………………………（589）
第一节 侵权民事责任的概念与特征……………………………（589）
第二节 侵权责任承担方式及其适用……………………………（590）
第三节 侵权损害赔偿……………………………………………（593）
第四节 侵权责任的抗辩事由……………………………………（598）

术语索引……………………………………………………………（603）

第一编 民法总论

第一章 民法本论

本章从考察民法的语源出发,着重论述民法的调整对象、民法的基本性质,以及民法与其他部门法的关系、民法的渊源与体系、民法的解释方法、民法的社会作用等基本理论,使学习者能对民法的私法品质有一个基本了解。

第一节 民法的含义

民法,是初接触法律和学习法律的学生经常遇到的一个词汇,同时又是一个具有丰富历史传统并蕴涵着丰富信息和内涵的词汇。可以说,民法是理解法律知识结构、原理和法律精神的开始。一个不懂民法、不懂民法精神、不能体味民法底蕴的人是很难透彻地理解法律精神的,也很难解决或者说只能被动地解决法律、法规以外的法律问题,而且也很难对法律现实、法律现象、法律权利有深刻而坚定的理解。可以说,学习民法,是接受法律教育,进行法律研究,保持用一种权利的眼光去看待这个现实世界所应该具备的基本前提。

那么,什么是"民法"?"民法"一词从何而来?这就需要考察"民法"这个制度术语的语源,民法的形式含义和实质含义,以及民法与其他概念的区别。

一、民法之语源考

"民法"一词,在具有丰富内涵的中华词库中,其词根在古代社会就已出现。而且,在中国清末,有份奏折就曾经提到民法一词。清末民政部奏折中有云:"东西各国法律,有公法私法之分……中国律例,民刑不分,而民法之称,见于尚书孔传。"①然而,尽管《尚书》提到了"民法"二字,但不能认为民法一词作为法律上的用语发源于我国。因为古代汉语中的"民法"一词,在内涵以及外延上都不是指

---

① 《尚书·孔传》:"洙单,臣民,主土地之官,作《明居民法》一篇,亡。"

现在以私法为本质特征的民法。

"民法"一词乃舶来品,我国的"民法"词语来自日本,而日本的"民法"用语则来自荷兰语"burgerlyk Regt."(市民法)一词①。20世纪初,是中华民族内忧外患的时期。清政府为了挽救即将崩溃的政权作了各种努力和尝试,其中一项就是实行法制变革,曾聘请日本著名学者松冈义正等起草民法。松冈义正等人遂按照日本的法律体系为清政府制定民法,其中就引入了"民法"一词。但清政府对此略加变更,自创"民律"用语,于1911年8月制定《大清民律草案》。中华民国成立之后,1926年也制定了一部以民法称谓的法律草案。1929年,南京国民政府制定实施《中华民国民法·总则》,至此,中国近代开始使用"民法"词语,并沿袭至今。事实上,无论荷兰语的"burgerlyk Regt.",还是德国的"bürgerliches Recht"以及法国的"droit civil",都是市民法的意思,而这些都可以追溯到罗马法的有关制度用语上。

上述西方各国的"民法"这一法律术语,在字面上都可以翻译成"市民法",它们的词根都可以在罗马法或罗马市民法(jus civile)中找到依据。但作为一个法律上的归属称谓,其真实的根源是罗马市民法中的私法。罗马市民法是适用于罗马市民的法律的总称。罗马法后期,市民法吸收万民法,并在《国法大全》中区分为公法(jus publicum)和私法(jus privatum)。罗马法中的私法体系非常发达,以至于后世西方国家用市民法一词来表述私法,故我们现在所说的市民法就是私法。②

所以,现在汉语中使用的"民法"一词,其根源可以通过日本追溯到西方,最终追溯到罗马私法。可以说,中国是从罗马私法、西方民法中沿用了民法的概念。因此,通过对民法一词语源的考察,我们可以明确,民法的本质特征就是私法,中国民法与罗马私法在法律精神上一脉相连。

二、民法的概念

中国民法与罗马私法一脉相承。具体到民法的概念上,中国当代民法学一般把民法界定为:调整平等主体之间财产关系和人身关系的法律规范的总称。而这一概念,可以从以下不同角度理解:

(一) 从含义上来看,民法可以分为实质意义民法和形式意义民法

1. 实质意义民法

西方传统民法学理中对民法或私法实质含义的理解,是建立在国家与个人

---

① 〔日〕穗积陈重:《法窗夜话》,河出书房,第107—108页。转引自叶孝信:《中国民法史》,上海人民出版社1993年版,第2页。

② 〔美〕艾伦·沃森:《民法体系的演变及形成》,李静冰等译,中国政法大学出版社1999年版,第一章和第十章。

对立的理论基础上的。罗马法把规定个人利益的法律称为私法。而西方各国都从这一意义上继承和发展了私法。所以，当在实质意义上使用"民法"时，民法学理都以直接规定私人利益作为其标准：调整一切平等主体之间私人利益关系（包括财产关系、人身关系、知识产权关系）的一切法律规范都是民法，包括民法典、其他民事法律法规、判例法、习惯法，等等。

2. 形式意义民法

形式意义民法是指命名为民法典的制定法。所谓民法典，是按照一定的立法体例和技术，把各项民事法律规范有机编纂在一起，以法典形式体现的立法性文件。

民法的系统化、法典化是大陆法系一个重要的特征，是西欧大陆国家尊崇理性主义和国家立法主义的立法结晶。目前，我国的民法典正在制定的过程之中，《民法总则》已经于2017年3月15日通过，并自同年10月1日起施行，其余各编也将陆续颁布实施。与此同时，作为民事基本法的《民法通则》（1986年）并未因《民法总则》的颁行而被废止[①]，仍然具有补充意义。除此之外，现行有效的《担保法》（1995年）、《合同法》（1999年）、《物权法》（2007年）、《侵权责任法》（2009年）、《涉外民事法律关系适用法》（2010年）等其他民事单行法在民法典各编全部颁行之前仍然是我国民事法律的重要组成部分。

（二）从调整内容来看，民法可以分为广义民法和狭义民法

广义民法是指所有调整民事关系的成文法和不成文法、民事普通法和民事特别法的总和。民事普通法是指有关民事关系的一般法律，主要是民法典，在我国还包括一些民事单行法；而民事特别法指的是传统商法、知识产权法等调整专门领域的民事法律。民事特别法和民事普通法的总和构成了广义民法的内容。而狭义民法则仅指民事普通法，不包括民事特别法在内。

三、民法与民法学

"民法"一词，有时指研究民法的学科，有时指一个部门法。而前者实指民法学。民法与民法学是两个性质不同的概念。民法是由国家制定和认可的、由国家强制力保证实施的民事法律规范的总称，或指作为一个部门法的民法，也可能是指某个单行民法规范。而民法学是以研究民法理论与实践及其发展规律为主要对象的一门社会科学，它只是一种学说，不是国家意志的体现，不具有国家强制力。但民法学能影响民事立法，它对民事立法和司法实践具有指导和推动作用。民事立法当然也会影响民法学，这种影响可能是积极的，也可能是消极的。

[①] 参见全国人民代表大会常务委员会副委员长李建国同志于2017年3月8日在第十二届全国人民代表大会第五次会议上所作《关于〈中华人民共和国民法总则（草案）〉的说明》。

总的来说,民法与民法学互相联系、互相影响,二者相辅相成,相互促进。

第二节　民法的调整对象

民法的调整对象,是指民法所调整的各种社会关系。任何一个法律部门,都必须有自己独立的调整对象。民法作为市民社会最基本的法律,当然也应该如此。明确民法的调整对象的意义在于,既明确民法的性质和任务,又分清民事法律关系和其他法律关系的联系和区别,同时还有利于确认法院管辖权,便于法院审判和当事人诉讼。我国《民法总则》第2条规定:"民法调整平等主体的自然人、法人和非法人组织之间的人身关系和财产关系。"

一、平等主体之间的人身关系

所谓人身关系,是与人身不可分离、以人身利益为内容、不直接体现财产利益的社会关系。人身关系包括人格关系和身份关系两类。人格关系是基于人格利益而发生的社会关系。《民法总则》规定的人身自由、人格尊严、生命、身体、健康、姓名、名称、肖像、名誉、隐私、个人信息等均属人格利益,这些利益通过法律的调整而转化成法律上的人格权。身份关系是以特定的身份利益关系为内容的社会关系,身份关系经法律调整形成身份权,如荣誉权、监护权、婚姻自主权等。

人身关系的范围非常广泛,民法只调整部分人身关系。民法所调整的人身关系有以下特点:

1. 主体地位平等

民法调整的人身关系,其主体一律平等,相互之间没有隶属关系。每个民事主体都享有独立的人格利益,同时也应当尊重他人的人格利益,彼此之间法律地位平等,相互尊重,互不干涉,互不侵犯。

2. 内容的非财产性

人身关系中权利人的权利和义务人的义务,都不直接体现财产利益。人格与身份不是财富,不能直接给当事人带来经济利益。但这并不意味着人身关系与经济利益毫无联系。有的人身关系与财产关系有关,是财产关系发生的前提和依据,有的则与财产关系无关。现代社会,人格权的商事化亦值得重视。

3. 与民事主体的不可分离性

民法调整的人身关系与主体的人身不可分离,具有专属性。如果离开主体的人身,人身关系既无法产生,也不能存在。民事主体所享有的人身权利,除法律另有规定外,不能以任何方式转让,也无从继承,一般亦不能任意放弃或被剥夺。但是,法人和非法人组织的名称权依法可以转让,是为例外。

二、平等主体之间的财产关系

所谓财产关系是指当事人之间以财产为内容所发生的社会关系。随着经济、技术的发展和观念的变化,人们对财产的认识不断深化,财产的范围也不断拓宽。因此,关于财产的概念,不同学者在不同领域有不同的看法。本书认为,作为财产必须具备以下要件:第一,它必须是有经济价值之物,能满足人们的某种需要;第二,须不属于自然人的人格;第三,须人力所能支配。由于财产关系的范围非常广泛,它是由不同的法律部门共同调整的,而我国民法所调整的,是平等主体之间因财产所发生的具有经济内容的社会关系,它具有如下特点:

1. 主体地位平等

我国民法调整的财产关系的主体,无论是公民、法人,还是非法人组织,甚至包括国家,都具有独立的法律人格,法律地位平等,相互之间没有高低、贵贱之分,不存在依赖或从属关系。

2. 意思表示自由

平等主体之间因财产所发生的具有经济内容的社会关系也即财产关系是建立在意思表示自由的基础上的。主体之间都是基于自愿产生、变更、消灭一定的财产关系,他们之间无论经济实力如何悬殊,也不论一方处于何种困难境地,任何主体都不得把自己的意志强加于对方。

3. 两大板块:财产归属关系和财产流转关系

根据其内容,财产关系可以分为财产归属关系和财产流转关系。前者又称为静态的财产关系,后者又称为动态的财产关系。财产归属关系主要是指财产所有关系,法律通过调整财产归属关系来确定财产的归属,保护所有者对归其所有的财产的占有、使用、收益和处分。而财产流转关系指的是因为财产的交换而形成的社会关系。财产归属关系与财产流转关系之间有密切的联系:财产归属关系是发生财产流转关系的前提,而财产流转关系则往往是财产归属关系实现的方法。此外,民法调整的财产关系还有财产继承关系,继承是一种特殊的转移财产权的方式。

第三节 民法的性质

民法的性质指的是民法本身所固有的根本属性。要取得对民法性质的全面了解,需要对民法从多种角度进行分析,而不能只局限于某一方面。现代民法的性质主要体现在以下几个方面:

1. 民法是市民社会的基本法

民法(bürgerliches Recht),乃是调整市民社会(bürgerliche Gesellschaft)

的基本法。所谓市民社会,是相对于政治国家而言的。随着社会利益分化为私人利益和公共利益两大互相对立的体系,整个社会就分裂为市民社会和政治国家两个领域。前者是特殊的私人利益关系的总和,强调自主、自治、自为,自我决定,自我负责。后者是普遍的公共利益关系的总和,强调命令与服从。在现代社会中每一个独立的人都担当着双重角色,他既是市民社会的成员,也是政治国家的成员。[①] 之所以要对同一个社会和社会中独立的人的双重品格进行区别和分析,其目的在于为同一社会及其成员的双重品格(公法主体与私法主体)和双重利益(公益与私益)划出界限,进而给与之相对应的公法和私法一个恰当的定位。其现实意义不仅在于阐明民法是市民社会的基本法,同时也在于防止因公法、私法类别不清而导致的调整范围与调整方法的错位。特别是在我国曾长期实行高度集中的计划经济体制,一切以国家为本位的公法观念渗透了整个法律领域的历史状况下,充分认识民法作为私法的社会基础及其内在要求,是极为重要的。一方面,只有公法的发达,才能防止私权的滥用;另一方面,只有私法的完善,才能限制公权的无限扩大。西方国家近百年来的法治精神主要在于前者,而我国今天则更应着重于后者。民法正是调整市民社会的私法形式,可以说,市民社会是民法得以产生、变化和发展的基础,市民即是民法的主体,而维护和保障市民的民事权利是民法的重要使命。

2. 民法是私法

把法律划分为公法和私法,是罗马法学家乌尔比安(Ulpian)首先提出的,他认为保护国家利益的法律是公法,保护私人利益的法律是私法。以后,西方法学家,尤其是大陆法系的法学家,都继承了公私法之分的原则。可以说,公法与私法的划分是法律最基本的分类,不掌握公私法的划分,就不可能正确地适用法律。[②]

但关于公私法划分的标准,学术上却存在着争议。主要有三种学说:(1) 利益说,该说为罗马法学家乌尔比安首倡,他认为规定国家公共利益的法律为公法,而规定私人利益的法律为私法。(2) 意思说,德国法学家拉邦德(Laband)提倡,认为调整权力者和服从者的法律为公法,而调整对等者的意思的法律为私法。(3) 主体说,为德国学者耶律内克(Jellinek)所倡,认为法律主体中至少有一方是国家或国家授予公权者的法律为公法,而法律主体的地位平等的法律为私法。[③] 以上争论不一而足,但不论采取何种学说来予以衡量,民法都毫无疑义

---

① 梁慧星:《民法总论》,法律出版社 1996 年版,第 26 页。
② 同上。
③ 同上书,第 27 页。同时参见陈华彬:《民法总论》,中国法制出版社 2011 年版,第 11—21 页。该书还列举了公法与私法区分标准的其他学说,如法律关系说,构成成员说,应用说,特别法规说等等,以及区分公法与私法的意义,深值参阅。

是私法,其为私法之基本法。

新近因所谓"公法私法化""私法公法化"趋向的出现,有的学者主张不要采取公法与私法的划分法。① 本书认为,尽管现在存在着所谓"公法私法化""私法公法化"的趋向,强调公私法的划分的意义在于,它对明确法律关系的性质,判断适用何种法律规定,采用何种救济方式,以及案件应由何种性质的法院来受理和审判仍然有重要的作用。尤其是,我国的法制建设正在起步,强调公私法划分,对于正确认识民法是私法而不是公法,摆正公法与私法、公权与私权、国家与人民、政府与社会的关系有重大的作用,进而对提倡私权神圣、私法优先有莫大的意义。

3. 民法是权利本位法

民法是奉行权利本位的法律。民法以尊重、保护市民的私人利益、自由意志,激发每个社会成员的创造力,维护其精神安宁为出发点。为此,民事法律必须以授权性规范为主体,赋予所有市民以广泛的民事权利。权利本位是民法私法属性的具体表现,民法的一切制度都以权利为核心而构成,而民事义务只是实现权利的手段。在我国现阶段,权利本位是我国民事立法的航标。我国的私法权利意识与权利体系尚处在复归和初建阶段,倡导权利本位,强化私权保护,是我国法学界乃至全社会的共同任务。

民法的目的在于确保民事主体的民事权利得以充分实现和不受侵犯。为了实现这个目的,在制度上,民法首先确立民事权利的主体制度,规定了民事主体的种类、条件以及资格等。其次,民法规定了民事主体行使民事权利的方式,如规定民事行为制度、代理制度等。再次,民法具体规定了民事权利的种类和内容,如财产权、人身权、知识产权等。最后,民法还确立了保障民事权利的制度,规定了民事责任制度,通过该制度恢复和救济受到侵害的民事权利。

4. 民法是实体法

所谓实体法,是指规定权利义务的法律。它是与旨在保证权利义务得以实现的程序的法律即程序法相对应的概念。民法是主要规定民事主体之间的实体权利、义务内容的,规定的是平等主体之间财产关系和人身关系的实际的内容。尽管在民法的一些规定当中,有一些涉及程序内容,如宣告失踪制度和宣告死亡制度,法人设立、变更、终止登记的程序制度,但仍不可能改变它从整体上来说是民事实体法的性质。

5. 民法是国内法

我国民法是我国的国内法。从我国《民法总则》中的规定可以看出,它是由我国立法机关制定的,只能适用于我国领域内所发生的中国公民和法人以及外国人、无国籍人和经我国认可的外国法人之间的民事权益纠纷。尽管我国民法

---

① 马俊驹、余延满:《民法原论》,法律出版社 1998 年版,第 16 页。

也包含调整涉外民事关系的法律规范,但这些冲突规范仍然属于我国的国内法。

第四节 民法的体系

在历史上,相当长的时期内,立法者往往是对社会生活中的习惯予以法律确认。大体上可以说此前是"习惯——民法"的立法模式,而后则是"习惯——民法学——民法"的模式。罗马法理论的出现,意味着民法的科学总体范式的确立,由此民法学的体系和内容得以不断丰富和发展。随着《法国民法典》和《德国民法典》的制定,体系化建构成为民法典乃至民法学的主要特征。体系化的民法,形成了属于民法的认识工具和思维模式,大大增强了民法学的科学化程度。

一、民法的外在体系

所谓民法的外在体系,即民法的外在构造。王泽鉴先生直接将法律的外部体系表述为法律的编制体系,如民法的第几编、第几章、第几节、第几项。[1] 所以,外部体系是法律给我们的直观印象。

民法的外在体系,按照德国学者拉伦茨的观点,是指依形式逻辑的规则建构的抽象、一般概念式的体系。如果这种体系是完整的,则于体系范畴内,法律问题仅仅借助于逻辑的思考即可得到解决,它可以保障由此推演出来的所有结论彼此不相矛盾。[2]

民法的外在体系最集中的体现便是民法典的编纂体例。民法的编纂体例有两种。其一,称为罗马式,又称法学阶梯式。盖尤斯的《法学阶梯》是一部法学教科书,在其第1卷第8题,盖尤斯表达了他的民法体系观:我们所使用的一切法,或者涉及人,或者涉及物,或者涉及诉讼。[3] 法学阶梯式的编撰结构源于对与法律相关对象最为直观的认识。在编撰体例上,并没有一个系统的理念在其中。《法国民法典》也即1804年颁布的《拿破仑法典》,便采用法学阶梯式的编纂体例,它被分成3卷:第1卷是"人法";第2卷是"财产及对于所有权的各种限制";第3卷是"取得财产的各种方法"。

其二为德意志式,又称潘德克吞式。潘德克吞体系的特征,是将抽象的共通的一般事项整理成为"总则",并置于民法典之始(第一编)加以规定。潘德克吞式编纂体例为《德国民法典》所沿用,并据此将《德国民法典》划分为五编:总则、债务关系法、物权法、亲属法和继承法。

---

[1] 王泽鉴:《法律思维与民法实例》,中国政法大学出版社2001年版,第223页。
[2] 〔德〕卡尔·拉伦茨:《法学方法论》,陈爱娥译,台湾五南图书出版有限公司1985年版,第356页。
[3] 〔古罗马〕盖尤斯:《法学阶梯》,黄风译,中国政法大学出版社1996年版,第4页。

我国民法典起草过程中,就中国民法典的编纂体例,有五编制、七编制、九编制等意见,争议较多的主要问题是:(1)人身权是否单独成编;(2)知识产权是否列为民法典的一编;(3)侵权行为是否应与债编分离,独立成编;(4)民事责任是否应与债相分离,建立独立的民事责任体系;等等。

二、民法的内在体系

内在体系是指由实质的法律思想所构成的体系,即任何法律要受到特定指导思想、原则或者一般价值标准的支配,诸多法律规范的各种价值决定得借助法律思想得以正当化、一体化,并因此避免彼此之间的矛盾。① 内在体系的核心在于厘清民法学中各种价值的次序顺位,意义在于在发生价值冲突时作出合理判断。

(一) 民法的精神内核:以人为本、私法自治

民法是市民社会的调整规范,是市民生活和发展的法治轨道。民法将人生存和发展的基本需求抽象为权利,通过权利的赋予创造平等的起点,借助自治的保障营造自由的环境。如果说拥有并获取财产是民法的主要内容,那么使人在自由平等的环境下拥有并获取财产则是民法的任务。人格之存续依赖于独立之财产,没有独立的财产,人于社会之中无法立足,何谈人格的基本尊重。保障财产权不仅仅关涉到物的价值,而且也是维护个人在物中的人格。② 人格之发展依靠于自由平等之交流,没有自由平等的保障,倚强凌弱则不可避免,何谈人格的健康发展。一个有特权、有压迫的社会无法孕育出完善的人格。总之,民法使人拥有生存的基础——财产;民法为人创设发展的条件——自由与平等。民法是一个全面关心人的生活与成长的法律,民法对人的关怀是一种终极的关怀。③ 民法以人为本位,关怀着人,发展着人,以人为本是其精神内核④。

民法以人为本,其赋予人的核心价值即为自由,民法术语称之为"私法自治"(Privatautonomie),私法自治与民法作为市民法的品质相吻合。作为私法自治的实证法上依据,最为经典传神的莫过于《法国民法典》第1134条规定的"依法成立的契约,在缔结契约的当事人间有相当于法律的效力",意即当事人的约定有相当于法律的效力,甚至在某种意义上是高于法律的。国家对当事人的自由予以充分尊重。

作为民法内在体系的自由,是贯穿于民法外在体系始终的,私法自治的理念不仅于合同法领域具体化为合同自由原则,从总则到各编均需贯彻。在总则中

---

① 〔德〕卡尔·拉伦茨:《法学方法论》,陈爱娥译,台湾五南图书出版有限公司1985年版,第355页。
② 〔德〕耶林:《为权利而斗争》,郑永流译,法律出版社2007年版,第21页。
③ 申卫星:《中国民法典的品性》,载《法学研究》2006年第3期。
④ 参阅王泽鉴:《民法总则》,中国政法大学出版社2001年增订版,第35—36页。

表现为社团自由,在物权法中便是所有权自由,在婚姻家庭法中表现为婚姻自由,在继承法中则为遗嘱自由。① 可见,私法自治是贯彻于民法始终的核心价值。

(二)自由的边界:自由与信赖、自由与管制

但自由从来都不是没有限制的。笔者认为,其限制来自于两个方面:信赖和管制。信赖,调整的是自己利益与他人利益的关系,而管制调整的则是自己利益与国家利益和公共利益的关系。

信赖对自由予以限制的正当性在于,市民社会的核心是自由,自主自治自为,自我决定的同时要自我负责,所以自我负责也是市民社会精神的题中应有之义。信赖对自由予以限制的具体民法制度包括意思表示的外观主义、表见代理制度、善意取得制度、空白票据的填充②、票据背书的连续性、提单的证明力等。

管制则是国家对私人事务的介入,从而限制了私人的自治。国家介入私人的自由,务须慎重,这直接涉及私权的生存空间,公权与私权的平衡。一般而言,国家对于当事人的自治应予以充分之尊重,除非基于以下理由:(1)出于国家利益与社会公共利益的需要;(2)保护善良风俗的需要;(3)保护劳工、妇女、儿童等弱者的需要;(4)在信息不对等的情形下,保护消费者的需要等。

所以,上述五种自由都不是绝对的,合同自由有合同正义的限制、所有权自由有所有权的社会化的限制、遗嘱自由中有特留分制度限制、社团自由有结社管制、婚姻自由会受到善良风俗的限制。

三、民法内在体系与外在体系的互动

民法的外在体系要求民法的表现形式和制度设计的系统化;民法的内在体系则要求民法精神、理念和原则在外在体系中的一以贯之。总而言之,民法的精神、理念和原则应该深入民法的每一个"毛孔",贯彻始终! 一部法律的外在体系固然重要,但是若是没有了内在体系,法典就只是一些法条的纯粹堆砌,法律就失去了灵魂。由此可见,民法的内在体系至关重要,它使得法律不是冷冰冰的法条,而是有灵魂的有机体。

可以说,现代民法是外在体系与内在体系二者共同作用下的结果。在立法论上,内在体系与外在体系表现为"现实生活中权利的需求——内在体系的衡量与建构——外在体系的构造"三部曲。在解释论上,两者的关系又表现为"外在体系的逻辑审查"与"内在体系的价值判断"的循环罔替。

---

① 参见〔德〕罗尔夫·克努特尔:《〈德国民法典〉中自由之保障》,载米健主编:《中德法学学术论文集》,中国政法大学出版社 2006 年版。

② Canaris, Claus-Wilhelm, Die Vertrauenschaftung im deutschen Privatrecht, München: Beck, 1971. Auch Bork, Allgemeiner Teil des Bürherlichen gesetzbuchs, 2. Aufl. Mohr Siebeck, 2006, S. 44.

第五节 民法的邻居

我国民法调整的是平等主体之间的人身关系和财产关系,就此内容商法、经济法、劳动法乃至行政法都有可能调整,由此使得区别民法与这些部门法的关系甚为必要。唯有清晰界定彼此的疆域,才能协同作战,形成和谐的社会主义市场经济法律体系。

一、民法与商法

商法,又称商事法。它可以分为形式上的商法和实质上的商法。前者专门指在民法典以外的商法典以及公司、破产、票据、海商等商事单行法;后者指的是调整所有商事关系的法律规范。在民商分立的国家,民法和商法分属不同的法律部门,都是基本法;而在民商合一的国家,民法和商法是普通法和特别法的关系。商法与民法相比较,存在着如下特点:(1)商法具有营利性。营利性是商法与民法的显著区别。商法调整的是社会生活中的商事活动,因此也就导致了商法的营利性特征,从而使商法在关于交易行为、商业管理、时效等方面很大程度上都作出了与民法不同的规定。(2)商法调整的主体与民法有所不同。商法调整的是以营利为目的而从事商行为的商事主体。而判断一个主体是否是商事主体,各国都规定了不同的原则。在民法中,主体是一般的人,包括自然人、法人、合伙、国家,等等。(3)商法具有强烈的技术性。人类在商业发展中形成了许多交易和运作规则,这些规则都是为交易的需要而设计出来的一系列复杂的技术性规范,这些技术性规范都是以经济上实用为依归,以独特的形式反映了特定商业领域的特定要求,这与民法偏重于理论性规范的特点有所不同。(4)商法具有国际性。由于国际贸易活动和国际商事活动的发展,商事活动越来越具有国际性的特征。为了使国际商事交往更加顺利和畅通,各国商法在内容上具有明显的共同性和相容性。而民法与商法相比,地域性较强一些。

就民法与商法的关系,历来有采取民商合一还是民商分立的立法体例之争。所谓民商合一,是把商法看成民法的特别法,民法包含商法,是商法的母法,并指导和统率商法;而商法是民法的子法,是对民法的必要的补充,二者共同构成了民商法的体系。所谓民商分立,是指民法与商法分别立法,各自独立,分别调整民事关系和商事关系。民商分立是历史的产物。在11世纪,由于欧洲商业蓬勃发展,开始形成了维护商人特殊利益的商人习惯法,并在商事领域中广泛适用。至大陆法系国家开始制定民法典时,考虑到商事单行法已经适用了近百年,因此在商法典以外制定了民法典,从而形成民商分立的立法体例。但发展到今天,民商合一的立法体系已成为世界民法的发展趋势。因为:(1)民法在历史的发展中非但没有丧失它的优势地位，反而由于它本身博大精深的理论，形成了它特有的扩张性和兼容性。它总是能适应现实发展的需要，不断地把现实生活中的新问题纳入到自己的调整范围内。(2) 随着历史的发展，商人作为一种特殊的阶层和特殊的利益已经不复存在，人的普遍商化，使商法规定的商人已很难与民法的自然人和法人相区别，作为自然人的商人和作为法人的商人也很难与其他人相区别。人的商化促成了民事主体与商事主体的相互融合。(3) 现在各国的商法典由于经济的迅猛发展显得支离破碎，已经不能适应现实的需要，单靠细枝末节的修改已经解决不了问题，需要制定大量的商事单行法来满足现实的需要。(4) 从世界各国立法的发展趋势来看，"民商合一"已经成为现代民法的发展趋势。原来实行民商分立的国家，有的已经改变为民商合一，如意大利、荷兰；有的正在考虑实行民商合一[①]。

二、民法与经济法

经济法与民法之间的关系对一个初学者来说是非常容易混淆的。"经济法"这个概念，是法国空想共产主义者摩莱里在 1755 年出版的《自然法典》中提出的[②]。真正意义的经济法（Wirtschaftsrecht），最早出现在第一次世界大战之后的德国，是出于战后经济复苏的需要而催生的。随后，在 20 世纪各国的法学著作和法律都开始使用它。

而在我国法学界，从 1978 年开始直至《民法通则》通过的 1986 年，经历了八年之久的民法与经济法之争。[③] 关于经济法的概念，在中国比较有影响力的观点有综合经济法说、纵横统一说、纵向关系说、经济行政法说、学科经济说等。[④] 此外，随着市场经济体制的完善，学者们对经济法又发表了许多新的见解。但目前占主流的观点是：经济法乃是国家干预经济的法律手段，是调整政府在干预、管理社会经济活动中形成的经济关系的法律规范的总称。从中可以看出民法和经济法的区别在于：

1. 调整对象的内容不同

民法调整的是具有平等性的财产关系、人身关系；而经济法调整的是政府在干预、管理经济活动的过程中所形成的经济关系，它一般不调整人身关系。而且，民法的调整对象是具有平等性的财产关系和人身关系，是横向的社会关系；而经济法所调整的经济关系是具有隶属性的非平等性的经济关系，是纵向的社会关系，即调整宏观调控和市场秩序管理的经济关系。

---

① 参见郭锋：《民商分立与民商合一的理论评析》，载《中国法学》1996 年第 5 期。
② 董延林、孙岩：《论摩莱里和德萨米德经济法思想及其影响》，载《求是学刊》1993 年第 3 期。
③ 陈华彬：《民法总论》，中国法制出版社 2011 年版，第 83 页。
④ 参见编写组编著：《中国经济法诸论》，法律出版社 1987 年版。

2. 被调整主体的地位不同

由于民法和经济法调整对象内容的差异，决定了各自的被调整主体在法律地位上也有所不同。在民事法律关系当中，主体之间地位上一个最基本的特征就是平等性。他们之间不存在着隶属关系。即使是原先在别的角度上地位不平等的当事人，一进入民法的调整领域，都会被民法强制性地归结为平等的地位，并且尽一切所能消解可能导致双方民事地位不平等的因素。而经济法关系的主体一个明显的特征就是双方处于一种管理与被管理、监督与被监督的关系当中，从这个意义上来说，双方的地位并不平等，存在着一种隶属关系。

3. 调整方法不同

民法对平等性的财产关系、人身关系的调整，主要采取一种宽容的态度。它尽量地把选择权交给当事人自己，鼓励当事人采用自愿、平等、协商的方法来确定权利义务。除非涉及国家公益、社会利益，它一般不作太多的强制性、禁止性的规定。与民法通常采用不干预和间接干预的方法不同，经济法主要采用政府直接干预、管理的方法，采用命令与服从、管理与被管理的方式。

三、民法与行政法

行政法是规定国家行政机构的组织及其管理活动的法律规范的总称。它与民法之间存在着以下差别：(1) 在调整对象上，行政法调整的是国家行政机关履行其职能的过程中所发生的社会关系，即行政关系，这种行政法律关系具有国家意志性、隶属性、强制性、不对等的特点；而民法所调整的是民事关系，这种民事法律关系具有平等性、任意性的特点。(2) 在调整方法上，行政法采取的是命令与服从的调整方法，而民法是采取平等、自愿、等价、有偿的调整方法。(3) 在法律原则上，行政法强调行政合法性和行政合理性的原则，而民法则贯彻平等、自愿、等价有偿、诚实信用、公序良俗等原则。(4) 在法律规范上，行政法更多的是强制性的法律规范，而民法大部分是任意性的法律规范。

四、民法与劳动法

按照通说，劳动法是调整劳动关系以及由此产生的其他社会关系的法律规范的总称，包括劳动合同、劳动保险、劳动争议和处理、劳动法制监督等方面的规定。劳动法经历了一个从依附民法到逐渐从民法中分离的发展过程。在19世纪以前，西方民法都把劳动关系纳入民法的债篇之中。但由于这种调整方法没有考虑劳动关系领域的特殊性，更由于在19世纪以后工业革命和资本主义工业化的发展，出现了许多社会问题。因此，在19世纪以后，劳动法从民法中逐渐分离出来并成为一个独立的法律部门。

在我国，劳动法与民法存在着一些共同点，比如，它们都是一个独立的法律部门,它们所调整的主体之间都具有平等性——民法调整的主体之间是平等的,劳动者与单位或组织之间也是平等的。但民法与劳动法也存在着区别:(1)民法调整民事关系,而劳动法则是调整劳动关系及由此产生的其他社会关系。(2)民事关系一般是等价有偿的,而劳动关系则贯彻按劳分配的原则。(3)劳动者与用人单位之间还存在着劳动上的隶属关系,而民事关系中不存在此类隶属关系。(4)劳动争议往往是依靠劳动行政部门解决,而民事争议一般是由人民法院解决。

第六节 民法的渊源

民法的渊源一词通常可以从不同角度进行理解,可以说是指民法产生的根源,也可以说是法官裁判案件的法源,即法官判案的依据。而这里所说的民法的渊源,是指民事法律规范的表现形式,这也是学术界的通说。

在不同的时期,或在不同的国家和地区,民法规范的表现形式即民法的渊源也不尽相同。从历史发展过程上来看,民法的渊源最初是习惯法,而后又出现了成文法。就不同法系的特点来看,在大陆法系国家,由于受理性主义和三权分立思想的影响,曾经把制定法当做民法的唯一渊源,如《法国民法典》第5条规定:审判员对于其审理的案件,不得用创立一般规则的方式进行判决。但随着社会条件的变化和法哲学的发展,大陆法系国家又逐渐地认可习惯、判例、学说等为民法的间接渊源。而在英美法系,基于不可知论和经验主义,民法的渊源在早期主要是判例法,但目前,制定法在英美法系的比重也日益增大。总之,不同国家和地区在不同的历史发展时期,民法的渊源都呈现出不同的特点。

就我国的民法渊源而言,主要有如下几种:

1. 宪法

我国宪法是国家的根本大法,是由全国人民代表大会制定的规定国家根本政治制度和根本经济制度等最重要、最根本问题的法律,是民事法律的立法依据(《民法总则》第1条)。民事立法不得违反宪法的规定和宪法精神。但在处理民事案件时,需要注意的是,宪法规范不能直接作用于民事纠纷中,因为宪法与民法的作用领域截然不同,宪法只能对民事关系产生间接效力(Drittwirkung),不可直接适用。宪法与民法的另外一个联系桥梁,就是在对民法进行解释有多种可能时,应采取合宪性解释。而《民法总则》第1条的"依据宪法,制定本法"的表述,使得宪法与民法的这两种联系,有了实证法的依据。

2. 民事基本法

我国的民法典编纂工作正在进行之中,《民法总则》已经颁布,但其他各编尚未完成。作为未来民法典的第一编,《民法总则》自然是我国的民事基本法,是最重要的民法渊源。该法在《民法通则》的基础上,吸收我国民法理论研究成果和司法实践经验,系统规定了民法的基本原则和基本制度,统领未来的民法典各编和各民事单行法,在我国民事立法史上具有里程碑式的意义。与此同时,《民法通则》的多数规定虽然已经被《民法总则》替代,但并未被完全废止,其中仍有部分制度对《民法总则》的规定具有补充作用,是民事基本法律的重要组成部分。

3. 民事单行法、民事特别法

民事单行法和民事特别法是《民法总则》及《民法通则》以外的为调整特定领域的民事关系而颁布的单行或特别的民事法律,如《合同法》《物权法》《侵权责任法》《担保法》《著作权法》等等,它们事实上起到了补充调整的作用。

4. 最高人民法院对民事审判作出的司法解释

最高人民法院所作的司法解释,其中的民事部分对各级人民法院处理民事案件都有约束力。2007年4月1日实施的最高人民法院《关于司法解释工作的规定》(法发[2007]12号)第5条明确规定了司法解释的效力:"最高人民法院发布的司法解释,具有法律效力。"在我国民事法律内容比较简要的情况下,最高人民法院的司法解释事实上为应对实践当中出现的复杂情况起到了积极的作用。

5. 国际条约

国际条约,是指两个或两个以上国家之间订立的协议。国际条约是国际法的主要渊源,尽管不属于国内法,但《民法通则》第142条第2款规定:"中华人民共和国缔结或者参加的国际条约同中华人民共和国的民事法律有不同规定的,适用国际条约的规定,但中华人民共和国声明保留的条款除外。"因此,国际条约涉及民事内容的部分都具有法律约束力,也是我国民法的渊源。例如,我国加入的《联合国国际货物买卖合同公约》和《联合国国际货物销售公约》等国际条约。

6. 特别行政区的民事规范

根据"一国两制"的方针,香港特别行政区和澳门特别行政区的法律制度基本不变,两地的原有法规中有大量的民事法律法规,这也构成我国民法的渊源。但这些民法规范只适用于各该特别行政区。香港法律体系沿袭英国,属于判例法系,同时也含有部分成文法,如《业主与租客(综合)条例》《合伙经营条例》等。澳门地区属于大陆法系,法律构成以成文法为主,如《澳门民法典》。

7. 习惯

在外国民法中,习惯一般都会作为法的渊源,无法律规定时,依习惯。如《瑞士民法典》第1条第2款规定:"无法从本法得出相应规定时,法官应依据习惯法裁判。"但我国过往民事立法对习惯未作一般规定,只在某些情况下才承认习惯具有习惯法的效力。如最高人民法院《关于房屋典当回赎问题的批复》中便承认了民间房屋典当的效力。此次制定的《民法总则》第10条明确规定:"处理民事纠纷,应当依照法律;法律没有规定的,可以适用习惯,但是不得违背公序良俗。"

因此，习惯正式成为民法的补充法律渊源。

8. 判例和法理

自 2011 年 12 月起，最高人民法院已经陆续发布了若干批指导性案例，用以直接指导法院审判，要求审判工作实现类似案件相同处理。学界和实务界对指导性案例的出台褒贬不一。关于判例和法理是否能作为民法的渊源，学界存在着争议。有学者认为判例和法理是我国民法的渊源。[①] 笔者认为，判例在一定条件下可以成为民法的渊源，而法理则只能间接地发挥其影响力，不能直接成为法律的渊源。

第七节 民法的适用范围

民法的适用范围，是指民法在哪些范围内发生效力的问题，即民法在什么地方，对什么人，在什么时间内发生效力。民法的适用范围是民法适用的基础，它也是民法作为一种部门法的法律技术之一。了解民法的适用范围，是正确适用法律规范的重要条件。

一、民法在空间上的适用范围

民法在空间上的适用范围，是指民法在哪些地方发生效力，也称民法对地域的效力。《民法总则》第 12 条规定："中华人民共和国领域内的民事活动，适用中华人民共和国法律。法律另有规定的，依照其规定。"一般而言，我国民法当然适用于我国领土、领海、领空，其效力也及于根据国际法视为我国领域的我国驻外使馆，在域外航行的我国船舶和飞行于我国领空以外的我国飞行器。但具体而言，民法在空间上的适用范围，还与民事法律规范的制定机关有关，民事法律规范的制定机关不同，其适用的领域也有所不同。

（一）适用于我国全部领域的民事法律法规

由全国人大及其常委会、国务院及其各部委等中央机关制定、颁布的民事法律、法规，普遍适用于我国的所有领域，但如果法律、法规明确规定了该法律法规适用区域的则除外。

（二）适用于局部地区的地方性民事法规

适用于局部地区的地方性民事法规，主要包括民事方面的地方法规和规章、民族自治地方的民事法规、经济特区的民事法规、特别行政区的民事法规，它们都在制定该法规的机关所管辖的行政区域内适用，在其他行政区域内则不发生效力。

[①] 马俊驹、余延满：《民法原论》，法律出版社 1998 年版，第 50 页。

二、民法对人的适用范围

民法对人的适用范围,也称民法对人的效力,是指民法适用于哪些人的问题。我国现行民法采用了许多国家所采用的原则,在对人的适用范围上以属地主义为主,以属人主义、保护主义为辅。

《民法通则》第 8 条第 2 款规定:"本法关于公民的规定,适用于在中华人民共和国领域内的外国人、无国籍人,法律另有规定的除外。"可见,在我国领域内的有中国国籍的自然人,依据我国法律设立的中国法人(除自然人、法人外的其他民事主体也包括在内),他们之间的民事法律关系,均适用我国民法。外国人、无国籍人在我国领域内的民事法律关系,一般也适用我国法律,但法律另有规定的除外。

但我国自然人、法人在我国领域外发生的民事法律关系,按照国际上惯用的属地原则,一般适用所在地国家的法律,但法律另有规定的除外。

三、民法在时间上的适用范围

民法在时间上的适用范围,又称民法在时间上的效力。它包括民法生效、失效的时间,以及生效后的民法规范对其生效之前所发生的民事法律关系是否有溯及力的问题。

(一)民法的生效时间

民法的生效时间,一般是根据民事法律规范的性质和实际需要而定。主要有以下几种方式:

1. 由民法规范规定具体的生效时间

由于有些民事法律涉及面广,情况比较复杂,需要经过一定的时间才便于实施,因此,在民事法律规范中规定具体的生效时间。例如:《民法总则》第 206 条规定:"本法自 2017 年 10 月 1 日起施行。"《合同法》第 428 条规定:"本法自 1999 年 10 月 1 日起施行,《中华人民共和国经济合同法》、《中华人民共和国涉外经济合同法》、《中华人民共和国技术合同法》同时废止。"

2. 民法规范自公布后经一段时间再生效

民法规范自公布后经一段时间再生效,如《中华人民共和国企业破产法》(试行)第 43 条规定:"本法自全民所有制企业法实施满 3 个月之日起试行,试行的具体部署和步骤由国务院规定。"

3. 从民法规范公布之日起开始生效

有些民事法律规范自公布之日起就开始生效,不需要准备工作。在语言表述上,此类民事法律规范关于生效的时间一般表述为:"本法(或本条例,等等)自发布之日起施行。"

（二）民法的失效时间

民法的失效时间，指的是民事法律规范效力终止或被废止的时间。主要有以下几种情况：

1. 新法直接废除旧法

新法在规定其生效的时间的同时，规定废止旧法的效力，如《合同法》第428条规定："本法自1999年10月1日起施行，《中华人民共和国经济合同法》、《中华人民共和国涉外经济合同法》、《中华人民共和国技术合同法》同时废止。"

2. 新法通过规定与旧法相抵触的条款而使旧法失效

例如《物权法》第178条规定："担保法与本法的规定不一致的，适用本法。"

另外，在司法实践中，如果新法与旧法的规定相冲突，应该适用"新法优于旧法"、"后法优于前法"的原则，以新法、后法为准，在法理上称为默示废止。

（三）民法的溯及力

我国的民事法律规范原则上没有溯及力，法律另有规定的除外。民法之所以贯彻"不溯及既往"的原则，其目的在于维护民事法律关系的统一性、稳定性。已受旧法调整的民事法律关系在当时已经发生了法律效果，如果新法有溯及力，那就必然要对已经发生了法律效果的民事法律关系进行否定，从而引起一系列连锁反应，进而破坏社会秩序和民事法律关系的稳定。而且，如果新法有溯及力，将会影响法律主体对当时法律的信赖感和尊重感。如果旧法所调整的社会关系随时可能被新法所重新调整，那么必然会让当时的行为主体无所适从，从而使法律调整社会秩序、指引行为模式的功能成为一句空话。

第八节　民法的解释

一、民法解释的概念

民法解释，是由特定的机关、社会组织和个人，依照立法的精神、法律规范的条文等对民事法律规范所作的说明和阐释。任何法律环境，都可能存在着没有具体的可适用的法律规范的情形，也可能存在着虽有规定，但规定却过于抽象，需要对其文义加以具体化的情形，或者按照本来的法律上的用语理解可能会导致不公平的后果的情形。这时就需要法律的解释。民法的解释是法律解释领域当中的重要组成部分。

二、民法解释的目标

关于民法的解释目标，从传统民法的理论来看，主要有如下学说：

（一）主观说

主观说认为民法解释的目标在于探求立法者事实上的意思，即立法者的看法和价值观。主观说的理论依据主要在于：(1) 立法行为是立法者的意思行为，他们通过立法表达他们的社会目的和价值观，因此，民法解释应该体现这种立法目的。(2) 立法者的意思可以借助历史文献加以探知，据此，司法机关的裁判便不会让人捉摸不定，法的安全性也因此而提高。(3) 按照权力区分的原则，执法机关应该履行的职责是裁判，而法律只能由立法机关来制定。

但有学者对主观说提出质疑，认为立法者的意思事实上非常难以探知，而且，法律总是为适应当时的社会条件而制定的，因此，它们的价值标准也是当时历史条件下的产物。随着历史条件的变化，如果仍然依照过去所作的价值判断，反而不利于提高法的安全性。更重要的是，尽管法院是裁判机关，但为实现宪法上的功能，它应受有将法律具体化的宪法上的委托。

（二）客观说

客观说认为民法解释的目标是探求裁判时民法的意旨。而所谓的民法的意旨，有时被具体地用"满足人类生活需要"，"大家最迫切利益"，"能带来最好的结果"或者"法律的理性目的"等用语来描述。

客观说的立法根据是：(1) 法律从颁布时起就与立法者脱离关系，因此裁判也应该在法律之内，而不是在法律之外找根据。(2) 客观说可以提高法的安全性，因为法的安全性保障，以文义解释为必要。

但客观说也同样受到批判，反对者认为，法律条文只是一个空壳，如果没有法律思想贯彻其中，那么它是毫无意义的；另外，文义是复义的，而且是经常变动的，所以客观说认为文义解释有利于保障法的安全性缺乏依据。

（三）折中说

法律上许多学说都是对以往学说的一种综合，是回避以往学说的缺点之后的一种发展。折中说也是如此。它又分为"客观的历史说"和"示意说"。客观的历史说认为历史解释的目标是，探求在立法时存在于该社会的价值判断，或作为法律基础的利益判断与目的决定；示意说则认为民法解释的目标虽然仍以探求立法者的意思为目标，但这个意思，必须已经表达在法律上，对法律解释才有认识的价值。

主观说、客观说、折中说都是为解释现实的民法问题而作出的回应，都是当时社会思潮、哲学思想的产物，但似乎都有将某一法律解释目标绝对化的缺点。总之，民法解释的目标这个问题仍然是当今民法学界存在着争议的问题。

三、民法解释的方法

（一）文义解释

民法的文义解释又称民法的语义解释，是按照民法法律条文的用语本身所要表达的意思及其通常使用的方式，来阐明民法法律条文所要表达的内容。法律条文本身就是一系列字句的排列组合,因此,要确定法律条文所要表达的内容,首先就是要确定其词句的意义。文义解释是民法法律解释的第一步,而且所作的解释不能超过可能的文义,这样才能维护法律的尊严及其安定性价值。

为民法法律作文义解释时,一般应该按照民法法律条文所包含词句之通常意义解释。因为法律来源于社会生活,为社会生活中的人所设。法律上所使用的概念与日常生活有千丝万缕的联系。因此,当民法条文中的概念与日常生活中的用语具有一致性时,应该按照通常意义来理解。但如果日常生活用语在转化成为民法法律专用名词之后,其法律上的意义与一般日常生活用语不同,那么就应该按照法律上的特殊意义来理解。

(二)体系解释

法律条文在整个法律规范当中不能单独存在,它与其他的法律条文一起,通过有机组成的方式,形成法律规范。因此,对民法法律条文的解释,还应按照法律条文在法律体系中的地位,即依其编、章、节、条、款、项之前后关联位置,或上下条文的关系,阐释法律条文的意思,这种解释方法被称为体系解释方法。

(三)历史解释

历史解释,又称立法解释、法意解释。它是指通过探求立法者在立法当时所作的价值判断,及其所欲实现的目的,来推断立法者的意思,从而对法律条文作出正确的理解,这种解释方法就是历史解释方法。立法史及立法过程中之有关资料,都可以作为历史解释的主要依据。

(四)扩张解释

扩张解释,指的是法律条文的文义过于狭窄,不足以表示立法真意,于是扩张法律条文的文义,以求正确阐释法律内容的一种解释方法。

扩张解释的重点在于,在条文可能文义的范围之内,将法律条文和立法真意相比较,扩张文义范围,以说明法律条文的含义,表明立法者的真实意志。

(五)限缩解释

限缩解释,又称缩小解释,是指法律条文的文义过于宽泛,不符合立法本意,于是限制法律条文的文义,以正确阐释法律内容的解释方法。

如我国《婚姻法》规定:"父母对子女有抚养教育的义务;子女对父母有赡养扶助的义务。"这里的两处"子女"应当作限制性解释,前者应该解释为没有独立生活能力之子女,而后者指的是具有独立生活能力之子女。

(六)当然解释

当然解释,指的是法律虽无明文规定,但依规范目的的衡量,其事实较之法律所规定者更有适用理由,而径行适用该法律规定的一种解释方法。当然解释之法理依据,即所谓"举重以明轻,举轻以明重"。比如公园禁止攀折花木,则摘果更在禁止的范围内;有过失应该承担责任,那么具有故意之主观更应该负责。

这就是当然解释方法。

（七）目的解释

所谓目的解释，是指以法律规范的目的为依据，阐释法律疑义的一种解释方法。例如，《民法总则》第153条第1款规定："违反法律、行政法规的强制性规定的民事法律行为无效，但是该强制性规定不导致该民事法律行为无效的除外。"该款为法律行为违法无效的一般条款，本身不具有独立的规范内容。要判断法律行为是否无效，还须诉诸相关法律、行政法规的具体规定。但是，多数规定只是禁止当事人实施某一行为，并未直接规定法律行为的效力。此时就应当考察该具体规定的规范目的是否意在否定法律行为的效力，具体规定的规范目的最终决定了法律行为是否因违法而无效。

（八）合宪性解释

所谓合宪性解释，指的是依宪法及位阶较高的法律规范，解释位阶较低的法律规范的一种法律解释方法。

法律世界的一个基本原则就是，对于位阶较低的法律规范，应依位阶较高的法律规范来解释，以贯彻上层法律规范之价值判断，维护法律秩序的统一，此即合宪性解释。

（九）比较法解释

比较法解释，是指引用外国立法例及判例、学说作为一项解释因素，来阐释本国法律意义的一种解释方法。例如我国《产品质量法》规定：本法所称缺陷，是指产品存在着危及人身和他人财产安全的不合理的危险。"不合理的危险"没有给出明确的定义，但该条规定借鉴了美国规定商品出卖人严格责任的经验，因此可以参考美国关于如何判断不合理危险的判例和学说来确定"不合理危险"的含义。①

第九节 民法的作用：社会进步、人的发展与现代民法

如前所述，民法从辞源学的角度看应是市民法②，一个字漏译之后，整个市民法的丰富信息和优秀传统都随之丢掉了。德语中，德国民法典（BGB）直译应为市民法典（bürgerliches Gesetzbuch），调整的领域是市民社会（bürgerliche Gesellschaft），与其相对应的是政治国家（politische Staat）。市民社会之上的法律称为市民法，其功用在于确认和维护私权（right）；而调整政治国家的法律则

---

① 参见梁慧星：《民法总论》，法律出版社1996年版，第276—280页；梁慧星：《民法解释学》，中国政法大学出版社1995年版，第189—246页。
② 佟柔主编：《民法原理》，法律出版社1983年版，第2页。

称为宪法,其价值在于规范和限制公权(power)。这两大领域是平等重要的,且政治国家之设乃是为了确保市民社会的自由发展。某种意义上讲,市民法与宪法的地位应是等量齐观的,两个法律共同构造了现代社会这个有机体。一般认为,市民社会是由于市民相互交往而建立的各种组织和各种设施的综合,市民社会是私人活动的舞台,私人活动领域的抽象,它的特征是自主、自治、自为,自我决定和自我负责。在市民社会中市民以私人利益为本,以交往为纽带,以对财产的拥有为基础,以意志上自由为追求。[①] 这样一个领域皆由市民法来调整。在西方国家市民法被称为"权利的圣约柜",是权利法典。[②] 总而言之,市民法是关于私人活动领域的根本大法,而宪法作为国家的根本大法是从政治意义上说的。由此可见,民法乃是市民法,而不是我们普通意义上理解的民法。一字之差,导致对我们对民法的认识经历了一个非常复杂的过程。

一、早期民法被误读为调整老百姓之间琐碎细事的法律

新中国成立初期至改革开放前,民法在观念上被认定是调整老百姓之间琐碎细事的民事纠纷的法律。甚至直到目前,对于普通老百姓乃至初初接触民法的人而言,一谈到民法,还是会将其定位于解决老百姓之间邻里不和、婆媳纠纷、兄弟继承争产、结婚离婚收养等这样一些琐碎细事上(当然这是民法的作用领域之一,但民法绝不限于此)。

之所以会出现这种现象,乃是因为我国长久以来就缺乏民法传统,民法观念非常不发达。考察我国法律发展史,可以知道我国法律有两个重要特征,一是诸法合体,民刑不分;二是在民刑不分的背景下,又是重刑法,而轻民法。谈到法,人们首先映入脑海的便是大盖帽、手铐和监狱,感受到的就是暴力、镇压和制裁。"法网恢恢,疏而不漏"的刑法文化至上,所以老百姓普遍存在着畏法心理,认为法不是什么好东西,最好离它远些。学法的子弟们也被寄望于学成掌权,"学而优则仕",光宗耀祖。即使不寄望于权力,学法律也是谈到经济法就被认为是一项有前途的事业,而学民法则不被人们所看好。曾经,经济法被认为是调整经济关系的基本法,所有有关经济的法律都统归于经济法,民法只是调整老百姓之间的琐碎细事的法律,连企业与企业之间的合同纠纷,都属于经济法调整。这就是当时存在的一种所谓"大经济法"的观点。加之当时法院系统分为民庭和经济庭,其中的分工也基本是按照这样一个标准进行的。在老百姓的眼里,经济庭的法官和民庭的法官,那是两个不同的阶层。当时的经济法是一门显学,为当时的学子们所追逐。总之,民法于刑法这样的专政手段而言,缺乏权力统治的光环;

[①] 江平、苏号朋:《民法文化初探》,载《天津社会科学》1996年第2期。

[②] 〔德〕霍恩:《百年民法典》,申卫星译,米健校,载《中外法学》2001年第1期。

与经济法相比,则缺少前(钱)途的诱惑。民法中所孕育的权利观念、平等观念,以及民法不是惩罚人、制裁人,而是保护人、成就人的民法精神,并没有被充分认识。当时的民法就处于这样一种尴尬的境地。

后来,随着佟柔教授关于民法是调整社会主义商品经济的基本法观点的提出①,特别是随着1986年《民法通则》的颁布,《民法通则》第2条明确规定,"民法调整平等主体的公民之间、法人之间、公民和法人之间的财产关系和人身关系",才结束了民法与经济法之间旷日持久的争论,奠定了民法在建设社会主义市场经济中的基础地位。就此而言,佟柔教授这一观点的提出功莫大焉!这恐怕也是《民法通则》最大的贡献了。民法与经济法的地位之争,实际上也是人们对民法品性的认识逐渐成熟的过程。

二、改革开放使民法成为调整商品经济(市场经济)的基本法

自1978年我国政府提出改革开放政策,对内实行经济体制改革,大力发展商品经济;对外实行开放搞活,与世界经济接轨。可以说,改革开放政策的确定,为中国民法的发展带来良好的机遇,迎来了中国民法大发展的春天。特别是自1986年《民法通则》颁布实行后,民法逐渐成为调整商品经济(市场经济)的基本法。民法与商品经济的关系可以从以下几个方面来看:

(一)民法乃是商品经济的产物,没有商品经济就没有民法

这一结论是具有历史根据的,它完全可以从世界民法和中国民法的发展史中得到印证。

世界民法的发展经历了三个具有代表性的历史阶段:前资本主义社会的罗马法,这一被恩格斯称为"简单商品生产者完善的法律,商品生产者社会第一个世界性的法典",之所以诞生在罗马,乃是因为罗马地处地中海,海上贸易发达,最早产生了商品经济的萌芽;而以所有权绝对、契约自由、过失责任为特征的《法国民法典》则是自由资本主义时期最具有典型意义的法典;《德国民法典》则适用了国家对经济的干预要求以及保护弱者的时代精神(德国学者称其在权利本位的基础上涂上了一层社会油②),故被称为垄断资本主义时期有代表意义的法典。由此可见,民法发展的每一个阶段无不带有鲜明的时代烙印。世界民法的发展史,是商品经济不断发展壮大的历史。

中国民法的发展轨迹何尝不是如此。中国之所以没有民法观念,没有民法传统,并非我们不重视民法,实乃中国没有商品经济发展的社会实践。在奴隶社会与封建社会中,我国实行的是自给自足的自然经济,没有商品交换需要保护,

---

① 参见佟柔主编:《民法原理》,法律出版社1983年版,第5—6页。
② 参见〔德〕霍恩:《百年民法典》,申卫星译,米健校,载《中外法学》2001年第1期。

尽管早在秦律中已经在一定程度上承认了土地的私有化,但对于民事纠纷关系仍采用刑法手段解决。① 显然,对财产的享有只需要刑法的静态保护(诸如盗窃罪、抢劫罪等规定),故不需要民法。中华人民共和国成立后,特别是1956年社会主义改造完成后,我国实行社会主义计划经济,在这样的产品经济模式下,生产不是为了交换,更多地是进行分配和无偿的调拨,价值规律在此不起作用,故也不需要民法。那时民法中最重要的法律恐怕要数1954年就颁布的《婚姻法》了。只有到了1978年我国开始实行改革开放政策,大力发展商品经济,才迎来了民法及民法学的春天!我国的民事立法和民法学研究才得以蓬勃发展,才形成了今日这样蔚为壮观的局面。

通过以上历史考察,我们可以看到,民法是随商品经济的产生而产生,并随商品生产和商品交换的不断扩大而逐步发展起来的。没有商品经济,就没有民法。商品经济是现代民法得以确立和发展的原动力。

(二)民法已经内化为商品经济的一部分,没有民法就不能塑造真正意义上的商品经济

现代经济的发展离不开民法,因为民法为商品经济的运转设定规则,并且推动着商品经济不断发展。首先,商品不能自己到市场上去进行交换,民法为商品经济设定的第一个规则,就是解决市场的准入问题,为商品交换寻找了一个监护人,即民事主体制度②;而民法的物权制度则确认了财产的私有者,为商品交易提供了前提,解决了商品的归属和利用,使得物尽其用的效益原则得以实践、展开;民法的债权制度则保障了人们共同一致的意志行为,使商品的让渡、负担的设定、交易的完成等能够顺利而妥帖地进行,使人们的愿望和期待借助于合同这一法律形式得以实现。由此可见,民法已内化为商品经济的一部分,没有民法商品经济将无法运转,没有民法就没有真正意义上的商品经济。

(三)在对商品经济进行综合调整的法律体系中,民法始终居于基础和核心的地位

在对商品经济的综合调整中,商法、经济法也发挥着重要的作用,而民法对商品经济(市场经济)的调整则发挥着基本法的作用。

与民法相比,不论是从调整对象还是从体系上看,商法都是民法的特别法。从调整对象上看,民法涵盖了商法的调整领域;从体系上看,商法中的各个部门法无非就是民法中的主体制度、物权制度、债权制度的具体化而已③。更重要的

---

① 王利明:《民法总则》,中国人民大学出版社2003年版,第89页。
② 参见佟柔主编:《民法原理》,法律出版社1983年版,第7页。
③ 例如公司法不过是民法主体制度之法人制度中的营利法人的一种具体化,而保险法则是由保险业法和保险合同法两大部分构成,同样不过是民法的主体制度和债权制度在保险领域的具体发展,其他诸如票据法、海商法、证券交易法等都可以如此进行分析。

是二者之间还有如下区别:

(1) 民法具有人文性,商法具有技术性。商法是关于商品流通和商事运转的规则,关心的是交易理性;而民法不仅为商品经济的运转设定了规则,更是在对商品经济调整中体现对人的关怀,注重尊重人、成就人,引导着人的成长与发展。因此,商法必须也应当是在民法的指导下才能发挥作用,这也导致了商法的民法化。

(2) 民法具有本土性,而商法具有世界性。民法受本国国情的制约,其物权、亲属、继承等法律制度往往体现本国的特色,所以民法更多的是一国政治、经济和文化的反映;而调整商品交易规则的商法则是世界大同的,所以商事立法中可以广泛地借鉴外国的先进经验。

(3) 民法具有传统性,而商法具有进步性。民法具有传统性,民法中的许多概念,大到权利主体、权利能力、行为能力、法律事实、物、债、所有权、占有等,小到诸如先占、添附、孳息、人役权、地役权、种类之债、选择之债、定金、违约金、不当得利、无因管理等,早在罗马法时期即已存在,时至今日仍然未有变化地发挥着对现代生活的调整作用,活跃在现代民法学教科书上和民法学者的讨论中。民法的这种传统性,某种意义也可以称之为民法的保守性,这使得民法体系很难发生突破。而商事交易日新月异,非常活跃,所以反映商事交易的商法也是经常变化,不断追随着时代潮流与社会经济发展的趋势,具有进步性。同时,商法这种进步性又使其具有对民法的补给功能,使得商法往往成为民法发展和变革的急先锋。正如意大利著名法学家李塞耳所言:"商法在交易错综之里程上,常作为民法之向导,且为勇敢之开路先锋,亦即成为民法吸取新鲜思想而借以返老还童的源泉。"[①]所以,民法又应是商法化的民法。

(4) 民法具有扩张性和包容性,从而奠定了民法在私法中的核心和基础地位。民法并不因其商法化而迷失自我!正如有的学者所指出的那样,民法在私法体系中所具有的基础和核心作用,不但是在法律制度上坚如磐石,牢不可破,而且形成了它特有的扩张性和包容性。[②] 民法的许多概念和原理,自罗马法始即已存在,尽管已是十分古老,却能够历经时代的变迁保留、传承下来。就是因为它们总能不断适应每一个历史时期的经济关系,并通过法律规范的形式表现出来,发生作用。尽管随着时代的变迁,各种具有新内容的财产关系和人身关系层出不穷,不断涌现,但民法的许多基本概念、基本原理仍然适用,并不断地将这些新的社会关系纳入到自己的调整范围,正是在这种意义上,我们说民法具有扩张性和包容性。我们在进行民法学研究时,经常会惊讶地发现,任何所谓现代的

---

① 张国健:《商事法论》,台湾三民书局1980年版,第25页。
② 郭峰:《民商分立与民商合一的理论评析》,载《中国法学》1996年第5期。

先进的法律制度,总能在罗马法中找到它们的影子,这使得我们在慨叹罗马法的博大精深的同时,也不得不佩服民法概念和原理的顽强生命力,民法那强烈的扩张性和包容性。

民法具有扩张性和包容性,从而使民商合一成为可能。民法的相对稳重性,商法的相对活泼性,两者之间存在指导与被指导、推动与被推动的关系。民法的基本概念可以在实践中不断扩充自己的内容。所以,商法虽为民法的发展注入了新鲜的血液,但必将为民法所吸收和包容,由此决定商法必须是在民法指导下的商法,在其指导下发挥对商品经济的调整作用。

回应开篇提到的大经济法的观念,在现今社会中,在对商品经济(市场经济)的调整中,民法与经济法又处于何种关系呢?通说认为,经济法调整的是纵向的经济管理关系,而民法调整的是平等主体之间横向的财产关系(当然还包括人身关系)。笔者认为,二者是内部与外部的关系。民法是市场运作的内部规范,涉及如何竞争和竞争的规则的确定问题;而经济法则是外部保障制度,其价值在于确保公平竞争的市场环境不被破坏,故而经济法主要表现为反垄断法、反不正当竞争法、财政法、计划法、产品质量法、消费者权益保护法等法律部门。打个形象的比喻:民法就是足球比赛的规则,如踢球的基本规则、不得越位、定位球的发球规则等;而经济法则是那裁判,其功用在于确保场内处于公平竞争的状态,一旦有人破坏这一竞争环境,经济法就要努力使其回复到应有的状态中。

通过上述对商法和经济法对商品经济调整作用的考察,我们可以断言,民法对商品经济的调整始终是处于核心和基础的地位,所以我们称民法是调整现代市场经济的基本法、核心法。

三、现代民法应是促进社会进步和人的发展的法律

民法由最初被误读为调整老百姓之间琐碎细事的法律,到提高为调整现代市场经济的基本法的地位,应该说是民法地位的大跃升。但是,当我们要制定符合 21 世纪要求、代表现代发展潮流的伟大中国民法典之际,仅仅将民法定位为调整市场经济的基本法的地位是远远不够的,也是有害的。

笔者认为,现代民法不仅是调整市场经济的基本法,更是通过对市场经济的调整来促进社会的进步、推动人的发展的法律,是一部解放人性、维护人权的法律,是建设民主政治和法治国家的法制基础。[①]

(一)民法乃是保障人权、维护人性的法律,是推动人的成长和发展的法律

针对未来中国民法典的设计,有学者提出民法中的财产法和人法的先后顺序以及各自所占比重的不同,直接决定了民法的人文与物文的属性。人法在前,

---

① 张文显:《中国步入法治社会的必由之路》,载《中国社会科学》1989 年第 2 期。

物法在后；人法内容多于物法，这样的法典才是体现了人文主义精神的民法典。① 真的是这样吗？笔者认为，这是对民法品性的极大误解，民法中的财产法本身就是人法！正如获取财富并不是人们的目的，而是满足人们追求幸福这一人性要求的手段一样，民法对商品经济的调整也只是手段，而不是目的。其目的是通过对商品经济关系的调整，使人的才能得以充分发挥，使人们在自由与必然的统一中发现自我，实现自我，确认自我。

1. 我们不能将民法中的物权法和债权法仅仅视为财产法

就物权法而言，物权法对所有权等权利的保护，并非仅仅是对财产的保护，所有权中体现的是人权。黑格尔曾说过："人格权本质上是物权"②。我倒是愿意反过来说，物权就是人格权。因为所有权等物权是实现人权的基础，诚所谓"仓廪实而知礼节"。王家福先生在谈到物权法时曾表示，"物权本身也是基本的人权"。人不可无物而存在，保障物权，就是保障人权，就是保障生活。③

德国著名法学家赖泽尔（Raiser）就曾在鲍尔（Baur）教授70周岁祝贺文集中专门撰写了《作为人权的所有权》一文，提倡这种观念。④ 对财产权的保护，就是对人们进取心的保护，可以激发人们的创造力。正如布莱克斯通所言："没有任何东西像财产所有权那样如此普遍地唤发起人类的想象力，并煽动起人类的激情。"⑤由此可见，"所有权远不只是一种财产权的形式，它具有十分丰富的经济内涵和政治内涵"⑥。

德国著名法学家拉伦茨（Larenz）教授在其《德国民法通论》中曾指出，意识到自身价值的人，要为了发展符合自己特点的个性、实现自己制定的生活目标而努力。为了实现这些目的，他需要具备属于自己，并且只能属于自己的物。只要一个人感到自己不是一个个体，而仅仅是某个集体的一个成员，那么他对于自己作为个人排他性支配物的要求就不会很明显。而一旦他感到自己首先是"这个人"，是一个独立的个体，这一点就会改变。这时他会感受到一种需求，要由自己来构筑自己的环境，由自己来处分，要将物据为己有。所有权作为法律所承认和保护的人对某些物的支配权，就是为了满足人们的这种要求。⑦ 这些都表明了

---

① 徐国栋主编：《中国民法典起草思路论战》，中国政法大学出版社2001年版，第137页以下。
② 〔德〕黑格尔：《法哲学原理》，范扬、张企泰译，商务印书馆1982年版，第48页。
③ 熊培云：《为了生活，我们立法》，载《南风窗》2005年8月7日。
④ Ludwig Raiser, Das Eigentum als Menschenrecht, in Festschrift für Fritz Baur, J. C. B. Mohr (Paul Siebeck) Tübingen, 1981, S. 105—118.
⑤ 〔英〕布莱克斯通《英国法注释》第2卷，第2页，转引自〔德〕罗伯特·霍恩等《德国民商法导论》，楚建译，中国大百科全书出版社1996年版，第189页。
⑥ 〔德〕罗伯特·霍恩等：《德国民商法导论》，楚建译，中国大百科全书出版社1996年版，第189页。
⑦ 〔德〕拉伦茨：《德国民法通论》（上），王晓晔、邵建东、程建英、徐国建、谢怀栻译，法律出版社2003年版，第52页。

所有权对人性发展要求的满足。

就债权法而言，虽为财产法，但却无时无处不渗透着民法的人文主义精神。债权法，特别是合同法中的私法自治原则，更是充分满足了人格发展的要求。拉伦茨教授说："人总是生活在同他人的不断交往之中。每个人都需要私法自治制度，只有这样他才能在自己的切身事务方面自由地作出决定，并以自己的责任处理这些事情。一个人只有具备了这种努力，他才能充分地发展自己的人格，维护自己的尊严。"①

崔建远教授更加深入地指出："合同法是对身份的超越，变权利、义务、地位的先天命定为自主创设；合同法弘扬人的主体性，使当事人自己决定交易事项；合同法以意思自治为原则，最大限度地激发当事人的主动性、积极性和创造性；合同法以诚实信用为原则，它提升当事人的道德水准和精神境界；合同法是一套交易规则，为市场经济提供了基本遵循，促进市场经济的发展；合同法以平等自由为价值，为民主政治树立了范式。正因如此，合同法是促进社会发展之法。"②由此我们岂可说，合同法仅仅具有财产法属性？岂能因合同法在未来民法典的位置以及合同法在整个民法典中的比重，就轻言民法是什么"物文"主义？

民法使社会处于一个有秩序的自由状态，也只有在这种有秩序的自由状态下，人们追求幸福生活的愿望才能得到满足。民法对人的关注和尊重，对人的主体性的企盼与高扬，能给人提供更多的发展空间，自由的赋予能唤醒和张扬人的主体意识，而平等和正义有助于确立人的尊严与人格。正如马克思所言，平等和自由不仅在以交换价值为基础的交换中得到尊重，而且交换价值的交换是一切平等和自由产生的基础。民法对平等的要求，其意义并不仅仅在于要求人们在商品面前平等，更重要的是通过在商品面前的人人平等，培育人们的平等观念，从而实现人与人之间的平等。所以，民法的使命就不应仅仅局限于调整商品经济关系，而在于推动人类的成长和发展，使人类走向自由的王国。

当然，民法与人的紧密关系绝不仅限于此。

2. 民法使人成为人，并且推动人的发展

回顾人类的成长与发展史，我们可以看到民法辛勤的影子。民法在不辞辛苦地一步一步地把人从自然界分离出来的"人"逐渐推向"人之为人"的境地。可以说，是民法使人成为了真正的人，并且仍在坚持不懈地努力推动人的发展。

马克思把人的发展过程概括为"三大社会形态"：第一个阶段，前资本主义社会，"人与人之间是相互依赖"的形态；第二个阶段，资本主义社会，"人与人之间

---

① 〔德〕拉伦茨：《德国民法通论》（上），王晓晔、邵建东、程建英、徐国建、谢怀栻译，法律出版社2003年版，第54页。

② 崔建远主编：《合同法》，法律出版社2003年版，第14页。

表现为在物的依赖性的基础上的相对独立性"形态；第三个阶段，共产主义社会是"建立在个人全面发展和他们共同的社会生产能力成为他们的社会财富这一基础之上的自由个性"形态。① 而这其中从人与人的相互依赖关系，到在物的依赖基础上人的独立性，再到人的全面自由的发展，都离不开民法。

前资本主义社会（奴隶社会、封建社会），是身份社会。人与人之间存在着身份上的依赖关系，奴隶主—奴隶、地主—佃农的关系是当时社会的基础结构，他们是通过身份来确定、分配各自的权利义务的。即使在当时最为先进的罗马法中，真正能够成为法律关系主体的人也并不多，必须市民权、自由权、家父（族）权三权俱备的人才可以。所以，妇女、家子、拉丁人、外国人在当时只是具有部分的权利能力②，甚至还有"奴隶适用法律等同于四足动物"的规定。奴隶主可以买卖奴隶，奴隶可以是诸如用益权等权利的客体。至于奴隶主杀死奴隶，并不构成犯罪，只是处置他的财产而已。由此可见，在当时奴隶不是法律关系的主体，而是法律关系的客体。

由此引起我们反思的是，过去我们常讲，人与动物的区别有三大特征，即直立行走，有语言，能够思维。反观这些特征，奴隶并不缺少其中的任何一个，但何以"奴隶适用法律等同于四足动物"？这表明具备以上三个特征并不足以成为真正意义上的人，奴隶只是生物意义上的人，而并非法律意义上的人。要想成为真正的人，必须具有权利能力。所以，民法中的权利能力制度在形式上使人成为了人。使奴隶成为人的是法国大革命带来的自由主义运动，特别是《法国民法典》第 8 条宣布，所有法国人均享有民事权利。由此我们可以说，在众多法律部门中，是民法使人成为了人。

民法不仅使人成为人，而且还进一步推动着人的发展，不断增强人的独立地位，确立其主体性，使人成为真正意义上的人。民法通过为商品经济设立规则，为每个人充分发挥自己的能力创造一个良好的环境，使得人们可以自由发挥他们的创造欲望和成功欲望，不断地去创造财富，从而打破"人对物的依赖性"。在由马克思所言的第二阶段向第三阶段的转化过程中，民法推动着人的发展。由前资本主义社会向资本主义社会过渡所带来的解放，只是使人从身份的束缚中脱离出来，成为平等的主体，但这种平等只是形式上的平等、起点的平等，而不是实质的平等、结果的平等（只能靠个人努力来争取）。梅因所言，所有近代社会的进步运动，都是一个从身份到契约的运动。③ 而此中推动人类社会从身份到契约进展的法律，舍民法其谁？民法满足了人们追求幸福生活的愿望，所以民法与

---

① 参见《马克思恩格斯全集》第 46 卷（上），人民出版社 1980 年版，第 102—104 页。
② 参见周枏：《罗马法原论》（上），商务印书馆 1994 年版，第 98—108 页。
③ 〔英〕梅因：《古代法》，沈景一译，商务印书馆 1995 年版，第 97 页。

人的发展目标是一致的。

3. 民法对人的关怀是一种终极的关怀

民法是一个全面关心人的生活与成长的法律,民法对人的关怀是一种终极的关怀。正如孟德斯鸠所言:"在民法慈母般的眼里,每一个个人就是整个的国家"。① 卢梭曾言,人性的首要法则,是维护其自身的存在;人性的首要关怀,是对其自身所应有的关怀。② 而这种关怀在法律上就是由民法来担当的。

有人对《德国民法典》的结构进行解读,认为它的结构体现了其对人的关怀是"从摇篮到墓地"的终极关怀。《德国民法典》第一编总则开始的第1条即规定,人从出生完成开始取得权利能力;接下来随着他(她)的长大,开始具备了劳动能力,就需要和别人签订劳动合同,或者赚钱后买东西也要和人签订合同,由是总则之后出现了第二编债权;有钱买了东西,法律就需要确认其所有权,以及利用财产的法律形式,于是接下来便是第三编物权;有了钱,长大成熟后开始成家生子,亲属便成为了第四编;有了孩子,随着孩子的逐渐长大,自己就会逐渐变老,最后告别人世,死亡后人格消灭,财产成为遗产,为继承人所继承,这就是第五编继承。所以,德国学者称他们五编制民法典的结构安排,体现了一种对人"从摇篮到墓地"的终极关怀。

一个良好、健康的社会,应是一个为人们实现其内心愿望提供通途的社会。而民法在保护人、成就人这种理念下的制度设计,恰恰为民事主体展示了一条自我解放的"大道"。③ 民法通过其制度设计,使人们有机会展示自己的能力和才华,让人们在内心想法不断变成现实的过程中体味成就,确认自我,使人性得到张扬,使人得到解放。人正是在不断地满足自我的前提下,不断地发展成为一个独立的个人,发展成为一个能够把握自己的个人,这也正是人类自身发展历程的写照。

(二) 民法乃是推动社会不断进步的法律

民法完善与否标志着一个社会的文明程度。梅因曾指出,一个国家文化的高低,看它的民法和刑法的比例就能知道。大凡半开化的国家,民法少而刑法多。进化的国家,民法多而刑法少。④ 一个人可以一辈子与刑法无涉,但却无时无刻不处于民法的关怀之下,离开民法人们是寸步难行的。有人可能会说,一切法律部门都体现着对人的关怀,都是围绕人并为了人而制定的。但是相比较而言,民法对人的关怀是一切法律部门的起点和终点,其他部门法都是为了配合民法对人的成长、发展之作用的发挥而存在,并且其他部门法的发展变革及其价值

---

① 〔法〕孟德斯鸠:《论法的精神》(下册),张雁深译,商务印书馆1994年版,第190页。
② 〔法〕卢梭:《社会契约论》,何兆武译,商务印书馆1997年版,第9页。
③ 杨振山:《论民法是中国法制改革的支点》,载《政法论坛》1995年第1期。
④ 〔英〕梅因:《古代法》,沈景一译,商务印书馆1959年版,李祖荫之小引以及该书的第207页。

目标都应该也必须围绕这一目的的开展才能立足于法这一领域。

譬如,刑法何以认定一定行为为犯罪,行政法为了什么而进行一定的行政管理,它们的出发点和最终目的都是来源于对民法上权利——人身权和财产权——保护的需要。古罗马时期杀死奴隶不是犯罪,乃是因为奴隶在民法上并非权利主体而是等同于四足动物的法律关系客体。而自《拿破仑民法典》宣布人自出生即取得权利能力,不因种族、出身、地位、财富、性别而有不同,杀人便是犯罪了。民法上权利能力的赋予使奴隶成为真正的人。何以盗窃为罪?乃是民法上有物权的规定。认定某人盗窃首先要做的是确认所谓偷盗人对该财产没有权利,否则何以为盗窃?闹得沸沸扬扬的胡海英盗窃案便是极好的例子。①

由此可见,如果没有民法,其他部门法将失去其存在的前提。勒内·达维德曾说过,"法的其他部门只是从民法出发,较迟或较不完备地发展起来的"。② 艾伦·沃森则说:"民法典无论在哪里都往往被当做整个法律制度的核心。"连刑法学者黄风都说:"民法是一切部门法的基础,其他部门法可以说都是从不同侧面对民事法律关系和基本原则的保护、充实和发展,或者为它们的完满实现创造必要的法制条件和环境。"③ 据此,我们可以说,民法是核心法,刑法等是外围法和保障法。

而我们国家是一个刑法文化至上的国度,谈到"法"人们首先想到的便是"法网恢恢,疏而不漏"、警察、手铐和监狱,这是因为我们对法的言说完全是以刑法为背景进行的。由是,老百姓对法律有着天然的排斥。而西方国家对法律有着神圣的敬仰和依赖,视其为权利的圣约柜,怀着"自由是法律下的自由"④的心态来对待法律。这两种迥异的法律观念折射出人们对法的认识背景的不同。

对于刑法与民法的比较,卡尔·波普尔曾经在其给俄国读者的一封信中,不仅建议俄国应当实行法制,应当制定一部民法典,而且极为精辟地指出:"刑法是必不可少的弊,而民法则是不可或缺的利。"民法之所以重要,乃是因为民法对于实现自由贡献极大。⑤ 乌尔比安将民法准则概括为三句话:诚实生活,不犯他

---

① 2001年2月27日哈尔滨市民胡海英拿了家中50万元带着女儿负气离家出走至大连,她当时的婆婆金顺涛以胡海英盗窃50万元为由向哈市公安局南岗分局报案,2001年3月17日哈市南岗区警方以涉嫌盗窃将胡海英关进看守所,并刑事拘留23天(该案后被撤销)。同年4月,胡海英向哈市南岗区人民法院提出与丈夫李钟鸣离婚,由此引发了受到全国广泛关注的胡海英离婚案。参见《离婚大战中,媳妇拿走自家50万所何罪》,http://www.zhiyin.com.cn/zy/ca268.htm,以及《黑龙江晨报》2002年4月10日报道"胡海英现象"再起风波,胡海英又失人身自由》和2004年3月17日报道《胡海英离婚案最新进展:"宏鸣火锅"系夫妻共有财产》。
② 〔法〕勒内·达维德:《当代主要法律体系》,漆竹生译,上海译文出版社1984年版,第25页。
③ 见黄风在其所译彭梵得所著《罗马法教科书》的译后记,中国政法大学出版社1992年版。
④ 西塞罗那句广为流传的名言:"我们是法律的仆人,以便我们可以获得自由",便是明证。
⑤ 〔德〕卡纳里斯:《欧洲大陆民法的典型特征》,载孙宪忠主编:《制定科学的民法典——中德民法典立法研讨会文集》,法律出版社2003年版,第41页。

人,各得其所。① 这与其说是民法的准则,不如说是做人的准则。故而有学者称"民法是生活的指南、是生活的百科全书"②。

民法不仅"使人成为人,并尊重他人为人"③。民法既鼓励人们积极地追求权利、实现权利,张扬个性、弘扬主体意识;同时又以诚实信用原则和公序良俗原则加以引导,防止权利滥用。这就使得民事主体在实践权利的同时,不断淳化自身的教养,逐渐成为一个既具有权利意识和独立意识的个体主体,又具有社会责任感和同情心、人道主义精神的社会主体,从而使人成为一个成熟的"人",使整个社会演化为一个成熟的社会、健康的社会,走向自我确认、自我解放的社会。

(三)民法乃是建设法治国家、民主政治的法律基础

德国著名法学家耶林曾说过:"不是公法而是私法才是各民族政治教育的真正学校"。④ 正如史尚宽先生所言,民法乃众法之基,欲知私法者故勿待论,欲知公法者对其也应有一定的了解,而后方可得其真谛。⑤ 只有在私法领域里把人培养成一个尊重自己权利,尊重他人权利,有着平等意识、契约意识,有着自我负责的精神,这样一个人才会参与民主政治的建设,才会去建设一个法治国家。很难想象,一个连自己的利益都不关心的人,会真正关心国家的利益。

2002年4月在北京召开的"市民与国家的关系:现代民法的结构"中德民法研讨会上,德国当代著名民法学家卡纳里斯教授发言时指出,所谓私法自治,就是当事人可以为自己制定法律。私法自治的结果是,国家在此采取极为克制的态度,也即尽可能少地设置障碍和进行干预。民法的这种相对于国家的特意拉开距离的态度,用西方的眼光来看,主要理由就是因为这被视为保障自由的主要手段;因为这首先意味着个人的自主决定,而在合同自由上所涉及的就是自主决定,舍此无他。此外,它显然还和侵权原则相关,因为,如果国家的成员尽可能多地自己规定自己的事务,其结果将是,国家对权力的聚集就会受到限制,官僚制度的影响就会减少。最后,按照我们的观念,合同自由和民主原则之间也有着紧密联系,因为二者在目标上是一致的,即人应当尽可能自己决定自己的事情。⑥梁慧星教授亦曾指出,民事领域实行私法自治原则,有利于抑制行政机关的膨胀,限制行政干预。行政机关侵害民事权利亦应承担法律责任。最终有利于实

---

① 〔意〕彼德罗·彭梵得:《罗马法教科书》,黄风译,中国政法大学出版社1992年版,第5页。
② 邱本、崔建远:《论私法制度与社会发展》,载《天津社会科学》1995年第3期。
③ 〔德〕黑格尔:《法哲学原理》,范扬、张企泰译,商务印书馆1982年版,第46页。
④ 〔德〕鲁道夫·冯·耶林:《为权利而斗争》,胡宝海译,载梁慧星主编:《民商法论丛》第2卷,法律出版社1994年版,第45页。
⑤ 史尚宽:《债法总论》,序言,中国政法大学出版社2000年版。
⑥ 〔德〕卡纳里斯:《欧洲大陆民法的典型特征》,载孙宪忠主编:《制定科学的民法典——中德民法典立法研讨会文集》,法律出版社2003年版,第42页。

现政府职能的转变,实现社会主义民主政治。①

张文显教授早在 1989 年即明确指出,以商品经济为内容的民法是法治的真正法律基础,民法中的人权、所有权和平等权是现代公民权利的原型,民法最充分地体现了法治的价值,民法传统中的权利神圣和契约自由精神,构成了人权保障、有限政府、分权制衡、以法治国等法治原则的文化源泉。宪法只不过是以根本大法的形式对民法原则的确认、移植、转化或升华。法治的历史充分说明,没有民法和民法传统的社会,要实行宪政和法治是极其困难的,甚至是不可能的,而在民法完备、民法原则已经成为公认的社会生活标准的社会,要想彻底废除宪政和法治,实行独裁,也是极其困难、不可能长久的。② 为此,我们应努力提高民法地位,弘扬民法精神,普及民法理念,制定一部独立、完备、科学的民法典,这将是中国步入法治社会的现实之路。

未来的中国民法典应该在促进社会进步、人的发展、建设法治国家这样的高度上来构建:在价值取向上以权利本位为主,兼顾社会公共利益;兼顾个人物质生活条件之确保与人格尊严之尊重;充分贯彻私法自治原理,强调民事权利的切实保护,非基于社会公共利益并依合法程序不得限制;兼顾社会正义与经济效率,兼顾交易安全与交易便捷;切实贯彻两性实质平等与弱者保护之原则,对劳动者、消费者、妇女、儿童、老人和残疾者实行特殊保护;既着重于中国现实社会问题的对策,更着眼于中华民族之未来,旨在建立竞争、公平、统一的市场经济秩序及和睦、健康、亲情的家庭生活秩序,为中国最终实现真正的人权、民主、法治国和现代化奠定基础。③ 只有这样才能使未来的中国民法典成为可以与 19 世纪的《法国民法典》和 20 世纪的《德国民法典》相媲美,代表 21 世纪发展潮流的伟大法典。

我们应该彻底打破传统观念,跳出整个法律体系,从人的成长与法律的关系上来善待民法,让我们都来尊重民法、热爱民法,让民法知识、民法观念、民法精神如同血液一样流淌在人们的体内,如同食物消化吸收到人的骨骼身体中一样,成为人们日常生活的准则,成为人们的教养,培养出既懂得主张权利,又懂得尊重他人权利的真正的"人",为市场经济培育出独立的具有人文主义精神的主体。到那时,人们便无需再为法治而奔走呼号,因为人人都是法治的主体,人人都视法治为生命,为教养。

四、结论

中国的改革开放能得以顺利进行有赖于诸多因素,而法治的昌明与发达自

---

① 梁慧星:《民法总论》,法律出版社 2001 年版,第 39 页。
② 张文显:《中国步入法治社会的必由之路》,载《中国社会科学》1989 年第 2 期。
③ 梁慧星:《中国民法典草案建议稿附理由》,法律出版社 2004 年版,序言。

然是其不可或缺的重要因素之一。在法治建设当中,中国民法可谓是中国改革开放的开路先锋,并且随着改革开放的日益深入,中国民法亦开始走向成熟。学习民法必须从以下认识开始:

(1) 民法乃是市场经济基本法,其为市场经济的运转提供了基础性的规则;

(2) 民法的发达程度是社会文明程度的标志,民法对于维护人权、解放人性,推动人的成长与发展有着特殊重要的意义;

(3) 民法引进了私法的理念及权利意识,有助于建立以人的自由及平等为本位的私法秩序,同时亦为建设法治国家、民主政治奠定了法律基础。

第二章 民法基本原则

民法基本原则是民法的精神和灵魂,是民法内在体系的具象载体,对整个民事法律制度具有重要的指导意义和规范作用。立足于我国《民法总则》所确立的基本原则,本章阐述了民法基本原则的含义和功能,以及各具体的基本原则的内涵。

第一节 民法基本原则的含义与功能

一、民法基本原则的含义

民法基本原则,是指贯穿于整个民事法律制度和民事规范始终的根本原则,是指导民事立法、司法、守法和当事人的民事活动,具有普遍指导意义的基本行为准则。

民法基本原则具有如下特点:

1. 根本性

民法基本原则是民法调整的社会关系和民法观念的综合反映。不同的法律部门由于所调整的对象不同,所应采取的基本原则也不同。民法是商品经济的产物,它调整的财产关系主要是商品经济关系,它调整的人身关系是平等主体之间的关系。而民法基本原则就是它的调整对象本质要求的反映,而且应直接体现商品经济的根本要求。尽管对商品经济关系的调整,是许多部门法的任务,但民法的调整方法有它自己的独特性,体现在基本原则上,是这些原则都反映了民事活动、民事法律关系的基本特征。

2. 统率性

民法基本原则的效力贯穿民法制度始终。它在民事立法、民事司法和民事活动中都居于统率的地位,对民事法律制度和民事活动都具有普遍的指导作用。民法基本原则只有具有这样的特征,才能实现民事立法的宗旨,才能完成民法基本原则对民法规范的价值指导作用。如果民法中某一项原则不具有全局性、全领域的指导作用,效力只是限于某一类民事关系的范围,那么这种原则只是民法某项制度的基本原则而不是民法的基本原则。如物权法中的物权法定原则,它只在物权法领域内具有广泛的指导作用,所以它只是物权法的指导原则而不是民法的基本原则。

3. 抽象性

民法基本原则是对民法所调整的领域的要求最本质的反映。它并不具体地规定民法某一项制度或者规范的具体内容，它只是对民法所调整的社会关系的本质和规律通过抽象的方式加以反映。由此决定了民法基本原则的高度抽象性，它对民法所调整的社会关系的本质和特征都要作出全面和抽象的概括。

4. 非规范性

民法基本原则对整个民法领域都具有全面的指导意义。但是，它不具有法律规范所通常具备的具体行为模式和法律后果的逻辑构成。一般的法律规范内容具体明确，通过设置行为模式和法律后果的方式，直接指导当事人的行为。而民法基本原则不具有以上的规范性特征，而是属于非规范性的内容，其作用是为民事立法、司法、守法提供指导。

5. 强行性

尽管民法基本原则具有非规范性的特征，但是它集中反映了它所调整的社会关系的法律要求和本质特征，同时也反映了立法者对民法所持的基本态度。因此，在适用上，必须无条件地加以遵守，当事人不能规避民法基本原则的适用。每一民事法律关系都必须遵守民法的基本原则，否则一律无效。同时，其他民事法律规范也必须以民法基本原则作为自己的制定指南，都必须在民法规范中贯彻基本原则的要求。

二、民法基本原则的发展

民法基本原则是民法观念与理论的结晶，更深的渊源则是法理学乃至经济学、社会学、政治学、哲学的学理。由于古代的法律极为简单，初期的法律是一些习惯，没有法律的一般概念，更没有原则和基本原则。因此，近代才出现了关于民法基本原则的学说和立法。按照通说，1804年的《法国民法典》为适应当时资本主义经济发展的需要，在平等、自由、民主的基础上，首先确立了民法的三大基本原则：绝对所有权原则，契约自由原则，过失责任原则。所谓绝对所有权原则，是指私人对其财产享有绝对的、排他的、自由处分的权利；所谓契约自由原则，是指当事人享有自由缔结契约的权利，任何人都不能对其加以干预，而且契约的内容和缔结的方式都由当事人自己决定；所谓过失责任原则，指本人只能对因为自己过失给他人造成的损害负责。《法国民法典》首倡的民法三原则，由于与当时的历史背景相适应，从而为许多国家所仿效。

但任何法律原则都是当时社会历史条件的产物，社会历史条件发生了变化，法律原则也需要作出相应的修正。随着资本主义从自由竞争阶段向垄断阶段的过渡，自由资本主义阶段的民法原则越来越不能适应社会的需要。于是，以社会法学为基础的"团体主义"民法理论开始受到人们的重视。该理论主张社会利益高于个人利益,反对个人权利的绝对化和意志自由的绝对化。在这种思潮的影响下,立法思想开始向"社会本位"转变,从而导致了自19世纪以来的民法三原则的变化,具体表现在:(1)绝对所有权受到了限制。最突出的表现就是土地所有权人的权利范围受到限制,不能再像以往那样,所有权人的权利不受限制地及于上空、地下。(2)契约自由受到了限制。比如规定了公用企业的强制缔约权,政府对雇佣契约的干预,等等。(3)广泛采取了无过失责任。另外,诸如公共秩序、善良风俗、诚实信用原则等开始得到确立并有新的发展。

但国内有学者提出,事实上直到20世纪初才产生了民法的基本原则——诚实信用原则与公序良俗原则。而传统理论认为的民法三原则,实质上只分别是物权法、合同法、侵权行为法的原则。①

根据我国《民法总则》的规定,我国民法的基本原则包括:(1)平等原则;(2)私法自治原则;(3)公平原则;(4)诚实信用原则;(5)公序良俗原则;(6)禁止权利滥用原则。其中前两个原则是从个人利益出发确立的,后两个原则是从社会利益出发加以规定的,中间两个原则的立足点则是兼顾个人利益与社会利益的平衡。这是我国民法基本原则内在的逻辑结构。

三、民法基本原则的功能

民法基本原则作为民法的精神和灵魂,具有如下功能:

1. 在立法上,民法基本原则是民事立法的准则

民法基本原则是贯穿于整个民事立法,对整个民事领域都起统率和指导作用的基本准则。民法基本原则不仅是我国社会主义制度和政策思路在法律上的集中反映,而且是其他民事制度的基础和来源。因此,立法者在制定民事法律法规时,必须在遵守民法基本原则的基础上,反映民法所调整的社会关系的本质。这就要求未来民法分编的起草乃至中国民法典的制定,必须遵从《民法总则》确定的上述基本原则,唯有如此,我们所制定的民法才具有体系上的科学性和价值上的统一性。

2. 在司法上,民法基本原则是民事法律解释和适用的依据

司法机关以民法基本原则为指导,才能正确理解、解释和适用民法规范。不仅如此,司法机关在运用民法具体规则裁判案件时,需要对所适用的法律条文进行解释,如果解释的结果有两种相反的含义,司法机关就应该采纳符合民法基本原则的解释。而且,无论采取何种解释方法,都不能违背民法基本原则,违背民法基本原则的民法解释是无效的。

---

① 徐国栋:《民法基本原则解释》,中国政法大学出版社1992年版,第48—49页。

3. 在民事活动中,民法基本原则是一切民事主体均应遵循的行为准则

民法的基本原则,也是一切民事主体所应遵循的行为准则。民事主体在进行民事活动的过程中,既要遵循具体的民事法律规范,又要遵循民法的基本原则。在现实中有时会发生这样的情况,民法没有针对民事主体的某项行为作出相关规定,在这种现行法缺乏相应的具体规定的情况下,民事主体应该按照民法的基本原则的要求来约束自己的行为。

4. 当法律存在漏洞时,民法基本原则是补充法律漏洞的基础

在民法世界中,由于民法所调整的社会关系的复杂性、多样性,往往导致某一类事项的规则真空;同时也由于立法者立法技术、立法水平、预见能力的差异,致使立法机关难以对一切民事关系都作出规定,这些民事立法的漏洞是无法完全避免和克服的。在这种情况下,就需要司法机关在民法基本原则的指导下,对这些法律漏洞进行补充。因此,民法基本原则也发挥着补充法律漏洞的功能。

第二节 平等原则

我国《民法总则》第4条规定:"民事主体在民事活动中的法律地位一律平等。"平等原则,是民法调整对象的性质的反映,它的具体含义是,在民事活动中一切当事人的法律地位平等,任何一方当事人都不得把自己的意志强加给对方。在民法调整的社会关系中,大部分是商品经济关系。商品经济关系的一个很重要的特征就是平等性。马克思曾经指出:"商品经济是天生的平等派"[①],可见,当事人地位平等是商品交换的前提和基础,也是商品交换得以实现的保障。民法作为调整商品经济的基本法,自然应该把当事人地位平等当做自己的首要原则。除此之外,民法所调整的其他财产关系和人身关系也属于平等主体之间的关系。这些社会关系的性质,决定了平等原则是民法的一条基本原则。

民法的平等原则具体细化,体现在以下方面:

1. 民事主体资格(民事权利能力)一律平等

根据我国《民法总则》第13条、第14条的规定,自然人自出生开始直至死亡,都享有民事主体资格即民事权利能力。自然人的民事权利能力一律平等,任何人都享有与他人在范围上完全一致的权利能力,而不受其性别、民族、年龄、精神状态、宗教信仰等的影响。任何机关或者个人都不得任意限制或剥夺自然人的民事权利,自然人自己也不得放弃和自我限制其民事权利能力。

另外,法人等社会组织只要符合成立的要件,都自成立之日起,具有民事主体资格,享有平等的民事权利能力。在民事权利能力上,法人等社会组织之间不

---

① 马克思:《资本论》第1卷,人民出版社1975年版,第103页。

存在着大小和级别之分。尽管法人等社会组织的业务性质不同,具体业务范围也不同,但这些都是对社会组织民事行为能力的限制,而不是对权利能力的限制。

2. 民事主体的地位平等

在具体的民事法律关系中,民法的平等原则还体现为民事主体的法律地位一律平等。民事法律关系的产生、变更和消灭,都应该经过双方当事人平等协商,而不能将一方当事人的意志强加给另外一方。双方当事人,无论经济实力以及所有制性质存在着如何大的差别,只要进入民事法律关系领域,他们的法律地位都一律平等。即使是具有隶属关系的上下级单位,在民事活动中都是平等的主体,他们之间无高下优劣之分,上级单位不能因为享有行政权力而凌驾于下级单位之上。即使是国家作为民事主体进入了民事领域从事民事活动,也必须受民法规范的约束,与其他民事主体处于平等的地位。

3. 民事主体的合法权益平等地受法律保护

民事主体的合法权益包括法律直接规定的,也包括当事人通过合同约定的。民事主体的地位平等原则,意味着对不同的民事主体的合法权益实行平等的法律保护。民事主体的合法权益受到侵害或者债务人不履行债务,权利人有权请求相对人采取补救措施,承担民事责任,必要时可以请求人民法院依法保护和救济;如果他们非法地侵害其他民事主体的合法权益,也同样要受到民事制裁或者承担相应的民事责任。

第三节 私法自治原则

私法自治原则是指民事主体在进行民事活动时,在法律允许的范围内享有完全的自由,意志独立、行为自主,根据自己的真实意思来充分表达自己的意愿,根据自己的意愿来设立、变更和终止民事法律关系。《民法总则》第5条规定:"民事主体从事民事活动,应当遵循自愿原则,按照自己的意思设立、变更、终止民事法律关系。"

私法自治原则最早由《法国民法典》确立,由于当时处于自由竞争的资本主义时期,且奉行个人主义,因此私法自治原则曾经被奉为支配整个私法的"最高原则"、"民法之基础"、"私法根本价值之所在"。从20世纪起,由于资本主义进入了垄断阶段,基于社会经济、政治方面的压力,私法自治原则受到了越来越多的限制,如强制性合同、附和合同的出现,保护消费者利益立法运动的蓬勃发展,等等。但这些限制并不意味着私法自治原则要开始退出法律舞台,严格来说只是其内涵发生了变化,它从一种绝对的私法自治发展为需要顾及社会公益和公正的私法自治,可以说,这是私法自治原则在新的历史条件下的一种发展。

私法自治原则的具体含义表现在以下几个方面：

1. 民事主体根据自己的意愿设立、变更或者终止民事法律关系

私法自治原则授予民事主体设立、变更或者终止民事法律关系的自由，他人不得非法干预。他人不得强迫一个民事主体为或者不为一定行为。民事主体可以依法行使自己的权利，如占有、使用或者处分所有物，行使债权，设立遗嘱，等等。

2. 双方和多方的民事法律行为的内容和形式由当事人协商

私法自治原则的一个重要表现就是鼓励当事人在不违背法律和公共利益的前提下，自主自治地给自己设定民事法律关系的内容和形式。当事人双方或多方订立合同的行为，共同设立公司或者其他组织的行为，其行为的内容及形式需协商一致，任何人不得把自己的意志强加给对方。

3. 意思表示的内容具有优先于法律推定条款或任意条款的效力

在民事法律条款的种类中，其中一种分类方法就是把民事法律条款分为强制性条款、任意条款或法律推定条款。在民事法律条款是任意性条款或法律推定条款时，当事人的意思表示具有优先于任意条款或法律推定条款的效力，因为民事法律关系的设立、变更和终止是当事人私法自治的结果，而任意条款是为弥补当事人意思不明确而设立的，其作用是拟制意思表示。因此，在意思表示与任意性条款并存的前提下，应该首先适用民事主体意思表示中的具体约定。只有在意思表示中未加约定或者约定不明时，才适用任意性条款。

第四节 公 平 原 则

所谓公平原则，是指民事主体应该本着社会公认的公平观念从事民事活动，而司法机关在裁判民事纠纷时，也应该本着公平的观念和要求。《民法总则》第6条规定："民事主体从事民事活动，应当遵循公平原则，合理确定各方的权利和义务。"

公平原则具体体现在：

（1）民事主体充分享有平等的机会参与民事活动，与他人处在同一起跑线上平等竞争，行使和实现自己的合法民事权益。

（2）民事主体在订立合同或者进行其他活动时，所享有的权利和义务应该具有对应性，不得显失公平。

（3）民事主体在承担民事责任时，如果是适用过错责任的场合，那么就应该按照他的过错程度承担相应的民事责任，如果是无过错责任，那么就应该由双方对损失合理分担。

（4）法院在处理民事案件时，法律有明确规定的，应该适用明确规定的条

款;但是在没有明确规定或者无规定,而且当事人也无约定的情况下,就应该依照公平原则作出裁判。

民法应该贯彻公平原则,但在对公平原则的判断上,不同的人有不同的观点。本书认为,判断公平与否的标准,主要应该从社会正义的角度,从我国民法规范的基本精神出发,以我国现阶段的一般交易习惯和人们的价值观、是非观为标准。

第五节 诚实信用原则

一、诚实信用原则的含义

诚实信用原则,简称诚信原则,指的是民事主体在从事民事活动、行使民事权利和履行民事义务时,应该按照诚实、善意的态度,讲究信用,恪守诺言,诚实不欺,在不损害他人和社会利益的前提下追求自己的利益。《民法总则》第7条规定:"民事主体从事民事活动,应当遵循诚信原则,秉持诚实,恪守信用。"诚实信用原则为一切民事主体的行为树立了一个诚信的标准,是当代民法的重要原则。

二、诚实信用原则的历史发展

诚实信用原则产生于罗马法。在罗马帝国时期,简单商品经济非常发达。面对纷繁复杂的商事交易活动,立法者日益感到无论立法对商品交易活动规定得如何详细,心存恶意者总是能想到规避之法,因此,开始在法律中规定诚信契约,在这种契约里,当事人不仅要按照契约条款,而且要按照内心的诚实信念完成契约所规定的给付。从这里我们也可以看出,诚实信用原则的产生主要是为了弥补法律规制能力的不足。

诚实信用原则的确立反映了法律对道德准则的吸收,这种道德准则上升为法律规范的要求最早出现在合同履行领域。《法国民法典》第1134条规定:"契约应当以善意履行",学者们一般将该规定所要求的"善意"解释为诚实信用。而真正将"诚实信用"作为法律规范确立下来的,应是1863年的《撒克逊民法典》,该法典第858条规定:"契约之履行,除依特约、法规外,应遵守诚实信用,依诚实人之所应为者为之。"但依该法之规定,当事人可以以特约排除对诚实信用履行要求的适用,所以该法关于诚实信用的规定在性质上仍属于任意性规范,难以称为一项基本原则。只有《德国民法典》明确将诚实信用作为一项强行性规范规定下来,并将其作用领域由合同扩大到一切债之关系中。该法第242条规定:"债务人须依诚实与信用,并照顾交易惯例,履行其给付。"使诚实信用原则成为债之履行的基本原则。而及至《瑞士民法典》则将诚实信用原则作用的领域扩张到一切民事活动领域,使其成为民法的一项基本原则。该法第 2 条规定:"无论何人,行使权利,履行义务,均应依诚实信用为之。"使诚实信用原则不仅适用于债务人,也同样适用于债权人;不仅适用于合同及债的履行,而且适用于一切民事权利义务关系,被学者们称为私法领域的"帝王条款",甚至有人主张,诚实信用原则的适用不限于私法,对于民事诉讼法,乃至刑法、宪法亦应适用。[1] 足见其在现代法律中的地位。

三、诚实信用原则的本质

关于诚实信用的本质,学者们看法不一,有的认为是社会理想,有的认为是道德基础,还有的认为是利益平衡等。按照我国学者的通说,诚实信用原则的本质体现在:

1. 诚实信用属于市场活动中的道德准则

诚实信用原则的目标,在于平衡当事人之间的利益和当事人与社会之间的利益。在当事人之间的利益关系中,要求尊重他人利益,以对待自己事务之注意对待他人事务,保证法律关系的当事人都能得到自己应得的利益,不得损人利己。当发生特殊情况使当事人之间的利益关系失去平衡时,应该进行调整,使利益平衡得以恢复,由此维护一定的社会经济秩序。在当事人与社会的利益关系中,诚实信用原则要求当事人不得通过自己的活动损害第三人和社会的利益,必须以符合社会经济目的的方式行使自己的权利。在现代市场经济条件下,诚实信用原则已成为一切市场参加者所应遵循的道德准则,它要求市场参加者符合"诚实商人"的道德标准,在不损害其他竞争者、不损害社会公益和市场道德秩序的前提下,去追求自己的利益。

2. 诚实信用原则为道德准则的法律化

诚实信用虽说是市场经济活动中所形成的道德准则,但是当立法者通过立法的方式使其成为一个法律条文之后,它就不再单纯是一个道德准则,而是已经成为一个法律原则。换言之,它将道德规则和法律规则合为一体,同时具有法律调节和道德调节的双重功能,从而使法律获得更大的弹性。

3. 诚实信用原则的实质在于授予法院以自由裁量权

诚实信用原则的内容极为概括抽象,它的特征在于其内涵和外延的不确定性,涵盖的范围极大,远远超过其他一般条款。立法者正是通过这种弹性很大的法律原则,授予法官自由裁量权,使之能够应付各种新情况和新问题。这种模糊

---

[1] 史尚宽:《债法总论》,中国政法大学出版社 2000 年版,第 332—333 页。

规定或者不确定规定的方式把相当大的自由裁量权交给了法官①。

笔者认为,诚实信用原则的主要功用在于弱化法典法背景下规则的僵硬性②,要求当事人本着"爱人如己之心"善尽义务,正确地行使权利。例如,当事人虽有约定随时可以履行债务,但应在适当的时候履行债务,而不得于深夜叩门要求还钱或者在歹徒抢劫时还钱;当事人虽未明确约定债务履行方式,但应以合理的方式进行,而不得用脚夹钱递于他人鼻下还钱,或者雨天掷信件于地上送信。凡此种种,都要求民事关系当事人以"爱人如己之心"善尽义务,才符合法律的真正要求。

在现代民法中,诚实信用原则十分活跃,在私法的各个领域发挥着重要作用。之所以会出现这种局面,诚如有学者所言:"今日私法学已由意思趋向于信赖,已由内心趋向于外形,已由主观趋向于客观,已由表意人本位趋向于相对人或第三人本位,已由权利滥用自由之思想趋向权利滥用禁止之思想,已由个人本位趋向于社会本位或团体本位。"③在这种趋势的影响下,诚实信用原则日益受到重视,乃是顺理成章之事。

第六节 公序良俗原则

公序良俗原则指民事主体的行为不得违背社会的公共秩序和善良风俗,不得违反国家和社会的一般道德。《民法总则》第 8 条规定:"民事主体从事民事活动,不得违反法律,不得违背公序良俗。"

按照通说,公序良俗是公共秩序和善良风俗的简称。对于公共秩序的概念,学者们并没有达成统一的观点,有的认为公共秩序是国家社会之存在及其发展所必要的一般秩序,包括国家秩序,包括个人的言论、出版、信仰自由以及私有财产制度;有的认为公共秩序应指由现行法的具体规定及其基础原则、制度所构成的规范秩序,等等。我国学者梁慧星认为,公共秩序未必是法律所规定的秩序,它的外延比法秩序概念的外延更宽,除现行法秩序外,还应包括作为现行法秩序的基础的根本原则和根本理念等内容。④ 关于善良风俗的概念,学者们基本达成了共识,认为它应该是某一特定社会应有的道德准则。

---

① 参见梁慧星:《诚实信用原则与漏洞补充》,载梁慧星主编:《民商法论丛》第 2 卷,法律出版社 1994 年版,第 63—65 页。
② 对此,务请参阅徐国栋:《民法基本原则解释——成文法局限性之克服》,中国政法大学出版社 1992 年版。
③ 蔡章麟:《债权契约与诚实信用原则》,载刁荣华主编:《现代民法基本问题》,台湾汉林出版社 1976 年版,第 418 页。
④ 参见梁慧星:《市场经济与公序良俗原则》,载《民商法论丛》第 1 卷,法律出版社 1994 年版,第 43—51 页。

我国学者通常把公共秩序与善良风俗合并称为公序良俗。但有的国家（地区）对公共秩序与善良风俗之间的关系采取不同的态度，比如德国法把公共秩序的内容纳入到善良风俗的概念当中，而法国、日本以及中国台湾地区将二者并列。我国台湾学者史尚宽认为，二者范围大部分完全一致，区别起来确实困难，但它们之间仍然有细致的差别，公共秩序是指外部的社会秩序而言，善良风俗是指人们的道德观念而言，有时有不违反善良风俗而违反公共秩序的情形存在，也有不违反公共秩序而违反善良风俗的情形存在。

应当注意的是，因为各国民事立法的指导思想不同，以及各国法律发展的特点不同，对公序良俗的理解自然会存在很大的差别。在实践中，如果直接适用公序良俗原则，认定民事行为无效，是个很复杂的问题。有学者认为，直接适用公序良俗原则的时候，应该把握立法精神，以国家的基本国策为基点，认定是否违反公共秩序；以社会大众的一般道德观念为标准，认定是否违反善良风俗。应当逐渐形成案例类型，以促进法律适用的稳定。[1] 我国有学者从学理上对违反公序良俗的类型进行了分类：(1) 危害国家公序类型；(2) 危害家庭关系类型；(3) 违反性道德行为类型；(4) 射幸行为类型；(5) 违反人权和人格尊严的行为类型；(6) 限制经济自由的行为类型；(7) 违反公平竞争行为类型；(8) 违反消费者保护的行为类型；(9) 违反劳动者保护的行为类型；(10) 暴利行为类型。[2]

第七节 禁止权利滥用原则

权利是人们为或不为一定行为的可能性。这样就可能出现权利人行使权利超过法律和公共秩序所允许的范围，给他人利益或社会的利益造成一定损害的情形，此即权利滥用。所谓禁止权利滥用原则，就是指民事主体对自己民事权利的行使，不得超越法律所确定的正当界限，如果行使权利超过其正当限制，损害他人利益和社会利益，则构成了权利的滥用，应该承担相应的法律责任。

我国禁止权利滥用原则的法律依据在于：(1) 我国《宪法》第51条规定："中华人民共和国公民在行使自由和权利的时候，不得损害国家的、社会的、集体的利益和其他公民的合法的自由和权利。"(2)《民法总则》第132条规定："民事主体不得滥用民事权利损害国家利益、社会公共利益或者他人合法权益。"(3)《民法总则》第154条规定："行为人与相对人恶意串通，损害他人合法权益的民事法律行为无效。"可以看出，我国法律已经确定了禁止权利滥用的原则。

---

[1] 王泽鉴：《民法总则》，中国政法大学出版社2001年版，第292页。
[2] 参见梁慧星：《市场经济与公序良俗原则》，载梁慧星主编：《民商法论丛》第1卷，法律出版社1994年版，第57—58页。

禁止权利滥用原则并非罗马法的产物,在罗马法中,反而有"行使自己的权利,无论对于任何人,皆非不法"的规定。在法国制定民法典的历史时期,由于受个人主义思潮的影响,极为强调权利的绝对性,主张权利人行使自己的权利不应该受到任何的干预。但随着资本主义发展到垄断时期,由于社会条件的变化,以及社会关系的复杂化,法律思潮开始发生重大变化,个人本位开始让位于社会本位,个人权利的行使开始受到社会公益、他人利益的限制,因此也就产生了禁止权利滥用原则。

《德国民法典》第 226 条规定:"权利之行使,不得专以损害他人为目的。"如不得专以遮蔽邻地日光为目的而建筑不必要之墙垣,其适用条件极为严苛。而我国台湾地区"民法典"第 148 条第 1 款规定:"权利之行使,不得以损害他人为主要目的。"权利之行使,以损害他人为主要目的者,仅其"行使"为法所不许,"权利"本身的存在并不受影响,仍得以其他法所允许的方法行使。法所不许之权利滥用行为具有不法性,得对之行使正当防卫。权利滥用的效果,因权利行使之方式不同而不同。若以法律行为行使权利,则其法律行为应属无效。权利之行使若为事实行为,则对于因之而受有损害者,负赔偿责任,若事实行为仍在继续,即权利滥用之状态仍未停止,则受害人得请求其停止。[①]

对于判断是否滥用权利的标准,学理上一般认为,应该将主观和客观两方面结合起来判断是否滥用权利。主观上,权利人的主观目的是为了损害他人,而判断是否以损害他人为主要目的,应该按照社会的一般观念来认定。客观上,权利人的行使权利行为已经使双方的利益失衡,权利人获得利益,而对方的利益则受到损失。

[①] 郑玉波:《民法总则》,台湾三民书局 2000 年版,第 402 页。

第三章 民事法律关系

民事法律关系乃是民法学之纲,是理解整个民法学理论的基础和开始。只有领会了民事法律关系的精髓,才能把握民法及民法学的精要,达到纲举而目张的效果。民法的任务也必须通过民事法律关系的产生、变更或消灭来实现。不仅如此,制定一部科学的民法典,也离不开民事法律关系理论研究的深化与民事法律关系体系的确立。① 法律秩序的目的在于归纳多数同种类的法律关系,发现其共同点,并厘定若干规范,借以普遍地适用于此类法律关系。而且这种关系,往往被以成文法的形式,配列于一定的顺序,而制定法典,其规范颇为庞大,常自成体系。② 可以说,民法典的编纂,以民事法律关系为经纬。③ 故此,本书总论部分将以民事法律关系为核心主轴组织其结构。

本章主要阐述民事法律关系的概念、特征,民事法律关系的构成等相关知识,包括何为民事法律关系,以及作为民事法律关系具体构成要素的民事权利、民事义务、民事责任等内容。

第一节 民事法律关系的概念、特征与意义

一、民事法律关系的概念

民事法律关系,是指基于民事法律事实,由民事法律规范调整而在平等民事主体之间形成的民事权利和民事义务关系。

(一)民事法律关系是经民事法律规范调整而形成的社会关系

人与人之间的关系,至为错综复杂,法律所规定者,不过是其中一小部分。还有一大部分,则受道德、宗教等支配。例如,搭乘公共交通工具为一种合同法律关系,而搭乘好友的便车则为一种好意施惠关系,不成立法律关系;婚姻是法律关系,而非婚姻生活共同体则因未被法律调整而不构成法律关系。萨维尼把法律关系区分为两部分:首先是题材(Stoff),也就是关系(Beziehung)本身;其次

---

① 于晔、崔建远:《论民事法律关系的本质特征》,载《吉林大学社会科学学报》1985年第2期,第53页。

② 梅仲协:《论法律关系》,载费安玲、朱庆育编:《民法精要》,中国政法大学教务处1999年印刷,第426页。

③ 张俊浩主编:《民法学原理》(上册),中国政法大学出版社2000年版,第57页。

是关于该题材的法律规定(rechtliche Bestimmungen)。① 可见,法律关系由"法律的调整"和"对一部分现实生活的撷取"两项要素构成。② 民事法律规范的调整是民事法律关系形成的首要前提,没有民事法律规范调整,就不会形成民事法律关系。

此外,被法律规定的生活关系,也因法律部门的不同,而形成不同性质的法律关系,大别为公法关系和私法关系。公法关系是经公法调整而形成之权力运行法律关系,如行政法所调整的各种行政关系。民事法律关系作为私法关系,乃是受民事法律调整、在平等民事主体之间所形成的财产性法律关系和人身性法律关系。

(二)民事法律关系是基于民事法律事实而形成的社会关系

民事法律规范是一种静态的法律规范,它只是在制度层面上,静态地规定了民事主体的行为模式和法律后果,故亦可称之为抽象的民事法律关系。它调整当事人之间社会关系的前提是它被"激活",即一定民事法律事实的发生导致民事法律规范开始调整当事人之间的社会关系。法律关系,有以自然的人类生活为基础者,如夫妻关系、父母子女关系;亦有纯粹人为的社会关系,如买卖、雇佣、保险等关系。法律关系的发生、变更和消灭的原因,都是基于一定的生活事实。比如,当事人之间必须有协商一致买卖某种商品的事实,才能基于民事法律规范在当事人之间形成买卖合同这一民事法律关系。这些关系都是受民事法律规范调整的在特定民事主体之间形成的具体的社会关系。

(三)民事法律关系以民事权利义务为核心内容

法律关系之本质内容是权利与义务。③ 民事法律关系是民事主体之间的财产关系和人身关系被民事法律规范调整之后在民法上的表达。这种表达在积极方面的核心体现是权利,但也包括取得期望、权限等,在消极方面的核心体现是义务,但也包括其他的拘束、不真正义务和负担等。权利与义务,虽不是法律关系的全部,却是法律关系的核心。④

(四)民事法律关系由国家强制力保证实施

法律关系与一般社会关系的重要区别之一,就是法律关系由国家强制力保证实施。民事法律关系也不例外。在某种程度上,国家强制力是民事法律关系得到尊重和得以维系的重要因素。民事权利和民事义务的履行,都以国家强制

---

① 〔德〕弗里德里希·卡尔·冯·萨维尼:《萨维尼论法律关系》,田士永译,载郑永流主编:《法哲学与法社会学论丛》第七卷,中国政法大学出版社 2005 年版,第 5 页。
② 〔德〕梅迪库斯:《德国民法总论》,邵建东译,法律出版社 2001 年版,第 51—55 页。
③ Helmut Köhler, BGB Allgemeiner Teil, München, 2008, S. 227.
④ 梅仲协:《法律关系论》,载费安玲、朱庆育编:《民法精要》,中国政法大学教务处 1999 年印刷,第 428 页。

力为保障。

二、民事法律关系的特征

（一）民事法律关系是平等性的法律关系

民法是私法的一部分。私法是整个法律制度中的一个组成部分，它以个人与个人之间的平等和自决（私法自治）为基础，规定个人与个人之间的关系。[①]民事法律关系区别于其他法律关系的一个很重要的特征就是它的平等性。该平等性来源于民法所调整的社会关系，民法所调整的社会关系是平等主体之间所发生的财产关系和人身关系。民事主体之间的权利和义务都是基于平等性原则所建立起来的。民事法律关系的平等性是其区别于其他法律关系的一个重要特征。

（二）民事法律关系是一种自治性法律关系

与遵循国家意志决定的公法不同，在私法活动领域，实行私法自治原则或称意思自治原则，即由法律地位平等的当事人，通过自由协商决定他们之间的权利义务关系。《法国民法典》第 1134 条即规定："依法成立的契约，在缔结契约的当事人间有相当于法律的效力。"对于民事法律关系，国家原则上不作主动干预，只在发生纠纷不能协商解决时，才由司法机关出面进行裁决。[②] 私法自治，是指"各个主体根据他的意志自主形成法律关系的原则"。[③] 由于民法贯彻私法自治原则，因此，大多数民事法律关系的产生、变更、消灭及其内容同时也直接体现和取决于民事主体的意志，只要当事人的意志不违背国家意志，民法充分尊重和肯定民事主体的意志自由。民事法律关系并不直接体现国家意志，因为私法奉行"法无禁止即自由"的原则，因而，只要不违反强制性法律规定，民事法律关系即应被尊重和承认。

（三）民事法律关系对财产关系和人身关系并重

由于民法产生之初主要是为了调整商品经济关系，因此，在民法当中，体现商品经济利益性质的财产关系占有重要地位。这也是民法所调整的商品经济关系在法律上的反映和体现。现代社会，民法通过对商品经济的调整实现人的自我成就的满足和人性的解放与主体性的张扬，因而，民法的使命就不应仅仅局限于调整商品经济关系，更在于推动人类的成长和发展，使人类走向自由的王国。[④] 所以，民法也非常重视对人身关系的调整，一方面，人身关系与财产关系

[①] 〔德〕卡尔·拉伦茨：《德国民法通论》（上册），王晓晔、邵建东、程建英、徐国建译，谢怀栻校，法律出版社 2003 年版，第 3 页。

[②] 梁慧星：《民法总论》，法律出版社 2007 年版，第 35 页。

[③] 〔德〕梅迪库斯：《德国民法总论》，邵建东译，法律出版社 2001 年版，第 142 页。

[④] 申卫星：《中国民法典的品性》，载《法学研究》2006 年第 3 期。

有着密切联系,因为人身关系往往被当做财产关系调整的前提,即要调整财产关系,往往首先要通过对人身关系的调整确立参与财产关系的民事主体的地位和人格;另一方面,民法发展到今天,现代化、文明化程度日益提高,人们对人身关系的重视程度不断加强。因此,财产关系与人身关系在民事法律关系中同居于重要地位。

(四)民事法律关系的救济更多地具有补偿性

民事法律关系是在平等的民事主体之间发生的法律关系,因而,一旦发生民事责任,该责任体现得更多的是补偿性而不是惩罚性,即致损害方所承担的民事责任必须与被损害方所遭受的损失相当。在现代民法中,仅在特殊情形下才规定有惩罚性的民事责任。

三、民事法律关系的意义

民事法律关系在民法中处于重要地位。人们只要进入了私法生活,就无时无刻不处在民事法律关系当中。一个自然人从出生到死亡,一个法人从成立到消灭,民事法律关系几乎伴随其一生。一个自然人一出生,即发生身份关系、监护关系、法定代理关系等各种民事法律关系,而且,随着其逐渐成年,需要与社会进行各种各样的契约交往,比如买卖商品,提供或接受服务,等等。再如一个企业成立的目的是为了在其营业范围内开展各种各样的经营活动,那么,它就可能与其他主体发生购销合同关系、承包合同关系、委托代理关系,等等。[1]

民事法律关系是整个民法逻辑体系展开与构建的基础。潘德克顿法学派将整个民事法律关系的理论运用到法典编纂中,在总则中根据法律关系的要素确立了主体、行为、客体制度,然后在分则中确立法律关系的内容,当总则中的主体、行为、客体与分则中的权利结合在一起就构成一个完整的法律关系。民事法律关系将主体、客体、行为、各种民事权利等要素整合为一体,形成清晰的脉络。[2] 可以说,民事法律关系是构成民法世界的一条主线,民事法律关系是民法中的重要组成部分。

从方法论上看,民事法律关系是指导理论研究与司法实践的基本思维模式与思考方法。在司法裁判中,必须将当事人置于具体的民事法律关系中,分析该法律关系之主体、客体以及当事人的权利义务关系,把握权利的产生、变更、消灭,才能公正裁判,正确地解决民事纠纷。[3] 可见,民事法律关系作为法律分析的工具也具有重要意义。

---

[1] 梁慧星:《民法总论》,法律出版社2007年版,第57页。
[2] 王利明:《民法总则》,中国法制出版社2010年版,第69页。
[3] 同上。

民法学研究的范围虽然广泛，但其核心问题是民事法律关系，在某种意义上，民事法律关系的发生、变更和消灭是民法学理论的基础，也是民法学理论的总纲。

第二节 民事法律关系的特性

一、民事法律关系的有机性

如前所述，民事法律关系的内容绝不仅仅限于民事权利和民事义务，除了权利和义务这一对法律关系的基本要素外，法律关系还包括权能、权限、取得期待和屈从、不真正义务、负担等非常规要素。所有这些要素结合在一起构成一项法律关系的全部内容，也只有这样才能充分地描述特定当事人的法律地位。但这许多要素不是孤立的，而是有机地联系和结合在一起。

对此，拉伦茨教授曾明确指出，法律关系可以由单一的权利和与其对应的义务组成，也可能是由以某种特定方式相互组合在一起的很多权利、义务和其他的法律上的联系组成。大多数法律关系都不是一种单一的关系，而是一个由许多法律上的联系附加于其中的复杂的综合体。法律关系是由各种各样的权利、权能、义务和法律上的拘束等组成的一个整体（ein Ganzes）、一个有机体和结构组合（ein Organismus und Gefüge）。[1]

例如，在所有权法律关系中，所有权通常被我们看做是一项完整的权利，但所有权并不仅仅是各种所有权权能的总和，所有权也有可能和义务结合，所有权事实上是一个复杂的包罗万象的法律关系。比所有权更加复杂的是债权债务关系和亲属法关系。一项债权债务关系不仅包括给付义务和与其对应的债权，还包括确保它们的辅助义务和权能以及形成权和权限。[2] 而且，在债权债务关系发展过程中还可以不断地产生各种各样新的义务，个别的给付义务可因清偿而消灭，形成权可因其行使或不行使而失去效能，债的客体可因当事人的约定或者法律规定而变更，债的主体也可因法律行为或者法律规定而更易，整个债权债务关系更可因概括转让而转移。无论何种情形，债权债务关系的要素虽有变化，但债的效力依旧不变，即债权债务关系仍继续存在，并不失其同一性。[3]

二、民事法律关系的规范性

民事法律关系是由民事法律规范作用于民法的调整对象而产生的社会关

---

[1] Larenz/Wolf, Allgemeiner Teil des Bürgerlichen Rechts, Aufl. 8, 1997, S. 253—254.
[2] Ibid.
[3] 王泽鉴：《民法债编总论》第 1 册，台湾三民书局 1993 年版，第 52 页。

系,但民事法律规范不会自动地作用于民法的调整对象,必须借助于民事法律事实方能实现,可见,民事法律事实乃是民事法律规范作用于民法调整对象的重要媒介。民法的这四项基本范畴的关系可图示如下:

民事法律规范
⇩
通过媒介(民事法律事实)
民法的调整对象(平等主体之间的社会关系)
⇩
民事法律关系(此时的社会关系披上了法的外衣:权利和义务)

法乃社会关系的调整器,作为部门法的民法只能调整一定范围的社会关系:平等主体之间的人身关系和财产关系。这种作为民法调整对象的社会关系与作为民事法律关系的社会关系之不同在于,作为民法调整对象的社会关系经过民事法律规范调整之后,披上了法的外衣,即具有(广义)权利和义务内容。此时的法律关系从民法的角度看已不再是普通的社会关系,而进入了规范世界,具有了规范属性。所谓法律关系的规范性,即对这种社会关系再不能当做普通社会关系来对待,而应以权利和义务的角度去观察、处理。具体表现在以下三个方面:

第一,法律关系不同于生活关系。人与人之间的所有关系并不都属于容易接受并需要接受法律规则评价的法律领域。关于这一方面可以分为三种情况。人与人之间关系的全部、或者全部不、或者部分属于法律领域或者需由法律规则支配。第一类的例子是所有权,第二类的例子是友谊,第三类的例子是婚姻,婚姻部分属于法律领域,部分不属于法律领域。② 拉伦茨也曾明确批评将生活关系与法律关系混同的现象,并举例说,出租人 A 与承租人 B 的生活关系可能是友好的,也可能是冷淡的或紧张的,但他们之间的租赁法律关系并不是按照这种生活关系来确定的,而只能是按照规范的观点(nach normativen Gesichtspunkten)。其内容要由法律和租赁合同来调整。③ 当然,与法律关系相应的生活关系有时也会反作用于法律关系,例如合同当事人之间长期缺乏信任关系,会导致一方行使解除权。但无论如何,这种生活关系对法律关系的反作用,也只能从规范观点的角度出发来确定。

第二,法律关系具有意志性。由上面的图示可知,民事法律关系是民事法律

---

① 应当注意的是,这种表述是以历史的观点来看的,即从民法发展的角度看,在没有民法之前,人们的社会关系并不具权利义务这种规范属性,民法的产生使其披上了法的外衣,接受民法调整之后的社会关系,从其生成时起即是依据民事法律规范进行的,当然形成民事法律关系。并非先有普通的社会关系,而后才产生民事法律关系。

② 〔德〕弗里德里希·卡尔·冯·萨维尼:《萨维尼论法律关系》,田士永译,载郑永流主编:《法哲学与法社会学论丛》第七卷,中国政法大学出版社 2005 年版,第 5 页。

③ Larenz/Wolf, Allgemeiner Teil des Bürgerlichen Rechts, Aufl. 8, 1997, S. 254.

规范作用于民法的调整对象而产生的,而民事法律规范本身就体现了立法者的意志,但这种意志是抽象的,具有一般性。而当民事主体通过其法律行为形成具体民事法律关系时,法律关系内容的确定再次体现当事人的意志。私法上法律关系的本质是个人意思独立支配的领域。①

第三,法律关系是通过对生活关系的撷取而产生的。现实生活关系是一个连续统一体,而我们正是从这一统一体中取出一部分进行法律观察,得出法律关系的。将生活关系局限于现实的某些部分,是法律研究技术的必要手段,同时对于法律适用也非常必要。否则找法工作将完全依赖于对法与非法的一种非理性的整体印象,从而丧失其可信赖性。② 法律关系对生活关系的这种"撷取",使其具有了很强的规范性。但生活关系却始终是一个有机的统一体,这就要求我们在分析法律关系时还要注意到法律关系的有机性。

三、民事法律关系的时间性:作为时间现象的法律关系

所有法律关系原则上都是有时间上的开始和结束的,所以法律关系虽然不存在于一定的空间中,却具有时间性。法律关系是一种时间现象(zeitliche Erscheinung)。③ 当然,法律关系在时间上的存在对于不同法律关系具有不同的意义。

在债法关系上,法律关系的时间性表现得最为明显。正如拉德布鲁赫所言,"债权含有死亡基因,目的已达,即归消灭"④。债权是动态财产权,其社会机能在于跨越时空障碍,实现财产的流转,保障在不同地域、不同时间发生的商品交换得以实现。作为人们获得和实现物权或类似权利的桥梁与手段,债权只有通过依法消灭自己才能实现其价值,没有永久存在的债权。特别是合同关系,从本质上说合同就是为了结束而设立的。即使是那些持续性债权债务关系,也有结束时间,它从一开始就是暂时的,并随着时间的推移而逐渐结束。

形成权的时间结构与债权很相似,它从一开始就是以通过其行使从而使一定权利形成作为其终极目的。一项形成权,例如终止权、撤销权、选择权,一旦行使,即告结束。⑤ 形成权是通过其行使而消耗自己的,即使不行使,这种权利也会因一定时间(除斥期间)的经过而消灭。可见,形成权是一项可消耗性权利。

物权关系中的用益物权和担保物权都具有明显的时间性,所有权的时间性

---

① 〔德〕弗里德里希·卡尔·冯·萨维尼:《萨维尼论法律关系》,田士永译,载郑永流主编:《法哲学与法社会学论丛》第七卷,中国政法大学出版社 2005 年版,第 5 页。
② 参见〔德〕梅迪库斯:《德国民法总论》,邵建东译,法律出版社 2001 年版,第 51—53 页。
③ Larenz/Wolf, Allgemeiner Teil des Bürgerlichen Rechts, Aufl. 8, 1997, S. 257.
④ Radbruch, Rechtsphilosophie, 1963, S. 243.
⑤ Larenz/Wolf, Allgemeiner Teil des Bürgerlichen Rechts, 8. Aufl., 1997. S. 259.

虽不很明显,但所有权同样具有一定的时间结构。首先,所有权是特定人在某个特定时刻开始对特定的某物享有支配力的,同时这种支配也必将结束,至迟至所有权人死亡或者所有物灭失时。但所有权的时间结构与债权明显不同,它并不像债权那样通过履行义务而消灭自己,不是目的达到了就没有任何意义。恰恰相反,它在时间上的存在本身就是它的意义①,就是它的目的。而且,从本质上讲,所有权关系的时间结构不是暂时的,而是长期持续的。

人格权、亲属权和婚姻关系的时间结构,也同样以人的生存时间为限。知识产权的时间性则体现在其保护期上,保护期届满就不再受到法律的专有性保护,而成为人类的共同财富。当然,这些权利的时间结构与所有权相同,存在即其目的。与债权那种"目的已达,即告消灭"的时间结构显有不同。

第三节 民事法律关系的构成

民事法律关系的构成,也称民事法律关系的要素,民事法律关系由主体、客体、内容所构成。主体为法律关系之所属,客体为法律关系之所附,而在此主体与他主体间,凭借客体以彼此牵涉,其所牵涉者即为法律关系之内容。任何民事法律关系都不能缺少这三项要素,而且要素发生了变化,民事法律关系也将随之发生变化。

一、民事法律关系的主体

民事法律关系主体,是指参与民事法律关系,享有民事权利和承担民事义务的人。"人"是法律秩序存在的前提和目的所在。但作为民事法律关系主体的"人",不以自然人为限,也包括作为社会组织体之法人。民法上的"人"是一个形式上的人的概念,其主体资格通过"权利能力"来表达。对人的概念的形式化,使法律制度可以通过赋予其权利能力,而将人的概念适用于"法人"。"人"、权利能力与权利主体三位一体,不可分割。凡属"人"者,不问其性别、年龄、国籍、职业有怎样的差异,在法律视域内,均是平等的法律关系主体。自然人之主体资格,即权利能力,始于出生,终于死亡。而法人"人格"之存续则须满足特定的法律要件。法人依其存在目的,可分为公益法人与营利法人;而依法人的成立基础,则可分为社团法人与财团法人。社团法人,是以经营共同事业为目的,而集合自然人为团体之法人;财团法人则是由供给于一定目的之财产而成立之法人,财团法人常以公益为目的。

民事法律关系主体表现出以下几个特点:(1)地位平等。民事法律关系的

---

① Larenz/Wolf, Allgemeiner Teil des Bürgerlichen Rechts, 8. Aufl., 1997. S. 258.

主体是处于民事领域的主体,平等性是民事领域最突出的特点,因此,民事法律关系的主体之间自然也是平等的。(2)意思自主。民事法律关系主体被承认为法律上的人,也就被承认为具有自主表示意思的能力。意思自主是民事法律关系主体最基本的能力,也是判断民事法律行为是否有效的标准。(3)范围广泛。民事法律关系的主体非常广泛,不仅包括生理意义上的自然人,也包括非生理意义上的法人、其他社会组织、国家等等。

按照我国《民法总则》的规定,我国民事法律关系的主体主要包括自然人、个体工商户、农村承包经营户、法人、非法人组织、国家以及外国人和外国组织等等。

二、民事法律关系的客体

民事法律关系的客体,指的是民事法律关系主体的民事权利和民事义务所指向的对象。如果没有民事法律关系客体,民事权利和民事义务就无所依托。按照通说,民事法律关系的客体主要是物、给付、智力成果和人身利益。

(1)关于物(Sache)。物是存在于人体之外,能满足权利主体的利益需要,而且能被主体所支配的物质实体。首先,物须存在于人体之外。人的身体,不是法律客体,也不是物。而与人的身体相脱离(如为移植而摘取的器官或者精液),并可为处分行为客体的部分,仅在其终局地脱离人体时才被视为"物"[1],但若这些被取出的部分,是为了保持取出人的身体运行机能或是为了将来再植入其身体内时,则被继续视为受保护之"身体",而不构成物。[2] 其次,物须能被主体所支配。日月星辰非人力所能支配,并非法律上的物。再次,物须有形,有形意味着物须占据一定的空间,但却不必占据确定的空间。因而液体与气体只要在特定的密封容器中并可被人力支配,即为"物"。[3] 最后,物须能满足权利主体的利益需要。

(2)关于给付(Leistung)。给付是债权债务关系的客体,既可以是作为(Tun),也可以是不作为(Unterlassung)。对于给付指给付行为(Leistungsverhalten)还是给付效果(Leistungserfolg)这一问题,需要结合具体情形下给付义务的意旨与目的具体考量:如根据雇佣合同,医生之给付义务仅限于为病人的健康服务,而并非健康本身;但裁缝则有义务向定作人交付成衣,于此,给付义务的完成须有给付效果的出现。[4]

(3)关于智力成果(Immaterialgüter, geistige Schöpfung)。智力成果指的

---

[1] Rüthers/Stadler, Allgemeiner Teil des BGB, München, 2009, S.91.
[2] 〔德〕鲍尔/施蒂尔纳:《德国物权法》(上册),张双根译,法律出版社2004年版,第22页。
[3] Rüthers/Stadler, Allgemeiner Teil des BGB, München, 2009, S.90.
[4] Fiktenscher/Hinemann, Schuldrecht, Berlin, 2006, S.24ff.

是知识产品。它是指人们创造性的、以一定形式表现出来的智力成果。它具有创造性、非物质性、客观表现性的特征,包括文学、艺术、科学产品,如作品、发明、实用新型、外观设计以及注册商标等。① 以智力成果为客体的知识产权则具有无形性、专有性、地域性、时间性、可复制性等特征。②

(4) 关于人身利益。人身利益具体地表现为人格利益和身份利益。生命、健康、身体、肖像、自由、名誉、隐私等为人格利益,是人格权的客体;而身份权的客体则为特定身份关系之对方当事人。③ 其中,人格利益又可析分为物质性人格利益与精神性人格利益:生命、身体、健康、劳动能力等为物质性人格利益;姓名、肖像、自由、名誉、隐私等则为精神性人格利益。与此分类相应,人格权也区分为物质性人格权与精神性人格权。④

此外,物、给付、智力成果、人身利益是第一顺位的权利客体,而权利本身则因可作为处分客体而为第二顺位权利客体。得为处分客体之权利,除物权、知识产权及债权外,尚包括一定的法律关系(如买卖、租赁)。例如,所有权得为让与,于债权、著作权之上得设定权利质权,买卖契约得为解除。⑤ 简而言之,第一顺位的权利客体是指支配权或利用权的标的,第二顺位的权利客体则是处分行为的客体,包括权利和法律关系。⑥

三、民事法律关系的内容

民事法律关系的内容,是指民事法律关系的主体所享有的民事权利和必须履行的民事义务。民事法律关系的内容是民法所调整的社会关系的内容在法律上的反映。没有民事权利和义务,民事法律关系是不可能存在的。而且,民事主体是否享有民事权利和承担民事义务,也是民事法律关系与其他法律关系相区别的依据,因此,民事法律关系的内容是民事法律关系的要素之一。

民事法律关系的内容的重要性体现在:

(1) 它是把民事主体与民事客体联系在一起的纽带,同时也是把民事主体联系在一起的中介。没有民事权利和义务,民事主体和民事客体不可能发生联系,民事主体之间也不会发生民事交往。

(2) 民事法律关系的内容体现了民事法律关系的性质及其与其他民事法律关系的区别。不同的民事法律关系,就有不同的民事权利义务的内容。在买卖

---

① Brox/Walker, Allgemeiner Teil des BGB, Köln, München, 2008, S. 303.
② 郑成思:《知识产权论》,法律出版社 2003 年版,第 63—77 页。
③ 梁慧星:《民法总论》,法律出版社 2007 年版,第 59 页。
④ 张俊浩:《民法学原理》(上册),中国政法大学出版社 2000 年版,第 138—139 页。
⑤ 王泽鉴:《民法总论》,中国政法大学出版社 2001 年版,第 205 页。
⑥ 〔德〕卡尔·拉伦茨:《德国民法通论》(上册),王晓晔、邵建东、程建英、徐国建译,谢怀栻校,法律出版社 2003 年版,第 377—378 页。

合同中，体现的是一方转移标的物所有权的义务、收取货款的权利，另一方则享有取得标的物所有权的权利并承担支付货款的义务。而在加工承揽合同中，则体现的是一方加工标的物、交付加工物并收取加工费，另一方接受标的物、支付加工费用的权利义务。

(3) 民事法律关系内容体现了民法的调控功能。民事法律关系的内容，正是民法调控功能的体现。民法通过确认民事主体之间的民事权利、民事义务内容，为当事人提供了相关的行为模式，从而调整相关的社会关系。

第四节　民事权利、民事义务与民事责任

一、民事权利

（一）民事权利的概念

权利在我国法理学界是一个众说纷纭的概念，对其有多种多样的解释。相应地，关于民事权利的概念，学界也有非常多的看法，通说认为，所谓民事权利，指的是民事主体为实现某种利益为或不为一定行为的可能性。它具体包括：(1) 权利人在法定范围内享有为或者不为一定行为的可能性；(2) 权利人要求他人为或不为一定行为的可能性；(3) 权利人的权利受到侵害时，有权要求国家机关采取强制措施给以保护。

关于民事权利的本质，学界也有非常多的争议。共有四种代表性的学说[①]：(1) 意思说（Willenstheorie）。代表学者萨维尼认为，权利之本质为意思之自由，或意思之支配。(2) 利益说（Interessentheorie）。代表学者耶林认为，权利之本质为法律所保护的利益。(3) 意思力说（Willensmachttheorie）。代表学者雷格尔贝格（Regelsberger）认为，权利乃依意思力而实现的利益，或称权利是因实现特定利益而具有的意思力。(4) 法力说（Rechtsmachttheorie）。代表学者舒佩（Schuppe）和梅克尔（Merkel）认为，权利之本质为法律上之力，权利是由"特定利益"和"法律上之力"两个因素构成。

我国民法学者认为意思说与利益说都存在着不足，意思说不能涵盖现实生活中大量存在的权利之变更、取得以及丧失并非出自当事人意思的情形，而利益说的缺陷在于，法律所保护的利益，未必都表现为权利。只有法力说才能完满地解释民事权利的本质。[②] 根据法力说，权利乃是一种法律上的力。法律上之力不同于一般所谓之实力，实力乃个人的腕力，法律上之力乃法律所赋予的，此种

[①] 参见申卫星：《期待权基本理论研究》，中国人民大学出版社2006年版，第21—27页。
[②] 梁慧星：《民法总论》，法律出版社1996年版，第62页。

力量受到法律的支持和保护,依照这种力量,权利人可以支配特定的标的物,进而可以支配他人。当然不同的权利其法律上之力也各不相同,但将法律上之力作为所有权利的共同特征深具意义。

对于权利的本质,学说上虽先有意思说,后有利益说,再有意思力说、法力说,然而这些学说均抽象持论,使人们仍然觉得权利还是那缥缈于抽象世界的非我所在。虽然在学说上"法力说"受到大家们的一致肯定,然而德国著名法学家拉伦茨教授也曾发问道:"我们为什么需要一个'权利',权利的概念在整个私法制度中的意义又是什么?"[①]笔者以为,权利乃是法律人用以描述这个世界、认识这个世界、表达这个世界、改造这个世界的法律技术工具。换言之,我们之所以需要权利,乃是因为我们用"权利"这样一个法律技术构造物如庖丁解牛一般分解这个纷繁复杂的世界,以便能清晰地描述这个世界、认识这个世界、表达这个世界,从而最终通过权利、义务的合理配置来有效地改造这个世界。

(二) 民事权利的分类

按照不同的分类方法,民事权利可以分成以下类别:

1. 财产权和人身权

依权利内容的不同,民事权利可以分为财产权和人身权。所谓财产权(Vermögensrecht),是指以财产利益为内容、直接体现财产利益的权利,如物权(Sachenrecht)、债权(Forderung)等。所谓人身权,指的是以人身利益为内容、与人身不可分离、不直接体现财产利益的民事权利,包括人格权和身份权。人格权(Persönlichkeitsrecht),即以与权利人自身不可分离之利益为标的之权利,因出生而取得,因死亡而消灭。人格权又可分为物质性人格权与精神性人格权:物质性人格权是指生命权、身体权、健康权等以物质性人格要素为客体的人格权;精神性人格权指姓名权、肖像权、名誉权、隐私权等以精神性人格要素为客体的人格权。身份权(Standsrecht, Familienrecht),则指与权利人特定身份不可分离之权利。亦即须有一定身份,然后始得享有之权利,例如亲权。财产权一般可以用金钱价值来衡量,允许转让,而人身权不能用金钱价值去衡量,不得转让和继承,并不得抛弃。此外,有些民事权利具有财产权和人身权的双重属性,如社员、知识产权。

对于上述各种权利,《民法总则》延续了《民法通则》的立法体例,设第五章"民事权利"专章予以列举性规定。具体而言,主要包括如下内容:(1) 自然人的人身自由、人格尊严(第 109 条);(2) 自然人享有的生命权、身体权、健康权、姓名权、肖像权、名誉权、荣誉权、隐私权、婚姻自主权等权利(第 110 条第 1 款);

[①] 〔德〕卡尔·拉伦茨:《德国民法通论》(上册),王晓晔、邵建东、程建英、徐国建译,谢怀栻校,法律出版社 2003 年版,第 276 页。

(3) 法人、非法人组织享有的名称权、名誉权、荣誉权等权利(第 110 条第 2 款);(4) 自然人的个人信息(第 111 条);(5) 自然人因婚姻、家庭关系等产生的人身权利(第 112 条);(6) 物权(第 114 条第 1 款)与债权(第 118 条第 1 款);(7) 知识产权(第 123 条第 1 款);(8) 继承权(第 124 条第 1 款);(9) 股权和其他投资性权利(第 125 条);(10) 数据、网络虚拟财产(第 127 条);(11) 法律规定的其他民事权利和利益(第 126 条)。

2. 支配权、请求权、抗辩权、形成权

按照权利作用的不同,民事权利可以分为支配权、请求权、抗辩权、形成权。

所谓支配权(Herrschaftsrecht),是指权利人可以直接支配权利客体,并具有排他性的权利。在积极方面,权利人可直接支配其标的物,而无需他人行为之介入,在消极方面,可禁止他人妨碍其支配,而具有排他性。支配权人对客体的支配可能是全方位的(如所有权),也有可能是受有一定限制的(如抵押权、质权、用益权等限制物权)。支配权可分为对物的支配权,即物权,及对智力成果的支配权,即知识产权。①

所谓请求权(Anspruch),指的是请求他人为或者不为一定行为的权利。依其所由发生之基础权利的不同,可分为债权上的请求权、物权上的请求权、知识产权上的请求权、人格权上的请求权及身份权上的请求权。请求权虽为典型的相对权,但绝对权之效力(如所有权)也可借由请求权(物上请求权),针对特定侵扰者得以实现。②

所谓抗辩权(Einrede),指的是对抗他人请求权的权利。其作用在于防御,而非攻击。抗辩权的效力在于使抗辩权人得以拒绝其所相对之请求权人的给付请求,因而是一项给付拒绝的权利(Leistungsverweigungsrecht)。③ 根据其效力,抗辩权可分为一时性的抗辩权(dilatorische Einreden)和永久性的抗辩权(peremptorische Einreden)④:前者仅能暂时地阻止其所针对之请求权的行使,如我国合同法规定的不安抗辩权和同时履行抗辩权等;后者则能永久地阻止其所针对之请求权的实现,如因时效届满而拒绝履行义务的抗辩权。

所谓形成权(Gestaltungsrecht),是指权利人依其单方意思表示,即可使民事法律关系产生、变更或者消灭的权利。形成权概念是由德国著名学者泽克尔(Emil Seckel)在其名著《民法上的形成权》一书中以其创造性的文字第一次提出的,并系统论述了形成权的发生、变更、让与和消灭等问题,由此泽克尔被称为

---

① Rüthers/Stadler, Allgemeiner Teil des BGB, München, 2009, S. 54.
② Ibid. , S. 55.
③ Brox/Walker, Allgemeiner Teil des BGB, Köln, München, 2008, S. 261.
④ 〔德〕梅迪库斯:《德国民法总论》,邵建东译,法律出版社 2001 年版,第 83 页。

形成权的发现人。① 形成权按照其行使对涉及的法律关系所产生的效力的不同,可以区分为设立性形成权、变更性形成权、消灭性形成权:(1)设立性形成权(Begründungsrecht),是指因形成权的行使而创设一定法律关系的形成权。如追认权(如《民法总则》第145条和《合同法》第47条规定的法定代理人对限制行为能力人所从事法律行为的追认权、《民法总则》第171条和《合同法》第48条规定的被代理人对无权代理人的追认权、《合同法》第51条规定的真正权利人对无权处分人处分行为的追认权)。(2)变更性形成权(änderungsrecht),即因形成权的行使而使既有法律关系发生变更的形成权。例如,选择之债中的选择权、损害赔偿权人多种救济方法的选择权(《合同法》第122条)、定金和违约金并存时适用何者的选择权(《合同法》第116条)、给付确定权、通知到期权(使未到期的债权转化为到期之债)等。(3)消灭性形成权(Aufhebungsrecht oder Vernichtungsrecht),是指因形成权的行使而使既有法律关系消灭的形成权。例如,撤销权、抵销权、解除权、终止权等。这种形成权最为典型,也是最常见的形成权类型。②

形成权可依法律规定而产生,亦可基于当事人之间的约定而产生。形成权效力强大,相对人处于屈从的地位,由是,形成权的行使不得附条件或期限。③ 形成权本为权能,因其重要性日渐凸显而成为权利④,形成权往往依附于一定母权利,因而,形成权一般不得单独让与。

3. 绝对权与相对权

以权利所及的范围为标准,民事权利可以分为绝对权与相对权。所谓绝对权(absolutes Recht),是指可以针对每一个人产生效力,即任何人都必须尊重的权利,又称对世权。所有权、人身权即属此列。而所谓相对权(relatives Recht),则是请求特定人为一定行为的权利,必须通过义务人实施一定行为才能实现,同时只能对抗特定人。债权是典型的相对权。在绝对权与相对权之间,还存在一些混合形式,相对权也可以被赋予个别的对世效力,如预告登记一经完成,要求变更土地法律状态的请求权就具有对抗第三人的效力。⑤

---

① Hans Dölle, Juristische Entdeckungen, Verhandlungen des 42. deutschen Juristentages, J. C. B Mohr Tübingen, 1959, B11;王泽鉴:《法学上的发现》,载王泽鉴:《民法学说与判例研究》(4),中国政法大学出版社1998年版,第13页。

② 关于形成权的一般理论详见申卫星:《形成权基本理论研究》,载梁慧星主编:《民商法论丛》第30卷,法律出版社2004年版,第1页以下。

③ 〔德〕梅迪库斯:《德国民法总论》,邵建东译,法律出版社2001年版,第73—80页。

④ 参见〔德〕卡尔·拉伦茨:《德国民法通论》(上册),王晓晔、邵建东、程建英、徐国建译,谢怀栻校,法律出版社2003年版,第264页。

⑤ 〔德〕梅迪库斯:《德国民法总论》,邵建东译,法律出版社2001年版,第59—60页。

4. 主权利和从权利

按照民事权利相互之间的关系,民事权利可以分为主权利和从权利。所谓主权利(Hauptrecht),是指在两个相互关联的民事权利当中,居于主导地位、能够独立存在的权利;而从权利(Nebenrecht)指的是以主权利的存在为其存在前提的权利。例如担保物权相对于其所担保的债权而言即为从权利,地役权相对于需役地所有权和使用权而言,亦是典型的从权利。在民法原理中,一个重要的原则就是,如无特别约定,从权利与主权利同一命运,即主权利转移、消灭或者被设定负担,从权利也随之转移、消灭和设定负担。

5. 专属权和非专属权

按照民事权利与民事主体结合程度的不同,民事权利可以分为专属权和非专属权。所谓专属权(ausschließes Recht),指的是专属于某特定民事主体,不得转让和继承的权利,如人身权。专属权又可分为享有专属权与行使专属权,前者是仅得由权利人享有之权利,例如终身定期金;而后者则指权利之行使与否,专由权利人决定。在未决定行使之前,行使专属权虽不得转让或继承,但经决定行使后,则可移转于他人,例如因身体被侵害所生之非财产上损害赔偿请求权。[①] 而非专属权,则是指不专属于特定民事主体,可以转让和继承的权利,比如一般的财产权(但矿藏和水流的所有权归国家,为专属权)。

6. 既得权和期待权

按照权利发展阶段的不同,民事权利可以分为既得权和期待权。所谓既得权(Vollrecht),是指权利人已经具备法律上规定的要件,已经取得并且可以实现的权利。所谓期待权(Anwartschaftsrecht),则是指须待特定事件的发生或一定时间的经过,权利人才可以行使并享受特定利益的不完整权利。[②] 并非所有的期待都是期待权,只有当期待已经达到一定的确定程度,在交易中可以将之视为一种现成的财产进行转让时,才构成一项期待权。[③] 如附延缓条件法律行为所产生之法律地位、所有权保留买卖之保留买主的法律地位等。

(三)民事权利的保护

这里所说的民事权利的保护,指的是当民事权利受到侵害时,用民事权利的保护方法,确保民事权利不受侵犯或者使受到侵害的权利得到恢复的措施。包括自我保护(私力救济)和国家保护(公力救济)两种保护方法。

1. 自我保护(私力救济)

所谓自我保护,是指民事主体的民事权利受到侵害时,民事主体自己采取各

[①] 杨与龄编著:《民法概要》,中国政法大学出版社 2002 年版,第 12 页。
[②] 申卫星:《期待权基本理论研究》,中国人民大学出版社 2006 年版,第 111 页。
[③] Brox/Walker, Allgemeiner Teil des BGB, Köln, München, 2008, S. 244.

种必要的合法措施进行保护。它包括：

（1）自卫行为

所谓自卫行为，是指当民事主体的民事权利受到侵害或者有受到侵害的危险时，权利人采取的必要措施，它包括正当防卫和紧急避险两种形式，分别规定在《民法总则》第181条和第182条。

（2）自助行为

所谓自助行为，指的是民事主体在自己的民事权利受到侵害时，由于事情紧急，来不及请求国家机关救助的情况下，对加害人的人身或者财产进行扣押或者毁损，而为法律所许可的行为。由于我国法律对其没有明文规定，所以自助行为的构成要件非常严格，学者们通常认为应该包括：第一，目的是为了保护自己的利益不受侵害；第二，情况紧急，来不及请求国家机关救助；第三，采取的手段并无过分；第四，事后应该提请有关国家机关处理。

2. 国家保护（公力救济）

国家保护是民事权利保护的最后一道防线，它是指在民事权利受到侵害时，由专门的国家机关通过法定的程序加以保护。民事权利受多个法律部门保护，因此，国家保护民事权利可以通过多种国家机关，以多种方式进行。但最主要的是通过人民法院民事诉讼的方式进行保护。

二、民事义务

（一）民事义务的概念

所谓民事义务，指的是民事义务人为满足权利人的利益而为一定行为或者不为一定行为的必要性。它具体包括：（1）义务人必须按照法律规定的要求，为或不为一定行为的必要性；（2）义务人必须按照合同中约定的要求，为或不为一定行为的必要性；（3）义务人不承担义务时，将面临承担民事责任的后果。

（二）民事义务的分类

民事义务一般有以下分类：

1. 法定义务和约定义务

所谓法定义务，指的是根据现行法律的规定所产生的义务；而约定义务，则是根据当事人协商确定的合同所产生的义务。

2. 积极义务和消极义务

积极义务指的是义务人必须作出一定的积极的举动或者行为的义务；而消极义务指的是义务人不作为的义务，如不得侵害他人的物权等义务。

3. 本义务和附随义务

所谓本义务指的是合同本身约定的义务；而附随义务指的是除合同约定之外，基于诚实信用原则而产生的辅助债权人利益实现的义务，如告知义务、照顾义务和保密义务等。

三、民事责任

(一) 民事责任的概念和特征

1. 民事责任的概念

由于法理学界对法律责任的概念采取不同的理解,因而在民事责任的概念上,学者们也有多种看法,有的认为民事责任是指义务人违反其义务时所应该遭受的制裁,有的认为民事责任是一种不利的法律后果,还有的学者认为这是一种义务,众说纷纭。《民法总则》第 176 条规定:"民事主体依照法律规定和当事人约定,履行民事义务,承担民事责任。"故此,本书认为民事责任是指民事主体因为违反法律规定与合同约定的义务而应该承担的法律后果。

2. 民事责任的特征

(1) 民事责任以义务主体违反民事义务为前提。

民事责任的产生是以民事义务为前提的,没有民事义务,就没有民事责任。但有了民事义务,不一定有民事责任。因为义务人可能恰当地履行义务,从而使民事责任的产生没有必要。

(2) 民事责任的主要目的在于补偿。

民法是私法,它调整的民事法律关系是平等的社会关系,因此,在义务人不履行义务时,主要侵害的是私人的利益,按照平等原则,补偿受损失人的损失,即可符合平等的要求。因此,民事责任具有补偿性的特征,一般不具有惩罚性的特征。

(3) 民事责任可以由双方当事人约定。

由于民法的私法性特征,当事人自愿原则也可以应用到民事责任当中。在义务人必须承担民事责任时,双方当事人可以协商约定责任的方式和程度。当然,民事责任的约定性必须以不违背法律规定为前提。

(4) 民事责任体现了国家的强制性。

前文已经说过,民事责任与民事债务一个重要的区别就是民事责任的国家强制性。正是因为民事责任具有国家强制性,从而能够使民事权利的实现得到最后的保障。

(二) 民事责任的分类

民事责任有多种分类,主要有:

1. 合同责任、侵权责任和其他责任

所谓合同责任,指的是违背合同或者违背合同法规定的义务而产生的责任;所谓侵权责任,指的是侵害他人财产或者人身所产生的民事责任;其他责任指的是除合同责任和侵权责任以外的民事责任,如基于不当得利而产生的责任;等等。

2. 无限责任和有限责任

所谓无限责任,指的是责任人应该以自己所有的财产承担的责任,比如基于合伙所发生的债务责任;所谓有限责任,指的是责任人只在法律规定的财产限额内承担的民事责任。对这两种责任作出区分主要是为了明确责任的范围和承担方式。

3. 单独责任与共同责任

单独责任指的是由单个责任人独自承担的民事责任。而共同责任指的是由两个以上的责任主体承担的民事责任。根据责任人之间是否有连带关系,共同责任又可以分为按份责任和连带责任,前者指的是责任人按照法律的规定和合同的约定各自承担一定份额的民事责任,后者指的是责任人对权利人的请求不分份额、不分先后地承担的民事责任。

4. 过错责任、无过错责任

过错责任指的是因为行为人主观上存在过错,而且事实上也给他人造成了损害而应承担的责任。无过错责任指的是即使行为人主观上没有过错,只要事实上给他人造成了损害就应该承担的民事责任,这种归责原则一般适用于高度危险责任。

（三）民事责任的方式

民事责任的方式,又称民事责任的承担方式,它是指国家针对违反民事义务、需要承担民事责任的情形所规定的对受侵害权利的补救方法。

根据《民法总则》第179条之规定,承担民事责任的方式主要有:(1)停止侵害;(2)排除妨碍;(3)消除危险;(4)返还财产;(5)恢复原状;(6)修理、重作、更换;(7)继续履行;(8)赔偿损失;(9)支付违约金;(10)消除影响、恢复名誉;(11)赔礼道歉。此外,法律规定惩罚性赔偿的,依照其规定。该条规定的承担民事责任的方式,可以单独适用,也可以合并适用。

第五节 民事法律关系的变动

民事法律关系是民法所调整的社会关系在法律上的反映。在社会生活中,由于社会条件变动较大,任何社会关系总是处在不断变化当中,民事法律也处在复杂的变化当中,具体表现为各种民事法律关系的发生、变更、消灭,此即民事法律关系的变动。它可以分为民事法律关系的发生、变更、消灭三种情况。

民事法律关系的发生,指的是由于一定的民事法律事实的出现,民事主体之间形成了民事上的权利义务关系,即形成了民事法律关系。比如,当事人之间签订买卖合同,因为买卖合同成立这个事实,从而在当事人之间形成买卖合同关系;又如,当事人创作一幅作品,从而使其对该作品享有著作权的民事法律关系发生。

民事法律关系的变更,指的是因为一定法律事实的变化,从而使民事法律关系发生了变化。它包括民事法律关系主体变更、客体变更和内容变更。

民事法律关系主体的变更,指的是民事法律关系权利主体或者义务主体发生了变化。比如,在债权债务关系中,债权人或者债务人发生了变动。前者是指债权人把债权让与第三人,从而使债权人发生了变更;后者是债务人在征得债权人同意的情况下,把债务让渡给第三人承担,从而使债务人发生了变更。又如公司的合并、分立,一个新的公司产生或者原来的公司分立成两个以上的公司,等等,也属于主体变更。

民事法律关系客体的变更,指的是民事法律关系权利义务指向的对象发生了性质或者范围的变化。比如,抵押物部分损毁,从而导致抵押权指向的抵押客体范围缩小。又如选择之债一经选择确定,即转化为简单之债。

民事法律关系内容的变更,指的是民事法律关系中的权利义务内容发生了变化。民事法律关系内容的变更是民事法律关系变动中最常见的情况。由于社会条件的复杂性,原先确定好的权利义务内容经常可能发生变化。比如在买卖合同中,买方和卖方可能对价款重新约定;在运输合同中,双方当事人也可能对运输方式进行重新约定;等等。

民事法律关系的消灭,指的是一定法律事实的出现,从而导致民事法律关系终结。比如,所有物的灭失,导致原所有权人对该所有物所有权的丧失;买卖合同中,双方当事人将该合同中所有的权利义务履行完毕,从而导致买卖合同法律关系的消灭;等等。

第六节 民事法律事实

一、民事法律事实的概念

所谓民事法律事实,指的是法律规范所规定的,能引起民事法律关系产生、变更、消灭的客观情况。任何民事法律关系的产生、变更、消灭都不是无原因的,这个原因就是民事法律事实。可以说,民事法律事实是民事法律关系产生、变更、消灭最直接的原因。民事法律事实是一种客观情况,但并非所有的客观情况都是民事法律事实,比如潮起潮落、日出日落,它们就不是民事法律事实。客观情况成为民事法律事实的前提是属于民事法律规范规定的客观情况。

二、民事法律事实的分类

《民法总则》第129条规定:"民事权利可以依据民事法律行为、事实行为、法律规定的事件或者法律规定的其他方式取得。"因此,民事法律事实主要分为事件、行为和一定状态的持续。

(一)事件

事件是指人的行为以外的,能够引起民事法律关系发生、变更、消灭的客观情况。事件可以分为自然事件和社会事件,前者如人的出生、死亡、地震、台风、洪水等,后者如战争。

(二)行为

民法中的行为指的是与人的意识有关的,引起民事法律关系发生、变更、消灭的人的活动。行为是民事法律事实中最重要的组成部分,很大一部分民事法律关系都是行为的结果。不仅民法所规定的行为可能会引起民事法律关系的产生、变更、消灭,有时其他法律如行政法、诉讼法规定的行为也可能引起民事法律关系的产生、变更、消灭。

行为按照主体的不同可以分为以下几类:

(1)行政行为。即由行政机关依法凭借其行政权所作出的能够引起一定民事法律关系变动的行为,如没收、罚款、政府的征收、征用等,会导致行政相对人所有权(使用权)的消灭,国家所有权(使用权)的产生。

(2)司法行为。即由司法机关依法凭借其审判权作出一定裁判,从而引起民事法律关系变动的行为,如人民法院判决离婚从而导致当事人的婚姻关系消灭,人民法院判决变更合同的内容或确认产权的归属都会产生民事法律关系变动的后果。

(3)民事行为。即由民事主体本着平等、自愿的原则所作出的能够引起民事法律关系变动的行为。民事行为依其有无意思表示又可以分为民事法律行为和事实行为,前者是指民事主体通过其意思表示来设定、变更、消灭一定民事权利义务关系的行为,如签订合同、设立遗嘱、发出通知、发布悬赏广告等;后者是指行为人无须意思表示,因该行为符合民法的具体规定而发生相应法律后果的行为。事实行为可以是合法的行为,如画画、写作、上山采蘑菇、下海捕鱼、拾得遗失物、发现埋藏物等,也可以是不合法的行为,如侵权行为。

(三)一定状态的持续

一定状态的持续也可以引起法律关系的变动,例如,对物的持续占有可以通过取得时效而取得他人之物的所有权;人的生死不明状态持续一定时间,相关当事人可以诉请人民法院宣告其失踪或死亡;一定时间的经过可以导致诉讼时效届满从而丧失请求法院保护的权利,等等。

三、民事法律事实构成

民事法律事实构成,是指某个民事法律关系的产生、变更、消灭,需要有两个或两个以上的民事法律事实的结合才能成立。

一般而言,一个民事法律事实能引起民事法律关系的产生、变更、消灭,但有的时候,需要两个或两个以上的民事法律事实相结合才能引起民事法律关系的产生、变更、消灭。比如遗嘱继承,需要合法有效的遗嘱,立遗嘱人死亡,继承人不拒绝继承这些法律事实的发生才能成立。

第四章 民事法律关系主体：自然人

自然人是基于出生而取得民事主体资格的人。我国自然人具有平等的法律地位，不分民族、种族、性别、职业、职务、家庭出身、政治态度、宗教信仰、受教育程度、财产状况、居住期限等，都一律平等地享有法律赋予的权利能力，并且这一权利能力一律平等地受到法律保护，任何人和任何组织不得限制与剥夺。本章介绍了我国民事法律制度中关于自然人的民事权利能力、民事行为能力、监护、宣告失踪和宣告死亡等制度。

第一节 自然人的民事权利能力

一、自然人的概念

自然人，指基于自然规律出生的人。任何人因其出生而当然地取得权利能力，一切自然人都因出生而平等地享有权利能力，这项法律原则肯定了人的价值、尊严和主体性。

"自然人"是相对于"法人"的法律概念，最初权利能力者只有自然人，后来随着团体在民事生活中的地位越来越重要，产生了在词语上设法区分两种"人"的需要，于是出现了自然人和法人的称呼。

二、自然人民事权利能力的概念

自然人的民事权利能力（Rechtsfähigkeit），是指自然人依法享有民事权利和承担民事义务的资格。我国传统民法学说认为，权利能力是人格的别称。[①] 具有权利主体资格，才有权利能力，具有权利能力又称有人格。

自然人的民事权利能力与其享有的民事权利，既有内在联系，又具有不同意义。民事权利能力是一种资格，是自然人取得民事权利的前提，它对自然人实现民事权利来说，还是一种可能性；民事权利是自然人在具体的民事法律关系中实际取得的，是自然人民事权利能力得以实现的结果。另外，民事权利能力与自然人是不可分离的，除死亡外，他人不得加以剥夺，本人也不得放弃或转让；自然人

[①] 梅仲协：《民法要义》，中国政法大学出版社1998年版，第53页。

的民事权利则是可以依法放弃和转让的。①

三、自然人民事权利能力的特点

（一）平等性

我国《民法总则》第14条规定："自然人的民事权利能力一律平等。"在我国，自然人不分性别、种族、地位以及年龄之大小、财富之多寡，均平等地享有民事权利能力。自然人的民事权利能力一律平等的基本要义是参与机会人人平等。所谓参与机会，指参与民事活动、设立民事法律关系、取得民事权利的机会；所谓平等，指机会的平等，而非结果平等，或者说，是形式意义上的平等，而非实质意义上的平等。不过，现在民法的发展开始注意调整这种抽象人格平等到具体人格平等②，民法的发展呈现实质化的趋势。③

当然，对自然人的民事权利能力人人平等的理解不能绝对化、机械化，事实上人的权利能力并不可能完全同一，比如因其自己的行为而丧失继承权的人、根据《婚姻法》的规定尚不足婚龄或者患有医学上认为不应当结婚疾病的人，与其他自然人的权利能力自然有所不同。

（二）不可剥夺性

我国《民法总则》第13条规定："自然人从出生时起到死亡时止，具有民事权利能力，依法享有民事权利，承担民事义务。"这意味着自然人的民事权利能力始于出生，而终于死亡。除了死亡这一事实，任何人和机构不得剥夺自然人的权利能力。即使自然人犯有错误乃至犯罪，也不得以剥夺或者减少其权利能力来作为一种惩罚的后果④，所以，在监狱服刑人员只是丧失了自由权甚至政治权利，但是其仍然享有人格权、身份权（夫妻身份、亲子身份、著作身份权）和财产权，甚至服刑犯人结婚的消息也会偶尔见诸报端，就是因为其仍保有权利能力。

（三）不可转让性与不可抛弃性

如前所述，公民的权利能力仅因死亡而消灭，亦不得转让或者抛弃。因为权利能力是自然人生存和发展的必要条件，转让权利能力，无异于抛弃自己的生存权。即使当事人"自愿"转让、抛弃，法律也不承认其效力。

四、自然人民事权利能力的开始

自然人的民事权利能力始于出生，因出生这一自然事件的完成，自然人当然地取得民事权利能力，而无需任何法律手续。我国户籍制度规定公民出生之后

---

① 佟柔：《中国民法》，法律出版社1990年版，第67—68页。
② 梁慧星：《民法总论》，法律出版社1996年版，第5页。
③ 参阅〔德〕卡纳里斯：《债务合同法的变化》，张双根译，载《中外法学》2001年第1期。
④ Dieter Schwab, Einführung in das Zivilrecht, Aufl. 16, Müller, 2005, Rn 122.

应当进行登记,是户籍管理制度上的要求,并不是自然人取得权利能力的必要条件。

(一) 出生时间的认定

如何确定自然人的出生时间,对于自然人权利能力的取得至关重要。理论上主要有三种学说:(1) 部分露出说,以胎儿的一部分露出母体之时为出生时间;(2) 全部露出说,以胎儿的身体全部露出母体之时为出生时间;(3) 独立呼吸说,以胎儿独立呼吸之时为出生时间。近代各国民法多采用全部露出说,刑法上为保护胎儿利益起见,也有主张部分露出说的。我国学者对此问题的认识不尽一致,多数主张采独立呼吸说,即每一个出生婴儿,从其第一次呼吸开始就成为自然人,享有民事权利能力。对此,《民法总则》第15条规定:自然人的出生时间,以出生证明记载的时间为准;没有出生证明的,以户籍登记或者其他有效身份登记记载的时间为准。有其他证据足以推翻以上记载时间的,以该证据证明的时间为准。

(二) 胎儿权利的保护

如果采取独立呼吸说或者全部露出说的话,尚在母体腹中的胎儿的利益如何保护,则成为了逻辑与实际冲突的一大问题。对此,各国(地区)民法对胎儿利益的保护有三种立法例:(1) 总括保护主义,即视胎儿为权利主体,胎儿依法享有民事权利能力。例如《瑞士民法典》第31条和我国台湾地区"民法"第7条就作了如此的规定。① (2) 个别保护主义,即胎儿原则上无民事权利能力,但是在若干例外情形下则视为有民事权利能力,对其利益加以保护。法国、德国、日本民法采此立法主义。(3) 绝对主义,即在不承认胎儿权利能力的前提下,考虑到胎儿将成为婴儿,为了照顾他们出生以后的利益,给予特殊的保护。对此,我国《民法总则》第16条规定:"涉及遗产继承、接受赠与等胎儿利益保护的,胎儿视为具有民事权利能力。但是胎儿娩出时为死体的,其民事权利能力自始不存在。"可见,我国民事立法就胎儿利益的保护已由过去的绝对主义开始转向个别保护主义,并逐渐向总括主义靠拢。

五、自然人民事权利能力的终止

自然人的民事权利能力终于死亡,死亡是权利能力消灭的唯一原因。民法上的死亡包括生理死亡和宣告死亡。

(一) 生理死亡

生理死亡是自然人生命的绝对消灭。死亡的时间在法律上具有重大意义。

---

① 具体参见《瑞士民法典》第31条第2款的规定,其官方英文翻译为:"An unborn child has legal capacity provied that it survives birth",受其影响,我国台湾地区"民法"第7条规定:"胎儿以将来非死产者为限,关于其个人利益之保护,视为既已出生。"

在民法上，我国台湾地区著名学者史尚宽先生曾明确指出："死亡之有无，与时期如何，较之出生之有无与时期，更为重要，与下列各问题相关联：即（1）继承上各问题，（2）遗嘱发生效力之有无及时期，（3）生存配偶再婚之可能与时期，（4）人寿保险金领取之发生及时期，（5）抚恤金领取及年金等问题。"① 生理死亡时间的确定，在医学上有脉搏停止跳动说、心脏停止跳动说、呼吸停止说等学说。在我国，一般是以心跳和呼吸均告停止为自然人的生理死亡时间。对此，《民法总则》第15条规定：自然人的死亡时间，以死亡证明记载的时间为准；没有死亡证明的，以户籍登记或者其他有效身份登记记载的时间为准。有其他证据足以推翻以上记载时间的，以该证据证明的时间为准。

推定死亡。两个以上互有继承权的人在同一事件中死亡，又不能确定死亡时间先后的，应推定没有其他继承人的人先死亡；死亡人各自都有继承人的，如几个死亡人辈分不同，推定长辈先死亡；几个死亡人辈分相同，则推定同时死亡，彼此不发生继承，由他们各自的继承人分别继承（最高人民法院《关于贯彻执行〈中华人民共和国继承法〉若干问题的意见》，以下简称《继承法意见》，第2条）。这主要是考虑到继承的需要。

自然人死亡之后是否还有一定的民事权利能力？肯定说认为，自然人的民事权利能力终于死亡，只是一般性的规定，存在例外情况，例如已故自然人的人格权、著作人身权的权利能力是存在的，但是这种例外的存在以法律规定为限。否定说认为自然人死亡则其民事权利能力终止。对死亡人某些权利的保护，不是基于死者仍然具有民事权利能力，而是基于死者遗族利益或社会利益的考虑。否定说因与《民法总则》的规定相协调而被大多数学者接受。

（二）宣告死亡

宣告死亡是指通过法定程序确定失踪人死亡。宣告死亡的时间以人民法院宣告死亡的日期为准。宣告死亡是否引起自然人的民事权利能力终止？《民法总则》第49条规定："自然人被宣告死亡但是并未死亡的，不影响该自然人在被宣告死亡期间实施的民事法律行为的效力。"可见，被宣告死亡人的民事权利能力的终止仅限于其原住所地为中心的区域，若被宣告死亡的人并未死亡，却在其他地区生存，那么在该地区他不但具有权利能力，而且其民事活动的效力也不受影响。② 因此，宣告死亡只引起自然人民事权利能力的相对终止。

---

① 史尚宽：《民法总论》，中国政法大学出版社2000年版，第90—91页。
② 张俊浩：《民法学原理》，中国政法大学出版社2000年版，第105—106页。

第二节 自然人的民事行为能力

一、自然人民事行为能力的概念

自然人的民事行为能力(Geschäftsfähigkcit),是指自然人能够以自己的法律行为独立参加民事法律关系,行使民事权利和设定民事义务的能力。

自然人具备民事权利能力,并不意味着自然人都能正确地运用这种能力。要正确地运用权利能力,自然人必须具备成熟的理智、心智和良好的精神状态,能认识自己行为的意义和承担自己行为的后果。法律为了保护未获成熟理智者的利益以及相对人的交易安全,设立了行为能力制度。行为能力制度与权利能力制度不同,权利能力是指享有权利、承担义务的资格,而行为能力是得依其法律行为而享受权利、承担义务的能力。任何人均有权利能力,因出生而当然取得,非因死亡不得剥夺,但并非任何人皆有行为能力。

谈到自然人必然会讲到自然人的权利能力和行为能力,但是这不意味着,一个自然人通过自己的行为取得权利,必须都要有相应的行为能力方可。行为能力(Geschäftsfähigkeit),指的是从事法律行为(Rechtsgeschäft)的能力,如果当事人通过事实行为(如生产、捕鱼、绘画等),则其取得权利,无需行为能力的要求。此点不可不察。

二、自然人民事行为能力的划分

我国《民法总则》根据自然人的具体情况,按照年龄阶段的不同和理智是否健全,将自然人的民事行为能力划分为三种:完全民事行为能力、限制民事行为能力和无民事行为能力。

(一) 完全民事行为能力人

完全民事行为能力人,是指能够通过自己的独立行为参加民事法律关系,取得民事权利和承担民事义务的人。各国法律均以成年人为完全民事行为能力人,我国也是如此。我国《民法总则》第17条第一句规定:"18周岁以上的自然人为成年人。"第18条规定:"成年人为完全民事行为能力人,可以独立实施民事法律行为。16周岁以上的未成年人,以自己的劳动收入为主要生活来源的,视为完全民事行为能力人。"从该规定可以看出,完全民事行为能力的外延如下:(1)成年非精神病人。依《民法总则》第21条、第22条的反面解释,只有非精神病的成年人才具有完全民事行为能力。(2)劳动成年者,即年满16周岁的劳动者,既然允许他们参加劳动法律关系,自然不应限制他们参加其他财产性法律关系。

（二）限制民事行为能力人

限制民事行为能力人，是指只能独立实施法律限定的民事法律行为的人。我国《民法总则》第19条规定："8周岁以上的未成年人为限制民事行为能力人，实施民事法律行为由其法定代理人代理或者经其法定代理人同意、追认，但是可以独立实施纯获利益的民事法律行为或者与其年龄、智力相适应的民事法律行为。"第22条规定："不能完全辨认自己行为的成年人为限制民事行为能力人，实施民事法律行为由其法定代理人代理或者经其法定代理人同意、追认，但是可以独立实施纯获利益的民事法律行为或者与其智力、精神健康状况相适应的民事法律行为。"由以上规定可见，限制民事行为能力人实施的民事法律行为，并非全部无效，其中与其年龄、智力、精神健康状况相适应的民事法律行为以及纯获利益的行为有效，其余比较复杂、比较重大的民事行为由其法定代理人代理或征求其法定代理人的同意后进行，或者在进行完毕之后，经其法定代理人的追认而有效。

如何判断某种行为是否与其年龄、智力和精神状况相适应，可以从他们的行为与本人生活相关联的程度，本人的智力或者精神状况能否理解其行为并且预见其行为后果，以及行为涉及的财产数额、行为的性质等方面来认定。

（三）无民事行为能力人

无民事行为能力人，是指不能以自己的行为取得民事权利和承担民事义务的人。《民法总则》第20条规定："不满8周岁的未成年人为无民事行为能力人，由其法定代理人代理实施民事法律行为。"第21条规定："不能辨认自己行为的成年人是无民事行为能力人，由其法定代理人代理实施民事法律行为。"由于不满8周岁的未成年人，处于生长、发育的最初阶段，一般难以进行民事活动，故将他们归于无民事行为能力人。不能辨认自己行为的精神病人由于其心智丧失，不具有识别能力和判断能力，从保护他们的自身利益出发，法律规定他们为无民事行为能力人。

我国《民法通则》将无民事行为能力人的年龄定为不满10周岁，与世界各国（地区）相比有些偏高，德国和我国台湾地区均定为不满7周岁，2002年12月23日审议过的《中华人民共和国民法（草案）》将无行为能力人界定为不满7周岁的未成年人，而《民法总则》最终将之确定为8周岁。

三、自然人民事行为能力的法律宣告

自然人的民事行为能力由于受其年龄、智力和精神健康状态等因素的影响，具有可变性，出于维护自然人利益和社会利益的目的，人民法院以法律宣告的形式对自然人民事行为能力加以确认。

《民法总则》第24条规定："不能辨认或者不能完全辨认自己行为的成年人，

其利害关系人或者有关组织,可以向人民法院申请认定该成年人为无民事行为能力人或者限制民事行为能力人。被人民法院认定为无民事行为能力人或者限制民事行为能力人的,经本人、利害关系人或者有关组织的申请,人民法院可以根据其智力、精神健康恢复的状况,认定该成年人恢复为限制民事行为能力人或者完全民事行为能力人。本条规定的有关组织包括:居民委员会、村民委员会、学校、医疗机构、妇女联合会、残疾人联合会、依法设立的老年人组织、民政部门等。"

第三节 自然人的人身权

人身权是民法赋予民事主体的基本权利,与民事主体的人身密切相联,且无直接的财产内容,是民事主体本身所固有和必备的权利。其性质属于支配权、绝对权、对世权和专属权,与财产权共同构成了现代民法的两大支柱民事基本权利。

一、人身权的概念与特征

人身权是民事主体依法享有的,以人格关系和身份关系所体现的无直接财产内容的利益为内容的民事权利。[①] 人身权乃是人格权和身份权的合称,与民法中的财产权相对,是法律赋予民事主体最基本的民事权利。

与其他民事权利相比较,人身权具有以下特征:

1. 人身权具有固有性

人身权是民事主体固有的权利,具有与生俱来的特性。现代社会,人一经出生,不分性别、地位平等地取得了权利能力,与此同时没有任何时间耽搁地取得了其人格权和相应的身份权。其权利的取得随出生而自动取得,一般也随着死亡而自动消灭。其之取得无须申请,不必考虑其有无行为能力;其之丧失,也未必基于其自愿,具有一种明显的与生俱来的固有性。

自然人人身权的享有来自法律的直接赋予,与自然人的意志无关。无论自然人是否意识到,人身权都客观存在,不受其意志的影响。无论其性别、年龄、民族、身份、地位、宗教信仰等方面有何差异,自然人都平等地享有人身权的保护,法律不会因民事主体不知其享有某种人身权与否而不予保护。人身权是人之为人的基本保障,是人立于世界的前提,没有人身权的人,即使具有生物意义上人的特征,但是在法律上不能成为人。所以,与其说法律赋予自然人人身权,不如说是法律在确认自然人的这些固有权利。

[①] 魏振瀛主编:《民法》,北京大学出版社、高等教育出版社2000年版,第631页。

2. 人身权具有支配性

按法力说关于权利的本质,举凡权利必有其利益支撑。人身权是以特定的人身利益为内容的民事权利,它以人格关系和身份关系所体现的无直接财产内容的利益为权利客体和支配对象。其支配性,主要体现在对其人身利益的自我控制,来维护其人格完整和身份权益。人格权在性质上是一种典型的支配权。

3. 人身权具有对世性

人身权,在性质上是一种绝对权,即自然人对其人身权益的支配无须他人的协助即可实现。作为绝对权的人身权,具有对世性。人身权的权利主体特定,但其义务主体是除了权利人以外的任何人和任何机构,他们都负有不得侵害权利人人身权的义务。任何人、任何机构未经允许,擅自利用,均构成侵权;任何人、任何机构侵害自然人的人身权,权利人均可依法予以排除,并受到法律的救济和保护。

4. 人身权具有专属性

专属性是人身权与财产权的重要区别。一般财产权可以在民事主体之间通过真实的自由的意志合法让渡,不具有专属性。而人身权只能专属于特定的自然人,不可与权利主体相分离,这是人身权对其主体的特殊要求。人身权与民事主体的不可分离性决定了人身权的不可放弃性、不可转让性、不可继承性。

一般而言,权利对于民事主体,是其利益而非负担。民事主体不可放弃义务,可以自由决定是否行使权利乃至放弃权利。但这一原则,仅仅限于财产权范畴。民事主体可以自由放弃物权、债权,却不可以放弃人身权。因为放弃生命权、身体权和健康权等人格权意味着放弃其人格,而诸如亲权等身份权,其本身具有义务的性质,以至于德国学者称其为义务权(Pflichtrecht)[①],也不得放弃。所以,即使当事人有放弃人身权的意思表示,也会因其违反公序良俗而无效。

基于人身权的专属性,人身权具有不得转让性。一般民事权利,例如物权、知识产权、债权都可以流转。而人身权与权利主体紧密结合,不得须臾分离。即人身权不得基于赠与、买卖而转让;也不得成为继承客体,由继承人取得。不过,人格权虽不得继承,但对于人格权的保护并不限于生前,依较新理论及判例已扩及于死后的人格保护(postmortaler Persönlichkeitsschutz)[②],使人格权的保护超越人格主体的生存期间。[③] 但人身权由继承人来保护,显然不等于人身权的继承。

---

① Gernhuber/Coester-Waltjen, Lehrbuch des Familienrechts, 3. Aufl. §3 II 6 und §49 III 2.
② Larenz/Wolf, Allgemeiner Teil des Bürgerlichen Rehcts, 9 Aufl., 2004, S.141.
③ 施启扬:《民法总则》,台湾三民书局 2005 年版,第 101 页。

5. 人身权的非财产性

人身权以人格利益和特定的身份利益为客体,而人格利益和身份利益本身并不体现直接的财产内容,无法用货币价值来衡量;无论人格利益还是身份利益,体现的是民事主体的社会价值、生存价值和道德价值等精神利益,而非经济利益。因此,人身权属于非财产性权利。法律确认和保障人身权的目的是满足民事主体生存和发展的需要,而非财富的保有和增长。

尽管,有些时候人身权和财产权存有密切的联系。例如,人身权是某些财产权取得和发生的依据和前提,如亲权是遗产继承权取得的前提[1];某些人身权的利用可以转化为财产权,例如姓名权或肖像权的许可使用获得财产收益[2];而且一般而言当人身权受到损害时可以获得财产性补偿。但是,这些都不是人身权实体,而是人身权间接产生的问题,人身权本身是毫无财产内容的。

二、人身权的类型

人身权是一项综合性权利,它包括各种具体的人身权。依据不同的标准,可对人身权进行不同的分类。学说上,关于人身权的分类主要是从主体和内容两个标准进行的。按照主体不同可以分为自然人人身权和法人人身权,有的学者也将其分为自然人人身权和非自然人人身权,后者包括法人、非法人单位、社会团体、个体工商户、合伙组织的人身权。[3] 而笔者认为,不论是法人,还是非法人的社会组织,它不同于有血有肉有感受的自然人,自然人有着明确的人身利益诉求,希望通过人身权的赋予和保护,求得人格完整和身份权益的保障;社会组织的人身利益无从体现。简单地通过主体类推赋予法人以人身权,过于形式主义。不论是法人的名称权、名誉权等所谓法人人格权,还是荣誉权等所谓法人身份权,都是以财产为内容的,以财产利益为诉求,完全可以纳入到商号权、商誉权等财产权利来调整。从而将人身权的主体,严格限定在有血有肉的自然人范围内,使得人身权的讨论更有针对性,更加纯粹。所以,本书并未将人身权独立成编,并不意味着人身权不重要,而是将其回归本原,明确为仅自然人享有的一种民事权利。

故而,关于自然人人身权分类,可取的是按照其内容不同,分为人格权和身份权。

1. 人格权

所谓人格权,是指民事主体依法固有的,为维护自身独立人格所必备的,以

---

[1] 王利明主编:《民法》,中国人民大学出版社2007年版,第717页。
[2] 对此请参阅程合红:《商事人格权论——人格权的经济利益内涵及其实现与保护》,中国人民大学出版社2002年版。
[3] 参见王利明主编:《民法》,中国人民大学出版社2007年版,第719页。

人格利益为客体的权利。①

以人格权的客体是具体人格利益还是一般人格利益为标准,可将人格权分为特别人格权和一般人格权。所谓特别人格权(besonderes Persönlichkeitsrecht)是指由法律明确作出具体规定的人格权,例如《民法总则》第110条第1款规定的生命权、身体权、健康权、姓名权、肖像权、名誉权、荣誉权、隐私权、婚姻自主权等权利。所谓一般人格权(allgemeines Persönlichkeitsrecht)是指法律虽未作特别规定,但关涉人格平等、人格自由、人格独立和人格尊严等人格利益,根据民法的基本原则应予保护的人格权。一般人格权具有概括性和包容性,弥补了特别人格权类型的不足。区分一般人格权与特别人格权的实益在于,对某种人格利益,法律上的特别人格权作出规定的,即应适用该特别人格权的规定;法律上特别人格权没有规定的,也不意味着绝对不保护,而应结合宪法的规定和民法的基本原则进行衡量,凡是关涉人的价值和尊严的,可以运用一般人格权概念予以保护。《民法总则》第109条规定的人身自由和人格尊严内容抽象概括,起到了一般人格权的效果。此外还有《精神损害赔偿司法解释》第1条第1款第3项也规定了人格尊严权、人身自由权。

以人格权的客体是物质性人格利益还是精神性人格利益为标准,人格权可以分为物质性人格权和精神性人格权。物质性人格权是指民事主体对物质性人格利益所享有的人身权,包括生命权、健康权和身体权。精神性人格权是指民事主体对其精神性人格利益所享有的人身权,包括姓名权(名称权)、肖像权、自由权、名誉权、隐私权、信用权、贞操权、婚姻自主权以及其他人格权。精神性人格权又可以进一步区分为标记表彰型人格权(如姓名权、肖像权)、自由型人格权(如婚姻自主权)和尊严型人格权(名誉权、隐私权、贞操权等)三种类型。② 区分物质性人格权和精神性人格权的实益在于,二者的内容和表现形式有很大差异,侵权行为、损害后果、救济手段等也不同。

2. 身份权

身份权是自然人以特定身份利益为客体而享有的维护一定社会关系的权利。

根据身份关系的不同,身份权可以分为亲属法上的身份权和亲属法外的身份权。前者包括亲权、亲属权、配偶权,后者包括荣誉权、著作权中的作者人身权、股东享有的基于其股东身份的投票权、小区业主基于其业主身份而享有的参与物业管理的权利。

---

① 参见王利明主编:《人格权法新论》,吉林人民出版社1994年版,第10页。
② 张俊浩主编:《民法学原理》,中国政法大学出版社1997年版,第131页。

三、人身权的地位与意义

随着社会的发展和人类文明的不断进步,人的社会价值和自我价值日益重要,为了维护人的价值、尊严和安全,民法不断加强对民事主体人身权进行法律保护的功能,不断完善人身权保护的立法体系。现代各国立法不仅把人身权作为一项重要的民事权利确认下来,而且对人身权的规定越来越详细,范围越来越广泛,地位越来越重要,保护越来越周密。重视和加强对人身权的保障,已成为现代立法的发展趋势。① 人身权已经成为民法体系中的一个独具特色的、完整的、严密的分支系统,与财产权一起,共同构成现代民法的两大支柱。

从历史上看,各国民法传统上都偏重对财产权的保障,而忽略人格权的价值与人格权的保护。此乃因为19世纪至20世纪初叶,欧洲几部重要民法典制定时的法律思潮,将个人意思的自由以及个人尊严的价值,表现在个人对财产权的支配方面(所有权神圣不可侵犯,所有权绝对原则),对于人格权本身的保护反而未加注意。② 例如,1804年颁布的《法国民法典》对人格权未作规定,1896年颁布的《德国民法典》仅设个别人格权或特别人格权,及至1907年的《瑞士民法典》已有一般人格权保护的规定(第27条和第28条),1911年的《瑞士债务法》更进一步规定了侵害人格权时可请求一般性的精神损害赔偿(第49条)。在现代民法上,对于人格权的保护,应该远较对财产权的保护为重要。各国对于人格权承认至何种范围,以及保护到何种程度,虽然各不相同,但人格权内容的逐渐扩大,以及保护方式的日益加强与概括化,例如各国对"隐私权"(Right of Privacy)的重视,则为明显的发展趋势。③

我国历史上就不尊重对人身权的保障,"文化大革命"中更是发生了肆意践踏人身权的种种恶行。人身权的保护得到我国老一辈民法学家的充分重视,由是1986年《民法通则》在其第五章"民事权利"中设专节规定了人身权制度,具体包括生命健康权(第98条)、姓名权(第99条)、肖像权(第100条)、名誉权(第101条)、荣誉权(第102条)和婚姻自主权(第103条)。因此,《民法通则》被称为"民事权利的宣言书"④,其中关于人身权的规定,功不可没。

2001年最高人民法院颁行的《关于确定民事侵权精神损害赔偿责任若干问题的解释》(以下简称法释〔2001〕7号)对人身权保护的发展作出了重要贡献:(1)把对隐私的保护由过去的放在"名誉权"项下的间接保护,转为直接保护。法释〔2001〕7号第1条第2款规定,违反社会公共利益、社会公德侵害他人隐私

---

① 参见杨振山主编:《中国民法教程》,中国政法大学出版社1995年版,第151页。
② 施启扬:《民法总则》,台湾三民书局2005年版,第100页。
③ 同上书,第99页。
④ 王泽鉴:《人格权法》,北京大学出版社2012年版,第29页。

或者其他人格利益,受害人以侵权为由向人民法院起诉请求赔偿精神损害的,人民法院应当依法予以受理。(2)同时,该款之下"其他人格利益"的规定,使得人格权的保护呈现开放性。(3)把对亲权和亲属权等身份权的侵害,也纳入到精神损害赔偿范围中。法释〔2001〕7号第2条规定,"非法使被监护人脱离监护,导致亲子关系或者近亲属间的亲属关系遭受严重损害,监护人向人民法院起诉请求赔偿精神损害的,人民法院应当依法予以受理"。(4)其中第1条第1款第3项所规定的人格尊严权、人身自由权,更是确立了我国民法的一般人格权制度。其意义甚为重大,值得我国未来民事立法予以吸收。

2007年颁布的《侵权责任法》第2条第2款,明确规定了生命权、健康权、姓名权、名誉权、荣誉权、肖像权、隐私权、婚姻自主权、监护权等人身权,作为侵权保护的客体,受到法律保障。把法释〔2001〕7号规定的隐私利益,明确为一种人身权类型,系统规定了侵权损害的财产赔偿和精神赔偿制度,规制了网络等新型侵权行为,对于人身权益的保障进一步加强。

2017年颁布的《民法总则》对人身权进行了更为系统的规定。重要的是,不论最高人民法院《关于确定民事侵权精神损害赔偿责任若干问题的解释》,还是《侵权责任法》,都是从消极方面来保障人身权,这对于人身权的保护不够充分。而《民法总则》直接从正面对人身权进行了系统的规定。主要包括如下内容:第一,自然人的人身自由、人格尊严受法律保护(第109条)。第二,自然人享有生命权、身体权、健康权、姓名权、肖像权、名誉权、隐私权、婚姻自主权等权利(第110条第1款)。第三,自然人的个人信息受法律保护;任何组织和个人需要获取他人个人信息的,应当依法取得并确保信息安全,不得非法收集、使用、加工、传输他人个人信息,不得非法买卖、提供或者公开他人个人信息(第111条)。第四,自然人因婚姻、家庭关系等产生的人身权利受法律保护(第112条)。民法乃是人法,以人为本位,以人的尊严为其伦理基础。[①] 故《民法总则》的上述规定对于社会发展、人的进步,其意义之重大不言而喻。

第四节　自然人监护制度

一、监护的概念和目的

监护是对未成年人和精神病人的人身、财产及其他权益进行监督和保护的一种民事法律制度。监护制度起源于罗马法,罗马法上将为未成年人所设的监护人称为保护人,为精神病人所设的监护人称为照管人,保护人的职责在于保护

---

① 王泽鉴:《民法总则》,北京大学出版社2009年版,第105页。

未成年人的身体,照管人的职责在于照管被监护人的财产。我国《民法总则》没有区分保护人和照管人,统称为监护人,被保护和监督的人称为被监护人。

监护与亲权是两种不同的民事法律制度。有一些国家和地区在民法理论和民事立法中区分了监护和亲权,亲权是父母对未成年子女以教养保护为目的,在人身和财产方面权利义务的统一。其中人身方面的亲权可以分为保护权、教育权和惩戒权,财产方面的亲权可以分为财产管理权、使用收益权、处分权和财产上的代理权、同意权。监护是为保护不在亲权之下的未成年人或者被宣告为禁治产人的人身财产利益所设立的法律制度。[1] 我国《民法总则》未区分亲权和监护。

设立监护的目的是保护无民事行为能力人和限制民事行为能力人的合法权益,维护社会秩序的稳定。被监护人或者为无民事行为能力人,或者为限制民事行为能力人,其权利能力的实现因其民事行为能力的不足而受到影响,监护制度弥补了被监护人行为能力的不足,可以有效地保护其合法权益。被监护人由于缺乏对自身行为的社会后果和法律意义的正确认识,可能实施不法行为,给他人的合法权益造成损害,监护制度要求监护人对被监护人的行为加以监督和管束,防止他们实施违法行为,一旦被监护人实施了违法行为造成他人利益受损,监护人对此承担民事责任,这样有利于社会秩序的稳定。

监护人的法律地位如何?这涉及监护的性质问题。监护制度是一种民事权利还是职责,在我国学者中有不同的意见。有的学者称监护为监护权,并将其归入身份权一类,这种观点与我国未区分亲权与监护权有关。另一些学者认为监护制度的设立,目的在于保护被监护人的合法权益,而非监护人自身的利益,因此监护是一种职责。我国《民法总则》第 34 条规定:"监护人的职责是代理被监护人实施民事法律行为,保护被监护人的人身权利、财产权利以及其他合法权益等。监护人依法履行监护职责产生的权利,受法律保护。监护人不履行监护职责或者侵害被监护人合法权益的,应当承担法律责任。"可见,我国民法并未赋予监护人任何利益,监护制度纯粹为被监护人的利益而创设,所以监护的本质是一种职责而非民事权利。

二、监护人的设立

根据监护设定的依据不同,监护可以分为法定监护、指定监护、委托监护、遗嘱监护。所谓法定监护,是由法律直接规定而设置的监护。指定监护是没有法定监护人或者遗嘱监护人时,由法院或者有权指定监护人的机关指定监护人。委托监护,是指由法定监护人与受托监护人通过委托合同而设定的监护。遗嘱

---

[1] 史尚宽:《亲属法论》,台湾荣泰印书馆股份有限公司 1980 年版,第 622 页。

监护,是父母通过遗嘱的方式为未成年人指定监护人。

(一) 未成年人的监护

依据《民法总则》第 27 条以下的规定,未成年人的监护人分为以下几种情况:

1. 父母为未成年人的当然法定监护人。未成年人一出生,具有监护能力的父母便成为未成年人的当然监护人。这是一种法定监护。这种监护关系因子女出生而开始,而不必另有原因。父母分居或者离异,其监护人的资格不受影响。但父母一方或双方作为监护人对未成年子女明显不利的,人民法院可以取消父母一方或双方担任监护人的资格。父母因正当理由不能亲自履行监护职责的,实践中也允许父母委托他人代为履行部分或全部监护职责,但父母仍为法定监护人。

2. 除父母之外的法定监护人。未成年人的父母双亡或者丧失监护能力或被取消监护人资格的,由下列有监护能力的人担任监护人:(1) 祖父母、外祖父母;(2) 兄、姐。他们担任法定监护人是法定义务。

3. 其他愿意担任监护人的个人或者组织,为了被监护人利益考虑,这种类型监护人须经被监护人住所地的居民委员会,村民委员会或者民政部门同意。

4. 通过遗嘱指定未成年人的监护人。根据《民法总则》第 29 条之规定,被监护人的父母担任监护人的,可以通过遗嘱指定监护人。

5. 协议确定未成年人的监护人。《民法总则》第 30 条规定,依法具有监护资格的人之间可以协议确定监护人。协议确定监护人应当尊重被监护人的真实意愿。

6. 指定未成年人的监护人。指定未成年人的监护人是指定未成年人父母之外的近亲属担任监护人,未成年人的父母是未成年人的当然监护人,不属于指定之列。指定未成年人的监护人在两种情况下发生:一是数人争当未成年人的监护人,二是都不愿意担任监护人。《民法总则》第 31 条规定,对监护人的确定有争议的,由被监护人住所地的居民委员会、村民委员会或者民政部门指定监护人,有关当事人对指定不服的,可以向人民法院申请指定监护人;有关当事人也可以直接向人民法院申请指定监护人。居民委员会、村民委员会、民政部门或者人民法院应当尊重被监护人的真实意愿,按照最有利于被监护人的原则在依法具有监护资格的人中指定监护人。在依法指定监护人之前,被监护人的人身权利、财产权利以及其他合法权益处于无人保护的状态的,由被监护人住所地的居民委员会、村民委员会、法律规定的有关组织或者民政部门担任临时监护人。监护人被指定后,不得擅自变更;擅自变更的,不免除被指定的监护人的责任。

7. 有关组织担任未成年人的监护人。《民法总则》第 32 条规定,没有依法具有监护资格的人的,监护人由民政部门担任,也可以由具备履行监护职责条件的被监护人住所地的居民委员会、村民委员会担任。

8. 未成年人监护人的变更。未成年人监护人的变更原因主要有:(1) 监护人死亡、丧失监护能力;(2) 监护人不履行监护职责,给未成年人造成损害;(3) 在法律允许的情况下,监护人之间可以签订变更协议,更换监护人。

(二) 非完全民事行为能力的成年人的监护

这里所说的成年人是指无民事行为能力或者限制民事行为能力的成年人。根据《民法总则》第 28 条之规定,为成年人设立监护分为以下几种情况:

1. 成年人的法定监护人。成年人的法定监护人的范围是:(1) 配偶;(2) 父母、成年子女;(3) 其他近亲属。这些亲属担任精神病人的监护人是他们的法定义务,只要具有完全民事行为能力,就不得借故推诿。其他愿意担任监护人的个人或者组织,经过被监护人住所地的居民委员会、村民委员会或者民政部门同意后,也可以担任成年人的监护人。

2. 有关组织担任成年人的监护人。《民法总则》第 32 条规定,没有依法具有监护资格的人的,监护人由民政部门担任,也可以由具备履行监护职责条件的被监护人住所地的居民委员会、村民委员会担任。

3. 成年人的指定监护人。此处同样适用前述《民法总则》第 31 条的规定,不再重复。

4. 成年人的协议监护人。依据《民法总则》第 33 条之规定,具有完全民事行为能力的成年人,可以与其近亲属、其他愿意担任监护人的个人或者组织事先协商,以书面形式确定自己的监护人。协商确定的监护人在该成年人丧失或者部分丧失民事行为能力时,履行监护职责。

三、监护人的职责

《民法总则》第 34 条规定:"监护人的职责是代理被监护人实施民事法律行为,保护被监护人的人身权利、财产权利以及其他合法权益等。监护人依法履行监护职责产生的权利,受法律保护。监护人不履行监护职责或者侵害被监护人合法权益的,应当承担法律责任。"可见,监护人的职责主要有以下几项:

1. 担任被监护人的法定代理人。被监护人是无民事行为能力的,不得独立实施任何民事法律行为,均应由其法定代理人代理。被监护人是限制民事行为能力的,可以实施与其年龄、智力及精神健康状况相适应的民事法律行为或者纯获利益的民事法律行为,其他行为应由其法定代理人代理,或者经其法定代理人同意或追认。

2. 保护被监护人的人身权利、财产权利及其他合法权益。监护人应当保护被监护人人身方面的合法权益,主要是保护被监护人的生命健康权、姓名权、肖像权、名誉权、荣誉权等。监护人为了被监护人的利益,可以合理利用或处分被监护人的财产。当被监护人的人身、财产和其他合法权益受到非法侵害时,监护人作为法定代理人有权代理被监护人请求人民法院给予保护,代理参加民事诉讼活动。

3. 教育和照顾被监护人。监护人应当教育被监护人,使其在品德、智力、体质等方面全面发展;应当关心和照顾被监护人的生活,不得虐待和遗弃。

此外,根据《民法总则》第35条的规定,监护人应当按照最有利于被监护人的原则履行监护职责。监护人除为被监护人利益外,不得处分被监护人的财产。未成年人的监护人履行监护职责,在作出与被监护人利益有关的决定时,应当根据被监护人的年龄和智力状况,尊重被监护人的真实意愿。成年人的监护人履行监护职责,应当最大程度地尊重被监护人的真实意愿,保障并协助被监护人实施与其智力、精神健康状况相适应的民事法律行为。对被监护人有能力处理的事务,监护人不得干涉。

与以上职责相对应,监护人不履行监护职责或者侵害被监护人合法权益的,应当承担责任,给被监护人造成财产损失的,应当承担赔偿责任。如果因监护人管教不严,被监护人造成他人损害的,由被监护人承担民事责任。监护人尽了监护职责的,可以适当减轻其民事责任。监护人将部分或全部监护职责委托给他人期间,被监护人有侵权行为并需要承担民事责任的,应当由监护人承担,但受托人未尽力履行监护职责确有过错的,受托人承担连带责任。如果监护人与受托人就民事责任的承担有约定的,则应当按约定处理。

四、监护终止

《民法总则》第39条规定,监护终止的原因有以下几种情形:

1. 被监护人取得或者恢复完全民事行为能力。比如未成年人已经成年,精神病人已经恢复健康,为其设立的监护也就终止。

2. 监护人丧失监护能力。

3. 被监护人或者监护人死亡。这里的死亡包括宣告死亡。

4. 人民法院认定监护关系终止的其他情形。例如,监护人辞去监护。监护人有正当理由时,法律应允许其辞去监护,但这不适用于未成年人的父母。所谓正当理由应包括监护人患病、迁居、家庭困难等,但监护人辞去监护应经有指定权的机关同意。再如,监护人被撤销监护人资格。依据《民法总则》第36条第1款之规定,监护人实施严重侵害被监护人合法权益的行为的,人民法院根据有关个人或者组织的申请,撤销其监护人资格,安排必要的临时监护措施,并按照最有利于被监护人的原则依法指定监护人。

第五节　宣告失踪与宣告死亡

自然人的民事主体资格以其生存为基础。在现实生活中经常会出现自然人因战乱、自然灾害、意外事件、自愿遁世等原因失踪而处于下落不明、生死难定的状况。这种状态持续下去，就会导致失踪人与其他人之间的人身关系、财产关系处于不确定的状态，既不利于失踪人财产的保管和利用，也不利于与失踪人有利害关系的人的合法权益的保护。所以民法设立了宣告失踪和宣告死亡的制度，主要规定在《民法总则》之中，此外《民事诉讼法》也有相关的程序规定。

一、宣告失踪

（一）宣告失踪的概念和条件

宣告失踪是指自然人离开自己的住所，下落不明达到法定期限，经人民法院宣告其为失踪人的法律制度。宣告失踪是对一种确定的自然事实状态的法律认定，目的在于结束失踪人财产关系的不确定状态，保护失踪人及其利害关系人的合法权益。

《民法总则》第40条规定："自然人下落不明满2年的，利害关系人可以向人民法院申请宣告该自然人为失踪人。"据此，宣告失踪必须具备以下条件：

1. 须有自然人下落不明满2年的事实。所谓下落不明是指自然人离开最后住所地后没有音讯的状况。《民法总则》第40条规定，自然人下落不明的时间从其失去音讯之日起计算。战争期间下落不明的，下落不明的时间自战争结束之日或者有关机关确定的下落不明之日起计算。

2. 须有利害关系人向人民法院提起申请。这里的利害关系人包括被申请宣告失踪人的配偶、父母、子女、兄弟姐妹、祖父母、外祖父母、孙子女、外孙子女以及与被申请人有民事权利义务关系的人，如债权人、合伙人等。这些利害关系人应具有完全民事行为能力。人民法院对于申请宣告失踪的案件，采取不告不理的原则，若没有利害关系人的申请，人民法院不能主动宣告某自然人为失踪人。根据《民事诉讼法》第183条的规定，利害关系人申请宣告失踪应当向下落不明人住所地基层人民法院提出。申请书应当写明失踪的事实、时间和请求，并附有公安机关或者其他机关关于该人下落不明的书面证明。

3. 须由人民法院依法定程序宣告。宣告失踪只能由人民法院作出判决，其他任何机关和个人无权作出宣告失踪的决定。《民事诉讼法》第185条规定，人民法院受理宣告失踪案件后，应当发出寻找下落不明人的公告，公告期间为3个月。公告期间届满，人民法院应当根据被宣告失踪的事实是否得到确认，作出宣告失踪的判决或者驳回申请的判决。

(二) 宣告失踪的法律后果

宣告自然人为失踪人后,相应的法律后果是对财产的管理和财产义务的履行。

1. 失踪人财产代管人的确定。《民法总则》第 42 条规定,失踪人的财产由其配偶、成年子女、父母或者其他愿意担任财产代管人的人代管。代管有争议,没有前款规定的人,或者前款规定的人无代管能力的,由人民法院指定的人代管。

2. 失踪人财产代管人的职责。《民法总则》第 43 条规定,财产代管人应当妥善管理失踪人的财产,维护其财产权益。失踪人所欠税款、债务和应付的其他费用,由财产代管人从失踪人的财产中支付。财产代管人因故意或者重大过失造成失踪人财产损失的,应当承担赔偿责任。第 44 条规定,财产代管人不履行代管职责、侵害失踪人财产权益或者丧失代管能力的,失踪人的利害关系人可以向人民法院申请变更财产代管人。财产代管人有正当理由的,可以向人民法院申请变更财产代管人。人民法院变更财产代管人的,变更后的财产代管人有权要求原财产代管人及时移交有关财产并报告财产代管情况。

(三) 宣告失踪的撤销

《民法总则》第 45 条第 1 款规定:"失踪人重新出现,经本人或者利害关系人申请,人民法院应当撤销失踪宣告。"失踪宣告一经撤销,代管人的代管权随之终止,应当将其代管的财产交还给被宣告撤销失踪的人,并告知代管期间对其财产管理和处置的情况。故该条第 2 款规定:"失踪人重新出现,有权要求财产代管人及时移交有关财产并报告财产代管情况。"

二、宣告死亡

(一) 宣告死亡的概念和条件

宣告死亡是指自然人离开自己的住所,下落不明达到法定期间,经利害关系人申请,由人民法院宣告其死亡的制度。宣告死亡制度的设立,不仅旨在结束被宣告死亡人财产关系的不确定状态,而且旨在结束被宣告死亡人人身关系上的不确定状态,从而保护被宣告死亡人的利害关系人的利益。

根据《民法总则》第 46 条的规定,宣告自然人死亡必须具备以下条件:

1. 自然人下落不明须达到法定期限。一般须下落不明满 4 年;因意外事件下落不明的,从事件发生之日起满 2 年;因意外事件下落不明,经有关机关证明该自然人不可能生存的,申请宣告死亡不受两年的限制。

2. 须有利害关系人的申请。有资格申请的利害关系人的范围和顺序是:(1) 配偶;(2) 父母、子女;(3) 兄弟姐妹、祖父母、外祖父母、孙子女、外孙子女;(4) 其他与其有民事权利义务关系的人。申请宣告自然人死亡的利害关系人是否有顺序的限制？对此有不同的观点，顺序说认为利害关系人提出申请是有顺序的，前一顺序人未提起申请，后一顺序的人不得申请；无顺序说认为只要是利害关系人均有同等的申请权，不受前顺序人是否申请或者反对申请宣告死亡或申请宣告失踪的影响。①本书同意后一种观点，因为宣告死亡制度的宗旨在于保护利害关系人的利益，遗产的继承、债务的清偿均与谁提出申请无关。根据《民事诉讼法》第184条之规定，利害关系人申请宣告死亡应当向下落不明人住所地基层人民法院提出。申请书应当写明下落不明的事实、时间和请求，并附有公安机关或者其他有关机关关于该公民下落不明的书面证明。此外，《民法总则》第47条规定："对同一自然人，有的利害关系人申请宣告死亡，有的利害关系人申请宣告失踪，符合本法规定的宣告死亡条件的，人民法院应当宣告死亡。"

3. 须由人民法院进行宣告。申请宣告死亡的案件只能由人民法院受理。《民事诉讼法》第185条规定，人民法院受理宣告死亡案件后，应当发出寻找下落不明人的公告，公告期间为1年。但因意外事故下落不明，经有关机关证明该自然人不可能生存的，公告期为3个月。公告期间届满，人民法院应当根据被宣告死亡的事实是否得到确认，作出宣告死亡的判决或者驳回申请的判决。

（二）宣告死亡的法律后果

1. 被宣告死亡的自然人与他人之间存在的各种民事法律关系归于消灭。从该意义上讲，自然人被宣告死亡会产生与生理死亡同样的法律后果。这主要包括被宣告死亡的自然人与其配偶之间的婚姻关系的消灭（《民法总则》第51条第一句）、财产转为遗产、继承关系的开始等。

2. 宣告死亡法律后果的发生时点。《民法总则》第48条规定，被宣告死亡的人，人民法院宣告死亡的判决作出之日视为其死亡的日期；因意外事件下落不明宣告死亡的，意外事件发生之日视为其死亡的时间。被宣告死亡和生理死亡的时间不一致的，被宣告死亡所引起的法律后果应当有效。此外，《民法总则》第49条规定，自然人被宣告死亡但是并未死亡的，不影响该自然人在被宣告死亡期间实施的民事法律行为的效力。

（三）宣告死亡的撤销

失踪人被宣告死亡只是法律上的推定死亡。《民法总则》第50条规定："被宣告死亡的人重新出现，经本人或者利害关系人申请，人民法院应当撤销死亡宣告。"依法撤销死亡宣告后，可能发生如下法律后果：

1. 婚姻关系。《民法总则》第51条第二句规定，死亡宣告被撤销的，婚姻关系自撤销死亡宣告之日起自行恢复，但是其配偶再婚或者向婚姻登记机关书面声明不愿意恢复的除外。

---

① 梁慧星：《民法总论》，法律出版社1996年版，第102页。

2. 子女关系。《民法总则》第 52 条规定,被宣告死亡的人在被宣告死亡期间,其子女被他人依法收养的,在死亡宣告被撤销后,不得以未经本人同意为由主张收养关系无效。

3. 财产关系。《民法总则》第 53 条规定,被撤销死亡宣告的人有权请求依照继承法取得其财产的民事主体返还财产。无法返还的,应当给予适当补偿。此外,利害关系人隐瞒真实情况,致使他人被宣告死亡取得其财产的,除应当返还财产外,还应当对由此造成的损失承担赔偿责任。

三、宣告失踪与宣告死亡的异同

宣告失踪与宣告死亡虽然都要有公民下落不明达到法定期限的事实,又有利害关系人提起申请,人民法院进行宣告,且都能够产生一定的法律后果,但仍属于两个不同的法律制度,主要有以下区别:

1. 设立的目的不同。宣告失踪制度主要是为了保护失踪人及其利害关系人的利益,而宣告死亡制度则是为了保护被宣告死亡人的利害关系人的利益。

2. 下落不明的期限不同。宣告死亡的自然人下落不明的期限比宣告失踪的自然人下落不明的期限要长。

3. 公告期不同。宣告失踪的公告期为 3 个月;宣告死亡的公告期,除因意外事故下落不明,经有关机关证明其不可能生存,公告期为 3 个月以外,公告期为 1 年。

4. 法律后果不同。自然人被宣告失踪后,其民事主体资格并未丧失,仅发生设置其财产代管人等法律后果;而自然人被宣告死亡后,其民事主体资格消灭,产生与生理死亡同样的法律后果。

第六节　住所、户籍和居民身份证

一、住所

民法上的住所就是民事权利主体发生各种法律关系的中心区域。确定自然人的住所对于确定国籍、案件管辖、国际私法上准据法的适用、司法文书送达地点、债务履行地、宣告失踪和宣告死亡等,都具有重要的法律意义。《民法总则》第 25 条规定:"自然人以户籍登记或者其他有效身份登记记载的居所为住所;经常居所与住所不一致的,经常居所视为住所。"

二、户籍

户籍是以户为单位记载自然人的姓名、出生、住所、结婚、离婚、收养、失踪和死亡等事项的法律文件。户籍制度是国家通过户籍登记和管理,确认自然人身份、保护自然人权利、维护社会秩序的一项法律制度。在我国,户籍是证明自然人身份的重要文件,对于确定自然人何时开始和终止民事权利能力和民事行为能力、明确自然人的家庭状况和财产继承关系、确定自然人的姓名权等,都具有重要的法律意义。对于户籍簿上记载的有关事实,非经司法程序不得推翻。

三、居民身份证

我国自1984年开始实行居民身份证制度。1985年9月第六届全国人大常委会第十二次会议通过的《中华人民共和国居民身份证条例》规定,居住在中华人民共和国境内的年满16周岁的中国自然人应当依照条例的规定,申请领取居民身份证。居民身份证登记项目包括姓名、性别、民族、出生日期、住址等。居民身份证是证明自然人个人身份的法律凭证。[1] 公民在办理涉及政治、经济、社会生活等权益的事项时,可以出示居民身份证以证明其身份,有关单位不得扣留或者作为抵押。执行任务的公安人员在查验居民身份证时,应当出示工作证。公安机关除对根据《刑事诉讼法》被执行强制措施的人以外,不得扣留公民的居民身份证。

---

[1] 佟柔:《中国民法》,法律出版社1990年版,第70页。

第五章 民事法律关系主体：法人

现代社会中从事各类民事活动的主体，除了自然人外，最重要的就是法人，法人是依法独立享有民事权利和承担民事义务的组织。法人是随着社会生产力的进一步发展，人类社会进入了资本主义时代并完成工业革命，产生了运用大量资本进行大规模生产和交换的需要而产生的。法人制度在近代社会以来的社会生产、生活中发挥了巨大的作用。

第一节 法人制度概说

一、法人的概念与特征

"法人"(juristische Person)一词最先为1896年的《德国民法典》所采用，但是该法典未给法人下定义。直到1922年《苏俄民法典》才第一次以立法形式明确了法人的概念：一切享有取得财产权利和能够承担义务，并且能在法院起诉和应诉的机关、社团法人和其他组织，都是法人。原苏联民法学者据此认为法人具有组织上的统一性、具有独立的财产、承担独立的财产责任、以自己的名义参加民事流转等四个法律特征。[①]

我国《民法总则》界定了法人的含义，该法第57条规定："法人是具有民事权利能力和民事行为能力，依法独立享有民事权利和承担民事义务的组织。"该规定揭示了法人的本质特征：

1. 法人是一种具有民事权利能力和民事行为能力的社会组织。这是法人与自然人的根本区别。社会组织是自然人按照一定的宗旨和条件建立起来的具有明确的活动目的和内容、有一定组织机构的有机整体，是自然人的集合体。自然人是民事主体，社会组织也可以具有民事主体资格，这是商品经济发展的客观要求。法人虽然是自然人组合而成的，但却与组成它的自然人相独立和分离。法人是社会组织，但不是所有的社会组织都是法人，只有那些具备法定条件的社会组织才能取得法人资格。

2. 法人是一种依法独立享有民事权利和承担民事义务的组织。这是法人

[①] 〔苏联〕B. H. 格里巴诺夫主编：《苏联民法》(上)，中国社科院法学研究所民法经济法研究室译，法律出版社1984年版，第129—131页。

区别于非法人组织的根本特征。主要表现在：

(1) 独立的组织。首先，法人的民事主体资格与组成法人的自然人的民事主体资格是彼此独立的。某个或某些法人成员的死亡或退出，并不影响法人的存续。法人的活动是法人自身的活动，而不是自然人的活动，法人的财产以及利益归属于法人。其次，法人的组织体无需依靠其他组织或单位而独立存在。在组织上必须依赖其他组织而存在的组织，如工厂的车间或班组、机关单位的科室等都不是法人。再次，法人有健全的组织机构，有产生意志的机关和执行意志的机关等。

(2) 独立的财产。法人的独立财产是指法人所有的或经营管理的全部财产。法人的财产不仅独立于其他社会组织和自然人的财产，而且独立于自己成员的其他财产，同时也独立于法人创立人的财产。法人拥有独立的财产，是法人独立参加民事活动和独立承担民事责任的前提和依据。

(3) 独立的责任。法人的独立责任是指法人以自己所有的或经营管理的财产独立承担自己活动所产生债务的财产责任。组成法人的成员或创设人对法人的债务不承担责任，法人对他们的债务也不承担责任。①

二、法人的本质

法人的本质问题一直是民法学者所关注的问题，主要有以下观点：

1. 法人拟制说（Fiktionstheorie）。该说源于中世纪的罗马注释法学派，后为德国历史法学家萨维尼（Savigny）所倡导。该说认为权利主体以具有自由意思的自然人为限，法人只是国家在法律上以人为的、特殊的方式，使其成为财产权的主体，性质上是一种拟制的法人。该说有两项重要的背景，一是表现国家权力的绝对权威；二是拟制说观念中的法人，实际上只是财产交易中的主体，以法人的外部关系为重心，而对于法人的内部关系较少说明。法人拟制说第一次提出了法人是权利主体，区别了法人与其成员的财产、法人与其成员的各自独立人格、法人与其成员各自的责任，为法人制度作出了贡献。但是从现代民法观念来看，该说已经过时，法人的本质不是法律的拟制，而是法人的独立组织和功能。

2. 法人否定说。该说不承认法人有独立的人格，认为法人只是假设的主体。该说又分为：(1) 目的财产说（Zweckvermögenstheorie），该说由德国法学家布林兹（Brinz）提出，而为贝克尔（Bekker）所发展，认为法人不过是为一定目的而存在并受该目的拘束的无主财产而已。(2) 受益主体说（Genießertheorie），该说为德国著名法学家耶林（Jhering）首创，认为法人并非真正的权利主体，参与法人事务管理并享受其利益的自然人才是真正的权利主体。(3) 管理人主体

---

① 马俊驹、余延满：《民法原论》，法律出版社1998年版，第136—138页。

说（Amtstheorie），该说为德国著名法学家荷尔德（Holder）和宾德（Binder）所倡，认为法人财产实际上属于依章程而任命的董事会或法人的财产管理人，因此法人不过是为了管理人而存在的财产而已，管理人才是真正的主体。

法人否定说否认法人独立主体人格的存在，难以适应社会经济生活发展的需要，所以一直没有成为通说。①

3. 法人实在说（Theorie der realen Verbandsperson）。该说认为法人并不是法律虚构的，也并非没有团体意思和利益，而是一种客观存在的主体。该说又分为组织体说与有机体说。组织体说为德国法学家米休德（Michoud）和邓伯格（Dernburg）所主张，认为法人不是法律拟制的结果，法律之所以赋予其以主体资格，乃是因为社会现实存在着具有像自然人一样坚固而独立的人格的团体，即法人的实体基础是实在而有独立结构的、适合于担当权利义务主体的组织体。有机体说为德国法学家贝瑟勒（Beseler）和基尔克（Gierke）所倡导。他们以组织体说为基础，更进一步地指出，人类社会生活中存在许多组织体，它们都有其内在的统一性，有不同于个人意思总和的团体意思。因此，法人在本质上是与生物人一样的有机体，是一种具有生命力的组织体，因此在法律上应具有真实而完全的人格。有机体说产生于19世纪末期，这个时期，正是所谓从个人本位向团体本位演化的时期，有机体说强调团体的价值及其重要性，正适合于这个时期民商立法的需要。组织体说认为法人是一种具有区别于其成员的独立意志和利益的组织体，法人的本质不在于其是社会的有机体，而在于其具有适合为权利主体的组织，这种组织就是具有一定目的的社团或财团。法人是一种抽象的实在，法人具有区别于其成员利益的团体利益；具有自己的组织；法人组织的意志是由法人的机关实现的。组织体说说明了法人的组织特征，以及法人与其机关以及其成员之间的关系，这些都奠定了大陆法系关于法人制度的基本理论。组织体说不仅为大多数大陆法系民法学者所接受，而且也为20世纪以来的民商立法实践所普遍采用。我国《民法总则》关于法人的本质即采组织体说。

三、法人的分类

依据不同的标准，法人主要有以下分类：

1. 公法人与私法人。这是依据法人设立的目的以及所依据的法律不同对法人的划分。以实现公共福利为目的，依据公法所设立、组织的法人为公法人，比如国家管理机关是典型的公法人。追求私人目的，依据私法所设立的法人为私法人。

2. 社团法人与财团法人。这是以法人的基础为标准对私法人的划分。社

---

① 王利明：《论法人的本质和能力》，载《民商法研究》第3辑，法律出版社1999年版。

团法人是以人的组合为法人成立基础的私法人,公司、合作社、各种学会与协会等都是典型的社团法人。财团法人是以一定的财产的设定作为成立基础的私法人,各种基金会、寺院、慈善组织等都是典型的财团法人。这里的社团法人与社会团体法人是有区别的,社会团体法人是指自然人或法人自愿组成,为实现会员的共同愿望,按照其章程开展活动的非营利性社会组织。

3. 我国现行法对法人的分类。《民法总则》将法人首先区分为营利法人、非营利法人与特别法人。营利法人是指以取得利润并分配给股东等出资人为目的成立的法人,包括有限责任公司、股份有限公司和其他企业法人(第76条)。非营利法人是指为公益目的或者其他非营利目的成立,不向出资人、设立人或者会员分配所得利润的法人,包括事业单位、社会团体、基金会、社会服务机构等(第87条)。而特别法人则是上述分类以外的特殊的法人,包括机关法人、农村经济组织法人、城镇农村的合作经济组织法人、基层群众性自治组织法人(第96条)。

第二节 法人的成立

一、法人成立的实质要件

设立中的组织,只有符合法人成立的实质要件才能确认其法人的资格。我国《民法总则》第58条规定,法人应当依法成立。法人应当有自己的名称、组织机构、住所、财产或者经费。法人成立的具体条件,依照法律、行政法规的规定。由此可知,法人成立应符合以下实质要件:

1. 依法成立。依法成立是指依照法律规定而成立。首先,法人的设立合法,其设立的目的、宗旨要符合国家和社会公共利益的要求,其组织机构、设立方式、经营范围、经营方式等要符合国家法律和政策的要求;其次,法人成立的审核和登记程序要符合法律、法规的规定。

2. 有自己的名称、组织机构和住所。法人有了自己的名称,才能成为特定化的组织。法人的名称是法人之间互相区别的标志,是其独立人格的体现。由于法人是一个社会组织而不是单个的自然人,因而必须要有组织机构,明确其权力机关、执行机关和监督机关,这是实现法人团体意志,使法人独立享有民事权利和承担民事义务的组织保证。法人要开展生产经营等活动,就必须有自己的固定的住所。法人的住所是法人有自己的业务活动和独立财产的标志。《民法总则》第63条规定:"法人以其主要办事机构所在地为住所。依法需要办理法人登记的,应当将主要办事机构所在地登记为住所。"

3. 有必要的财产或者经费。法人拥有必要的财产或者经费,是其享有民事权利和承担民事义务的物质基础,也是其承担民事责任的财产保障。我国的营利法人曾被要求法定最低财产限额,但现行《公司法》已经废止公司的注册资本最低限额。这一改革具有重要意义,其一方面放松了对公司的管制,符合私法自治的精神,另一方面也降低了投资的门槛,符合鼓励投资的原则。此外,机关、事业单位和社会团体法人因要开展各项业务工作,也必须具有一定的独立经费,但它们因不从事生产经营活动,所以法律一般不具体规定其应有的经费数额。只有基金会法人,因它属于财团法人,没有一定数额的财产就无法存在,因而我国《基金会管理办法》规定:"建立基金会,应有人民币10万元(或者与人民币10万元等值的外汇)以上的注册资金。"

以上所述只是各类法人成立的共同实质要件。对于不同类型法人的成立,有的法律还规定了特殊要件。如企业法人的成立,法律还要求其应有自己的章程及必要的从业人员和技术人员。

二、法人成立的形式要件

由于法人的类型不同,其成立的形式要件也不完全一样。依《民法总则》《企业法人登记管理条例》和《社会团体登记管理条例》等的规定,企业具备取得法人资格的实质要件的,在得到主管部门的核准,并通过登记程序之后,才能取得法人资格;机关法人与一部分事业单位法人通过行政命令的程序设立,只要机关与事业单位具备法人成立的实质要件,无需登记即可取得法人资格;另一部分事业单位与大多数社会团体,具备法人成立的实质要件的,在经过业务主管部门的许可并由登记主管机关核准登记之后,方可取得法人资格;此外,依法不需要办理法人登记的社会团体,只要其具备法人成立的实质要件,即可取得法人资格。此外,如果法律、行政法规规定须经有关机关批准的,依照其规定。

在我国,法人的成立登记一般要经过以下步骤:

1. 向登记的主管机关提出书面申请,并提供法定材料。企业法人登记的主管机关是工商行政管理局。国家工商行政管理总局管理经国务院或国务院授权部门批准的全国性公司、企业集团、经营进出口业务的公司、中外合资经营企业、中外合作经营企业、外资企业的登记注册。省、自治区、直辖市工商行政管理局管理全国性公司的子公司,经省、自治区、直辖市人民政府或其授权部门批准设立的企业、企业集团、经营进出口业务的公司的登记注册;其他企业,由所在市、县工商行政管理局核准登记注册。社会团体法人的登记主管机关是民政部门,成立全国性的社会团体法人,向民政部申请登记;地方性的社会团体法人,向其办事机构所在地相应的民政部门登记;跨地区的社会团体法人,向所跨行政区域的共同上一级民政部门登记。

2. 登记主管机关在接到申请文件后,应进行审查。我国目前采取的审查方式是实质审查。

3. 登记主管机关经审查后,对于符合法人成立的条件的,应予以登记,并发给法人凭证。企业法人的法人凭证为"企业法人营业执照",社会团体法人的凭证为"社会团体法人登记证"。

4. 公告。

第三节 法人的民事能力

一、法人的民事权利能力

法人的民事权利能力是法人依法享有民事权利和承担民事义务的资格。法人的民事权利能力从法人成立时产生,到法人终止时消灭(《民法总则》第59条)。

法人的民事权利能力与自然人的不同:(1)享有的时间不同。自然人民事权利能力的享有始于出生,终于死亡。自然人的生死是自然现象,而法人则不一样,法人的成立与终止不是自然现象,是行为的结果。(2)享有的范围不同。自然人是生命体,依法享有的民事权利能力范围较广,既包括财产权,也包括与自然人生命密不可分的人身权,如生命健康权、肖像权等。而法人是组织体,不享有与生命密切相关的生命健康权、肖像权等人身权。(3)内容不同。自然人的民事权利能力一律平等,不因自然人的性别、年龄、智力、健康状况等不同而有所区别。而法人的民事权利能力具有差异性,不同的法人,其民事权利能力的范围是不一样的,各类依法登记的法人应在核准登记的范围内从事活动,享有相应的民事权利能力。法人的民事权利能力的差异性,并不影响不同法人在民事活动中的民事地位,各法人在民事活动中的民事法律地位仍然是平等的。

二、法人的民事行为能力

法人的民事行为能力是指法人以自己的行为取得民事权利和承担民事义务的资格。与自然人的民事行为能力相比较,法人的民事行为能力有以下特点:(1)法人的民事行为能力享有的时间与其民事权利能力享有的时间一致。因为法人依法成立后便具有独立的人格、独立的能力。(2)法人的民事行为能力范围与其民事权利能力的范围一致。不同的法人,它们的民事权利能力范围是有差别的,而就每一个具体的法人而言,一旦其民事权利能力的范围确定,其民事行为能力的范围也随之确定,而且二者的范围完全一致。(3)法人的民事行为能力由法人机关和代表人实现。法人机关或代表人以自己的意思表示,代表着法人的团体意志,他们根据法律、章程而实施的民事行为,就应认为是法人的行为,其法律后果由法人承担。

法人民事行为能力的范围即法人目的范围对法人活动的法律效力究竟如何？对此我国目前主要有以下观点：(1)权利能力限制说，认为法人的目的范围对于法人活动的限制，是对于法人权利能力的限制。如采用该说，就意味着法人所有超出经营范围的行为都是无效行为，此时很难保护交易相对人的交易安全，也不利于维护交易秩序。[①] (2)内部责任说，认为法人的目的不过决定法人机关在法人内部的责任。如采用该说，法人超出经营范围的行为当然有效，将对法人产生非常不利的后果。(3)行为能力限制说，认为法人的权利能力仅受其性质及法律、法规的限制，法人的目的范围，属于对法人行为能力的限制。(4)代表权限制说，认为法人的目的不过是划定法人机关的对外代表权的范围。若采用以上第三、四两种学说，法人超出经营范围的行为仍有生效可能，一旦法人的权力机关经由经营范围的变更，扩张了法人的经营范围，该行为即成为有效的行为，既保护了交易相对人的利益，维护了交易秩序，又有利于维护法人的利益，应为较佳选择。我国《合同法》第50条明确采用代表权限制说。

三、法人的民事责任能力

法人的民事责任能力，是指法人对自己的民事行为承担民事责任的能力和资格。《民法总则》第60条规定："法人以其全部财产独立承担民事责任。"第61条第2款规定："法定代表人以法人名义从事的民事活动，其法律后果由法人承受。"第62条第1款规定："法定代表人因执行职务造成他人损害的，由法人承担民事责任。"第170条第1款规定："执行法人或者非法人组织工作任务的人员，就其职权范围内的事项，以法人或者非法人组织的名义实施民事法律行为，对法人或者非法人组织发生效力。"此外，《侵权责任法》第34条第1款规定："用人单位的工作人员因执行工作任务造成他人损害的，由用人单位承担侵权责任。"

法人具有民事责任能力，但并非对法人的法定代表人和其他工作人员的一切行为，法人均应承担民事责任。这就涉及法人民事责任能力确定的标准问题。通说认为，法人的法定代表人和其他工作人员在执行职务时所为的行为，不管是合法行为，还是违法行为，都应视为法人的行为，其法律后果均应由法人承担。如果法人的代表人或其他工作人员纯粹基于个人意志和以个人的身份从事经营活动，就应属于个人行为，应由个人承担民事责任，而不能由法人承担民事责任。如果法人的法定代表人和其他工作人员以法人的名义从事一些违反法人利益的非法经营活动，也不应由法人承担民事责任。

---

① 王利明：《论法人的本质和能力》，载《民商法研究》第3辑，法律出版社1999年版。

第四节 法人机关

一、法人机关的概念、种类

法人是有独立意思能力的主体，它的意思是通过其机关形成、表示和实现的。法人的机关，是依据法律和法规、章程的规定，能够实现法人从事民事活动的个人或集体。

在不同的国家、地区或不同的法人之间，由于法律传统和具体情况的不同，法人机关的构成也不尽相同。一般来说，法人机关由权力机关、执行机关和监督机关三部分构成。其中权力机关又称决策机关，是法人意思的形成机关，如股份有限公司的股东代表大会和有限责任公司的股东会，它们有权决定法人生产经营活动中的重大问题。执行机关是法人权力机关的执行机关，有权执行法人章程、条例或设立命令所规定的事项以及法人权力机关所决定的事项，负责实现业已形成的法人意志，如股份有限公司的董事会。执行机关的主要负责人是法人的法定代表人，如股份有限公司的董事长，法定代表人有权代表法人对外进行民事活动。监督机关是指对法人执行机关的行为进行监督检查的机关，如股份有限公司的监事会。其中法人的权力机关和执行机关是必备的机关，监督机关是任意性机关，法人的权力机关一般不是常设机关，但法人的执行机关是常设机关。

法人的机关不同于法人的代理人，法人机关是法人的组成部分，法人机关在法律、章程规定的权限范围内所为的一切行为，均为法人本身的行为，其行为后果自然由法人承担。法人的代理人与法人是两个独立的民事主体，代理人对外进行民事活动时，需要由法人的机关授权，其行为后果依代理规则直接由被代理人承担。

二、法人的分支机构

法人的分支机构是法人的组成部分，它是法人在某一区域设置的完成法人部分职能的业务活动机构。《民法总则》第74条第1款规定："法人可以依法设立分支机构。法律、行政法规规定分支机构应当登记的，依照其规定。"法人的分支机构经法人授权并办理登记，可以成为独立的民事主体，可以在银行开立结算账户，对外进行各项民事活动，但进行民事活动所发生的债务和所承担的责任最终由法人负责。所以该条第2款规定："分支机构以自己的名义从事民事活动，产生的民事责任由法人承担；也可以先以该分支机构管理的财产承担，不足以承担的，由法人承担。"法人的分支机构还可以在法人的授权范围内以自己的名义参加民事诉讼。

作为一类独立的民事主体,法人的分支机构与破产法人的清算组织、设立法人的筹备组织、合伙企业、个人独资企业和不具备法人资格的中外合作经营企业、外资企业等,同属于非法人组织。

三、法定代表人及其责任

法人的法定代表人是指依照法律或法人章程的规定,代表法人行使职权的负责人。法人的法定代表人也是一种法人机关。《民法总则》第61条第1款规定:"依照法律或者法人章程的规定,代表法人从事民事活动的负责人,为法人的法定代表人。"《全民所有制工业企业法》第45条规定厂长(经理)是企业的法定代表人,《公司法》第45条和第68条以及第113条规定董事长是公司法人的法定代表人。可见,法定代表人可以由法律直接规定,也可以由法人的成员根据章程来决定。通常,法定代表人可以依据法律或章程的规定,无须法人机关的专门授权,就可以以法人的名义,代表法人对外进行民事活动,并为签字人。法定代表人的职务行为就是法人的行为,法定代表人执行职务时的行为所产生的一切法律后果,均由法人承担。法定代表人还应代表法人在法院起诉和应诉。

《民法总则》区分法定代表人对外实施的行为是法律行为还是侵权行为而分别加以规定。如果是法律行为,并且属于法定代表人的权限范围内的事项,其法律后果直接由法人承担(第61条第2款);超出权限范围以外的事项,则属于无权代表,相应的法律行为效力待定,须经法人追认后方得对法人发生效力。但是,法人章程或者法人权力机构对法定代表人的代表权的限制,不得对抗善意相对人(第61条第3款)。换言之,如果相对人善意,则构成表见代表,相应的法律行为有效,直接对法人发生效力;反之,仍然属于无权代表,效力待定。如果是侵权行为,即法定代表人因执行职务造成他人损害的,则由法人承担民事责任(第62条第1款)。但是,如果法定代表人对此存在过错,法人承担民事责任后,依照法律或者章程的规定,可以向法定代表人追偿(第62条第2款)。

第五节 法人的变更、终止与清算

一、法人的变更

为了适应复杂的市场形势,追求自身利益最大化,法人可在履行有关法律手续的前提下变更企业形式或进行合并、分立,以改变经营范围,分散经营风险,实现资源的优化配置。法人的变更即指法人在存续期内,法人组织上的分立、合并以及在活动宗旨、业务范围上的变化。

1. 法人的合并。法人的合并是指两个以上的法人合并为一个法人。法人合并分为吸收式合并和新设式合并。吸收式合并是指一个法人归并到另一个现存的法人中去,参加合并的两个法人,只消灭一个法人,另一个法人继续存在并吸收了已消灭的法人。企业法人兼并和事业单位法人合并多属这种形式。例如1999年11月20日原中央工艺美术学院并入清华大学即为吸收式合并。新设式合并是指两个以上的法人合并为一个新法人,原来的法人消灭,新的法人产生,如江西大学和江西工学院等合并为南昌大学即属此类情形。对此,《民法总则》第67条第1款规定:"法人合并的,其权利和义务由合并后的法人享有和承担。"

2. 法人的分立。法人的分立是指一个法人分成两个以上的法人。法人分立有新设分立和派生分立两种情况。新设分立,即解散原法人,而分立为两个以上的新法人。如中国保险总公司分立为中国财产保险总公司和中国人寿保险总公司等就属此类。派生分立,即原法人存续,但从中分出新的法人。对此,《民法总则》第67条第2款规定:"法人分立的,其权利和义务由分立后的法人享有连带债权,承担连带债务,但是债权人和债务人另有约定的除外。"

3. 法人责任形式的变更。法人责任形式的变更即组织形式的变化。比如依照《公司法》的规定,有限责任公司在符合法定条件的前提下,经全体股东一致同意,可以变更为股份有限公司。反之,股份有限公司也可以依法变更为有限责任公司。

4. 法人其他重要事项的变更。法人其他重要事项的变更是指法人的活动宗旨和业务范围等事项的变化。根据《企业法人登记管理条例》第17条的规定,企业法人改变名称、住所、经营场所、法定代表人、经济性质、经营范围、经营方式、注册资金、经营期限以及增设或撤销分支机构,均属重要事项的变更。这些事项的变更应到工商行政管理部门履行变更登记手续,并以一定的方式公告。

5. 法人的变更登记。法人的登记具有一定的公示效力,因此如果法人在存续期间发生登记事项变化的,应当依法向登记机关申请变更登记(《民法总则》第64条)。否则,如果法人的实际情况与登记的事项不一致的,不得对抗善意相对人(第65条)。登记机关在收到法人变更登记的申请之后,应当依法及时公示法人登记的有关信息(第66条)。

二、法人的终止

法人的终止,又称法人的消灭,是指法人丧失民事主体资格,其民事权利能力和民事行为能力终止。依据《民法总则》第68条第1款的规定,法人终止的原因有:(1)法人解散,主要指因法人的目的事业已经完成或无法完成、法人机关的决议、法人章程规定的期限届满或解散事由的发生而自动解散。(2)法人被宣告破产。企业法人不能清偿到期债务时,人民法院可根据债权人或债务人的申请,依法宣告其破产。(3)其他原因,如法人的合并、分立、国家经济政策的调整和发生战争等。此外,依据《民法总则》第68条第2款的规定,有关法人的终止,如果法律、行政法规规定须经有关机关批准的,应当依照其规定。

就法人的解散事由,《民法总则》第69条进行了细化规定,主要涉及如下情形:(1)法人章程规定的存续期间届满或者法人章程规定的其他解散事由出现;(2)法人的权力机构决议解散;(3)因法人合并或者分立需要解散;(4)法人依法被吊销营业执照、登记证书,被责令关闭或者被撤销;(5)法律规定的其他情形。法人解散后,须依法进行清算。

三、法人的清算

1. 法人清算的概念

法人清算是指清理将终止的法人的财产,了结其作为当事人的法律关系,从而使法人归于消灭的必经程序。

2. 法人清算的种类

法人清算可分为破产清算和非破产清算两种。破产清算是指依破产法规定的清算程序进行清算。非破产清算则是不依破产法规定的程序进行的清算。但在清算中发现其具有破产原因时,即按破产程序处理。

3. 清算组织

《民法总则》第70条第1款规定:"法人解散的,除合并或者分立的情形外,清算义务人应当及时组成清算组进行清算。"所谓清算义务人是指负责进行清算的组织和个人。该条第2款规定,法人的董事、理事等执行机构或者决策机构的成员为清算义务人,但法律、行政法规另有规定的除外。

清算人应当依法及时履行清算义务,因未履行清算义务而造成损害的,应当承担民事责任。此时,主管机关或者利害关系人可以申请人民法院指定有关人员组成清算组进行清算(第70条第3款)。清算组织的职责主要包括:(1)了结现存事务,即法人在解散前已着手而未完成的事务,清算组织应予了结。(2)收取债权,即属于法人的债权,清算组织应予收取。债权尚未到期和所附条件尚未成就的,应以转让和换价方法收取。(3)清偿债务,即法人对他人所负债务,应由清算组织予以清偿。债务未到期的,应提前清偿。(4)移交剩余财产。清偿债务后剩余的财产,应由清算组织负责移交给对财产享有权利的人。

4. 法人在清算期间的性质

关于法人在清算期间的性质,学术界颇有争议。归纳起来主要有三种观点:(1)清算法人说。认为法人一经解散,即为法人的终止,法人的民事主体资格消灭。但是为了便于清算,应在清算时把原法人视为一个以清算为目的的清算法人,清算法人不享有原法人的民事权利能力和民事行为能力。(2) 同一法人说。认为法人的解散并不等同于法人的消灭,只有清算终结时,法人资格才归于消灭。虽然在法人清算期间,已经不能进行各种积极的民事活动,但它还继续以原法人的名义,对外享有债权和负担债务。在法人清算终结前,法人资格仍然存在。(3) 拟制法人说。认为法人解散即法人消灭,只是为了清算的目的,法律上拟制法人在清算目的范围内享有民事权利能力,从法人解散至清算完结视为法人仍然存续。

《民法总则》第72条规定:"清算期间法人存续,但是不得从事与清算无关的活动。"这表明清算是法人的终止程序,清算中的法人与清算前的法人具有同一人格,只是其民事权利能力与民事行为能力受清算目的的限制而已。据此规定,显采同一法人说较为合适。

5. 清算终结

清算终结,即清算组织完成上述清算职责。法人清算后的剩余财产,根据法人章程的规定或者法人权力机构的决议处理,法律另有规定的除外(《民法总则》第72条第2款)。清算结束并完成法人注销登记时,法人终止,依法不需要办理法人登记的,清算结束时,法人终止(第72条第3款)。

第六节 营利法人

一、营利法人概述

《民法总则》第76条第1款规定:"以取得利润并分配给股东等出资人为目的成立的法人,为营利法人。"由此可见,营利法人最重要的特征是具有营利的目的,这也是其与非营利法人的本质区别。但须注意,营利性不仅要求"取得利润",而且应将取得的利润"分配给股东等出资人"。换言之,虽然以取得利润为目的,但将利润由法人自身保留,而不对其成员进行分配的法人,不具有营利的目的,因此不属于营利法人。该条第2款规定,"营利法人包括有限责任公司、股份有限公司和其他企业法人等。"其中,有限责任公司与股份有限公司是最典型的营利法人,《公司法》对此作有系统规定,应优先于《民法总则》而适用。而"其他企业法人"主要是指具有法人资格的中外合作经营企业、外商独资企业等特殊的企业形式,也应优先适用特别法的规定。此外,该款规定为不完全列举,只要具有法人资格,又同时具有营利的目的,均属于营利法人。

二、营利法人的设立要求

要设立营利法人,除须符合《民法总则》第58条有关法人设立的一般规定之外,还须满足其特殊的要求。首先,设立营利法人应当依法制定法人章程(第79条)。营利法人是设立人为实现营利的目的相互结合而成的自治团体,而法人章程正是此种结合最为基本的准则。法人章程是设立人为设立营利法人协商一致的结果,是意思自治的体现,也是设立营利法人必不可少的基本文件。其次,营利法人经依法登记成立(第77条)。不同于非营利法人,营利法人均须依法登记才能成立,而且不存在例外。只有经依法登记后,营利法人才能取得民事权利能力和行为能力,参与民事活动。登记一方面是行政管理的需要,另一方面也具有公示的作用,以此可以保护与该营利法人进行交易的善意相对人。最后,成立营利法人须由登记机关颁发营业执照。《民法总则》第78条规定:"依法设立的营利法人,由登记机关发给营利法人营业执照。营业执照签发日期为营利法人的成立日期。"据此,营业执照不仅是营利法人成立的必备要件,还最终决定了营利法人的成立时间,具有重要的实务意义。

三、营利法人的组织机构

法人毕竟不是自然人,只能通过组织机构来形成并实施其意思,所以组织机构对法人而言也是必不可少的要求。根据《民法总则》的规定,营利法人的组织机构主要包括权力机构、执行机构和监督机构,分别对应有限责任公司的股东会、董事会和监事会,三者的区别主要在于职权分配的不同。权力机构由营利法人的设立人或者投资人组成,是营利法人最基本的机构,掌握营利法人最根本的事项。其职权主要包括修改法人章程,选举或者更换执行机构、监督机构成员,以及法人章程规定的其他职权(第80条第2款)。执行机构是由权力机构选举产生,是营利法人的日常经营管理机关,负责营利法人普通事项的决策。其职权主要包括召集权力机构会议,决定法人的经营计划和投资方案,决定法人内部管理机构的设置,以及法人章程规定的其他职权(第81条第2款)。执行机构作出决议之后,还需具体的自然人将之付诸实施,即为营利法人的法定代表人。执行机构为董事会或者执行董事的,董事长、执行董事或者经理按照法人章程的规定担任法定代表人;未设董事会或者执行董事的,法人章程规定的主要负责人为其执行机构和法定代表人(第81条第3款)。监督机构负责监督营利法人组织机构的运行状况,其职权主要包括依法检查法人财务,监督执行机构成员、高级管理人员执行法人职务的行为,以及法人章程规定的其他职权(第82条)。

四、营利法人的决议效力

营利法人具有健全的组织机构,就可以自己的意思独立参与民事活动,而此种独立意思则是通过决议行为实现的。但是,决议行为并非当然有效,其内容或者程序违反法律或者章程的规定时,就会存在效力瑕疵。由于决议行为也属于民事法律行为(《民法总则》第134条第2款),所以《民法总则》有关民事法律行为效力的规定原则上应对决议行为同样适用,除非法律另有规定,尤其是《公司法》等特别法上的规定。

《民法总则》第85条是有关营利法人决议可撤销的特殊规则。该条规定:"营利法人的权力机构、执行机构作出决议的会议召集程序、表决方式违反法律、行政法规、法人章程,或者决议内容违反法人章程的,营利法人的出资人可以请求人民法院撤销该决议,但是营利法人依据该决议与善意相对人形成的民事法律关系不受影响。"要准确理解该条,应注意以下几点:第一,决议是由营利法人的权力机构或者执行机构作出,而不包括监督机构。第二,决议的瑕疵事由包括程序和内容两个方面。就决议程序而言,如果会议的召集程序、表决方式违反法律、行政法规或者法人章程,相关决议均属于可撤销的决议。但在决议内容方面,只有违反法人章程,该决议才属于可撤销的决议,因为决议内容违反法律、行政法规将直接导致决议行为无效(《民法总则》第153条第1款)。第三,撤销权人为营利法人的出资人。因为决议行为违法将损害出资人的利益,所以法律赋予出资人撤销权,由其决定相关决议行为的效力。第四,出资人的撤销权应通过诉讼或仲裁的方式行使。为确保决议行为效力的清晰和营利法人运行的稳定,该条要求出资人应请求人民法院撤销决议行为。但是,由于仲裁与诉讼在此具有本质的相似性,应认为申请仲裁具有同样的效力。第五,决议行为被撤销的法律效果不得对抗善意相对人。决议行为不仅是营利法人的内部事项,而且往往涉及外部交易行为。如果决议行为被撤销的法律效果对外一律有效,将使得与营利法人从事交易的善意相对人可能遭遇不测之损害。为保护善意相对人的利益,该条将决议行为被撤销的法律效果仅及于恶意的相对人。

五、出资人的法定责任

出资人是营利法人的设立者,也是最终的利益承受者。但同时,出资人作为独立的民事主体,其利益与营利法人及其他出资人的利益往往并不一致,与营利法人的债权人就更是存在直接的利益冲突。因此,《民法总则》为防止出资人滥用权利而损害其他出资人、营利法人及其债权人的利益,规定了出资人须承担的法定责任。首先,营利法人的出资人不得滥用出资人权利损害法人或者其他出资人的利益;滥用出资人权利给法人或者其他出资人造成损失的,应当依法承担民事责任(第83条第1款)。这主要着眼于营利法人的内部关系,相应的责任应属于侵权责任。其次,营利法人的出资人不得滥用法人独立地位和出资人有限责任损害法人的债权人利益;滥用法人独立地位和出资人有限责任,逃避债务,严重损害法人的债权人利益的,应当对法人债务承担连带责任(第83条第2款)。这是从外部关系的角度对营利法人的债权人的保护,规定例外地否定营利法人的独立人格,由出资人直接对外向债权人承担责任,既可能是违约责任,也可能是侵权责任。最后,营利法人的控股出资人、实际控制人、董事、监事、高级管理人员不得利用其关联关系损害法人的利益。利用关联关系给法人造成损失的,应当承担赔偿责任(第84条)。应注意的是,关联交易并非当然被否定,只有在其损害营利法人的利益时,才会受到否定性评价。此时,相关人员应承担侵权责任,赔偿营利法人因此而遭受的损失。

六、营利法人的社会责任

营利法人以营利为目的,这本无可厚非。但是,随着经济的不断发展,一些营利法人的规模和实力不断增强,形成了强大的社会力量。这些营利法人通过其社会影响力赚取利润并分配给其成员,同时也应当负担起相应的社会责任。《民法总则》第86条对此加以确认,根据该条的规定,"营利法人从事经营活动,应当遵守商业道德,维护交易安全,接受政府和社会的监督,承担社会责任"。这也是民法社会化的具体体现。

第七节 非营利法人

一、非营利法人概述

《民法总则》第87条第1款规定:"为公益目的或者其他非营利目的成立,不向出资人、设立人或者会员分配所取得利润的法人,为非营利法人。"据此,非营利法人的核心特征在于,其不以营利为目的,而是"为公益目的或者其他非营利目的",且"不向出资人、设立人或者会员分配所取得利润",这是非营利法人与营利法人的本质区别。如前所述,营利法人不仅要求赚取利润,而且应将所得利润分配给其成员。因此,如果只是以赚取利润为目的,但将所得利润由法人自己保有,而不分配给其成员,则应属于非营利法人。

非营利法人既包括面向社会大众,以满足不特定多数人的利益为目的的公益法人,如中华慈善总会、中国红十字会、环境保护协会、保护妇女儿童组织、各类基金会等;也包括为其他非营利目的成立的法人,比如为互助互益目的而成立的互益性法人,仅面向成员提供服务,如商会、行业协会、学会、俱乐部等。① 二者最大的区别在于其终止后剩余财产的分配。为公益目成立的非营利法人终止时,不得向出资人、设立人或者会员分配剩余财产。剩余财产应当按照法人章程的规定或者权力机构的决议用于公益目的;无法按照法人章程的规定或者权

---

① 参见李适时主编:《中华人民共和国民法总则释义》,法律出版社2017年版,第257页。

力机构的决议处理的,由主管机关主持转给宗旨相同或者相近的法人,并向社会公告(《民法总则》第95条)。

有关非营利法人的具体类型,《民法总则》第87条第2款规定:"非营利法人包括事业单位、社会团体、基金会、社会服务机构等。"应当注意的是,该条是对非营利法人的不完全列举,保持了一定的开放性。就各具体类型的非营利法人,《民法总则》主要从设立要求和组织机构等方面展开规定。

二、事业单位法人

事业单位是指国家为了社会公益目的,由国家机关举办或者其他组织利用国有资产举办的,从事教育、科技、文化、卫生等活动的社会服务组织。[①] 事实上,我国目前事业单位的情况较为混乱,既有从事公益服务的事业单位,也有从事生产经营的事业单位,还有承担行政职能的事业单位。根据中央有关事业单位改革的意见,对承担行政职能的,逐步将其行政职能划归行政机构或转为行政机构;对从事生产经营活动的,逐步将其转为企业;对从事公益服务的,继续将其保留在事业单位序列、强化其公益属性。今后不再批准设立承担行政职能的事业单位和从事生产经营活动的事业单位。因此,作为应具有稳定性的民事基本法,《民法总则》规定的事业单位法人应仅限于以社会公益为目的的事业单位,这也符合非营利法人的核心特征。

有关事业单位法人的设立,《民法总则》第88条规定:"具备法人条件,为适应经济社会发展需要,提供公益服务设立的事业单位,经依法登记成立,取得事业单位法人资格;依法不需要办理法人登记的,从成立之日起,具有事业单位法人资格。"依此规定,事业单位法人的设立是否须登记应取决于相关法律的具体规定,其成立的时点也因此而有所不同。此外,事业单位法人还须具备一定的组织机构。《民法总则》第89条规定:"事业单位法人设理事会的,除法律另有规定外,理事会为其决策机构。事业单位法人的法定代表人依照法律、行政法规或者法人章程的规定产生。"据此,事业单位法人的组织机构主要涉及理事会和法定代表人,前者是事业单位法人的决策机构,后者则对外代表事业单位法人参与民事活动。

三、社会团体法人

社会团体是指中国公民自愿组成,为实现会员共同意愿,按照其章程开展活动的非营利性社会组织。[②] 社会团体如果具备法人的条件,便可能成为社会团

---

① 参见《事业单位登记管理暂行条例》第2条。
② 参见《社会团体登记管理条例》第2条。

体法人。应当指出的是,社会团体法人与传统民法中的社团法人并非同一概念,后者与财团法人(捐助法人)相对应,是人的组织体,其成立的基础在人,以成员为要件。① 社会团体法人作为非营利法人,并不限于公益目的,也可以为会员的共同利益,只要不将所得利润分配给会员即可。

设立社会团体法人须满足如下条件:首先,依照法律规定进行登记。《民法总则》第 90 条规定:"具备法人条件,基于会员共同意愿,为公益目的或者会员共同利益等非营利目的设立的社会团体,经依法登记成立,取得社会团体法人资格;依法不需要办理法人登记的,从成立之日起,具有社会团体法人资格。"因此,并非所有的社会团体法人均须登记,是否登记取决于相关法律的具体规定。其次,依法制定法人章程(《民法总则》第 91 条第 1 款)。法人章程记载了社团法人最基本的信息,也是社会团体法人各项事务顺利运行的基本规则,所以是社团法人必不可少的要件。最后,健全的组织机构。《民法总则》第 91 条第 2 款规定:"社会团体法人应当设会员大会或者会员代表大会等权力机构。"该条第 3 款规定:"社会团体法人应当设理事会等执行机构。理事长或者会长等负责人按照法人章程的规定担任法定代表人。"据此,社会团体法人的组织机构包括会员大会或者会员代表大会、理事会、理事长,分别为社会团体法人的权力机构、执行机构和法定代表人。

四、捐助法人

捐助法人相当于传统民法中的财团法人,是以捐助的财产为基础而成立的非营利法人,是《民法总则》新增的法人类型。捐助法人包括基金会、社会服务机构、宗教活动场所等具体类型,其中社会服务机构主要是指捐资设立的学校、医院、孤儿院、养老院、图书馆、文化馆、博物馆等。②

捐助法人的设立不仅应当具备法人的条件,还须依法登记才能设立,不存在例外,这与事业单位法人和社会团体法人有所不同。《民法总则》第 92 条规定:"具备法人条件,为公益目的以捐助财产设立的基金会、社会服务机构等,经依法登记设立,取得捐助法人资格。依法设立的宗教活动场所,具备法人条件的,可以申请法人登记,取得捐助法人资格。法律、行政法规对宗教活动场所有规定的,依照其规定。"此外,捐助法人的成立还须有法人章程及组织机构。《民法总则》第 93 条规定:"设立捐助法人应当依法制定法人章程。捐助法人应当设理事会、民主管理组织等决策机构,并设执行机构。理事长等负责人按照法人章程的

---

① 参见石宏主编:《中华人民共和国民法总则条文说明、立法理由及相关规定》,北京大学出版社 2017 年版,第 205 页。
② 参见李适时主编:《中华人民共和国民法总则释义》,法律出版社 2017 年版,第 275 页。

规定担任法定代表人。捐助法人应当设监事会等监督机构。"有关捐助法人决议行为的瑕疵,第94条第2款规定:"捐助法人的决策机构、执行机构或者法定代表人作出决定的程序违反法律、行政法规、法人章程,或者决定内容违反法人章程的,捐助人等利害关系人或者主管机关可以请求人民法院撤销该决定,但是捐助法人依据该决定与善意相对人形成的民事法律关系不受影响。"最后,捐助人虽然不是捐助法人的成员,但是依然有权依照章程的规定监督捐助财产的运行情况。《民法总则》第94条第1款规定:"捐助人有权向捐助法人查询捐助财产的使用、管理情况,并提出意见和建议,捐助法人应当及时、如实答复。"

第八节 特别法人

一、特别法人概述

营利法人与非营利法人仅是从法人目的的角度对法人的分类,无法涵盖现实生活中法人的全部情形。有些法人虽然不具有营利性,但是也不适宜归入非营利法人,所以《民法总则》在营利法人与非营利法人之外,另设专节规定了特别法人,以完善法人的分类体系。《民法总则》第96条规定:"本法规定的机关法人、农村集体经济组织法人、城镇农村的合作经济组织法人、基层群众自治性组织法人,为特别法人。"应当注意,该条是对特别法人的完全列举,只有已经明确列举的情形才属于特别法人,此外就只能属于营利法人或者非营利法人,而不能是特别法人。这主要是考虑到现实社会中的绝大多数法人都可以纳入营利法人和非营利法人的范围,营利法人和非营利法人作为法人分类的最基础分类是合适的,特别法人的范围很小,未来也不宜扩大,否则就会侵蚀和动摇营利法人和非营利法人作为法人分类基础的地位。① 可以说,特别法人较营利法人与非营利法人的区分而言,明显具有"兜底"的意义。

二、特别法人的具体规定

《民法总则》有关特别法人的规定多为引致规范,其最大的意义在于确认相关主体的法人资格。例如,第97条规定:"有独立经费的机关和承担行政职能的法定机构从成立之日起,具有机关法人资格,可以从事为履行职能所需要的民事活动。"第99条规定:"农村集体经济组织依法取得法人资格。法律、行政法规对农村集体经济组织有规定的,依照其规定。"第100条规定:"城镇农村的合作经

---

① 参见石宏主编:《中华人民共和国民法总则条文说明、立法理由及相关规定》,北京大学出版社2017年版,第226页。

济组织依法取得法人资格。法律、行政法规对城镇农村的合作经济组织有规定的,依照其规定。"第101条规定:"居民委员会、村民委员会具有基层群众性自治组织法人资格,可以从事为履行职能所需要的民事活动。未设立村集体经济组织的,村民委员会可以依法代行村集体经济组织的职能。"不过也有少数条文具有实质的规范内容。例如,第98条涉及机关法人因撤销而终止后的权利义务继受问题,该条规定:"机关法人被撤销的,法人终止,其民事权利和义务由继任的机关法人享有和承担;没有继任的机关法人的,由作出撤销决定的机关法人享有和承担。"

第六章　民事法律关系主体:非法人组织

自然人和法人是两类重要的民事主体,但并未涵盖主体制度的全部内容。社会生活中广泛存在的合伙企业、个人独资企业等也同样以主体的身份参与民事活动,属于第三类民事主体。但是,1986年《民法通则》并未规定,而其后的法律已经有所承认,故作为民事基本法的《民法总则》有必要对此加以规定。根据该法第四章的规定,此类民事主体被称为"非法人组织"。与自然人相比,非法人组织已非单个的个人,而是具有一定的组织形式;但与法人相比,其组织形式尚不完备,也不能独立承担民事责任。因此,非法人组织是介于自然人与法人之间的过渡形式,呈现出独有的特征。本章将首先介绍《民法总则》第四章有关非法人组织的一般规定,再就其中最为重要的合伙进行详细分析。

第一节　非法人组织概述

一、非法人组织的概念

《民法总则》第102条第1款规定:"非法人组织是不具有法人资格,但是能够依法以自己的名义从事民事活动的组织。"由此可知,非法人组织具有如下特征:首先,非法人组织是一种组织体。这意味着非法人组织已经脱离了单个的个人,具有一定的组织形式。这就不同于自然人,而与法人较为接近。其次,非法人组织能够以自己的名义从事民事活动。具备一定的组织形式是非法人组织成为民事主体的前提,但要实际从事民事活动,还须具有自身的名义。这使得非法人组织得以区别于其设立人,在具体的民事活动中能够被识别,确保其主体地位。最后,非法人组织不具有法人资格,不能独立承担民事责任。非法人组织虽然具备了一定的组织形式,但其组织形式尚不足够健全,难以完全独立地成为法律上的人。因而,非法人组织虽然能够以自己的名义从事民事活动,但因此而发生的民事责任并不能由其独立承担,而是由其设立人最终承担无限责任。这是非法人组织与法人的本质区别。

二、非法人组织的类型

非法人组织是对若干不具有法人资格的组织体的统称,根据《民法总则》第102条第2款的规定,其主要包括个人独资企业、合伙企业、不具有法人资格的专业服务机构等具体类型。其中,个人独资企业、合伙企业分别由《个人独资企业法》《合伙企业法》专门规定,"不具有法人资格的专业服务机构"主要是指不具有法人资格的律师事务所、会计师事务所等。但应当注意,会计师事务所既可以采取合伙制,也可以采取有限责任制,只有后者才属于非法人组织。此外,该款规定是对非法人组织的不完全列举,其他特别法上的组织体,如外商独资企业、中外合作经营企业、乡镇企业等,如果不具有法人资格,也应当属于非法人组织。①《民法总则》第75条规定的设立中法人虽然规定在法人一章,但仍应属于本章规定的非法人组织。

有疑问的是,民事合伙是否为非法人组织,具有民事主体资格?本书对此持肯定回答。因为民事合伙虽然只是通过合同的方式设立,但仍然具有一定的组织形式,只不过与合伙企业相比较为简单,但也不同于合伙人个人。而且,民事合伙也可能具有自己的名义,并以此名义从事民事活动。更何况,《民法通则》有关个人合伙和合伙型联营的规定并未被《民法总则》废止,而是继续有效,仍然可以作为承认民事合伙主体地位的现行法依据。

三、非法人组织的设立登记

非法人组织的设立须依法登记。《民法总则》第103条第1款规定:"非法人组织应当依照法律的规定登记。"这是对《个人独资企业法》《合伙企业法》等特别法规定的确认,既是行政管理的需要,也具有维护交易安全的功能。与此同时,该条第2款规定:"设立非法人组织,法律、行政法规规定须经有关机关批准的,依照其规定。"应当注意,只有法律和行政法规才有权规定非法人组织设立的行政审批,其他低位阶的规范性法律文件则无此权限。依据现行法的规定,须经行政审批才能进行设立登记的非法人组织主要是不具有法人资格的外商独资企业、中外合作经营企业、律师事务所以及会计师事务所等。②

四、非法人组织的代表人

非法人组织是组织体,只有通过其执行机关才能参与民事活动。非法人组织的执行机关是其代表人,代表人可以代表非法人组织发出或接收意思表示,或者以非法人组织的名义从事其他民事活动,在非法人组织与其他民事主体之间建立起民事法律关系。非法人组织的代表人在数量上不受限制,《民法总则》第105条规定:"非法人组织可以确定一人或者数人代表该组织从事民事活动。"非法人组织在代表权限内以非法人组织名义实施民事法律行为,其法律效果直接

---

① 参见李适时主编:《中华人民共和国民法总则释义》,法律出版社2017年版,第326—327页。
② 同上书,第328页。

由非法人组织承担。但是,如果代表人所实施的行为已经超出其代表权限的范围,则该行为并非当然对非法人组织有效。《合伙企业法》第37条规定:"合伙企业对合伙人执行合伙事务以及对外代表合伙企业权利的限制,不得对抗善意第三人。"因此,若相对人并非善意,相应的民事法律行为对合伙企业不发生效力。

五、非法人组织的债务承担

非法人组织不具有独立的法人资格,不能独立承担民事责任。因此,《民法总则》第104条规定:"非法人组织的财产不足以清偿债务的,其出资人或者设立人承担无限责任。法律另有规定的,依照其规定。"通常情形下,非法人组织有自己经营或者管理的财产,这些财产具有一定程度的独立性,可用以对外承担民事责任。但是,在非法人组织支配的财产不足以清偿全部债务时,须由其出资人或者设立人承担无限责任。如果是个人独资企业,由出资人个人承担无限责任;如果是民事合伙或者普通合伙企业则由全体合伙人共同承担无限连带责任。但是,对于特殊的普通合伙企业、有限责任合伙等特殊形式,法律进行了特别规定,此时应依照特别法的规定处理。此外,《民法总则》第75条对设立中法人的责任承担作有规定:"设立人为设立法人从事的民事活动,其法律后果由法人承受;法人未成立的,其法律后果由设立人承受,设立人为二人以上的,享有连带债权,承担连带债务。设立人为设立法人以自己的名义从事民事活动产生的民事责任,第三人有权选择请求法人或者设立人承担。"

六、非法人组织的解散与清算

非法人组织在发生特定事由时解散,解散后非法人组织终止,丧失民事主体资格。根据《民法总则》第106条的规定,非法人组织的解散事由如下:第一,章程规定的存续期间届满或者章程规定的其他解散事由出现。非法人组织的章程是其设立人意思自治的结果,如果章程明确规定了非法人组织的存续期间,或者规定解散的特定事由,则非法人组织应当按照章程的规定解散。但是如果设立人此时共同决定非法人组织继续存续的,原则上也应当承认。第二,出资人或者设立人决定解散。非法人组织的设立人或者出资人是非法人组织的设立者,其同样有权决定解散非法人组织。但是,设立人或者出资人决定解散非法人组织的,应当符合法律或者章程规定的决策程序和条件。第三,法律规定的其他情形。其他法律可能对非法人组织的解散进行特别规定,此处应予以确认。此外,《民法总则》第107条规定:"非法人组织解散的,应当依法进行清算。"原则上,清算是非法人组织解散的前置程序,主要目的是了结其内部事务和外部债权债务关系。非法人组织清算期间不得从事与此无关的其他民事活动。

七、非法人组织的法律适用

上述有关非法人组织的规定较为简单，难以应对实务中出现的全部问题。不过，各种主要类型的非法人组织均有相应的特别法，应优先于《民法总则》的规定适用。此外，在没有特别法的规定，《民法总则》第四章也无规定的情形下，可以参照适用有关法人的规定。对此，《民法总则》第108条规定："非法人组织除适用本章规定外，参照适用本法第三章第一节的规定。"应当指出，该条仅规定参照适用法人的一般规定，但是非法人组织同样存在营利或者非营利的区分。因此，如果确实存在相似性，《民法总则》有关营利法人、非营利法人乃至特别法人的规定，也同样具有参照适用的余地。

第二节 合伙的概念与种类

一、合伙的概念与特征

（一）合伙的概念

合伙是指两个或两个以上的人（自然人或法人）为了共同的经济目的，自愿签订合同，共同出资、经营，共负盈亏和风险，对外负无限连带责任的联合体。合伙由合伙合同和合伙组织两个不可分割的部分构成，前者是对合伙人有约束力的内部关系的体现，后者是全体合伙人作为整体与第三人发生法律关系的外部形式。

（二）合伙的特征

合伙主要具有以下法律特征：

1. 合伙合同是合伙成立的基础。这一特征与享有法人资格的公司不同，公司是以章程作为共同行为的标准，凡同意者即可加入。而合伙则是合伙合同的产物，法律对合伙成立的要求并不像对法人那样严格，只要当事人在平等自愿的基础上就合伙协议的内容达成一致，合伙即告成立。合伙合同不同于一般合同，它的当事人之间的权利、义务是互相平行的，即互享性质相同的权利，互负性质相同的义务。

2. 合伙是一种独立的联合组织，具有团体的属性。这主要表现在合伙的人格、财产、利益和民事责任都具有相对的独立性。当然，这种独立性没有法人那么高，团体的属性没有法人那么强。如果说法人是一种高级的组织形态，那么合伙则是一种低级的组织形态。

3. 合伙是一种共同出资、共同经营的关系。合伙人在共同出资的基础上，为了共同的经济目的，共同从事合伙事业，并与第三人发生法律关系。在合伙业务的范围内,各个合伙人互为代理人。每个合伙人既可作为经营者对合伙事务进行干预,也可以作为业务执行者亲自参加日常的经营活动。我国法律规定,合伙人可以推举负责人。合伙负责人和其他人员的经营活动,由全体合伙人承担其法律后果。

4. 合伙是一种共同分享收益、共担风险的关系。合伙以从事经营活动、获得利润为目的,非经营性的合作不是合伙,而只是合作关系。既然合伙的存在是为了合伙人共同的经济目的,那么对合伙经营的收益,合伙人就应按协议的约定或出资的比例分享;对合伙经营的亏损,合伙人也需按协议的约定或出资的比例分担。当合伙财产不足以清偿合伙债务时,合伙人对合伙债务承担无限连带责任。只投资,或参与或不参与合伙经营,收取固定利润但不承担风险的人,不是合伙人,这种关系名为合伙,实为借贷。

二、合伙的分类

1. 民事合伙与商事合伙。民事合伙是不以营利为目的的合伙和虽以营利为目的,但未达到一定规模的合伙。商事合伙是以营利为目的的合伙。我国《合伙企业法》把合伙界定为营利性组织,因此,《合伙企业法》规定的合伙,都是商事合伙。

2. 普通合伙与隐名合伙。隐名合伙是由两种合伙人组成的合伙,一种是出名合伙人,另一种是隐名合伙人或有限合伙人。出名合伙人参与经营,对合伙债务承担连带无限责任;隐名合伙人只出资,不参与经营,对合伙的债务承担有限责任。隐名合伙在公司法上被称为两合公司。最高人民法院《关于贯彻执行〈中华人民共和国民法通则〉若干问题的意见(试行)》(以下简称《民通意见》)第46条规定:"公民按照协议提供资金或者实物,并约定参与合伙盈余分配,但不参与合伙经营、劳动的,或者提供技术性劳务而不提供资金、实物,但约定参与盈余分配的,视为合伙人。"对此规定,学者解释为我国立法中承认了隐名合伙。

3. 个人合伙、法人合伙与家庭合伙。以自然人为成员的合伙,为个人合伙。以法人为成员的合伙,为法人合伙,《民法通则》将其作为联营的一种形式。由于在法律上,人包括自然人、法人和合伙,这种区分意义不大。家庭合伙,是以家庭成员为合伙人的合伙,在我国以个体商户和农村承包经营户为表现形式。家庭合伙在许多方面同于普通合伙,但也有一些自己的特点。所以,法律对家庭合伙关系的调整,往往要由合伙法与亲属法中的有关规定结合起来进行。

第三节 合伙的成立

合伙的成立,是合伙创设人在具备一定条件的前提下,向国家有关机关提出设立合伙的申请,经后者审查合格,颁发营业执照,合伙取得民事主体资格的过程。

一、合伙成立的形式要件

合伙同法人一样,也具有国家认可性,因此,其成立也必须履行有关的法律程序。在我国,依据《民法通则》的规定,合伙必须经工商行政管理机关依法核准登记才能有效成立。这一程序包括由合伙创设人提交法定文件、登记机关对这些文件进行审查、作出予以登记或不予登记的决定三个阶段,其核心在于审查待设立的合伙企业是否具备法律规定的合伙企业的条件。

二、合伙成立的实质要件

合伙要取得法律上的承认和保护,必须具备法定的实质要件:

1. 合伙人达到法定人数。合伙人之人数须在两人以上,此为合伙人法定人数之下限。一人出资且经营,不成其为合伙,而为独资企业;因退伙或合伙人死亡或丧失行为能力,合伙仅剩一个有行为能力的合伙人时,合伙自然解散。合伙人人数过多,众合伙人难以做到彼此信任,则合伙丧失了合伙企业的属性。因此,从合伙的性质出发,合伙人人数须有上限的限制。但《民法通则》和《合伙企业法》均未对合伙人人数之上限设立规定,此问题有待未来立法完善。

2. 有书面的合伙协议。合伙协议是合伙的存在依据,是规范合伙内部关系的文件。合伙协议由全体合伙创设人以合意订立。在合伙存续期间,经合伙人协商一致,也可对之进行修改或补充。由全体合伙创设人订立的合伙协议须载明如下必要事项:(1) 合伙企业名称和主要经营场所的地点;(2) 合伙企业的经营范围;(3) 合伙人的姓名及其住所;(4) 合伙人出资的方式、数额和缴付出资的期限;(5) 利润分配和亏损分担方法;(6) 合伙企业事务的执行;(7) 入伙与退伙;(8) 合伙企业的解散与清算;(9) 违约责任;(10) 合伙企业的经营期限和合伙人争议的解决方式。

3. 有各合伙人实际缴付的出资。合伙拥有自己的财产,是合伙从事经营活动的物质基础,也是合伙取得法律人格的基础。合伙人既谋共同事业,自当负出资义务。因此,合伙之成立,以各合伙人认缴出资为条件。合伙人除可以以货币出资外,还可以以实物、劳务、土地使用权、知识产权和其他财产权出资。为了保障经营的顺利进行,一定比例的流动资金是必不可少的,在众合伙人以各种财货出资的情况下,可要求现金出资达到总出资的20%以上。

4. 有合伙企业的名称。企业名称是一企业区别于其他企业、并表明出资人之责任形式的符号。合伙企业须有自己的名称,名称不仅能把自己与其他合伙区分开来,并对外昭示自己的出资人对合伙之债务所承担的责任,而且企业的名称还是其商誉的载体。因此,成立合伙企业,一定的名称是必不可少的。合伙企业的名称,由原名与扩展名两部分构成。原名应说明合伙企业的经营范围,扩展名中必须有"合伙"二字,以便使交易相对人及公众迅速根据上述名称判断合伙企业的经营范围和合伙人的责任形式。

5. 有经营场所和从事合伙事业的必要条件。合伙企业的经营场所,是进行合伙营业的必要条件。因此,一个合伙企业必须至少有一个经营场所。设有分支机构的合伙企业,其分支机构可以有另外的经营场所。从事合伙事业所必要的条件,还包括银行账号、电话、传真号码等。

第四节 合伙的法律地位

合伙的法律地位即指合伙的主体地位,学者对此颇有争议:一种观点认为,合伙不具有民事主体资格,它只是自然人、法人进行民事活动的特殊形式;另一种观点认为,合伙具有民事主体资格,其中又有非法人组织说、准法人说、法人说等。本书同意后一种观点,认为合伙属非法人组织,具有民事主体资格,主要表现在:

一、合伙人格的相对独立性

近现代各国民法,包括我国民法普遍允许合伙拥有自己的字号,并以字号名义参与民事活动和诉讼活动,合伙的经营活动,应由全体合伙人共同决定。合伙的重大经营事务的决策权属于全体合伙人,单个人的意志不能左右合伙的重大事务,只有全体合伙人的共同意志才能对合伙事务发生效力。对外,由全体合伙人推举的负责人或接受授权的合伙人以合伙字号的名义在经营范围内从事民事活动。此外,某一合伙人的死亡、丧失行为能力或退伙也不必然引起合伙的解散,而只导致该合伙人与其他合伙人权利义务关系的终止。

二、合伙财产的相对独立性

现代多数国家民法规定,合伙财产为合伙人共同共有。我国《合伙企业法》亦规定合伙财产由合伙人共同管理和使用,某一合伙人未经其他合伙人同意,无权为其个人目的占有、使用其出资的财产。在合伙关系存续期间,不符合协议约定的条件或不经全体合伙人同意,合伙人不得将其出资份额转让给第三人;合伙人退伙时,该合伙人的份额,其他合伙人享有优先购买权。某一合伙人的债权人,不得就该合伙人对合伙的债权行使代位权,仅得对该合伙人的份额申请扣押,但须于一定时间前通知合伙;合伙的债务人,不得主张以其对某一合伙人的债权行使抵销权。在合伙关系结束,合伙进行清算前,任何合伙人不得请求合伙财产的分割等。合伙财产与合伙人个人的其他财产区别开来,从而使合伙财产具有相对的独立性。

三、合伙利益的相对独立性

合伙组织的产生,是基于合伙人的共同意愿,为了实现合伙人的共同利益。由于合伙人格和合伙财产具有相对独立性,使合伙具有相对独立的整体利益。合伙的利益与合伙人的个人利益已经分离。

四、合伙民事责任的相对独立性

现代各国民事立法虽坚持合伙人对合伙债务负无限连带责任,但有些国家和地区改变了合伙人承担连带责任的规定;有些国家和地区虽坚持合伙人对合伙债务承担连带责任,但采取补充连带责任的形式。我国《合伙企业法》第38条规定,合伙企业对其债务,应先以其全部财产进行清偿。合伙企业财产不足清偿到期债务的,各合伙人应当承担无限连带清偿责任。这一规定采取的是补充连带责任的形式。此外,《合伙企业法》第41条将合伙人个人债务与合伙企业债务分开,合伙人个人债务的债权人不得以该债权抵销其对合伙企业的债务,也不得代位行使合伙债务人在合伙企业中的权利。这些规定反映了合伙民事责任的相对独立性。现代合伙已不仅仅是一种合同关系,它具有双重属性。一方面它以合伙合同为基础,没有合伙合同就没有合伙组织;另一方面合伙又是合伙合同产生的结果,合伙一经成立,就具有团体属性,就能够以独立的身份对外进行民事活动。

第五节 合伙能力与合伙债务的承担

合伙的能力就是国家赋予合伙的权利能力和行为能力,合伙凭借这些能力,能够取得民事主体资格,参加民事法律关系。合伙是营利性组织,合伙参加的民事法律关系通常是财产关系,所以,合伙的能力以合伙财产为基础。合伙为人的组合,存在两个以上的合伙人,由此发生合伙能力的行使问题。

一、合伙能力的财产基础

合伙的财产,构成合伙能力的物质基础。合伙财产由两部分构成:合伙设立时由各合伙人缴付的出资及在合伙存续期间以合伙的名义获得的合伙财产。对于合伙财产,各合伙人按各自的份额共有。基于这种共有关系,各合伙人对合伙财产享有所有权的各项权能,能够参与合伙事务的经营,并分派由此形成的盈利或亏损。合伙财产之共有关系的变化,将导致合伙事务经营者构成的变化。基于合伙的人合性质,这种变化必须受到限制。在合伙企业清算前,合伙人一般不得请求分割共有财产,在合伙存续期间,合伙人向第三人转让自己在合伙中的财产份额的,须经全体合伙人的同意,其他合伙人在同等条件下享有优先购买权。购得合伙财产份额的第三人,经全体合伙人的同意,成为新的合伙人。非经其他合伙人一致同意,任何合伙人不得将其合伙财产份额出质。未经同意出质的,出质无效或对该合伙人作退伙处理。

二、合伙能力的行使

1. 全体合伙人行使合伙能力。基于出资的法律行为和对合伙财产享有所有权的事实,各合伙人都有管理和使用合伙财产、代表合伙从事交易的权利能力和行为能力。在这种情况下,对内各合伙人相互协商管理合伙内部事务;对外每个合伙人都代表合伙,合伙人应在合伙协议范围内为一定行为,由合伙承担责任。

2. 合伙事务执行人行使合伙能力。如果合伙人人数众多,为了取得更好的经营效果,可以由合伙协议约定或由全休合伙人决定委托一名或数名合伙人执行合伙事务。合伙事务执行人对外代表合伙。未取得合伙事务执行权的其他合伙人,不得以合伙的名义对外交易,否则无效。在这种情况下,合伙的能力主要由合伙事务执行人行使。合伙事务执行人有义务向其他合伙人报告事务执行情况。其他合伙人对合伙事务执行人享有监督权、账目检查权和重大事务决定权。处分合伙企业的不动产、改变合伙企业的名称、转让或处分合伙企业的知识产权和其他财产权利、向企业登记机关申请办理变更登记手续等都属于重大事务。在商议合伙重大事务时,合伙人以表决的方式作决定,原则上实行一人一票原则,即享有较多财产份额的合伙人与享有较少份额的合伙人在表决时处于同样的地位。当然,合伙协议或合伙人也可以约定或决定采用一个出资份额一票的表决方式。

3. 聘请第三人行使合伙能力。经全体合伙人同意,可聘请合伙人以外的第三人为合伙企业的经营管理人员,在授权的范围内行使合伙的能力。

三、合伙的债务承担

合伙能力对外行使的结果之一,是合伙发生对第三人的债务。对债务的担保,自然人是以个人的全部财产作为债务的担保,称为个人的无限责任;法人以独立于法人成员的财产作为债务的担保,即法人的担保手段不延伸至法人成员的财产,称为有限责任;合伙以合伙财产和合伙人的个人财产作为债务的担保,称为连带的无限责任。合伙人对合伙债务承担无限连带责任,是普通合伙的特征,是合伙区别于其他企业形式之所在。其实,合伙具有相对独立于合伙人财产的财产,即合伙人的出资以及在合伙存续期间积累的财产。合伙的到期债务,应先以该财产清偿,不足部分,才以各合伙人的财产清偿。各合伙人应清偿的合伙债务,按合伙协议中规定的各合伙人分担亏损的比例分担。如果合伙协议没有此项规定,由各合伙人平均分担。任何一个合伙人自己的财产若不足以偿付分担的债额,由其他合伙人偿付。偿付人于偿付后,就超出自己分担份额的部分,有权向其他合伙人追偿。

第六节 入伙、退伙与合伙的终止

入伙是指合伙成立后,第三人加入合伙并取得合伙人资格的行为。退伙是指合伙人脱离合伙组织,丧失合伙人资格的行为。合伙的终止是指合伙人自愿或因法律的规定消灭合伙、终止合伙关系的行为。

一、入伙

入伙是合伙成立后第三人加入合伙,取得合伙人身份。显然,入伙人不是合伙的创设人。由于合伙的人合性,新合伙人入伙,须取得全体既有合伙人的同意,以接受原合伙合同的基本内容为前提。原合伙人死亡或被宣告死亡的,继承其合伙财产份额的继承人,可依合伙协议的约定或经全体合伙人同意成为合伙人。合伙继承人为未成年人的,经其他合伙人的一致同意,可以在其未成年时由其监护人代行其权利。入伙人入伙后与原合伙人享有同等的权利,承担同等的责任。例如,享有合伙既有之债权,同时,对合伙既有的债务承担连带责任。当然,对于新合伙人在合伙中的地位,原合伙人与新合伙人也可以在入伙协议中达成另外的协议,在符合公平原则的前提下,法律对之不加干预。

二、退伙

退伙是既有的合伙人脱离合伙关系。退伙分为以下几种情形:

1. 声明退伙。声明退伙是指出于合伙人自己的意思而退伙。根据我国《合伙企业法》第45条的规定,合伙协议约定合伙企业的经营期限的,有下列情形之一时,合伙人可以退伙:(1)合伙协议约定的退伙事由出现;(2)经全体合伙人一致同意;(3)发生合伙人难以继续参加合伙企业的事由;(4)其他合伙人严重违反合伙协议约定的义务。合伙协议未约定合伙企业的经营期限的,合伙人以不给合伙企业事务执行造成不利影响为前提,经提前30日通知其他合伙人,可以退伙。

2. 法定退伙。法定退伙是出于法定事由而退伙。我国《合伙企业法》第48条规定,合伙人有下列情形之一的,当然退伙:(1)作为合伙人的自然人死亡或被依法宣告死亡；(2)个人丧失偿债能力；(3)作为合伙人的法人或者其他组织依法被吊销营业执照、责令关闭、撤销，或者被宣告破产；(4)法律规定或者合伙协议约定合伙人必须具有相关资格而丧失该资格；(5)合伙人在合伙企业中的全部财产份额被人民法院强制执行。

3. 除名。除名又称为强制退伙，是指基于法定原因或合伙合同约定原因开除某一或某些合伙人的情形。我国《合伙企业法》第 49 条规定，合伙人发生下列情形之一的，经其他合伙人一致同意，可以将其除名：(1)未履行出资义务；(2)因故意或重大过失给合伙企业造成损失；(3)执行合伙事务时有不正当行为；(4)发生合伙协议约定的事由。

不论是声明退伙、法定退伙还是除名，都发生退伙财产结算、退还给退伙人其财产份额之问题。

三、合伙的终止

合伙的终止即合伙的法律人格的消灭，有解散和破产两种情形。

1. 解散，是合伙人自愿或因法律的规定消灭合伙。解散有下列事由：(1)合伙协议约定的经营期限届满，合伙人不愿继续经营的；(2)出现合伙协议约定的解散事由；(3)全体合伙人决定解散合伙；(4)合伙人已不具备法定人数，只剩一人；(5)合伙协议约定的合伙目的已经实现或无法实现；(6)合伙被依法吊销营业执照；(7)出现法律、行政法规规定的合伙企业解散的其他原因。

合伙无论因何种原因而解散，都会发生对合伙的清算。合伙的清算，是在合伙被决定解散后，由各合伙人了结合伙事务、收取债权、偿还债务，清理出剩余财产分配给各合伙人，以便消灭合伙的法律人格的法律程序。

2. 破产，即合伙企业的财产和合伙人个人的财产不能偿付合伙的到期债务而由法院通过破产程序消灭合伙的法律人格。合伙企业破产，准用破产法的一般规定。

第七章　民事法律关系变动原因：民事法律行为

民事法律行为,是民事法律事实中最为重要、最为常见的一种。作为民法总则中的一般规定,民事法律行为制度及其相关理论在现代民事法律制度以及现代民法学说中居于重要地位。民事法律行为制度是联结权利主体制度、物权制度、债权制度这三大民法理论的纽带,是客观权利义务向主观权利义务转化的桥梁,是法制度向法现实转化的接口。可以说,每一项民法基本精神的实现,社会主义市场经济新秩序的建立,无一不依赖于民事法律行为作用的发挥。[①] 民事法律行为制度作为观念的抽象,不仅统辖着合同、婚姻和遗嘱等具体的设权行为规则,形成了民法中不同于法定主义体系的独特法律调整制度,而且又以完备、系统的理论形态概括了民法中一系列精致的概念和原理。[②] 本章主要介绍民事法律行为的一般理论,民事法律行为的成立与生效条件,以及附条件和附期限民事法律行为。

第一节　民事法律行为制度概说

一、民事法律行为的概念

民事法律行为,简称法律行为,是指民事主体设立、变更、终止民事权利和民事义务的表意行为。罗马法已经存在法律行为的萌芽,《德国民法典》首次使用了法律行为(Rechtsgeschäft)的概念,现今大陆法系各国普遍确立了法律行为制度。我国《民法通则》第54条首先确立了法律行为制度,但其所给定义却把民事法律行为界定为合法行为,同时还确认了民事行为作为民事法律行为的上位概念。按德国民法的理解,法律行为是目的在于设立法律关系的表意行为,意思表示乃是法律的核心。是否符合法律的要求并非法律行为的本质,法律行为不仅包括不合形式要件的法律行为、行为人有权予以撤销的可撤销法律行为,甚至包括因违反法律而无效的法律行为。[③] 因此,我国《民法总则》第133条纠正了《民法通则》所采用的法律行为是合法行为之说,规定"民事法律行为是民事主体通过意思表示设立、变更、终止民事法律关系的行为"。

[①] 申卫星:《对民事法律行为的重新思考》,载《吉林大学社会科学学报》1995年第6期。
[②] 董安生:《民事法律行为》,中国人民大学出版社1994年版。
[③] 申卫星:《对民事法律行为的重新思考》,载《吉林大学社会科学学报》1995年第6期。

其实,民事法律行为中的"法律"是中性词语,只是表明具有法律性而已。所谓法律性主要指民事法律行为是受民法调整并由民法规定的行为,是能够发生民事法律效果的行为,是民事法律现象的组成部分。民事法律行为的法律性并不表明其必须是合法行为。1986年我国制定《民法通则》,其第54条将民事法律行为界定为合法行为,是因为当时商品经济尚不发达,商品生产和商品交换行为尚不普遍,国家对商品生产和商品交换行为的控制比较严格,因而规定民事法律行为必须是合法行为。而在现今商品经济蓬勃发展的市场经济时代,市场经济所需要的是具有自觉性、自主性、自为性、自律性的主体,"经济和社会则要求民法给予民事主体以充分的自主权,因此,民事法律行为可以包括不合法的表示行为"[①],以充分尊重当事人的意思表示,这将有利于激发民事主体的积极性和创造性,尤其是在当前社会主义市场经济蓬勃发展的阶段,在私法自治原则渐受肯认和尊崇的时代,强调意思表示是民事法律行为的核心,就更具有现实意义了。因此,《民法总则》第133条之规定具有重要的进步意义。

二、民事法律行为的特征

1. 民事法律行为是人为的法律事实,以此有别于事件。民事法律关系的发生原因中,包括事件和行为两大类,前者与人的意志无关,后者包括人的意志因素。法律行为属于行为的范畴,因为其包含人的意志因素,因而是人为的法律事实。行为相较于事件,是民事法律关系发生的更经常的原因。

2. 民事法律行为是一种表意行为,与事实行为相对称。作为引起民事法律关系变动的行为,可以区分为表意行为和非表意行为。表意行为是指行为人具有发生一定法律效果的意图,且行为的法律后果是按照当事人的约定而产生的行为;非表意行为则是指行为人主观上并无意思表示,其法律后果的发生完全取决于法律的具体规定的行为,事实行为(Realakt)是典型的非表意行为。民事法律行为为典型的表意行为,法律是按照行为人的意思表示而赋予其相应的法律效果。还有一种介于二者之间的准法律行为(Geschäftähnliche Handlung),其具备意思表示,但是其法律效果发生并非取决于当事人的意思表示,而是取决于相应的法律规定。因其具备意思表示,故有行为能力适用的要求,也要求意思表示真实一致合法,与法律行为相近,故称之为准法律行为。

3. 民事法律行为以意思表示为核心要素。所谓意思表示,是表意人将其期望发生某种法律效果的内在意图以一定方式表现于外部的行为。由于法律行为不过是私人愿望的法律表达方式,意思表示是法律行为不可或缺的内容,意思表示遂成为法律行为最核心的要素,甚至有些学者将意思表示等同于法律行为。

[①] 史际春:《民事关系、民事法律关系及其他》,载《法学研究》1989年第4期。

例如订立的遗嘱中所为的意思表示，就是订立遗嘱的法律行为。在诺成合同中，也是这种情况。但在另一些情况下，仅有行为人的意思表示并不构成法律行为，法律行为之构成须辅之以行为人交付实物的行为，实践合同的订立，就是如此。因此我们说，意思表示是法律行为的基本要素，但并不完全等同于法律行为。①

4. 法律行为乃是实现私法自治的技术构件。私法自治，是指个人得依其意思形成私法上之权利义务关系。私法自治作为现代民法的核心原则，适用于一切私法关系。它对于保障私有财产，实践营业自由，维护个人自由与尊严，促进社会经济发展、文化进步，贡献甚巨！② 这样伟大的使命何以完成？端赖于法律行为制度。因为，法律行为制度的核心就是意思表示，借助于法律行为这一法律技术构件，当事人可以在自主自愿的基础上达成其所希冀的法律关系。

三、民事法律行为的分类

1. 以进行民事法律行为的人数和成立要件为标准，法律行为分为单方法律行为、双方法律行为、多方法律行为和决议行为。《民法总则》第134条规定："民事法律行为可以基于双方或者多方的意思表示一致成立，也可以基于单方的意思表示成立。法人、非法人组织依照法律或者章程规定的议事方式和表决程序作出决议的，该决议行为成立。"单方法律行为，是根据一方当事人的意思表示就可成立的法律行为。其特点在于不需要他方当事人的同意就可发生法律效力。例如订立遗嘱、放弃继承权、撤销委托代理、免除债务、追认无权代理等行为。双方法律行为，是当事人双方相对应的意思表示达成一致才可成立的法律行为。合同行为是典型的双方法律行为。多方法律行为，又称共同法律行为，是两个以上当事人并行的意思表示达成一致才可成立的法律行为。例如两个以上的合伙人订立合伙合同的行为，业主大会制定业主公约的行为。决议行为通常也是由多方当事人以意思表示的方式作出，但其与多方法律行为的区别在于成立要件不同。决议行为的成立一般不须全部当事人一致同意，仅须符合多数决的要求即可。典型的决议行为如公司的股东会决议、董事会决议等。

2. 以法律行为有无对价为标准，法律行为分为有偿法律行为和无偿法律行为。有偿法律行为，是当事人双方承担互为对待给付义务的法律行为。所谓对待给付，指当事人一方以付出某种利益为代价交换所获得的利益。在市场经济体制下有偿法律行为是法律行为之常态。无偿法律行为是在双方法律行为中，一方当事人承担给付义务，他方当事人不承担对待给付义务的法律行为。赠与、无偿保管、无偿寄托皆属此类。

---

① 彭万林：《民法学》，中国政法大学出版社1999年版，第141页。
② 王泽鉴：《民法总则》，中国政法大学出版社2001年版，第246页。

3. 以法律行为的成立是否还需要外在要件为标准,法律行为分为诺成法律行为和实践法律行为。诺成法律行为指仅以意思表示为成立要件的法律行为。实践法律行为又称要物行为,指除意思表示外,还须交付标的物才可成立的法律行为。现代社会交易频繁,当事人彼此以约定而信赖为相应行为,故大多法律行为为诺成法律行为,一经约定成立即产生拘束力。但民间交易中,尚有需要物之交付再为确认的保管合同和借贷合同,则为实践性法律行为。

4. 以法律行为依据法律规定是否须具备一定的形式为标准,法律行为分为要式法律行为和不要式法律行为。要式法律行为,指依法律规定或当事人约定,必须采取一定形式或履行一定程序才可成立的法律行为。要式法律行为主要适用于标的重要或标的数额大的民事法律关系。不要式法律行为,指法律不要求采用特定形式,当事人可自由选择某种形式使其成立的法律行为。此为法律行为之多数,它更强调民事流转的灵活迅速。

5. 以法律行为之间的依从关系为标准,法律行为分为主法律行为和从法律行为。主法律行为,指不需要有其他法律行为的存在就可独立成立的法律行为。从法律行为,指从属于其他法律行为而存在的法律行为。例如,当事人订立一个借贷合同,为保证债的履行,又订立了一个保证合同,在这两个合同的关系中,借贷合同是主法律行为,保证合同是从法律行为。主法律行为未成立,从法律行为无由成立;主法律行为无效,将导致从法律行为无效。

6. 以法律行为是否有独立的实质内容为标准,法律行为分为独立法律行为和补助法律行为。独立的法律行为,指有独立实质内容的法律行为,行为人以自己独立的意思表示即可成立。一般而言,具备完全行为能力的民事主体所为之行为均为独立法律行为。而补助法律行为,指不具备独立实质内容的法律行为,一般而言此种法律行为乃是补足其他法律效力的行为。例如法定代理人对限制行为能力人行为的追认行为,即属于补助的法律行为。

7. 以法律行为内容的不同为标准,法律行为可以分为身份行为和财产行为。身份行为是导致身份关系发生、变更和终止的法律行为。如结婚、离婚、收养等法律行为。财产行为,是导致财产关系发生、变更和终止的法律行为。财产行为根据其内容的不同又可再分为债权行为和物权行为。债权行为,指引起债权关系发生、变更和终止的法律行为。买卖、借贷、承揽等合同行为即是债权行为。物权行为,则专指引起物权关系发生、变更和终止的法律行为。转移所有权、设定用益物权或者担保物权、共有财产的分割等行为,皆为物权行为。物权行为常与债权行为有密切关系。物权行为通常是债的履行行为,如交付标的物的行为、支付价金的行为。但物权行为也可不以债权行为为前提,如抛弃所有权、分割共有财产的行为。此外,债权也有不必通过物权行为实现的,如劳务合同中仅仅涉及劳务行为的提供,而无涉标的物的交付。物权行为(dingliches

Rechtsgeschäft）是德国民法学所创造的概念。按照这一概念，买卖合同的订立需要检索的法条是《德国民法典》第433条，关键看要约与承诺是否真实一致，由此而形成的债的效力仅仅使当事人双方负有义务，并必然导致交易标的物所有权的转移；而进行动产所有权转移时则检索的是《德国民法典》第929条，关键看是否具备新的关于所有权移转的物权合意（Einigung）和交付（Übergabe）。通常而言，作为负担行为的债权行为有效与否，不影响物权行为的效力。此即为物权行为的抽象原则（Abstraktionsprinzip）。

8. 以法律行为与原因的关系为标准，法律行为分为有因行为和无因行为。有因行为，指行为以给付原因为成立或生效要件的财产行为，给付原因存在欠缺，将影响财产行为的成立和有效。无因行为，指不以给付原因为要件的财产行为，给付原因存在欠缺，不影响由此发生的财产行为的成立和有效。票据行为为典型的无因行为。立法设置无因行为，是为了保障交易的安全。

9. 以法律行为效力的发生是在当事人生前还是死后为标准，法律行为分为生前行为和死因行为。生前行为是在行为人生前发生效力的法律行为。死因行为是以行为人的死亡为生效要件的法律行为。遗嘱、遗赠为典型的死因行为。

四、民事法律行为的形式

民事法律行为的形式，是指作为法律行为基本要素的意思表示的形式。《民法总则》第135条规定："民事法律行为可以采用书面形式、口头形式或者其他形式；法律、行政法规规定或者当事人约定采用特定形式的，应当采用特定形式。"民事法律行为的形式主要有如下几种：

1. 口头形式。口头形式指以谈话的形式所作出的意思表示。"谈话"的外延包括电话交谈、托人带口信、当众宣布自己的意思等。口头形式的法律行为，是不要式的法律行为，具有简便迅速的优点，但同时有缺乏客观记载，一旦发生纠纷，日后难以取证的缺点。口头形式适用于即时清结、标的数额小的交易。

2. 书面形式。书面形式指用书面文字所作出的意思表示，如书面合同、授权委托书、信件等。在现代电子技术条件下，书面形式还包括电报、电传、电子数据交换和电子邮件等数据电文形式。电子数据交换（EDI）和电子邮件（E-mail），是新型电子化交易工具。我国《民法总则》第137条第2款、《合同法》第11条、第16条、第32条承认电子数据交换和电子邮件为意思表示的书面形式。书面形式可促使当事人深思熟虑后才实施法律行为，使权利义务关系明确化，并可保存证据，有助于预防和处理争议。书面形式是要式法律行为的一种形式，是否采用，或由法律规定，或由当事人约定。书面形式主要适用于不能即时清结、标的数额较大的交易行为。特殊的书面形式，还是可以是公证和鉴证形式。

3. 推定形式。推定形式指当事人通过有目的、有意义的积极行为将其内在意思表现于外部。承租人继续交纳房租，出租人接受之，由此可推知当事人双方作出了延长租期的法律行为。行为人将汽车驶入停车场，则可推定成立了保管合同关系。

4. 沉默方式。指既无语言又无行为表示的消极行为，在法律有特别规定的情况下，当事人的沉默被视为构成意思表示，由此使法律行为成立。通常情况下，沉默不是意思表示，不能成立法律行为。《民法总则》第140条第2款规定："沉默只有在有法律规定、当事人约定或者符合当事人之间的交易习惯时，才可以视为意思表示。"

现代社会，法律行为越来越注重当事人的意思表示，而不应受制于形式要件的有无。即使法律规定或者当事人约定法律行为应采取书面形式的，但是如果一方当事人已经履行主要义务，另一方当事人接受的，则即使欠缺形式要件的法律行为也不影响其成立（《合同法》第36条）。但是，形式有时对于特定法律行为的效力仍有重要意义，它可以起到证明法律行为的存在、抑制当事人的冲动（如器官的捐献）、促使当事人谨慎交易（如不动产交易）的作用。所以，在日益重视法律行为真意的现代社会，形式在法律行为中的地位和作用是一个颇有价值的题目。

第二节 民事法律行为的成立

一、民事法律行为成立的概述

民事法律行为的成立要件，是指按照法律规定成立法律行为所必不可少的事实要素。当行为人的某一表意行为符合特定法律行为的成立要件时，其行为构成特定的法律行为。当行为人的具体表意行为不符合任何法律行为的成立要件时，在观念上应视为法律行为不存在。设立法律行为成立制度的意义，在于将社会生活中民事主体有意从事法律行为的活动与无意从事法律行为的活动区别开来。

民事法律行为的成立与民事法律行为的有效不同。民事法律行为的成立所揭示的是法律行为是否已经存在；而法律行为的有效，揭示的是已经存在的法律行为是否合乎法律规定的要求。法律行为是否成立，属于事实判断问题；法律行为是否有效，属于价值判断问题。任何一项法律制度都要通过当事人的法律行为和国家的法律评价来落实，这是应予以区别对待的两个不同阶段。

民事法律行为首先是民事主体的行为，而不是国家的行为，是民事主体基于自主自愿而为的，以影响一定民事法律关系为目的的行为，应集中体现当事人的意思表示,至于行为本身合法与否,行为产生何种法律效果,是国家对其进行的法律评价,不是当事人所能随便确定的。在实际生活中,当事人往往也不可能对一切意思表示都有正确的法律观念,意思表示也不可能包括民事法律行为可能发生的一切法律后果。① 法律行为有效要件的欠缺,是可以弥补的,而法律行为成立的构成要素的欠缺是无法补救的,它说明一个法律行为并不存在。

当然,两者存在紧密联系,法律行为的成立是法律行为有效的逻辑前提,一项法律行为只有在成立之后,才谈得上确认其是否有效的问题。多数情况下,法律行为成立与法律行为的生效是一致的,即法律行为在成立时即具有法律效力,因此我国《民法总则》第136条第1款规定:"民事法律行为自成立时生效,但是法律另有规定或者当事人另有约定的除外。"特殊情况下,法律行为的成立与生效不具有时间上的一致性,例如附延缓条件的法律行为所附之条件尚未成就,附始期法律行为之始期尚未届至,此时法律行为已然成立,只是尚未生效。

二、民事法律行为的成立要件

民事法律行为的成立要件,是确定一项法律行为是否成立的标准。民事法律行为成立要件一般应包括以下三个要素:(1)当事人。即需要存在进行特定民事法律行为的民事主体。(2)标的。即民事法律行为所指向的内容。(3)意思表示。即表意人须完整地将要设立、变更或终止的民事法律关系的内心意思表现于外部。

法律行为的成立须以意思表示生效为前提,而意思表示的生效要件又因作出表示的方式的不同而有所差异。(1)有相对人的意思表示。依《民法总则》第137条之规定,如果是以对话方式作出的意思表示,该意思表示自相对人知道其内容时生效;以非对话方式作出的意思表示,到达相对人时生效。就后者而言,如果是采用数据电文的形式,相对人指定特定系统接收数据电文的,该数据电文进入该特定系统时生效;未指定特定系统的,相对人知道或者应当知道该数据电文进入其系统时生效。此外,当事人对采用数据电文形式的意思表示的生效时间另有约定的,按照其约定。(2)无相对人的意思表示。《民法总则》第138条规定,无相对人的意思表示,自该意思表示完成时生效。但是,法律另有规定的,依照其规定。(3)相对人不特定的意思表示。这主要是指以公告方式作出的意思表示。《民法总则》第139条规定,如果是以公告的方式作出意思表示,该意思表示自公告发布时生效。此外,在意思表示生效之前,表意人还可以依法撤回意思表示。《民法总则》第141条规定:"行为人可以撤回意思表示。撤回意思表示的通知应当在意思表示到达相对人前或者与意思表示同时到达相对人。"

---

① 申卫星:《对民事法律行为的重新思考》,载《吉林大学社会科学学报》1995年第6期。

在某些特殊类型的民事法律行为,如要物行为和要式行为的成立中,除了须具备一般成立要件外,还须具备特别成立要件。例如在要物行为(如民间借贷)的成立中,须具备交付标的物的特别成立要件;在要式行为(如结婚)中,须具备采用特别表意形式或履行特定程序的特别成立要件。

第三节 民事法律行为的有效要件

一、民事法律行为的一般有效要件

民事法律行为的有效,是指法律行为因符合法律规定而获得能引起民事法律关系设立、变更和终止的法律效力。法律行为有效,证明法律行为已成为合法行为,因而获得了国家的保护。所以,民事法律行为的有效要件,应是对照民事法律行为的成立要件进行逐一检索,看看这些成立要件的构成是否合格。依我国《民法总则》第143条及其他法律、司法解释的相关规定,一项有效法律行为须具备如下要件:

（一）行为人具有相应的民事行为能力

法律行为以当事人的意思表示为核心要素。具有健全的理智,是作出合乎法律要求的意思表示的基础,因此,法律行为的行为人,必须具有相应的行为能力。就自然人而言,具有从事法律行为的行为能力的人,包括具备完全行为能力的成年人和能从事与其年龄、健康状况相适应民事法律活动的精神病患者以及8周岁以上的未成年人。不具有相应的民事行为能力的人所从事的法律行为,又未经其法定代理人追认的,原则上无效。无民事行为能力人从事的法律行为原则无效,也不能以法定监护人的追认使其有效,而只能通过法定监护人的代理来进行。

就法人而言,一般应在核准登记的范围内有行为能力。但是从维护相对人的利益和维护市场关系稳定的目的出发,"当事人超越经营范围订立合同,人民法院不因此认定合同无效。但违反国家限制经营、特许经营以及法律、行政法规禁止经营规定的除外"[①]。

（二）当事人的意思表示真实一致

意思表示真实,指当事人在意志自由、能认识到自己的意思表示之法律效果的前提下,内心意图与外部表达相一致的状态。意思表示不真实,指当事人的内心意图与外部表达不一致的状态,可分为意思与表示不一致和意思表示不自由。意思与表示不一致又可分为故意的不真实和基于错误的不真实。故意的不真实

---

① 参见最高人民法院《关于适用〈中华人民共和国合同法〉若干问题的解释》(一)第10条。

主要有真意保留、伪装表示和隐藏行为。基于错误的不真实包括错误和误传。意思表示不自由包括欺诈、胁迫和乘人之危。

1. 虚假表示。虚假表示又称真意保留、心中保留或非真意表示，是指表意人把真实意思保留于心中，所作出的表示行为并不反映真实意思，它是一种自知并非真意的意思表示。关于虚假表示的效力，我国《民法总则》未作规定，通说认为虚假表示原则上有效，表意人应受该表示的约束，但相对人明知表意人的表示与意思不一致时，该表意行为无效。

2. 伪装表示。伪装表示亦称通谋虚伪表示或假装行为，它是指表意人与相对人通谋，不表示内心真意的意思表示。例如，债务人为逃避债务与友人通谋制造假债权或虚伪让与财产，构成伪装表示。关于伪装表示的效力，通说认为表意人与相对人通谋所为的意思表示原则上无效，但为保护交易安全，不得以其无效对抗善意第三人。《民法总则》第146条第1款规定："行为人与相对人以虚假的意思表示实施的民事法律行为无效。"值得注意的是，该款并未规定通谋虚伪表示对第三人的效力问题，对此应结合善意取得等其他制度进行体系解释。

3. 隐藏行为。隐藏行为是指表意人为虚假的意思表示，但其真意为发生另外的法律效果的意思表示。《民法总则》第146条第2款规定："以虚假的意思表示隐藏的民事法律行为的效力，依照有关法律规定处理。"例如，为了规避税收，房屋交易明为买卖却作出赠与之虚伪意思表示。则该虚伪意思表示应无效，而买卖合同是否有效则需依照关于房屋买卖的规定判断。

4. 错误。错误是指表意人为意思表示时，因误认或不知，以致内心的真实意思与外部的表现行为不一致。所谓误认，是指认识错误，如误骡为马，误将K金当做纯金购买。所谓不知，通常指笔误与口误，如应书一万元而误写为一元，应言租赁而误言使用借贷。[①] 错误与虚假表示和伪装表示在意思表示上都是非真实的，但错误是无意识的非真意表示，后两者是有意识的非真意表示。关于错误意思表示的效力，表示主义认为错误不影响意思表示的效力，意思主义认为错误的意思表示无效。通说认为，意思表示的内容有错误或表意人若知其实情即不为意思表示，表意人可将其意思表示撤销。我国《民法总则》并未直接规定错误，而是在第147条规定了重大误解制度。所谓重大误解，依最高人民法院《民通意见》第71条的规定，是指："行为人因对行为的性质、对方当事人、标的物的品种、质量、规格和数量等的错误认识，使行为的后果与自己的意思相悖，并造成较大损失的，可以认定为重大误解。"这种规定考虑到了双方当事人的利益平衡，包含了错误和误解两个概念，包括了表意人的认识和表达错误，相对人的理解和表达错误，以及表意人的错误陈述（非欺诈）等情形。对于重大误解的效力，依

[①] 梁慧星：《民法总论》，法律出版社1996年版，第167页。

《民法总则》第147条的规定,当事人可以请求人民法院或仲裁机构予以撤销。在当事人未予撤销以前,其意思表示有效。

5. 误传。误传是指由于传达人或传递机关的错误而使表意人的意思表示发生错误。在以非对话方式作出意思表示的情况下,需要由传递机关将意思表示传达于相对人,在传送过程中可能发生错误,例如电报部门的误译。误传是传送人或传递机关无意识的错误传送,如果传达人或传递机关有故意,则不为误传。传送人或传递机关在传送过程中发生的错误,在性质上视为表意人的错误。《民通意见》第77条规定:"意思表示由第三人义务转达,而第三人由于过失转达错误或者没有转达,使他人造成损失的,一般可由意思表示人负赔偿责任。但法律另有规定或者双方另有约定的除外。"在我国司法实践中,将误传归入重大误解,适用重大误解的有关规定。但在归责上,误传人的责任一般由表意人承担。

6. 欺诈。欺诈是指当事人一方或第三人故意编造虚假情况或隐瞒真实情况,使对方陷入错误而为违背自己真实意思的表示的行为。欺诈的构成要件是:(1)须有欺诈人的欺诈行为。(2)欺诈人必须有欺诈的故意。(3)须表意人因相对人的欺诈而陷于错误。(4)须对方因陷于错误而为意思表示,即错误与意思表示之间有因果关系。

7. 胁迫。胁迫包括威胁和强迫。威胁是指行为人一方或第三人以未来的不法损害相恐吓,使对方陷入恐惧,并因此作出有违自己真实意思的表示。强迫是指行为人一方以现时的身体强制,使对方处于无法反抗的境地而作出有违自己真实意思的表示。胁迫的构成要件是:(1)须胁迫人有胁迫的行为。(2)胁迫人须有胁迫的故意。(3)胁迫的本质在于对表意人的自由意思加以干涉。(4)须相对人受胁迫而陷入恐惧状态。恐惧状态应依被胁迫人的主观状态决定。(5)须相对人受胁迫而为意思表示,即表意人陷入恐惧或无法反抗的境地,与意思表示之间有因果关系。

8. 乘人之危且显失公平。乘人之危,是指行为人利用对方当事人的急迫需要或危难处境,迫使其作出违背本意而接受于其非常不利的条件的意思表示。乘人之危的构成要件是:(1)须有表意人在客观上正处于急迫需要或紧急的境地。(2)须有行为人乘人之危的故意。(3)须有相对人实施了足以使表意人为意思表示的行为。(4)须相对人的行为与表意人的意思表示之间有因果关系。(5)表意人因其意思表示而蒙受重大不利。《民法通则》和《合同法》均将乘人之危与显失公平作为相互独立的法律行为效力瑕疵事由进行规定,但《民法总则》第151条将二者予以统合,作为法律行为的撤销事由,以相互限定。

(三)不违反法律、行政法规的强制性规定,不违背公序良俗

不违反法律、行政法规,是指法律行为不得违反法律、行政法规的强制性规范,自不包括任意性规范。但在强制性规范当中,学者又进一步区分为效力性规

范与取缔性规范,前者着重违反行为之法律行为价值,以否认其法律效力为目的;后者着重违反行为之事实行为价值,以禁止其行为为目的。所谓取缔性规范,是指取缔违反之行为,对违反者加以制裁,以防止其行为,并不否认其行为在私法上的效力。① 所谓效力性规范,是指不仅要取缔违反的行为,对违反者加以制裁,而且对其行为在私法上的效力也加以否认。但一个法律规范究为取缔性规范,还是效力性规范,并非一望可知,尚需结合特定法律规范所处法规体系及其立法目的综合考量。②

不违反公序良俗,是指法律行为的内容不违反公共秩序和善良风俗。将不违反公序良俗作为法律行为的有效要件,可以大大弥补法律规定的不足。③ 有此一规定,可以解决立法者无法穷尽违法性要件控制的困境,从而使得成文法与时代发展脱节的现象得以缓解。

(四)法律行为的内容必须可能和确定

这是《民法总则》未加规定,由学说加以补充的法律行为有效要件。所谓可能,指法律行为所指向的内容可以实现。如果以不能实现之事项为法律行为内容,则该法律行为不生效力。但这种导致法律行为无效的不能,应为自始客观不能。④ 例如买卖月球土地之法律行为。所谓确定,指法律行为的内容自始确定,或能够确定。所谓能够确定,是指法律行为包含了将来确定内容的方法,或可以以任意性法律规范予以补充,或者可以借助于人民法院或仲裁机构的解释予以确定。⑤

二、民事法律行为的特殊有效要件

通常情况下,法律行为具备以上有效要件,即产生法律效力。但在特殊情况下,法律行为除具备一般有效要件外,还须具备特殊有效要件,才能产生法律效力。例如附延缓条件或附始期限的法律行为,它们成立且具备有效要件后,并不能立即生效,只有在所附之延缓条件成就、所附之始期届至后,法律行为才发生法律效力。再如《合同法》第 44 条第 2 款规定,法律、行政法规规定,合同应当办理批准、登记等手续才生效的,应依照其规定。这里的批准、登记手续即是民事法律行为的特别生效要件。

---

① 参见史尚宽:《民法总论》,中国政法大学出版社 2000 年版,第 330 页。
② 参见同上书,第 330—332 页;王泽鉴:《民法总则》,中国政法大学出版社 2001 年版,280—281 页。
③ 参见王利明、杨立新、王轶、程啸:《民法学》,法律出版社 2005 年版,第 122 页。
④ 参见王泽鉴:《民法总则》,中国政法大学出版社 2001 年版,第 274 页。
⑤ 参见魏振瀛主编:《民法》,北京大学出版社、高等教育出版社 2000 年版,第 154 页。

第四节 民事法律行为的效力体系

民事法律行为具备成立要件和生效要件时,即发生当事人所欲实现的法律效果,成为有效的民事法律行为,学说上称之为完全的法律行为。然具备法律行为成立要件,却不具备前述法律行为生效要件之法律行为,其效力如何?依据现行法律规定,存在可撤销的民事法律行为、效力待定的民事法律行为和无效的民事法律行为三种样态,这三种样态民事法律行为的构成要件与法律后果,被称为控制法律行为效力的三种机制。①

一、无效的民事法律行为

无效民事法律行为是指已经成立,但欠缺民事法律行为的有效要件,自始、绝对、当然不按照行为人设立、变更和终止民事法律关系的意思表示发生法律效力的民事法律行为。根据《民法总则》的规定,下列民事法律行为无效:

(一)无民事行为能力人实施的民事法律行为

《民法总则》第144条规定:"无民事行为能力人实施的民事法律行为无效。"应当注意的是,在《民法总则》颁布实施之前,《民通意见》第6条曾规定,无民事行为能力人、限制民事行为能力人接受奖励、赠与、报酬,他人不得以行为人无行为能力、限制行为能力为由,主张这些行为无效。但是,《民法总则》并未完全延续这一规定,只是在第145条第1款规定,限制民事行为能力人实施的纯获利益的民事法律行为有效,前述第144条并未作此例外规定。因此,依规范演变和体系关联,解释上应认为无民事行为能力人的一切民事法律行为均须由其法定代理人代理,即便是纯获利益的行为也不例外。

此外,如此解释与《民法总则》第16条有关胎儿利益保护之规定并不矛盾。该条只是有条件地赋予胎儿一定范围内的权利能力,并不涉及胎儿的行为能力问题。胎儿依其自然属性便不可能从事任何民事法律行为,其所"实施"的民事法律行为的效力更是无从谈起。由此决定了,涉及遗产继承、接受赠与等胎儿利益保护时,相关民事行为只能由其法定代理人代为实施。由此可见,该条规定不仅与第144条之规定不相矛盾,反而体现出评价的一致性,即虽然赋予胎儿一定范围和条件下的权利能力,但在行为能力方面,胎儿的法律地位并不优于无民事行为能力人。

(二)通谋虚伪表示

通谋虚伪表示为意思表示不真实的情形之一,是指行为人与相对人以虚假

---

① 王泽鉴:《民法概要》,中国政法大学出版社2003年版,第135页。

的意思表示实施的民事法律行为。其要件有三：(1) 须有意思表示的存在；(2) 须表示与真意不符；(3) 须其非真意的表示与相对人通谋。通谋虚伪表示通常多在欺诈第三人，但不以此为必要。① 通谋虚伪表示只是具有意思表示与法律行为的外观，但双方当事人并不具有使之发生法律效力的真实意思，因此《民法总则》第146条第1款规定："行为人与相对人以虚假的意思表示实施的民事法律行为无效。"

既然通谋虚伪表示无效，那么依照其内容所为给付自然不具备法律上的原因而不生效力。此时，因信赖该行为而从事交易的第三人之信赖应受法律保护。首先，如果是转让物权等具有公示性的权利，应依据物权法中的善意取得制度进行保护，所有权等物权应直接适用善意取得之规定，而其他公示性权利则是类推适用。其次，若是普通债权等非公示性权利，则无善意取得制度适用之余地，现行法上尚无其他明确规定，构成法律漏洞。本书认为，将来民法典债权让与部分应规定，以通谋虚伪的意思表示而转让债权的，通谋虚伪表示之无效不得对抗善意第三人。

通谋虚伪表示可能是单独存在，也可能是为了掩盖其他行为。不具备真实效果意思的只是通谋虚伪行为，而被其掩盖的隐藏行为则是当事人真意之表现，故不因通谋虚伪表示而必然无效。不过，其效力状况最终还须符合法律行为有效的其他要件，如果存在其他方面的效力瑕疵，仍然不是必然有效。因此，《民法总则》第146条第2款规定："以虚假的意思表示隐藏的民事法律行为的效力，依照有关法律规定处理。"

(三) 违反法律、行政法规的强制性规定，违背公序良俗

《民法总则》第153条第1款规定："违反法律、行政法规的强制性规定的民事法律行为无效，但是该强制性规定不导致该民事法律行为无效的除外。"正确适用该条应注意以下几点：第一，此处的法律是指全国人民代表大会及其常务委员会所通过的规范性法律文件，行政法规指国务院颁发的立法文件。除此之外的规范性法律文件均不足以影响民事法律行为的效力。第二，强制性规定主要是指公法上的强制性规定，而不包括私法上的强制性规定。例如，《公司法》第16条对公司投资和对外担保的决议程序作出了规定，但这只是对公司内部决策程序的规定，属于私法上的强制性规定。违反该条规定，并不必然导致民事法律行为无效。在此意义上，该款规定也是公法管制进入私法自治领域的通道。第三，即便是公法上的强制性规定，也并不必然导致民事法律行为无效。强制性规定有管理性与效力性之分，违反管理性强制性规定应受到公法上的处罚，但并不导致法律行为无效，只有违反的是效力性强制性规定，该民事法律行为才是无效

---

① 参见王泽鉴：《民法总则》，北京大学出版社2009年版，第285—286页。

的。该款规定的但书部分就是对此的确认。第四,该款规定属于转介条款,不具有独立适用的功能。要以此认定民事法律行为无效,还须诉诸法律、行政法规的具体规定。

不过,法律、行政法规的强制性规定终究有限,难以应对复杂多样的生活关系,而公序良俗则可以弥补这一不足。《民法总则》第153条第2款规定:"违背公序良俗的民事法律行为无效。"所谓公序良俗,即公共秩序与善良风俗,是社会中占统治地位的部分道德观念的体现,是法律维护的最低限度的道德。因此,公序良俗是法律与道德的联结点。以公序良俗为标准来审查法律行为的效力,应尽量避免将部门规章、地方性法规等较低位阶规范性法律文件作为公序良俗中公共秩序的一部分。因为该条第1款已经将这些规范性法律文件排除,若是借助公序良俗而将之重新纳入影响法律行为效力的规范体系,将有违规范目的。此外,作为一般条款,该款规定须经具体化后才可以适用于具体案件。

(四)恶意串通损害他人合法权益

《民法总则》第154条规定:"行为人与相对人恶意串通,损害他人合法权益的民事法律行为无效。"首先,该条中的"他人"应作狭义解释,不应包括国家和集体。《民法通则》第58条第1款第4项与《合同法》第52条第2项均规定,恶意串通,损害国家、集体或者第三人利益的法律行为或者合同无效。但《民法总则》第154条已经明确删除了其中的"国家、集体",并将"第三人"调整为他人,这便明确体现了立法者的用意。至于恶意串通损害国家或者集体利益的情形,则应视其是否违反了法律、行政法规的强制性规定,或者是否违背了公序良俗,来认定民事法律行为的效力。而且,此时也无需具备恶意串通的要件。其次,还应区分恶意串通与通谋虚伪表示。后者是指当事人之间虽然在形式上实施了民事法律行为,但实际上并不具有使之发生法律效力的真意。但是,恶意串通恰恰相反,当事人之间的意思表示真实,法律行为的内容正是当事人所欲达成的效果,只是该民事法律行为的后果将对他人的合法权益造成损害。由此可见,二者在无效的原因上具有根本的差别,不可混淆。

二、可撤销的民事法律行为

(一)可撤销的民事法律行为的概念

可撤销的民事法律行为是指民事法律行为虽然已经成立,但因欠缺民事法律行为的生效要件,可以因当事人撤销权的行使而自始归于无效的民事法律行为。可撤销的民事法律行为,只是相对无效,不同于无效民事法律行为的绝对无效,其有效与否取决于当事人的意志。可撤销法律行为制度之设立,既体现了法律对公平交易的要求,又体现了意思自治原则,是对上述两项原则价值的调和。应当注意的是,《民法通则》与《合同法》规定的是可变更、可撤销的民事法律行为,但《民法总则》删除了有关可变更之规定,仅保留可撤销的民事法律行为。这一变化可谓是有利有弊。其利在于法律行为内容的变更由法院依职权进行,可能侵害当事人的意思自治。但是,完全放弃法律行为的变更则可能增加交易成本,如果当事人不愿继续原来的法律行为之内容,则必须撤销之后重新订立新的民事法律行为。

（二）可撤销的法律行为的特征

1. 可撤销的法律行为在被撤销前,已发生针对无撤销权的当事人的效力。在撤销权人行使撤销权之前,这一效力继续保持。

2. 是否使可撤销的法律行为的效力归于消灭,取决于撤销权人的意思。

3. 撤销权人可以行使其撤销权使法律行为的效力归于消灭;也可以通过承认的表示抛弃撤销权,此时,可撤销的法律行为转化为有效的法律行为。

4. 可撤销的法律行为效力的消灭,必须有撤销行为。仅有可撤销事由而无撤销行为时,法律行为的效力并不消灭。

5. 撤销权一旦行使,可撤销的法律行为原则上溯及其成立之时,其效力归于消灭。

（三）可撤销的法律行为的种类

依照《民法总则》的规定,有如下种类的可撤销法律行为:

1. 行为人对行为内容有重大误解的法律行为。《民法总则》第147条规定:"基于重大误解实施的民事法律行为,行为人有权请求人民法院或者仲裁机构予以撤销。"重大误解是指法律行为的当事人在作出意思表示时,对涉及法律行为法律效果的重要事项存在认识上的显著缺陷,在此基础上而实施的法律行为。重大误解之构成,从主观方面看,行为人的认识应与客观事实存在根本性的背离;从客观方面看,因为发生这种背离,而给行为人造成了较大损失。例如,行为人因对行为的性质、标的物的品种、规格、质量、数量和价格,以及法律关系的主体发生错误认识,使行为后果与行为人的意思相悖,造成较大损失的,才构成重大误解,行为人才可以撤销该法律行为。

2. 欺诈、胁迫而为的法律行为。因欺诈或者胁迫而为的法律行为是可撤销的法律行为。依主体之不同,欺诈与胁迫均可以区分为相对人实施的欺诈或胁迫以及第三人实施的欺诈或胁迫,不同情况下撤销的要件可能有所不同。如果是相对人实施的,则不论是欺诈还是胁迫,受欺诈或者胁迫一方均有权撤销合同,故《民法总则》第148条与第150条之规定相同。但是,如果是第三人实施的欺诈,依第149条之规定,只有在相对人知道或者应当知道欺诈行为时,受欺诈一方才享有撤销权。而第三人胁迫的情形则无此例外规定,受胁迫一方一律享有撤销权。这是因为胁迫与欺诈相比对意思自治的侵害更严重,违法性更大,应权衡双方当事人利益作出不同的评价。

3. 乘人之危且显失公平的法律行为。《民法总则》第151条规定："一方利用对方处于危困状态、缺乏判断能力等情形,致使民事法律行为成立时显失公平的,受损害方有权请求人民法院或者仲裁机构予以撤销。"应注意该条的两项要件:一是一方当事人有乘人之危的行为,二是导致法律行为成立的结果显失公平。是否显示公平的判断时点是法律行为成立之时。此外,虽然有失公平但并不显著的情形也不属于撤销的范围。

(四) 撤销权的行使

撤销权是对法律行为享有撤销权的当事人,通过自己单方面的意思表示使法律行为的效力归于消灭的权利。有学者认为,由于撤销权仅以单方行为就可影响法律行为的效力,所以撤销权为形成权。要使得可撤销的法律行为之效力归于消灭,除有撤销事由的存在以外,还须撤销权人行使撤销权,即撤销权人以自己的意思表示使法律行为的效力归于消灭。当然,撤销权人的意思表示,须向法院或仲裁机构作出,而非向相对人作出。因此,撤销权的现实行使,必须借助于法院或仲裁机构的裁断。若法院或仲裁机构承认撤销权人的撤销权,则法律行为的效力原则上溯及于其成立之时消灭。

因为撤销权是形成权,依撤销权人一方的意思便可决定法律行为的效力,对相对人的影响极大。因此,法律在规定撤销权的同时,也对撤销权的行使期间作出限制。依据《民法总则》第152条之规定,撤销权在如下情形消灭:第一,当事人在法定期间内没有行使撤销权。原则上当事人应自知道或者应当知道撤销事由之日起1年内行使撤销权,但在重大误解的情形下,因为撤销权人自身可能存在过错,相应的期限缩短为3个月。第二,当事人受胁迫,自胁迫行为终止之日起1年内没有行使撤销权的。因为胁迫行为具有持续性,如果从胁迫行为发生之日起计算将会缩短当事人行使权利的期限,甚至鼓励胁迫一方延长胁迫时间,无法充分保护被胁迫一方。因此,胁迫引起的撤销权的起算点应自胁迫行为终止之日起计算。第三,撤销权作为一种民事权利,自然可以依撤销权人的意思而放弃。所以,当事人知道撤销事由后明确表示或者以自己的行为表明放弃撤销权的,撤销权消灭。第四,不论上述何种情形,当事人自民事法律行为发生之日起5年内没有行使撤销权的,撤销权消灭。应注意,5年期间的起算点是民事法律行为发生之日,是一个客观的时间点,不要求相对人知道或者应当知道。

三、效力待定的民事法律行为

(一) 效力待定的民事法律行为的概念

效力待定的民事法律行为,是指民事法律行为虽已成立,但是否生效尚不确定,只有经过特定当事人的行为,才能确定生效或不生效的民事法律行为。

效力待定的民事法律行为,既存在转变为不生效民事法律行为的可能性,也存在转变为生效民事法律行为的可能性。效力待定的民事法律行为的效力的确定,取决于享有形成权的第三人的行为。

(二)效力待定的民事法律行为的类型

1. 限制民事行为能力人所实施的依法不能独立实施的民事行为。依据《民法总则》第145条之规定,限制民事行为能力人超出了自己的年龄、智力和精神健康状况所实施的民事行为,只有经过其法定代理人的追认,才能生效。

2. 无权处分行为。依据《合同法》第51条之规定,无处分权的人处分他人之物或权利,只有该当事人事后取得了处分权人的授权或成为有处分权人,民事行为方可生效。

3. 无权代理行为。《民法总则》第171条规定,行为人没有代理权、超越代理权或者在代理权终止后以代理人的身份所进行的民事行为,只有经过被代理人的追认,才能生效。

(三)效力待定民事法律行为效力的确定

效力待定的民事法律行为,其效力确定得经由以下途径:

1. 特定当事人追认权的行使或不行使。围绕效力待定民事行为所进行的权利配置中,常赋予特定当事人以追认权。以前述三种效力待定的民事行为为例,法定代理人、处分权人、被代理人享有追认权。追认权人行使追认权的,效力待定的民事行为即成为生效的民事行为。追认权为形成权,其行使应采取明示的方式。权利人放弃追认权或在交易相对人确定的催告期内不为追认的明确表示的,效力待定的民事行为自始不生效力。

2. 相对人行使催告权和撤销权。为平衡当事人之间的利益关系,防止法律关系长期处于不稳定状态,法律同时也赋予了善意的交易相对人以催告权和撤销权,使善意的相对人在明了民事行为效力待定的事由后,可以行使催告权,追认权人未于法定期限或合理期限内予以确认的,视为拒绝追认;交易相对人也可以行使撤销权,使该民事行为自始不生效力。

四、民事法律行为归于无效的法律后果

法律行为皆能引起一定的法律后果。有效的法律行为能达到行为人所期望的法律效果。被确认无效、被撤销或未被追认的法律行为也能引起一定的法律效果,只不过这种法律效果,并非当事人所预期。依据《民法总则》第157条之规定,民事法律行为归于无效后可能发生如下法律后果:

(一)返还财产

返还财产,即使当事人的法律地位恢复到法律行为成立之前的状态。在法律行为自成立至被确认无效或被撤销的期间,当事人可能已根据该法律行为取得对方的财产。法律行为被确认无效或被撤销后,当事人取得财产的法律根据

已丧失,交付财产的一方可基于所有权效力,请求受领财产的一方返还财产。只有一方交付财产的,单方返还;双方皆交付了财产的,需双方返还。原物存在的,返还原物,原物已不存在的,折价返还其价值。除返还原物外,还应返还由原物所生的孳息。

(二) 赔偿损失

法律行为被确认无效或被撤销,由一方或双方的过错造成的,皆发生损失赔偿问题,要由有过错的一方向无过错的一方赔偿因法律行为被确认无效或被撤销所发生的损失。在双方皆有过错的情况下,各自承担相应的责任。一方过错大的,对过错小的一方偿付过错相抵后的差额。被确认无效或被撤销的法律行为为合同行为时,这种赔偿责任是缔约过失责任,目的是弥补信赖合同已经有效成立的当事人所受到的损害。

(三) 其他法律后果

依该条第二句之规定,如果法律对法律行为归于无效后的法律后果另有规定,则应当依照其规定。

第五节 民事法律行为的约款

法律行为乃是实现私法自治的工具,其内容完全取决于当事人的约定。法律行为原则上自成立时起生效,但法律自然允许当事人约定,可以使法律行为的效力在特定情况下受到一定因素的限制。限制法律行为效力的因素不外乎有条件和期限两种,此二者被称为法律行为之约款。

一、附条件民事法律行为

(一) 附条件民事法律行为的概念

附条件的法律行为,是指法律行为效力的开始或终止取决于将来不确定事实的发生或不发生的法律行为。《民法总则》第158条第一句规定:"民事法律行为可以附条件,但是依照其性质不得附条件的除外。"

法律行为所附的条件,必须是将来的事实,已经发生的事实不能作为条件。条件必须是不确定的事实,即是否发生为当事人不能精确预料的事实,必定要发生的事实如"假若明天太阳升起"不能作为条件(可以作为期限)。条件必须可能,不能以不可能的事实如"太阳从西边出来"为条件。条件必须合法,不能以违反法律或道德的事实作为条件,"如果你代我考取研究生"不可以作为条件。当事人约定的不确定事实之发生或不发生,谓之条件的成就。

(二) 条件的种类

(1) 延缓条件。又称停止条件、生效条件,指法律行为效力的开始取决于其成就的事实。第 158 条第二句规定:"附生效条件的民事法律行为,自条件成就时生效。"在条件成就之前,已经成立且符合一般生效要件的法律行为的效力,处于停止的状态。在延缓条件成就之前,尚未生效的法律行为受到法律的保护,当事人非依法律规定或者取得对方同意,不得擅自变更或解除。

(2) 解除条件。指法律行为在成立、生效后,因其成就而丧失法律效力的事实。第 158 条第三句规定:"附解除条件的民事法律行为,自条件成就时失效。"

(三) 对附条件民事法律行为的保护

附条件的法律行为,是当事人基于私法自治原则,使内心意思获得法律表现的形式,因而受到法律的保护。按照法律的要求,作为条件的事实必须是因其自然进程发生或不发生的,不能受到任何一方当事人的影响,否则,都难免对他方当事人产生不公平的结果。因此,《民法总则》第 159 条规定:"附条件的民事法律行为,当事人为自己的利益不正当地阻止条件成就的,视为条件已成就;不正当地促成条件成就的,视为条件不成就。"

二、附期限民事法律行为

(一) 附期限民事法律行为的概念

附期限的法律行为,是以一定期限的到来作为效力开始或终止原因的法律行为。《民法总则》第 160 条第一句规定:"民事法律行为可以附期限,但是按照其性质不得附期限的除外。"期限与条件不同,任何期限都是确定地要到来的,而条件的成就与否具有不确定性。

(二) 期限的种类

(1) 始期,又称生效期限,即法律行为效力的发生以特定期限的到来为条件,该特定期限即为始期,例如甲、乙订立借款合同,约定"在合同成立之日起 15 天,甲出借乙 1000 元"。这里的"合同成立之日起 15 天"就是该借款行为所附的始期。

(2) 终期,又称终止期限,业已生效的法律行为于特定期限到来时,效力终止,该特定期限即为终期。例如,甲、乙签订使用租赁合同,约定"该租赁合同至 2017 年底截止",显然 2017 年 12 月 31 日则为此租赁行为的终期。

(三) 附期限民事法律行为的效力

附期限的民事法律行为在所附期限到来时生效或解除。第 160 条第二、三句规定:"附生效期限的民事法律行为,自期限届至时生效。附终止期限的民事法律行为,自期限届满时失效。"

第八章 民事法律关系变动原因:代理

代理,是指代理人在代理权范围内,以被代理人的名义或自己的名义独立与第三人为民事行为,由此产生的法律效果直接或间接归属于被代理人的法律制度。该制度使完全民事行为能力人可以利用他人的能力和专门知识进行民事活动,从而扩张了其作为民事主体从事民事活动的范围;同时该制度使无民事行为能力人或限制民事行为能力人可以借助代理人之力参加各种社会活动,弥补了其意思能力的欠缺。

代理制度是法律行为制度的延伸,法律行为乃是实现私法自治的工具,代理制度同样对私法自治理念的实现具有重要意义。对于意定代理,其扩张了当事人私法自治的范围;对于法定代理,则补足了当事人的私法自治。[①] 本章主要介绍代理制度的一般理论,代理的行使与消灭,无权代理及表见代理的构成与法律效果。

第一节 代理制度概说

一、代理的概念和特征

(一) 代理的概念

代理(Stellvertretung),是指代理人在代理权范围内,以被代理人的名义或自己的名义独立与第三人为民事行为,由此产生的法律效果直接或间接归属于被代理人的法律制度。在代理制度中,以他人名义或自己名义为他人实施民事行为的人,称为代理人。由他人代为实施民事行为的人,称为被代理人,也称本人。与代理人实施民事行为的人,称为第三人或相对人。

在代理制度的法律结构当中,存在三重法律关系。代理人与被代理人之间的关系,可能是委托、劳动合同等法律行为,也可能是基于法律规定的亲子关系、夫妻关系或者人民法院的指定,这是代理制度的基础,被称为代理的基础关系;代理人向第三人所为或者所受领之意思表示行为,被称为代理行为;基于代理制度的本质,有效代理行为的法律效果由被代理人承受,从而在被代理人和第三人

[①] 参见王泽鉴:《民法总则》,中国政法大学出版社2001年版,第441—442页;梁慧星:《民法总论》,法律出版社1995年版,第206—207页;〔日〕山本敬三:《民法讲义Ⅰ:总则》,解亘译,北京大学出版社2004年版,第228页。

之间产生相应的法律行为,被称为代理的法律效果归结。这是代理制度的基本法律框架。

代理制度存在的原因有二:一是,扩张民事主体的活动范围。代理制度使民事主体不仅可以利用自己的能力和知识参加民事活动,而且可以利用他人的能力和专门知识进行民事活动,从而扩张了民事主体从事民事活动的范围,有效降低了交易成本,为民事主体更好地实现自己的权利、参与社会经济活动提供了极大的便利。二是,补足民事主体行为能力的不足。无民事行为能力人或限制民事行为能力人,不能从事或者不能独立从事民事法律行为,但是借助代理制度,这些特殊民事主体也可以参加各种社会活动,补足了此类民事主体由于意思能力的欠缺所可能带来的各种不便。代理制度是商品经济高度发展的产物。

在罗马法上,以罗马的简单商品经济条件为背景,尽管曾出现过类似于后世有关委托代理的相关规定,但一直没有形成较为完善的代理制度。到了资本主义社会,由于商业交易频繁,规模不断扩大,而且社会生活日趋广泛和复杂,迫切需要通过他人代为办理各项事务,这就使得代理制度的产生成为必要和可能。《法国民法典》实现了代理制度的初步立法化,《德国民法典》则将代理制度列入"法律行为"一章加以规定,并被许多大陆法系国家和地区的立法所效仿。可以说,代理制度是法律行为制度的延伸。我国现行的民事立法明确规定了代理制度,并将代理区分为直接代理和间接代理。我国《民法总则》第七章为关于代理制度的一般规定及关于直接代理制度的规定,《合同法》第二十一章则设有两个条文,即第402条和第403条,规定了间接代理制度。

(二) 代理的特征

1. 代理人以独立作出或者受领意思表示为职能。代理人进行代理行为,以代被代理人实施民事法律行为为使命。由于意思表示是民事法律行为的核心要素,因此,代理人以自己的技能为被代理人的利益独立为或受领意思表示,才符合代理制度的上述目的。在这一点上,代理人之有别于使者在于,使者只传达他人的意思而不独立为意思表示;代理也有别于其他委托行为,比如代人保管物品、照看婴儿等事实行为,这些行为尽管也出于他人委托,但是受托人不必对第三人为意思表示,因而并非代理行为。

2. 代理人须以被代理人名义进行代理行为。代理有直接代理和间接代理之分。狭义的代理仅指直接代理,即代理人须以被代理人的名义进行代理行为,大陆法系各国一般仅承认狭义的代理。广义的代理还包括间接代理。所谓间接代理,就是代理人以自己的名义代被代理人为民事法律行为。我国《合同法》结合外贸代理的实践在第402条规定了间接代理,但是严格限制在第三人在订立合同时委托人和受托人有代理关系的范围内。所以,在我国一般所指之代理,仅指直接代理,即要求代理人必须以被代理人的名义从事代理行为。

3. 代理行为法律效果归属于被代理人。被代理人利用代理人的工作的目的是增进自己的利益,因此,代理行为的法律效果归属于被代理人,为代理制度的题中之意。代理行为的法律效果归属于被代理人的方式,依直接代理和间接代理的不同而不同,在直接代理的情形下,代理行为的法律后果直接归属于被代理人。在间接代理之情形,代理行为的法律效果先由代理人承担,然后移转给被代理人,被代理人是间接地承担代理行为的法律后果。

二、代理的分类

(一) 委托代理、法定代理和指定代理

按照代理权产生的根据,可以将代理区分为委托代理和法定代理。

1. 委托代理。委托代理又称为意定代理,是基于被代理人的委托授权所发生的代理。委托合同与委托授权行为皆为产生委托代理权的根据。但两者存在区别,委托合同又称委任合同,是委托人与受托人约定,由受托人处理委托人事务的合同。委托合同是产生委托代理权的基础关系。委托授权行为是被代理人将代理权授予代理人的行为,是委托代理产生的直接根据。委托合同是产生委托代理授权的前提和基础,但委托合同的成立和生效,并不当然地产生代理权,只有在委托人作出授予代理权的单方行为后,代理权才发生。因此,委托代理人取得代理权,通常要以委托合同和委托授权行为两个法律行为同时有效存在为前提。例如,一个律师受聘为某法人的法律顾问,这是一个委托合同,但是该律师代理该法人参与诉讼时,他还须取得特别授权。

根据代理人进行代理活动的方式,委托代理可以分为直接代理和间接代理。直接代理,又称为显名代理,是指代理人在进行代理活动时以被代理人的名义,进行代理活动的法律效果直接由被代理人承受的代理制度。间接代理又称为隐名代理,是指代理人在进行代理活动时以自己的名义,进行代理活动的法律效果并不当然由被代理人承受的代理制度。

委托代理的形式,一般以不要式行为授权,法律规定用书面形式的,应当用书面形式。

2. 法定代理。法定代理指基于法律的直接规定而发生的代理。在法定代理中,代理权之授予基于法律的直接规定。法律之所以作出这种规定,一是为了保护处于特定情况下的民事主体的利益,二是为了维护交易安全。

法定代理主要适用于被代理人为无民事行为能力人或限制民事行为能力人的情况。如监护人是被监护人的法定代理人。这里应注意区分法定代理与法人的法定代表人。法人的法定代表人并非法人的法定代理人,因为法定代表人在其职权范围内并非独立于法人这一民事主体,而是法人的机关,不构成代理制度中要求有代理人和被代理人同时存在的要件。

《民法通则》第 64 条规定代理包括委托代理、法定代理和指定代理,其中指定代理指基于法院或有关机关的指定行为发生的代理。有关机关指依法对被代理人的合法权益负有保护义务的组织,如未成年人住所地的居民委员会、村民委员会等,指定代理人的代理事务比较专门、特定。此次《民法总则》立法删除了指定代理的类型,将其纳入法定代理的范围加以规范。[①]

(二) 有权代理和无权代理

按照代理权之有无,代理可以分为有权代理和无权代理。

1. 有权代理。不论代理权是经过委托人授权而产生,还是基于法律直接规定而产生,或是基于人民法院或有关机关的指定而产生,这类代理均称为有权代理,其法律效果自然由被代理人承受。

2. 无权代理。无权代理则是指具备代理的外观效果,即他人以本人名义向第三人为或者受领意思表示,并约定其效果由本人承担,但缺乏代理权,此种代理称为无权代理。无权代理产生的原因,一般是先前曾有代理权,但是被代理人已经撤销或者代理权已经过期,或者超越代理权范围,或者根本没有代理权而为"代理"。无权代理,因其欠缺代理权这一核心要素,即使具备代理之外观,也不发生代理之效果,通常其法律后果由无权代理人自我承担。除非由于代理人的原因造成了相对人误以为无权代理人有代理权,此时构成表见代理。表见代理,其性质属于无权代理,但是基于信赖保护原则,表见代理发生有权代理的效果,即该代理的法律后果由被代理人承受。其后,被代理人可以向无权代理人求偿。

(三) 本代理和复代理

按照代理人代理权来源的不同,代理可以分为本代理和复代理。

1. 本代理。代理人的代理权来源于被代理人直接授予代理权的行为或来源于法律的规定以及有关机关的指定,这种代理称为本代理。在委托代理中,由于代理人的选定是基于被代理人对其知识、技能、信用的信赖,因此,代理的内部关系具有较强的人身信赖性质,代理人原则上应承担亲自执行代理事务的义务,不得转委托他人处理代理事务。

2. 复代理。复代理,又称为再代理,是代理人为了实施代理权限内的全部或部分行为,以自己的名义选定他人担任被代理人的代理人,该他人称为复代理人,其代理行为产生的法律效果直接归属于被代理人。不过,代理人并非当然享有复任权,而是取决于代理的具体类型。

法定代理中,由于法定代理权发生的基础不是特定当事人之间的信赖关系,而是法律的直接规定,同时法定代理人的权限范围又比较广泛,且不得任意辞

[①] 石宏主编:《中华人民共和国民法总则条文说明、立法理由及相关规定》,北京大学出版社 2012 年版,第 387 页。

任,被代理人往往也缺乏为同意表示的意思能力。因此,法定代理人应无条件地享有复任权。指定代理中,代理关系建立在人民法院或者指定单位对特定代理人的信赖关系上,因此,代理人原则上没有复任权。委托代理人原则上也没有复任权,原理与指定代理相同。

在委托代理的情形下,复代理也称为转委托,《民法总则》第169条对此进行了专门的规定。因为委托代理人原则上不享有复任权,故代理人需要转委托第三人代理的,应当取得被代理人的同意或者追认。此时,被代理人可以就代理事务直接指示转委托的第三人,代理人仅就第三人的选任以及对第三人的指示承担责任。如果转委托代理未经被代理人同意或者追认的,代理人应当对转委托的第三人的行为承担责任,但是在紧急情况下代理人为了维护被代理人的利益需要转委托第三人代理的除外。

复代理人是被代理人的代理人,而不是代理人的代理人,因此,他只能以被代理人的名义为民事行为,其行为的法律效果直接归属于被代理人。选任复代理人之后,代理人仍可继续行使代理权。复代理人的行为,受代理人的监督。代理人对复代理人还享有解任权,可取消其代理权限。

(四) 直接代理与间接代理

按照代理的法律效果是否直接归属于被代理人,代理可以分为直接代理与间接代理。

1. 直接代理。直接代理是指代理人以被代理人的名义从事的代理,其法律效果直接由被代理人承担。我国《民法总则》所规定的代理即为直接代理。

2. 间接代理。间接代理是指代理人以自己的名义从事代理,其法律效果只有在符合法律规定条件时才能移转于被代理人承担。大陆法系一般不承认间接代理,我国《民法总则》所规定的代理也仅限于直接代理(第162条)。我国《合同法》第402条和第403条,在一定限度内承认了间接代理,但是根据我国《合同法》第402条的规定,间接代理只有"第三人在订立合同时知道受托人与委托人的代理关系的",其法律效果才能拘束委托人。

(五) 单独代理与共同代理

按照代理权是属于一人还是多人,代理可划分为单独代理与共同代理。

1. 单独代理。单独代理又称为独立代理,指代理权属于一人的代理。其核心要件是代理权属于 人。

2. 共同代理。共同代理指代理权属于两人以上的代理,而不是指多个被代理人共同委任一名代理人的代理。在共同代理中,外国立法通常认为共同代理人享有同等的代理权,每个代理人均有权行使全部代理权,每个代理人的代理行为的后果均由被代理人承受。但我国并未采取上述规则则,《民通总则》第166条规定,数人为同一代理事项的代理人的,应当共同行使代理权,但是当事人另有约定的除外。

（六）一般代理和特别代理

按照代理权是否被限定，代理可以分为一般代理和特别代理。

1. 一般代理。一般代理又称概括代理，是指代理权范围没有特别限定的代理。

2. 特别代理。特别代理又称限定代理，是指代理权范围有着特别限定的代理。

三、代理的适用范围

根据《民法总则》第161条第1款的规定，"民事主体可以通过代理人实施民事法律行为"。实践中，代理的适用范围一般包括：

1. 代理从事各种法律行为或准法律行为。前者如代为签订合同购买原材料，代为销售货物；后者如代为接受或者拒绝要约，代为催告履行等，这是最为常见的代理行为。

2. 代理实施某些行政行为。如代理申请专利、商标注册，代理申请法人的成立、变更和注销登记，代理缴纳税款等。

3. 代理进行民事诉讼行为。根据我国2012年修订的《民事诉讼法》第58条第1款的规定，当事人、法定代理人可以委托一至二人作为诉讼代理人。第59条规定，委托他人代为诉讼，必须向人民法院提交由委托人签名或者盖章的授权委托书（第1款），授权委托书必须记明委托事项和权限。诉讼代理人代为承认、放弃、变更诉讼请求，进行和解，提起反诉或者上诉，必须有委托人的特别授权（第2款）。诉讼代理，所从事者虽非民事法律行为，但是也是广义代理的重要组成部分。

代理虽然有助于扩大民事主体的活动范围，弥补当事人行为能力的欠缺，有着广泛的适用范围，但是根据《民法总则》第161条第2款的规定，"依照法律规定、当事人约定或者民事法律行为的性质，应当由本人亲自实施的民事法律行为，不得代理"。据此，以下民事法律行为不得适用代理：

1. 具有人身性质的民事法律行为不得代理。如结婚、离婚、收养、继承的承认与放弃、遗嘱、遗赠、遗赠扶养协议等身份行为，具有强烈的人身属性和个人色彩，不适用代理，必须由本人亲力亲为。

2. 双方约定必须本人实施的行为不得代理。如双方约定必须由特定证券商或者外贸代理商从事的法律行为，受托人不得再行委托他人代理。

3. 违法行为不适用代理。如代为购买毒品，自不发生代理之效果，不仅要追究委托人的责任，也要追究"代理人"的责任。

第二节 代理权及其行使

代理权(Vertretungsmacht),乃是代理制度的核心和灵魂。没有了代理权,徒有代理之外观,也不发生代理行为由被代理人承受的效果。

一、代理权的性质

关于代理权的性质,有不同见解。有所谓权利说、权力说、资格说之别。

权利说认为,代理权是一种民事权利。至于属于何种民事权利,又有形成权、财产管理权之争。但不管在权利说是何种权利,权利说最大的缺陷在于,按照法力说的权利本质,无论何种情形,一说到权利,总是意味着权利人有某种受法律保护的利益。但在代理关系中,代理人只负有义务,而不享有权利。即使在有偿代理中,代理人获得报酬的权利和请被代理人偿还所垫付费用的权利,也不是基于代理关系,而是基于委托合同。①

意识到权利说的缺陷后,学者又发展出权力说和资格说。所谓权力说认为,代理权是一种权力——义务关系,代理人被授予改变被代理人与第三人之间的法律关系的权力,被代理人承担接受这种被改变的关系的相应后果。所谓资格说,又称"能力说",认为代理权是由于被代理人的委托行为而使代理人所具有的一种资格或地位②,据此可以为代理行为。

权力说固然解决了权利说的缺陷,也能部分描述代理人的法律地位,但是却忽略了代理权本身也是一种义务,要求代理人勤勉谨慎地行使其代理权,维护被代理人的利益。至于资格说或曰地位说,如果类比权利能力、行为能力、民事责任能力等,它们都是抽象的能力,而代理权是现实的、具体的。笔者认为,代理权的性质为一种权限(Zuständigkeit)。③

我国台湾地区著名民法学者姚瑞光先生即认为,代理权虽称为"权",但非权利之权,而为权限之权。④ 德国著名民法学者拉伦茨也认为,代理权之所以不是权利,是因为它的赋予并不是为了代理人,而是为了被代理人,代理人的作用只起着辅助作用。它之所以不是个人能力,因为它并不是据之可以进行法律行为的一般能力中的一种。与其最接近的是《德国民法典》规定的授权他人处分的权

---

① 梁慧星:《民法总论》,法律出版社 1995 年版,第 214 页。
② 参见王利明、杨立新、王轶、程啸:《民法学》,法律出版社 2005 年版,第 143 页。
③ 申卫星:《对民事法律关系内容构成的反思》,载《比较法研究》2004 年第 1 期。
④ 姚瑞光:《民法总则》,台湾大中国图书股份有限公司 2002 年版,第 442 页。

限和受领给付的权限。① 所谓权限者系为他人而在法律上发生作用,其由此所生之效果,皆归属于该他人。如代理人有代理权限(通常称为代理权),其以本人之名义所为之意思表示,直接对本人发生效力。② "权限",指称一种特殊的法律地位,基于此种特殊法律地位享有特定权限的人可以行使本属于他人之权利,而其效果仍归属于授权人。③

二、代理权的产生——代理证书

对于法定代理和指定代理,其代理权来自于法律的规定和有权机关的指定,其产生基础相对简单。对于委托代理,其代理权来自于被代理人的授权,而授权行为不同于委托合同,需要单独的授权意思表示,其表现形式为代理证书。

代理证书是委托授权行为的书面形式。它是由被代理人制作的,证明代理人之代理权并表明其权限范围的证书。代理证书只存在于委托代理中,在法定代理和指定代理中,不存在代理证书。依据《民法总则》第165条的规定,委托代理授权采用书面形式的,授权委托书应当载明代理人的姓名或者名称、代理事项、权限和期间,并由被代理人签名或者盖章。在实际生活中,介绍信也可以作为代理证书,具有单独的证明力。代理人实施代理行为,只需出具代理证书,即可表明其代理权的存在,无须再出具调整代理人和被代理人之间的法律关系的委托合同。

代理证书以委托合同为基础作出。但委托合同为代理的内部关系,作为第三人,无必要知道有委托合同的存在,只凭代理证书,即可认定其持有者具有代理权,根据这种信赖产生的法律关系受法律保护。由于委托授权行为具有独立性,委托合同已经消灭而代理证书未收回的,持有者与第三人发生的法律关系,其效果仍由被代理人承受,这是为了保护善意第三人的利益以及交易安全。因此,被代理人对代理证书管理不善或已取消委托关系但未及时收回代理证书的,将自负其法律后果。

三、代理权行使的要求

代理权的行使就是代理人以被代理人的名义,并为其利益计算,与相对人为意思表示或者受领意思表示的行为。代理权本身乃是一种权限,具有权利义务一体性。所以,代理人行使其代理权,也是在履行其代理义务,因此对于代理权的行使有着不同于一般民事权利的特殊要求。

---

① 〔德〕拉伦茨:《德国民法通论》(下),王晓晔、邵建东、程建英、徐国建译,谢怀栻校,法律出版社2003年版,第827—828页。
② 韩忠谟:《法学绪论》,中国政法大学出版社2002年版,第177页。
③ 申卫星:《对民事法律关系内容构成的反思》,载《比较法研究》2004年第1期。

1. 代理人应亲自行使代理权。被代理人之所以委托特定的代理人为自己服务,是基于对该代理人知识、技能、信用的信赖。因此,代理人必须亲自实施代理行为,才合于被代理人的愿望。除非经被代理人同意或有不得已的事由发生,否则不得将代理事务转委托他人处理。由于代理人所从事的是法律行为或者准法律行为,所以代理人须具备相应的行为能力。至于是否必须是完全行为能力,完全视被代理人的要求,如果其基于对限制行为能力人的信任而授权,自然可以发生有效代理的法律后果。

2. 代理人应谨慎、勤勉、忠实地行使代理权。代理制度为被代理人的利益而设,被代理人设立代理的目的,是为了利用代理人的知识和技能为自己服务,代理人的活动是为了实现被代理人的利益。因此,代理人行使代理权,应从被代理人的利益出发,而不是从他自己的利益出发,应谨慎、勤勉、忠实地处理好被代理人的事务,以增进被代理人的利益最大化。具体说来,代理人主要负有勤勉义务、报告义务和保密义务。代理人不履行勤勉义务,疏于处理代理事务,使被代理人设定代理的目的落空,并遭受损失的,根据《民法总则》第164条第1款的规定,由代理人承担民事责任。代理人应向被代理人忠实报告处理代理事务的一切重要情况,以使被代理人知道事务的进展以及自己利益的损益情况。在代理事务处理完毕后,代理人还应向被代理人报告执行任务的经过和结果,并提交必要的文件材料。代理人在执行代理事务过程中,应尽保密义务,对于其所知晓的被代理人个人秘密和商业秘密,不得向外界泄露或利用它们同被代理人进行不正当竞争。

3. 代理人应在代理权限内行使代理权。代理权不仅使得代理有效,而且也是其代理活动范围的基本依据。所以,代理人必须按照代理权的规定为代理行为。对于意定代理,代理人只能在被代理人授权范围内进行代理,不得超越代理权而为代理,未经被代理人的同意不得擅自扩大或变更代理权限,否则其法律后果由代理人自己承受。除非在紧急情况下无法征求被代理人的意见,为被代理人利益考虑而变更或者转代理,但事后应及时向被代理人报告并取得其追认。对于法定代理,通常此种代理的代理权没有明确限制,但是监护人应为被代理人利益考虑而为代理,否则侵害被代理人利益的话,要承担侵权责任(《民法总则》第34条第3款)。

四、代理权行使的限制

1. 自己代理。所谓自己代理,指代理人在代理权限内与自己为民事行为。在这种情况下,代理人同时为代理关系中的代理人和第三人,交易双方的交易行为实际上只由一个人实施。由于交易皆是以对方利益为代价追求自身利益的最大化,很难避免代理人为自己的利益牺牲被代理人利益的情况,因此,《民法总则》第168条第1款规定,代理人不得以被代理人的名义与自己实施民事法律行为,但是被代理人同意或者追认的除外。

2. 双方代理。双方代理又称同时代理,指一个代理人同时代理一个民事法律关系的双方当事人为民事行为的情况。在交易中,当事人双方的利益总是互相冲突的,通过讨价还价,才能使双方的利益达到平衡。而由一个人同时代表一个民事法律关系的双方利益,难免顾此失彼,因此,《民法总则》第168条第2款规定,代理人不得以被代理人的名义与自己同时代理的其他人实施民事法律行为,但是被代理的双方同意或者追认的除外。

3. 恶意串通。代理人本应为被代理人的利益为代理行为,应当是被代理人利益的维护者,这是代理制度的应有之义。但是,在特定情形下,代理人为其个人利益,可能违背上述义务,反而与相对人相互勾结,由此将可能导致被代理人的利益受到极大损害。故此,为保护被代理人的利益,《民法总则》第164条第2款规定,代理人和相对人恶意串通,损害被代理人合法权益的,代理人和相对人应当承担连带责任。此处的法定连带责任是对被代理人利益的强化保护,具有侵权责任的因素。

第三节 无权代理与表见代理

一、无权代理的概念和类型

无权代理,是指不具有代理权的行为人所实施的代理行为。在无权代理之情形,行为人所实施的法律行为,符合代理行为的表面特征,但是实际上行为人对所实施的代理行为不具有代理权。《民法总则》第171条第1款规定:"行为人没有代理权、超越代理权或者代理权终止后,仍然实施代理行为,未经被代理人追认的,对被代理人不发生效力。"无权代理包括如下三种情况:

1. 根本未经授权的代理。即"代理人"实施代理行为,根本未获得被代理人的授权。

2. 超越代理权的代理。即代理人虽然获得了被代理人的授权,但他实施的代理行为,不在被代理人的授权范围之内。就其超越代理权限所实施的代理行为,成立无权代理。

3. 代理权终止后的代理。即代理人获得了被代理人的授权,但在代理证书所规定的期限届满后,代理人继续实施代理行为,就其超过代理权存续期限所实施的代理行为,成立无权代理。

二、无权代理的法律效果

依据《民法总则》第171条第1款之规定,因无权代理而为的行为效力待定,其有效与否取决于被代理人的意愿。

1. 无权代理经被代理人追认,发生与有权代理同样的法律效果。通过被代理人行使追认权,可使无权代理行为中的代理权得到补足,转化为有权代理,发生与有权代理同样的法律效果。被代理人追认权的行使,有明示和默示两种方式。所谓明示的方式,指被代理人以明确的意思表示对无权代理行为予以承认。所谓默示的方式,是指被代理人虽没有明确表示承认无权代理行为对自己的效力,但以特定的行为,如以履行义务的行为对无权代理行为予以承认,或是被代理人明知他人以自己名义实施民事法律行为,但不作否认表示。

追认无权代理行为的权利,是被代理人基于私法自治原则所享有的权利,其法律性质为形成权。被代理人追认权的行使,可以向交易相对人作出,也可以向无权代理人作出。一经作出追认,无权代理行为即获得如同有权代理行为一样的法律效力,因为追认的表示具有溯及力,无权代理行为自始有效,被代理人应接受因无权代理行为发生的法律后果。

与被代理人享有追认权相对应,交易相对人享有催告权和撤回权。《民法总则》第171条第2款规定:"相对人可以催告被代理人自收到通知之日起一个月内予以追认。被代理人未作表示的,视为拒绝追认。行为人实施的行为被追认前,善意相对人有撤销的权利。"所谓交易相对人的催告权,是指交易相对人在被代理人行使追认权之前,得向被代理人发出催告,要求其在相当期限内作出是否追认表示的权利。交易相对人催告被代理人在一定期限内行使追认权的,被代理人应及时行使,不及时行使的,视为拒绝追认。所谓交易相对人的撤回权,即善意的交易相对人确定无权代理为无效行为的权利。

2. 无权代理行为无效。无权代理行为,没有被代理人的事实或拟制的追认时,不产生法律效力,其无效性溯及到代理行为成立之时。《民法总则》第171条第3款规定,行为人实施的行为未被追认的,善意相对人有权请求行为人履行债务或者就其受到的损害请求行为人赔偿,但是赔偿的范围不得超过被代理人追认时相对人所能获得的利益。此外,该条第4款规定,相对人知道或者应当知道行为人无代理权的,相对人和行为人按照各自的过错承担责任。

三、表见代理

表见代理为无权代理的一种,属广义的无权代理,它是指行为人没有代理权、超越代理权或者代理权终止后,以被代理人的名义订立合同,合同相对人有理由相信行为人有代理权的无权代理。基于信赖保护的原则,此时该无权代理可发生与有权代理同样的法律效果。当然,如果善意的交易相对人不愿该无权代理发生与有权代理同样的法律效果,也可经由撤销权的行使,使其归于无效。我国《民法总则》第172条明确承认了表见代理制度,以保护动态的交易安全。

该条规定:"行为人没有代理权、超越代理权或者代理权终止后,仍然实施代理行为,相对人有理由相信行为人有代理权的,代理行为有效。"

(一) 表见代理的构成要件

1. 无权代理人没有获得被代理人的授权。表见代理属于无权代理之一种特殊类型,因此,判断一项代理是否构成表见代理,首先要确认的是代理人是否有代理权,如果被代理人曾经授权,即使授权不明确,也不构成无权代理之表见代理,而是有权代理,其法律效果直接归属于被代理人。既然没有代理权,"代理人"何以作出代理行为而且还可以构成表见代理? 通常而言,作为表见代理的无权代理产生的原因,一般是被代理人先前曾有过代理权,但是代理权已经过期或者被代理人已经撤销授权,或者代理人超越了代理权范围,或者根本没有代理权而为"代理"。此时,其法律效果究竟由谁来承担,还要看以下要件。

2. 存在被代理人授权的外观(rechtsscheinde Vollmacht)。即存在使善意第三人相信无权代理人享有代理权的客观理由。如无权代理人持有被代理人的授权委托书,不论这一证书的来源如何,皆足以使第三人相信其享有代理权。表见代理的发生原因主要有以下几个方面:(1)被代理人以口头形式或书面形式直接或间接地对第三人表示以他人为自己的代理人,而事实上他并未对该他人进行授权,第三人信赖被代理人的表示而与该他人为交易。(2)被代理人将有证明代理权之存在意义的文件交给他人,第三人信赖此项文件而与该他人为交易,而事实上被代理人对该他人并无授予代理权的意图。(3)代理证书授权不明,代理人超越代理权限为代理行为,第三人善意无过失地因代理证书的授权不明相信其为有权代理。(4)代理关系终止后,被代理人未采取必要措施公示代理关系终止的事实并收回代理人持有的代理证书,以致造成第三人不知代理关系终止而仍与代理人为交易。(5)被代理人知道他人以自己的名义进行活动而不予否认。

3. 第三人为善意且无过失。所谓善意,即第三人不知道或不应知道无权代理人实际上没有代理权的事实,且这种不知情并非由第三人的疏于注意或懈怠所致,而是由于被代理人的行为造成。善意的判断时点,在于代理人向第三人作出意思表示之时,其后得知该"代理人"没有代理权的,对于表见代理的构成不受影响。

4. 无权代理人与第三人所为之法律行为,须符合代理行为的表面特征和法律行为的一般有效要件。即代理人须以被代理人的名义向第三人作出意思表示,并约定该行为的法律效果由被代理人承担。否则,不发生由被代理人承担其法律效果的问题。同时,其与第三人所为之法律行为须符合法律行为的生效要件。否则,尽管第三人不知代理人没有代理权,构成善意,但是,第三人为了获取不当利益而与代理人恶意串通,通过给予代理人回扣的方式来虚抬自己货物的售价,此时也不产生有效代理的法律后果。

(二)表见代理的效力

1. 发生有权代理的法律效果。符合构成要件的表见代理,具有与有权代理同样的效力,代理行为的法律后果直接归属于被代理人,被代理人承担表见代理的法律后果,如果因此受有损失,有权向无权代理人请求赔偿。如果损失因双方的过错发生,按双方过错的性质和程度分担损失。

2. 不发生有权代理的法律效果。为平衡当事人之间的利益,与无权代理人进行民事行为时不知也不应知其为无权代理的善意相对人可自由主张表见代理或主张无权代理,可抛弃享受表见代理效力的地位,承认无权代理的行为为狭义的无权代理,依民法关于无权代理的规定追究无权代理人的责任。

第四节 代理关系的终止

一、代理关系终止的原因

(一)委托代理关系终止的原因

根据《民法总则》第173条的规定,委托代理关系的终止可以归纳为以下几类原因:

(1)代理期间届满或者代理事务完成。期限届满或事务完成的时间以代理证书的记载为准。记载不明的,被代理人有权随时以单方面的意思表示加以确定。

(2)被代理人取消委托或者代理人辞去委托。代理关系以人身信任为存在基础,一旦这种基础丧失,在被代理人方面,可以取消委托,在代理人方面,可以辞去委托。

(3)代理人丧失民事行为能力。代理人是代为从事法律行为或者准法律行为,都要求其具备相应的行为能力,被代理人所要借助的也是这种能力。代理人一旦失去行为能力,代理关系当然消灭。

(4)代理人或者被代理人死亡。代理关系是一种民事法律关系,它以主体为基本要素,基于一定的社会关系而成立。代理人或者被代理人死亡,致使代理关系的一方失去主体,代理关系因此终止。但是,依据《民法总则》第174条之规定,在特殊情况下,被代理人死亡后委托代理人实施的代理行为仍然有效:第一,代理人不知道且不应当知道被代理人死亡;第二,被代理人的继承人予以承认;第三,授权中明确代理权在代理事务完成时终止;第四,被代理人死亡前已经实施,为了被代理人的继承人的利益继续代理。此外,作为被代理人的法人、非法人组织终止的,参照适用前款规定。

(5) 作为代理人或者被代理人的法人、非法人组织终止。

(二) 法定代理关系终止的原因

根据《民法总则》第 175 条的规定，法定代理关系的终止可以归纳为以下几类原因：

(1) 被代理人取得或恢复完全民事行为能力；

(2) 代理人丧失民事行为能力；

(3) 代理人或者被代理人死亡；

(4) 法律规定的其他情形。

二、代理关系消灭的法律后果

代理关系消灭后，代理权归于消灭，代理人不得再以代理人的身份进行活动，否则即为无权代理。此外，依据法律规定和诚实信用原则，代理人尚须履行如下义务：

1. 上交代理证的义务。代理关系一旦终止，代理人应及时交回代理证书及其他证明代理权的凭证，并妥善处理善后事宜。

2. 报告与移交的义务。代理关系一旦终止，代理人应及时报告代理事项进展事宜和移交财产。代理关系消灭后，代理人在必要和可能的情况下，应向被代理人或其继承人、遗嘱执行人、清算人、新代理人等，就其代理事务及有关财产事宜，及时报告和移交。

3. 忠实、保密等附随义务。在代理关系终止后，基于诚实信用原则，代理人仍应履行后合同义务，善尽忠实和保密等义务。不得利用在代理过程所获知的信息，进行与被代理人的不正当竞争行为，不得泄露在代理过程中所获知的信息。

第九章　民事法律关系的限制：时间

时间系重要的法律事实，举凡人的出生、死亡、权利能力、行为能力、公法上或私法上法律行为效力的发生与消灭等，皆与时间发生关系。① 许多私法上的法律效果，都与时间的经过有关。权利或义务常在一定时间后产生或停止。② 因此时间在民法上具有重要的法律意义，举其要者，有如下几点：

1. 时间决定着民事主体的民事权利能力和民事行为能力。例如，按照《民法总则》的规定，自然人出生之日，为其法定民事权利能力取得之时（第13条）；智力与精神健全的自然人年满18周岁之日，为其取得完全民事行为能力之时（第17条第一句、第18条第1款）；自然人死亡之时，为其民事权利能力和民事行为能力消灭之时（第13条）。同样，法人成立之日，为其享有民事权利能力和民事行为能力之时；法人注销之日，则为其民事权利能力和民事行为能力消灭之时（第59条）。

2. 时间决定着权利的取得、存续和丧失。所谓时间决定权利的取得，如取得时效制度；所谓时间决定权利的丧失，如除斥期间和权利失效期制度；而所谓时间决定权利的存续，其例子则是不胜枚举。③ 如前所述，民事法律关系具有时间性。所谓时间性，即民事法律关系的存续和行使要受到时间的限制。④

3. 时间决定权利的行使和义务的履行。例如，附期限法律行为之始期或终期的届至与否对于当事人的权利有实质影响；履行期是否届满对于债权人之请求权与债务人之抗辩权的意义不言而喻；而诉讼时效制度对于当事人请求权的影响之巨，更是令人刮目相待。

4. 时间决定一些重要的法律事实。例如，自然人下落不明只有达到一定期间方可申请宣告其为失踪或死亡；对于货物买卖在指定期间或者合理期间内没有提出异议，无论事实上有无瑕疵，该笔货物在法律上无论质量还是数量都是毫无瑕疵的。

综上可见，时间对于当事人利益影响巨大，构成对民事法律关系的一大限制，切不可因其规定具体而不予重视。本书既然以民事法律关系为核心来构建，自应重视时间对民事法律关系的影响。

---

① 王泽鉴：《民法总则》，中国政法大学出版社2001年版，第508页。
② 黄立：《民法总则》，中国政法大学出版社2002年版，第443页。
③ 崔建远等：《民法总论》，清华大学出版社2010年版，第186—187页。
④ 参阅本书第三章第二节"民事法律关系的特性"之三"民事法律关系的时间性"。

第一节 期　　限

一、期限的概念和意义

期限是指民事法律关系发生、变更和终止的时间,分为期间和期日。期间是指从时间的某一特定的点到另一特定的点所经过的时间,是时间段。期日是指时间的某一特定的不可分割的时间,为时点。

任何民事法律关系的发生、变更和消灭都在一定的时间内进行。没有期限即不能确知和确定权利义务的产生、变更、消灭和持续的时间,因此,期限在民法上具有重要的意义。具体而言,期限是确定民事主体权利能力和行为能力的开始和终止、作出法律推定、确定权利的取得或丧失、确定行使权利和履行义务的时间的依据和尺度。

二、期限的种类

期限可以由法律规定,也可以由人民法院裁判确定,还可以由法律关系的双方当事人约定。其中人民法院的指定和当事人的约定,不得改变法定期限。无论采用什么期限,一旦确定下来,对双方都具有法律约束力,当事人任何一方不得擅自变更。

三、期限的确定和计算

期限的确定,一般有以下几种方式:(1)规定一定的期日;(2)规定一定的期间;(3)规定未来某一特定的时间;(4)规定以当事人提出请求的时间为期限。

期日的计算比较简单,一般以法定期日、指定期日和约定期日为准;期间的计算比较复杂。依《民法总则》的规定,民法所称的期间按照公历年、月、日、小时计算(第200条)。按照年、月、日计算期间的,开始的当日不计入,自下一日开始计算;按照小时计算期间的,自法律规定或者当事人约定的时间开始计算(第201条)。按照年、月、日计算期间的,到期月的对应日为期间的最后一日;没有对应日的,月末日为期间的最后一日(第202条)。期间的最后一日是法定休假日的,以法定休假日结束的次日为期间的最后一日;期间的最后一日的截止时间为24时,有业务时间的,停止业务活动的时间为截止时间(第203条)。此外,若法律对此另有规定或者当事人另有约定,则依照其规定或者约定计算期间。

第二节 诉讼时效

一、时效制度概说

(一) 时效的概念和种类

1. 时效的概念。民事时效是指一定的事实状态持续地经过法定期间,即产生一定民事法律后果的民事法律制度。

时效由下列三要素构成:(1) 一定事实状态的存在,所谓的事实状态是指占有财产或者不行使权利等客观情况;(2) 该事实状态持续达到法定期间,即占有财产或者不行使权利等客观情况无间断地经过法定期间;(3) 发生一定的法律后果,即引起民事权利义务关系的变化,当事人或取得权利,或丧失权利,或其权利丧失法律保护,或权利的内容发生变化。由此可见,时效是引起民事法律关系发生变化的客观现象,乃是民事法律事实制度的重要组成部分。

2. 时效的种类。(1) 取得时效和消灭时效。依照民事时效的前提条件和法律后果不同,民事时效可分为取得时效和消灭时效。取得时效是指占有他人财产,持续达到法定期限,即可依法取得该项财产权的时效。取得时效因事实状态必须占有他人财产,故又称"占有时效"。消灭时效是指因不行使权利的事实状态持续经过法定期间,即依法发生权利消灭或权利不受法律保护后果的时效。我国民法未规定取得时效制度,只规定了诉讼时效。(2) 普通时效与特殊时效。依照民事时效适用的对象不同,民事时效可以分为普通时效和特殊时效。对于一般民事法律关系都可适用的时效为普通时效,对于特殊法律关系才能适用的时效为特殊时效。

时效作为特定民事法律关系产生、变更和消灭的事由,属于民事法律事实。时效以特定行为状态的持续存在为内容,与当事人意思表示无关;同时与事件也不同,因为事件往往是指一定客观状态的发生,而时效往往是一种客观状态的持续。故时效既不属于行为,也不属于事件,而属于与行为和事件共同构成民事法律事实三大组成部分之状态的持续。

(二) 时效制度存在的理由

1. 尊重长期存在的事实状态,并使之合法化,尽早结束权利不确定的状态,有利于稳定以该事实状态为前提而构筑起来的社会关系和法律关系,保障交易安全。

2. 消灭时效使未履行债务的债务人免除债务履行义务,取得时效使真正的所有者丧失所有权,时效制度使事实状态的受益者避免了道德的谴责。所以,时效制度的存在可以督促当事人及时行使权利,以免因证据灭失而不利于当事人举证和法庭调查。

3. 权利上的沉睡者,不值得保护。时效制度的存在,使权属明确、物尽其用、货畅其流,增进了物的效用,有利于促进市场经济的发展。

二、诉讼时效的概念与种类

(一)诉讼时效的概念与特征

诉讼时效是指权利人在法定期间内不行使权利即由债务人取得一项抗辩权的法律制度。

此处所称之法定期间,即为诉讼时效期间。在此期间内,债权人可以向债务人主张其权利,超出此期间,债务人即可以时效届满而抗辩。在德国、日本以及我国台湾地区与其对应的制度称为消灭时效(Verjährungsfrist),其法律效果为期间经过权利的消灭。我国的诉讼时效制度较好地平衡了当事人的利益,具有以下特点:

1. 诉讼时效为一种民事法律事实

诉讼时效的经过会导致民事法律关系的变动,因而在性质上诉讼时效属于民事法律事实之一种。在民事法律事实的亚类型分类中,既不属于行为,也不属于事件,而是属于状态的持续。

2. 诉讼时效制度具有强制性

法律赋予诉讼时效以法律警察性质的宗旨,即要求债权人为公共利益作出牺牲。[①] 因此,关于诉讼时效的规定属于强制性规定,《民法总则》第 197 条规定,诉讼时效的期间、计算方法以及中止、中断的事由由法律规定,当事人约定无效;当事人对诉讼时效利益的预先放弃无效。

3. 法官不得主动援引

诉讼时效制度的主要目的在于督促债权人在诉讼时效期间内行使权利,超出这一期间债务人就取得了时效届满而拒绝履行的抗辩权。此一抗辩权作为私权之一种,是否行使自然取决于债务人自己,其既可以行使,亦可放弃。故而,人民法院在审理民事案件时,没有义务审查待决案件是否已经超出诉讼时效。《民法总则》第 193 条明确规定,人民法院不得主动适用诉讼时效的规定。

(二)诉讼时效的种类

诉讼时效一般分为普通诉讼时效和特别诉讼时效:

1. 普通诉讼时效期间。《民法总则》第 188 条第 1 款规定:"向人民法院请求保护民事权利的诉讼时效期间为 3 年。法律另有规定的,依照其规定。"3 年的诉讼时效即普通诉讼时效。

---

① 〔德〕梅迪库斯:《德国民法总论》,邵建东译,法律出版社 2000 年版,第 93 页。

2. 特殊诉讼时效期间。又分为短期诉讼时效和长期诉讼时效。《民法通则》第 136 条规定下列请求权适用 1 年的特别时效期间即短期诉讼时效期间：(1) 身体受到伤害要求赔偿的请求权；(2) 出售质量不合格的商品未声明的，即瑕疵担保请求权；(3) 延付或者拒付租金的支付请求权；(4) 寄存财物被丢失或者损毁的，即保管财物丢失损毁的赔偿请求权。另外《海商法》第十三章也规定了某些短期诉讼时效期间。《民法总则》第 188 条第 2 款第三句规定，自权利受到损害之日起超过 20 年的，人民法院不予保护。20 年的诉讼时效期间为长期诉讼时效期间。

三、诉讼时效的起算

根据《民法总则》第 188 条第 2 款的规定，诉讼时效期间自权利人知道或者应当知道权利受到侵害以及义务人之日起计算。权利人知道或应当知道自己的权利遭到了侵害，这是请求法院保护其权利的基础，从这一时间点开始计算诉讼时效期间，符合诉讼时效作为权利人请求法院保护权利的法定期间的本旨。知道权利遭受了侵害，指权利人现实地于主观上已明了其权利被侵害的事实的发生；应当知道权利遭受了侵害，指权利人尽管于主观上不明了其权利已被侵害的事实，但他对权利被侵害的不知情，是出于对自己的权利未尽必要注意的原因。此外，权利人主张权利的前提还在于其知道或者应当知道具体的义务人，这是诉讼时效期间起算的另一项要求。

与此同时，还须注意以下几种特殊请求权时效期间的起算问题，主要有：

1. 分期履行之债权的诉讼时效起算。当事人约定同一债务分期履行的，诉讼时效期间自最后一期履行期限届满之日起计算（《民法总则》第 189 条、最高人民法院《关于审理民事案件适用诉讼时效制度若干问题的规定》第 5 条）。

2. 未约定履行期的债权的诉讼时效起算。未约定履行期限的合同，依照《合同法》第 61 条、第 62 条的规定，可以确定履行期限的，诉讼时效期间从履行期限届满之日起计算；不能确定履行期限的，诉讼时效期间从债权人要求债务人履行义务的宽限期届满之日起计算，但债务人在债权人第一次向其主张权利之时明确表示不履行义务的，诉讼时效期间从债务人明确表示不履行义务之日起计算（最高人民法院《关于审理民事案件适用诉讼时效制度若干问题的规定》第 6 条）。

3. 合同撤销后的返还财产和损害赔偿请求权的诉讼时效起算。合同被撤销，返还财产、赔偿损失请求权的诉讼时效期间从合同被撤销之日起计算（最高人民法院《关于审理民事案件适用诉讼时效制度若干问题的规定》第 7 条第 3 款）。

4. 不当得利返还请求权的诉讼时效起算。返还不当得利请求权的诉讼时效期间,从当事人一方知道或者应当知道不当得利事实及对方当事人之日起计算(最高人民法院《关于审理民事案件适用诉讼时效制度若干问题的规定》第8条)。

5. 无因管理所生债权请求权的诉讼时效起算。管理人因无因管理行为产生的给付必要管理费用、赔偿损失请求权的诉讼时效期间,从无因管理行为结束并且管理人知道或者应当知道本人之日起计算。本人因不当无因管理行为产生的赔偿损失请求权的诉讼时效期间,从其知道或者应当知道管理人及损害事实之日起计算(最高人民法院《关于审理民事案件适用诉讼时效制度若干问题的规定》第9条)。

6. 未成年人的请求权的诉讼时效起算。无民事行为能力人或者限制民事行为能力人对其法定代理人的请求权的诉讼时效期间,自该法定代理终止之日起计算(《民法总则》第190条)。未成年人遭受性侵害的损害赔偿请求权的诉讼时效期间,自受害人年满18周岁之日起计算(《民法总则》第191条)。

四、诉讼时效期间的中止、中断和延长

(一)诉讼时效的中止

1. 诉讼时效期间的中止,又称诉讼时效期间不完成,是指在诉讼时效期间进行中,因发生一定的法定事由使权利人不能行使权利请求权,暂时停止计算诉讼时效期间,待阻碍时效期间进行的法定事由消除后,继续进行诉讼时效期间的计算。诉讼时效制度的目的,在于使不行使权利者承担不利后果。但权利人不行使权利并非出于怠惰,而是因为不得已的事由时,使权利人承担与怠于行使权利者同样的不利后果,未免失之公允。因此时效立法中设立了中止制度,以求平衡。

2. 诉讼时效中止的法定事由。依《民法总则》第194条第1款的规定,诉讼时效中止的法定事由有如下几种情形:(1) 不可抗力。不可抗力为不能预见、不能避免且不能克服的客观情况。发生不可抗力时,权利人主观上要求行使权利,但客观上无法行使,法律予之以中止的救济手段。(2) 无民事行为能力人或者限制民事行为能力人没有法定代理人,或者法定代理人死亡、丧失民事行为能力、丧失代理权。(3) 继承开始后未确定继承人或者遗产管理人。(4) 权利人被义务人或者其他人控制。(5) 其他导致权利人不能行使请求权的障碍。

3. 诉讼时效可以中止的时间。依《民法总则》第194条第1款的规定,诉讼时效期间可以中止的时间,为诉讼时效期间的最后6个月内。在时效期间最后6个月前的期间内发生法定中止事由的,并不能使诉讼时效期间中止,因为权利人还有足够的时间行使权利。只有中止事由发生于期间的最后6个月时,才可使诉讼时效中止。因为此时发生中止事由,可能导致权利人无足够的时间行使

权利。

4. 诉讼时效期间中止的法律后果。诉讼时效期间中止后,中止的期间不计入时效期间内。待中止事由消灭后,时效期间继续进行,与中止前已经过的时效期间合并计入总时效期间。对此,第 194 条第 2 款规定,自中止时效的原因消除之日起满 6 个月,诉讼时效期间届满。

(二) 诉讼时效期间的中断

诉讼时效期间中断,是指在诉讼时效进行期间,因发生一定的法定事由,使已经经过的时效期间统归无效,待时效期间中断的事由消除后,诉讼时效期间重新计算。

依《民法总则》第 195 条的规定,可使诉讼时效期间中断的法定事由有权利人向义务人提出履行请求、义务人同意履行义务、权利人提起诉讼或者申请仲裁或者与提起诉讼或者申请仲裁具有同等效力的其他情形。

1. 权利人向义务人提出履行请求

权利人向义务人提出履行请求,是引起诉讼时效中断的原因。这是指权利人向义务人明确提出履行义务的要求,客观上改变了权利不行使的事实状态,以使诉讼时效中断(最高人民法院《关于审理民事案件适用诉讼时效制度若干问题的规定》第 12 条)。依《民通意见》第 173 条规定,权利人除可以向义务人直接提出请求外,向债务人的保证人、代理人或财产代管人主张权利的,也可以认定为诉讼时效中断。一般而言,权利人向义务人提出履行请求,义务人不履行,当事人才会通过诉讼方式解决。因此权利人向义务人主张权利是引起诉讼时效中断的最常见原因。需要注意的是,权利人向义务人提出请求时,应采取书面或其他有证明力的方式进行,以避免因证据不足使诉讼时效中断不被认可的情况发生。

依据最高人民法院《关于审理民事案件适用诉讼时效制度若干问题的规定》第 10 条的规定,《民法通则》第 140 条"当事人一方提出申请"指代以下情形:(1) 当事人一方直接向对方当事人送交主张权利文书,对方当事人在文书上签字、盖章或者虽未签字、盖章但能够以其他方式证明该文书到达对方当事人的;(2) 当事人一方以发送信件或者数据电文方式主张权利,信件或者数据电文到达或者应当到达对方当事人的;(3) 当事人一方为金融机构,依照法律规定或者当事人约定从对方当事人账户中扣收欠款本息的;(4) 当事人一方下落不明,对方当事人在国家级或者下落不明的当事人一方住所地的省级有影响的媒体上刊登具有主张权利内容的公告的,但法律和司法解释另有特别规定的,适用其规定。

2. 义务人同意履行义务

义务人同意履行义务,当然是引起诉讼时效中断的原因。这是义务人通过一定的方式向权利人作出愿意履行义务的意思表示。义务人作出该承认行为,意味着对权利人权利存在的认可,该认可行为使当事人之间的权利义务关系得以明确和稳定,因而法律规定义务人同意履行义务为中断诉讼时效的法定事由之一。义务人以口头或书面方式对权利人或其代理人作出通知、请求延期给付、提供担保、支付利息或租金、清偿部分债务等行为,在法律上均构成认可债权人的权利存在。最高人民法院《关于审理民事案件适用诉讼时效制度若干问题的规定》对债务人同意履行的方式予以界定。义务人作出分期履行、部分履行、提供担保、请求延期履行、制定清偿债务计划等承诺或者行为的,应当认定为"同意履行义务"。(最高人民法院《关于审理民事案件适用诉讼时效制度若干问题的规定》第16条)

3. 权利人提起诉讼

提起诉讼,是引起诉讼时效中断的事由之一。起诉表明权利人正在积极地行使自己的权利,使诉讼时效失去适用的理由,因而使诉讼时效中断。当事人一方向人民法院提交起诉状或者口头起诉的,诉讼时效从提交起诉状或者口头起诉之日起中断。(最高人民法院《关于审理民事案件适用诉讼时效制度若干问题的规定》第12条)但权利人起诉后又自行撤诉,或因起诉不合法被法院依法驳回的,不构成提起诉讼,不能使诉讼时效中断。

4. 与提起诉讼具有同等效力的其他情形

最高人民法院《关于审理民事案件适用诉讼时效制度若干问题的规定》第13、14、15条规定了与提起诉讼具有同等诉讼时效中断的效力的行为:(1)申请仲裁;(2)申请支付令;(3)申请破产、申报破产债权;(4)为主张权利而申请宣告义务人失踪或死亡;(5)申请诉前财产保全、诉前临时禁令等诉前措施;(6)申请强制执行;(7)申请追加当事人或者被通知参加诉讼;(8)在诉讼中主张抵销;(9)权利人向人民调解委员会以及其他依法有权解决相关民事纠纷的国家机关、事业单位、社会团体等社会组织提出保护相应民事权利的请求;(10)权利人向公安机关、人民检察院、人民法院报案或者控告,请求保护其民事权利。

(三) 诉讼时效的中止与中断的区别

1. 发生的事由不同。诉讼时效中止的法定事由出自当事人的主观意志所不能决定的事实,中断的法定事由为当事人的主观意志所能左右的事实。

2. 发生的时间不同。诉讼时效中止只能发生在时效期间届满前的最后6个月内,中断可发生于时效期间内的任何时间内。

3. 法律效果不同。诉讼时效中止的法律后果是不将中止事由发生的时间计入时效期间,中止事由发生前后经过的时效期间合并计算为总的时效期间;而中断的法律效果是于中断事由发生后,已经经过的时效期间全部作废,重新开始计算时效期间。

（四）诉讼时效的延长

诉讼时效的延长是指诉讼时效期间届满以后，权利人基于某种正当的理由，向人民法院提出申请，经人民法院调查确有正当理由而将法定时效期间予以延长的制度。《民法总则》第 188 条第 2 款第三句规定："但是自权利受到损害之日起超过 20 年的，人民法院不予保护；有特殊情况的，人民法院可以根据权利人的申请决定延长。"可见，诉讼时效的延长发生在诉讼时效期间届满之后并以权利人的申请为前提。如果权利人未能行使权利是由某种特殊的情况造成的，人民法院可根据具体的情况酌情延长诉讼时效。关于哪些情况属于人民法院可以延长诉讼时效的特殊情况，法律未作规定，也难以作出具体规定。司法实践中人民法院应以是否涉及重大利益或是否有重大影响为判断的基本依据。

五、诉讼时效的效力

对诉讼时效届满后的法律效果，不同国家有不同的观点，主要有五种主张：

1. 实体权消灭主义。采此种立法例的，将诉讼时效的效力规定为直接消灭实体权利，其典型代表为《日本民法典》，该法第 167 条规定，债权因 10 年间不行使权利而消灭；债权或所有权以外的财产权，在 20 年间不行使而消灭。

2. 诉权消灭主义。该主张由德国学者萨维尼首倡，他认为，诉讼时效完成后，其权利本身仍然存在，仅诉权归于消灭。诉讼时效届满后的权利，因诉权消灭不能请求人民法院为强制执行，称为自然债务。原《苏俄民法典》采此立法例，该法第 44 条曾规定，"超过法律规定的期限（诉讼时效）起诉权就消灭"。

3. 胜诉权消灭主义。曾有学者主张，我国《民法通则》即采此种立法例。其根据在于该法第 135 条："向人民法院请求保护民事权利的诉讼时效期间为 2 年，法律另有规定的除外。"加之第 138 条"超过诉讼时效期间，当事人自愿履行的，不受诉讼时效限制"的规定，表明诉讼时效期间届满，实体权利本身没有消灭，只是该权利失去了国家强制力的保护，或者说是丧失了胜诉权。此时，义务人自动履行义务的，权利人可以接受。

4. 请求权消灭主义。该说主张时效期间经过，消灭的既不是起诉权，也不是胜诉权，而是请求权。《德国民法典》即采此说。该法第 194 条第 1 项规定，请求他人作为或者不作为的权利（请求权 Anspruch），因时效而消灭。

5. 抗辩权发生主义。此说由德国学者欧特曼提出，他认为，时效完成后义务人取得拒绝履行的抗辩权。如义务人自动履行，视为放弃其抗辩权，该履行行为有效。

过去，我国学者多主张我国对于诉讼时效的效力采胜诉权消灭说。其根据为我国《民法通则》第 138 条规定："超过诉讼时效期间，当事人自愿履行的，不受诉讼时效限制。"但是，最高人民法院于 2008 年颁布了《关于审理民事案件适用诉讼时效制度若干问题的规定》，其中第1条前段即明确规定，"当事人可以对债权请求权提出诉讼时效抗辩"，此外，该司法解释第22条规定："诉讼时效期间届满，当事人一方向对方当事人作出同意履行义务的意思表示或者自愿履行义务后，又以诉讼时效期间届满为由进行抗辩的，人民法院不予支持。"第21条又规定："主债务诉讼时效期间届满，保证人享有主债务人的诉讼时效抗辩权。保证人未主张前述诉讼时效抗辩权，承担保证责任后向主债务人行使追偿权的，人民法院不予支持，但主债务人同意给付的情形除外。"综合这些规定可见，我国现行司法显采抗辩权发生主义。于是，《民法总则》第192条吸收了上述司法解释的观点，规定："诉讼时效期间届满的，义务人可以提出不履行义务的抗辩。诉讼时效期间届满后，义务人同意履行的，不得以诉讼时效期间届满为由抗辩；义务人已自愿履行的，不得请求返还。"

六、诉讼时效的适用范围

诉讼时效的适用范围是指依法应当适用诉讼时效的权利的范围。根据《民法总则》第196条的规定，请求权原则上应当适用诉讼时效，仅在例外情形下不受诉讼时效的限制。

（一）适用诉讼时效的请求权

1. 债权请求权。包括基于合同债权的请求权，例如履行请求权、损害赔偿请求权、违约金请求权、利息请求权；基于侵权行为的请求权，主要是损害赔偿请求权；基于无因管理的请求权，包括必要费用请求权、损害赔偿请求权；基于不当得利的请求权，主要是不当得利返还请求权；其他债权请求权，如防卫过当、避险过当的赔偿请求权。但是，并非所有的债权请求权均适用诉讼时效，也存在例外。

2. 物权请求权。物权请求权即基于物权而发生的请求权，物权请求权原则上不适用诉讼时效，但根据《民法总则》第196条第2项的反对解释，基于未登记的动产而发生的返还请求权适用诉讼时效制度。

（二）不适用诉讼时效的请求权

根据《民法总则》第196条之规定，如下请求权不适用诉讼时效制度：第一，请求停止侵害、排除妨碍、消除危险。实际上，这些请求权的特点是，请求权以侵害行为的存在或者存续为前提，一旦侵害行为结束，请求权便无存在之必要，故在逻辑上并无适用诉讼时效制度的余地。第二，不动产物权和登记的动产物权的权利人请求返还财产。这意味着物权法上的返还原物请求权原则上不适用诉讼时效，仅未登记的动产为其例外。第三，请求支付抚养费、赡养费或者扶养费的权利。这主要是基于保护弱者的考虑。第四，依法不适用诉讼时效的其他请求权。例如，以下债权请求权不适用诉讼时效制度：(1) 支付存款本金及利息请求权;(2) 兑付国债、金融债券以及向不特定对象发行的企业债券本息请求权;(3) 基于投资关系产生的缴付出资请求权;(4) 其他依法不适用诉讼时效规定的债权请求权(最高人民法院《关于审理民事案件适用诉讼时效制度若干问题的规定》第1条)。

第三节 除斥期间

一、除斥期间的概念

除斥期间(Ausschlußfrist),又称预定期间,是指法律规定或者当事人约定某种权利预定存在的期间,权利人在此期间内不行使其权利的,预定期间届满便发生该项权利消灭的法律后果。由此可见,除斥期间是一种预定的权利存续期。

除斥期间的经过构成一种民事法律事实。除斥期间届满,导致该权利消灭,使得既有的民事法律关系变更,或者消灭,或使不确定的法律关系成为确定的法律关系。

除斥期间为一种不变期间。只要除斥期间开始起算,则期间自然进行,期间届满权利即告消灭,不会发生诸如诉讼时效的中止和中断情形。

除斥期间,可以基于法律规定而产生,亦可基于约定产生。

二、除斥期间与诉讼时效的区别

除斥期间与诉讼时效一样,均为影响权利存续和行使的时间,都是以一定的事实状态的存在和一定期间的经过为条件而发生一定的法律后果,都属于民事法律事实中的时间。其目的都在于督促权利人及时行使权利及维护社会关系的稳定。但二者作用的对象不同,要解决的问题也不同。主要区别有如下几点:

1. 立法精神不同。二者的目的都在于维护社会秩序,但所维护的秩序却相反。诉讼时效的目的在于维护新建立的秩序,而除斥期间的目的在于继续存在原来的秩序。[①]

2. 构成要件不同。因诉讼时效而消灭权利的原因,非仅为时间的经过,而是时间的经过与权利不行使的事实相结合;而除斥期间是以权利本有时间的限制为前提,即权利经过一定期限而消灭,权利消灭的原因,仅此期限的经过即可。

3. 客体不同。诉讼时效的客体一般为债权的请求权,而除斥期间的客体一般为形成权。

---

① 参见王泽鉴:《民法总则》,中国政法大学出版社2001年版,第518页。

4. 效力不同。根据我国《民法总则》的规定，诉讼时效届满后只是由债务人取得抗辩权，但实体权利本身并不因此而消灭；而除斥期间届满后，消灭的是实体权利本身。

5. 期间起算点不同。诉讼时效期间一般自权利人能够行使请求权时起算；而除斥期间一般自权利产生时起算。

6. 期间性质不同。诉讼时效期间为可变期间，一般可中止、中断或延长；而除斥期间为不变期间，除法律有特殊规定的以外，不能中止、中断或延长。

7. 是否援引不同。诉讼时效期间经过，只是对于债务人产生了抗辩权而已，其是否行使该种抗辩权由其自己决定，法官不得主动援引适用诉讼时效的规定；除斥期间届满，权利即归于消灭，法律关系已经变化，不以当事人是否主张而转移，所以，法官有权依职权而主动适用除斥期间的规定。

三、除斥期间的分类

除斥期间按照不同标准可以作如下之分类：

1. 法定除斥期间与约定除斥期间

这是按照期间产生方式的不同而进行的分类。所谓法定除斥期间，是指由法律明文规定的除斥期间。例如，我国《民法总则》第 152 条规定的撤销权的行使期间。大多数除斥期间都是由法律明文规定的。所谓约定除斥期间，是指法律授权当事人约定而产生的除斥期间，例如对于合同解除权行使期间，我国《合同法》第 95 条规定，可以由当事人约定（第 1 款）；如果法律没有规定，当事人也没有约定的，经对方催告在合理期间内不行使的，该权利消灭（第 2 款）。这一分类的意义在于，诚实信用原则的介入程度不同。约定的除斥期间不明确或者过长的，可依据诚实信用原则等加以限制。[1]

2. 严格的除斥期间与减弱的除斥期间

这是按照除斥期间是否可以适用消灭时效而进行的分类。通常的除斥期间为严格的除斥期间（die strengen Ausschlußfristen），一般不适用诉讼时效；而减弱的除斥期间（die abgeschwächten Ausschlußfristen），按照德国民法的规定，可以准用消灭时效的规定，就约定的除斥期间，在某些方面给予类似消灭时效的待遇。[2]

---

[1] 崔建远等：《民法总论》，清华大学出版社 2010 年版，第 215 页。
[2] RGZ151,345，转引自黄立：《民法总则》，中国政法大学出版社 2002 年版，第 500 页。

第四节 权利失效期

权利失效期,也称失权期间,是指除了针对形成权的除斥期间外,其他权利也存在基于法律规定或者诚实信用原则而产生的权利存续期间,经过此等期间,权利即告消灭。

权利失效(Verwirkung),不同于诉讼时效。其所消灭的是权利本身,期间可以由当事人约定产生,且此期间为不变期间。这些特点都与除斥期间相同。但其与除斥期间最大的区别在于适用的客体不同。除斥期间仅仅适用于形成权,而权利失效期适用于除了形成权以外的其他权利。此外,除斥期间的起算,一般要考虑权利人的主观状态,即从其知道或者应当知道开始起算。而权利失效期的起算根本不考虑权利人是否应当知道,只要时间经过权利即告消灭。

我国尚未有完整的权利失效期理论,学者解释认为,权利失效期的产生一般包括两种类型:

一是基于法律的规定而直接产生的。现行法已经明确规定了某些民事权利在一定期间届满未行使归于消灭的期间。例如《民法总则》第188条第2款规定的20年最长保护期间,《海商法》第265条前段规定的关于保护有关船舶发生油污损害所生请求权的6年期间,《担保法》第15条等规定的保证期间,及《合同法》第157条和第158条规定的质量异议期间等。[1]

二是基于诚实信用原则的解释而产生的。此等期间,尽管现行法尚无明文规定,但权利人在相当期间内不行使权利,依特别情事足以使义务人信任权利人不欲使其履行义务时,则基于诚实信用原则不得再为主张。[2] 此种相当期间,亦为失权期间。至于何为相当期间,则需由法官结合不同案件具体情事,本着诚实信用原则而确定。

---

[1] 崔建远等:《民法总论》,清华大学出版社2010年版,第217页。
[2] 王泽鉴:《民法学说与判例研究》(第1册),北京大学出版社2009年版,第155—156页。

第二编 物 权

第十章 物权通论

　　物权,是指权利人依法对特定的物享有直接支配和排他的权利,包括所有权、用益物权和担保物权(《民法总则》第114条第2款、《物权法》第2条第3款)。物权所要解决的是财产的归属和利用关系(《物权法》第2条第1款),其中财产的归属关系由所有权调整,而对财产的利用,可以分为自己利用和他人利用。前者之利用为所有权的一项权能,后者之利用又因所针对的物的价值不同而有所不同。根据物的双重属性,物既具有使用价值,又具有(交换)价值。针对物的使用价值成立的物权类型为用益物权,针对物的(交换)价值而成立的物权类型则为担保物权。于是,在对物的归属和利用上发展成为现今这样一个泱泱大观的物权体系。本章内容是对所有物权类型普遍适用的基本原理和一般规则,主要包括物权的概念、特性、本质、物权与债权的区别、物权的效力以及物权的变动规则等。

第一节 物权的概念与本质

一、物权的概念

　　"物权"一词是由中世纪注释法学派首先提出来的,是注释法学派在研究罗马法所规定的所有权、用益权、居住权、奴畜使用权、地役权等财产权的过程中所作出的抽象。在罗马法时期,立法及学者著作中仅仅提出支配权与请求权的区分,所谓支配权指的是权利人仅仅依据自己的意愿就可以实现权利目的的权利;而请求权指的是权利人实现自己权利的目的必须要借助于相对人的意思的权利。所以支配权的实现没有相对人,而请求权的实现却必须要有相对人。罗马法时期对所谓物权的认识是比较模糊的。但是,罗马法时代人们看到了物权诉讼与一般诉讼的差异,因此提出了对物之诉(actio in rem)与对人之诉(actio in persona)两个概念。再到中世纪,才提出了对物权(iura in rem)的概念。这个概念基本上表达了权利人按照自己的意愿即可实现支配的意思;它明确解释了对物权与必须有相对人的协助才能实现的权利即对人权(ius in personna)之间的区别。当然,罗马法中的对物权和我们现在所说的物权概念是有差别的,其含义基本上是支配权的含义,除了物可以为其客体外,权利甚至继承权也可以为其客体。等到罗马法被重新发现以后,潘德克顿法学派提出了物权的概念。

在立法上正式使用"物权"一词并进行立法界定,始于 1811 年制定的《奥地利普通民法典》。该法典第 307 条规定了两种物权:对物的物权(dingliche Sachenrechte)和对人的物权(persönliche Sachenrechte),前者是指一个人对一个物所拥有的可以对抗任何人的权利,称为"物权"(dingliche Rechte);而"对人的物权",则是指基于法律或者约束性行为而产生的可以对抗特定人的对物的权利。① 显然,现代意义上的物权是指前者,即所谓"对物的物权"(dingliche Sachenrechte),该法第 308 条具体列举了这种"对物的物权",包括占有权、所有权、担保权、役权和继承权。② 1896 年 8 月 18 日颁布的《德国民法典》则以"物权"(Sachenrecht)作为其第三编的编名,系统地规定了物权制度,一般认为这是最早的现代意义的物权概念。自此之后,大陆法系各国纷纷效仿《德国民法典》,在自己的民法典中规定了符合本国国情的物权制度。

尽管各国都规定了较为完备的物权制度,但除《奥地利普通民法典》外,基本上各国都按照各种类的物权分别加以定义或者规定,少有国家在民法典中对物权概念作出直接的定义性规定。于是在物权法的发展过程中,关于物权的概念产生了种种不同的学说。这些学说从不同的角度对物权加以定义。归纳起来主要有两个角度:一为物权是人与物之间的关系还是人与人之间的关系,二是从物权的功能上对物权下定义。

从物权关系的角度,物权学说主要有以下三种:(1) 对物关系说,该说认为物权反映的是人与物之间的关系,主张物权是对物进行支配的财产权。(2) 对人关系说,该说认为物权反映的是人与人之间的关系,主张物权是对抗一般人的财产权,是具有任何人不得侵害的消极作用的财产权。(3) 折中说,该说认为物权具有对人、对物两方面关系,主张物权是对物得直接支配,并得对抗一般人的财产权。并且认为法律所规定的权利人可以支配物的方法和范围,是权利人与

---

① ABGB § 307 Rechte, welche einer Person über eine Sache ohne Rücksicht of gewiße Personen zustehen, werden dingliche Rechte genannt. Rechte, welche zu einer Sache nur gegen gewiße personen ummittelbar aus einem Gesetze, oder aus einer verbindlichen Handlung entstehen, heißen persönliche Sachenrechte.

② ABGB § 308 Dingliche Sachenrechte sind das Recht des Besitzes, des Eigentums, des Pfandes, der Dienstbarkeit und des Erbrechtes.

物的关系;而法律禁止一般人侵害的消极作用,则属物权对人的关系。二者相辅相成,才能确保物权的效用。①

从物权功能的角度,物权学说综合起来主要有以下四类观点:第一类,着重于对物的直接支配性的定义。如物权者,支配物之权利;物权,乃以对物直接支配为内容的权利。第二类,着重于直接支配与享受利益的定义。如物权为直接支配特定物,而享受其利益的权利。第三类,着重直接支配与排他性的定义。如物权者,直接支配其物,而具有排他性的权利。第四类,着重于直接支配、享受利益与排他性的定义。如物权,乃直接支配其标的物,而享受其利益的具有排他性的权利。②

我国是少有的在立法上明确物权定义的国度,《民法总则》第 114 条第 2 款与《物权法》第 2 条第 3 款采用了第三种观点,从支配性和排他性角度对物权作出了定义:物权是指权利人依法对特定的物享有直接支配和排他的权利,包括所有权、用益物权和担保物权。这一概念具体包括以下含义:

1. 物权为直接支配物的权利

所谓支配,就是直接对物实施取得利益的各种行为。所谓直接,是指物权人对物的支配,无需他人意思或行为的介入就可实现。这与债权不同,债权是一种请求权,权利人须通过义务人为财产上的给付,才能实现其利益。

2. 物权为支配特定物的权利

首先,物权是支配物的权利,其标的必须是"有体物";以给付或无体财产为标的的权利,当属债权或知识产权,而非物权。其次,物权的标的必须是特定物,即具体指定之物。如果物权的标的不确定,则该物的归属就不明确,从而导致对物的归属、利用的混乱。所谓特定物,或者为权利人合法所有的自有物,或者是权利人根据法律、合同而支配的他人的物。当然,所谓"特定",并非必须是物理上的特定物,而是依一般社会或经济观念为特定即可。例如,按份共有物的应有部分,虽然不是物理上的特定物,却可以作为物权的标的。

3. 物权为可享受物之利益的权利

按法力说,权利由法律上之力与合法利益两个要素构成。物权作为权利的一种,当然其权利人可享受物之利益。一方面,物之利益可以分为使用价值和交换价值,其中所有权为对物进行全面支配的权利,权利人可以对物进行占有、使用、收益、处分,对物的使用价值和交换价值加以利用;用益物权则是对物的使用价值进行支配的权利,权利人可以对标的物进行占有、使用、收益;担保物权则以

---

① 参见杨与龄:《民法物权》,台湾五南图书出版公司 1986 年版,第 5—6 页;另见谢在全:《民法物权论》(上),台湾三民书局 1989 年版,第 106—107 页注一,列有关于物权定义的各种学说,可供参考。

② 参见梁慧星、陈华彬:《物权法》(第二版),法律出版社 2003 年版,第 12—13 页。

物的交换价值作为支配对象,通过对物的交换价值的控制来确保债权的实现。另一方面,利益又可以分为物质利益和精神利益,我们说物权人可享受的物的利益,应该从物质利益和精神利益两方面进行考虑。

4. 物权是一种能排除他人干涉的权利

物权为对世权,除物权人以外的任何不特定第三人均为权利人的义务主体,都负有尊重物权人对其标的物的直接支配状态的义务。任何人未经允许侵害他人物权,物权人均得对之行使物上请求权或者主张追及效力,以使物权回复其应有的圆满状态。任何人妨害物权人行使权利,物权人均得请求人民法院或其他有关机关予以排除。

二、物权的本质及其特性

(一) 物权的本质

关于物权的本质,学界存在较大争论。德国学者中有人认为物权的本质在于对物的直接支配性,有人认为在于诉之保护的绝对性。德国著名的物权法学者威斯特曼(Westermann)认为,以上两种学说无论个别或结合,均不足以说明物权的本质,于是他提出了权利归属的理论,认为物权的直接支配性及保护之绝对性,均源于物权的财货归属(das Sachenrecht ist ein Recht der Güterzuordnung)功能。这项见解已成为德国及奥地利民法学界的通说。[①] 物权是直接支配特定物并享受其利益的权利,其具有排他的绝对保护性,这都体现了物权的本质,即法律将特定物归属于某个权利主体,由其直接支配,享受其利益,并排除他人对此支配领域的侵害或干预。[②]

(二) 物权的特性

根据前述物权本质的权利归属理论,物权是将特定物归属于一定权利主体的法律地位。所谓归属,是指一定权利主体对该特定物,在法律上享有一定的支配领域。在此支配领域内,权利主体得直接支配该特定物,任何人非经权利主体同意,不得侵入此领域或加以干涉。因此,基于前者,物权遂有直接支配性;基于后者,物权遂有保护之绝对性。[③] 此二者为物权之两大特性,兹分述如下。

1. 物权的直接支配性

所谓物权的直接支配性,指物权人得依自己的意思,无须他人意思或行为之介入,对标的物就可以进行管领和处分,实现其权利的内容。物权的直接支配性

---

① Vgl. Wolff/Raiser, Lehrbuch des Sachenrechts, 10. Aufl., 1957, S. 8; Westermann, Sachenrecht, 7. Aufl., 1998, S. 9ff; Bydlinski, System und Prinzipien des Privatrechts, 1996, S. 315ff. 王泽鉴:《民法物权》(一),台湾三民书局1992年版,第31页注4。
② 同上书,第31页。
③ 谢在全:《民法物权论》(上),台湾三民书局1989年版,第27页。

具体表现在：

(1) 物权系对物直接支配的权利,通过对物的直接支配来实现其利益,故与债权不同。债权系对人的请求权,是通过被请求人的给付来实现其权利内容。

(2) 物权系对物直接支配的权利,故在同一标的物上,不能有两个以上(包括两个)不相容的物权同时存在,此即物权的排他效力。排他性就所有权来说,一物之上不能同时存在两个以上所有权;就他物权来说,一物之上也不能同时存在两个以上互不相容的他物权。物权的排他性并不排除多人共享一物。一物之上所有权与他物权可以同时存在,或一物之上有互不影响的数个他物权同时存在。需要注意的是对于共有物而言,在共有物上也仅仅存在共有的一个所有权,而并非多个所有权,只是这个所有权为两个或者两个以上的人共同所有,其仍然符合一物一权的原则。

(3) 物权系对物直接支配的权利,其权利内容的实现,不需要物权设定人的介入,故物权不因物权设定人即所有人的变更而受影响。这与债权不同,债权人权利的实现,需要债务人的介入,即债务人允许债权人利用标的物,债权人才得利用。如果标的物的所有人变更,债权人要继续利用标的物,就需征得新所有人的同意,即债权人的债权因标的物所有人的变动而受影响(买卖不破租赁除外)。

(4) 物权系对物直接支配的权利,因此,物权人处分其物权时,不需义务人的介入或同意,故物权具有充分的让与性。这与债权也有不同。①

2. 物权保护的绝对性

所谓物权保护的绝对性,指在物权人对其标的物的支配范围内,非经物权人同意,任何人均不得侵入或干涉,无论何人若擅自侵入或干涉均属违法,法律给予物权人以绝对的保护。物权保护的绝对性具体表现在：

(1) 物权可要求世间所有人就其对标的物的支配状态给予尊重。物权是对世权,物权对世上任何人都有约束力,某人对某物享有物权时,其他一切人都成为义务人,任何人均负有不得侵害该直接支配状态的义务。而债权的义务人是特定的,债权是对人权,或称相对权。

(2) 任何人侵害物权时,物权人对之可行使物上请求权或主张追及之效力,以回复物权应有的圆满状态。至于侵害者有无过错均非所问。若符合侵权行为的构成要件,对侵害者还可请求损害赔偿。而依债权的相对性,如债权被违法侵害,妨害债权的满足时,一般只能对债务人请求履行或请求损害赔偿,原则上不得向第三人直接请求排除妨害②,仅当侵害人以故意违背善良风俗的方式侵害债权时,债权人才可以向第三人主张赔偿。

---

① 谢在全:《民法物权论》(上),台湾三民书局1989年版,第27—29页。
② 同上书,第29—30页。

三、物权与债权的关系

在财产权体系中,物权与债权的关系最为密切。物权规范财产的归属和利用关系,债权则规范财产的流转关系。而在财产关系的运作过程中,物权是债权的起点和最终归属,债权则是人们获得和实现物权的桥梁与手段。明确二者的关系,有利于把握民法中财产权体系的构造。

（一）物权与债权的区别

1. 物权为支配权,债权为请求权

从权利的作用上看,物权为支配权,债权为请求权。物权的作用是保障权利人能够对标的物直接为全面支配或限定支配,并进而享受物的利益。物权可分为完全物权和定限物权,不同物权有不同的支配力。完全物权即所有权,保障物的所有人能够依法按照自己的意志,对自有物进行占有、使用、收益、处分等全面的支配。除法律的限制外,其他因素都不能限制所有人对自有物的自由支配。定限物权即他物权,他物权人在法律或合同限定的范围内享有支配力,可自主地对他人所有物行使占有、使用、收益、处分等权能中的某些权能。而债是特定人之间的法律关系,债权的实现都需要债务人的协助,只有通过债务人的给付,债权人的债权方可实现。所以,物权与债权的最根本区别在于,债权并未赋予权利人以对物的直接支配权,仅仅配备权利人以针对特定人的请求权。债务人对债权人负有给付的义务,但债务人并非债权人的支配客体。债权也没有给债权人以对财产的支配权。所以,有学者说债权原则上是以权利主体之间的财产关系为内容的,是关系规范（Beziehungsnormen）;物权调整的是权利主体对权利客体的关系,是归属规范（Zuordnungsnormen）。①

2. 物权具有排他性,债权具有相容性;物权具有优先性,债权具有平等性;物权具有追及性,债权没有追及性

从权利的效力上看,因物权为支配权,故物权具有排他性、优先性和追及效力;而债权为请求权,其具有相容性、平等性,无追及效力。依物权的排他性,在同一标的物之上不能有两个或两个以上互不相容的物权存在,且物权可直接排除不法之妨碍;而按照债权的相容性,在同一标的物上,允许同时或先后设立数个内容相同的债权,不发生排他效力。依物权的优先性,当同一标的物上并存数个相容的物权时,先成立的物权一般优先于后成立的物权;而按照债权的平等性,各个债权不论成立先后,均平等受偿。依物权的追及效力,物权的标的物无论辗转落于何人之手,一般而言物权人都可追及其物之所在而行使权利;而债权

---

① Helmut Koziol, Grundriss des bügerliches Recht I, 11. Aufl., Manzssche Verlags-und Universitätsbuchhandlung, Wien, 2000, S. 211.

则没有追及效力,债权人对其标的物没有直接支配权,当债权的标的物被第三人占有时,不论其占有是否合法,债权人一般不得直接向该第三人请求返还。

3. 物权为对世权,债权为对人权

从权利效力的范围上看,物权为对世权,债权为对人权。物权拘束的是整个世界,而不是某个特定的当事人。[①] 某人对某物享有物权时,其他任何人都负有不得非法妨碍其行使物权的义务,其义务人是不特定的。而债是特定人之间的法律关系,债权只对某个或某些义务人有拘束力,债权人得向其请求给付,其他人则不受债权的约束,即债权的义务人是特定的。如果因第三人的行为使债权不能实现,债权人也不得依据债权的效力向该第三人提出请求。

虽然债属特定人之间的关系,不涉及债权人与债务人以外的第三人,但随着交易领域的扩大和交易形式的多样化,特定人之间的关系在某些情况下,会因第三人的行为而受到威胁。为加固债的关系,保护交易安全,债法理论对传统的债的本质作了某些修正,扩张了债对第三人的效力,其中就包括在第三人侵害债权时,由第三人来承担损害后果。[②] 在我国台湾地区的判例中也承认当第三人侵害债权时,债权人得直接向该第三人请求损害赔偿。[③]

4. 物权的客体是物,债权的客体是行为

从权利的客体上看,物权的客体是物,该物必须是在事实上、法律上能供民事主体占有、使用、收益、处分的物,既可以是物质实体,也可以是自然力。此外,在某些情况下,一定的权利也可以成为物权的客体。债权的客体则是给付,即债务人的某种特定行为。[④]

5. 物权法定原则与合同自由原则

从权利的发生上看,物权法采取物权法定原则,即物权的种类、内容、取得等都需由法律设定,不允许当事人任意创设新的物权种类或变更物权的内容。而在债的发生上,既有法定之债(如侵权行为之债、不当得利之债、无因管理之债等),也有约定之债(如合同之债),且多为约定之债。法律对于约定之债的发生采取合同自由原则,只要当事人不违反法律的强制性规定和公序良俗,可通过合意自由创设合同债权。

6. 物权是静态财产权,债权是动态财产权

从权利的社会机能上看,物权是静态财产权,其社会机能是保护标的物的永

[①] Merill/Smith, *The Oxford Introduction to U.S. Law: Property*, Oxford University Press, 2010, p. 9.

[②] 张俊浩:《民法学原理》,中国政法大学出版社1997年版,第544—545页。

[③] 王泽鉴:《侵害他人债权之侵权责任》,载王泽鉴:《民法学说与判例研究》(5),中国政法大学出版社1998年版,第190页以下。

[④] 张俊浩:《民法学原理》,中国政法大学出版社1997年版,第541页。

续或恒常状态,明确对财产的归属和支配,侧重于财产的静态安全。而债权则是动态财产权,其社会机能是跨越时空障碍,实现财产的流转,保障在不同地域、不同时间发生的商品交换得以实现,侧重于财产的动态安全。

(二)物权与债权的联系

物权与债权虽有上述区别,但作为现代财产权的两大支柱,它们又存在着密切的联系。二者相辅相成,彼此协力,共同实现对经济生活的调整。

1. 物权与债权之间的模糊性。基于上述物权与债权的区别,似乎物权和债权的划分应当是非常的清楚,但实际上这种划分的基础在于物权的客体必须是具体的有形的物,即必须是狭义上的物。如果把物权的客体定义为广义上的物,则物权与债权是难以区分的。比如,在处分债权的时候,处分的人似乎是出售了债权的"所有权",而取得债权的人似乎是获得了债权的"所有权"。从表面上看来,存在对债权的所有权,而实际上处分人就是处分了债权,获得人就是取得了债权而并非债权的"所有权"。另外在债权放弃或者废止的情况下,当事人必须作出放弃或者废止物权一样的意思表示或者形式。有价证券本质上也为债权,但一定的有价证券被法律认可物化以后,有价证券的移转、流通,以及持券人的地位都与所有权人的地位相一致。因此债权与物权的模糊性只是在广义物权的领域才表现出来,如果坚持狭义的物权观点,债权与物权的区分是非常清楚的。而广义的物权与债权之间是连绵不断的关系,它们之间的界限必然有模糊的地带,以至于难以区分一个权利到底是物权还是债权。我们尽可能研究分类的好处在于类型化能够使得同样的情况同样处理,符合社会公平的理念。但在模糊化的情况下,适用类型化法律比较困难,如果无视实际情况与法律类型的区别,仍然强行地适用分类,往往会导致不适当的法律结果。

2. 物权与债权关系的相对化。具体表现在以下方面:

(1)债权物权化。即债权逐渐具有了物权的某些特征,如法定性、排他性等。其典型有二:一是租赁权的物权化使得"买卖不破租赁"(《合同法》第229条)。所谓买卖不破租赁指的是在标的物出租之后,所有权人虽然可以将标的物出卖,但该买卖行为不能成为解除租赁关系的理由,承租人仍然可以对新的所有权人主张承租的权利。但是原则上,买卖不破租赁适用于不动产的租赁,动产的租赁由于价值较小、流转速度快,不适于适用该原则。二是预告登记制度使得经预告登记的债权具有物权的效力。预告登记后,未经预告登记的权利人同意,处分该不动产的,不发生物权效力(《物权法》第20条)。

(2)物权债权化。即物权逐渐具有了债权的某些特征,如意定性、相对性等,例如物权的证券化就使这些证券所代表的物权的绝对性淡化。

3. 债权法对物权关系的类推适用。如债权请求权尤其是债务不履行所生请求权原则上可类推适用于物权请求权。① 即当物权法没有规定时,有关消除危险、排除妨害、返还原物等物权请求权的行使,可以类推适用同为救济权的债务不履行请求权。

4. 物权与债权具有功能上的互补关系。表现为二者的互用、互换、互动。由于物权法采取物权法定主义,对于那些法律没有规定的物权类型,常可以通过债权来满足社会经济生活的需要;对于那些违反物权法定主义规定创设的"物权",虽不发生物权的效力,但可以转换为相应的债权,产生债权的效力;此外担保物权与债权的联系最为紧密,二者互相促动,担保物权一方面旨在保障债权的实现,另一方面具有诱导债权发生的功能(例如最高额抵押权),同时债权又可以成为担保物权(如权利质权)的标的。② 二者之间的密切联系由此可见一斑。

物权与债权作为财产权的两大组成部分,二者之间血肉相连,物权和债权只是对财产权的一个分类,而任何分类都是对天然的伤害。一个分类并不能把物权和债权之间早已存在的联系割断,相反在二者的界限之间必然存在一个模糊区,这一区域里你中有我,我中有你。有学者早已指出,理念型的物权与债权存在着截然的区别,而现实中的物权与债权却并非截然分开的。③ 实际上,在物权内部不同类型的物权之间的物权性程度也各不相同。比较而言,所有权的物权性最高;其次是用益物权,其物权性高于担保物权;而担保物权内部的物权性也有高低之分,抵押权、质权的物权性高于留置权,而留置权的物权性则高于优先权,优先权更接近于债权。相反,债权中的租赁权由于物权化而更接近于物权。基于此,有人主张,谈论某种权利是物权或债权没有意义,最好是对该权利能够发生什么样的具体权利,发生那样的具体权利是否妥当,作个别的判断。④ 甚至有学者认为:"事实上区分某种权利为债权或物权恐怕也无太大实益,重要的是该权利具备哪些权能,例如租赁权具有对抗继受人之效力,则将其归类为债权或物权显已不重要,而信托占有制度又系混合债权和物权,则应以债权或物权称之,强为区分恐亦系自寻烦恼而无实益。"⑤这种看法虽然有些偏激,但它告诉我们,物权与债权的区分是相对的,对待一项权利,重要的不是在物权与债权的框架中对其进行归类,而是要研究、分析其所具有的权能和效力,以及在现实生活中的作用。

---

① 余能斌、王申义:《论物权法的现代化发展趋势》,载《中国法学》1998年第1期。
② 王泽鉴:《民法物权》(一),台湾三民书局1992年版,第9页。
③ 关于理念型的物权与债权同现实中的物权与债权的关系,梁慧星、陈华彬所著《物权法》(法律出版社2003年版)第17—18页有着精彩的分析。
④ 林良平:《物权法》,日本有斐阁1951年版,第11—12页。
⑤ 谢哲胜:《财产法专题研究》,台湾三民书局1995年版,第183页。

四、物权与知识产权的区别

知识产权是直接支配智力成果并享受其利益的权利。知识产权是国际上广泛使用的一个法律概念,我国《民法通则》也将其作为一项基本民事权利设专节予以规定。物权与知识产权同为支配性财产权,仅因客体的不同而分属不同的制度,为了明确物权的概念,有必要将物权和与其最为邻近的知识产权加以比较。

（一）物权为有体财产权,知识产权为无体财产权

物权一般是以能够看得见、摸得着,具有实体存在,可以通过感官认识的有体物为客体,例如房屋、土地、金钱、衣服等。而知识产权最重要的特点即其客体的"无体性",其客体一般是无形的智力产品,表现为作品、发明创造、注册商标等,这就将其与以有形标的物为客体的物权区分开来。例如,当画家出售他的一幅绘画作品时,买主就该画获得了所有权,但除"展出权"之外的著作权仍属于画家。无形的智力产品一般需要通过某种有形的载体来表现,来为人们所感知。但如上例所示,对有形载体拥有了物权的人,必须尊重该载体上的知识产权。只有将有体财产权与无体财产权在诸如此类的情况下区分清楚,才能防止某些侵权事件的发生。

正是因为物权和知识产权的客体分别为有体物和无体物,二者存在着不同,与所有权的四项权能相比,知识产权的权能具有以下特点:(1) 在占有上,与所有权人的占有不同,知识产权人对知识产品不发生有形的占有。占有知识产权的载体并不等于占有了该知识产品,仍然存在被侵权的可能性。例如即使紧紧握住一本书,并不能防止作品被盗版。所以,对知识产权的保护措施要比所有权复杂。(2) 在使用上,与对有体物的使用会发生损耗不同,知识产权人对知识产品的使用并不发生有形的损耗,相反越使用越有价值;而且与有体财产的使用要受到人数和时空的限制不同,一项知识产品可以同时为很多人不受时空限制地共同使用,在知识产权的使用权出让上会出现合法的"一女多嫁"的现象。(3) 在收益上,知识产权人对知识产品的利用不会产生事实收益(自然孳息),即不会像有体财产那样可以通过自然规律,如牲畜产崽、果树结果那样产生收益,而只能通过法律行为(转让或许可使用)来实现其价值。(4) 在处分上,知识产权人对知识产品不发生事实处分,只能进行法律处分。

可以说,物权与知识产权的区别主要源于二者客体的不同,并由此导出以下诸多差异。

（二）物权与知识产权都具有专有性,但知识产权的专有性程度更高

物权与知识产权都具有专有性,但知识产权在专有性上更为复杂。知识产权,尤其是其中的工业产权的专有性,反映出完全不同于有体财产权的专有性。

智力产品依其使用价值可分为两个类型:第一类是审美和学习型。在审美和学习活动中,智力产品不因人们的消费而消耗,这就意味着,任何特定的智力产品对于全人类来说只需一件就足够了,无需重复生产,故法律规定不给予第二件以及以后的相同智力产品以智力成果的地位。第二类是商品标志和竞争者地位,它们担负着反混淆的使命。而这也就决定了该类产品必须具有独一无二性,否则不足以避免混淆。① 这与物权的专有性不同,物权的专有性并未禁止不同的人就同一类型的物拥有物权,但在相同的智力产品上却只能成立一个知识产权。例如,甲、乙两人可以分别拥有品牌、型号、款式完全相同的两台电视机,却不能就同一项发明创造在同一地域内分别享有专利权。由此可见,知识产权的专有性程度较物权为更高。

(三)知识产权不同于物权,具有地域性、时间性

任何一个国家的法律所确认和保护的知识产权,除该国与其他国家签订双边条约或该国参加国际公约外,只在该国领域内发生法律效力,一般不发生域外效力。而对物权的保护,原则上无地域性限制,所有人的财产无论转移至何国,其财产所有权一般都应受所在国法律的同一保护。除了地域性外,各国法律对知识产权的保护都有严格的时间限制。在知识产权的有效期届满后,除依法续展者外,权利人的权利便自行终止,该智力成果便进入公有领域,成为人类共有的财富。而物权的保护则无时间限制。尤其是"所有权"具有永恒性,只要作为权利客体的物未灭失,该权利即受到法律的保护。物权中的他物权也具有时间性,但当期限届满时,当事人仍然可以再取得该物权,这与知识产权的时间性不同。

(四)与物权不同,知识产权的取得须经法律直接确认

一项智力产品欲取得知识产权法律的确认和保护,一般需要履行特定的法律手续或者需经国家有关主管机关依法审批,方能实现。如在我国,专利权和商标权的取得均需履行一定的法律手续。而对于物权,民事主体通过相应的法律行为即可取得,只要该物被民事主体所控制和掌握,便可构成其财产的一部分,通常均受到法律的保护,而无需经过法律的逐一确认。

围绕知识产权和物权异同点的讨论并不限于此,小则涉及物权的"物"的定义,大则涉及我国是制定物权法还是财产法的问题。对于"物"的定义本书在物权客体一章中会具体谈到,这里就制定物权法还是财产法的争论进行论述。

对于我国是制定物权法还是制定财产法的问题,争论最突出的主要是郑成思教授和梁慧星教授。郑成思教授主张我国应该制定财产法,而不是物权法,其理由主要是以《法国民法典》的立法模式为基点,具体有以下几方面:

---

① 张俊浩:《民法学原理》,中国政法大学出版社1997年版,第462页。

(1) 从物和财产的含义上看,单独的物或者抽象的物在法律上并没有意义,只有当某人就该物具有可以对抗他人的权利时,该物才具有法律上的意义。一旦具有这种对抗他人的法律意义,该物就不再是一个自为的存在,而是作为财产存在。

(2) 在用词上,一方面,物权法的用词存在矛盾之处,例如:物权法中划分所有人掌握的物时,仍划为"动产"与"不动产",却不按其逻辑划为"动物"与"不动物",而且民法学者说"物权法是调整财产归属的",由此称"财产法"而不称"物权法"就更加合理一些;另一方面,应赋予法律用语新的内涵和外延,例如英美法系中的 property 就具有高度的概括性,即不但可以包括有体财产权,也可以包括无体财产权,而且并不妨碍就不同的财产客体制定不同的规则,从而避免简单地将有体财产的规则适用于无体财产。

(3) 从对外国法律的借鉴来说,首先,把"物权"说成是欧洲大陆国家特有的概念,把"财产权"说成是英美法系国家特有的概念,认为二者不相容的说法从历史上看是不确切的,它忽视了欧陆法系主要国家法国,而且"财产权"概念已经渗入大部分欧陆法系国家的民法及民法理论,以及国际公法领域;其次,如果我国借鉴的是德国的物权法体系,就不能回避或否定物权行为的独立性和无因性,但我国广大学者早就指出独立的物权行为在我国不能成立,不符合我国司法实践和人们习惯,而抛开了独立的物权行为,谈借鉴德国民法典的"科学体系"就无异于断章取义,甚至歪曲原意。

(4) 对于民法体系的影响来说,如果不把"财产权"作为统辖债权、物权的所谓"上位概念",而是主张"财产权"为不包括债权的对世权,就不会出现部分学者认为的会打乱我国的民法体系的情况,也不会无法区别财产权和债权。公示、公信制度在物权法框架下可以建立,在财产法框架下同样可以建立。

(5) 从对实际社会的影响而言,物在财产中的比重已经很小,"物"又是一个缺乏弹性和延伸性的概念。如果以"物权"为起点立法,就会造成调整社会财富关系的基本法律却将社会财富的主要部分排除在外的结果。这种结果是完全不能被接受的。

(6) 从历史发展角度看,古罗马时,将法律分为"人法""物法""行为法"(或债法)。19 世纪初《法国民法典》起草时,起草人意识到法律不可能调整人与物的关系,物的形式下掩盖的仍然是人与人的关系,故当时更改"物法"部分为"财产法",因为"财产"反映的即是人与人的关系。19 世纪末,《德国民法典》起草时,在法律究竟是调整人与人还是人与物的关系问题上走了回头路。

梁慧星教授则主张中国应该制定物权法,并从以下几方面对郑成思教授的观点提出了反驳:

(1) 主张物权的概念并不能说明学者是把法看成调整物和人之间关系的规

范,从我国民法学者的著作中看,也不存在这个错误的认识。

(2)民法典采用何种编制体例是一个根据国家的背景和发展状况的选择问题,没有孰优孰劣的问题,并不能说《德国民法典》的编制体例就劣于《法国民法典》。

(3)关于债和财产的关系,在大陆法系的背景下,不可能是并列的关系,而是包括在财产的概念范围内的,只有在采取英美法系狭义财产概念的情况下,才可能出现并列的情形。

(4)《法国民法典》未采用物权概念,是因为法学发展的程度所限,当时的民法学还未将"物"限于"有体物",还没有采用支配权、请求权这一重要的权利分类,因而还未用"物权"概念表述以有体物为客体的支配权,而绝非因为认识到物权概念是反映人与物的关系,财产概念则是反映人与人的关系。与历史唯物主义是否处于上升阶段,并不相干。

(5)"无形财产"与"有体物"即"有形财产"之间,是"手段"与"目的"的关系,是"原因"与"结果"的关系,"科学技术是生产力","科学技术"愈发达,则"生产力"就愈提高,因而所生产的物质生活资料即"有体物""有形财产"的总量就愈增长。物不可能处在趋于萎缩的状态。①

有鉴于物权和知识产权之间的种种差异,2007年3月16日颁布的《物权法》仅调整以有体物为客体的物权(《物权法》第2条第2款)。

第二节 物权法的体系与意义

一、物权法的含义和性质

(一)物权法的含义

物权法是规范人对物的支配关系的法律规范,具体而言,是指规定物权的种类,各种物权的权能,物权的行使、变动及保护等的法律制度。物权和物权法都是大陆法系民法中的概念,英美法中所使用的与其相近似的概念是"财产权"和"财产法",但它们并不能等同,二者在含义、内容和所反映的观念等方面都有很大的差异。

物权法有广义和狭义之分。所谓广义的物权法,是指财产归属法,即关于人对于财产支配关系的全部法律规范。而民法上的"财产"这一概念所涵盖的范围甚广,既包括动产、不动产等有体物,也包括著作权、专利权、商标权等知识产权

---

① 梁慧星:《是制定"物权法"还是制定"财产法"?——郑成思教授的建议引发的思考》,载《私法》第2辑第2卷/总第4卷,北京大学出版社2003年版,第1—54页。

中的无体财产权,甚至还包括租赁权等债权。所谓狭义的物权法,仅指规范有体物的归属,及规范某些特定权利(如权利质权)的归属的法律规范的总称。通常所称之物权法,即指狭义的物权法。

物权法有形式意义上的物权法和实质意义上的物权法之分。形式意义上的物权法,专指民法典的物权编或者单独的物权法,例如《德国民法典》第三编、《瑞士民法典》第四编、《意大利民法典》第三编、《日本民法典》第二编、我国台湾地区"民法典"第三编等。我国的民法典尚未制定出来,自无物权编可言,在1986年4月12日颁布的《民法通则》中,也未采用"物权"这一概念,所以2007年之前我国并不存在形式意义的物权法。2007年3月16日,经第十届全国人大第五次会议通过而颁布的《物权法》,构成了我国形式意义上的物权法。

实质意义上的物权法,则泛指以物权关系为规范对象的全部法律规范。除了《物权法》外,我国《民法通则》第五章"民事权利"的第一节"财产所有权和与财产所有权有关的财产权"中,对有关物权的一些内容作了简单的原则性规定。例如关于财产所有权的规定(第71条)、关于财产所有权的移转的规定(第72条)、关于财产共有的规定(第78条)、关于埋藏物和遗失物的规定(第79条)、关于不动产相邻关系的规定(第83条)等。除《民法通则》的有关规定外,实质意义上的物权法还包括民事特别法、行政法规、行政规章中有关物权的法律规范。例如,我国《担保法》中有关抵押权、质权、留置权的规定;《海商法》中关于船舶所有权、船舶抵押权、船舶优先权的规定;《民用航空法》中关于民用航空器所有权、抵押权、优先权的规定;以及《土地管理法》《城市房地产管理法》《土地管理法实施条例》《城市私有房屋管理条例》《城镇国有土地使用权出让和转让暂行条例》中关于土地和房屋所有权、使用权的有关规定,都构成我国实质意义上的物权法的重要内容。本书以实质意义上的物权法为讨论对象。

(二) 物权法的调整对象

法是社会关系的调整器,任何一部法律都以一定范围的社会关系作为其调整对象。物权法的调整对象则是人对物的归属和利用关系(《物权法》第2条第1款)。人们的基本生存方式包括生产和生活,而物是人们生产和生活的一个必备要素。因为物质财富具有稀缺性,不能满足人们对它的需要,这就必然产生人们在对财产的占有和支配上的冲突。在人类漫长的远古时代,曾经只有人对物的事实占有关系,而无保护这种占有关系的公共权力机构和由国家认可或制定的物权法。人们对物之占有关系的维持只能凭借占有者的私力。随着生产力的发展,开始了阶级分化。人类社会进入奴隶社会,出现了同时占有土地等生产资料和奴隶,并利用奴隶的劳动为他们生产剩余产品的奴隶主。当奴隶主为镇压奴隶和平民的反抗而结成同盟时,也就在一定的范围内出现了凌驾于全社会之上的公共权力机构——国家。当奴隶主阶级利用其掌握的国家机构,以法的形式来确认和保护奴隶主对剩余产品的占有关系时,也就产生了人类社会最初的物权法。这正如马克思所言:"私有财产的真正基础,即占有,是一个事实,是不可解释的事实,而不是权利。只是由于社会赋予实际占有以法律的规定,实际占有才具有合法占有的性质,才具有私有财产的性质。"[①]即人对物的事实占有关系只有受到物权法的确认才具有了法权的性质,在这种法权关系中,物的占有人不仅可以凭借私力来排除他人对其占有的侵犯和妨碍,还可以凭借公共权力来排除他人对其占有的侵犯和妨碍。由此可见,物权法的使命就在于调整、保护、促进人对物的占有和支配关系。

这种人对物的占有和支配关系可以分为物的归属关系和物的利用关系:其中物的归属关系所要解决的是特定民事主体对特定物的排他的全面支配权,物权法对这种物的归属关系的调整形成了财产所有权制度。物的利用关系是指特定民事主体对物的使用价值和交换价值进行利用,以充分发挥物的效用的财产关系。对物的利用包括所有人的自主利用和非所有人的他主利用,在现代社会物的他主利用对于物尽其用、物尽其利显得尤为重要。物权法通过调整物的他主利用关系,使对物没有所有权的人可以按照法律或者合同,对其进行使用、收益,这样一来既避免了所有人对财产的闲置,又实现了非所有人对财产的利用,使双方皆能获益。物权法对合法利用他人之物的人予以保护,承认其对于他人之物享有排他的独占性利用权,即他物权。这样,物权法通过对物的归属和利用关系的调整产生了所有权制度和他物权制度,二者共同构筑了物权法的主体。

(三)物权法的性质

1. 物权法是私法

罗马人在构建其法律体系时,把全部法律分为政治国家的法和市民社会的法。前者称为"公法",以权力为核心,主体间的关系多为命令与服从,内容体现为政治、公共秩序及国家利益。后者则称为"私法",以权利为核心,以主体的平等和自治为基本理念内容,体现为私人利益。公法和私法的划分标准,虽历来都有争议,莫衷一是(主体说、利益说、意思说等),但将法律分为公法和私法,却已成共识。民法乃是私法的基本法,物权法作为民法的一部分,当然也属于私法。物权法之作为私法,贯彻着私法自治原则,认为每一个人都可以而且应该自由地按照自己的意志去决定私法方面的一切关系。具体地说,物权法首先肯定了每一个人都享有平等地、独立地取得和享有各类物权的权利能力;其次,它确认了每一个物权人的权利都可以自由地行使并应当受到尊重,他人不得侵犯物权人的物权,不得干涉物权人权利的行使。说物权法在性质上属于私法,只是其内容在大体上而言属于私法,并不排除在物权法中关于公益的规定,随着所有权社会

---

① 《马克思恩格斯全集》第 1 卷,人民出版社 1956 年版,第 382 页。

化趋势和公法力量的加强,物权法受到很多公法规范的影响。所以相比较而言,物权法在私法体系中公法化色彩较浓。由于我国的历史背景以及政府历来对经济,特别对于企业管得太多,统得太死,使得物权作为私权,常常处于被不当干涉的情景,所以如何加强物权私法上的保障仍然是我国物权法研究的重要课题之一。

2. 物权法是财产法

从前面的分析中,我们知道物权法属于私法。私法根据其调整的是平等主体之间的人身关系还是财产关系分为身份法和财产法。身份法调整的是人身关系,规范人们基于彼此的人格和身份而形成的相互关系,旨在保证身份秩序,在民法中体现为人格权、监护权、亲权等。财产法调整的是财产关系,规范当事人基于财产而形成的相互关系,旨在保护财产秩序,在民法中体现为物权、债权、知识产权等。物权制度和债权制度是财产法中的重要制度。物权法以人对财产的归属和利用关系为调整对象,所以作为私法的物权法,具体而言属于财产法。进一步区分,财产法可以继续分为财产归属法和财产流转法,物权法属于财产归属法,债权法属于财产流转法。

3. 物权法是强行法

根据法律的适用是否绝对,可将其分为强行法和任意法。前者是绝对适用的,不以当事人的意思为转移;后者的适用与否,则取决于当事人的意思,当事人的约定优先于法律而适用,任意法的价值在于弥补当事人意思表示的不足。在民法中,有相当一部分属任意性规范,特别是在调整财产流转的合同法中尤其如此,以适应财产流转的复杂性和随机性的需要。而物权法因其与社会公共利益有重大利害关系,其规定的物权有对世效力,所以其中多强制性规定,当事人必须适用而不能任意变更,例如《担保法》第36条规定:"以依法取得的国有土地上的房屋抵押的,该房屋占用范围内的国有土地使用权同时抵押。"对此当事人则不能按照合意仅仅抵押房屋而不抵押国有土地使用权。因此,物权法原则上是强行法,但也有不同程度的任意规范供当事人选择或者补充适用。物权法作为民法的一部分,同样适用私法自治的规定,比如物权法的物权法定主义虽然禁止当事人就物权种类、内容作出自由约定,但依然有设立合法物权的自由,而某些特殊的物权,如地役权并不排除当事人自由设定其内容。但与债权法相比,物权法的强行法色彩较为浓烈,这也是与物权的绝对效力相适应的,从而便于物权的保护和公示。

4. 物权法是固有法

即物权法具有本土性,这也是物权法与债权法的一个重要区别。债权法调整的是财产流转关系,债权是动态财产权,其社会机能是超越时空障碍,获取交换的财产,故各国的债权法往往是大同小异,很少有实质性差别。而物权则是静态财产权,其社会机能是保护标的物的永续状态,侧重于财产的静态安全。相应地物权法因各国的所有制、历史传统等的差异,往往呈现出很大的不同,不仅在立法的指导思想和原则上有不同,在实质性的规定上也有差别。这一点在土地制度的规定中表现明显,如我国的土地只能为国家和集体所有,禁止私人所有,使我国的物权制度具有了特殊性。

二、物权法的原则

物权法的原则分为物权法的基本原则和物权法的结构原则,二者是两个不同的概念,诸如物权法定原则、一物一权原则、物权公示与公信原则等所谓物权法的原则只是物权法的结构原则(Strukturprinzipien),即物权法各个部分进行组织构建的基本原则,而不是物权法的基本原则。[①] 物权法的基本原则是贯穿于物权法律制度和物权法律规范始终的根本性原则,它不仅是物权法适用的准则和当事人行为的准则,也是物权立法的基本准则。

(一) 物权法的结构原则

1. 一物一权原则

一物一权原则,是指在一个标的物上只能有一个所有权,不允许在同一标的物上同时有互不相容的两个以上物权存在。所谓的"一物",是指法律观念上的一个标的物,它可以是单一物、合成物或集合物。坚持一物一权主义,是为了保障所有人能够按照自己的意思占有、使用、收益、处分其自有物,防止因物的所有不确定而造成社会混乱。当然,一物一权主义并不排除在同一标的物上同时设立所有权和他物权,也不排除在同一标的物上同时设立两个以上不相冲突的他物权。

2. 物权法定原则

物权法定原则,是指物权的种类和内容等都只能由法律规定,不允许当事人自行创设。因为物权是支配型财产权,具有对世性,它的种类、效力、变动等,与社会其他人员和国家都有直接关系。只有通过物权法定,才能使物权归属明确化、物权变动公开化,从而既保障物权人的利益,也保障社会其他成员和整个社会的利益,有利于社会经济秩序的稳定。物权法定主义并不是封闭性立法,它通过对社会生活中出现的具备物权性质的新型财产关系的及时确认,发展物权体系,适应和促进社会经济的发展。我国《物权法》第 5 条规定:"物权的种类和内容,由法律规定",由此确立了我国法上的物权法定原则。

[①] 〔德〕鲍尔/施蒂尔纳:《物权法》(上册),张双根译,法律出版社 2004 年版,第一编的标题"结构原则";王泽鉴:《民法物权》(1)(通则·所有权),中国政法大学出版社 2001 年版,第 20—21 页。

3. 物权公示和公信原则

物权公示和公信原则是物权变动中要坚持的一项重要原则。所谓公示,即以公开方式使公众知晓物权变动的事实。一般而言,动产物权的变动以占有标的物(转让物权的以交付标的物)为公示方式,不动产物权的变动以在国家主管机关办理登记为公示方式。虽变动物权却未采用法定公示方式的,不发生物权变动的法律后果。我国《物权法》第6条规定,不动产物权的设立、变更、转让和消灭,应当依照法律规定登记。动产物权的设立和转让,应当依照法律规定交付。所谓公信,亦称公信力,即物权变动符合法定公示方式的,就具有可信赖性的法律效力。即使物权公示出来的权利状态与实际不符,但是信赖该权利的外观而与之进行交易的善意受让人,可以通过物权公信原则在物权变动中受到保护。公信原则的具体体现即为我国《物权法》第106条和107条规定的善意取得制度。

(二)物权法的基本原则

何谓物权法的基本原则?鲍尔/施蒂尔纳教授在论及物权法的基本原则时认为,一国的物权法规则的构成取决于其宪法制度所确立的基本决策,基于是,德国现行物权法的基本原则乃是对有序化自由使用和处分财产之意义上的私人所有权的承认,但这种所有权本身有着内在的约束。① 王泽鉴教授认为,物权法所处理的四个基本问题为:(1)何种之物(或财产)得为私有;(2)如何创设物权;(3)所有人对于其物得为如何的使用、收益和处分;(4)所有权被侵害时的救济方法。这四个基本问题体现了私法上的两个基本原则:自由和效率。就自由言,应如何保障和实现个人在其财产上范畴的形成空间。就效率言,应如何使物归于最适于发挥其效用之人。② 也可以认为,自由和效率构成了物权法的基本原则。

物权法的基本原则何处寻?本书认为物权法的基本原则只能从调整对象中发掘。法律原则不是凭空产生的,而是来源于物权法的调整对象。由物权法的调整对象我们可以推演出以下物权法的基本原则:

1. 归属—定分止争—秩序:财产权绝对保护原则

物权法的首要功能是界定财产的归属,确立个人财产的边界,从而达致定分止争之效,实现社会良好的财产支配和流转秩序。对此,应当确立财产权绝对保护原则。

我国《宪法》在2004年的修订中,明确将原来的第13条:"国家保护公民的合法的收入、储蓄、房屋和其他合法财产的所有权。国家依照法律规定保护公民

---

① 〔德〕鲍尔/施蒂尔纳:《物权法》(上册),张双根译,法律出版社2004年版,第3页。
② 王泽鉴:《民法物权》(1)(通则·所有权),中国政法大学出版社2001年版,第14页。

的私有财产的继承权。"修改为现在的第 13 条的前两款:"公民的合法的私有财产不受侵犯。国家依照法律规定保护公民的私有财产权和继承权。"这实际上是将私有财产权和继承权上升到了公民基本权的范畴,它有助于维护公民个人的经济独立自主,有助于独立个人人格的形成,具有重要的伦理意义。①

2. 利用—物尽其用—效率:物权法的效率原则

物权法调整的不仅是静态的财产支配关系,更注重财产的流转和利用。而对财产的流转和利用则要体现出效率的要求。因此物权法的效率原则也就必须贯穿于物权法的始终。例如各国现在的物权法都排斥围绕所有权(尤其是土地所有权)的许多封建制度的束缚,取而代之的是占有(动产)与登记(不动产)等更为高效的物权公示制度。证明了物权法的发展方向总是向着效率(当然是在兼顾公平的基础上)而前进的。

这种效率的要求体现在物权法的方方面面:

(1) 在物权类型和物权客体的设计上应体现效率的要求。

传统的地上权、地役权、典权等,在财产关系简单、人少而资源较为丰富的社会中,对于所有权人利用其财产而言,可能是有效率的。然而时过境迁,在人口爆炸、过度城市化、资源短缺的今天,发展各种新型的物权类型,如浮动抵押、财团抵押、让与担保等物权类型,并把空间作为物权的客体,承认建筑物区分所有权、区分地役权、区分国有土地使用权的客体,显然更加体现出物尽其用,更有效率。②

(2) 物权的变动模式应体现效率的要求。

在物权变动的模式上,应当允许多种变动模式的存在,为当事人提供更多的选择来实现自身利益的最大化。这在我国现有的民法物权变动制度中即有体现,现行制度在总体上借鉴了德国民法的模式,基于法律行为的物权变动以交付或登记为生效要件(《物权法》第 9 条、第 23 条),但同时设有若干例外,如船舶所有权的移转,船舶抵押权的设立,民用航空器所有权的取得、转让和消灭,民用航空器的抵押等都采用了登记对抗要件的模式(《物权法》第 24 条)。因家庭承包而产生的土地承包经营权,存在于作为发包方的农村集体经济组织与作为承包方的社区成员之间,对此,其他社区成员也都知晓。这样,通过登记达到公示效果的实效便大为降低,甚至是没有必要的重复。为了降低成本,《农村土地承包法》没有把登记作为土地承包经营权的生效要件,而是规定承包合同自成立之日起生效。承包方自承包合同生效时取得土地承包经营权(《农村土地承包法》第 22 条)。登记只起确认土地承包经营权的作用(《农村土地承包法》第 23 条第 1

---

① 王泽鉴:《民法物权》(1)(通则·所有权),中国政法大学出版社 2001 年版,第 15—16 页。
② 参见崔建远:《物权的配置与效率原则》,载《浙江学刊》2004 年第 2 期。

款)。更有甚者,上述土地承包经营权的转包、出租、互换等,自签订完毕书面合同时生效,报发包方备案;若转让,则自发包方同意时生效(《农村土地承包法》第37条第1款),登记只是对抗要件(《农村土地承包法》第38条)。《物权法》第127条和第129条承袭这一思想,在土地承包经营权的取得和流转上采取了合同生效和登记对抗的制度设计,体现了效率原则。对于依法新建的建筑物,自其能遮风避雨、具有独立的经济价值时起产生不动产所有权,未经登记无转让的效力。这也有效率的考虑。[①]

(3) 物权的效力设计与效率。

一般地讲,物权的效力齐备,至少对物权人而言效率更佳,因效力齐备减少或者杜绝转让无效或效力未定的情形,在宏观方面亦有效率。如此,立法者应当尽量减少效力不齐备的物权类型。不过,也有例外,如新建房屋未经登记也产生所有权,遗产所有权自被继承人死亡时移转,登记在这两种情况下均为对抗要件,即使从效率角度观察,也是最有效率的设计。法律赋予抵押权等担保物权以物上代位性,既符合担保物权关注标的物的交换价值的属性,又省去了重新设立担保物权的麻烦,降低交易成本,应当说是有效率的设计。财产权只有可以转让,才会具有效率。设置物权亦应遵循让与性的原则。[②]

(4) 在各种物权制度中也充分体现着效率的要求。

取得时效通过一定期间的经过,使睡眠于权利之上者失其权利,而使物的现有使用者获得对物的完全权利,有利于保障对物的充分利用,实现了效率的要求。

添附制度在确定物权归属时,也充分考虑了效率的要求。如在不动产和动产附合的情况下,由不动产所有人取得动产所有权;在利用他人财物进行加工的情况下若加工所增价值超过原材料价值时,加工物的所有权归加工人所有。

公示公信原则和善意取得制度要求物权的归属应以可以从外部观察到的方式表现出来,并保护赋予该种公示以信赖之人,减少了信息搜寻成本,促进了财产的流转,体现了效率的要求。

(5) 在物权法的解释上应体现效率的要求。

在法律适用中,在不违反对财产权的保护的情况下,应从效率的角度出发解释法律,实现物尽其用的效率要求。梁慧星教授负责的物权法专家建议稿于第9条第1款即就物权的解释作出了如下的规定:"对物权的争议,应以维护物的经济价值和发挥物的效用为基准解释。"

现在在我国还有一些影响着物权法效率原则的相关法律法规,例如我国有

---

① 崔建远:《物权的配置与效率原则》,载《浙江学刊》2004年第2期。

② 同上。

关土地以及房地产的登记制度、抵押的登记制度,由于其登记机关的繁杂,登记方式的不统一化,屡屡发生登记机关登记错误、双重登记或者互相推诿的情形,造成了登记制度的混乱以及运行的低效率,从而也造成了法律纠纷的不断增长,增加了社会矛盾。而要摒弃这些过时或者阻碍发展的法律制度,就必须在制定物权法时坚持效率原则。

3. 财产权负有社会义务原则

与财产权绝对保护原则呼应,物权的行使必须受到限制。在物权中受到权利范围限制最小的就是所有权,所以对所有权的限制就成为了防止滥用权利的关键。实际上,所有权必须受限制,为罗马法以来一项确定不移的原则。而所谓所有权之限制,只禁止或限制作为所有权积极权能或消极权能之一面或数面,从而使所有人因此受一定之拘束,并负一定之义务。① 在资本主义化的过程中,所有权被认为是天赋的不可以剥夺的权利,进而形成了绝对化的原则。随着20世纪经济危机的出现,资本集中与垄断使得所有权的过度的保护反而威胁国家和他人的生存与生活。人们逐渐认识到无限度地保护所有权、无限制地行使所有权反而会造成社会的恶性发展,必须限制所有权的绝对性。所有权人的利益和公共福祉之间不可避免会产生冲突,故而,所有权人对其所有权的使用和处分的自由,不可能是毫无限制的,所有权本身蕴涵着一定的约束。这种约束的产生,既基于对以国家形式所组成的社会公众的需求的考虑,也源于对其他所有权人合法利益的尊重。目前各国和地区基本上达成了共识,只是限制的程度不同而已。如《德国基本法》第14条规定:"所有权受保障,其内容和范围由法律决定之。所有权负有义务(verpflichtet)。其行使同时应服务于公众之福祉。"②所有权必须要适合社会的要求,必须要在尊重和不侵犯他人的权利的前提下才能按照所有权人的意志行使,因此物权法必须受到社会义务原则的约束,物权人负有不侵犯社会公共利益和他人合法利益的义务。

这种对所有权的限制不仅体现在公法层面,也体现在私法的层面。在公法层面,对所有权的限制突出体现为征用和征收制度。我国在2004年的宪法修正案中,明确在第13条中增加了第3款:"国家为了公共利益的需要,可以依照法律规定对公民的私有财产实行征收或者征用并给予补偿。"同时宪法修正案也将《宪法》原第10条第3款"国家为了公共利益的需要,可以依照法律规定对土地实行征用"修改为:"国家为了公共利益的需要,可以依照法律规定对土地实行征收或者征用,并给予补偿"。就这一修改,我国的立法者认为,在宪法中增加规定对私有财产的征收、征用制度,有利于正确处理私有财产保护和公共利益需要

---

① 陈华彬:《物权法原理》,国家行政学院出版社1998年版,第219—220页。
② 〔德〕鲍尔/施蒂尔纳:《物权法》(上册),张双根译,法律出版社2004年版,第3—4页。

的关系,许多国家的宪法都有类似的规定。①

在私法层面上,这一对所有权的限制体现在相邻权制度、物权法定原则、对善意第三人的保护等诸多方面。② 如我国台湾地区"最高法院"1986年台上字第947号判例就认为:我国台湾地区"民法""第787条第1项所定之通行权,其主要目的,不仅专为调和个人所有之利害关系,且在充分发挥袋地之经济效用,以促进物尽其用之社会整体利益,不容袋地所有人任意预为抛弃。"

对此,我国《物权法》出台之前的几个物权法草案也有充分体现,如中国人民大学的物权法草案的第5条就物权的行使问题规定:"物权的行使必须符合诚实信用和善良风俗的要求,不得妨害国家和社会公共利益以及他人利益。为公共利益而对物权的行使设置限制,必须有明确的法律依据。"全国人大法工委的物权法草案也于第4条规定:"物权的取得以及行使,应当遵守法律。违反法律规定的,不能取得物权。物权的行使,不得损害社会公共利益以及他人合法权益。"这一观念在《物权法》第7条得到了体现,即:"物权的取得和行使,应当遵守法律,尊重社会公德,不得损害公共利益和他人合法权益。"

三、物权法的社会作用

恩格斯曾经指出:民法是以法律形式表现了社会的经济生活条件的准则。民法所表现的社会是市民社会,这一社会的经济生活条件,就是商品生产和交换的条件。商品生产和交换应具备如下的条件:

第一,社会分工和所有权。商品生产的首要条件是社会分工,它使原本结合在同一人之身上的生产与消费职能发生分离,需要通过交换联结。而交换之所以必要,还在于私有制的存在。私有财产是商品生产者即市民安身立命的根本。反映简单商品生产关系的罗马私法,把财产所有权作为全部财产制度的基础和首要原则。在近现代民法中,财产法仍以所有权为中心。

第二,独立自由的商品生产者与民事权利能力。商品生产者作为商品生产和交换的主体,必须是独立自由的,并且具有权利能力,从而以自己的意思去进行交换。民法中的"民事权利能力"制度,即表现了这一点。

第三,合同自由与私法自治。商品生产者之间相互转让自己的商品及其所有权的过程,是一个双向选择过程,作为其中介的就是合同。合同自由是私法自治理念在合同法中的体现。

根据我国《宪法》第15条的规定,我国实行的是社会主义市场经济,而市场经济也是一种商品经济,前述的市民社会的经济生活条件,对其同样适用。物权

---

① 参见《关于〈中华人民共和国宪法修正案(草案)〉的说明》。
② 〔德〕鲍尔/施蒂尔纳:《物权法》(上册),张双根译,法律出版社2004年版,第5—10页。

法调整的是财产的归属和利用关系,保证财产的静态安全。具体而言,所有权规定了对自有物的排他性支配权,用益物权和担保物权则规定了对他人之物的排他性支配权,从而巩固了财产的归属秩序。另一方面,以合同制度为核心的债权法保障了财产的动态安全,使财产得以顺畅流转。这样,物权法与债权法二者相辅相成,成为社会主义市场经济的两大法律基础,为市场经济的有序运行提供了基本规范。

综合来说,物权法的经济功能可以分为以下两个方面:

1. 从物权法确定的归属秩序而言,有定分止争的作用,这个作用主要体现在所有权制度上。人类的生活事实,不能离开物质资料。在远古时期,地广人稀,物质相对于人类的数量来说是取之不尽用之不竭的,因而没有私有观念。而随着人类的不断繁衍,物质的有限性凸显出来,越来越不能满足人类的需要,由此产生了对物质资料占有并排斥他人的需要。为了维持安定的社会秩序,确定有限的物质资料的归属,国家不得不从法律上承认私人对物的权利,并对该权利进行保护。

2. 从物权法调整的物的利用秩序而言,物权法有提高物的利用效率、促进物尽其用的作用。一方面,物权法设定了用益物权和担保物权,其中用益物权旨在利用物的使用价值,担保物权旨在利用物的交换价值。这种多角度的利用制度的设置有利于对物全方位的使用,提高物的利用效率。另一方面,实际上物权法的保护财产归属的作用,也能间接促进资源的有效使用,增进物的使用价值和交换价值。因为如果没有物权对个人或者组织对物的所有权的界定与保护,将使得个人或者组织要担心并尽力地隐藏其所拥有的财产,这会使得财产的利用和流转变得相当的困难;从另一个角度讲,如果个人或者组织的财产不受保护地能够被他人拥有和使用,则将不会有人对此物进行完善和保护,而仅仅寄望于同等地使用和利用他人之物。反之,在物归为自己所有,并能得到充分保护的前提下,所有人为了追求最大利益,必然会对物的使用作出最有效的管理和规划,从而大大提高物的效用。另一方面,在市场经济条件下,人们生产产品的目的是为了进行交换,这种商品交换在法律上的存在形式就是合同,但为了使交换成立,交换双方必须以处置自由为前提,这个处置自由就是物权法确定的归属秩序。

四、物权法的法源

自2007年3月16日之后,我国正式有了自己的《物权法》,同时在各种法律或者行政法规之中也散见着大量有关物权法的规定。现将重要的物权法的法源列示如下:

1. 形式上的物权法——《物权法》(2007年3月16日通过,10月1日起施行)。

2. 关于一般物权的法律法规与用益物权的法律法规:(1)《民法通则》第71条至75条、第79条至81条、第83条、第144条等;(2)《土地管理法》及《土地管理法实施条例》;(3)《房地产管理法》;(4)《土地登记规则》和《城市房屋权属登记管理办法》;(5)《城市私有房屋管理条例》《城镇国有土地使用权出让和转让暂行条例》。

3. 与一般物权法有密切关系的主要法律法规:(1)《担保法》;(2)《林业法》;(3)《水法》;(4)《渔业法》及《渔业法实施细则》;(5)《民用航空法》;(6)《海商法》;(7)《文物保护法》等。

4. 司法解释:最高人民法院《关于贯彻执行〈中华人民共和国民法通则〉若干问题的意见》(试行),最高人民法院《关于适用〈中华人民共和国担保法〉若干问题的解释》等。

五、物权法的历史和发展趋势

(一) 物权的社会化趋势

私权神圣是民法的传统理念之一。其重点就是人格权神圣和所有权神圣。其中所有权神圣渊源于罗马法,法国在1789年的《人权宣言》第17条中将其表述为"所有权为神圣不可侵犯之权利"。1804年的《法国民法典》第544条又规定:"所有权是对于物有绝对无限制地使用、收益及处分的权利,但法令所禁止的使用不在此限"。这一规定虽流露出所有权应受法令限制的意思,但仍以绝对无限制为原则。在18世纪及19世纪之初,所有权绝对原则盛极一时,在促进资本主义经济发展的同时,亦造成许多社会弊端,人们对这一原则的正义性开始发生怀疑。1919年德国《魏玛宪法》首次规定,所有权负有义务。这个规定后来写入《德国基本法》。到了第二次世界大战后,这种怀疑达到顶点,社会性立法在民法领域空前活跃,这一趋势被描述为从"个人本位"到"团体本位",公共利益原则、诚实信用原则和禁止权利滥用原则得以确立。尊重公共利益,禁止权利滥用,增进社会福祉,被强调为所有权行使的指导原则。这种趋势被学者称为所有权社会化。与所有权的绝对性受到法律限制相一致,他物权的规定也侧重于公共利益,整个物权也表现出社会化的趋势。

(二) 物权的价值化趋势

物权尤其是所有权的内容,原本只是为了对标的物的现实支配,由所有权人对其自为占有、使用、收益。因此,物权本属对物进行现实支配的实体利用权。但随着经济的发展与物权制度的完善,为了充分发挥物的财产价值,所有人不必亲自占有、利用其标的物,而是将所有权的权能予以分化,将物的使用价值分离出去,由他人支配从而形成用益物权。这样由他人对物进行利用,而自己收取相关收益,使物的价值得以最大化发挥。于此之外,所有人还可以将物的交换价值分离出去，由他人支配从而形成担保物权，借以获取融资，满足经济发展对资金的需要。于是，物权由本来注重对标的物进行现实支配的实体利用权，演变为注重于收取代价或获取融资的价值权。

（三）物权关系扩张化趋势

物权关系的扩张化主要表现在法律关系构成的扩大化和物权形态新型化两个方面。就法律关系构成的扩大化而言，首先是物权的主体扩大化，即由自然人扩及法人、非法人组织，尤其是法人成为现代社会中地位最突出的物权主体。其次是物权客体的多样化，表现为由有体物扩及无体物和权利，由独立物扩及非独立物（区分所有权），由特定物扩及不特定物（财团抵押）。最后是物权的内容复杂化，即因所有权的各项权能与所有权分化组合的方式不同，以及所有权的使用价值权、交换价值权与所有权分化组合的方式不同，形成了新型用益物权、担保物权形态。就物权形态新型化而言，首先，在所有权方面主要有空间所有权、建筑物区分所有权和新型相邻等新型物权出现。其次，在他物权方面，随着物权价值化趋势的发展，物权由原来注重对标的物的现实支配的实体权，演变为注重于收取代价或获取融资的价值权，促使一些新型的用益物权和担保物权的出现。最后，物权形态的新型化还表现为一些传统物权形态因不合时宜而衰落直至消亡。

（四）物权法的国际化趋势

因为物权法的制定与一个国家的经济体制、历史文化传统有密切关联，故物权法在本质上具有固有法的色彩。但随着各国经济、文化交流的发展，特别是"冷战"结束后出现的世界经济一体化和区域经济集团化的趋势，物权的内容也日趋统一，这种物权法的国际化趋势主要表现在担保法上面。为了满足市场经济的发展对资金的需求，担保物权制度得以发展，即将物的交换价值从所有权中分化出来，作为一种独立的物权归属担保物权人支配，这也就是所谓的物权价值化。而国际贸易的发达，又促进了国内市场与国际市场的沟通，出现物权国际化的趋势。如今不仅大陆法系各国的物权制度趋同，而且两大法系物权制度的差异也在逐渐缩小。如英美法系的动产担保、让与担保、浮动担保、信托等制度，已逐渐被大陆法系各国物权法所接受并采用。

六、我国《物权法》的制定及其时代意义

物权法提上立法日程是中国市场经济体制确立后的必然要求。随着经济的飞速增长和个人财富的日益增加，需要对国家、集体和个人财产的确定和保护提供更为完善的法律规范，制定一部规则完整、体系严谨的物权法成为建立中国市场经济法律体系的重要一环。

1994年，全国人大常委会将物权立法正式列入规划，但迟迟没有着手起草。

1998年,立法机关正式委托9位专家组成民法典起草工作小组,负责中国民法典的编纂和物权法草案的准备工作。1998年3月25日—26日,民法起草工作小组讨论了中国社会科学院法学研究所梁慧星教授提出的《物权法立法方案(草案)》,并分别委托梁慧星教授和中国人民大学法学院王利明教授负责起草物权法的专家建议稿草案。1999年10月梁慧星教授所负责的课题组完成了第一份物权法草案专家建议稿,该草案的一大亮点就是提出了"物权一体承认、平等保护"的思想,它未对国家、集体和个人的财产予以区分规范,而是按照物权法的自身规律予以统一设计、统一规范。这一草案建议稿引起了社会各界的广泛关注。2000年12月,王利明教授负责的课题组也提出了自己的物权法草案专家建议稿,但这一草案突出强调了对国家所有权和集体所有权的特殊规范。[①] 其后,2001年,在梁慧星教授和郑成思教授之间展开了是制定物权法还是财产法的激烈争议。[②]

在上述两部专家建议稿的基础上,2001年全国人大法工委拟定了《物权法征求意见稿》,该征求意见稿并于2002年12月23日作为《中华人民共和国民法(草案)》的第二编物权编正式提请第九届全国人大常委会审议,这也是全国人大常委会对物权法的第一次审议。第一次审议后,鉴于民法涉及面广、内容复杂,一并研究修改历时较长,有关方面建议以分编通过为宜,并认为当前应抓紧制定物权法。[③] 2004年10月和2005年6月,物权法草案相继经过了全国人大常委会的两次审议。2005年7月10日物权法草案曾全文向社会公布,广泛征求社会各界意见,截至8月20日全国人大常委会法制工作委员会共收到11543件群众意见。[④] 此后,2005年10月、2006年8月、10月、12月,物权法草案又经历了全国人大常委会四次审议。2006年12月29日,全国人大常委会第二十五次会议以155票赞成、1票弃权的表决结果通过了对物权法草案的审议,认为该草案并不违宪,并决定将之提请第十届全国人大第五次会议进行审议。从2002年第

---

① 梁慧星教授将两种思路分别称为"一元论"和"三分法",参见梁慧星:《"三分法"或者"一元论"》,《物权法草案的几个问题——在清华大学的演讲》,中国法学网 http://www.iolaw.org.cn/shownews.asp? id=3391,2007年3月25日访问。

② 相关文献参见郑成思、薛虹、黄晖:《是制定"物权法"还是制定"财产法"?》,载易继明主编:《私法》第4辑第1卷/总第7卷,北京大学出版社2004年版,第1—17页;又参见梁慧星:《是制定"物权法"还是制定"财产法"?——郑成思教授的建议引发的思考》,载易继明主编:《私法》第2辑第2卷/总第4卷,北京大学出版社2003年版,第1—54页。

③ 参见《全国人大法律委员会关于〈中华人民共和国物权法(草案)〉的情况汇报》(2004年10月19日第十届全国人大常委会第十二次会议),载《物权法立法背景与观点全集》,法律出版社2007年版,第16页。

④ 《全国人大常委会法工委对物权法草案11543件群众意见作出归纳分析》,中国法制信息网,http://www.chinalaw.gov.cn/jsp/contentpub/browser/contentpro.jsp? contentid=co8652979713&Language=CN,2007年3月25日访问。

一次审议,至 2006 年 12 月第七次审议,《物权法》创造了全国人大及其常委会立法史上单部法律草案审议次数之最。2007 年 3 月,物权法草案被提请第十届全国人大第五次会议审议。在物权法草案被提请审议之前,各大媒体普遍撰文将历经 13 年长跑的《物权法》誉为"民主立法科学立法的典范"。[①] 2007 年 3 月 16 日,第十届全国人民代表大会第五次会议以 2799 票赞成、52 票反对、37 票弃权和 1 票未按表决器的结果,最终通过了《物权法》。该法共分为 19 章 247 条,自 2007 年 10 月 1 日起施行。

《物权法》被认为对于推进中国经济体制改革和建设法治国家都具有重大意义,标志着社会主义市场经济进一步完善,政治文明迈出了重要一步。《物权法》的通过,对于中国社会的发展具有里程碑式的意义。

(一)《物权法》的社会意义

1. 明确财产权归属,发挥定分止争的作用

人类生活不能离开物质资料。在远古时期,地广人稀,物质相对于人类的数量来说是取之不尽用之不竭的,因而没有私有观念。而随着人类的不断繁衍,物质的有限性凸显出来,越来越不能满足人类的需要,由此产生了对物质资料占有并排斥他人侵犯的需要。为了维持安定的社会秩序,确立有限的物质资料的归属,国家不得不从法律上承认私人对物的权利,并对该权利进行保护。正如商鞅所言:"一兔走,百人逐之;夫卖兔者满市,而盗不敢取"。可见,权利归属的明确对于社会秩序具有重要意义。"明确财产权归属以发挥定分止争"的作用主要体现在所有权制度上,但不限于所有权制度,除此之外,《物权法》中对土地承包经营权、建设用地使用权、宅基地使用权的规定和保护,同样具有明确归属、减少纷争、促进社会发展的价值。

2. 提高物的利用,达致物尽其用的效果

物权,是指权利人依法对特定的物享有直接支配和排他的权利,包括所有权、用益物权和担保物权。商品具有使用价值和价值的二重性,所有权人对物的利用是使用价值和价值的全方位的利用。除所有权外,《物权法》还设定了用益物权和担保物权两种他物权,其中用益物权旨在利用物的使用价值,担保物权旨在利用物的交换价值。这种多角度的利用制度的设置有利于提高物的利用效率。

另外,《物权法》的保护财产归属的作用,也能间接促进资源的有效使用,增进物的使用价值和交换价值。因为如果没有物权对个人或者组织对物的所有权的界定与保护,将使得个人或者组织要担心并尽力地隐藏其所拥有的财产,这将

---

① 如《民主科学立法的光辉典范》,载《法制日报》2007 年 3 月 8 日,第 1—2 版;《物权立法:民主立法科学立法的典范》,载《经济日报》2007 年 3 月 8 日,第 7 版;《物权立法:民主立法科学立法的典范》,载《中国青年报》2007 年 3 月 8 日,第 1 版。

使财产的利用和流转变得相当的困难;从另一个角度讲,如果个人或者组织的财产不受保护地能够被他人拥有和使用,则将不会有人对此物进行完善和保护,而仅仅寄望于同等地使用和利用他人之物。反之,在物归为自己所有,并能得到充分保护前提下,所有人为了追求最大利益,必然会对物的使用作出最有效的管理和规划,从而大大提高物的效用。另一方面,在市场经济条件下,人们生产产品的目的是为了进行交换,这种商品交换在法律上的存在形式就是合同,但为了使交换成立,必须以交换双方处置自由为前提,这个处置自由就是物权法确定的归属秩序。

3. 有恒产方有恒心——《物权法》激发人们创造财富的进取心

"恒产者有恒心"。《物权法》将平等保护各种所有制,促进各种所有制的发展,也保护每个人的合法财产,包括房产和各式各样的动产。《物权法》的一个重要使命就是确认、保护财产权利,财产权得到充分保护,人们才有创业的动力和投资的信心。

《物权法》保护创造积极性及其产生的成果,公民创造出的财富是合法的,就会得到保护,可以激发人们的进取心,可以激发人们的创造力,推动社会进步。因为,民法制度尤其是物权制度从本质上来说,是激活社会的创造力最有效的手段。对财产权的保护,也可以激发人们的进取心,激发人们的创造力,推动社会进步。正如布莱克斯通所言:"没有任何东西像财产所有权那样如此普遍地唤发起人类的想象力,并煽动起人类的激情。"[①]个人追求财富的行为既是个人生存与发展的必要条件,也是一个国家和社会生存与发展的必要条件。

4. 仓廪实而知礼节——《物权法》促进人格尊严的增强

物权法除了保护财产权以及财产的有效利用外,它还能保护和维护人格的成长。我国台湾学者王泽鉴提出:"私有财产制的主要意义在于维护个人的自由和尊严"。可见,以私有财产制为基础的物权法秩序对所有权等物权的保护,并非仅仅是对财产的保护,也是对人权的保护。黑格尔曾说过:"人格权本质上是物权。"[②]所有权等物权是实现人权的基础,诚如管子所言,"仓廪实而知礼节,衣食足则知荣辱"。财产是个人经济独立自主的必要基础,人来到这个世上,需要吃穿住行,这些都离不开财产,财产与人的自由度存在最紧密的联系。没有基本的最低标准的财产,人就会在贫困中煎熬甚至死去,所谓的人身自由、信仰自由、住宅不受侵犯、言论和出版等诸多自由也就成了镜花水月,因此保护私有产权是人类正常生活、保护其他基本人权的基础。德国著名法学家拉伦茨教授曾指出,

---

① 〔英〕布莱克斯通:《英国法注释》第 2 卷,第 2 页,转引自〔德〕罗伯特·霍恩等著:《德国民商法导论》,楚建译,中国大百科全书出版社 1996 年版,第 189 页。

② 〔德〕黑格尔:《法哲学原理》,范扬、张企泰译,商务印书馆 1982 年版,第 48 页。

意识到自身价值的人,要为了发展符合自己特点的个性、实现自己制定的生活目标而努力。为了实现这些目的,他需要具备属于自己,并且只能属于自己的物。只要一个人感到自己不是一个个体,而仅仅是某个集体的一个成员,那么他对于自己作为个人排他性支配物的要求就不会很明显。而一旦他感到自己首先是"这个人",是一个独立的个体,这一点就会改变。这时他会感受到一种需求,要由自己来构筑自己的环境,由自己来处分,要将物据为己有。可以说,私有财产使人负责,有助于人格形成。所有权作为法律所承认和保护的人对某些物的支配权,就是为了满足人们的这种要求。① 这些都表明了所有权对人性发展要求的满足。德国现行物权法的基本原则,就是对有序化自由使用与处分财产之意义上的私人所有权的承认;而私人所有权自由,又与人格自由、契约自由、择业与职业培训自由以及营业自由密不可分。②

诚如德国联邦宪法法院判例 BVerfGE 24,367,389 所云:"所有权是一项根本性的基本权,与个人自由的保障有着内在的关联。在基本权的整体结构中,所有权负有双重任务:确保权利人在财产法领域中的自由空间,并因此使其得自我负责地形成其生活。将所有权作为法之建制,有助于确保此项基本权。个人的基本权系以'所有权'此一法律制度作为前提,若立法者以名实不符的'所有权'取代私有财产时,则个人基本权将无法获得有效的保障。"③我国台湾地区"司法院"大法官释字第 400 号解释秉持这一理念,认定:"关于人民财物产权应予保障之规定,旨在确保个人依财产之存续状态行使其自由使用、收益及处分之权能,并免于遭受公权力或第三人之侵害,俾能实现个人自由、发展人格及维护尊严"④。

由此可见,"所有权远不只是一种财产权的形式,它具有十分丰富的经济内涵和政治内涵"⑤。所以在《物权法》的定位上,我们不能将《物权法》仅仅视为财产法,而应认识到其内含的伦理性。

(二)《物权法》的经济意义

上述论述,都可以体现《物权法》对国民经济发展的促进,除此之外,《物权法》的通过对经济发展的促进意义还可体现在以下几个方面:

1. 保护市场经济主体的平等地位,健全有效的市场竞争机制

《物权法》界定了国有财产、集体财产和私人财产的界限,一方面可以防止国

---

① 〔德〕卡尔·拉伦茨:《德国民法通论》(上册),王晓晔、邵建东、程建英、徐国建译,谢怀栻校,法律出版社 2003 年版,第 52 页。
② 〔德〕鲍尔/施蒂尔纳:《物权法》(上册),张双根译,法律出版社 2004 年版,第 4 页。
③ 转引自王泽鉴:《民法物权》(1)(通则·所有权),中国政法大学出版社 2001 年版,第 162—163 页。
④ 同上书,第 11—12 页。
⑤ 〔德〕罗伯特·霍恩等著:《德国民商法导论》,楚建译,中国大百科全书出版社 1996 年版,第 189 页。

有资产的流失,另一方面也防止私有财产受到侵犯,这样,规范社会主义市场经济的基本秩序,构建和谐社会才有法制保障。公有财产需要保护,但是公有财产不能侵犯私有财产。现在《物权法》特别规定了,不论是国家、集体物权还是私人和其他权利人的物权受到侵害,都应受到法律的保护(《物权法》第4条)。当国家征收、征用私有财产的时候必须给予相应的补偿,这就使得公有财产、私有财产处在同等的保护水平之下,这个意义影响深远。

平等保护,就意味着私人财产免于其他私人的掠夺,也免于政府的掠夺;同时,公有财产免于私人的掠夺,也免于其他公有单位的掠夺。尽管不太可能一步到位,但从过去的公有权利优先到现在的平等保护,这已经是建立"好的市场经济"的法治基础中的一个显著进步。财产平等保护还体现了"公平性"原则,对国有资产保护也是有利的。具有讽刺意味的是,过去在公有和国有产权享有特殊地位的时候,国有资产产权并不清晰,掠夺和流失现象经常发生。而在平等保护下,市场竞争机制可以有效形成,经营者的侵权行为不仅将受到法律制裁,而且还受到市场竞争的制约。因此,平等保护会更好地保护各种产权,而对某一类产权特殊保护,不利于平等竞争机制的形成。①

2. 进一步完善农民对土地的权利,巩固中国农村经济制度的根本

总的来说,《物权法》对于农村土地承包经营权和宅基地使用权制度的创新之处并不太多,主要仍然是适用《土地管理法》和《农村土地承包法》等的规定。不过这里应当特别强调的是,《物权法》在土地承包经营权上作了一个重要突破,明确将其作为用益物权类型之一种规定下来,确认了土地承包经营权的物权性质,赋予了承包人对于土地独立而稳定的支配权利,巩固了中国农村经济制度的根本。随着中国经济的发展,我国原有承包经营制度中的某些弊端也渐渐浮现,其中一个重要方面就是承包人的合法权益容易为发包人所侵害。从安徽凤阳小岗村签订"生死书"分地种粮以来,到中共中央通过文件推行农村联产承包责任制,甚至2002年8月29日颁布了专门的《农村土地承包法》,对于土地承包经营权到底是物权还是债权,仍然存在较大的争论。尽管在《农村土地承包法》的规定中,我们可以隐隐看出一点物权的痕迹,但是现实生活中发包人随意撕毁承包合同、损害承包人利益的事例很多,这完全不符合物权的独占支配效力。《物权法》将土地承包经营权明确列入用益物权的行列,为以前的争论画上了一个完整的句号。物权的效力意味着发包人不得再随意收回土地,不得再随意变更权利的内容,不得再干涉土地权利的行使,否则,承包人不仅可以行使物上请求权,还可以要求发包人承担侵权责任。

还有一点很重要的内容是,《物权法》第126条对耕地、林地、草地的承包期

---

① 钱颖一:《〈物权法〉的经济逻辑》,载《财经》杂志总第182期。

都作了具体规定,并强调"承包期届满,由土地承包经营权人按照国家有关规定继续承包"。这一条规定赋予了农民长期而有保障的土地权,也是一个新的内容,使农民对土地有了长期投入的积极性。

3. 保障债权,融通资金,促进经济发展

物权是债权的起点和最终归宿,债权是实现物权的桥梁和手段。物权和债权在功能上具有互动和互用的关系,这主要体现在担保物权对金融债权的影响上:所谓互动,是指一方面当事人设立债权,需要提供担保物权来担保债权的实现;另一方面,《物权法》第203条规定的最高额抵押制度,是为了担保未来将要连续发生的债权,其功能不但简化了逐笔债权的担保手续,节约了交易成本,更重要的是可以"诱导"未来债权的发生,从而促进资金的融通。所谓互用,是指不仅存在担保物权对金融债权实现的保障功能,而且债权本身也可以成为担保物权的客体,如根据《物权法》第223条的规定,债权人可以在债务人或者第三人有权处分的汇票、支票、本票、债券、存款单、仓单、各种应收账款以及法律、行政法规规定可以出质的其他财产权利之上,设定权利质权。

4.《物权法》提供更多担保形式,拓宽融资渠道

《物权法》虽然在担保物权类型上没有增加新的形式,但是在抵押权、质权、留置权这三大类传统担保物权之下,增加了新的亚类型担保物权,如在抵押权下增加了浮动抵押制度、在权利质权下增加了应收账款质押,这使得我国担保物权制度能够适应国际的商业发展的需求,也适应现在包括外国银行进入中国以后所要求的我们能够提供担保手段的多样化和担保手段商业化的需求。

在权利质权下增加了应收账款质押,既减少了因动产质押造成物的使用的浪费,又拓宽了贷款人的融资渠道。《物权法》第228条规定:"以应收账款出质的,当事人应当订立书面合同。质权自信贷征信机构办理出质登记时设立。"对于应收账款作为权利质权客体的规定,也是适应商业需求和与国际接轨的一个重要的方面。同时,也是实践中人们对财产利用形式多样化的一个反映和法律上的确认。①债务人可以对诸如公路收费权、景区门票收费权、电网收费权、高

---

① 例如,湖北武当山风景管理局门票管理处累计在武当山联社老营农村信用社贷款965万元,用于武当山城区道路改造,贷款方式为武当山风景区门票收费权质押贷款。武当山农村信用社与武当山风景管理局门票管理处签订了门票收费权质押合同,武当山风景管理局门票管理处、武当山联社老营信用社、武当山特区财政局三方签订了收费权质押贷款补充协议书,并经十堰市公证处公证。同时,武当山特区管委会对门票收费权质押贷款也出具了授权委托书、承诺书;武当山特区财政局及门票管理处也作出了承诺:"从贷款之日起武当山门票管理处收费全额进入武当山财政局在信用社开立的专用账户上,专户管理,不转移门票收入账户资金,借款人到期不能还款,贷款人可申请办理强制执行公证,借款人自愿接受"。放贷后由农信社每天组织专班实地收款,所有门票收入全部存入武当山风景管理局门票管理处的账户管理单位——武当山特区财政局在老营农村信用社开立的门票收入专户上,月均存款余额50万元以上,旅游旺季存款余额达到900万元以上,是该社支持的最大黄金客户。

校公寓收费权、医院收费权等应收账款进行质押,这极大地拓宽了企业融资的渠道。

5. 扩大担保物种类,满足中小企业融资需求

《物权法》扩大了担保物的范围,主要体现在可以作为抵押物的财产上,《物权法》第180条第7项,一改过去《担保法》第34条第6项规定的"依法可以抵押的其他财产",规定为"法律、行政法规未禁止抵押的其他财产",其意在凡是法律不禁止且具有流通性的财产均可在其上设立抵押权。这一改动明显地体现了立法者扩大物权法上私法自治的空间,扩大担保物的种类,以满足人们融资的需求的意图。由于担保物范围的限制,过去中小企业的融资处于较为困难的境地,也不利于充分发挥物的效应,因此,《物权法》扩大担保物的范围,这对于中小企业的融资担保具有积极作用。

我国在《物权法》颁布之前就存在着诸如"流动质权"的实践,受物权法定主义的限制,法院对于这类担保通常认为没有优先受偿权。《物权法》第181条创设了浮动抵押制度:"经当事人书面协议,企业、个体工商户、农业生产经营者可以将现有的以及将有的生产设备、原材料、半成品、产品抵押,债务人不履行到期债务或者发生当事人约定的实现抵押权的情形,债权人有权就实现抵押权时的动产优先受偿";第189条规定:"企业、个体工商户、农业生产经营者以本法第181条规定的动产抵押的,应当向抵押人住所地的工商行政管理部门办理登记。抵押权自抵押合同生效时设立;未经登记,不得对抗善意第三人。"浮动抵押制度的创设,使得中小企业可以在营业范围内对其经营之商品设定担保进行融资,极大地活跃了经济。

总之,《物权法》的通过对社会和经济的发展都具有重要影响,它是一部让百姓安居乐业之法!当然,《物权法》只是一部框架性的法律,它所作出的只是基本的、主要的原则性规定。《物权法》的面世只是第一步,如何使《物权法》的规定与既有法律体系融为一体,并成为社会生活的现实,我们还有很多工作要做。

第三节 物权的种类

一、物权法定主义

(一)物权法定主义及其理论根据

物权法定主义是物权法的结构原则之一。它起源于罗马法,其后被继受罗马法的大陆法系多数国家所采用,是19世纪欧陆各国在民法典编纂运动中关于物权立法的基本原则,在整个物权法体系中居于枢纽地位。在立法中明确规定物权法定的,有我国台湾地区现行"民法"第757条、《日本民法》第175条、《韩国

民法》第185条和《奥地利普通民法》第308条等。①

我国《民法总则》第116条与《物权法》第5条明确规定,"物权的种类和内容,由法律规定"。这短短的13个字的条文蕴含着无限的深意:物权法定,定什么?依何法而定?违反法定会怎样?为什么要法定?以及如何看待物权法定主义?

所谓物权法定主义,一般是指物权的种类、内容等都只能由法律来规定,不允许当事人自由创设。按照各国立法实例和学说理论,研究物权法定主义需要从以下几方面进行考虑:

1. 物权法定,依何法而定?即物权法定主义所依之"法"是何含义。一般认为物权须以民法或其他法律所规定者为限。此处的民法,是指狭义的民法,即以法典形式存在的民法典,因我国民法典尚未出台,应指《民法通则》。其他法律,在我国是指经全国人民代表大会或全国人民代表大会常务委员会制定通过,由国家主席公布的法律规范。《民法通则》之外有关物权的法律有《物权法》《担保法》《海商法》《民用航空法》《土地管理法》等。这里的一个有争议的问题是是否包括习惯法?② 对此,学者们有不同的见解,其中采否定说的学者较多,不过近来持肯定说的学者有增加的趋势。③ 这个问题其实涉及对物权法定主义的态度,对物权法定主义持否定和缓和说的学者就会倾向于承认习惯物权,这在后面的内容中会详细谈到。现在还有学者主张包括最高人民法院的司法解释。④

2. 物权法定,定什么?即物权法定旨在对物权的哪些方面进行限定。理论上没有争议的是物权的种类、内容非依法律规定不得创设。第一,物权的种类法定,不得创设法律所不认许的新物权类型,即所谓的类型强制(Typenzwang)。例如,设定不动产质权,就与我国现行物权法相悖,我国《物权法》规定只能就动产和权利设立质权。第二,物权的内容法定,不得创设与法定物权内容相异的物权,即内容固定(Typenfixierung)。例如,设定不转移占有的动产质权、转移标的物占有的抵押权等,均与《物权法》关于动产质权须转移占有,抵押权不转移标的物占有的规定相悖。

但是,国内有学者认为,物权法定的内容不限于此,内涵应该更加丰富。如有学者认为,物权法定的内容还包括物权的效力和物权的公示方法⑤;还有学者

---

① 王泽鉴:《民法物权》(一),台湾三民书局1992年版,第37页注释。
② 关于"习惯"和"习惯法"的用法在国内学者的著述中并不统一,根据《中国大百科全书·法学》的解释,习惯法是国家认可和由国家强制力保证实施的习惯,是法的渊源之一。可见,作为物权适用的法的渊源之一,这里应该是"习惯法"。在采物权法定主义之法制下,应当由法律明确规定适用习惯。
③ 梁慧星主编:《中国物权法研究》(上),法律出版社1998年版,第67页。
④ 王利明:《物权法论》,中国政法大学出版社2003年版。
⑤ 参见王利明:《物权法研究》,中国人民大学出版社2000年版,第74页。

认为,物权法定包括物权取得方式法定、物权变动的公示方法法定和物权效力法定[①]。具体而言,物权的效力法定,是指不能任意确定或改变法律规定的物权效力。物权效力是法律赋予物权的强制性作用力,如排他效力、优先效力、追及效力以及物上请求权等。例如,不能约定在同一物上的物权和债权具有同等效力。物权的取得方式法定指物权的产生必须根据法律规定的法律行为或法律行为以外的原因,当事人不能通过其他的方式创设物权。例如,我国《物权法》第109条规定拾得遗失物应当归还权利人,否定了通过拾得遗失物取得所有权的方式,拾得了遗失物的人就不能认为自己能够获得遗失物的所有权。物权的变动要件法定则要求只有具备法律规定的要件,才能认为物权发生变动。例如,我国《城市房地产管理法》规定,房地产转让时必须办理房地产权属变更登记,不经登记不发生变动的效力。还有可能涉及的内容是物权的保护方法,物权保护方法的法定在这里主要针对物上请求权而言,当事人只能按照法律规定的方式来行使物上请求权。例如,所有人的请求返还原物的请求权在遇到善意取得时,则不能对善意第三人行使。

(二)违反物权法定原则的后果

物权法定原则是法律中的强制性规范,当事人必须遵守,但是无论从学术研究还是实践操作上讲,仅是要求遵守这一点是远远不够的,物权法有必要对违反物权法定原则的后果作出规定。违反物权法定原则时,依情况不同,发生下列效果:

(1)法律有特别规定时,从其规定。如我国台湾地区现行"民法"第842条第2款规定:"永佃权之设定,定有期限者,视为租赁,适用关于租赁之规定",因此,当事人设定的永佃权有期限时,永佃权虽然无效,却可将其视为租赁,适用有关租赁的规定。

(2)法律无特别规定时,则属于违反法律的禁止性规定,当然无效。如我国《担保法》第37条规定学校的教育设施不得抵押,但未规定违反该规定的法律效果。如果有人以学校的教育设施设定抵押,则会因违反了法律的禁止性规定而导致无效。这里还分两种情况:如果当事人约定的物权种类不为法律所认可,则当然无效;如果当事人虽然按照法律规定的物权种类设定物权,但是其设定的内容违背法律,则这些设定的"物权"依法也不能发生物权法上的效力。

对于第二种情况,还可以进一步分析。如果是设定物权内容的一部分违反了禁止性规定,而除去该部分外,其他部分根据《民法通则》第60条的规定,即"民事行为部分无效,不影响其他部分的效力的,其他部分仍然有效",则仅违反

[①] 参见余延满:《货物所有权的移转与风险负担的比较法研究》,武汉大学出版社2002年版,第54页。

禁止性规定的部分无效。如当事人设定将抵押物移转抵押权人占有的抵押权，抵押物的转移占有与《担保法》第33条不转移对抵押物的占有的规定相悖，但这只导致该转移占有的行为无效，抵押权的设定本身还是有效的。在这种部分无效的情况下，必须将两部分区分清楚。

另外一种情况是，物权虽然无效，但其行为如果具备其他法律行为的要件，在当事人之间仍有该法律行为的效力。这种情况指物权的设定或移转虽然欠缺某些条件，依法不能认可当事人的行为发生的物权的效果，但当事人的设定物权的原因行为意思表示真实，没有法律上的瑕疵，因此该原因行为应该发生符合原因行为生效要件的法律上的效果；一般情况下，当事人的行为可能发生债权法上的效力。如当事人约定承租人就租赁的房屋与宅基地有物权效力的先买权，因我国法律尚未承认此种物权，所以不发生物权的效力，但此种约定仍有债权的效力，若出租人违反该约定，仍应负债务不履行的损害赔偿责任。[①] 这种将不能生效的行为转换为其他有效行为的做法有一定的现实意义，既保障了交易的安全，又体现了当事人的私法自治。《德国民法典》第140条规定的"无效法律行为的转换"，指的就是这种情况。

（三）物权法定主义的理论基础

为了对物权法定主义的理论基础作出分析，首先要回顾一下物权法定主义的历史。近代物权法定主义最初是出现在德国民法中。关于物权的创设，在法制史上曾经出现过放任主义的立法主张。在日耳曼法中，因为有占有（Gewere）的权利就是物权，所以占有的取得可以对应任何权利，不动产依据伴随的登记要件就有成为物权的可能，由此物权的限定就被否定了。1794年《普鲁士普通法》规定，当事人通过债的关系（例如租赁关系）取得的对物的使用收益权，因占有其物或登记其权利而成为物权。1811年《奥地利民法典》也有类似规定。[②] 此理论被称为"取得权源和形式"理论，该做法被称为"物权放任主义"。但是，19世纪以后，随着德国民法理论中物权与债权的严格分离与对立，上述理论逐渐被舍弃，学者转而承认物权法定主义。在《德国民法典》制定过程中，虽然在被正式通过的二稿草案中没有明确写有物权法定主义，但是，学说以及司法实践一直认为，《德国民法典》中贯彻了该原则。

[①] 谢在全：《民法物权论》（上），台湾三民书局1989年版，第44—46页。

[②] 这些立法体例被认为是受日耳曼法的影响，其理论依据是"取得权源和形式"理论。这个理论的主要内容是，根据取得权源的存在，当事者具有对此物的权利，通过交付以及登记的形式，物的权利即被转化为物权。详细内容可参见段匡：《德国、法国以及日本法中的物权法定主义》，载《民商法论丛》第7卷，法律出版社1997年版，第258页。

近代各国立法受罗马法的影响①,大多采取了"物权法定主义"的立场。尽管也有学者反对采取物权法定主义,但总的来说,主张采取物权法定主义的观点还是占据主导地位,其主要理由如下:

1. 物权作为支配型财产权,具有绝对性

物权是绝对权,可以对抗任何人,即其他人对权利人负有不得妨害其行使物权的义务。所有权人可对自有物进行全面的支配,他物权人则可在法定和约定的范围内进行有限的支配。一方面,从物权人的角度考虑,物权是直接支配物的权利,若物权的种类和内容等可以任由当事人的意思自由创设,则所谓直接支配物的权利就会有名无实。另一方面,支配领域的划定等于限定了第三人的自由范围,对第三人权利影响之大,不言而喻,如果当事人可以任意对物权类型和内容作出约定,该约定就会让其他人负有义务,对社会公共利益有害。② 并且,第三人为了防止因自己行为之不慎而损害他人的物权,则必然要仔细考察他人权属的状况,这就增加了其审查成本。如果允许当事人随意设立物权种类,则第三人必然不堪承担审查成本的无限制膨胀。③ 由此,每一种物权的类型和内容都应由法律明确加以规定。

2. 整理物权类型,适应社会发展的需要

物权制度反映了一定社会的所有制和经济发展水平,所有制的不同,经济发展情况的不同,都会对物权制度提出不同的要求。封建时代的物权制度与身份相结合,所有人利用他人对物进行使用收益,彼此间形成物权关系,而同时所有人又以其家长、领主、师傅等身份,对其家属、属民、学徒等予以支配,家属等人亦成为其支配的客体。到了资产阶级革命取得胜利,建立资产阶级政权后,根据近代人权思想,对旧物权制度加以清理,使人不再为物权的客体,物权成为纯粹的财产权。这样就防止了封建物权的复活。新中国成立后,废除了国民党政府的"六法全书",其中就包括对规定了物权的"民法典"的废除。社会主义改造完成后,我国在公有制的基础上建立了许多新的物权制度。随着我国经济体制改革的进行,物权制度也在发展,如土地承包经营权作为一种新型的他物权,就是农

---

① 罗马法认为,"物权是典型的权利,也就是说,它们本质上是由法律确定的并可归入固定的类型,当事人的意思只能在一定限度内改变这些类型"。参见〔意〕彼德罗·彭梵得:《罗马法教科书》,黄风译,中国政法大学出版社 1992 年版,第 183 页。而且"在罗马法大全中承认具有物权属性的权利仅限于所有权、地上权、永佃权、役权、质权,以及非占有的抵押权"。参见段匡:《德国、法国以及日本法中的物权法定主义》,载《民商法论丛》(第 7 卷),法律出版社 1997 年版,第 258 页。

② 参见谢在全:《民法物权论》(上册),中国政法大学出版社 1999 年版,第 42 页;王泽鉴:《民法物权》(第一册),中国政法大学出版社 2001 年版,第 45 页;陈华彬:《物权法原理》,国家行政学院出版社 1998 年版,第 72 页。

③ Thomas W. Merrill and Henry E. Smith, Optional Standardization In The Law Of Property: The Numerus Clausus Principle, *The Yale Law Journal*, Vol. 110(2000), pp. 1—70.

村经济体制改革的产物。

在进行物权立法时,通过法定物权种类及内容的方式整理物权类型,可以使物的归属和利用适应社会经济发展的需要,实现物尽其用、物尽其利的经济功效。

3. 有助于发挥物的经济效用,促进经济发展

物权与社会经济有密切联系。如果允许物权任意创设,对所有权设置种种的限制和负担,就会影响所有权自由,妨碍物的利用。用法律明文规定物权的种类和内容,建立统一合理的物权体系有助于物权作用的更好发挥。① 并且进一步的理由还在于"一国经济的发展与繁荣必须有赖于该国物权体系的合理、科学、严谨地构建"。② 物权法定主义的确立通过对一国物权体系的构建,起到了促进国家经济发展的作用。

4. 物权法定原则有助于物权体系的统一

物权自产生以来,随着人类对物进行支配的需要而不断发展。在日耳曼法中,所有权有上下级之分,我国古代对土地则有"田骨"与"田皮"之分,内容不一,其他物权制度也有类似情形。这种杂然纷乱的物权,因相互重叠或矛盾,必然有害于物权的支配性。之所以规定物权法定主义,是出于帮助国家建立一个合理的物权体系的需要,借助于法律对原有物权制度加以整理,以法律明确规定其种类与内容,使物权支配的内容彼此统一,进而确定所有权对标的物的永久全面支配,确保其绝对地位,并在此基础上建立定型化的物权体系,在确保物权支配性的同时,也与一物一权原则相呼应。③

5. 物权法定原则可保障完全的合同自由

合同自由是商品经济的内在要求,也是民法基本原则和核心精神的体现。维护合同自由,避免公权力对私的交易秩序的介入,必须首先确定作为交易标的之物权的内容。私法自治之所以可能,前提就是物权法定。物权是绝对权,其效力及于所有人并且必须得到每个人的遵守。因此,只有当物权的数量被清晰化并彼此独立出来,才能有效地保护这种绝对的权利。④ 唯有如此,才能期待第三人了解并且维护这些权利。也只有当物之取得人对物的特定内容确信无疑的时候,才能提高物的可转让性和可流通性。如不采取物权法定原则,为防止在一物之上任意创设不相容的数个物权,就必须对合同进行外部控制,结果只能导致合

---

① 王泽鉴:《民法物权》(第一册),中国政法大学出版社 2001 年版,第 45 页。另参见刘得宽:《民法诸问题与新展望》,中国政法大学出版社 2000 年版,第 522 页;段匡:《德国、法国以及日本法中的物权法定主义》,载《民商法论丛》(第 7 卷),法律出版社 1997 年版,第 257 页;课题组:《制定中国物权法的基本思路》,载《法学研究》1995 年第 3 期;陈华彬:《物权法原理》,国家行政学院出版社 1998 年版,第 72 页。
② 傅穹:《物权法定三题》,载《法制与社会发展》1999 年第 1 期。
③ 王泽鉴:《民法物权》(一),台湾三民书局 1992 年版,第 42 页。
④ 〔德〕曼弗雷德·沃尔夫:《物权法》(第 18 版),吴越、李大雪译,法律出版社 2002 年版,第 14 页。

同自由的被否定。因此,只有坚持物权法定主义,合同自由才可以实现。①

6. 物权法定有利于物权的公示,确保交易的安全与便捷

物权具有对世的效力,故物权的种类、内容、取得和变动等,都应力求透明。唯有物权的种类与内容法定化,一般人才有对财产之归属一目了然的可能,便于物权存在的公示,使其存在可以为他人所知晓,从而防止对物权的侵犯,使物权人可对其物进行排他性的支配。此外,只有通过法定主义使物权类型化、法定化,财产秩序才能透明化,市场交易之安全与便捷也才有保障。② 第三人在与物权人为交易时,对其物权的种类、内容等既已明了,就可确保交易的安全;而物权的法定与公示,又使交易双方对交易对象无需进行繁复的调查就可获知有关内容,有助于降低交易成本、节省时间。

另外,实行物权法定才能使物权公示制度在技术上成为可能。"倘物权种类许当事人任意创设,则仅依占有而为表象既不可能,而依登记以为公示,于技术上又困难殊多,故法律为整齐划一,以便于公示计,不能不将物权的种类予以明定,而仅承认当事人在法定的物权内有选用的自由,并无创设的自由。"③

(四) 物权法定主义的发展与修正

物权法定主义是物权法的一项重要原则,但如果将其僵化适用,就无法适应社会发展的需要。因为人类的智慧是有限的,立法者在立法时无法预见未来社会发展的需要从而制定无所不包的物权制度。而物权制度本来是基于人类生活的需要而产生,随着社会经济的发展,社会对物权类型会有新的需要,如果民法所提供的物权不能满足社会的需要,则新类型的物权或具有新内容的物权必会通过习惯上的承认而获得事实上的存在。如果严格地遵循物权法定主义,就难免使法定的物权制度与社会实际生活之间存在脱节。

为了解决物权法定主义的这一缺点,办法之一是及时修改法律或制定新的特别法,但不论修改或制定,总是需要一个过程的。办法之二是以习惯法来弥补物权法定主义的缺点。对于这一解决办法,学者之间存在争议,主要有以下学说④:

1. 物权法定无视说

此说主张对于习惯产生的物权应根本无视物权法定主义的规定而加以认

---

① 〔日〕稻本洋之助:《民法(2)物权》,青林书院新社1983年版,第52、66页。
② 陈华彬:《物权法原理》,国家行政学院出版社1998年版,第72页。另参见博弈:《物权法定三题》,载《法制与社会发展》1999年第1期;王泽鉴:《民法物权》(第一册),中国政法大学出版社2001年版,第45页;梁慧星主编:《中国物权法研究》,法律出版社1999年版,第66页;谢在全:《民法物权论》,中国政法大学出版社1999年版,第42页;周林彬:《物权法新论——一种法律经济分析的观点》,北京大学出版社2000年版,第235页。
③ 郑玉波:《民法物权》,台湾三民书局1990年版,第15页。
④ 王泽鉴:《民法物权》(一),台湾三民书局1992年版,第42页。

可,因为物权法定主义整理旧物权制度和防止封建时代旧物权制度复活的作用已经实现,而习惯上的物权是从社会生活中自然产生的,不仅没有阻止的可能,且横加阻止反而有害,何况保护土地的利用人既是国家政策的要求,也是物权法的发展趋势之一,从保护土地利用人的立场,也应承认习惯上的物权。在这种观点中,实际上主张被认可的习惯具有修正强行法规定的效力。日本学者我妻荣先生提倡这种学说。

2. 习惯法包含说

这种主张最初见于日本学界,其理由之一是认为立法确定物权种类是出于一种价值判断和利益衡量,但是价值判断并不可靠;另一个理由是从法律的逻辑体系上而言,认为依《日本民法典》第2条的规定:关于法令未规定事项的习惯与法律有同等的效力,据此可以认为习惯法属于法的渊源之一,物权法定主义的"法"也应包含习惯法。[①] 我国台湾学界也有学者主张这种观点。[②]

3. 习惯法物权有限承认说

此说主张物权法定主义所指的法律固然不包含习惯法在内,但从物权法定主义的存在理由考虑,如果依照社会惯例所发生的物权不妨碍物权体系的建立,而且不是物权法定主义所排除的封建物权,对公示也无妨碍,在这种情况下,物权法定主义就失去其适用的根据,应不受其拘束,而承认习惯上所成立的此种物权。

4. 物权法定缓和说

此说的理由与第三种学说相同,认为新生的物权若不违反物权法定主义的立法宗旨,又有一定的公示方法时,应通过对物权法定内容进行从宽解释的办法,解释为非新类型的物权。如在我国台湾地区,实务中对最高限额抵押权通过将抵押权的从属性作从宽解释,承认其仍系物权法上所规定的抵押权。或者是对一般所承认的现有物权制度加以利用,以弥补物权法定主义的不足。例如我国台湾地区的让与担保制度,就是结合所有权移转的构造和信托约款的债的关系来建立的。

在以上几种学说中,第四种最为可取。因为第一种学说将习惯法优先于法律的做法,将导致法律权威的丧失和司法权的膨胀、滥用,未免过于激进。第二种学说将习惯解释为包括在法律之内,因旧物权也属于习惯,依此推论则对旧物权也是应该承认的,这显然违背了物权法定的初衷。第三种学说虽然较前两种学说进步,但对于物权法定中的"法"与习惯的适用次序,未作出圆满的说明。第

[①] 〔日〕稻本洋之助:《民法(2)物权》,日本青林书院新社1983年版,第56页。
[②] 关于此点可参见谢在全:《民法物权论》(上册),中国政法大学出版社1999年版,第43页注解[1]。

四种学说既符合物权法定主义的立法宗旨,维护了法律的权威,又可满足人类社会发展的需要,最为可取。其实物权法定主义可以包括前面的习惯法包含说和习惯法的有限承认说,只是一个缓和程度的问题。主要体现在两方面,一是"法"的含义,物权法定主义的"法"与刑法中罪刑法定的"法"不同,二者解释的严格程度当然也不同,否则物权法定主义与社会生活需要脱节,将违背物权法定的本意;二是能否公示的要求。

(五) 物权法定否定说

从物权法定主义产生开始,就一直有学者质疑其妥当性。近年来,主张否定物权法定主义、改采物权自由创设的学者逐渐增多。其中,我国台湾学者苏永钦的观点最具代表性。[1] 他对物权法定主义持否定态度的理由主要包括以下几方面:

首先,他认为传统上采取物权法定主义的理论根据并不成立。指出物权和债权的对立并不绝对,不能完全区分开,也就推翻了物权法定主义的理论前提即物权和债权的二分;由于促进物的利用是财产法发展的趋势,允许当事人根据需要设立物的利用形式不仅不会有害于所有权,反而促进了对物的利用;所有权对于第三人的自由限制范围应当是最大的,其他限制物权对自由的限制都不会超过所有权的上限,由当事人自由创设新的限制物权也不会增加对第三人利益的损害,更不会有害于社会利益;而且限制当事人通过约定创设新的物权或改变物权的内容,正是对合同自由的限制;在社会的公示制度效能不高时,将当事人可以选择的物权种类限制在有限的范围内,的确有助于公示,促进交易的安全和便捷,但如果公示制度效能提高的话,即使采物权自由创设,也能达到交易的安全和便捷。

其次,指出物权法定主义的弊端,其中最主要的是运用了经济分析的方法总结出物权法定主义的违背效率性。在采物权法定主义的法制下,当事人之间如果要创设一种具有物权效力的对物的利用权利,可以通过订立债权契约来实现。虽然债权契约只约束相对人,不过当事人可以与第三人签订合同,第一个债权契约的效力就可以通过第二个债权契约追及第三人。正是因为当事人之间会用债权交易来代替受限制的物权交易,而且如上所述至少要通过两个债权交易来达到一个物权交易的目的,因此,物权法定主义下的财产法秩序,因为经常需要作较迂回的债权安排,而产生较物权自治下更高的成本,消耗较多的社会资源。

最后,指出物权法定主义的历史原因即整理旧物权、防止封建"复辟",随着

---

[1] 具体参见苏永钦:《物权法定主义的再思考——从民事财产法的发展与经济观点分析》,载苏永钦:《私法自治中的经济理性》,中国人民大学出版社 2004 年版,第 84—120 页。也可以参考张鹏:《否定物权法定主义刍议——兼谈中国大陆物权法立法选择》,载《月旦民商法》2005 年第 8 期,第 143—159 页。

社会的发展已经不存在。相反,实际生活中出现越来越多增加物权种类和修正物权内容的需求,如果固守物权法定主义,这些新的物权得不到法律的承认。虽然司法实践和学说为此作出种种缓和的努力,但仍无法满足需求,不如直接采用物权自由创设。

但是物权法定否定说所主张的物权自由创设主义,并不是完全放任当事人自由创设任意物权,而是由法律规定标准化的物权类型,以便当事人参考适用。并配合高效能的公示制度,就可兼顾物权法的灵活性和交易的安全性。

(六) 对待物权法定主义应有的态度

虽然采取物权法定主义的理论根据遭到否定物权法定主义学者的批驳,但是从物权对物的直接支配性和保护的绝对性看,物权较债权的效力更强,对第三人利益影响也更大。法律承认某项权利为物权,赋予其更大的效力,必定是此项法益对社会利益的关涉更大,值得法律长期地、稳定地保护。从这一方面看,哪些权利应为物权当由法律予以明确规定,而不能由当事人自由创设。否则,物权和债权无以区别。

当然随着经济的发展,物权的类型和内容也不能一成不变,固守传统。考虑到物权法定主义的原则,可以通过以下几种方式增加物权种类或改变物权的内容:

(1) 在物权体系内部解决,像地役权就具有弥补物权法定主义之缺陷的功能。

(2) 物权法大部分属强行法,但并非完全排除当事人的私法自治,也有法律直接规定当事人的约定优先于法定。

(3) 除此之外,对交易习惯中出现的新的物权类型,以物权的理论基础来衡量,如认为与物权法定主义宗旨不相违背,则可通过物权法定缓和的运用,加以承认。

二、物权的分类

因社会经济制度和历史传统的差异,各国民法上的物权种类不尽相同。传统民法学中的物权种类有所有权、地上权、地役权、永佃权、典权、抵押权、质权、留置权等物权以及矿业权、渔业权等特许物权。在我国,因为社会主义公有制经济的建立和发展,一些旧的物权种类,如永佃权等因失去其存在的基础和价值而消失,同时又有一些新的物权种类产生。我国《民法通则》未采用"物权"这一传统民法概念,而是使用了"财产所有权和与财产所有权有关的财产权"这一词语来代替物权。根据《民法通则》《担保法》《土地管理法》及其他有关法律的规定,我国的物权包括所有权、承包经营权、土地使用权、抵押权、质权、留置权等。为了明确这些不同种类物权的相同点和不同点,有必要根据不同的观察角度或方

法,对物权加以分类:

1. 自物权与他物权

这是以权利人是对自有物享有物权还是对他人所有之物享有物权为标准所作的区分。自物权是权利人依法对自有物享有的物权,自物权就是所有权,即自物权的外延是唯一的。他物权是权利人根据法律的规定或合同的约定,对他人所有之物享有的物权。他物权的外延包括所有权之外的一切物权类型。

此外,这两种物权的支配范围也不同。自物权有全面、最高的支配力,自物权人在合法范围内能够对其标的物为全面的、自主的支配,故自物权又被称为完全物权。这种全面支配的利益,可以表现为两种形态:一是物质的利用,即自己对物进行利用或供他人利用而收取对价;二是价值的利用,即以标的物用做担保而获取信用或者将之处分以获取价值。但所有权并非上述利益的简单相加,而是一个全面支配的物权。① 他物权不具有所有权那样的全面支配力,只能在一定限度内,享有某些方面的、特定的支配力,他物权人除不得违反法律的一般禁止性规定外,还要受到设定他物权的合同或者具体法律规定的限制。故他物权也被称为定限物权、不完全物权。他物权成立于他人的所有物上,故有限制所有权的作用(限制物权),且其效力强于所有权。如所有权人对其所有的房屋设定典权后,典权人较所有权人得优先使用。近代物权价值化的结果使所有权的有效运用主要通过将所有权的用益权能转归他人行使来实现,所有权人则收取出让权能的对价。又由于所有权的社会化趋势的发展,对他物权的保护加强,他物权已逐渐独立为稳定的对物的某一方面的支配权。在这种情况下,因他物权带来的所有权的权能分离是暂时的和有条件的,一旦加在所有权上的限制或者负担消除,那些离开整体的权能便复归原位,所有权也就恢复其圆满状态。所有权的这种性质被称为弹力性。

法律区分自物权和他物权的意义在于,他物权有限制所有权的作用,其效力优先于所有权。

2. 用益物权与担保物权

这是对他物权以其所支配标的物的内容为标准所作的区分。用益物权是指以支配物的使用价值为内容的物权,如地役权、土地承包经营权等。担保物权是指以支配物的交换价值为内容的物权,如抵押权、质权、留置权等。用益物权的权利人得就标的物依其性质进行使用和收益,实现物的使用价值。因对标的物的使用、收益一般需占有标的物,故在一物之上有用益物权存在时,通常不能再设定用益物权。担保物权的权利人在债务人不履行债务时,以该担保物折价抵债或拍卖、变卖担保物而就所得价金优先受偿,其支配的是标的物的交换价值。

---

① 谢在全:《民法物权论》(上),台湾三民书局1989年版,第50页。

所以在同一物上通常可有数个担保物权存在,依其成立的先后及其他因素而确定各自的受偿顺序。此外,在同一个标的物上设定用益物权后,一般都可以在其上再设定担保物权;在同一标的物上设定担保物权后,除了在动产担保中须转移标的物的占有的担保物权(如动产质权)外,一般也可以在其上再设定用益物权。

在土地私有制的情况下,因土地的价值较高,不容易获得土地所有权,社会上对土地所有权与使用权分别归属的支配方式的需求自然较强,故传统民法对用益物权的规定,几乎完全是针对土地而设,如地上权、地役权、永佃权等。我国实行的是社会主义的土地公有制,土地的所有人只能是国家和农村集体经济组织,禁止其他组织、个人成为土地的所有人。土地对于人类社会的生产、生活都具有重要意义,非所有人当然也存在利用土地的要求,我国用益物权中所包括的土地使用权、土地承包经营权和宅基地使用权等也都是针对土地而发生的。反之,动产的价值较低,获得较易,将动产的使用权与所有权分离以归属他人的支配方式,不具有社会意义。因此,民法中没有动产用益物权的存在。①

3. 动产物权、不动产物权与权利物权

这是以物权的客体为标准所作的区分。以动产为客体的物权,称为动产物权,如动产所有权、动产质权和留置权等;以不动产为客体的物权,称为不动产物权,如不动产所有权、土地承包经营权、不动产抵押权等;以权利为客体的,则称为权利物权,如权利抵押权和权利质权等,权利物权由于在物权客体的有体性这一条件上存在一定的缺失,因而被部分学者称为准物权。这一区分的实益在于它们物权变动的要件不同、公示方法也不同,动产物权的公示方法为占有,不动产物权的公示方法为登记。但有的动产物权的公示也需登记。如我国《担保法》第42条规定,以航空器、船舶、车辆、企业的设备等抵押的,必须办理抵押物登记。此外,在西方国家近年来出现了不动产证券化的现象,即不动产抵押权的证券化。在德国和瑞士有关于抵押证券(Hypothekbrief)的规定。在这些国家,随着这种物权的证券化现象的发展,动产与不动产在某些方面的差异已趋模糊。②

4. 主物权与从物权

这是以物权有无从属性为标准所作的区分。主物权是独立存在,不从属于其他权利的物权,如所有权、土地使用权、典权等。这些物权或根据主体的设定行为而取得,或根据法律规定的事实而发生,其取得与存在和主体享有的其他民事权利无关。从物权是从属于其他权利并为所从属的权利服务的物权,如抵押权、质权、留置权、优先权等。担保物权都属从物权,从属于其所担保的债权,但是现在也有例外,如最高额抵押是先于债权而产生的。另外,严格说来,物权是

---

① 谢在全:《民法物权论》(上),台湾三民书局1989年版,第2页。
② 梁慧星:《中国物权法研究》(上),法律出版社1998年版,第74页。

否有独立性应该从物权之间的比较来看,而担保物权是从属于债权,并不是物权之间的比较,最典型的从属物权应该是用益物权中的地役权,它须从属于需役地所有权。区分二者的意义在于,主物权能够独立存在,从物权的存在则取决于其所从属的主权利的存在,主权利消灭时,从物权也随之消灭。

5. 登记物权与不登记物权

这是以物权变动是否需经登记为标准而作的区分。登记物权是其变动非经登记不生效力或不得再为处分的物权,不动产物权都属登记物权,渔业权、采矿权等特许物权也属于登记物权。此外,在一些特殊动产上成立的物权,如在航空器、船舶、车辆等之上成立的所有权或抵押权也属登记物权。不登记物权是其变动只须交付而无须登记即可生效的物权,以物的占有为向公众公示的方式,一般动产物权属不登记物权。区分二者的意义在于,登记物权的变动依登记而生效力,不登记物权的变动依交付而生效力。

在二者的区分上,对于登记物权中登记行为的性质和效力也存在争议,在性质上存在证权行为和设权行为之争,在效力上存在对抗要件和生效要件之争。

6. 意定物权与法定物权

这是以物权发生原因为标准而作的区分。根据物权法定主义,物权的种类与内容都由法律规定。但如果物权的发生是基于当事人的意思,则称为意定物权,如质权、抵押权等,当事人的意志可以是单方意志也可以是双方意志,单方意志如遗嘱设定,双方意志一般指通过合同设定;如果物权的发生是基于法律的直接规定,则称为法定物权,如留置权、优先权就属于法定物权。二者区分的意义在于其成立的要件及适用的法律不同。

7. 有期限物权与无期限物权

这是以物权的存续有无期限为标准而作的区分。仅能在一定期限内存续的物权,称为有期限物权,如典权、抵押权、质权、留置权等。以约定方式设定的他物权,除当事人有特别约定或法律有特别规定外,一般均为有期限物权。无存续期间限制且能永久存续的物权,称为无期限物权,如所有权及传统民法上的永佃权。地役权是否有存续期限,则由当事人的约定来决定。区分二者的意义在于:有期限物权的存续期间届满时,该物权即当然归于消灭;而无期限物权除抛弃、标的物灭失或有其他原因外,则永续存在而不消灭。

8. 民法上物权与特别法上物权

这是以物权由何种法律规定为标准而作的区分。由民法典所规定的物权,称为民法物权。我国无民法典,则指《民法通则》。由民法典之外的特别法所规定的物权,称为特别法上的物权。如我国《土地管理法》中所规定的土地使用权。二者区别的意义在于其所适用的法律不同,且根据特别法优先于普通法的原则,特别法上的物权应优先适用。例如,我国民法对物权变动采登记要件主义,而我国《海商法》《民用航空法》规定船舶、航空器的物权变动采登记对抗主义,这种情况下应优先适用特别法的规定。

这里还要注意这种区分和普通物权与特别物权的区分的差异,有学者认为民法性法律规定的物权为普通物权,而那些兼有民法规范和行政法规范的综合性法律规定的物权是特别物权,这些特别物权一般是要依照特定的特许程序才能获得,而且其行使也受到较强的行政干预。特别物权在日本学说上称为"以物的采掘为目的的特殊物权"[①],包括采矿权、渔业权。由此可见这里的特别物权和我们上面说的特许物权比较相近。

9. 本权与占有

这是以是否有权利的实质内容为标准而作的区分。[②] 占有仅是对标的物有事实上的管领力,占有不是权利。[③] 相对占有而言,所有权和他物权都属本权,且本权并不以物权为限,对物有租赁权,也称为本权。这一区别的意义在于,只有确定有无本权存在,才可确定保护方法。

根据我国《物权法》,我国现有的物权体系包括以下几方面:(1) 所有权,从所有权主体上可以区分为国家所有权、集体所有权和私人所有权,从所有权形式上可以分为一般所有权、建筑物区分所有权和共有;(2) 用益物权,我国现在法律规定的用益物权主要有土地承包经营权、建设用地使用权、宅基地使用权和地役权;(3) 担保物权,包括抵押权、质权和留置权;(4) 占有。

第四节 物权的客体

一、物权客体特定主义

物权客体特定主义,也称一物一权主义[④],是物权法的结构原则之一。所谓物权客体特定主义是指在一个标的物上只能存在一个所有权,不允许有互不相容的两个以上物权同时存在于同一标的物上。这里的"一物",是指法律观念上的一个物,它可以为单一物、合成物或集合物,而不是指客观事实上的一个独立物。

物权客体特定主义的存在理由,通说认为有二:一是确定物权支配客体的范围,使其支配的外部范围明确化。因为物权是对物的直接支配权,为使这种对物

---

① 〔日〕稻本洋之助:《民法(2)物权》,日本青林书院新社 1983 年版,第 50—51 页。
② 谢在全:《民法物权论》(上),台湾三民书局 1989 年版,第 54 页。
③ 在日本,占有被视为一种权利。参见〔日〕我妻荣著,有泉亨修订:《日本物权法》,李宜芬译,台湾五南图书出版公司 1999 年版,第 30 页。
④ 王泽鉴:《民法物权》(1)(通则·所有权),中国政法大学出版社 1992 年版,第 53 页。

的直接支配在事实上得以圆满实现,在法律上国家必须依法加以保护,使其支配的客体的范围在客观上确定或得以确定。此外,物权客体特定主义与物权法定主义在统一及确定物权支配范围的内部内容上,相互呼应,使物权在现代商品社会具备交易客体的条件。二是社会观念认为在物的一部分上或数个物的集合上成立一个物权,并无必要且无实益。而且一物一权可以间接使得物权易于公示,从而确保交易的安全。[①]

一物一权主义中的"一物",一般应依社会交易中的通常观念来判断。[②] 物权客体特定主义以确保物权支配内容的实现与社会上的观念为其存在基础,则对一物的判断标准也将随着社会的进步和经济的发展而发生变化。以土地所有权为例,最初是对土地作纵的分割,上至天空,下及地心。后因权利社会化的结果,所有权行使的范围受到了法律的限制,但对土地采取的纵的分割方式却无变化。然而近代以来,由于科学的进步,人口的增加,土地的利用逐渐趋向于立体化,特别是随着建筑物区分所有权出现并受到重视,使得传统上仅为物(建筑物)一部分的空间成为物,在对土地作纵的分割的基础上又有了横的分割。《日本民法典》首先针对这一形势新增第269条第2款,承认以空中或地下的空间为标的的地上权,并规定了其权利的范围,以解决高架铁路、高架道路、地下铁路、地下街、地下停车场、地下排水道等所带来的土地用益问题。因此,在同一土地上,除有传统的地上权外,还有"空中或地下地上权"的存在。许多动产或不动产也为特定的经济目的而形成集合物,如在日本立法例上有企业担保制度或工矿财团抵押,即是将集合物视为一物而成立一个担保物权。这就对"一物"的判断标准产生了影响,促使其修正以适应社会的发展。当然,这些修正都应无碍于物权支配内容的实现,无碍于物权的公示,并有利于确保交易的安全。[③]

物权的客体是物。"物"这一概念是罗马法学家抽象思维创造的结果。在立法上将物作为一个重要概念加以规定,是大陆法系国家的立法传统。在英美法系国家,法律中并不存在"物"或"物权"的独立概念。德国、日本在其民法典中明文规定了物的概念,《德国民法典》第90条:本法所称之物,谓有体的标的(köperliche Gegenstand);《日本民法典》第85条:本法所称之物,为有体物。我国《民法总则》第115条及《物权法》第2条第2款规定:"物包括不动产和动产。法律规定权利作为物权客体的,依照其规定。"作为物权客体的"物"应当具备如下法律特征:

---

① 谢在全:《民法物权论》(上),台湾三民书局1989年版,第21—22页。
② 〔日〕川岛武宜:《民法总则》,日本有斐阁1980年版,第145页,转引自梁慧星主编:《中国物权法研究》(上),法律出版社1998年版,第37页。
③ 谢在全:《民法物权论》(上),台湾三民书局1989年版,第22—23页。

1. 有体性

物都具有物理属性，它必须是客观存在的物质实体或自然力。例如，一栋房屋、一辆汽车、一台电脑。自身不具备物质性的财产权利，虽然能够给权利人带来物质利益，但却不包括在物的范畴中。近年来，学理上对有体物逐渐采扩大解释，认为有体物不必具有一定形状或固定的体积，不论固体、液体或气体，均为有体物。至于电、热、气、磁力等自然力，虽然依人们素来的生活经验不能理解为有体物，但其都有一定的物质结构或形态，且能够被人们支配，故也包括在物的范围中。

近代工业文明的发展和商业的繁荣，导致了城市生活的密集和土地利用的立体化——高层建筑、高架铁路、地下铁道、空中走廊等层出不穷；人类的土地立法也随之由平面转向立体空间，产生了空间权。即空间无论在土地的上空或地面以下，只要占有一定位置，具备独立的经济价值且有排他的支配可能性，就可以成立物。[1]

智力成果不具备物质形态，故不是物，而是知识产权的客体。但智力成果的物质表现形式（物质载体），如书籍、专利制品等则属于物。

2. 可支配性

物的可支配性是指物能够为人类支配和控制。民法规定物权制度，是为了民事主体能够利用物进行民事活动。故只有能够被民事主体所支配的物质实体和自然力才是民法上的物。如果把民事主体无法支配的物质实体或自然力也规定为民法上的物，这种规定是毫无意义的。如月亮就不能是民法上的物，虽然它也属于物理学意义上的物。

对这种"可支配性"的理解特别应当注意：第一，"支配和控制"是指作为整体的人类来讲的，而不是仅仅针对作为个体的人。对于某种物，只要能够被人类所征服和利用，不管某个具体的个人是否能够支配，都属于物权法上的物。第二，随着科学技术的迅猛发展，人类征服自然的能力越来越强，人类能够支配的财产的范围会越来越大，因而物的种类也必将日益丰富。

3. 有用性

所谓有用性是指民法上的物必须具有使用价值，可供民事主体使用，能够满足民事主体的某种需要。这种需要不限于物质需求，也包括精神上的需要。例如，亲人的遗照、爱人的书信虽一般都不具有经济价值，但却可以满足人的精神需求，故也属民法上的物。

4. 稀缺性

并不是一切能满足人们需要的物都是物权法中的物，物权法中的物必须具

---

[1] 陈华彬：《现代建筑物区分所有权制度研究》，法律出版社 1995 年版，第 84—88 页。

有一定的稀缺性，否则就不是物权法意义上的物。

"稀缺性"一词多在经济学中出现，即物的稀缺程度，是指人们获取物的难易程度，"稀缺性"与物本身的效用一起决定着物的边际效用的大小。物的获取越难，则物的稀缺性就高，其边际效用也就越高；相反，物的获取越容易，则物的稀缺程度相对就低，物的边际效用就低。物的稀缺性可以简单地理解为是有限的，如果某种物可以无限制供给就不具有稀缺性，例如空气，这种物就不是物权的客体，虽然它是人类生存所必需的，但又是可以取之不尽、用之不竭的，将其作为物权客体没有意义。

之所以将物的稀缺性也作为物权法上"物"的必备特征之一，归根结底可以通过物权法的目的加以理解，物权法的最根本的目的之一就是定分止争，如果某种物可以无限供给的话，则法律上没有加以调整和规范的必要。

5. 非人格性

所谓非人格性，是指民法上的物不包括人身及其组成部分，或者说民法上的物存在于人体的外部。① 自然人的活体虽然也是物质实体，但现代立法都抛弃了以人为客体的野蛮观念，确立人为权利主体，是物的支配者。在古代奴隶社会，奴隶没有自己的人格，是作为和猪牛羊一样的物品，被奴隶主出售或与商品进行交换。人类走出野蛮后，人就成为支配物的主体，而不再是被支配和奴役的对象。

人体的一部分若从人体分离出来，则可以成为物，如抽出的血液、移植出的活体器官等。不过，活体器官、尸体、死体器官等虽可以成为民法上的物，但它们毕竟不同于其他的物，对其利用有严格的要求。例如，尸体和骨灰只能用于祭祀，只具有精神价值，不能用来交换。反之，与人体紧密结合的假肢、义齿由于成为身体的重要组成部分，已不再是单独的一个物，这时的侵害行为，是侵犯人身权，而非侵犯财产权。

6. 独立性

物权的客体必须是独立物。所谓独立物，是指在物理、观念、法律上能够与其他的物区别开而独立存在的物。② 例如，一辆汽车，一台电脑，在物理上客观独立存在，是独立物。又如，一块土地的某一部分，尽管在物理上难以与其他部分分开，但是在交易时，可以将其划分为不同部分，通过登记来确定"四至"范围和坐落的地点，这样，分割为小块部分的土地也可以成为独立的物。

与物的独立性相关的另一个重要问题是物的成分。作为物权客体的物，必

---

① 普通法学者也认为，财产权客体是有别于人身及其组成部分的外在物（external things of the world），see Merill/Smith, *The Oxford Introduction to U. S. Law: Property*, Oxford University Press, 2010, p. 11.

② 崔建远：《我国物权法应选取的结构原则》，载《法制与社会发展》1995年第3期。

须为独立物,物的成分(Bestandteil),即物的构成部分,不能成为物权的客体。

物的成分可以分为本质成分与非本质成分。《德国民法典》第93条以下确立了"本质成分规则",规定:如果某成分是如此紧密地与整体物的其他成分结合在一起,以至于分离必会使该成分或其他成分遭到毁坏、损害或丧失效用,那么该成分就是(合成)物的本质成分。本质成分虽仍具有其物理上的个性,但在《德国民法典》立法者看来,已失其法律上物的资格,故强制规定其不得独立为权利之客体。德国学者沃尔夫指出:"所有权和限制物权建立在整个物包括物的重要组成部分之上,重要组成部分不可能成为别的限制物权的对象(第93条),而是必然地包含在所有权之内。将整个物设定于某个所有权或者限制物权的原因在于维持物的经济单位。倘若对一个完整的物的不同部分赋予不同的所有权,那么该物将被支解。相反,在某物的非实质性组成部分之上,例如车辆的发动机,或者在配件之上(第97条),例如后备轮胎,可以设定与主物不同的所有权。"① 需要指出的是,此处引文所称"重要组成部分"和"实质组成部分"准确翻译应为"本质成分"(wesentlicher Bestandteil)。因为,发动机之于汽车固然非常重要,但是由于其可以与汽车相分离,故为非本质成分。

本质成分与非本质成分都是物的构成部分,二者的区分标准就在于各部分是否相互结合,非经毁损或变更其性质,不能分离。诸如图画的颜色、汽车的油漆、房屋的栋梁等,都属于整体物的本质成分。而汽车发动机、轮胎等,则是非本质成分。

本质成分与非本质成分的区别实益在于:

(1) 本质成分不得独立为物权的客体。这一规则适用于所有权,同样也适用于限制物权。也就是说,物的整体和物的本质成分之上不能同时存在两个独立的物权,这是为了防止物的本质成分和物的整体发生分离所带来的物的整体效用和性能的减损或丧失。但是,经特别约定,非本质成分是可以成为物权的客体的。

(2) 物上的物权变动,其效力永远及于物的本质成分,不允许原权利人成立保留物的本质成分的抗辩。这与主物和从物之间的关系可以依据当事人的约定和交易习惯而改变是不同的。

(3) 本质成分可以发生添附,如油漆因附合而成为他人汽车的本质成分,油漆的真正主人不能要求返还原物,只能依据债权法主张不当得利返还或者侵权损害赔偿等;但非本质成分则不适用添附,如将他人的汽车发动机、轮胎安装于自己的汽车上,原所有权人可以主张原物返还请求权。

---

① 〔德〕M. 沃尔夫:《物权法》,吴越、李大雪译,法律出版社2004年版,第9页。

二、物的主要分类

分类的目的在于明确不同物的不同特点,从而便于法律的适用。按照不同的标准,对物可以进行以下主要的分类。

1. 动产与不动产

《物权法》上对物的最主要分类是将其分为"动产"和"不动产"。二者的区分标准是能否移动及是否因移动而损害其价值。

动产是能够移动且不因移动而损害其价值的物,如洗衣机、桌子等。不动产是指性质上不能移动或虽可移动但移动就会损害其价值的物,如土地、房屋、生长中的林木、固定的桥梁等。动产和不动产,是法律上对物进行的最重要的分类,在罗马法中就有此区分,且对不动产的保护比动产严密得多。

区别二者主要有如下理由:

(1) 政治意义的差异

不动产对每个国家、每个民族及每个人都有着巨大的政治意义。对国家而言,国际上普遍认为土地是国家的基本构成要素之一。在当代,土地是国家统治权力的支配空间。对每一个民族而言,土地意味着生存的空间,土地的大小及位置对民族的生存质量是极大的决定因素。对每个人而言,不动产的占有是个人生存和发展的最必要的前提条件,既是人的基本民事权利,也是人作为社会主体的基本政治权利。[①]

(2) 经济价值上的差异

不动产的经济意义也是非常明显的,正是土地和房屋才使得我们的衣食住行成为可能。不动产的经济价值一般大于动产,所以不动产的权利变更需较动产慎重。不过随着社会生活的变化,如今动产中的飞行器、船舶、有价证券等的经济价值都非常大,甚至超过了不动产的经济价值。

(3) 位置的固定程度不同

动产容易移动位置,而不动产的位置则固定不动,因此,二者之上权利的公示方法不同。但现在对一些重要的动产,如飞行器、船舶、汽车等也规定了类似不动产的登记制度。

区分动产和不动产的法律意义表现在以下方面:

(1) 物权变动的法定要件不同

因不动产的经济价值较大,对社会、当事人和关系人都利害重大。不动产物权的变动,以向国家有关主管机关登记为要件,否则不受法律保护。如在房屋买卖中,当事人订立书面合同后,还必须向房屋所在地的房管机关办理过户登记,

---

① 孙宪忠:《论物权法》,法律出版社2001年版,第314页。

才能发生所有权转移的法律效力。

动产物权的变动,一般以物的交付为要件(《物权法》第 23 条)。当然,特殊动产物权如航空器、船舶、车辆等之上的物权,由于其价值较大,其物权变动也以登记为要件。不过与不动产以登记为生效要件(《物权法》第 9 条)不同,航空器、船舶、机动车等特殊动产系以登记为对抗要件(《物权法》第 24 条)。

(2) 可得设立的物权种类不同

一般认为,"用益物权仅以不动产为客体,动产之上则无所谓用益物权"[①]。在立法上,"唯法国、德国等国可以以动产设定用益权"[②]。不过,依照我国《物权法》第 117 条的规定,"用益物权人对他人所有的不动产或者动产,依法享有占有、使用和收益的权利"。值得讨论的是,什么情况下动产之上可以设立用益物权。但不管怎样,留置权、质权只能成立于动产之上,而不动产之上设立的担保物权则仅为抵押权。

(3) 流通性质和范围不同

不动产中除土地、公路、铁路等物为禁止流通物外,其他多为限制流通物,流通物种类很少。动产中大多数的物都是流通物或限制流通物,禁止流通物的种类很少。

(4) 租赁权的客体不同

国际上对不动产租赁权一般都有特殊的规定,即按照买卖不破租赁的原则,赋予不动产租赁权人特殊的先买权。而且一般规定不动产的租赁权也要登记。这就是常说的"不动产租赁权的物权化"。动产的租赁一般无此特性。[③] 例如,甲将其所有的房屋出租给乙,之后又将房屋卖给丙,在丙取得了房屋的所有权后,承租人乙仍然可以主张租赁使用权,在租赁期限内继续使用该房屋。这一点在我国法律上也有规定,具体体现在《合同法》第 229 条。并且,按照《合同法》第 230 条的规定,出租人出卖租赁房屋的,应当在出卖之前的合理期限内通知承租人,承租人享有以同等条件优先购买的权利。

(5) 在纠纷的管辖和准据法的适用上不同

因不动产发生的纠纷,法律实行属地主义的管辖原则,产生专属管辖,即由不动产所在地的法院或有关机关负责处理。有关机关包括房管机关,土地管理机关,处理森林、林木纠纷的乡和县级以上的人民政府等。在涉外纠纷中,处理不动产问题的法律一般是不动产所在地法。而因动产发生的纠纷,其管辖就比较灵活。

---

① 梁慧星:《中国物权法研究》(上),法律出版社 1998 年版,第 41—42 页。
② 屈茂辉:《物权法·总则》,中国法制出版社 2005 年版,第 136 页。
③ 孙宪忠:《论物权法》,法律出版社 2001 年版,第 315 页。

2. 流通物、限制流通物、禁止流通物

这是以物是否能够流通和流通范围的大小为标准而进行的区分。流通物是法律允许在民事主体之间自由流通的物。限制流通物是指法律对流通范围和程度有一定限制的物。禁止流通物则是法律明令禁止流通的物，又称不流通物。①

我国的限制流通物主要有：(1) 按照指令性计划购、销的物资，必须按计划流通。其所包含的物资范围在逐渐缩小。(2) 黄金、白银等贵重金属，只能由国家规定的专营单位经营。(3) 外币只能在特定的商店或部门使用，公民之间不得炒买炒卖。(4) 公民收藏的文物，如要出售，只能售给国家规定的文物收购部门。(5) 麻醉药品、毒品、运动枪支，只能由国家允许的单位购售。(6) 国有企业法人闲置的固定资产或因关停并转而需要转让给其他单位的资产，在转让时应取得上级主管机关的同意。(7) 法律规定的其他限制流通物。

禁止流通物主要包括国家专有的土地、国防资产、文物、无线电频谱资源、矿藏、水流、海域、森林、山岭、草原、荒地、滩涂等自然资源和法律规定属于国家所有的野生动植物资源等(《物权法》第 46—52 条)以及反动或淫秽的书画等。

自然人、法人违反有关限制流通物、禁止流通物的规定时，行为无效；情节严重的，要承担行政的或刑事的责任。

3. 主物与从物

主物和从物是物的一种分类，以两个独立存在的物在用途上客观存在的关系为标准而区分。同属于一人所有的两个独立存在的物，结合起来才能发挥经济效益的，构成主物与从物关系。主物是指独立存在的、由从物所辅助的物。从物则是与主物同属一人，非主物的构成部分，却经常辅助主物使用的物。对从物的定义，学理上都首先指出，从物非主物之成分。② 除了非主物成分这一特征外，从物须对主物之经济目的恒具服务与辅助功能，并与主物处于一定的空间联系。③ 由此可见，作为从物需要具备以下要件：

(1) 非主物的成分。也就是说，从物必须是独立的一个物，例如锁和钥匙，锁是主物，而钥匙是从物，钥匙是独立的一个物。而房子和窗户不是主物和从物的关系，因为窗户已经成为房子的构成部分。

(2) 对主物之经济目的恒具服务与辅助功能。例如汽车备胎和汽车，备胎对汽车的辅助作用是恒常的。但是只起临时辅助作用的，不能算从物，例如租房者居住时带来的被单、窗帘，只是暂时性地起到辅助房间的效用，不是房间的从物。

---

① 张俊浩：《民法学原理》，中国政法大学出版社 1997 年版，第 302—303 页。
② 参见梁慧星：《民法总论》，法律出版社 2001 年版，第 92—93 页；王泽鉴：《民法总论》，中国政法大学出版社 2001 年版，第 224 页。
③ Vgl. H. J. Wieling, Sachenrecht, Band I, 1990, S. 89.

(3) 与主物处于一定的空间联系。就此空间联系,本书认为不必要求过于严苛,不必要求有物理接触。例如,钥匙和锁即使没有物理上的附着关系,也不妨碍它们成立主从物关系。电视机和遥控器之间亦然。

(4) 从物必须与主物同属一人。例如,甲开一辆奔驰汽车,暂时借来邻居的汽车备胎,就不能说借来的备胎是甲自己那辆奔驰车的从物。

(5) 须在交易习惯上视为从物。在判断某物是否为从物的问题上,交易习惯具有优先性。当交易习惯不认为成立从物时,不得以从物论。例如,米和装米的麻袋、鸟和鸟笼。

至于从物是否限于动产,各国的立法例不尽一致。德国、瑞士立法明文规定,从物限于动产。我国现行法未明文限制从物的范围,应解释为从物不限于动产。如建筑物中可以有主建筑物和从建筑物之分,车库、储藏室一般而言是从建筑物。①

区分主物与从物的意义在于维持物的经济效用,避免资源的浪费。故立法一般规定对主物的处分及于从物。由于二者在经济目的上的客观关联性,如果不使主物处分的效力及于从物,在结果上就会破坏这种经济关联,导致主物和从物都不能发挥好各自的效用。

当然,"从随主处分"原则是一项任意性规范,可以用约定改变。主物与从物是独立的两个物,在逻辑上是两个物权的客体,而非同一个物权的客体。当事人之间可以进行特别约定,在转让主物时从物所有权保持不变,或者在主物上设定抵押权时,并不将从物纳入抵押物。这与前文所述的"物上的物权变动,其效力永远及于物的本质成分"有很大不同,要注意区分。

4. 原物与孳息

根据两物之间存在的原有物产生新物的关系,物可分为原物与孳息。原物是指依其自然属性或法律规定产生新物的物,如产生果实的果树、带来利息的银行存款等。孳息是指原物产生的物。孳息又可分为天然孳息和法定孳息,前者是指原物根据自然规律产生的物,如幼畜;后者是指原物根据法律规定带来的物,如存款利息、股利、租金等。

原物是否仅限于物抑或包括权利,各国(地区)民法有肯定与否定两种立法例。肯定立法例以《日本民法典》和《瑞士民法典》为代表,认为原物仅可为"物",权利不能成为原物;否定立法例以《德国民法典》和我国台湾地区"民法"为代表,认为原物既可以是"物",也可以是权利。② 如《德国民法典》第100条把"孳息"和"使用利益"并立,规定"收益,指物或权利的孳息,以及因对物或权利的使用所

---

① 梁慧星:《中国物权法研究》(上),法律出版社1998年版,第55页。
② 屈茂辉:《物权法·总则》,中国法制出版社2005年版,第138页。

生的利益"。

一般所谓的孳息,仅指实物,但是德国民法认为,在特殊情况下,孳息也可以是权利。作为权利的孳息,产生在民事权利主体虽然直接对原物无权利,但是在其参与的法律关系中,与其相对的义务人对原物有权利,从而该主体获得对原物的权利的情形。这种孳息被称为"间接孳息",是法定孳息的特殊情节。所以,孳息可以是物,也可以是权利。①

孳息的法律意义在于确定孳息的收取权。对于天然孳息,世界各国的归属原则基本一致,即所谓"原物主义",除法律或合同另有规定外,孳息归原物的所有权人或者类似于所有权人的独立物权人享有。例如,我国《物权法》第116条第1款规定:天然孳息,由所有权人取得;既有所有权人又有用益物权人的,由用益物权人取得。当事人另有约定的,按照约定。

法定孳息在德国民法中被称为"权利的孳息",一般以归属于原物的所有权人、持有人或者原物的合法占有人为原则。同时法律也许可当事人之间约定法定孳息的归属。比如将法定孳息给予指定的第三人(如保险关系中的受益人)等。②

5. 特定物与种类物

这是根据转让物是否有独立特征或是否经权利人指定而特定化所作的区分。特定物指有独立特征或被权利人指定,不能以其他物替代的转让物,包括独一无二的物和从一类物中经指定而特定化的物。前者如梵高的一幅油画,后者如从车行里挑出的一辆自行车。种类物指以品种、质量、规格等确定而无需具体指定的转让物,如型号、款式、价格相同的电视机。德国民法称种类物为"可替代物"(vertretbare Sache),特定物为"不可替代物"(unvertretbare Sache)。

区分二者的意义在于,民法对二者的灭失责任、所有权移转等有不同的规定。

(1) 在合同关系中,特定物在未交付对方当事人之前灭失的,可以免除义务人实际交付原物的义务,由有过错的当事人或第三人承担损失赔偿责任。因不可抗力造成特定物灭失的,在法律没有另外规定的情况下,当事人不承担民事责任。种类物在未交付前灭失的,义务人应交付同等种类物。

(2) 种类物的转让,通常以物的交付时间为所有权转移时间。特定物的转让,可以以物的交付时间为所有权转移时间,也可以按照法律规定或当事人的约定来确定所有权转移时间。

---

① 孙宪忠:《中国物权法总论》,法律出版社2003年版,第144—145页。
② 同上书,第146页。

6. 单一物、合成物与集合物

这是以标的物是由一个还是多个独立物构成为标准而作的区分。单一物指独立成一体的物，如一张桌子、一幅画等。合成物指数个单一物结合为一体的物，也称"合一物"，如配有红宝石的金项链。合成物的各个组成物是独立的，相互之间没有主从关系，但在法律和交易观念上被视为一个物。集合物指多个单一物或合成物集合为一体的物，在交易上和法律上被作为一物对待，如一群牛、一个企业法人的全部物质财产。合成物和集合物是对传统一物一权主义的发展，目的是适应社会生活的需要。

这种区分的意义在于，明确无论是哪种物，在作为权利标的时，在法律观念上都是一个完整的物。具体而言：一是在作为所有权客体时，三者的法律性质相同，每一个物上都只有一个所有权。二是在作为债权标的物时，债务人不得改变合成物或集合物的组合状况，否则构成债的不履行。三是在作为抵押权客体时，抵押人不仅不能改变抵押的各种物，而且在法律或合同无特别规定的情况下，还不得把单一物或者合成物、集合物的部分独立物质另行抵押给其他人。[①]

三、权利作为物权的客体

尽管对于权利的本质多有争议，但是权利总是与利益相联系的，或者说权利就是法律保护的利益。[②]虽然通常而言权利是民事法律关系的内容，但由于权利的利益属性，使其在法律有规定的情况下可以成为民事法律关系的客体。由此推断，权利本身也有可能成为权利（包括物权）的客体。从罗马法时代直到现代，物权的客体主要是有体物。但事实上，"物权之标的仅为有体物"的限制早已被突破。[③]

在市场经济条件下，由于交易的发展和物的使用效益的提高，不仅有体物作为商品进入了流通领域，而且具有实存利益和价值的权利可作为商品进行交易，特别是以有价证券作为债的担保已是担保物权发展的一个趋势。这就在权利上产生了一些新的物权形式，如权利质权、权利上的用益权等。许多国家的民法典确认了这些物权形式。[④]例如，《日本民法典》虽明文规定"本法所称物者系指有体物"（《日本民法典》第85条），但在此原则基础上，法律实际上承认有不少的例外：如《日本民法典》第85条第3款规定，在债权、股权等权利之上不得成立所有权及其他物权，但当权利变为证券时，其即被视为动产；第86条规定："无记名债权视为动产。"即使在强调"物必有体"的德国民法中，也规定了"物必有体"的例

---

① 张俊浩：《民法学原理》，中国政法大学出版社1997年版，第307页。
② 施启扬：《民法总论》，台湾三民书局1997年版，第25页。
③ 尹田：《物权法理论评析与思考》，中国人民大学出版社2004年版，第19页。
④ 王利明：《物权概念的再探讨》，载《浙江社会科学》2002年第2期。

外,此例外情形仅指权利如债权作成有价证券从而可以适用物权公示原则的情况,如设定在有价证券债权上的用益权和质权。

我国《物权法》第180条第1款第2项确认建设用地使用权可以进行抵押,因而存在在建设用地使用权上成立的权利抵押权;《物权法》第十七章第二节规定了以债权、股权、知识产权等为标的而成立的权利质权。权利抵押权和权利质权构成了我国物权法上的权利物权制度。

第五节　物权的效力

一、物权效力的一般理论

所谓物权的效力是指法律所赋予物权的强制性作用力。根据物权效力作用范围的不同,可将其分为物权的共有效力和物权的特有效力,前者指各种物权所共有的效力,后者指个别物权所特有的效力。本书在这里讨论的乃是物权所共有的效力,物权所特有的效力留待具体物权的阐述中,逐一说明。

尽管物权在大陆法系已经得到了较大的、体系化的发展,也为大陆法系许多国家的民法所明确规定,但各国立法上基本上都没有表明物权有何种效力,所以关于物权的效力的认识,学者之间存在着较大的分歧[1],目前,关于物权效力的学说主要有以下几种:

1. 二效力说。该说认为物权的效力包括物权的优先效力和物权的请求权。物权的追及效力已包括于这两种效力之内[2],物权的排他效力包括在优先效力之内。物权的优先效力因为物权的排他效力而生,物权请求权则直接基于物权的绝对性。[3]

2. 三效力说。该说有人认为物权的效力包括优先效力、排他效力和物上请求权[4];有人认为物权的效力包括优先权、追及权以及物上请求权[5];有人认为物权的效力包括对物的支配力、对债权的优先力、对妨害的排除力(即物权请求权)[6];有人认为物权的效力包括排他的效力、优先的效力、追及的效力[7]。

3. 四效力说。该说认为物权的效力包括排他效力、优先效力、追及效力及

---

[1] 梁慧星、陈华彬编著:《物权法》(第二版),法律出版社2003年版,第46页。
[2] 史尚宽:《物权法论》,台湾荣泰书局1979年版,第9页。
[3] 参见〔日〕我妻荣:《日本物权法》,台湾五南图书出版公司1999年版,第17页;〔日〕田山辉明:《物权法》(增订版),陆庆胜译,法律出版社2001年版,第14—27页.郑玉波:《民法物权》,台湾三民书局1998年版,第21页以下;钱明星:《论物权的效力》,载《政法论坛》1998年第3期。
[4] 谢在全:《民法物权论》(上),台湾三民书局1989年版,第34—40页。
[5] 曹杰:《中国物权法论》,中国方正出版社2004年版,第10页。
[6] 张俊浩:《民法学原理》,中国政法大学出版社1997年版,第337页。
[7] 姚瑞光:《民法物权论》,台湾海宇文化事业出版公司1995年版,第4页以下。

物上请求权四种。①

经过对上述观点比较之后看出,三效力说比二效力说多了"排他效力"或者"追及效力"或者"支配力",四效力说在三效力说的基础上全面综合了各种效力,将"排他效力""追及效力"均包括在内。对于"支配力",实际上其为物权的本质,是整个物权效力的基础,其不能作为物权的效力。所以,关键的问题就在于,排他效力和追及效力究竟是不是物权的独立效力,即它们分别与优先效力和物上请求权的关系。

把优先效力的含义界定为既存权利之间的效力位序,而不包括同一客体上存在一个权利就不再存有另一个权利的效力,可知在与物权客体所存在的诸权利之间的关系上,首先应是排他效力,其次才是优先效力。并且,在同时承认物权的排他效力和优先效力的情况下,物权的优先效力的含义会有所变化。例如,所谓不相容物权之间的优先效力应该属于排他效力的范畴。据此,物权的排他效力是指在同一标的物上不允许有两种以上不相容的物权同时存在,而优先效力则是在有数个权利同存于一物之上时的效力比较问题。可见,两者不是属于同一层次。② 所以,应当将物权的排他效力单独作为物权的效力加以阐述。

物权的追及效力是指物权成立后,其标的物不论辗转于何人之手,物权人均得追及物之所在,而直接支配其物的效力。③ 对于物权是否具有独立的追及效力,学界有否定和肯定两种意见。日本学者我妻荣先生认为,追及的效力并不具有独立性,应包括在物上请求权之中,它不过是物上请求权中的返还请求权。如果将追及的效力独立出来,则物上请求权就必然没有独立存在的价值。④ 我国台湾学者郑玉波先生认为,物权的追及效力已为物权的优先效力所包含,故不应将其作为一种独立的物权效力。⑤ 我国台湾学者王泽鉴先生则认为,物权的追及效力是独立的,不能为物权的其他效力所包括。我国学者王利明先生亦主张物权的追及效力是独立的。⑥ 本书认为物上请求权包括物权请求权和占有请求权,是指当物权人或占有人在其物被侵害或有被侵害之虞时,得请求回复物权圆满状态或防止侵害的权利。当物权受到侵害时,如果把物权人和侵害人,即侵害物权或者妨碍物权行使的人、危险物件的所有人或者管理人之间发生的物权效力仅仅视为一个整体,物权人锁定侵害人、对侵害人享有相应类型的物上请求

---

① 王泽鉴:《民法物权》,北京大学出版社 2009 年版,第 46—48 页;王利明:《物权法论》,中国政法大学出版社 1998 年版,第 25 页以下。
② 崔建远:《物权效力的一般理论》,载《法学杂志》2003 年第 4 期。
③ 王泽鉴:《民法物权》,北京大学出版社 2009 年版,第 48 页。
④ 〔日〕我妻荣:《新订物权法》第一章第二节,日本岩波书店 1995 年版,转引自王利明:《物权法论》,中国政法大学出版社 1998 年版,第 31 页。
⑤ 郑玉波:《民法物权》,台湾三民书局 1988 年版,第 22 页。
⑥ 王利明:《物权法论》,中国政法大学出版社 1998 年版,第 31—32 页。

权,均为物权效力的内容,则物权追及效力属于物上请求权的观点就具有合理性,可资采纳。但是如果把物权人和侵害人之间发生的物权效力看作一个由若干阶段组成的过程,物上请求权只涵盖物权人对侵害人享有各种类型的请求权这一层面,物权的追及效力承担着突破各种相对法律关系的障碍、锁定侵害人、对抗第三人对该物的合同债权等有关权利这个重任,其作用的发挥阶段处于物上请求权作用领域之前。① 此外通说认为,物权请求权的适用范围为所有权及用益物权,包括地上权、地役权和典权均可以准用物权请求权,转移占有的质权只能基于本权或者占有之物的请求权,至于留置权仅得依占有的请求权。② 在物上请求权不能作用的领域,物权的追及效力则突显其功能,例如抵押权的追及力即是物权追及效力的体现。物权请求权与物权追及力行使条件也不同,物权请求权仅适用于非法占有情景,而在取得人或者占有人为合法取得或者占有的情形下,若不承认物权的追及效力,则不能将其追回。物上请求权的有关内容也与物权的追及效力不同,如物上请求权中的停止妨害请求权、妨害防止请求权等不属于追及效力。因此,追及效力有作为独立效力而存在的必要。

基于上述理由,本书赞同"四效力说",即物权的效力包括排他效力、优先效力、追及效力和物上请求权四个独立的效力。

二、物权的排他效力

所谓物权的排他效力,是指在同一标的物上不允许有两种以上不相容的物权同时存在。也就是说,已存在的物权,具有排除在同一标的物上再行成立与之不相容的其他物权的效力。物权的这种效力,根源于物权的直接支配性。在罗马法中已有"所有权遍及全部,不得属于二人"的法则,表明物权的排他效力由来已久。此处的不相容物权不仅仅指同种内容不相容的物权,还包括不同种内容不相容的物权。与作为对物支配权的物权不同,债权是对人请求权,无排他效力。债权实行平等性原则,即数个内容相同的债权可以同时存在,彼此地位平等。物权的排他效力主要表现为以下几点:

1. 同一标的物上,已有所有权存在的,不得再成立所有权。但在同一标的物上有所有权存在后,他人又因时效取得或善意取得而获得该标的物的所有权时,前一所有权会因此而消灭,而不是排斥后一所有权。

2. 同一标的物上,不得有两个以上同以占有为内容的定限物权存在。如非以占有标的物为内容的定限物权,则不在此限。例如,同一标的物之上只能成立一个建设用地使用权或农村土地承包经营权,而不得同时成立两个或两个以上

---

① 崔建远:《物权效力的一般理论》,载《法学杂志》2003 年第 4 期。
② 史尚宽:《物权法论》,台湾荣泰书局 1979 年版,第 11 页。

的建设用地使用权或农村土地承包经营权。① 由于用益物权一般是不动产物权,故其与担保物权的冲突只能发生在不动产之上,而以不动产为标的物的担保物权,如抵押权、不动产优先权等,一般都是不以占有为内容的物权,所以用益物权与担保物权一般可以同时并存于同一标的物上,例如抵押权和地役权。

3. 物权的排他效力有强弱之分,所有权最强,同一标的物上绝不允许有多个所有权存在。其次是以占有为内容的他物权,如宅基地使用权、建设用地使用权等,同一标的物上不能有多个以占有为内容的他物权存在。至于非以占有标的物为内容的,则不在此限。排他效力最弱的是不以占有标的物为内容的他物权,如地役权、抵押权等,但不允许有相同内容的物权在同一物上同时存在,至于同种类的物权则不在此限。② 如在同一不动产上可设定数个抵押权,但因其优先顺序不同,所支配的交换价值的范围不同,故并非同一内容的数个抵押权同时并存。③

在以下情形中,同一标的物上可以有数个物权并存:

(1) 所有权与他物权并存于同一物上,这里的他物权包括用益物权与担保物权。

(2) 以占有为内容的他物权与非以占有为内容的他物权并存于同一物上。如建设用地使用权和抵押权可并存于同一标的物上。

(3) 数个非以占有为内容的他物权可并存于同一物上,如在某一企业设备上可以设立数个抵押权。

三、物权的优先效力

关于物权优先效力的范围,有的学者认为仅指物权优先于债权。④ 但通说认为物权的优先效力不仅指物权优先于债权,也指物权相互之间的优先性。所以物权的优先效力应是指,同一标的物上有两个或两个以上可相容物权时,成立在先的物权一般优先于成立在后的物权;同一标的物上有物权和债权同时存在时,物权优先于债权。此处的优先效力并不涉及不相容的物权的排他性问题,这些问题属于排他效力的范围。

物权对物权的优先性体现在存在有与其相冲突的物权时,它的实现和保护具有优先性,即存在于同一物上的物权之间具有先后顺序之分。这也是物权区别于债权的一个特征。债权的客体是债务人的给付行为,两个债权之间不会存在冲突,因此,不存在谁优先的问题。至于一个物同时作为物权的客体与债权给

---

① 史尚宽:《物权法论》,台湾荣泰书局1979年版,第59页。
② 谢在全:《民法物权论》(上),台湾三民书局1989年版,第32页。
③ 同上书,第35页。
④ 张俊浩主编:《民法学原理》,中国政法大学出版社1997年版,第338—339页。

付标的的情形,比如,一物二卖中,出卖人将标的物交付给后来签订买卖合同的买受人,则此买受人之所以取得标的物的所有权,是因为债权行为的效力是使一方或双方当事人为或不为一定的行为,而物权行为的效力则在当事人之间发生物权变动,所以,先前的买受人只享有请求出卖人交付标的物履行合同的权利,即债权,而后来的买受人则因为物权行为的效力而取得了对物的所有权。若出卖人在交付标的物之前又在该物上设定他物权的情形与一物二卖相同。如果出卖人先在该特定物上有效设定了不以占有为要件的他物权(如抵押权),出卖人仍然保有该物的处分权,之后又将其出卖并交付给买受人,此时根据物权行为的效力,此买受人取得所有权,但是此物之上仍负担一个此前成立的他物权,这正好是物权之间优先效力的体现,而并非物权对债权的优先效力。这是根源于物权自然状态下的本质,即对物权(right in rem),所以,一旦物上设立物权,那么不论该物辗转于何人之手,此物权就会伴随该物的移转而一直存在下去直至该物灭失,除非基于交易安全的考虑而适用善意取得制度。

(一) 物权优先于债权的效力

同一标的物上既有物权又有债权的,不论二者成立的顺序如何,物权均有优先于债权的效力,这种优先力是基于物权的直接支配性而产生的。关于物权优于债权的效力提法是否适当,也有学者提出了质疑,理论上也有争议。① 质疑的学者认为"物权优于债权"的前提是债权也可以直接设定于物之上,这违背物权和债权的基本性质。虽然有不少人认为债权客体除了行为,也包括物和智力成果,但从债权的定义可知,债权与物并无直接联系。所以,并无物权优于债权的关系存在。本书认为,一般情况下,债权虽然并非直接指向某一标的物,但是如果给付属于交付财物,则会形成债权指向给付,给付指向标的物的格局,即"透过债务人的行为间接影响物的支配"。② 通过给付为中介,债权的效力仍然可以间接及于标的物之上,甚至产生反对他人不法侵害该标的物的效力。③ 例如,在买卖合同中,如果第三人故意通过毁损标的物使买受人的债权不能实现,那么,买受人可以请求该第三人承担侵害债权的损害赔偿责任。又如,在租赁、使用借贷等债的关系中,因必须移转标的物的占有,故债权对标的物的依赖和支配关系清晰可见。如果这些标的物同时为物权的客体,则债权与物权之间发生效力冲突,是铁的事实。④ 因此有效力冲突,就需要法律协调,就应该确定哪个效力优先,

---

① 温世扬、廖焕国:《物权法通论》,人民法院出版社2005年版,第54页。
② 〔日〕我妻荣著,有泉亨修订:《日本物权法》,李宜芬译,台湾五南图书出版公司1999年版,第18页。
③ 崔建远:《物权:生长与成型》,中国人民大学出版社2004年版,第27页。
④ 〔德〕R. Saleilles:《德国民法典第一草案中的义务》,转引自尹田:《法国物权法》,法律出版社1998年版,第32页。

所以在此物权需要有优于债权的效力,故而应当说物权是优于债权的。

物权优于债权的效力具体可分为两种情形:

一是债权以某特定物为给付之标的物,而该物上又有物权存在时,无论物权成立的先后,均优先于该债权。在此又可分为两种情形:

(1)一物二卖中,标的物是动产时,后买者已接受该动产的交付;标的物为不动产时,后买者已经办理了所有权的移转登记,在这两种情况下,后买者的所有权当然优先于先买者的债权。而且,当标的物是不动产时,即使先买者已占有了该不动产,依然发生上述效力,后买者可以基于物上请求权要求占有人返还不动产。

(2)某特定物虽已为债权给付的内容,如为买卖、赠与、使用借贷的标的物,但该物之上如有他物权存在,则无论该物权成立的时间如何,均优先于债权的效力。债权人无权请求物权人交付或移转该物,也无权请求除去该物上的物权。①

二是物权优先于一般的债权。

当物构成债务人的一般财产,而该债务人破产或其财产被强制执行时,对物享有物权的人,优先于一般债权人。具体而言,对该物有所有权的人(非债务人),于破产时有取回权。对该物有担保物权的人,得就该物优先受偿。即对破产财产享有质权、抵押权或留置权的人,有别除权;对强制执行的财产享有质权、抵押权或留置权的人,得提起执行异议之诉。②

物权优先于债权作为一般原则也存有例外:

(1)买卖不破租赁。不动产租赁属于债权,但为平衡当事人的利益及保护经济上的弱者,该权利被物权化,即承租人依其使用权,可以对抗包括作为出租人的原所有人在内的其他人。在出租物买卖、赠与、继承等场合,租赁合同不受影响,对第三人继续有效。继受人作为新的所有人,须尊重不动产上的承租人使用权的原状,即其取代原所有人地位而成为新的出租人,除非承租人解除租赁合同。我国《合同法》第229条规定:"租赁物在租赁期间发生所有权变动的,不影响租赁合同的效力。"正是物权优于债权原则例外的体现。

(2)基于公益或社会政策的理由,法律规定某些特殊债权可优先于物权。如我国《担保法》第56条规定:拍卖划拨的国有土地使用权所得的价款,在依法缴纳相当于应缴纳的土地使用权出让金的款额后,抵押权人有优先受偿权。可见,此时土地使用权出让金债权有优先于抵押权的效力。值得一提的是,有的人认为由于我国破产相关的法律赋予了税收、工资等优先权,认为其也是物权优于债权的例外。这种观点有待商榷,因为税收或者工资等的优先受偿必须是在破

---

① 谢在全:《民法物权论》(上),台湾三民书局1989年版,第37页。
② 史尚宽:《物权法论》,台湾荣泰书局1979年版,第9页。

产财产中,而已经具有物权效力的抵押财产或者已经为他人拥有所有权的财产,当事人可以行使优先受偿权或者别除权,将它们都排除在破产财产之外,所以税收、工资并非优于物权而受偿。通常人们将特殊债权优于物权的现象称作优先权,其中意大利、法国、日本都明确集中"优先权"规定的法律,而我国将这些优先权零散地规定于各种法律之中。

(二) 物权相互之间的优先效力

1. 不相容物权相互之间的优先效力

其实此处之不相容物权之间的优先效力应为物权之排他效力。在同一标的物上不允许有数个不相容物权并存其上,故除所有权善意取得或时效取得等情形外,先发生的物权具有优先性,即体现了"时间在先,权利在先"(first in time, first in right)的原则。如在一块土地上设定了土地使用权之后,不得就该土地再设定土地使用权。

2. 可相容物权相互之间的优先效力

(1) 所有权与他物权。他物权是在所有权的基础上设立,可在一定范围内支配该物的权利,性质上当然应优先于所有权,但是这种优先性只存在于所有权人对他物权人设定的权能的那部分。例如典权人得优先于房屋所有人使用房屋。

(2) 数个担保物权并存于同一标的物上时,其效力依成立先后而定。如我国《物权法》第199条规定:"同一财产向两个以上债权人抵押的,拍卖、变卖抵押财产所得的价款依照下列规定清偿:(一)抵押权已登记的,按照登记的先后顺序清偿;顺序相同的,按照债权比例清偿;(二)抵押权已登记的先于未登记的受偿;(三)抵押权未登记的,按照债权比例清偿。"

(3) 用益物权与担保物权并存时,成立在先的,亦具有优先效力。如在某一标的物上设定抵押权后,再设定地役权的,该抵押权不因此而受影响。若地役权的存在有碍于抵押权实现时,抵押权人有权请求除去地役权负担。

先成立的物权优先于后成立的物权作为一项原则,也存在例外,除上述的他物权优先于所有权外,还有以下情形:

(1) 因对标的物施加劳务、技术或供给材料,保全该标的物或增加其价值所生的债权,法律常赋予其担保物权(法国称之为优先权,日本称之为先取特权),特别予以保障。这种法定担保物权,虽发生在后,通常却有优先于一般担保物权的效力。[1] 例如依照《日本民法典》第306条的规定,可以在债务人总财产上成立的一般优先权包括:① 共益费用;② 雇员的工资;③ 丧葬费用;④ 家庭成员的生活补贴费用。此外,费用性担保物权(指为了担保因保存或增加标的物的价

---

[1] 谢在全,《民法物权论》(上),台湾三民书局1989年版,第36页。

值而产生的债权的担保物权)优先于融资性担保物权(指为了担保因融资所生债权的担保物权)。如我国《海商法》第 25 条规定:船舶抵押权后于船舶留置权受偿。这里的船舶抵押权,即属融资性担保物权,船舶留置权即属费用性担保物权。

(2)基于公益或社会政策的理由,法律规定成立在后的某些物权优先于在先的物权。如我国《海商法》第 25 条规定:船舶优先权先于船舶留置权和船舶抵押权受偿。

四、物权的追及效力

(一)追及效力的含义

物权追及力的概念在学者之间并非一致,主要存在三种定义方式①:(1)我国民国时期(1919 年)大理院第 844 号解释称:"凡属物权,无论其为权利标的之物,辗转归于何人之手,得追及物之所在而实行其权利,此称为物权的追及力。"采类似定义的主要有日本学者我妻荣、高岛平臧,我国台湾学者郑玉波、史尚宽等。(2)学者姚瑞光、王泽鉴和陈华彬等认为:物权之追及效力,指物权成立后,其标的物不论辗转落于何人之手,物权人均得追及物之所在,而直接支配其物之效力而言。(3)学者王利明主张:所谓追及的效力,是指物权的标的物不管辗转流通到什么人手中,所有人可以依法向物的占有人索取,请求其返还原物。(1)、(2)与(3)的区别在于,前两者认为追及效力是物权人追及物之所在,最终行使的是直接支配物的物权;而(3)则认为,物权人最终行使的是请求权(物上请求权)。本书认为,物权的追及效力,是指无论物权标的物辗转于何人之手,物权人均可追及物之所在来行使其支配权的效力。

(二)物权的追及效力是否独立

对此学界有否定和肯定两种意见:日本学者我妻荣先生认为,追及的效力并不具有独立性,应包括在物上请求权之中,它不过是物上请求权中的返还请求权。如果将追及的效力独立出来,则物上请求权就必然没有独立存在的价值。②我国台湾学者郑玉波先生认为,物权的追及效力已为物权的优先效力所包含,故不应将其作为一种独立的物权效力。③ 学者刘心稳亦主张物权追及力是物权请求权之一侧面,无单列为一种独立的物权效力之必要。④

---

① 参见朱庆育:《寻求民法的体系方法——以物权追及力理论为个案》,载《比较法研究》2000 年第 2 期。
② 〔日〕我妻荣:《新订物权法》第一章第二节,日本岩波书店 1995 年版;转引自王利明:《物权法论》,中国政法大学出版社 1998 年版,第 31 页。
③ 郑玉波:《民法物权》,台湾三民书局 1988 年版,第 22 页。
④ 转引自张俊浩主编:《民法学原理》,中国政法大学出版社 1997 年版,第 363 页以下。

我国台湾学者王泽鉴先生则认为,物权的追及效力是独立的,不能为物权的其他效力所包括。另外姚瑞光先生认为,在辗转取得或占有标的物之人,系合法取得或占有之情形下,非认物权有追及的效力,殊难解决问题。① 我国学者陈华彬先生认为,追及力系周到保护物权的需要,以及更助于彻底地认识物权的本旨。② 王利明先生亦主张物权的追及效力是独立的,并认为,一方面物权具有追及的效力是相对于债权而言的,是在与债权的比较中所确定的独有的效力。债权原则上不具有追及权,债权的标的物由债务人非法转让或第三人非法占有时,债权人不得依据债权而请求物的占有人返还财产,只能请求债务人履行债务和承担违约责任。另一方面,物权的追及效力需要通过行使物上请求权才可以实现,但物上请求权是由物权的追及效力所决定的,追及的效力是物上请求权中返还原物的请求权产生的基础,而不能说它应当包括在返还原物的请求权中。还应看到,追及权只能由物权人享有,但物上请求权中的返还原物请求权,不仅可由物权人享有并行使,占有人也可行使这种权利。③ 根据上述学者的观点以及前面的论述,笔者赞成这一观点,认为追及效力的内涵之丰富非物上请求权的效力就能完全涵盖,所以应当作为物权独立的效力。

(三) 追及效力的阻断

理论上而言,确立追及力的意义在于形成物权效力的充分而完满的体系,进而形成对物权的严密保护,但追及力与善意取得制度、物权变动的公示公信制度和交易安全的保障似有轩轾之处,笼统地认为无论标的物辗转落入何人之手物权人均得请求返还甚至直接支配其物,显与物权的公示公信原则格格不入,因为公示公信原则的制度价值就在于切断所有权人的追索而达到保护善意第三人和交易安全的目的,所以物权的追及效力并不是绝对的。④ 肯定善意取得人的权利,便意味着剥夺了原所有人向善意第三人请求返还原物的权利,只能要求无权处分人赔偿损失。可见,民法的信赖保护原则将物权的追及效力切断,从而使得物权的追及力具有相对性。但是,它并不能否认物权的追及力独立存在的价值。这是因为在交换日益频繁的现代社会,立法越来越倾向于交易安全的优先保护,并因此而不得不牺牲原所有人对原物的利益,所有人只能向非法转让人请求损害赔偿,即是民法在保护静的安全与动的安全之间所进行的调和,寻求二者发展中的最佳平衡。此外,追及效力也受到取得时效的限制,当占有人和平、公然地以自主占有为基础占有达到一定时间,则可以取得物的所有权,从而切断了物

---

① 参见姚瑞光:《民法物权论》,台湾三民书局1969年版,第8页。
② 参见陈华彬:《物权法原理》,国家行政学院出版社1998年版,第96页。
③ 参见王利明:《物权法论》,中国政法大学出版社1998年版,第31—32页。
④ 参见刘凯湘:《物权请求权基础理论研究》,载梁慧星主编:《民商法论丛》(第28卷),金桥出版社(香港)有限公司2003年版。

的追及效力。

五、物上请求权

(一) 物上请求权概述

物上请求权有广狭两种意义。就狭义而言,仅指基于物权而产生的请求权,即物权人在其物被侵害或者存在被侵害之虞时,得请求回复圆满状态或防止侵害的权利。就广义而言,还包括占有人的物上请求权。物上请求权制度是大陆法系特有的对物权进行保护的制度,是物权法的重要组成部分。《德国民法典》《瑞士民法典》对之都有明确的规定。《日本民法典》虽仅规定了占有之诉(占有保护请求权)制度,但经判例的解释也建立了物上请求权制度。我国的《物权法》将物权请求权置于"物权的保护"一章,旨在减少对物权请求权的理解的难度和误解。但是本书认为物权的保护应当有多种含义,对物权的保护也不仅仅限于物上请求权,许多别的性质的法律亦可以提供对物权的保护,典型的例证就是侵权行为法对物权所提供的保护。所以如果将物权请求权笼统地概括为对物权的保护,将会造成法律体系的混乱,反而混淆了不同层次的法律所提供的保护,因此并非最佳的立法体例。

(二) 物上请求权的意义

物上请求权是物权人在其物被侵害或有被侵害之虞时,得请求回复物权圆满状态或防止侵害的权利,也称为物权请求权、对物诉权、物上诉权。德国民法学说中的物权请求权是指:"消除物权的享有和行使所受到的妨碍,从而恢复物权人原来完满的权利状态"的权利。① 我国台湾学者史尚宽先生认为"排除妨害,回复物权圆满支配状态之请求权,谓之物权的请求权"。② 李宜琛先生认为"物权既以直接支配物为内容,故若有加以妨害而致其内容不能完全实现时,物权之所有人得对妨害人请求除去其妨害,俾恢复物权内容之完全的状态"即谓物权请求权。③ 物上请求权作为物权的效力之一,来自对物权保护的绝对性,即在物权的享有与行使受侵害时,理论上应承认物权有此项效力,以排除外来干涉或侵害,确保物权的圆满状态。

在权利的基本分类里,有支配权与请求权之分,物权是支配权的一种,而债权则属于请求权。那么,此处的物上请求权作为请求权的一种,在请求权中的地位如何,它与债权是一种什么样的关系呢?从上文对物上请求权的定义可以看出,它是基于对物权行使的保护而产生的,物权或占有是其基础。与其不同的

---

① 孙宪忠:《当代德国物权法》,法律出版社 1998 年版,第 87 页。
② 史尚宽:《物权法论》,台湾荣泰印书馆 1979 年版,第 10 页。
③ 李宜琛:《现代物权法论》,好望书店 1933 年版,第 16—17 页。

是,债权本身就是请求权的一种,基于对债权的保护也有相应的请求权,如违约金请求权、继续履行请求权等等,物权有请求权之内容,债权也有请求权的内容。在相对权,请求权往往就是其享有的权利的内容,故债权本身的性质即被视为请求权,但债权的请求权并不就是债权,例如,甲(买方)与乙(卖方)签订一买卖合同,合同于2010年1月1日生效,自此时即在双方之间形成了债权债务关系,双方互享债权,互负债务,但合同约定1月10日交货,1月20日付款,则甲待1月10日始得对乙行使请求权(请求交货),乙待1月20日始得对甲行使请求权(请求付款)。在绝对权,请求权仅为权利之一种可能的表现,在权利不受侵害的情况下,其请求权则隐而不现,权利人无需也无从行使请求权,但"一旦物权遭受侵害,则随时可以发动,且其发动不限次数,受一次侵害,即可表现一次请求权也"[①]。在物权人享有物权的期限内,其请求权也许从未发生(从未受到妨害),但只要受有妨害,即可随时反复多次发生,并不因一次之行使而消灭,且每次之内容也可变化,例如所有物权被他人侵占,所有权人即行使所有物返还请求权,旋又被他人设置妨碍影响支配,所有权人又可行使妨害排除请求权。物权请求权的这一特征是其与债权请求权的显著区别。但是它们却都是请求权的一种。同样的,为了保护民事主体的人身权,民法也配置了相应的请求权。由此可见,物上请求权是请求权的一种,只不过它的基础性权利是物权或占有,所以,它具有请求权的特征,但是,又与物权紧密相关。

(三) 物上请求权的性质

关于物权请求权的立法首创于《德国民法典》,该法典物权编的第三章第四节规定了"基于所有权的请求权",包括返还请求权(第985条)、除去侵害请求权和不作为请求权(第1004条)。对他物权的保护,准用基于所有权的请求权的规定,占有人也得基于占有提起请求权。[②] 但是《德国民法典》中并没有物权请求权的概念,也没有物权请求权相关性质的细致描述,物权请求权(物上请求权)这个概念是民法学者根据法律规定概括出来的。所以对于物上请求权的性质如何,学者们自然有不同的见解:

(1) 纯债权说。认为物上请求权系请求特定人为特定行为(排除侵害)的权利,属于行为请求权,所以是纯粹的债权。

(2) 准债权说。认为物上请求权是请求特定人为特定行为的权利,就此而言,与债权相类似;但此项请求权从属于物权,其发生、移转、消灭均从属于物权,故也非纯债权,仅是可准用债权规定之权利,即准债权。

[①] 梅仲协:《民法要义》,中国政法大学出版社1998年版,第37页。
[②] 魏振瀛:《论请求权的性质与体系——未来我国民法典中的请求权》,载《中国民法学精萃(2004年卷)》,高等教育出版社2004年版,第52页。

(3) 物权作用说。认为物上请求权是物权的作用,并非独立的权利,其依存于物权而存在、消灭。日本判例采此见解。[①]

(4) 物权派生之请求权说,认为物上请求权是由物权所派生,而经常依存于物权的一种权利。

纯债权说只注意到物上请求权为请求权的一面,而忽视了其自物权而生,与物权同命运的一面,故不足采。物权作用说否认物上请求权的独立性,只注意到其依附于物权的一面,忽视了其区别于物权的禀性,即其具有请求权的某些属性。其余两说大体相同,只是着重点或观察角度不同,准债权说着重于准用债权规定而为观察,物权派生之请求权说则着重于其所依存的物权而为观察。综合以上各种学说,可见物上请求权是依存于物权的独立的请求权。

首先,物上请求权是独立的请求权。请求权是要求他人为一定行为(作为或不作为)的权利,包括债权的请求权、物权的请求权及亲属权的请求权。物上请求权以要求他人为一定的行为为内容,所以该权利在实现的问题上,准用关于债的履行的规定,如给付不能、给付迟延、过失相抵等。在这一点上,物上请求权区别于物权,物权为支配权,可对权利客体进行直接的支配。

其次,物上请求权是物权的作用或权能。物上请求权基于物权而生,与物权同命运,即随着物权的发生、移转、消灭而进行相应变动。物上请求权是物权的一种作用,是在物权受到侵害或可能被侵害时进行自我保护的一种手段。物上请求权是在物权的行使受到妨碍时才表现出具体的请求权,没有物权受到妨碍的事实,物上请求权仅仅以抽象的、消极的方式蕴含于物权之中,蓄而不发。

再者,物权请求权不能独立地让与。物上请求权的发生前提是物权的支配受到妨害。只有支配权存在,才有产生物上请求权的可能性。支配权消灭,物上请求权随之消灭,随之产生的只能是债权请求权。因此,物上请求权不能与物权本身相脱离,不能独立地让与第三人。在物上请求权能否独立让与的问题上,理论界有不同的认识。积极说认为,物上请求权得独立让与,而其让与应从一般债权让与之规定。但物权让与时,应解释为将物上请求权一并让与。相反,消极说认为物上请求权系由物权发生,不能与物权分离而存在,从而不得与物权分离而让与。[②] 所谓让与物上请求权仅仅是作为让与物权的手段。事实上不可能存在物权人仅让与物上请求权,而保留物权的情况。

(四) 物上请求权与消灭时效

物上请求权是否罹于消灭时效,即物上请求权是否因消灭时效的完成而消灭,各国(地区)立法及学者们的看法并不一致,主要有以下几种观点:

---

① 参见〔日〕田山辉明:《物权法》,陆庆胜译,法律出版社 2001 年版,第 18 页。
② 参见郑玉波主编:《民法物权论文选辑》(上册),台湾五南图书出版公司 1984 年版,第 183 页。

一是肯定说。该说以为,既然民法关于消灭时效的规定统称为请求权,而物上请求权为请求权的一种,则物上请求权也应因时效经过而消灭。例如我国台湾判例先持肯定说,认为:"不动产所有权之回复请求权,应适用民法第125条关于消灭时效之规定。""民法第125条所称之请求权,不仅指债权的请求权而言,物权的请求权亦包含在内。"但后来的判例则改变了这种态度,认为"已登记不动产所有人的回复请求权,无民法第125条消灭时效规定之适用"。

二是否定说。该说认为,物权以对于标的物的圆满支配为内容,具有回复物权圆满支配状态作用的物上请求权,在物权存续期间,不断发生。物权既然不适用消灭时效的规定,则物上请求权也不因时效而消灭。我国台湾有学者根据台湾地区"民法"的规定,认为物上请求权适用消灭时效,会发生消灭时效与取得时效的不调和,而造成无谓的困扰,故不论不动产或动产,亦不论登记与否,其所有权仅适用取得时效之规定,其物上请求权自不适用消灭时效之规定。如此既能避免困扰,亦能收到不保护权利上睡眠人之效果。否定说为日本判例所采用,也是学者们的通说。

三是折中说。该说认为,物上请求权是否因时效完成而消灭,不能一概而论,应依具体情况而定。即除登记的不动产的物上请求权外,其他财产的物上请求权应适用消灭时效的规定。德国民法采取这种观点。按《德国民法典》的规定,请求权因时效而消灭(第194条),但已经登记的权利所生的请求权,不因时效而消灭(第902条)。

我国《民法通则》第135条规定:"向人民法院请求保护民事权利的诉讼时效期间为2年,法律另有规定的除外。"这是我国现行法律关于请求权的消灭时效的规定。那么,物上请求权是否适用这一规定呢?我国学者们对此亦存在不同的看法。有人认为,物上请求权中的返还请求权应适用诉讼时效,而排除妨害请求权和消除危险请求权不适用诉讼时效;还有人认为,已登记的不动产的返还请求权不受诉讼时效的限制,未登记的不动产与动产的返还请求权应受诉讼时效的限制,排除妨害请求权与预防妨害请求权不受诉讼时效的限制。[①]

笔者认为只要物存在,在其受到侵害或可能被侵害时,物上请求权即自行发生,就理论上而言,不适用消灭时效。此外,由于物权不会因为消灭时效而消灭,所以即使把各种物上请求权分开来看也是这样,受到侵害以后,各种物上请求权基于物权就会潮水般地涌现出来,不可出现不行使的情况[②],从而也无从因经过消灭时效而丧失功能。

(五)物上请求权与债权请求权

物上请求权是一个独立的权利种类,同时又与物权有密不可分的联系。物

---

① 房绍坤、齐建骅:《试论物上请求权》,载《山东法学》1999年第1期。
② 〔日〕田山辉明:《物权法》,陆庆胜译,法律出版社2001年版,第19页。

权的行使受到妨害,标的物尚存时,物上请求权即发生。如果标的物灭失,物权即消灭,物上请求权也无从行使。此时,受损害的人只能行使"债权请求权",要求侵权人赔偿损失。物上请求权与债权请求权虽然均为请求权,但二者的发生前提、作用和内容都有明显的不同。

物上请求权以物权存在为发生前提,其作用在于排除对标的物支配所存在的种种妨害,恢复对物的圆满支配,属于救济权。此外物权应具有排除将要发生的损害的功能,所以物权请求权亦属于防御系统。债权请求权以债权的存在为前提,在意定之债,以当事人设立债权的意思表示为基础;在法定之债,则须有法定的债权发生为根据。债权请求权中有属于救济权的,如赔偿损失请求权,属于损害赔偿系统,但主要的是给付请求权(在合同之债中,这一点表现得尤为明显)。当发生债务不履行时,依约给付请求权是原权利,要求债务人承担违约责任的权利是救济权。赔偿损失请求权与物上请求权容易发生混淆,区分的关键在于:前者的作用是赔偿权利人的财产损失,在侵害行为使权利人遭受财产损失时发生和行使;后者的作用是恢复物权人对标的物的正常支配,在物权标的物存在但物权行使受妨害时发生。

(六) 物上请求权的种类

1. 根据对物权妨害样态的不同,物上请求权可分为以下几种:请求排除妨害、请求恢复原状和请求返还原物。具体分述如下:

(1) 请求排除妨害

当他人的行为非法妨害物权人行使物权时,物权人可以请求妨碍人排除妨害,也可以请求法院责令妨碍人排除妨害。由于请求排除妨害的事实依据是他人的行为构成了对物权人行使物权,即对物进行使用、收益的妨害,因此,排除妨害的请求,不仅直接占有物的所有人可以提出,直接占有物的用益物权人也可以提出。我国《物权法》第35条对此作出了规定:"妨害物权或者可能妨害物权的,权利人可以请求排除妨害或者消除危险。"

请求排除妨害,既包括请求除去已经存在的妨害,也包括请求防止可能出现的妨害。前一种请求于存在实际妨害时提出,其目的在于除去已存在的妨害,可称为"请求除去妨害"。后一种请求在出现妨害之虞时提出,即存在妨害危险时提出,其目的在于预防可能发生的妨害,可称为"请求消除危险"。如某工厂的有毒废水注入了某承包户承包的鱼塘,对该承包户使用鱼塘构成妨害,则承包户可向厂方提出除去妨害的请求。如工厂只是开始向鱼塘方向铺设排污管道,其行为虽不构成对鱼塘使用的现实妨害,但却存在妨害鱼塘使用的危险。因此,鱼塘承包户可请求工厂停止向鱼塘方向铺设排污管道,以防止妨害的发生。至于除去妨害的费用和防止妨害的费用,当然应由妨害人负担。

这里说的妨害,是指使物权出现了不应有的、相反的状态,而且必须是使这种状态呈持续性的。例如,邻居的建筑物扩建超越了界限的情况。而走进宅基地或通过他人的土地,如果只是一次性的,就不能成为请求排除妨害的对象。而且一般来说,如果这种妨害不具有违法性(如有些妨害是相互的),其排除妨害请求权就不会被认可。①

由于侵害行为多种多样,所以排除妨害请求权的内容也是多种多样的。例如,A 的土地同 B 的院子相邻,A 因某种需要而往下挖自己的土地,形成了同 B 的院子有一米的落差。某天,高处的泥土塌下,B 家院子的石头滚落到了 A 的土地上。这种情况下,A 是可以要求 B 清除石头的,虽然塌陷是由 A 的行为引起的,B 也可以要求 A 作出损害赔偿,但 A 的排除妨害请求权还是应该得到支持的,因为 B 可能会对此事无所谓,石头和泥土的归还未必值多少钱,即使值钱也并不一定需要立即归还。不过,费用的负担是另外的问题。② 但是如果泥土和石头的塌陷是由于天灾的原因,对于是否承认这样的物上请求权,却存在争议。有人认为如果妨害的原因是不可抗力所引起的,就不存在物上请求权发生的问题。有的人认为物上请求权的目的就在于除去已生成的妨害,而不管这种妨害是怎么造成的。笔者认为后一种观点是正确的,无论物的妨害是由什么原因造成的,受到妨害之人都可以要求对方除去妨害。

(2) 请求恢复原状

民法在侵权法、合同法等多个领域都采用了恢复原状的概念,而在使用这个概念时其含义又各不相同,所以需根据不同的情况来确定恢复原状的含义。这里所谓的恢复原状,是指当物权的标的物因他人的侵权行为而损坏时,如果能够修复,物权人可以请求侵权行为人加以修理以恢复物之原状。恢复原状的请求,可以由物的所有人基于所有权而提出,也可以由物的合法占有人基于他物权而提出,因为这些人对所有人负有维持其物的完整性的义务。

关于恢复原状是否为物上请求权的一项独立内容,在学术上存有争议。传统的物上请求权并不包括恢复原状请求权,如《德国民法典》将恢复原状的规定置于债编之下(第 249 条)。我国台湾学者对恢复原状是否为一项独立请求权也存在不同看法。如王伯琦先生提出,为了充分保障所有权,当所有人的物受到他人损害以后,受害人只能请求金钱赔偿而不能请求恢复原状。因为物的效用主要体现在经济价值上,以金钱赔偿物的价值能够使受害人利益得到满足,对加害人也较为便利。③ 而王泽鉴先生则认为,如果被毁损之物并不是可替代物时,加害人应当负责修缮,除非不能恢复原状,才能通过金钱赔偿的方法而请求被害人

---

① 〔日〕田山辉明:《物权法》,陆庆胜译,法律出版社 2001 年版,第 19 页。
② 同上。
③ 王伯琦:《民法债编总论》,台湾编译馆 1962 年版,第 105 页。

让与其物的所有权。承认被害人对恢复原状或损害赔偿有选择权,被害人处于主动地位,根本不存在所有权失去保障的顾虑。[①] 我国大陆学者的通说认为恢复原状请求权是一种独立的物上请求权。[②]《物权法》第 36 条也对此作出了规定:"造成不动产或者动产毁损的,权利人可以请求修理、重作、更换或者恢复原状。"

(3) 请求返还原物

当所有人的财产被他人非法占有时,财产所有人或合法占有人就可以依照法律的规定请求不法占有人返还原物或者请求法院责令不法占有人返还原物。但为了维护商品交易的安全,稳定某些既成的占有关系,现代各国的物权法一般均对请求返还原物设有若干限制。因此,虽然有的占有人按所有权的逻辑推导下来,其占有为"不法",但受到物权法占有制度的特别保护,所有人或合法占有人并不能请求其返还原物。

我国《物权法》第 34 条规定,无权占有不动产或者动产的,权利人可以请求返还原物。对此应作如下的理解:

第一,请求返还原物是保护物的占有权能的方法,所有人或其他合法占有人均可依法行使。

第二,请求返还原物的一个必要前提,是原物须为特定物且必须存在。如原物为种类物,则没有请求返还原物的必要。如原物虽为特定物,但已经灭失,也无请求返还原物之可能,此时物上请求权就因物的灭失而消灭了,权利人只能请求赔偿损失。

第三,如不法占有人系直接由所有人或合法占有人处非法取得占有之人(相对于所有人或合法占有人而言,可称之为第二人),如小偷、不当得利者等,所有人或合法占有人可请求其返还原物及原物之孳息,不受任何限制。

第四,如不法占有人系由无权转让人处(包括属于第二人的不法占有人和享有占有权而无处分权的合法占有人)取得转让的第三人,则可分为以下两种情况:一是如第三人系知道或应当知道转让人为无权转让人的恶意受让人,则所有人或合法占有人得请求其返还原物及收益。二是如第三人系不知道亦不可能知道转让人为无权转让人的善意受让人,则在非法转让人系依所有人的意思而取得物之占有时,有两种立法例:按原苏联民法的规定,如善意第三人系有偿取得占有,所有人无权请求返还;如是无偿取得占有,所有人有权请求返还。按德、日民法的规定,不论善意第三人取得占有是有偿还是无偿,所有人均不能请求其返

[①] 王泽鉴:《物之损害赔偿制度的突破与发展》,载王泽鉴:《民法学说与判例研究》(6),中国政法大学出版社 1998 年版,第 25 页。

[②] 王利明:《物权法论》,中国政法大学出版社 1998 年版,第 171—176 页;张俊浩:《民法学原理》,中国政法大学出版社 1997 年版,第 340 页。

还。在非法转让人不是依所有人或合法占有人的意思而取得物之占有时,所有人或合法占有人在法律规定的除斥期间内,可请求善意第三人返还原物但不能请求返还收益;如善意第三人是在公开市场上受让财产的,权利人在请求返还原物时,还须补偿其受让时所支付的价金;如善意第三人受让的财产为金钱和有价证券,权利人则不能请求其返还。[①]

除了上述三种传统的物上请求权外,我国《物权法》第33条还规定了物权的确认请求权。该条规定:"因物权的归属、内容发生争议的,利害关系人可以请求确认权利。"

2. 根据物上请求权成立的基础不同,又可将其分为基于所有权的物上请求权和基于他物权以及基于占有的物上请求权。

物上请求权在性质上主要是基于所有权产生的,旨在对所有权予以充分的保护,各国立法一般对其作出明确规定;而他物权因为比较复杂,在是否适用物上请求权这一问题上,不同的国家和地区的立法例及学说也各不相同。

《德国民法典》明确规定,对所有权妨害排除请求权的规定,可准用于地上权(第1017条第2款)、地役权(第1027条)、物上用益权(第1065条)、动产质权(第1227条)。《日本民法典》虽然对物上请求权没有作一般的规定,但其第197—200条规定了占有之诉,这些规定显然适用于对他物权的保护。我国《物权法》统一在"物权的保护"标题下规定了物上请求权,并未限定它的适用范围,解释上应认为用益物权和担保物权均可适用物上请求权。

若一物之上存在他物权,当该物被妨害或有被妨害之虞时,他物权人得行使物上请求权。一物之上基于他物权的物上请求权与基于所有权的物上请求权之间的关系表现为:

首先,二者是相互独立的,即一方被放弃或丧失并不影响他方的存在和行使。同时,二者是共存的,即当物受到妨害时,所有权人与他物权人都可通过行使物上请求权来维护各自的权利。

其次,二者之间又存在着一定的冲突。如物被他人无权占有时,所有权人的返还请求权的内容是请求向所有人返还,而他物权人的返还请求权则是请求向他物权人返还,此时若支持前一种请求,将发生所有人获得较物被侵夺前大的权利,而损害用益物权人利益的结果。因所有人在设定用益物权后,仅处于间接占有人的地位,若其可请求向自己返还,则会使其成为直接占有人。从用益物权人的角度而言,则使原为第三人的无权占有变为所有人的无权占有。所以,所有人不得请求向自己返还,仅得请求向用益物权人返还,使自己回复本来的间接占有

[①] 彭万林主编:《民法学》,中国政法大学出版社1994年版,第212—213页。

的地位,但在他物权人放弃其请求权时,所有人可请求向自己返还。① 当物上存在抵押权,该物因被侵夺或遗失等而丧失占有时,因占有不是抵押权的内容,故只发生所有权人向第三人的返还请求权和抵押权人向所有人的返还请求权。当物上存在着留置权,该物不是因侵夺而丧失占有时,留置权随之消灭,同时原留置权人也无提起占有之诉的条件,此时仅存所有人的所有物返还请求权。如留置权的标的物是因侵夺而丧失占有时,则留置权人得提起占有之诉。此时若承认所有人得请求将标的物返还于自己,则无异于承认所有人从留置权人处抢夺留置权标的物的合法性,也无异于纵容所有人指使第三人从留置权人处抢夺该物,使留置权徒有虚名。因此,所有人仅得请求将所有物向留置权人返还,但占有之诉罹于时效或被放弃时,所有人得请求向自己返还。②

第六节 物权的变动

一、物权变动的含义、原因和意义

(一)物权变动的含义

物权的变动,就物权自身而言,指物权的发生、变更及消灭;就物权主体而言,指物权的取得、设定、丧失与变更,可简称为物权的得丧变更。

1. 物权的发生

物权的发生包括物权的取得与物权的设定。而物权的设定,就物权人而言,即属物权的取得。按照近现代各国的物权法制,物权的取得包括原始取得与继受取得两种。

(1)物权的原始取得。又称为物权的固有取得或物权权利的绝对发生,指不是依据他人既存的权利而取得物权。如通过生产、添附、无主动产的先占取得等而取得物的所有权。一般而言,因事实行为而取得物权的,均属于物权的原始取得。这种原始取得的物权,不是继受他人而来,因而与他人的权利无涉,物权标的之上原来存在的一切负担,均因原始取得而消灭,原来的物权人不得就该标的物再主张任何权利。③

(2)物权的继受取得。又称为物权的传来取得或物权权利的相对发生,指基于他人既存的权利而取得物权。如因买卖、赠与等设定行为而取得物权。一般而言,因法律行为而取得的物权,多属于继受取得。继受取得中,权利系继受

---

① 郑玉波:《论所有物返还请求权》,载郑玉波:《民商法问题研究》,台湾三民书局1980年版,第72—73页。
② 梁慧星主编:《中国物权法研究》(上),法律出版社1998年版,第124—125页。
③ 谢在全:《民法物权论》(上),台湾三民书局1989年版,第54—55页。

而来,基于权利人不得将大于其所有的权利让与他人的法理,故存在于标的物上的一切负担均继续存在,由取得人继受之。①

根据继受方法的不同,继受取得可分为移转继受取得与创设继受取得。根据继受范围或形态的不同,可分为特定继受取得与概括继受取得。

移转继受取得,指就他人物权依其原状移转而取得,简称为移转取得。如因买卖而取得物权,即为所有权依其原状由出卖人移转于买受人。

创设继受取得,指在他人所有的标的物上通过设定用益物权或担保物权而取得他物权,简称为设定取得或创设取得。例如,所有人在自己的动产上为他人设定质权。设定取得仅能设定所有权以外的他物权,所有权不能因设定而取得。且设定取得所获得的物权与原物权人的物权不同,在移转取得中则相同。这是移转取得与设定取得的区别所在。

特定继受取得,指对特定标的物的继受取得,简称特定取得。

概括继受取得,指就他人的权利义务(不限于特定物)全部予以继受的取得,简称概括取得。如因继承而取得被继承人的权利与义务,即属概括取得。

区分特定取得与概括取得的意义在于,概括取得的取得人要承继前手的全部权利与义务,而特定取得的取得人仅限于继受特定物上的权利与义务,而不及于前手关于个人的负担,纵使该负担系因该物而产生亦如此。例如,某甲将其录音机交丙修理,在尚欠丙修理费的情况下,即将该录音机出售予乙且已交付。因乙为特定取得,故乙对录音机的修理费不负任何义务。反之,如乙是甲的继承人,则对该修理费有向丙支付的义务。

2. 物权的变更

物权的变更,指物权未失去同一性,只是存在内容出现变化,其有广狭二义。广义的物权变更,包括主体的变更、客体的变更及内容的变更,其中物权主体的变更,不仅包括物权主体的变化,而且包括数量的变化。狭义的物权变更,仅指物权客体及内容的变更。但因物权主体的变更,严格而言应属物权取得与丧失的问题,故物权的变更通常仅指狭义的物权变更。物权客体的变更指物权的标的物在量上有所增减,如所有权的客体因附合而增加,抵押权的标的物因部分毁损而减少。物权内容的变更是质的变更,即物权在内容上发生某些改变。如土地使用权存续期间的延长或缩短,抵押权次序的变更等。

3. 物权的消灭

物权的消灭,指物权与其主体分离,就物权人而言,即为物权的丧失。物权的消灭,可分为绝对消灭与相对消灭。绝对消灭又可分为两种情形:一是物权的标的物在客观上灭失,物权本身终局地归于消灭。如甲的一幅古画被大火烧毁。

---

① 谢在全:《民法物权论》(上),台湾三民书局1989年版,第55—56页。

但如果标的物尚未完全毁损,有材料上的变形物,如房屋着火后的剩余建材,此时则产生另一所有权。二是标的物未灭失,但物权本身终局归于消灭,他人并未取得其权利。如甲将自己的手表抛弃。相对消灭指物权虽与原权利主体分离,但又与另一新主体相结合。如所有人将其所有物出卖而丧失其所有权。这种丧失,是就原物权主体而言,但就后物权主体(买受人)而言,则为物权的继受取得,也可以说是物权主体的变更,因此,严格而论,不属于物权消灭。通常所谓物权的消灭,一般指物权的绝对消灭。

（二）物权变动的原因

物权变动的原因,即引起物权发生、变更和消灭的原因。根据罗马法以来近现代各国的物权立法与实践,物权变动的原因主要有以下三类:一是法律行为。即依当事人的意思使物权变动。作为物权变动的法律原因的,既可以是单方的法律行为,如遗嘱、抛弃等,也可以是双方法律行为,如买卖、互易等。二是法律行为以外的其他原因,包括事实行为和事件。就物权的取得而言,法律行为以外的原因有时效、先占、添附、拾得遗失物、发现埋藏物等;就物权的消灭而言,主要有死亡、物灭失、期限届满和混同等。三是某些公法上的原因,如公用征收、没收等。这三类原因中,法律行为是物权变动的最重要、最常见的原因,故也是物权变动立法中的重点所在。

（三）物权变动的意义

物权变动历来是民事立法、司法和民法理论中的一个重要问题。从立法方面看,它是规定物权的设立、变更、终止的制度,规范着民事主体设立、变更、终止物权的法律行为,调整民事主体间的物权关系。从司法方面看,它关系到在物权纠纷案件中,能否认定讼争物的物权归属。从民法理论方面看,探索商品交换关系中财产移转和利用的客观规律,科学地概括物权变动的原因、原则、生效要件等,才能对物权立法、司法发挥应有的指导作用,从而推动我国社会主义市场经济的发展。

二、物权变动的公示与公信原则

物权是对标的物的直接支配权,具有排他力与优先力,所以物权的存在及变动必须通过一定的公示方法表现出来,使当事人与第三人均可知其存在。否则将会在交易繁多、物权变动频繁的当今,造成重大的困扰与混乱,无法保障交易的安全,也会加大交易成本。近代民法基于此项要求,提出了物权"公示原则"与"公信原则",作为物权变动[1]的两大原则。这在物的抽象交换价值日益受到重视,物权已成为抽象的观念,其变动常常并不伴有外部现象的今天,尤其具有重

---

[1] 肖厚国:《物权变动研究》,法律出版社2002年版,第12页。

要性。

（一）物权公示原则

物权公示原则指物权变动须以法定公示方式进行才能发生相应效力的原则。如未能以法定公示方法进行，则无从发生物权变动的法律效果。可见公示方法有使物权变动发生法律上一定效果的作用，这种作用即为公示力。

公示保护的是对公示内容的消极信赖，即如果没有相应的公示方法，某一物权虽然发生了变动，人们仍可以认为物权没有发生变动，而且这种信赖被法律所保护。这种信赖状态，称为消极信赖，在该种状态下，物权的变动如果没有公示就只在当事人内部产生效力，只有公示才能对抗第三人，这种消极信赖中包含了对抗利益。

1. 确立物权公示原则的立法理由

一是物权是对世权，物权变动涉及的范围大，不公示不足以明确物权的归属，不利于保护权利人。物权的义务人是不特定的任何人，这些人与物权人之间都存在物权关系。因此，物权的变动对物权人和不特定的任何义务人都发生权利义务变动的后果。权利人变动权利，无需义务人同意，但应告知义务人，否则对义务人无约束力。只有以公开方式将变动事实告知社会公众，才能使他人知道自己对何人负有物权法上的不作为义务，物权人才能向其主张物权。

二是物权变动直接关系到财产的归属和利用，对商品经济的正常发展有直接作用，不公示不足以确保商品交易的安全和有效。有偿转让物和物的用益权、以物的价值作为担保等商品交换关系，是最大量、最普遍的交换关系，这些财产关系在法律上就表现为物权变动关系。在交换关系中，出让人是否有权出让标的物、受让人能否取得物权、何时取得物权，直接决定交换双方的利益。而确保交换能够安全、有效地进行，是发展商品经济的基本需要。为适应这一需要，就必须规定，凡是按法定方式转让或取得标的物的，就可以产生物权变动的效果。这样，人们即可依据法律所确定的标准，放心地进行交换活动。[1]

2. 物权公示的方法

所谓公示，是指将物权变动的意思表示公开向社会公众显示。物权变动的公示方法在罗马法上经历了"要式买卖"和"拟诉弃权"的严格仪式到以交付为一般原则的过程，动产或不动产皆以交付为物权变动的公示方法。在近代各国立法例上，物权的公示方法因动产物权或不动产物权而有不同。在不动产为登记，在动产则为占有（占有是享有动产物权的公示方法，是静态的；交付即占有的转移是动产物权变更的公示方法，是动态的）。

不动产物权变动的公示方法，自古有之。在罗马法上，不论动产或不动产皆

---

[1] 张俊浩：《民法学原理》，中国政法大学出版社1997年版，第343—344页。

以交付（即对标的物占有的现实转移）作为物权变动的公示方法。在我国，自唐代以来，即有立契、申牒或过割制度。宋代以后，设立鱼鳞图册对田土进行登记，但其登记的主要目的都是为了征收税赋，次要的目的才是供质证之用，以杜争端。为保障交易安全的土地登记制度，通说认为以12世纪前后德国北部城市的不动产物权变动需记载于市政会所掌管的都市公簿为其滥觞。但这种制度的发展，后因罗马法的继受而一度中断，只在一些地方特别法中还被采用。直到18世纪，才又在普鲁士邦及法国的抵押权登记制度中复活。因当时正值资本主义发展的初期，基于农业金融的需求，社会上对土地抵押有强烈的需求。在原来基于租税目的的土地登记的基础上，加上科技的发展，登记制度更易实行。而抵押权以抽象支配标的物的交换价值为其特点，其存在并无外在表现，故以登记作为公示方法的要求，在交易上日益迫切。以上原因促使登记制度在抵押权中复活。土地抵押权以外的用益物权，其变动或存在常伴有对标的物为实际直接支配的外在表现，故社会上对其登记的需求较弱。但随着近代物权的发展，物权已有从直接利用逐渐走向价值化、抽象化的趋势，用益物权对登记制度也产生了需要。登记制度成为近代不动产物权的共同公示方法。

　　动产物权的公示方法，自古以来即为交付，即标的物占有的现实移转。罗马法如此，日耳曼法亦然。近代以来，虽然大兴登记制度，但动产物权的变动如果均需登记，则是不可能的。所以近代动产的变动，仍以交付为其公示方法，即占有之所在就是动产物权之所在。此外，由于近代交易的频繁，动产物权的变动如均需为标的物的现实移转，将难以符合交易迅捷的需要。于是在特定情形下，动产物权变动无须标的物的现实移转，只需简单交付、占有改定或指示交付即可。但这种观念上拟制的交付，虽然简单，却使占有本来就不能使物权内容为完全公示的缺点更加恶化。于是产生了两种补救的途径，其一是证券化，对一定状态的商品，通常是存置处所固定的商品，将其权利予以证券化，即通过证券来代表其权利，以证券公示物权的存在，而其物权的变动，则通过交付证券（或加上背书）为之，如仓库的仓单、海运中的提单等。其二是对登记方法的采用，即对具有重要价值的动产，其物权的变动也须登记，但这种登记大多不是物权变动的生效要件，而系对抗要件。这些具有重要价值的动产，包括船舶、航空器等。①

　　自19世纪初欧陆国家相继掀起民法法典化的编纂运动以来，不动产登记、动产交付的公示方法即迅速为各国所普遍采用。但对这些法定的物权公示方法所具有的法律效力，各国有不同的立法例，最终形成三种不同的立法主义，即公示成立要件主义、公示对抗要件主义和公示折中主义。

　　(1) 公示成立要件主义，又称为公示的有效要件主义、形式主义或登录主

---

① 谢在全：《民法物权论》（上），台湾三民书局1989年版，第59—60页。

义,即以登记或交付的公示方法,作为物权变动的成立或生效要件。以德国为代表的某些大陆法系国家采纳了这一主义。在这种立法例下,动产物权的变动如未经交付,不动产物权的变动如未经登记,在当事人之间不发生物权变动的效力,更无对抗第三人的效力可言。公示成立要件主义侧重于交易秩序的维护,优点是便于统一确定物权变动的时间,对善意第三人的保护更为有利,但缺点是过于形式化,缺乏灵活性。

（2）公示对抗要件主义。即登记或交付的公示方法,是物权变动的对抗要件。法国和日本采纳了这一主义。在这种立法例下,不动产或动产物权的变动,虽未经登记或交付,在当事人之间仍产生变动的效力,但不能对抗善意第三人,善意第三人可以当事人未经过法定公示为由,否认其物权变动的效果。对抗要件主义重在保护当事人的意思和交易效率,其优点在于使物权交易更为便捷,但不利于保护善意第三人的利益。

（3）公示折中主义。这是对成立要件主义与对抗要件主义皆采的一种主义。但各国在兼采这两种主义的同时,往往有所偏重,以某一种为原则,另一种为例外。

以上三种主义中,成立要件主义与对抗要件主义,是近现代两种显著对立的立法主义。这两种立法主义的采行,各有利弊。应视一国经济环境、社会需求与配合制度的健全性如何而为抉择,难以简单地得出孰优孰劣的结论。

另一个关于公示的问题是,物权公示的对象是物权变动还是物权本身。一种观点认为公示的对象是物权的所在和变动,而公信原则才是针对物权的存在[①];另一种观点认为,所谓公示方法,其作用在于使潜在的交易当事人能对标的物上的权利内容获得清晰的认识,因而物权公示的是物权的本体,而且这也可以解释公示效力的公信力问题,因为公信力要解决的是物权公示的状态和真实状态不一致的情况。[②]

在现代社会,公示原则的适用早已超出了物权变动的范围。除矿业权、渔业权及商标权等无体财产权以登记为其公示方法外,其他如法人的成立、婚姻的缔结与解除等,也需要以登记作为公示方法。但在物权变动领域中,公示原则于理论或实务上发挥着更为重大的作用,成为物权法的重要支柱之一。

（二）物权公信原则

物权公信原则指物权变动已经公示的,即使物的出让人事实上无处分权,善意受让人基于对公示的信赖,仍能取得物权的原则。所谓公信,是公示所产生的物权变动效力的可信赖性。法律赋予公示可信赖性,旨在保护以公示方式取得

[①] 转引自肖厚国:《物权变动研究》,法律出版社2002年版,第11页。
[②] 参见〔日〕舟桥谆一:《关于物权法中所谓的公示原则》,转引自肖厚国:《物权变动研究》,法律出版社2002年版,第12页。

物权的善意第三人。即公示产生公信力，公信原则是公示原则的补充。例如，在房屋登记簿上，A房屋被登记为甲所有，乙信赖此登记而向甲买受了该房屋，并办理了产权转移登记。其后即使发现房屋的真实所有人为丙而非甲时，法律对上述房屋所有权转移的法律效果，仍按照甲为真正的所有人处理，以保护乙，即乙仍可取得A房屋的所有权。

物权公信力保护的是对物权的积极信赖，只要进行了公示，某一物权变动即使没有发生，人们仍可以相信发生了变动，即有公示就有变动，因此，积极信赖中包含了完全利益。

物权公信原则的立法理由主要在于，商品交换要求及时、安全地将商品的物权转移给受让人，而受让人在事实上难以对出让人的处分权进行周详的了解，只要出让人以合法方式证明自己有处分权，受让人即可信任其有处分权，而物权公示在一般情况下足以证明出让人有处分权。所以按法定公示方式转让物权的，善意受让人基于对公示的信赖，当然应取得物权。否则，如果法定方式都无法保证出让人享有处分权，交换就失去了最起码的安全保障，人们不能安心地进行交换，社会经济也就无法正常发展。其虽然牺牲了静态利益，但保护了动态交易的顺畅，因此不仅在物权变动的领域，在民法其他领域和商法领域也有很大意义。

在罗马法上，有"任何人不得以大于自己所有的权利让与他人"和"我发现我自己之物之处，我得取回之"的法谚。如果忠实地贯彻这些法谚，则不论动产物权或不动产物权均无适用公信原则的余地。但在日耳曼法上，作为物权公示方法的占有，具有物权的移转力，因此，产生了所有人任意让他人占有其物，则只能对该他人"请求返还"及"以手护手"的法谚。法国固有法上也有"动产不许追及"的法谚。通说认为这就是动产公信原则的滥觞，后为近代各国民法所继受，表现为动产的善意取得或即时取得制度。也有学者认为公信原则并非是对这些法理的发展，因为那时物权与占有并未分离，失去占有物权就有弱化效果，原所有人可以向相对人请求返还标的物，但不能向第三人请求，因此，第三人取得权利是由于原所有人权利的弱化，而与公信原则的保护新所有权人的旨意不同。不动产物权的公信原则，始自德国法（《德国民法典》第892条），后为瑞士所继受。

物权公信原则通过提高公示方法的信用，促进交易效率，保障交易安全，即以保护动的安全为其职责。参与交易的行为人，只需依公示方法所表现的物权状态从事交易即可，而不必费时费力调查标的物权利状态的实际底细，符合交易迅速的社会需求，且不必担心因有公示方法所表现状态以外的物权状态发生而遭受意外损害，保障了交易上动的安全。但因此却不免损害真正权利人的利益，牺牲对静的安全的保护。就动产来说，由于数目众多，交易频繁，为使货畅其流而采取公信原则，牺牲部分真正权利人的利益，实为商品经济社会所必需。但不动产与动产的性质不同，故在是否作相同的处理上，有不同的看法。法国、日本的民法基于本国的社会状况及法律制度，以及当时登记制度是否已完备等各方面的考虑，对不动产物权未采取公信原则。

（三）物权公信原则与善意取得制度

物权公信原则的作用之一即为"善意取得效力"（Gutglaubenswirkung）。按照一般的法律逻辑，权利取得仅在让与人为有权利之人时，才允许发生。倘若这样，则会有碍权利交易与经济生活的运行。因为取得人必须每次都去查明，他的交易对象是否真的是"权利人"，这显然会带来巨大的有时甚至是无法克服的困难。因此，德国的法律就承认自无权利人处善意取得的可能性。但是这种取得必须依据一个外部的标记，而这个标记在动产物权中就是占有（《德国民法典》第932条），在不动产物权中就是土地登记簿之登记状态（《德国民法典》第892、893条）。①

动产物权的善意取得乃以动产公示所具有的权利推定效力为出发点。在近代民法上，有占有表象本权之法律命题，根据这一命题，占有乃权利的外观，透过占有这一外相形态，人们可以推定出其背后的本权来，占有之所在即为动产物权之所在。然而，现代社会与近代社会已然有了显著的不同，为了经济生活之需，将动产委诸他人占有已为常事，就动产所发生的社会关系远较以前为复杂，占有人的身份也因此变得多样化，我们已无法从占有中直接推导出本权的存在来，故必须重新构造信赖的基础。动产物权的善意取得是公信力运用的结果。

关于不动产物权是否适用善意取得，立法上有赞同的做法，如《瑞士民法典》明确规定不动产可以善意取得："出于善意而信赖不动产登记簿的登记，因而取得所有权或其他权利的人，均受保护。"（第973条第1款）另外，我国台湾地区"民法"增设的第759条之一第2项规定："因信赖不动产登记之善意第三人，已依法律行为为物权变动之登记者，其变动的效力不因登记有无效或可撤销之原因而受影响。"我国《物权法》第106条明确承认了不动产的善意取得制度。

如果登记制度非常完备，则采用公信原则自然不会有害于真正权利人的利益。而且假使公示的现象与实质权利在实际上完全一致，则是否采取公信原则已无关紧要。但完全一致在实际上是不可能做到的。所以采取公信原则的国家，为了避免真正权利人的利益受损害，大致采取以下两项救济措施：一是采取事先的预防措施，以尽可能避免登记与实际情形的不符，例如，完善登记制度，完备登记程序或者在登记中采取实质审查主义。瑞士即采取实质审查主义，然而它的弊端在于造成登记程序缓慢，与公信原则谋求交易迅速的宗旨相悖。二是采取事后的补救措施，对于真正权利人所受的损害给予补偿。例如，德国、瑞士承认国家赔偿责任，英国、美国等国则从其登记手续费中提取一部分作为补偿基

---

① 〔德〕鲍尔/施蒂尔纳：《德国物权法》（上册），张双根译，法律出版社2004年版，第64页。

金或保险基金,以供日后补偿被害人之用。①

物权公信原则的内容是,物权变动经公示的,即发生权利变动的效力,即使公示有瑕疵,善意受让人也不负返还义务,只能由有过错的人承担责任。具体是指:

(1)动产占有人按公示方式转让动产物权,受让人是善意的(不知道且无义务知道处分人无处分权),则其取得了标的物的占有即取得了物权。原所有人只能对处分人行使赔偿请求权,无权要求新的物权人返还原物。但受让人如系恶意,则不受公信力的保护。

(2)不动产经登记而转让物权的,即使登记有瑕疵,受让人是善意时,办理完登记即取得了物权。原物权人只能要求有过错的出让人或登记机关承担责任。

(3)受让人的善意,仅限于不知道且无义务知道登记事项本身有瑕疵。关于登记事项之外的有关事实的瑕疵,则不受公信力的保护。如受让人不知出让人为无民事行为能力人,就不属公信力保护的范畴。

物权公信原则的作用在于保护商品交易中的善意受让人,即它主要适用于交换关系中的物权变动。非交换性质的物权转让,可依法律的特殊规定,不适用这一原则。如根据最高人民法院《继承法意见》第38条,遗嘱处分了属于国家、集体或他人所有的财产,对遗嘱的这部分内容,应认定无效。

从广义上而言,凡因信赖一定的外观事实而推断有真实的权利或事实关系存在,进而为法律行为之人,法律如给予其所信赖的事实以相同的法律效果,则均属公信原则的表现。民法上推断有真实权利关系存在的,除物权以外,还有表见代理、意思表示采取表示主义等,这些制度均体现了公信原则。但物权公信原则在物权变动中能发挥其最大的意义与功能,故成为物权法中的重要支柱性结构原则之一。

三、物权变动模式的立法主义

(一)债权意思主义

债权意思主义否认物权行为的独立存在,规定物权变动只需当事人的意思表示即可生效,动产的交付、不动产的登记只是对抗第三人的要件。因其为法国首先采用,故又称法国主义,日本民法亦采此种立法例。② 在这种立法例下,发生债权的意思表示即为物权变动的意思表示,二者之间并无区别。一个法律行

---

① 谢在全:《民法物权论》(上),台湾三民书局1989年版,第662—663页。
② 日本与法国的物权变动立法模式又略有不同,法国系采纯粹意思主义,而日本系采登记对抗主义。参见梁慧星:《民法学说判例与立法研究》,中国政法大学出版社1993年版,第119—120页。

为,除有特别情事外,即发生债权与物权变动的双重效果。即物权行为被债权行为所吸收,物权变动只是债权效力的结果,故物权行为无特性可言。所谓特别情事,是指有不能直接发生物权变动的障碍存在,须等障碍除去后,方能发生物权变动的效果。如对不特定物或将来商品的买卖或对物权变动的时间另有约定。物权行为既无独立性,则其效果自然受其原因关系即债权行为的影响,从而没有物权行为的无因性可言。例如,在房屋买卖中,当买卖契约成立时,当事人之间不仅发生债权关系,且除有特别情事外,同时也产生物权的变动。即在双方就房屋买卖达成合意时,除有特别情形外,买受人即取得房屋的所有权。办理房屋所有权的移转登记,只不过是对抗第三人的要件,而不是买受人取得房屋所有权的要件。这种立法例的优点是程序简便,有利于交易的迅捷进行,缺点是易导致交易的不安全。

（二）物权形式主义

物权形式主义肯定债权行为之外尚有物权行为独立存在。物权因法律行为而变动,在债权行为之外,还需另有物权变动的意思表示,以及履行登记或交付的法定形式,物权变动始能成立或生效。由于它为德国民法所首先采用,故又称德国主义。在这种立法例下,发生债权的意思表示与物权变动的意思表示是分开的。德国法上将前者称为普通契约,后者称为物权的合意,以作区别。一个法律行为不能同时发生债权及物权变动的双重效果,债权行为只能产生债的关系,需另有物权行为才能发生物权变动的效果,即物权行为具有独立性。使物权变动的法律行为,除当事人之间有物权合意外,还需履行登记或交付的法定程序,即登记或交付是物权变动的成立（生效）要件。因物权行为具有独立性,故其效力不受原因关系即债权行为的影响,即物权行为具有无因性。以房屋买卖为例,当事人成立买卖契约（债权行为）,只产生债的关系,只有在当事人之间形成所有权移转的合意,并办理所有权移转的登记手续后,才发生物权变动的效力,买受人才能取得该房屋的所有权。这种立法例的优点是物权变动形式明显、程序严密、安全性强,且有公信原则解决善意取得问题,较适应商品交换的需要。缺点是不像意思主义那样简便。

（三）债权形式主义

债权形式主义又称折中主义,是指物权因法律行为而变动时,除有债权的合意外,还必须践行登记或交付的法定形式,才可生效。这种立法例下,发生债权的意思表示与物权变动的意思表示之间没有区别,一个法律行为不能同时发生债权与物权变动的效果,物权变动须在债权意思表示之外另有登记或交付的公示方法,该公示方法为物权变动的成立（生效）要件,即不需要另有物权变动的合意,故物权行为不独立存在,无独立性可言,当然也无无因性可言。还以房屋买卖为例,双方当事人虽已签订买卖契约,但仅有此项债权行为,买受人尚不能取得房屋的所有权。只有在办理房屋所有权移转登记手续后,买受人才能取得房屋所有权。

四、物权行为理论评述

(一) 物权行为理论的起源

自 1896 年《德国民法典》颁布以来,物权行为就成为大陆法系民法理论中一个颇具争议的概念。这一概念及有关理论(物权行为的独立性与无因性理论),是法律思想极端抽象的产物。欲深刻理解和把握物权行为理论,必须从该理论的起源入手。

在距今约 3000 年前的古罗马契约法与遗嘱法中,已存在着现代法律行为的若干具体类型,如"适法行为""双方行为""有偿行为""要式行为""死因行为"及"生前行为"等。但限于当时立法技术与法学理论的水平,并未建立起对一切表意行为普遍适用的统一的法律行为概念,当然也没有物权行为的概念。17 世纪时,德国法学家为解决德国法制不统一的问题,编纂了一本《实用法律汇编》(us modernus pandectarum)作为司法实践的参考。书中提出所有权的有效移转应具备两个条件,一个是"权原"(titulus),即所有权移转的原因,例如买卖、互易等;另一个是"态样"(modus),是指物的实际交付或其他代替交付的履行行为。该书确定了"名义与形式相一致取得所有权的原则",强调所有权的取得必须有其合法的根据,形式不是脱离原因的独立法律行为,但它同时也强调了所有权移转的原因和所有权移转的实际区别,认为它们是两个事实。这为日后萨维尼的物权行为理论的提出奠定了基础。1805 年德国自然法学派的著名学者胡果(Hugo)在其出版的《日耳曼普通法》一书中首先提出了"法律行为"的概念,以解释罗马法上"适法行为"概念的内涵,他认为法律行为是具有法律意义的一切合法行为。后德国海德堡大学的民法学者及法官海瑟(Heise)赋予了法律行为这一概念以意思表示的本质,从而真正建立起近现代民法学意义上的法律行为概念及理论。在这些成果的基础上,德国历史法学派的创始人、著名的罗马法学家萨维尼(Savigny)在其《现代罗马法体系》(System des heutigen römischen Rechts)一书中进一步将法律行为概念和理论予以精致化,并创立了与法律行为有从属关系的"物权契约"(物权行为)概念。

萨维尼在其 19 世纪初期的大学讲义中指出,为履行买卖契约或其他以移转所有权为目的的契约而践行的交付(traditio)并不是一种单纯的事实行为,而是含有一项以移转所有权为目的的物权契约。在其 1840 年发表的名著《现代罗马法体系》中,萨维尼谈到:"私法上契约,以各种不同制度或形态出现,甚为繁杂。首先是基于债之关系而成立之债权契约,其次是物权契约,并有广泛之适用。交付具有一切契约之特征,是一个真正之契约,一方面包括占有之现实交付,他方面亦包括移转所有权之意思表示。此项物权契约常被忽略,例如,在买卖契约,一般人只想到债权契约,但却忘记交付之中亦含有一项与买卖契约完全分离,以移转所有权为目的之物权契约。"①

萨维尼的这一段话中,包括了关于物权行为理论的最基本的观点:

(1) 交付是一个独立的契约。在法国民法和英美法国家的民法中,交付是履行义务的行为,即当事人的法定义务或约定义务与其履行义务的交付行为存在于一个法律关系之中,前者是后者的原因,后者是前者的结果,它们之间的关系是统一而不可分割的。但依照萨维尼的理论,交付却是一个独立存在的合同。因交付行为本身既具有意思表示,又具有外在行为,其目的是完成物权的设立、移转、变更或废止等,具备作为一个独立合同的要件。因此,作为独立合同的交付就不可能与其原因行为是一个法律关系,而是其原因行为之外的另一个法律关系。这体现了物权行为的独立性原理。

(2) 交付中的意思表示是独立的意思表示。依照法国民法和英美法国家的民法,既然交付是履行义务的行为,是义务必须履行的结果,则交付中是否有意思表示及其意义如何是无关紧要的,重要的是当事人在原因行为中,即其承担义务时的意思表示,如缔结合同时的意思表示等。但在萨维尼看来,交付中的意思表示却具有重要意义。萨维尼认为,交付中不但有意思表示,且这个意思表示与当事人在原因行为中所为的意思表示性质不同:在原因行为中当事人所为的意思表示是要承担债法上的或者其他法律上的义务,在交付中当事人所为的意思表示是要完成物权的创设、变更、移转或废止。因此,当事人在交付中所为的意思表示是独立的,与原因行为无关。这体现了物权行为的无因性。

(3) 交付必须具备外在的形式。因为在交付中当事人要作设立、移转、变更、废止物权的意思表示,根据物权具有公示性的特点,这些意思表示必须具备其形式要件。德国民法据此发展了物权变动的形式要件原则的立法主义,确立了不动产物权变动须经登记、动产物权变动须转移物的占有的原则。

按照萨维尼的主张,在基于买卖契约而发生的物权交易中,同时包含了两个法律行为:债权行为和物权行为(物权契约),且后者的效力不受前者影响。萨维尼的这一思想极大地影响了以后的民法学者,在《德国民法典》制定时已风靡德国民法学界,《德国民法典》因此而受到影响。

(二) 物权行为的含义与特性

关于物权行为的含义,因学者们的观察角度不同,故见解不一。我国学者大致有以下几种观点。

---

① 王泽鉴:《物权行为无因性理论之检讨》,载王泽鉴:《民法学说与判例研究》(1),中国政法大学出版社1998年版,第262—263页。

第一种：从物权行为的目的出发界定物权行为。如史尚宽先生认为："物权行为，谓以物权之设定、移转、变更或消灭为目的之法律行为。"①

第二种：从物权的构成角度界定物权行为。如谢在全先生认为："物权行为系物权变动之意思表示，与登记、书面或交付相结合之法律行为。"②

第三种：从效果上出发，认为"物权行为者，发生物权法上之效果之法律行为也，亦称物权的法律行为"③。

第四种：从内容的角度，认为"物权行为者，以物权直接变动为内容之法律行为，物权直接变动的方式，同样可以发生变更或者消灭"④。

比较而言，第二种观点较全面地体现了传统的物权行为理论，尤其是萨维尼的物权行为理论。本书采纳这一观点，将物权行为界定为以物权变动为目的并须具备意思表示及交付或登记两项要件的法律行为。从这一定义可以看出，物权行为首先是一种民事法律行为，即具备民事法律行为的构成要件。其次，物权行为是直接设立、变更、终止物权的法律行为，即以物权变动为目的。再次，物权行为的成立条件具有严格、具体的法律要求，不动产物权除当事人的意思表示外，尚需登记方能成立；动产物权除当事人的意思表示外，尚需交付标的物才能成立。

在物权形式主义立法下的物权行为，具有独立性和无因性两种特征。这里需要明确的是，物权行为的无因性和独立性只是涉及部分交易行为的原因问题，且仅仅在有原因行为时才存在，若仅仅有处分行为而无负担行为，或有负担行为而无处分行为时，是没有独立性和无因性的问题的。所谓负担行为（Verpflichtungsgeschäft），就是民事主体向一个或者多个相对人承担为或者不为某种行为的义务的法律行为。它的直接的法律后果就是给自己确定一个给付的义务，从而与相对人建立起一种债权法律关系。依据债权债务关系，当事人向相对人承担着给付的义务，因此这种行为在德语法学中的本意是"使生义务之行为"。而处分行为（Verfügungsgeschäft），指的是直接将某种既存的权利予以变更、出让、设置负担或者予以抛弃的行为。比如将所有权移转给他人或者在所有权上设置负担的行为。对它们的区别，可以简单地总结为：负担行为是产生请求权的法律行为，而处分行为是产生支配权变动的行为。⑤

物权行为独立性，又称分离原则（Trennungsprinzip），即物权行为与债权行

---

① 史尚宽：《物权法论》，台湾荣泰印书馆 1979 年版，第 17 页。
② 谢在全：《民法物权论》（上），台湾三民书局 1989 年版，第 68 页。
③ 田士永：《物权行为理论研究》，中国政法大学出版社 2002 年版，第 8 页。
④ 参见王泽鉴：《物权行为无因性理论之探讨》，载王泽鉴：《民法学说与判例研究》（1），中国政法大学出版社 1998 年版，第 257 页。
⑤ 孙宪忠：《中国物权法总论》，法律出版社 2003 年版，第 163 页；王泽鉴：《民法物权·通则·所有权》，中国政法大学出版社 2001 年版，第 79 页。

为相互分离,独立于债权行为之外,在发生物权变动时,物权变动的原因与物权变动的结果作为两个法律事实,它们的成立、生效依据不同的法律根据的原则。分离原则的法理基础,是请求权与支配权的区分、负担行为与处分行为的区分、债权关系变动与物权关系变动的区分。只是有时这种独立的情形不甚明显,如在一手交钱、一手交货的现货买卖中,债权行为与移转所有权的物权行为已合而为一,难以分辨。有的时候仅有债权行为而无物权行为,如雇佣、保证等。有时有物权行为而无债权行为,如将物抛弃,这些都可表明在形式主义立法下,物权行为具有独立性。

物权行为无因性,又称抽象原则(Abstraktionsprinzip)。物权行为独立于债权行为之外,就大多数情形而言,当事人之间之所以必须为物权行为是因为债权行为的存在,依据债权关系,负有给付义务,即债权行为成为物权行为的原因。在形式主义的立法例下,物权行为的效力不受其原因即债权行为的影响,即该物权行为具有无因性。纵使债权行为无效或被撤销时,物权行为不因而无效或不存在。无因主义必须与形式主义相互结合,才能各自发挥其功能。

物权行为无因性的最重要的功能就在于明晰法律关系和保护交易安全,具体而言它将物权行为的原因自影响物权行为效力的因素中排除,减少在后取得权利存在瑕疵的可能性,从而保护了交易安全。

物权行为理论的优点在于,使得民法的体系更加清晰合理、富有逻辑性,这一点在《德国民法典》中表现得很充分。而且,该理论加强了对交易安全的保护,为保护善意第三人提供了最切实的理论基础。因物权契约独立于作为其原因的债的关系,第三人获得物权只是依据物权契约而非依据其原因行为,物权移转时前手的法律行为原因不能影响后手,故原物主不能依据债的原因而从第三人处追夺物的所有权。[①] 但该理论也有其缺点。就物权行为的独立性而言,将物权行为与债权行为分离,有时违背社会生活常识,与一般社会观念不符。如在一手交钱、一手交货的现货买卖中,在通常观念上仅为一个行为,但在该理论下却是一个债权行为(买卖),两个物权行为(标的物与价金所有权的移转)。就无因性而言,物的出卖人因受无因性的影响,丧失所有权,由所有人沦为债权人,对其利益即静的安全的保护,非常不周。且物权行为独立性与无因性的理论,原重在保护交易的安全,而现在的不动产登记的绝对效力及动产善意取得制度足以起到这一作用,故上述理论的存在价值受到影响。因此,近年来,学说、判例通过运用解释的方法,尽量限制物权行为独立性与无因性的适用范围,使其与债权行为相结合,即出现了独立性与无因性的相对化。主要有以下三种学说[②]:

---

① 孙宪忠:《德国当代物权法》,法律出版社1997年版,第70页。
② Jauernig,Trenungsprinzip und Abstraktionsprinzip,Jus,1994,S. 723ff.

(1) 条件关联说(Bedingungszusammenhang)。当事人得依其合意,使物权行为的效力基于债权行为而存在。即物权行为以债权行为的有效存在为其停止条件,必须在债权行为有效存在时,物权行为始能生效。其合意,可依默示为之。对现货买卖可作如此解释。

(2) 共同瑕疵说(Fehleridentät)。债权行为中所存在的瑕疵(如欠缺行为能力、意思表示有瑕疵等),也会反射在物权行为之上,物权行为的效力因此而受影响。如在债权行为中存在诈欺时,可认为物权行为中也存在诈欺,债权行为一经撤销,物权行为也同时被撤销,且不论撤销权人表示将两者同时撤销还是仅表示撤销债权行为,效果是相同的。

(3) 法律行为一体说(Geschäftseinheit)。物权行为与债权行为构成一个整体的法律行为。根据我国台湾地区"民法"第111条的规定,"法律行为之一部分无效者,全部皆为无效,但除去该部分亦可成立者,则其他部分仍为有效"。故债权行为无效时,物权行为也随之无效。[1]

我国物权立法与学说是否应该采纳物权行为理论,是一个充满争议的问题。对此,正如德国学者黑克(Heck)所言:"所谓物权行为的有因性、无因性,并不是一个论理上的问题,也不是自然事实上的问题,相反完全是一个政策判断上的问题。德国民法典的立法者于规定某一制度之际,与其说考虑的是该制度的社会功用和价值,不如说仅仅考虑和期待的是它的论理体系的和谐和协调。"[2]

五、物权变动的条件

(一) 不动产物权变动的条件

1. 基于法律行为的不动产物权变动

在引起物权变动的法律事实中,最重要的就是法律行为。不动产物权因法律行为而变动时,须具备以下条件,才能生效:

(1) 当事人具有处分权

债权行为的有效存在不以当事人有处分权为必要,如出卖人以他人之物作为买卖标的物而与买受人订立契约,纵使出卖人对该他人之物无处分权,买卖契约依然成立且合法有效。但物权行为则不同,如果是无处分权人为物权行为,则其效力受影响。且在标的物被查封后,原权利人对该物的处分权也受到限制。此外,该项处分权在物权行为完成时,必须具备,如处分权于此前已受限制或终止,则物权行为难以有效成立。

---

[1] 谢在全:《民法物权论》(上),台湾三民书局1989年版,第70—71页。
[2] 转引自陈华彬:《物权法原理》,国家行政学院出版社2008年版,第135—137页。

(2) 须有物权变动的意思表示

物权行为作为民事法律行为,当然应具有一般民事法律行为的成立与生效要件,故在物权行为中须有意思表示存在,且以物权变动为内容。物权行为的意思表示,在单独行为中为单独的意思表示,如不动产所有权的抛弃仅需所有人单方的意思表示,在双方行为中则是物权变动的合意。如不动产物权行为附有停止条件,则按照附停止条件法律行为的本旨,应理解为在物权行为成立时即有此项意思表示,而非在停止条件完成后另为物权变动的意思表示。不动产物权的变动以登记与书面契约为必要,故物权变动的意思表示通常即存在于书面契约的成立或登记的办理中,故如果已有物权变动的书面契约或已办理登记,则应认为有物权变动的意思表示存在。如否定这一意思表示的存在,则应负举证责任。

(3) 不动产物权行为是法定要式行为,必须以书面形式为意思表示

不动产物权的移转或设定,应以书面为之。如不动产物权变动为单独行为,则须为单独行为的书面意思表示;不动产物权变动为双方行为时,则须有物权变动的书面契约。该书面只要可表示物权变动的意思即可,对其形式一般无具体要求。如我国《担保法》第 38 条规定:"抵押人和抵押权人应当以书面形式订立抵押合同。"

(4) 必须在国家主管机关履行登记手续

各国大都有不动产物权登记制度,但登记的作用有所不同。在意思主义的立法例下,登记只是对抗第三人的要件,即对登记了的物权变动,第三人不得主张无效,未登记的,第三人可主张物权变动无效。在形式主义的立法例下,登记是物权行为生效的要件,未经登记的,在当事人之间不生物权变动的效力,对第三人就更无效力可言。

2. 不动产登记制度

(1) 不动产登记制度的起源

不动产登记制度的产生,源于对所有权移转的公示。罗马法最初采用要式买卖(曼兮帕蓄)和拟诉弃权,后来逐渐采取占有转移和交付的方式,但这种方式显然不符合不动产权利转移的要求。日耳曼法后来进一步发展了交付制度,要求在让与土地权利时,不仅要缔结契约,而且也必须为物的移转的表象行为,以文书代替象征物的交付,即记载当事人让与合意的意思表示并交付给受让人。现代的登记制度就是从文书交付制度发展起来的。最初的登记制度产生于12世纪前后德国北部城市,要求关于土地变动的情形必须记载于市政会所掌管的都市公簿上。

(2) 不动产登记制度的意义

一方面,不动产登记是确定国家权力团体对不动产监管的基础,如不动产的财政税收,国家对土地的规划、开发,对耕地、林地的保护以及自然资源开发等。

另一方面,登记为保护个人私权提供了前提。私人之间的物权变动只有在公示的保证下,私权的保护才有可能。同时不动产登记对维护交易关系与流转秩序也有重大意义。

(3) 不动产登记的分类

依据登记的基础与功能,可以分为事实登记和权利登记。事实登记是将土地、建筑物的种类、构造、面积等物理现状记载于登记簿上,对所有权及其他物权的权利关系变动并不负载公示机能,是纯粹的保障私权的制度,因此又称为表彰性登记和表示登记。权利登记指登记内容为所有权及其他物权的发生、移转、消灭、保存、处分限制等变动状况,它不仅公示不动产的权利变动情况,也是权利变动的形成条件或对抗要件。事实登记是权利登记的基础。

从不动产登记的程序来看,分为总登记、转移登记、变更登记和其他登记。总登记是指登记机关为了建立和完善不动产管理秩序,在一定期间对所辖登记区域内进行的统一全面的不动产登记。转移登记是指在总登记以后,不动产所有权人因继承、买卖、赠与等发生变动,必须办理产权过户时进行的登记。变更登记是指不动产发生了权利内容上的变化所进行的登记。其他登记包括更正登记、回复登记、遗失登记、新建登记、限制登记和更换管理人登记。

根据登记的内容,又可以分为实体权利登记和程序权利登记。实体权利登记是指对当事人所享有的实体权利进行登记;程序权利登记,在不动产上就是指顺位登记。

还有一种分类是分成预备登记和终局登记。预备登记是为保全有关物权变动的请求权或物权请求权而作的登记,包括预告登记和异议登记。在不动产移转过程中,当事人之间的债权合同生效后,还不能进行本登记,受让人只享有债权请求权,为保护自己利益,买受人可以通过预告登记使出卖人处分行为中妨碍其权利的行为无效。我国《物权法》第 20 条对此规定:"当事人签订买卖房屋或者其他不动产物权的协议,为保障将来实现物权,按照约定可以向登记机构申请预告登记。预告登记后,未经预告登记的权利人同意,处分该不动产的,不发生物权效力。预告登记后,债权消灭或者自能够进行不动产登记之日起 3 个月内未申请登记的,预告登记失效。"异议登记是当不动产登记簿中有错误,真实权利人在来不及更正登记时,可以进行异议登记。《物权法》第 19 条规定:"权利人、利害关系人认为不动产登记簿记载的事项错误的,可以申请更正登记。不动产登记簿记载的权利人书面同意更正或者有证据证明登记确有错误的,登记机构应当予以更正。不动产登记簿记载的权利人不同意更正的,利害关系人可以申请异议登记。登记机构予以异议登记的,申请人在异议登记之日起 15 日内不起诉,异议登记失效。异议登记不当,造成权利人损害的,权利人可以向申请人请求损害赔偿。"终局登记又称本登记,这种登记将物权的转移、设定、分割、合并、增减及消失记入登记簿中,有终局的效力。终局登记效力涉及各方当事人利益,条件比较严格,而预备登记恰恰能弥补这个不足。所以很多国家均规定了预备登记制度。

3. 非基于法律行为的不动产物权变动

非基于法律行为而取得不动产物权的方式,主要有继承、强制执行、公用征收、法院判决等。这种非基于法律行为而发生的物权变动,一般不经登记即发生效力。其原因在于,一方面是为了弥补登记生效要件主义过于严格,不能完全符合社会交易便捷要求的缺憾;另一方面是因这些事由所发生的物权变动或有法律可以依据,如继承,或有国家机关公权力的介入,如强制执行,物权变动已经发生,存在的状态也很明确,不违背物权公示的要求,无碍交易的安全性,故不以登记为其生效要件。基于此种法律事实的发生而取得物权者,虽不经登记而生效,但对该原因事实的存在,须负举证责任。且对由此取得的物权,非经登记不发生物权效力(《物权法》第 31 条)。具体阐述如下:

(1) 继承。《物权法》第 29 条规定:"因继承或者受遗赠取得物权的,自继承或者受遗赠开始时发生效力。"我国《继承法》第 2 条又规定:"继承从被继承人死亡时开始。"故从被继承人死亡时,继承人即继承被继承人财产上的一切权利义务,当然也包括不动产物权。遗赠与此相同。

(2) 强制执行。强制执行是一种司法手段,不动产物权可因强制执行而发生权利变动。一般认为,强制拍卖的不动产,买受人自领得执行法院所发给的权利移转证书之日起,即取得该不动产的所有权。

(3) 公益征收。即国家因特定公共事业的需要或因实行国家经济政策的需要而征收私人的不动产。《物权法》第 42 条对公益征收作出了具体规定。

(4) 法院的判决或仲裁委员会的裁决。指依其宣告即足以发生取得不动产物权的效力,且对当事人以外的一切第三人亦有效力的判决或裁决。

对于(3)、(4)两种情况,我国《物权法》第 28 条规定:"因人民法院、仲裁委员会的法律文书或者人民政府的征收决定等,导致物权设立、变更、转让或者消灭的,自法律文书或者人民政府的征收决定等生效时发生效力。"

(5) 因公权力取得不动产物权。国家因公权力取得不动产物权,均不待登记,即生效力。如政府机关代表国家(国库)接受不动产物权等。

(6) 善意取得。我国《物权法》第 106 条统一规定了不动产和动产的善意取得。

(二) 动产物权变动的条件

1. 基于法律行为而发生的动产物权变动

基于法律行为而发生的动产物权变动,须当事人之间有物权变动的意思表示,以及交付行为,才能生效。而当事人之间动产物权变动的意思表示,通常未明白表示,学说及实务上多推定物权变动的意思表示与交付并存,即在动产交付的同时即含有物权变动的意思表示。如当事人之间对此发生争执,则负有变动物权义务的人,应就物权变动的意思表示的存在负举证责任。抛弃作为一种法律行为,依照物权变动公示的原则,仅有抛弃的意思不生抛弃的效力,必须有一定的公示方法,才能发生效力,而抛弃的行为(放弃占有)与交付的情形类似,应视同为动产物权变动的变通方法。

所谓交付,有现实交付与观念交付两种情形。前者指动产物权的让与人,将其对于动产的直接管领力,现实地移转于受让人,即动产占有的现实移转,通常所谓交付均指此种情形而言。后者非真正的交付,是动产占有在观念上的移转,这是法律为顾及特殊情形下交易的便捷而采取的变通方法,以代替现实交付。此外,多数国家根据不同动产的特点,规定某些重要的动产必须进行登记。如我国《物权法》第24条规定:"船舶、航空器和机动车等物权的设立、变更、转让和消灭,未经登记,不得对抗善意第三人。"《担保法》第41条、第42条也规定,以航空器、船舶、车辆抵押的,应到运输工具的登记部门办理抵押物登记。

观念上的交付可分为以下三种情形:

(1) 简易交付。学说上又称之为单纯合意(bloße Einigung),即受让人已占有动产的,在当事人之间达成物权转让合意时,交付即为完成。这种交付又称为"无形交付"。我国《物权法》第25条承认了简易交付:"动产物权设立和转让前,权利人已经依法占有该动产的,物权自法律行为生效时发生效力。"在简易交付的情形,受让人因何原因而占有动产,则非法律所问。其中有因法律上的原因而占有的,如让与人为出租人或寄托人,受让人为承租人或受托人;也有无法律上的原因而占有的,如无权占有人。法律之所以设此规定,是为了解决受让人已占有标的物的问题,顾及交易手段的便捷与经济。因受让人已占有动产,如需现实交付,势必导致先由受让人将该动产交还让与人,再由让与人交付于受让人,徒添麻烦。

(2) 占有改定(Besitzkonstitut)。出让人在转让物权后仍需继续占有出让的动产时,可由出让人与受让人订立合同,使出让人由原来的所有人的占有改变为非所有人的占有,受让人取得对该动产的间接占有,以代替实际交付。受让人虽已取得物权,但将占有权交出让人行使一段时间,在约定期限届满时,出让人再按约定将该动产交还受让人直接占有。我国《物权法》第27条对此规定:"动产物权转让时,双方又约定由出让人继续占有该动产的,物权自该约定生效时发生效力。"

依据各国法律的规定,占有改定需要符合下列两个要件,一是须有当事人之间关于所有权转移的合意,同时,其转让协议须为有效;二是须有使受让人取得间接占有的法律关系,这一法律关系主要是租赁、保管等。

(3) 指示交付。在出让人的动产由第三人占有时,出让人可将其对第三人的返还请求权让与受让人,以代替动产的现实交付,学理上又称之为返还请求权让与(Abtretung des Herausgabeanspruchs),以解决第三人占有动产时的问题。所让与的对第三人的返还请求权,兼指债权的返还请求权与物权的返还请求权,前者如对于第三人基于租赁、借贷等债的关系而产生的返还请求权,后者如第三人无权占有动产时,出让人对其具有的所有物返还请求权。无论让与的是债权的返还请求权还是物权的返还请求权,皆应通知该第三人,否则对其不生效力。我国《物权法》第26条对此规定:"动产物权设立和转让前,第三人依法占有该动产的,负有交付义务的人可以通过转让请求第三人返还原物的权利代替交付。"

交付的效力,在意思主义和形式主义体制下有不同。在意思主义下,交付仅有对抗效力;而在形式主义下,交付除了有对抗效力外,还有形成效力。

2. 非基于法律行为的动产物权变动

非基于法律行为而产生的动产物权变动,除不动产物权变动中所列举的几种情形以外,还包括下列几种原因:

(1) 先占。先占是指因单方事实行为而取得动产物权。构成先占须符合以下条件:① 标的物为无主物,即该物在被占有时不属于任何人所有;② 标的物须非法律禁止占有之物;③ 须占有标的物;④ 须有所有的意思。

(2) 添附。添附指不同所有人的物因结合或因加工而形成不可分割的物或具有新质的物,由于回复原状不可能或不合理而由一个所有人取得或数个所有人共同取得对该物的所有权,并由所有权人对他方因此所受的损失予以补偿。添附包括混合、附合、加工三种形式。

混合,是指不同所有人的动产互相结合在一起无法识别或识别需费过巨的法律事实,如米与米混合。原则上各动产所有人按动产混合时的价值共有混合物;混合后的动产有可视为主物的,由主物所有人取得混合物所有权。

附合,是指不同所有人的动产或不动产密切结合在一起,形成新的财产,非经拆毁不能分离或者分离需费过巨时发生的动产所有权变动的法律事实,如将某人的水泥用于装修他人的屋子。附合又可进一步区分为不动产和动产附合以及动产与动产的附合两种情况。在前者,由不动产所有人取得动产的所有权;在后者,原则上各动产所有人按动产附合时的价值共有合成物的所有权;附合后的动产有可视为主物的,由主物所有人取得合成物的所有权。

加工,是指一方将他人的动产加以制作或改造,使之成为具有更高价值的财产的法律事实,如在他人的木板上作画。就加工的物权效果,存在所谓的加工主义或材料主义之分。不过各国立法例或者以加工主义为原则、以材料主义为例外,或者以材料主义为原则、以加工主义为例外。

(3) 无主物的取得。无主物是指没有所有人或所有人不明的物。例如,无人继承和无人受遗赠的遗产、无主的埋藏物和隐藏物等。对于无主财产的归属,近现代民法通常规定由发现人取得其全部或部分所有权。但根据我国《民法通则》第 79 条和《继承法》第 32 条的规定,无主物一般归国家所有。

我国《物权法》仅就遗失物进行了详尽规定。拾得遗失物,应当返还权利人。拾得人应当及时通知权利人领取,或者送交公安等有关部门(第 109 条)。有关部门收到遗失物,知道权利人的,应当及时通知其领取;不知道的,应当及时发布招领公告(第 110 条)。拾得人在遗失物送交有关部门前,有关部门在遗失物被领取前,应当妥善保管遗失物。因故意或者重大过失致使遗失物毁损、灭失的,应当承担民事责任(第 111 条)。权利人领取遗失物时,应当向拾得人或者有关部门支付保管遗失物等支出的必要费用。权利人悬赏寻找遗失物的,领取遗失物时应当按照承诺履行义务。拾得人侵占遗失物的,无权请求保管遗失物等支出的费用,也无权请求权利人按照承诺履行义务(第 112 条)。遗失物自发布招领公告之日起 6 个月内无人认领的,归国家所有(第 113 条)。

拾得漂流物、发现埋藏物或者隐藏物的,参照拾得遗失物的有关规定。《文物保护法》等法律另有规定的,依照其规定(第 114 条)。

(4)善意取得。指受让人以取得动产所有权为目的占有某项动产,即使出让人无处分权,受让人仍可取得其所有权的情形。我国《物权法》没有区分不动产和动产,统一规定了对二者的善意取得。该法第 106 条规定:"无处分权人将不动产或者动产转让给受让人的,所有权人有权追回;除法律另有规定外,符合下列情形的,受让人取得该不动产或者动产的所有权:(一)受让人受让该不动产或者动产时是善意的;(二)以合理的价格转让;(三)转让的不动产或者动产依照法律规定应当登记的已经登记,不需要登记的已经交付给受让人。受让人依照前款规定取得不动产或者动产的所有权的,原所有权人有权向无处分权人请求赔偿损失。当事人善意取得其他物权的,参照前两款规定。"善意受让人取得动产后,该动产上的原有权利消灭,但善意受让人在受让时知道或者应当知道该权利的除外(第 108 条)。

在遗失物的情形,所有权人或者其他权利人有权追回遗失物。该遗失物通过转让被他人占有的,权利人有权向无处分权人请求损害赔偿,或者自知道或者应当知道受让人之日起两年内向受让人请求返还原物,但受让人通过拍卖或者向具有经营资格的经营者购得该遗失物的,权利人请求返还原物时应当支付受让人所付的费用。权利人向受让人支付所付费用后,有权向无处分权人追偿(第 107 条)。

六、物权消灭的原因

物权的消灭,是物权变动形态的一种。而引起物权消灭的原因甚多,既有物权的共同消灭原因,也有个别物权的特殊消灭原因。以下仅就物权消灭的共同原因加以说明。

（一）混同

所谓混同,是指两个无并存必要的物权同归于一人的法律事实。权利义务的存在,前提是有不同的主体,故权利与义务同归于一人时,自因混同而消灭。混同的情形,可分为三类:一是权利与权利的混同;二是权利与义务的混同,如债权债务同归一人时,债的关系消灭;三是义务与义务的混同,如主债务与保证债务同归于一人时,其保证债务即因混同而消灭。后两种情形就债的关系而发生,属于债的范围。而第一种情形,即所谓物权的混同,虽在形式上属权利的混同,但实质上也是权利与义务的混同。如所有权与他物权混同时,在混同前,所有权人对他物权人负有容忍其行使他物权的义务。故物权混同时,原则上其中一个小权利消灭,不只是因为小权利被大权利所吸收,且因权利与义务同归一人时,根据不须向自己履行义务的原则,义务应当被权利吸收而消灭。

1. 混同的效力

关于混同的效力有不同的立法例：

（1）消灭主义。即两物权混同时,其中一物权被另一物权吸收而消灭。除前段所述原因外,还因为物权是单一支配权,若一人同时为两种权利人,将使法律关系更趋复杂。

（2）不消灭主义。即物权不因混同而消灭。因同一物上有所有权与他物权同时存在或他物权与他物权同时存在,在物权性质上并无不可。且不动产登记有一定的效力,若允许物权因混同而消灭,将使登记与物权的实质状态不符,有失登记的意义。法国民法就不动产物权的混同,即此采种立法例(《法国民法典》第889条)。

（3）折中主义。两物权混同时,原则上其中一物权消灭,但该物权对于本人或第三人有利害关系时则不消灭。日本民法采此种立法例(《日本民法典》第179条)。按上述立法例,例外的情形有二,一是所有权与其他物权混同,如其他物权的存续于所有人或者第三人有利益时,其他物权不消灭;二是所有权以外的物权与以该物为标的的权利混同时,如果该权利之存续于权利人或第三人有法律上之利益时,该权利不消灭。

2. 混同的类型

（1）所有权与他物权混同。

同一物之所有权及他物权归属于一人时,他物权原则上因混同而消灭。这里的他物权,包括用益物权与担保物权。但以下两种情形则为例外,他物权不因混同而消灭:其一,他物权的存续于第三人有法律上的利益时,他物权不因混同而消灭。如甲有价值10万元的一座房屋,先后向乙、丙分别借用5万元、8万元,并以其房屋为乙、丙各设定第一、第二次序抵押权作为担保。在清偿期未届满前,乙因继承而取得该房屋,如依上述混同消灭之原则,而使抵押权消灭,则丙升为第一次序的抵押权人,等抵押权实行时,丙得受全部清偿,乙则不能全部获偿。故为了所有人乙的利益,法律上规定乙的抵押权得继续存在,不因与所有权混同而消灭,仍可依第一次序抵押权享有优先受偿的权利。反之,若丙继承该房屋,乙将来实行抵押权,拍卖抵押物时,依法仍优先于丙而受清偿,故丙的抵押权是否因混同而消灭,于所有人丙无任何法律的利益可言,丙的抵押权仍应依混同的一般原则而消灭。其二,其他物权的存续对于第三人有法律上的利益时,其他物权不消灭。例如,甲在其土地上为乙设定地上权,后乙向丙借款10万元,乙以该地上权为丙设定抵押权,作为担保。后乙因继承甲的土地而取得所有权。如依物权混同原则,乙的地上权因与所有权混同而消灭,则丙的抵押权也将因标的物(地上权)消灭而消灭,丙的债权也就变成无担保的债权,在法律上处于不利地位。所以该地上权的存续对于第三人丙有法律上的利益,法律为保护其利益,规定此时地上权不因混同而消灭。

(2) 他物权与以该他物权为标的的权利混同。

他物权与以该他物权为标的的权利归属于一人时,其权利因混同而消灭。而所消灭的"其权利",指以该他物权为标的的权利。例如,甲以其地上权为乙设定抵押权,后乙因继承甲而取得该地上权,于是地上权与以该地上权为标的的抵押权均归属于乙一人,依前所述,抵押权因混同而消灭。但以下情形为例外,以该他物权为标的的权利不因混同而消灭。其一,该权利的存续于权利人有法律上的利益时,该权利不消灭;其二,该权利的存续于第三人有法律上的利益时,该权利不消灭。

不动产物权因混同而消灭的,是因为有法律的规定,故可不待登记即生混同的效力。而且混同后是否产生权利消灭的效果,大体上从登记的情况中就可得知,虽然未进行涂销登记,也不致有碍交易的安全。同时,由于因混同而消灭的物权将发生终局性的物权消灭的效果,故无论嗣后因何种原因而回复混同以前的状态,也不因而使业已消灭的权利再度回复。

(二) 抛弃

抛弃是指权利人不将其物权移转于他人而使其物权归于消灭的单方行为。物权为财产权,权利人在原则上得任意抛弃其物权,但该权利如与他人利益有关时,则须加以限制。如甲以自己取得的土地使用权为担保,向乙借款而为之设定抵押权,甲即不得抛弃其土地使用权。抛弃行为如违反公序良俗,也不得为之,如抛弃家人的尸体等。

抛弃物权,一般应依一定的方式为之,使生抛弃的效力。因抛弃为单方行为,属民事法律行为的一种,故须以意思表示为之,抛弃人须具备行为能力,始能合法有效。此外，抛弃因所抛弃的是动产物权还是不动产物权，以及有无相对人而在方式上有所不同。

在抛弃动产物权时，如抛弃的为所有权，则除有抛弃的意思表示外，还须放弃对该动产的占有。抛弃所有权为无相对人的单方行为，故无须向特定的相对人为意思表示，但基于物权变动公示的需要，故须放弃动产的占有，以显示抛弃的意思。如抛弃的为他物权，如质权、留置权时，抛弃属有相对人的单方行为，须向因抛弃而直接受益者为抛弃的意思表示，如向出质人、留置物的所有人为之，并交付该动产。

在抛弃不动产物权时，如抛弃的为所有权，则除须有抛弃的意思表示外，还应向登记机关为所有权涂销登记，始发生抛弃的效力。如抛弃的为他物权，则须向因抛弃而直接受益者为抛弃的意思表示，并向登记机关为涂销登记，始能生效。因不动产物权基于法律行为而变动的，一般非经登记不生效力，抛弃作为法律行为之一，当然应进行登记。

（三）其他原因

物权的共同消灭原因，除以上所述的混同与抛弃外，尚有其他原因。举其要者，主要有：

（1）标的物灭失。即物权因标的物之灭失而消灭。但是，担保物权中的抵押权、留置权及质权，因担保物灭失而得受赔偿金时，该赔偿金应为担保物之代替物，其效力得及于该代替物，故此时担保物权并不消灭。

（2）约定存续期间届满，或届满前当事人以合意使物权消灭。

（3）因法定原因而撤销。如依据《房地产管理法》第25条的规定，两年未开发者，其建设用地使用权将被撤销。

（4）担保物权因债权之消灭而消灭。

（5）标的物被征收或被没收。

第十一章 所 有 权

所有权是法律允许的范围内对所有物所享有的一种独占性支配权,为现行私法秩序的基本,市场经济体制的基础,以及人格依凭的条件。所有权具有悠久的历史,早在罗马法时代,所有权的绝对性就得以确立。但是,随着社会经济的发展,所有权开始受到适当限制,走向社会化进程,如相邻关系制度的建立即是所有权社会化的具体体现。而与此同时,社会经济关系也由以所有权为中心的静态转向以契约为中心的动态。所有权社会机能的这种变迁充分说明了它是一定社会的经济状况和所有制在法律上的体现。根据我国以社会主义公有制为主体的所有制形式特征,国家所有权、集体所有权、个人所有权是我国所有权最主要的类别划分。而现代住宅的集约化,使得建筑物区分所有权成为一种重要的所有权形态。当然,从不同角度看,所有权可以有不同的分类,例如,根据权利人的数量不同,可分为单一所有权和多数人所有权,共有是多数人所有权的主要形态。

第一节 所有权概述

一、所有权的含义

在民法上,所有权通常具有三种含义,即所有权法律制度、所有权法律关系和作为一项民事权利的所有权。所有权法律制度是一定社会中有关所有权的法律规范的总和,是民法的一项基本法律制度。所有权法律关系是法律所确认的人与人之间由于物的归属和支配而形成的权利和义务关系。作为一项民事权利,所有权是法律赋予所有人对其所有物享有的权利。所有权的这三种含义是紧密相关的。所有权法律制度是所有权法律关系和作为民事权利的所有权的基础,所有权法律关系和作为民事权利的所有权是所有权法律制度的具体体现。其中作为民事权利的所有权更是集中反映了所有权制度对主体权利保护的初衷,也体现着民法是权利本位法这一特性。因此,近现代民事立法和民法理论通常在第三种含义上给所有权下定义。

所有权的概念界定从总体上看,主要表现为两种方式:一是列举式,一是概括式。以《法国民法典》为代表的民事立法通过具体列举所有权的权能对所有权的概念进行界定。《法国民法典》第544条规定:"所有权是对于所有物有绝对无限制地使用、收益及处分的权利。"我国《民法通则》也采取了列举式的定义方法，其第71条规定："财产所有权是指所有人依法对自己的财产享有占有、使用、收益和处分的权利。"以《德国民法典》为代表的民事立法则以抽象概括的方式定义所有权。《德国民法典》第903条规定，所有权为"以不违反法律和第三人的权利为限"，"随意处分其物，并排除他人的任何干涉"的权利。比较这两种立法方式，概括式虽然较为抽象，不易为人们理解和掌握，但论述准确，能更好地反映所有权的本质属性。而列举式一方面混淆了所有权的本体和手段（所有权的权能或内容只是实现所有权的手段，或称所有权的作用），另一方面也难以穷尽所有权权能的罗列，其局限性是显而易见的。

我国《物权法》第39条规定："所有权人对自己的不动产或者动产，依法享有占有、使用、收益和处分的权利。"尽管这一条似乎是沿袭《民法通则》而对所有权概念的界定，但解释上宜认为仅仅是法律对所有权权能的规定。我们可以将所有权定义为"在法令限制范围内对物为全面支配的权利"。

二、所有权的特点

所有权是物权的一种，因此它必然具备物权的一般法律特征。但相对于其他各种物权，所有权又具有独特的法律特性。

1. 自权性。物权分为自物权和他物权，所有权是自物权。所有人在法律允许的范围内可独占性地支配自有物，无须任何中介，也不必经任何人同意。所有权以外的其他物权都是他物权，是权利人对他人的物享有的权利。

2. 完全性。所有权赋予权利人对所有物完全的支配权，这种支配权囊括了占有、使用、收益、处分等各项权能。所有人行使所有权只受法律的限制，除此之外不受任何其他方面的制约。所有人既可选择自己行使所有权的一切权能，也可根据自己的需要将部分权能或一定程度上将全部权能出让给他人行使。其他物权是所有权派生出来的，仅限于对物某一方面或几方面的支配权，权利人只具有所有权的部分权能，或仅在一定范围内具有全部权能。因此，所有权又称完全物权，其他物权又称限制物权。《物权法》第40条规定："所有权人有权在自己的不动产或者动产上设立用益物权和担保物权。用益物权人、担保物权人行使权利，不得损害所有权人的权益。"

3. 永久性。所有权不受时效的限制而永久存续，因此，所有权又被称为无期物权。而其他物权都是有期物权，只存在于法定或约定的期限内。所有人即使长期搁置所有物而未积极实现其所有权的各项权能，所有权也不发生时效届满而消灭的后果。任何人不得通过合同设定所有权的存续期间。

4. 整体性。尽管所有人通过占有、使用、收益、处分等权能行使自己的所有权，但这只是所有权的不同实现手段，所有权本身绝非几种权能的简单相加，而是浑然不可分的统一整体。

所有权的整体性表现为一物之上只存在一个所有权,一物之上的所有权不能被分割为数个所有权。在按份共有的情形下,各共有人虽对其份额享有独立的所有权并依据其份额对财产享有独立的权利、承担相应的义务,但是份额本身并不是单独的所有权,共有权只是若干个份额共同构成的一项所有权。在买卖合同中,双方可约定所有权转移的条件,但在条件未成就时,财产的所有权并不随着买受人每期价款的支付而部分移转,此期间内买受人所获得的只是所有权的期待权。

5. 弹力性。所有人可通过在所有物上设定他物权的方式或其他方式将所有权权能的一部分甚至全部出让给他人,此时所有权并不丧失其作为所有权的本质,但因受到一定的限制而处于不圆满的状态。然而,所有权的权能与所有权发生分离是暂时且有条件的,一旦他物权消灭或其他法定事由的出现使所有权所受的限制消除,则所有权又恢复到圆满的状态。这就是所有权弹力性的体现。

6. 社会性。之所以要提到社会性,是因为在历史上相当长一段时间,人们认为所有权是不受任何拘束的。但所有权的绝对性在现代已经被打破,所有权的行使不仅要受到法律的限制,还应当不因滥用而侵害他人的权利,以及应当有利于社会公共利益。物权法上对所有权的限制主要有容忍他人一定侵害的义务、一定范围内不得行使其权能的义务以及为一定积极行为的义务等形态。

三、所有权的权能

(一)所有权权能的概念

所有权从性质上看,是所有人对物的一种独占性的支配权。所有人要想通过实现所有权而满足自身的利益,只有行使所有权的权能才能达到目的。因此,所有权的权能是所有人为了实现其对所有物独占性的支配权从而满足自身的利益,在法律允许的范围内可以采取的手段。所有权的权能在实践中表现为所有权的作用。所有权的权能包括积极权能和消极权能,积极权能是所有人为实现所有权而对物进行各种积极行为的权能,消极权能则是所有人在行使所有权时得排除他人非法干涉的权能。

(二)所有权的积极权能

根据《物权法》第39条的规定,所有权的积极权能包括占有、使用、收益和处分四项。当然,随着经济生活的不断丰富和发展,所有权积极权能的种类可能不仅限于此,这里主要讨论这四项基本权能。

(1)占有权能。占有权能是对物的实际掌握和控制的权能。只有行使对物的占有权能,才有可能实现对物的使用权能。所有人可以自己行使对物的占有权能,即合法地对所有物进行事实上的掌握和控制。非所有人也可能依据法律的规定或与所有人的约定(借用、租赁或设定用益物权)获得对物的占有权能。非所有人的占有权能同样受到法律的保护,可以排除包括所有人在内的任何人的非法干涉。

所有权的占有权能与占有是不同的两个概念。占有权能是所有权的一项权能,以存在合法的所有权为前提。占有是一种事实状态,除法律有特别规定外,占有的事实并不当然产生占有权能。

(2)使用权能。使用权能是依物的性能和用途对其加以利用,以满足生产或生活某种需要的权能。尽管使用权能需以占有权能为前提,但人们掌握和控制财产本身不是目的,使用权能使人们得以有效地对物进行利用,从而实现物的使用价值以满足自身的需要。使用权能可以由所有人自己行使,也可依据法律或约定由非所有人行使。非所有人应按照指定的用途对物进行使用,因使用不当造成物的毁损或灭失的,须对所有人承担损害赔偿责任。

(3)收益权能。收益权能是获取基于原物而产生的新增物质利益的权能,主要表现为取得原物派生的天然孳息和法定孳息以及通过运用原物进行生产经营而生成的利润。收益权能一般由物的所有人行使,但根据法律或约定也可由非所有人行使。

在现实经济生活中,物的使用权能和收益权能往往紧密相联,但二者的区别也是明显的。权利人行使使用权能为的是实现物的使用价值,而收益权能为权利人带来的是物的增值价值;使用权能是权利人在不毁损所有物的本体或不变更所有物的性质的前提下对物进行利用,在现代市场经济条件下,行使收益权能的一种常见的方式是权利人通过运用原物进行生产经营而实现物的价值形态的变化,将新价值凝结在新产品中而获得利润。

收益权能的产生和发展与市场经济的发展程度有密切的联系。在罗马法的所有权概念体系中,收益权能在所有权的权能中并不突出。这是因为罗马法时代尚处于简单的商品经济社会,人们关注的是物的使用价值,忽略了物的价值和增值价值。因此,收益权能只能依附于使用权能而难以独立。在高度集中的计划经济体制下,收益权能也曾被长期排斥于所有权权能之外。这主要是由于当时在理论上否认资本增值的性质,在实践上统收统支的企业财产制度使生产资料在所有者和使用者之间不可能产生利润的分配。而在现代社会,市场经济在世界范围内不断发展,所有权的目的已从单纯地追求使用价值过渡到主要获取价值和增值价值,收益权能的地位日渐突出,已成为所有权的重要权能。

所有权的收益权能不同于一般意义的收益。收益可以是财产的经营者、管理者为所有人而收益(如在信托关系中,受托人为受益人而收益),但完全为他人而收益的主体并不享有收益权能。另外,物权以外的其他权利类型也赋予权利人收益的权利,如股东基于股权可从公司获得收益,但这不是所有权的一种权能。

(4) 处分权能。处分权能是对物进行处置以决定其命运的权能。权利人对处分权能的行使既包括事实上的处分,也包括法律上的处分。事实处分是针对物的实物形态进行物理上的消灭或改造,如食物被吃掉、原物经生产加工成为新的产品等。法律处分是通过法律行为使物的所有权发生移转、消灭或受到限制,如将物出卖给他人、出租给他人或在物上设定他物权等。处分权能对商品经济的发展具有重要意义,因此它是所有权最重要的权能。主体必须具有处分权能,才能对物进行再生产和加工以实现社会物质的增加。而主体之间进行商品和资本流通的前提条件也是具有处分权能。

由于处分权能在各个权能中的核心地位,这一权能通常由所有人自己行使。非所有人只有在法律有特别规定时才能处分他人的财产,如留置权人于债务人不履行债务超过一定期限时可将留置物出卖。

(三) 所有权的消极权能

所有权的消极权能是指所有人依法排除他人对所有权的非法侵害的权能。尽管《物权法》第 39 条并没有明确列出来,但根据体系解释,《物权法》第 2 条规定了物权排他的性质,这当然也适用于所有权。所有权作为一种绝对权,其相对人并非特定的主体,而是所有人以外的任何人。当所有人对物的独占性权利受到非法干涉,所有人就可依据此项权能请求返还原物、排除妨害、消除危险、恢复原状或赔偿损失。与所有权的积极权能不同的是,所有权的消极权能并非可以随时由所有人主动行使,而必须以出现他人对所有权的非法侵害为前提,所以此项权能具有被动性、消极性的特点。

由于任何所有权都不是无限制的权利,因此所有权的消极权能只能在法律允许的范围内行使。为了保障社会公共利益而在法律中规定的对所有权的限制,所有人不得排除。

第二节 所有权的种类

依据不同的分类标准,可将所有权划分为不同的种类,如依据客体性质的不同可以将所有权分为动产所有权和不动产所有权,依据主体数量的不同可以分为单一所有权和多数人所有权(其中最重要的是共有),依据所有权主体的所有制形式可以分为国家所有权、集体所有权和私人所有权等。这里主要介绍最后一种分类,共有的内容在下一节论述。

一、国家所有权

(一) 国家所有权的概念

国家所有权是国家对全民所有的财产享有的所有权。任何国家都要执行一定的统治职能和管理社会公共事务的职能,因此就必然需要拥有并支配一定的社会财富,这是国家所有权产生的基础。在我国,社会主义制度决定了国家所有权是属于全民的,是社会主义全民所有制在法律上的体现。我国《民法通则》第73条规定:"国家财产属于全民所有。国家财产神圣不可侵犯,禁止任何组织或者个人侵占、哄抢、私分、截留、破坏。"《物权法》第45条规定:"法律规定属于国家所有的财产,属于国家所有即全民所有。"可见我国从法律上确定了国家所有权是一种独立的所有权类型。

(二) 国家所有权的特点

在我国,国家所有权具有以下特征:

(1) 在权利主体方面,国家所有权的主体是唯一的,即中华人民共和国。其他任何组织或个人都不能充当国家财产的所有人。

(2) 在权利客体方面,国家所有权的客体是广泛的,任何类型的财产都可以成为国家所有权的客体。国家所有权的客体包括:矿藏、水流、海域(《物权法》第46条);城市的土地,法律规定属于国家所有的农村和城市郊区的土地(《物权法》第47条);森林、山岭、草原、荒地、滩涂等自然资源,法律规定属于集体所有的除外(《物权法》第48条);法律规定属于国家所有的野生动植物资源(《物权法》第49条);无线电频谱资源(《物权法》第50条);法律规定属于国家所有的文物(《物权法》第51条);国防资产,依照法律规定为国家所有的铁路、公路、电力设施、电信设施和油气管道等基础设施(《物权法》第52条)等。根据《物权法》第41条,法律规定专属于国家所有的不动产和动产,任何单位和个人不能取得所有权。

(3) 在权利取得方面,国家所有权的取得方式是多样的。国家除了可以通过与集体或个人相同的方式取得所有权外,还有自己特有的所有权取得方式,如采用征税、征收、罚金等强制手段取得所有权以及直接对所有人不明的埋藏物、隐藏物取得所有权等。

(4) 在权利行使方面,一般由国家行政管理部门通过其职能的实现代表国家行使国家所有权。国有财产由国务院代表国家行使所有权;法律另有规定的,依照其规定(《物权法》第45条第2款)。具体地说,国家机关对其直接支配的不动产和动产,享有占有、使用以及依照法律和国务院的有关规定处分的权利(《物权法》第53条);国家举办的事业单位对其直接支配的不动产和动产,享有占有、使用以及依照法律和国务院的有关规定收益、处分的权利(《物权法》第54条);国家出资的企业,由国务院、地方人民政府依照法律、行政法规规定分别代表国家履行出资人职责,享有出资人权益(《物权法》第55条)。在经济领域,国家越来越注重将国家所有权的各项权能适当分离出去,这样既不丧失其财产所有者的地位,又促进国有财产的有效增值。

（三）国家所有权的保护

《物权法》从社会一般主体和权利行使主体两方面对国有所有权的保护作出了规定。

就社会一般主体来说，国家所有的财产受法律保护，禁止任何单位和个人侵占、哄抢、私分、截留、破坏（《物权法》第56条）。这里的侵占是指以非法占有为目的，将其经营、管理的国有财产非法占为己有。哄抢是指以非法占有为目的，组织、参与多人一起强行抢夺国有财产的行为。私分是指违反国家关于国有财产分配管理规定，以单位名义将国有财产按照人头分配给单位内部或者部分职工的行为。截留是指违反国家关于国有资金等国有财产拨付、流转的决定，擅自将经手的有关国有财产据为己有或者挪作他用的行为。破坏是指故意毁坏国有财产，影响其发挥正常功效的行为。

就权利行使主体来说，履行国有财产管理、监督职责的机构及其工作人员，应当依法加强对国有财产的管理、监督，促进国有财产保值增值，防止国有财产损失；滥用职权，玩忽职守，造成国有财产损失的，应当依法承担法律责任。违反国有财产管理规定，在企业改制、合并分立、关联交易等过程中，低价转让、合谋私分、擅自担保或者以其他方式造成国有财产损失的，应当依法承担法律责任（《物权法》第57条）。

二、集体所有权

（一）集体所有权的概念

集体所有权是劳动群众集体对其财产享有的所有权。《民法通则》第74条规定，"劳动群众集体组织的财产属于劳动群众集体所有"。集体所有权是劳动集体所有制在法律上的体现，与国家所有权共同构成我国社会主义公有制的两种形式。

（二）集体所有权的特点

在我国，集体所有权具有以下特征：

（1）在权利主体方面，集体所有权的主体种类和数量繁多。农村集体经济组织、城镇集体经济组织、合作社组织等都是集体所有权的主体。

（2）在权利客体方面，集体组织除不得对一些国家专有财产享有所有权外，其所有权客体与私人所有权相比仍是相当广泛的，如农村集体经济组织可以对土地享有所有权。集体所有的不动产和动产包括：法律规定属于集体所有的土地和森林、山岭、草原、荒地、滩涂；集体所有的建筑物、生产设施、农田水利设施；集体所有的教育、科学、文化、卫生、体育等设施；集体所有的其他不动产和动产（《物权法》第58条）。

（3）在权利行使方面，集体所有权并非由每个集体组织的成员分别来行使所有权,而是由集体组织代表全体成员行使所有权。《物权法》第 60 条规定,对于集体所有的土地和森林、山岭、草原、荒地、滩涂等,依照下列规定行使所有权:属于村农民集体所有的,由村集体经济组织或者村民委员会代表集体行使所有权;分别属于村内两个以上农民集体所有的,由村内各该集体经济组织或者村民小组代表集体行使所有权;属于乡镇农民集体所有的,由乡镇集体经济组织代表集体行使所有权。《物权法》第 61 条规定:"城镇集体所有的不动产和动产,依照法律、行政法规的规定由本集体享有占有、使用、收益和处分的权利。"不过,城镇集体经济组织的所有权与其占有权能一般不会分离;农村集体经济组织往往采用内部承包的方式,由成员行使占有、使用和收益权能;而集体经济组织只通过统一安排土地、水利农用设施,监督承包户等方式行使权利。由于农民集体所有的不动产和动产,属于本集体成员集体所有(《物权法》第 59 条第 1 款),因此有一些事项仍然应当依照法定程序经本集体成员决定:土地承包方案以及将土地发包给本集体以外的单位或者个人承包;个别土地承包经营权人之间承包地的调整;土地补偿费等费用的使用、分配办法;集体出资的企业的所有权变动等事项以及法律规定的其他事项(《物权法》第 59 条第 2 款)。而且,集体经济组织或者村民委员会、村民小组应当依照法律、行政法规以及章程、村规民约向本集体成员公布集体财产的状况(《物权法》第 62 条)。

(三) 集体所有权的保护

《物权法》对于集体所有权的保护也从社会一般主体和权利行使主体两方面作出了规定。

就社会一般主体来说,集体所有的财产受法律保护,禁止任何单位和个人侵占、哄抢、私分、破坏(《物权法》第 63 条第 1 款)。这里的"侵占、哄抢、私分、破坏"可以参照上文关于国家所有权的内容。

就权利行使主体来说,集体经济组织、村民委员会或者其负责人作出的决定侵害集体成员合法权益的,受侵害的集体成员可以请求人民法院予以撤销(《物权法》第 63 条第 2 款)。

三、私人所有权

(一) 私人所有权的概念

私人所有权是公民个人、家庭以及个体经济、私营经济等非公有制经济的主体对其所有的财产享有的所有权。私人所有权也是我国法律保护的一种所有权。《民法通则》第 75 条第 2 款规定:"公民的合法财产受法律保护,禁止任何组织或者个人侵占、哄抢、破坏或者非法查封、扣押、冻结、没收。"我国对于私人所有权的政策走过一段弯路,随着法律的不断完善,私人所有权将会得到前所未有的尊重。

（二）私人所有权的特点

在我国，私人所有权具有以下特征：

(1) 在权利主体方面，私人所有权主体的种类多、数量大。生活资料的所有者为公民个人；而生产资料的所有者为特定的公民，如个体工商户、农村承包经营户、私营企业的投资者等。

(2) 在权利客体方面，法律对公民能够享有所有权的生产资料作了一定的限制，即土地、矿藏等自然资源不能成为个人所有权的客体。但是，私人对其合法的收入、房屋、生活用品、生产工具、原材料等不动产和动产享有所有权（《物权法》第64条）。私人合法的储蓄、投资及其收益受法律保护。国家依照法律规定保护私人的继承权及其他合法权益（《物权法》第65条）。随着社会财富的不断增长，私人财产所有权的范围将进一步扩大，因此，这个兜底条款是很重要的。

（三）私人所有权的保护

私人的合法财产受法律保护，禁止任何单位和个人侵占、哄抢、破坏（《物权法》第66条）。这里，法律特别强调私有财产只有合法的才受保护，通过非正当途径如贪污等取得的财产是不受法律保护的。

四、法人财产权

法人所有权是法人对其财产享有的所有权。我国《物权法》并没有明确承认法人所有权，而是规定了一种法人财产权。国家、集体和私人依法可以出资设立企业法人，其所有的不动产或者动产投到企业的，企业法人对其不动产和动产依照法律、行政法规以及章程享有占有、使用、收益和处分的权利。而出资人只是按照约定或者出资比例享有资产收益、重大决策以及选择经营管理者等权利并履行义务（《物权法》第67、68条）。尽管这种规定的实质是确认了企业法人享有企业财产所有权，而出资者仅仅享有股权，但是《物权法》却将其与按照所有制分类的国家、集体和私人所有权放在一起，作为三种所有权主体出资的一种形式，因而很难讲在这三种所有权形式之外又承认了一种新的所有权。从《物权法》第五章的标题来看，也没有将其列进来。而《物权法》第68条第2款规定，企业法人以外的法人，对其不动产和动产的权利，适用有关法律、行政法规以及章程的规定。这也说明法律并没有确立一种一般的法人所有权。因此，笔者姑且称之为法人财产权。

随着市场经济的发展，承认法人所有权势在必行，因为法人也是市场经济的独立主体之一。但是，法人所有权并不是按照所有制形式分类而得出的所有权形式，而是根据市场主体类型——自然人、法人、第三民事主体——作出的分类，因此，如果将它与国家、集体和私人所有权并立，必然找不到其合适的定位。

第三节 共 有

前一节提到,所有权依据主体数量的不同可以分为单一所有权和多数人所有权。共有是多数人所有权的主要形态。

一、共有制度概述

(一) 共有的概念和特征

所谓共有,是指两个或两个以上主体对某一物共同享有所有权。共有具有以下法律特征:

(1) 权利主体的多元性。共有的主体为两个或两个以上的单位和个人,单一主体不能形成共有。

(2) 权利客体的统一性。共有的客体可以是一个物,也可以是由几个物共同构成的集合体,即在物理上可以是多元的,但在共有关系存续期间内,共有的客体在法律上应是统一的、不可分的。因此,共有不是各主体对各客体分别享有所有权。

(3) 权利内容的平行性。共有的各主体按照全体共有人的意志共同行使权利、承担义务,或者按照各自的份额享有权利、承担义务。他们之间的权利义务关系是平行的,而非对应的,一方权利的实现不以他方的义务履行为前提。

(4) 权利性质的单一性。在共有关系中,共有人享有的是一个所有权,而非多个所有权。尽管各共有人可以依据各自的份额对共有物享有权利、承担义务,但共有人对份额的权利本身不是独立的所有权,各个共有人的权利共同构成一个单一的所有权。

(二) 共有的分类

根据《民法通则》第78条以及《物权法》第93条的规定,我国立法确认了共同共有和按份共有两种共有形态。

(三) 准共有

共有是所有权制度的一部分,但所有权以外的其他财产权也可由数人共同享有,如他物权、知识产权、债权等都可由数人共有。所有权以外的其他财产权的共有在理论上被称为准共有。有些国家如德国、日本立法明确了所有权以外的共有准用所有权共有的相关规定。我国《物权法》第105条规定:"两个以上单位、个人共同享有用益物权、担保物权的,参照本章规定。"从而承认了准共有。

二、按份共有

（一）按份共有的概念和特征

按份共有是共有的形态之一，是指两个或两个以上的共有人按照各自的份额对共有物享有所有权。《物权法》第 94 条规定："按份共有人对共有的不动产或者动产按照其份额享有所有权。"按份共有具有以下特征：

(1) 按份共有关系基于合同关系产生。按份共有关系除法律有特别规定外，一般在各共有人自愿订立的合同基础上产生。

(2) 按份共有人按照各自的份额享有所有权。按份共有关系将一个独立的所有权进行了量的分割，各共有人依据各自的份额按比例享有不同量的所有权。如甲、乙共同出资购买了一台电视机，甲出资 2000 元、乙出资 3000 元，则甲对电视机享有 40％所有权，乙对电视机享有 60％所有权。

(3) 按份共有人的权利、义务及于全部共有物。按份共有人按照份额享有所有权并不是指共有人对共有物一定比例的特定物质部分享有权利、承担义务，而是指各共有人按照各自的份额对全部共有物享有权利、承担义务。如甲和乙显然不能用分割电视机的方法对其行使权利和承担义务。

(4) 按份共有人按照份额行使所有权时，产生单个所有权的效力。按份共有人可依法处分自己的份额，如转让、分出其份额等。按份共有人死亡后，其份额由继承人继承。当然，这并不意味着每一份额是单个的所有权，而仅是一个所有权在进行量的分割后被分别行使。

（二）按份共有的内部关系

1. 应有份额的处分

按份共有人依照合同对共有财产享有一定的份额。按份共有人对共有的不动产或者动产享有的份额，没有约定或者约定不明确的，按照出资额确定；不能确定出资额的，视为等额享有（《物权法》第 104 条）。在共有关系存续期间，共有人可以自由处分其应有份额，包括应有份额的分出、转让、设定负担和抛弃。

(1) 应有份额的分出。在共有关系存续期间，共有人约定不得分割共有的不动产或者动产，以维持共有关系的，应当按照约定，但共有人有重大理由需要分割的，可以请求分割；没有约定或者约定不明确的，按份共有人可以随时请求分割。因分割对其他共有人造成损害的，应当给予赔偿（《物权法》第 99 条）。

(2) 应有份额的转让。按份共有人可以将其应有份额转让给其他共有人或者共有人以外的第三人，无需其他共有人同意。但是，其他共有人在同等条件下享有优先购买的权利（《物权法》第 101 条）。这种优先购买权主要是为了维护共有人之间的信任关系。当然，共有人的优先购买权应当在一定时间内行使，以维护转让人的合法利益。

（3）应有份额的出质。既然应有份额可以分出和转让，当然也可以设定负担。不过在以应有份额出质时，由于质权以质权人占有标的物为要件，因此质权人必须与其他共有人共同占有该物。

（4）应有份额的抛弃。这是共有人对应有份额的处分之一。但是，对于由何人取得抛弃的应有部分有不同看法，一种认为应当出其他共有人获得，另一种则认为应收归国家所有。在实践中，一般是采取前一种做法。

2. 共有物的管理和费用负担

对共有物的管理行为主要包括保存、改良和利用行为。共有人按照约定管理共有的不动产或者动产；没有约定或者约定不明确的，各共有人都有管理的权利和义务（《物权法》第96条）。

（1）保存。保存是指为了防止共有物毁损、灭失等而实施的行为。由于保存行为一般是在比较紧急的情况下作出，而且对全体共有人有益，因此各共有人可以单独为之。

（2）改良。改良是指在不改变共有物性质的前提下，对共有物进行装修的行为。由于改良的时间并不紧迫，而且可能各共有人的利益要求不同，所以一般应征得多数共有人同意，重大修缮还应当经占份额2/3以上的按份共有人同意，但共有人之间另有约定的除外（《物权法》第97条）。

（3）利用。按份共有人对共有物的全部均有使用权，而不论份额的多寡。共有人可以对共有物进行占有、使用、收益，但一般不能同时占有使用，而收益则一般按照份额比例进行分配。

对共有物的管理费用以及其他负担，有约定的，按照约定；没有约定或者约定不明确的，按份共有人按照其份额负担（《物权法》第98条）。

3. 共有物的处分

这里的处分包括法律上的处分和事实上的处分。处分共有的不动产或者动产的，应当经占份额2/3以上的按份共有人同意，但共有人之间另有约定的除外（《物权法》第97条）。

（三）按份共有的外部关系

按份共有人可以对第三人行使物上请求权，也可以要求第三人承担侵权责任。因共有的不动产或者动产产生的债权债务，在对外关系上，共有人享有连带债权、承担连带债务，但法律另有规定或者第三人知道共有人不具有连带债权债务关系的除外；在共有人内部关系上，除共有人另有约定外，按份共有人按照份额享有债权、承担债务，偿还债务超过自己应当承担份额的按份共有人，有权向其他共有人追偿（《物权法》第102条）。

三、共同共有

（一）共同共有的概念和特征

共同共有是两个或两个以上共有人不分份额、平等地对共有物享有所有权。《物权法》第 95 条规定："共同共有人对共有的不动产或者动产共同享有所有权。"共同共有具有以下特征：

（1）共同共有的存在以共有人之间存在特定关系为前提。共同共有只能发生在婚姻关系以及基于一定亲属身份并共同劳动的家庭关系等关系当中。共有人对共有的不动产或者动产没有约定为按份共有或者共同共有，或者约定不明确的，除共有人具有家庭关系等外，视为按份共有（《物权法》第 103 条）。

（2）共同共有人不分份额地对共有物享有所有权。共同共有人平等地对共有物享有所有权。共同共有的共有人对共有物共同行使权利、承担义务，而没有权利义务大小之分。

（二）共同共有的内部关系

共同共有人没有份额之分，对共有物共同管理，管理费用也共同承担（《物权法》第 98 条）。处分共有物或者对共有物作重大修缮，除非另有约定，应征得全体共同共有人同意（《物权法》第 97 条）。共有人不得在共有关系存续期间要求分割共有物，除非共有人另有约定或者共有基础丧失或者有重大理由需要分割（《物权法》第 99 条）。

（三）共同共有的外部关系

因共有的不动产或者动产产生的债权债务，在对外关系上，共有人享有连带债权、承担连带债务，但法律另有规定或者第三人知道共有人不具有连带债权债务关系的除外；在共有人内部关系上，除共有人另有约定外，共同共有人共同享有债权、承担债务（《物权法》第 102 条）。

（四）共同共有的类别

（1）夫妻共有。婚姻关系存续期间，夫妻任何一方的劳动所得、继承和受赠的财产、用合法收入购买的财产等，除双方另有约定外，为夫妻共有财产。

（2）家庭共有。家庭成员在家庭共同生活关系存续期间共同创造或共同获得的财产是家庭共有财产。家庭共有财产与家庭财产不同，家庭财产除包括家庭共有财产外，还包括家庭成员各自所有的财产。家庭共有财产也不同于夫妻共有财产，家庭共有财产在法律上特指除夫妻二人组成的简单家庭以外的其他类型家庭的共有财产，且当这一类家庭的共同生活关系解体后，既要界定夫妻共有财产，还要在家庭共有财产中再确定夫妻应分得的份额。

（3）共同继承的财产。继承开始后，遗产分割前，各继承人对遗产有共同共有权。遗嘱执行人对财产进行管理，部分继承人不得擅自使用、处分遗产。遗产分割后共有关系解除。

（4）合伙财产。对于合伙财产是共同共有还是按份共有,学界有不同看法。但是考虑到维护合伙关系和合伙的主体地位,充分保护债权人的利益,可以认为合伙财产应当是共同共有财产。

四、共有物的分割

按份共有人请求将自己的份额从共有物中分出,须对共有物进行分割;共同共有关系终止后,共同共有人也要对共有物进行分割。

对共有物的分割不得违背法律的规定。共有人之间就共有物的分割订立了合同的,应依合同的约定进行。未订立合同的,共有人对共有物分割的事项应本着和睦团结、互助互让的态度进行平等协商,力求达成一致意见。达不成协议,共有的不动产或者动产可以分割并且不会因分割减损价值的,应当对实物予以分割;难以分割或者因分割会减损价值的,应当对折价或者拍卖、变卖取得的价款予以分割(《物权法》第100条)。共有物分割后,共有关系终止,各共有人对自己分得的份额依法享有独立的所有权。但是共有人分割所得的不动产或者动产有瑕疵的,其他共有人应当分担损失。比如甲、乙、丙三人将共有财产按照1∶2∶3的比例分割后,甲分得的财产是第三人所有的,或是已完全丧失任何价值和使用价值的废品,则甲由此蒙受的损失也应由甲、乙、丙三人按照1∶2∶3的比例承担。

第四节　所有权的取得与消灭

一、所有权的取得

所有权的取得是指特定主体依法获得某物的所有权。《民法通则》第72条规定:"财产所有权的取得,不得违反法律规定。"所有权的取得有两种方式:原始取得和继受取得。

1. 原始取得

原始取得是直接依法律规定取得,不以原所有人的所有权和意志为依据。原始取得的方式有:

（1）生产

生产劳动是人们创造社会财富的过程和方式。经过人类的生产劳动制造出来的产品在形态、使用价值和价值方面都较生产前发生了质的变化。因此,生产劳动是人们取得物的所有权的一种方式。

（2）先占

先占,是指以所有人的意思,先于他人占有无主动产,而取得其所有权的法律制度。我国物权法尽管没有规定先占制度,但是在实践中,先占作为一种事实,国家是予以默认的,例如拾荒者即是对垃圾进行先占。

先占的构成必须具备五个要件:先占的标的必须是无主物;占有之物必须是动产;只适用于法律对于无主财产的归属未作规定的情形;必须以所有的意思为占有;先占行为本身须合法。

（3）时效取得

所谓时效取得,是指无权利人以行使所有权的意思公然、和平地继续占有他人的动产或者不动产,经过法律规定的期间,即依法取得该财产所有权的法律制度。由于我国物权法并没有承认取得时效制度,在这里不作赘述。

（4）善意取得

物权法规定善意取得可以适用于动产和不动产。善意取得是指原物被无权处分人转让给第三人,如第三人在受让时为善意,则可依法取得原物的所有权,原所有人不得请求第三人返还原物,只能请求无权处分人赔偿损失（《物权法》第106条第2款）。由于善意取得不是依所有人的意志取得原物,因此,善意取得是所有权原始取得的方式之一。

善意取得必须具备以下几个要件:让与人无处分权;受让人受让该不动产或者动产时是善意的;以合理的价格转让;转让的不动产或者动产依照法律规定应当登记的已经登记,不需要登记的已经交付给受让人（《物权法》第106条第1款）。

在我国,遗失物是在一定条件下适用善意取得的。我国《物权法》第107条规定:"所有权人或者其他权利人有权追回遗失物。该遗失物通过转让被他人占有的,权利人有权向无处分权人请求损害赔偿,或者自知道或者应当知道受让人之日起2年内向受让人请求返还原物,但受让人通过拍卖或者向具有经营资格的经营者购得该遗失物的,权利人请求返还原物时应当支付受让人所付的费用。权利人向受让人支付所付费用后,有权向无处分权人追偿。"可见,遗失物适用善意取得有两个条件:一是公开取得,即通过拍卖或者向具有经营资格的经营者购得;二是经过法定的两年时间。遗失物善意取得的另外一个特殊问题就是回首取得,即受让人善意取得物权后2年内,权利人可以从善意受让者手中有偿回购该物。

（5）添附

添附是指民事主体把不同所有人的物合并在一起使原物呈现新的状态或成为新物。添附的发生使恢复原状成为不可能或经济上不合理,因此,添附要求法律对添附物的所有权归属作出规定。

添附主要有混合、附合与加工三种方式。混合是指不同所有人的物混杂或交融在一起难以分离和辨别。如两种比重大致相同的液体的混合。附合是指不同所有人的物密切结合,虽未达到不能分辨的程度,但分离会导致物的毁损或产生经济损失。加工是指对他人之物进行加工改造使之成为具有更高价值的物。对于添附物,应由当事人协商决定所有权的归属。如不能达成协议,根据我国司法实践,应视不同情况分别对待。混合物的所有权属于原财产价值大的一方。附合物分动产与不动产附合和动产与动产附合两种情况确定所有权归属:动产与不动产的附合由不动产所有人取得所有权;动产与动产的附合,能区分主物与从物的,由主物的所有人取得所有权,不能区分主物与从物的,由原物的各所有人按原物比例共有。加工物一般由原物的所有人取得所有权,如加工创造的价值明显大于原物价值的,加工物的所有权也可由加工人取得。但是,加工人对于加工有恶意的情形除外。对添附物取得所有权的一方应当给予未取得所有权的他方适当补偿。

(6) 收取孳息

孳息指原物产生的新增物质利益,包括天然孳息和法定孳息。天然孳息,由所有权人取得;既有所有权人又有用益物权人的,由用益物权人取得。当事人另有约定的,按照约定。法定孳息,当事人有约定的,按照约定取得;没有约定或者约定不明确的,按照交易习惯取得(《物权法》第116条)。

(7) 以法院判决、强制执行令取得所有权

在法院判决书确定时、强制文书下达之日,发生所有权变动的效力。原所有权上的所有负担都归于消灭,产生一个新的所有权。

(8) 自然新增土地的取得

由于河流淤积、河道变更等,可以使得土地自然增加。自然增加的土地,一般归国家所有,如果新增的土地已经为农村集体经济组织利用的,归农村集体组织所有。

(9) 国家对所有人不明的漂流物、埋藏物、隐藏物和无人认领的遗失物取得所有权

遗失物是指被不慎遗忘于某处的动产。遗失物非无主物,因此,原所有人并不丧失对遗失物的所有权。但超过一定期限无人认领的遗失物则成为无主物,由国家直接取得所有权。《物权法》第113条规定,遗失物自发布招领公告之日起6个月内无人认领的,归国家所有。由于遗失物的问题在实践中问题较多,《物权法》用了第109条至113条共5个条款来规定遗失物拾得后的相关程序以及权利义务关系。拾得遗失物,应当返还权利人。拾得人应当及时通知权利人领取,或者送交公安等有关部门。有关部门收到遗失物,知道权利人的,应当及时通知其领取;不知道的,应当及时发布招领公告。拾得人在遗失物送交有关部门前,有关部门在遗失物被领取前,应当妥善保管遗失物。因故意或者重大过失致使遗失物毁损、灭失的,应当承担民事责任。权利人领取遗失物时,应当向拾

得人或者有关部门支付保管遗失物等支出的必要费用。权利人悬赏寻找遗失物的,领取遗失物时应当按照承诺履行义务。拾得人侵占遗失物的,无权请求保管遗失物等支出的费用,也无权请求权利人按照承诺履行义务。

所有人不明的漂流物、埋藏物、隐藏物是指漂流于水上、埋藏于土地之中或隐藏于他物之中的所有人不明的财产。拾得漂流物、发现埋藏物或者隐藏物的,参照拾得遗失物的有关规定。《文物保护法》等法律另有规定的,依照其规定(《物权法》第 114 条)。

(10) 国家或集体对无人继承的财产取得所有权

公民死亡后遗留的财产无人继承也无人接受遗赠的,成为无主财产。根据我国《继承法》第 32 条的规定,无人继承的财产,归国家所有。死者生前是集体所有制组织成员的,归所在集体组织所有。

(11) 没收与征收

没收是国家将违法犯罪分子的财产依法收归国有。没收以不承认被没收者对财产享有所有权为前提,因此,没收属于所有权原始取得的方式之一。

征收是国家为了公共利益的需要,依照法律规定的权限和程序将集体所有的土地和单位、个人的房屋及其他不动产收为国有(《民法总则》第 117 条、《物权法》第 42 条第 1 款)。征收使得原不动产上的所有权消灭,同时产生新的国家所有权。合法的征收必须满足以下要件:征收的必须是不动产;征收是为了公共利益的需要;征收必须依照法定权限和程序。公共利益实际上是一个比较模糊的概念,对其界定应当抓住两点:第一,征收是否使大多数人受益;第二,征收是为了社会共同利益还是一般商业利益。另外,即使征收合法,由于它实际上是公权力对于所有权的一种入侵,因此国家应当对被征收行为影响的集体和个人进行合理补偿。征收集体所有的土地,应当依法足额支付土地补偿费、安置补助费、地上附着物和青苗的补偿费等费用,安排被征地农民的社会保障费用,保障被征地农民的生活,维护被征地农民的合法权益。征收单位、个人的房屋及其他不动产,应当依法给予拆迁补偿,维护被征收人的合法权益;征收个人住宅的,还应当保障被征收人的居住条件。任何单位和个人不得贪污、挪用、私分、截留、拖欠征收补偿费等费用(《物权法》第 42 条第 2、3、4 款)。

征收和征用不同,征用不是所有权取得的方式。征用是因抢险、救灾等紧急需要,依照法律规定的权限和程序暂时使用单位、个人的不动产或者动产。被征用的不动产或者动产使用后,应当返还被征用人(《物权法》第 44 条)。可见,征用仅仅是使用权的转移,而非所有权的转移。

2. 继受取得

继受取得是基于原所有人的所有权和意志通过某种法律行为由原所有人移转而取得所有权。继受取得的方式主要有:

(1) 买卖、互易。一方将其对物的所有权以金钱或金钱以外的其他物为对价转移给另一方,另一方因此取得原物的所有权。

(2) 赠与。一方将其所有的财产无偿转让给另一方,另一方接受此项财产而取得此项财产的所有权。

(3) 继承或接受遗赠。公民死亡后,其法定继承人、遗嘱继承人或遗赠受领人取得遗产的所有权。继承人继承遗产与遗赠受领人接受遗赠都直接或间接地体现了死者生前对遗产处分的意志。因此,继承与接受遗赠属于所有权继受取得的方式。

二、所有权的消灭

所有权的消灭有两种形态,即相对消灭与绝对消灭。所有权与其原主体脱离,而权利却由他人取得,是为所有权的相对消灭。例如所有人死亡而发生继承、出让所有权等均属之。与此不同,当某项财产的所有权永远不再存在时,则为所有权的绝对消灭,此时,对于任何人而言,该所有权均不复存在。所有权的某些取得方式从另一个方面看又是所有权的消灭,如善意取得、添附等。所有权消灭可以分为因法律行为消灭和因法律行为以外的事实而消灭两种。

1. 因法律行为而消灭

(1) 所有权的抛弃。以消灭自己的所有权为目的而作出的单方意思表示,即为所有权抛弃。抛弃属单方的无相对人的行为,能引起所有权消灭的效果。但是,所有人抛弃其财产,不得损害国家利益和社会公共利益,不得损害他人的合法权益,否则就构成滥用所有权的行为。一般认为,抛弃动产所有权,除客观上有放弃动产占有的行为外,抛弃人主观上尚应有抛弃的意思表示。而抛弃不动产所有权,则无需向特定人作出抛弃的意思表示,但必须经过登记才能生效。无论动产或不动产的所有权被抛弃,该财产都成为无主财产。此为所有权的相对消灭。

(2) 所有权的转让。即旨在消灭自己的所有权而使他人取得该所有权的行为,就出让人而言,此为所有权的消灭,就受让人而言,则为所有权的取得。例如赠与、出卖、互易等均属之。该转让行为需要公示才发生相应的效力,对于动产,须为交付;而对于不动产,则须为登记。此亦为所有权的相对消灭。

2. 因法律行为以外的事实而消灭

(1) 所有权的主体消灭。所有权的主体消灭是指作为所有人的自然人死亡或法人终止,从而引起针对于原主体的所有权消灭。此为所有权的相对消灭。

(2) 作为所有权客体的标的物的灭失。当标的物灭失时,所有权即不复存在。所有权客体消灭的主要情形有:所有人对其所有物进行事实上的处分,即将物用于生产、生活消费或加以毁损等;所有权的客体由于自然灾害(例如火灾等)

或因为第三人的过错而灭失等。

（3）因判决、强制执行、行政命令等而导致所有权的转移。例如判决、罚款、没收、征用等。

（4）由于添附、善意取得、取得时效、担保权的实现等法律制度而丧失所有权。

第五节 建筑物区分所有权

一、建筑物区分所有权的概念和特征

建筑物区分所有权，是指由若干独立单元构成的建筑物的不同主体（业主）所有而形成的复合权利。建筑物区分所有权包括三方面的权利：业主对建筑物内的住宅、经营性用房等专有部分享有所有权，对专有部分以外的共有部分享有共同所有权，以及业主的成员权。《物权法》第 70 条规定："业主对建筑物内的住宅、经营性用房等专有部分享有所有权，对专有部分以外的共有部分享有共有和共同管理的权利。"建筑物区分所有权具有以下特征：

1. 复合性。建筑物区分所有权由专有权、共有权和成员权三种权利复合而成，而非一般所有权的单一构成结构。

2. 整体性。建筑物区分所有权的权利人不能对所有权进行分割行使、转让、设定负担和抛弃等。

3. 专有部分所有权的基础性。专有权是共有权和成员权的基础。业主取得专有权，也就取得了相应的共有权和成员权。专有部分的大小，决定业主对共有部分比例的大小以及成员权的大小。业主转让建筑物内的住宅、经营性用房，其对共有部分享有的共有和共同管理的权利一并转让（《物权法》第 72 条第 2 款）。

二、专有部分所有权

（一）专有部分的概念和范围

专有部分是指具有一定独立性、能够被明确区分，能够单独使用且具有排他性的建筑物部分。关于专有部分的范围有以下几种观点：

（1）中心说。这种观点认为专有部分的范围达到墙壁、地板等界面部分厚度的中心。但是由于专有部分范围包含境界线中心线以上部分，专有权人可能对此部分无所顾忌地行使权利从而损害埋设于墙壁内的各种管线甚至整个建筑物的安全。

（2）空间说。这种观点认为专有部分是由建筑材料围成的空间部分，也就

是说不包括各境界。但是,如果专有人对房屋墙壁、地板进行装修就会被认定为侵权,这显然有违生活常理。

(3) 最后粉刷表层说。这种观点认为,专有部分除了空间部分,还包括境界表层的粉刷部分,但这种观点有违一般以壁心为界限的交易习惯。

(4) 壁心和最后粉刷层折中说。这种观点认为,专有部分应区分内外关系而有所不同。在区分所有人内部关系上,应当采最后粉刷表层说;而在区分所有人与第三人关系上,则应以壁心为基准。这种观点较为合理。

(二) 专有部分所有权的内容

专有部分所有权是业主对其建筑物专有部分享有占有、使用、收益和处分的权利(《物权法》第71条)。专有权人在出售其专有部分时,其他权利人不享有优先购买权。业主除了对自己的专有部分享有这四项权能外,还可以为了维护或者改良其专有部分而使用相邻业主的专有部分。当然,这种使用以必要为前提,给其他业主造成损失的,应当给予相应赔偿。另外,业主行使权利时也必须承担相应的义务。业主应当合理使用自己的专有部分,不得危及建筑物的安全,不得损害其他业主的合法权益(《物权法》第71条)。业主不得违反法律、法规以及管理规约,将住宅改变为经营性用房。业主将住宅改变为经营性用房的,除遵守法律、法规以及管理规约外,应当经有利害关系的业主同意(《物权法》第77条)。

三、共有部分所有权

(一) 共有部分的概念和范围

共有部分是指建筑物中专有部分以外为业主共同所有的部分,包括共用出入口、通道、楼梯、天台等以及对建筑物整体的使用起辅助作用的附属设施,如管线、防盗设备等。我国《物权法》对于实践中争议较多的道路、绿地以及车位等问题也作出了规定。建筑区划内的道路,属于业主共有,但属于城镇公共道路的除外。建筑区划内的绿地,属于业主共有,但属于城镇公共绿地或者明示属于个人的除外。建筑区划内的其他公共场所、公用设施和物业服务用房,属于业主共有(《物权法》第73条)。占用业主共有的道路或者其他场地用于停放汽车的车位,属于业主共有(《物权法》第74条第3款)。根据《物权法》的规定,其他的车位和车库的原始产权是属于开发商的,但是可以由当事人约定归属于业主。共有部分具有从属性,专有部分转让的,共有部分所有权也随之转让。

(二) 共有部分所有权的内容

业主有权对建筑物的共有部分进行管理,这包括对共有部分的保存、改良以及利用。同时业主也要承担相应的义务,如按照共有部分用途使用该部分,承担日常维护管理费用等。建筑物及其附属设施的维修资金,属于业主共有。经业主共同决定,可以用于电梯、水箱等共有部分的维修(《物权法》第79条)。建筑物及其附属设施的费用分摊、收益分配等事项,有约定的,按照约定;没有约定或者约定不明确的,按照业主专有部分占建筑物总面积的比例确定(《物权法》第80条)。对于共有部分所有权的性质,学界有所争论,即到底是按份共有还是共同共有。由于业主专有部分面积不一样,因而如果按照共同共有的话,可能产生不公平的结果。但如果是按份共有,也并非一般意义上的按份共有,因为共有人不能要求分出或转让其应有部分。由此,有学者提出按照不同的情况区分是按份共有还是共同共有。

四、成员权

成员权是指业主作为管理建筑物团体中的一员而享有的权利,是对决定建筑物共同关系事务所享有的权利。这是一种身份权,以业主享有的专有部分所有权为基础。

随着社会的发展,建筑物的结构日趋复杂,业主之间的关系也复杂化。许多业主通过召开自治性的业主大会,订立规约,选举出常设性的管理团体——业主委员会,来管理日常事务和解决业主之间的纠纷。因此一般来说,成员权包括表决权、制定团体规约权、选举管理者权、选择物业管理公司权等。我国《物权法》第76条规定了由业主共同决定的事项:制定和修改业主大会议事规则;制定和修改建筑物及其附属设施的管理规约;选举业主委员会或者更换业主委员会成员;选聘和解聘物业服务企业或者其他管理人;筹集和使用建筑物及其附属设施的维修资金;改建、重建建筑物及其附属设施;有关共有和共同管理权利的其他重大事项。其中,筹集使用维修资金和改建重建建筑物及其附属设施应当经专有部分占建筑物总面积2/3以上且占总人数2/3以上的业主同意。而其他事项则应当经专有部分占建筑物总面积过半数且占总人数过半数的业主同意。业主大会或者业主委员会的决定,对业主具有约束力。业主大会或者业主委员会作出的决定侵害业主合法权益的,受侵害的业主可以请求人民法院予以撤销(《物权法》第78条)。

值得注意的是,业主委员会和物业服务企业等管理人是两个完全不同的概念。业主和物业服务企业等管理人之间的关系是委托与被委托的关系,对建设单位聘请的物业服务企业或者其他管理人,业主有权依法更换(《物权法》第81条)。物业服务企业或者其他管理人根据业主的委托管理建筑区划内的建筑物及其附属设施,并接受业主的监督(《物权法》第82条)。

业主除了享有一定的权利,也应当承担一定的义务,主要是遵守法律、法规以及管理规约。业主大会和业主委员会,对任意弃置垃圾、排放污染物或者噪声、违反规定饲养动物、违章搭建、侵占通道、拒付物业费等损害他人合法权益的行为,有权依照法律、法规以及管理规约,要求行为人停止侵害、消除危险、排除妨害、赔偿损失。业主对侵害自己合法权益的行为，可以依法向人民法院提起诉讼（《物权法》第 83 条）。

第六节 相 邻 关 系

一、相邻关系的概念和特征

相邻关系，又称不动产相邻关系，是指两个或两个以上相互毗邻的不动产的所有人或使用人，在行使其所有权或使用权时，相互之间应给予便利或接受限制的权利义务关系。也有学者称之为相邻权。但因设立相邻关系制度的主要意旨或者说其性质乃是"所有权内容之限制或扩张。相邻关系实为所有权社会化之具体体现，其基本理论乃在于利用利益衡量之原理，使权利行使间之相互调和"，故笔者认为，相邻关系不是独立的物权类型，相邻权的提法也是不妥的。

相邻关系的法律特征主要有：

1. 相邻关系的主体是两个或两个以上相互毗邻的不动产的所有人或使用人。其具有如下内涵：其一，所谓的不动产，不限于土地，也包括建筑物，而且在现代社会，以后者居多；其二，所谓的"相互毗邻"，是指不动产的地理位置相邻，它不仅包括不动产之间的相互连接，也包括不动产之间的相互邻近；其三，主体是不动产的所有人，也包括不动产的使用人。

2. 相邻关系的客体是行使不动产权利所体现的利益，即相邻的不动产各方在行使不动产的所有权和使用权时，要求互相提供便利或接受限制过程中所体现和追求的利益，而不是不动产本身或相邻各方实施的行为。这种利益可以是经济利益，也可以是非经济利益。

3. 相邻关系的基本内容是相邻不动产所有人或使用人行使不动产权利的限制或扩张，表现为，在不损害对方的合法权益基础上，相邻各方有权要求对方提供必要的便利或接受对方行使权利给自己带来的必要的限制。所谓必要，要求民事主体在行使相邻权时，应尽量避免和减少给对方造成损失，不得滥用权利。超出必要的限度，就构成对对方所有权或使用权的侵犯，而非属相邻关系范畴。

4. 因相邻关系制度的功能在于扩张一方的所有权，限制他方的排除请求权，课以作为或不作为义务并设补偿制度，以实现当事人双方利益关系的平衡。所以，其为法律对相邻不动产所有权或使用权的适当扩展，并非受限制者之相对人因此而取得一种独立的限制物权，故其属法定权利，与当事人约定的对所有权限制或扩展的权利（如地役权）不同。

5. 相邻关系是对所有权的法定限制，无需当事人约定，因此也是无偿的。

二、处理相邻关系的原则

我国《民法通则》第 83 条对相邻关系的处理原则作出了规定,该条规定:"不动产的相邻各方,应当按照有利生产、方便生活、团结互助、公平合理的精神,正确处理截水、排水、通行、通风、采光等方面的相邻关系。"《物权法》第 84 条也规定:"不动产的相邻权利人应当按照有利生产、方便生活、团结互助、公平合理的原则,正确处理相邻关系。"据此,相邻关系的处理原则具体包括:

1. 有利生产、方便生活原则

相邻方在生产经营活动、日常生活过程中都可能产生纠纷和矛盾,如果在生产、生活中出现了相邻关系的纠纷,就要在处理相邻关系时,从如何更有效、合理地使用财产,有利于生产和生活出发,以便发挥财产的最佳使用效果,达到法律调整相邻关系所追求的社会目的。

2. 团结互助、公平合理原则

相邻各方发生矛盾和纠纷,应该本着互谅互让、团结互助的精神,力求通过协商加以解决。如协商不成,应由主管机关或者人民法院继续多做调解工作,在查清事实、分清是非的基础上,本着公平合理、兼顾各方利益的原则,使相邻各方的矛盾能够在互谅互让、团结互助的基础上得以解决,确保相邻各方不再发生纠纷,长期和睦相处。相邻各方的利益应当得到平衡,一方权利的延伸和另一方权利的限制必须在合理限度内,并且享受利益的一方应尽量避免对相邻的不动产权利人造成损害,已经造成损害的,还应当给予适当赔偿(《物权法》第 92 条)。

另外,由于相邻关系涉及的事项较繁杂,法律可能难以穷尽,因此法律、法规对处理相邻关系有规定的,依照其规定;法律、法规没有规定的,可以按照当地习惯(《物权法》第 85 条)。是否适用习惯作为审案依据,以及适用何种习惯作为审案依据,法官有自由裁量权。

三、相邻关系的种类

1. 因用水、排水而发生的相邻关系(《物权法》第 86 条)

(1) 相邻用水关系。对自然流水的利用,应当在不动产的相邻权利人之间合理分配。任何一方都不得为自身利益而改变水路、截阻水流。自然流水一般应按照"由近及远、由高至低"的原则依次灌溉、使用,或依当地的习惯。一方擅自堵截或者独占自然流水,影响他方正常生产、生活的,他方有权请求排除妨碍;造成他方损失的,应负赔偿责任。

(2) 相邻排水关系。相邻一方必须使用另一方的土地排水的,应当予以准许,但应在必要限度内使用并采取适当的保护措施排水。如为自然排水的,应当尊重自然流向,对自然流至的水,低地所有人或使用人有承水的义务,但无疏通的义务；如为人工排水的，低地所有人或使用人没有承水的义务，仅有容忍过水的义务。相应的，高地所有人或使用人就有通过低地而以合理的方式排水的权利（称为"过水权"）。相邻一方可以采取其他合理的措施排水而未采取，向他方土地排水损毁或者可能损毁他方财产的，他方有权要求致害人停止侵害、消除危险、恢复原状、赔偿损失。

2. 因使用邻地而发生的相邻关系

（1）相邻通行关系（《物权法》第87条）。我国台湾地区称为"袋地通行权"，是指与公用道路隔离的土地（袋地）所有人或使用人，有权通行邻地，直达公用道路；邻地所有人或使用人负有允许通行的义务。但对邻地享有通行权的人，应当选择对邻人损害最小的路线通行。因通行邻地造成邻人损害的，应当给予对方适当的补偿。

（2）相邻管线设置关系（《物权法》第88条）。也称为"导引权"或"管线安设权"，指不动产所有人或使用人非通过邻地不能安设其生产、生活需要的电线、电缆、水管、煤气管、下水道等管线时，有权通过邻地的上空或地下安设管线；邻地所有人或使用人有承受的义务，应当允许安设。但是，本于诚实信用原则，安设管线应选择对邻人损害最小的路线和方法进行。如因安设管线造成邻人损失的，应当依法赔偿邻人的损失，同时有义务将其恢复原状。

（3）因建筑施工临时占用邻人土地而发生的相邻关系（《物权法》第88条）。相邻方因建筑施工需要临时使用他方土地时，他方有容忍的义务。但占用方应按双方约定的范围、用途和期限使用。使用完毕后，应及时恢复原状。因使用邻人土地造成其损失的，应当给予经济赔偿。

3. 因建筑物而发生的相邻关系

（1）因建筑物通风、采光而发生的相邻关系（《物权法》第89条）。相邻各方修建房屋和其他建筑物，必须与邻居保持适当距离，不得妨碍邻居的通风和采光（对其的妨害，称为"采光权妨害"）。相邻一方违反有关规定修建建筑物，影响他人通风采光的，受害人有权要求停止侵害、恢复原状或赔偿损失。但如邻近建筑物的所有人或使用人在修建建筑物当时未对通风和采光提出异议，而在建筑物完工之后提出的，本于诚实信用原则与经济原则，受害人只能请求赔偿，而不能要求排除妨害。

（2）相邻建筑物的通行关系。对于一方所有的或使用的建筑物范围内历史形成的必经通道，所有权人或使用权人不得堵塞。因堵塞影响他人生产、生活，他人有权要求排除妨碍或者恢复原状。

4. 越界的相邻关系

（1）基于越界建筑而产生的相邻关系。一般认为，相邻一方在自己方修建建筑物时，应与地界线保持适当的距离，当其逾越地界而建筑房屋时，另一方有权依物上请求权予以排除,造成损害的有权要求赔偿。但邻地所有人或使用人如明知邻方越界建筑而不及时提出异议的,就有容忍邻人使用土地的义务。但为弥补相邻一方因忍受邻人使用其土地而带来的不利益,各国法律通常赋予容忍一方以损害赔偿请求权和土地购买请求权。

(2) 因竹木根枝越界而产生的相邻关系。邻地竹木根枝逾越疆界线而侵入邻人土地时,邻人有权向竹木所有人请求于适当时间内将其剪除或截取,竹木所有人逾期不予剪除的,邻人可自行剪掉越界部分。

(3) 果实越界而产生的相邻关系。如果果实是自行落地的,果实归邻地所有;但如果果实是邻地人以人工方式使之落地的,则属侵犯他方所有权。

5. 因防止损害而发生的相邻关系

(1) 相邻环保关系(《物权法》第 90 条)。德国称为"不可量物的侵害"。是指相邻一方排放的废气、废水、废渣,产生的粉尘、噪音、放射性等不可量物质超过相关标准,给相邻方造成相当之妨害或损害时,可责令其停止侵害、赔偿损失。

(2) 相邻防险关系(《物权法》第 91 条)。在自己所有或使用的土地上挖掘土地、建造建筑物、铺设管线以及安装设备等,动摇邻居的地基或房屋时,应注意邻居的地基或房屋的安全,不得危及另一方建筑物的安全和正常使用,应避免邻居的人身和财产损失。不动产所有人或使用人从事高空、高压、易燃、易爆、剧毒、放射性等高度危险作业,应采取必要的安全防范措施,以防止对邻人的损害。保管易燃、易爆、剧毒等危险物品,应按有关规定采取安全防范措施,并与邻人的建筑物保持适当的距离。对上述危险作业、危险建筑物和危险物品不采取安全防范措施或采取的安全防范措施不当的,邻人有权要求其采取措施消除危险、恢复原状;如给他人造成损失,应承担赔偿损失的民事责任。

第十二章 用益物权

用益物权的设立目的在于获取物的使用价值,实现对物的使用和收益。用益物权是一个古老的物权制度,例如,地役权的起源可以追溯到古罗马时代。同时,随着社会经济的发展,用益物权的内容和形式又不断发生着变化和更新。

目前,我国的用益物权制度既有对西方民法的继受,又结合了我国的基本国情,农村土地承包经营权即为典型。本章将重点阐述用益物权的概念、特征、分类、功能,用益物权与相关权利的关系,以及具体类型用益物权的取得和效力等问题。

第一节 用益物权概说

一、用益物权的概念

根据民法上的传统分类方法,物权分为自物权和他物权。自物权指的是所有权,而他物权则包括用益物权和担保物权。作为一类典型的他物权,用益物权是指权利人对他人所有的物,在一定范围内依法占有、使用和收益的权利(《物权法》第117条)。我国法上的土地承包经营权、建设用地使用权、宅基地使用权、地役权、海域使用权、探矿权、采矿权、取水权、养殖权、捕捞权等都属于用益物权。

二、用益物权的特征

1. 用益物权是他物权。与作为自物权的所有权不同,用益物权人是基于法律或合同的规定对他人所有的物在一定范围内行使占有、使用、收益这几项权能。换句话说,用益物权的设立是以他人对标的物享有所有权为前提的。因此,有学者将标的物所有权(自物权)形象地比做他物权之"母权"。[①]

2. 用益物权是限制物权。与所有权的完整性不同,用益物权的内容仅限于对标的物某一方面或几方面的支配,即用益物权人只能行使所有权中的部分权能,或仅在一定范围内行使全部权能。原则上,用益物权人对标的物不享有处分

---

① 参见崔建远:《论他物权的母权》,载《河南省政法管理干部学院学报》2006年第1期,第10—23页。

权,处分权能由所有权人自身保留,只有在法律特别规定或合同特别约定的某些特定情形下,用益物权人有可能被赋予一定范围内有限的处分权。不过,需要注意的是,用益物权的限制性仅仅是指其与所有权相比起来在权利内容上受到的限制,用益物权的对世性和排他性并不因此受到影响。用益物权一旦产生,就成为独立的权利,权利人依法行使用益物权可以排除任何人的非法干涉,包括来自物的所有权人(《物权法》第 120 条)和公权力(《物权法》第 121 条)对用益物权的侵害。例如,在我国现行土地制度下,公权力行使主体和建设用地所有人是合一的,而建设用地有被提前收回的可能(《物权法》第 148 条)。这种情况下,既存在公权力的侵入,也存在所有权人干涉的问题。因此,除非提前收回土地的行为是出于公共利益的需要,否则建设用地使用权人可以排除国家的非法干涉。

3. 用益物权是有期物权。与所有权的永久性不同,用益物权只在一定的期间内存在,期限届满即归于消灭。用益物权的设立是为了达到物尽其用的目的而把所有权的部分权能分离出去。由于用益物权的存在使所有权处于不完全的状态,而所有权具有的弹力性特征决定了用益物权必定在一定期限消灭,使所有权重新恢复圆满。

4. 用益物权以对标的物占有、使用、收益为内容。民法上的物具有价值与使用价值双重属性。用益物权设立的目的是对标的物进行使用和收益,从而实现其使用价值。而占有权能是实现使用和收益权能的前提。当然,用益物权人有权选择行使使用或收益权能,不要求二者兼而有之。

5. 用益物权的客体是不动产或者动产。从《物权法》第 117 条来看,不动产和动产均可以成为用益物权的标的物。然而,《物权法》和其他法律法规实际规定的用益物权具体类型无不以不动产为标的物,所以,根据严格的物权法定主义原则(《物权法》第 5 条),又可以说我国现行法上的用益物权之标的物以不动产为限。对此,我们应该寻求一条具有合理性与开放性的解释路径,不仅要避免第 117 条形同虚设,还要使其最大限度地发挥积极效果。这条解释路径就是,我们在总体上坚持物权法定主义原则的同时,必须承认《物权法》及其他法律规定的物权类型难以满足社会生活的实际需要。当社会实践证实,某种或某些以动产为标的物、以用益为内容的权利应当被赋予物权效力,且越来越多的人认识到这一点时,就应当认可这种或这些权利为用益物权。而认可的直接法律依据就是《物权法》第 117 条。[①] 或许将来实践中在价值较大的航空器或轮船上会出现设定用益物权的需求。

---

① 参见崔建远:《物权法》(第二版),中国人民大学出版社 2011 年版,第 246 页。

三、用益物权的分类

(一) 比较法上用益物权的分类

不同国家在不同的历史阶段下,经济发展水平与经济体制存有显著差异,因而用益物权在法制史及比较法上有不同的种类。

《德国民法典》上的用益物权可分为地上权(Erbbaurecht)、役权(Dienstbarkeit)和土地负担(Reallasten)。其中,役权又包括地役权(Grunddienstbarkeit)、限制的人役权(beschränkte persönliche Dienstbarkeit)、用益权(Nießbrauch);而用益权可以再分为物上用益权(Nießbrauch an der Sache)、权利用益权(Nießbrauch an Rechten)以及财产用益权(Nießbrauch an einem Vermögen)。

《瑞士民法典》上的用益物权包括地役权、用益权及其他地役权、土地负担。其中,用益权的标的物可以是动产、土地、权利或财产。其他地役权主要是指地上权。

《日本民法典》上的用益物权主要包括地上权、永小作权、地役权以及入会权四种。其中,永小作权是指以支付佃租为代价,权利人可以在他人所有的土地上从事耕作或畜牧。入会权是指居住于一定地域或村落的居民在一定山林原野,进行管理、运营使用收益的习惯上的权利。

(二) 对我国现行法上用益物权的分类

对我国现行法规定的用益物权(土地承包经营权、建设用地使用权、宅基地使用权、地役权、海域使用权、探矿权、采矿权、取水权、养殖权、捕捞权),根据不同标准可以分为不同类型。

1. 典型用益物权与准物权

我国现行法上的土地承包经营权、宅基地使用权、建设用地使用权、地役权和海域使用权属于典型用益物权;而取水权、探矿权、采矿权、养殖权和捕捞权为准物权。

2. 有偿用益物权与无偿用益物权

根据用益物权的取得是否需要支付对价,用益物权可分为有偿用益物权和无偿用益物权。前者以出让的建设用地使用权、"四荒"土地承包经营权为代表;后者以宅基地使用权、行政划拨的建设用地使用权为代表。而对于地役权的有偿或无偿,法律允许当事人自行约定。

3. 独立性用益物权与从属性用益物权

根据用益物权是否具有从属性,可将其分为独立性用益物权和从属性用益物权。与担保物权不同,用益物权在一般情况下不具有从属性,相反表现出较强的独立性。唯有一个特例,即地役权的设立以需役地的存在为前提,不得将其单独转让、抵押,因而学说普遍认为地役权是具有从属性的用益物权。

4. 让与性用益物权与限制让与用益物权

根据用益物权的让与性是否受到限制,可以将其分为让与性用益物权和限制让与用益物权。让与性用益物权(如出让的建设用地使用权)侧重的是资源利用的效率,以达到更高的经济效益;限制让与用益物权(如宅基地使用权)致力于社会保障,实现社会公平。① 事实上,所谓"让与"和"限制让与"并不是绝对的,比如宅基地使用权虽然被限制让与,但是并非不能让与,宅基地使用权仍可随着地上房屋一并转让;再比如,出让的建设用地使用权虽为让与性用益物权,但未达到开发程度的,法律也不允许将其转让。②

四、用益物权的功能

用益物权的社会功能主要体现在两个方面:

首先,用益物权可以使稀缺的社会资源得到充分利用,以实现更好的经济效用。一方面,用益物权通过赋予用益物权人较为稳定的对物的利用权,以满足其对该种稀缺资源进行使用、收益的需要;另一方面,又避免了所有权人因闲置该物而造成资源的浪费。可以说,用益物权是一个能够提高物之利用效率的制度设计,因为它在标的物"所有"和"利用"之间发挥了良好的调剂机能。在我国当前的国情下,由于土地等重要资源集中为国家和集体所有,用益物权的社会效用也就远远不止"促进物尽其用"那么简单,它甚至具有了直接保障民生的功能。例如,农村土地承包经营权在某种意义上具有浓厚的福利性色彩,它对于保障农民最基本的生活需要具有重要意义。另外,《物权法》规定的取水权、养殖权、捕捞权等也具有明显的保障生存的社会价值。(《物权法》第 123 条)

其次,用益物权具有的异于债权的法律结构,使得物的利用关系物权化,这无疑有助于巩固当事人之间的法律关系,方便权利人对抗第三人。③

五、用益物权与相关权利

(一) 用益物权与所有权

正如前文所言,用益物权和所有权之间是"子权"和"母权"的关系,前者是分享后者的部分权能而产生的权利。

虽然用益物权的设立以他人享有的所有权为前提,为了实现用益物权的制度目的,法律赋予用益物权在一定范围内优先于所有权的效力。但是,用益物权的这种效力优先性必须以各种用益物权的设立目的为界限,用益物权人不得滥

---

① 参见崔建远:《物权法》(第二版),中国人民大学出版社 2011 年版,第 248 页。
② 同上。
③ 参加王泽鉴:《民法物权》,北京大学出版社 2009 年版,第 273 页。

用权利,侵害所有权人的权益。

另外,由于某些用益物权欠缺物上请求权,例如,养殖权和捕捞权对于水生动物没有返还请求权,所有权的物上请求权可被用来保护用益物权,使之维持理想的效力、运行状态的功能。例如,在他人不法侵占供役地,致使地役权人无法行使地役权的情况下,供役地的所有权人可以行使物的返还请求权,使地役权人的权利恢复正常状态。①

最后,所有权的弹力性决定了用益物权的有期性,当用益物权的期限届满时,所有权恢复其完满状态。

(二) 用益物权与担保物权

用益物权和担保物权都属于他物权,二者的区别主要体现在以下几方面:

(1) 权利内容不同。用益物权以占有和利用标的物的实体为目的,即它支配的是标的物的使用价值;而担保物权支配的是标的物所蕴含的交换价值,是一种价值权。

(2) 标的物的法律性质不同。首先,我国现实中的用益物权主要以不动产及不动产权利为标的物;而担保物权标的物的范围则广泛许多,可以是不动产,也可以是动产,可以是不动产权利,也可以是债券、应收账款、股权等权利。其次,用益物权标的物的流通性和可让与性无关紧要,只要其可以被占有和利用即可;而担保物权作为一种价值权,则要求标的物必须具有可让与性。②

(3) 权利实现的时间不同。由于用益物权人取得用益物权当时就可以对标的物进行占有、使用、收益,因此可以说,用益物权的权利取得和权利实现几乎不存在明显的时间差。而担保物权的取得和实现存在明显的时间间隔,即只有在被担保的债权清偿期届满且未获清偿时,才能行使变价权,使债权得到清偿。③

(4) 权利的存续期间及确定方式不同。在我国现行法上,用益物权的存续期间及确定方式因具体用益物权类型的不同而有别。例如,宅基地使用权具有永久性,而行政划拨取得的建设用地使用权没有明确的终期,土地承包经营权则有明确的存续期间。担保物权的存续期间通常情形下取决于被担保债权及其救济权的存续期间,当事人很少直接约定担保物权的存续期间。④

(5) 物上代位性不同。用益物权支配的是特定标的物的使用价值,所以当标的物灭失时,用益物权将终局地、确定地归于消灭。而担保物权支配的是标的物的交换价值,因此具有鲜明的物上代位性,即标的物因毁损、灭失而获得的赔偿金可以被作为代替物,使担保物权继续存续,担保物权人可以就该赔偿金行使

---

① 崔建远:《物权法》(第二版),中国人民大学出版社 2011 年版,第 249 页。
② 王利明、尹飞、程啸:《中国物权法教程》,人民法院出版社 2007 年版,第 290 页。
③ 参见梁慧星、陈华彬:《物权法》(第四版),法律出版社 2007 年版,第 256—257 页。
④ 参见崔建远:《物权法》(第二版),中国人民大学出版社 2011 年版,第 249 页。

权利。

尽管用益物权和担保物权之间存在显著区别,但是它们二者也可能发生最直接的联系,那就是有的担保物权是以用益物权为标的物的。比如,以出让方式取得的建设用地使用权之上可以设立抵押权。

六、我国用益物权的体系

我国《物权法》重点规定的用益物权主要有四种:土地承包经营权、建设用地使用权、宅基地使用权和地役权。可见,这是一个以土地为核心的用益物权体系。而随着经济的发展,用益物权的标的也扩张到了空间和水域,形成了空间使用权与水域使用权(包括取水权、养殖权、捕捞权与海域使用权等)。不过我国《物权法》将空间权规定在建设用地使用权中(《物权法》第136条),而水域使用权是作为自然资源使用权来规定的准物权。《物权法》第122条和第123条规定了六种准物权,即海域使用权、探矿权、采矿权、取水权、养殖权和捕捞权。这样,我国用益物权的基本体系就是以土地为核心的用益物权加上以除土地外自然资源使用权为内容的准物权。其中,考虑到我国的国情,传统大陆法土地用益物权中的地上权被改造成了建设用地使用权和宅基地使用权,永佃权和人役权制度则被取消,而将有中国特色的土地承包经营权纳入用益物权体系中。

第二节 土地承包经营权

一、土地承包经营权的概念与性质

土地承包经营权是指农户等承包人对于其承包经营的,属于农民集体所有或者国家所有依法由农民集体使用的耕地、林地、草地等享有占有、使用、收益的权利,从事种植业、林业、牧业等农业生产活动,并保有劳动收益的用益物权。(《物权法》第124、125条)。

《民法通则》第80条第2款规定:"公民、集体依法对集体所有的或者国家所有由集体使用的土地的承包经营权,受法律保护。承包双方的权利和义务,依照法律由承包合同规定。"这就从法律上确认了土地承包经营权制度,但是对于这种承包经营权到底是属于债权还是物权,学界存在不同看法。2002年8月29日通过的《农村土地承包法》对土地承包经营权作出了更为详细的规定,也确认了其某些物权特征,但并未明确对它的法律性质进行宣示。《物权法》第十一章将土地承包经营权明确列入用益物权行列,从而正式结束了学界对于其法律性质的争论。将土地承包经营权作为用益物权,由物权法对其内容作出明确规定,能够防止发包方或者第三方对承包方的随意侵害,从而有利于保护承包经营权人的利益。同时,土地承包经营关系的物权化也使得它更为稳定,增强了承包经营权人的"恒心",可以防止短期行为对于土地的破坏,提高土地利用效率,同时也能更有效地促进土地承包经营权的流转。

二、土地承包经营关系的主体和客体

土地承包经营关系的主体为发包人和土地承包经营权人。发包人和土地承包经营权人具有身份上的特定性。

根据《农村土地承包法》第 12 条,发包方为农村集体经济组织、村民委员会或者村民小组。由于农村土地承包采取农村集体经济组织内部的家庭承包方式,因此承包方通常为农村集体经济组织内部的农户,即农村承包经营户。可见,承包方原则上以农村集体经济组织内部成员的身份为前提。只有在两种特殊情况下,本集体经济组织以外的单位和个人才能成为承包方。第一种情况是"四荒"土地的承包。《农村土地承包法》第 3 条第 2 款规定:"农村土地承包采取农村集体经济组织内部的家庭承包方式,不宜采取家庭承包方式的荒山、荒沟、荒丘、荒滩等农村土地,可以采取招标、拍卖、公开协商等方式承包。"也就是说,本集体经济组织以外的单位或者个人可以作为承包方通过家庭承包以外的方式(招标、拍卖、公开协商等)取得"四荒"土地的承包经营权。第二种情况是集体经济组织之外的成员通过流转取得集体经济组织内部成员以家庭承包方式取得的承包经营权。根据《农村土地承包法》第 32 条和第 33 条,通过家庭承包取得的土地承包经营权可以依法采取转包、出租、互换、转让或者其他方式流转。受让方并不一定要是本集体经济组织内部成员,而只是需要具有农业经营的能力。当然,根据《农村土地承包法》第 47 条,上述两种情况下,本集体经济组织成员都享有优先承包权。由本集体经济组织以外的单位或者个人承包经营的,必须经村民会议 2/3 以上成员或者 2/3 以上村民代表的同意,并报乡镇人民政府批准(《土地管理法》第 15 条)。事实上,还有一种特殊情况涉及集体经济组织之外的成员对于土地承包经营权的取得。根据《农村土地承包法》第 30 条的规定,承包期内,妇女结婚,在新居住地未取得承包地的,发包方不得收回其原承包地;妇女离婚或者丧偶,仍在原居住地生活或者不在原居住地生活但在新居住地未取得承包地的,发包方不得收回其原承包地。可见,妇女成为另一集体经济组织成员后,仍然可能对原集体经济组织所有或使用的农村土地享有承包经营权。

土地承包经营权的客体是农村土地,具体指农民集体所有和国家所有依法由农民集体使用的耕地、林地、草地,以及其他依法用于农业的土地(《农村土地承包法》第 2 条)。"其他用于农业的土地"主要指荒山、荒丘、荒沟、荒滩等"四荒"土地。"四荒"土地属于未利用地,承包、租赁或拍卖使用权的"四荒"土地应该是农村集体经济组织所有的、未利用的土地。① 根据国务院办公厅《关于进一步做好治理开发农村"四荒"资源工作的通知》第1条第1项和第4项,耕地、林地、草原以及国有未利用土地不得作为农村"四荒"土地。

三、土地承包经营权的法律性质

1. 权利目的是从事农业生产活动并保有劳动收益的所有权。

2. 权利客体为农村土地的地表。土地承包经营权的目的和功能决定了其自身不是一种空间权,权利人主要是在农村土地地表从事农业生产活动,而基本不涉及对地上和地下空间的利用。

3. 土地承包经营权是用益物权,它派生于集体土地所有权或国家土地所有权,它的设立使农户等权利主体分享到了这些土地所有权中的占有、使用、收益权能。

4. 土地承包经营权是一种结合了中国基本国情的用益物权,保障了农民的基本生活来源。

5. 土地承包经营权的期限被法律所明确规定。根据《物权法》第126条第1款、《农村土地承包法》第20条、中共中央、国务院《关于全面推进集体林权制度改革的意见》第3条第8项的规定,耕地的承包期是30年;草地的承包期是30到50年;林地的承包期是70年,经国务院林业行政主管部门批准可以延长。根据《物权法》第126条第2款的规定,承包期满,土地承包经营权人按照国家有关规定继续承包。至于"四荒"土地的承包期间,一般是由承包合同来约定的,但是不能超过国办发[1996]23号②、国办发[1999]102号③限定的50年最高期限。

6. 土地承包经营权的设立,在原则上是有偿的,但是经本集体经济组织成员的村民会议2/3以上成员或2/3以上村民代表的决议免交承包金的除外。

四、农村土地承包的原则

根据《农村土地承包法》第4条、第6条、第7条、第9条、第18条之规定,农村土地承包应遵循以下几项原则:

(1) 国家依法保护农村土地承包关系的长期稳定。农村土地承包后,土地的所有权性质不变。承包地不得买卖。

(2) 农村土地承包,妇女与男子享有平等的权利。承包中应当保护妇女的合法权益,任何组织和个人不得剥夺、侵害妇女应当享有的土地承包经营权。

---

① 参见崔建远:《物权法》(第二版),中国人民大学出版社2011年版,第260页。
② 国务院办公厅《关于治理开发农村"四荒"资源进一步加强水土保持工作的通知》。
③ 国务院办公厅《关于进一步做好治理开发农村"四荒"资源工作的通知》。

（3）农村土地承包应当坚持公开、公平、公正的原则,正确处理国家、集体、个人三者的利益关系。

（4）国家保护集体土地所有者的合法权益,保护承包方的土地承包经营权,任何组织和个人不得侵犯。

（5）按照规定统一组织承包时,本集体经济组织成员依法平等地行使承包土地的权利,也可以自愿放弃承包土地的权利。

（6）民主协商,公平合理。

（7）承包方案应当按照《农村土地承包法》第12条的规定,依法经本集体经济组织成员的村民会议2/3以上成员或者2/3以上村民代表的同意。

（8）承包程序合法。

五、土地承包经营权的取得

（一）依法律行为而取得

1. 创设取得

（1）通过家庭承包方式,签订承包合同取得

具体而言,是指集体经济组织的成员以农户名义,与本集体经济组织签订承包合同,从而创设土地承包经营权。发包方与承包方可以在承包合同中约定双方的权利义务关系,但不得违反法律、行政法规的强行性规定。

《农村土地承包法》第19条规定了土地承包的程序：① 本集体经济组织成员的村民会议选举产生承包工作小组；② 承包工作小组依照法律、法规的规定拟订并公布承包方案；③ 依法召开本集体经济组织成员的村民会议,讨论通过承包方案；④ 公开组织实施承包方案；⑤ 签订承包合同。

对于承包合同,《农村土地承包法》第21条规定其应当采取书面形式,且应该包含的条款包括：① 发包方、承包方的名称,发包方负责人和承包方代表的姓名、住所；② 承包土地的名称、坐落、面积、质量等级；③ 承包期限和起止日期；④ 承包土地的用途；⑤ 发包方和承包方的权利和义务；⑥ 违约责任。该法第22条还规定,承包合同自成立之日起生效。另外,最高人民法院《关于审理农业承包合同纠纷案件若干问题的规定(试行)》第2条、第25条规定,发包方所属的半数以上村民,以签订承包合同时违反《土地管理法》和《村民委员会组织法》等法律规定的民主议定原则,或者其所签合同内容违背多数村民意志,损害集体和村民利益为由,以发包方为被告,要求确认承包合同的效力提起诉讼的,人民法院应当依法受理,并可通知承包方作为第三人参加诉讼。所起诉的案件中,对发包方违背集体经济组织成员大会或者成员代表大会决议,越权发包的,应当认定该承包合同为无效合同,并根据当事人的过错,确定其应承担的相应责任。凡属于前述情形的,自承包合同签订之日起超过一年,或者虽未超过一年,但承包人

已实际做了大量的投入的,对原告方要求确认该承包合同无效或者要求终止该承包合同的,人民法院不予支持。但可根据实际情况,依照公平原则,对该承包合同的有关内容进行适当调整。

根据《物权法》第 127 条和《农村土地承包法》第 22 条,承包方自承包合同生效时取得土地承包经营权。因此,县级以上地方人民政府向土地承包经营权人发放的土地承包经营权证、林权证、草原使用权证以及对土地承包经营权的登记造册,仅仅是对土地承包经营权的确认。由此看出,我国法律对于土地承包经营权的设立登记采取了登记对抗主义。究其原因,一方面是由于我国农村仍然是一个典型的熟人社会,而土地承包经营权的身份性也使得权利的归属容易为人所知,不必完全依赖登记公示;另一方面,目前我国农村地区的登记制度既不完善又不统一,如果采登记设立主义,在现阶段恐怕难以运行。

(2) 通过招标、拍卖、公开协商等方式取得

根据《物权法》第 133 条和《农村土地承包法》第 44 条,不宜采取家庭承包方式的荒山、荒沟、荒丘、荒滩等农村土地,可以通过招标、拍卖、公开协商等方式承包。而《农村土地承包法》第 46 条进一步规定,荒山、荒沟、荒丘、荒滩等可以直接通过招标、拍卖、公开协商等方式实行承包经营,也可以将土地承包经营权折股分给本集体经济组织成员后,再实行承包经营或者股份合作经营。可见,我国对于"四荒"土地承包经营权的设立还是比较灵活的。事实上,国务院办公厅 1996 年发布的《关于治理开发农村"四荒"资源进一步加强水土保持工作的通知》(第 2 条第 4 项)也鼓励各地根据具体情况,采取"有利于调动群众积极性,有利于保持水土,有利于发展集体经济"的方式将"四荒"土地承包出去,切忌"一刀切"。

招标、拍卖、公开协商等方式只是签订承包的方式,并未否定"四荒"土地承包经营权的设立依赖承包合同。① 对此,《农村土地承包法》第 45 条明确规定:"以其他方式承包农村土地的,应当签订承包合同。当事人的权利和义务、承包期限等,由双方协商确定。以招标、拍卖方式承包的,承包费通过公开竞标、竞价确定;以公开协商等方式承包的,承包费由双方议定。"而国务院办公厅《关于治理开发农村"四荒"资源进一步加强水土保持工作的通知》也指出:"承包和租赁治理开发'四荒',农村集体经济组织要与承包、承租者签订合同,经乡(镇)人民政府审核,报县级人民政府批准。合同要明确承包方与发包方、承租方与出租方的权利与义务。拍卖使用权的,要标定拍卖底价,实行公开竞价,拍卖后买卖双方要签订拍卖协议,办理交款手续,由县级人民政府依法核发或更换土地使用权证书。拍卖金可一次支付,也可在规定的期限内分期支付。"

---

① 崔建远:《物权法》(第二版),中国人民大学出版社 2011 年版,第 268 页。

根据《农村土地承包法》第22条、第49条以及《物权法》第127条、第129条的规定可知,登记不是"四荒"土地承包经营权的生效要件。但是《农村土地承包法》第49条以及最高人民法院《关于审理涉及农村土地承包纠纷案件适用法律问题的解释》(法释[2005]6号)第21条①说明,登记是"四荒"土地承包经营权转让、出租、入股、抵押或以其他方式进行流转的法律前提,不登记不发生"四荒"土地承包经营权移转的法律效果。然而《物权法》第129条则将登记定性为土地承包经营权被互换、转让等情形下受让人得以对抗善意第三人的要件。可见,《农村土地承包法》与《物权法》在思路和精神上尚未统一,从解释论出发,实务中虽然可以将它们同时适用于同一个案件,但是从立法论出发,在将来的法律制定或修订中,则有将其二者进行统一的必要。②

2. 移转取得

土地承包经营权的移转取得,是指受让人通过转包、出租、互换、转让等流转方式,依法从承包人手中取得土地承包经营权。土地承包经营权流转的主体是承包方。承包方有权自主决定土地承包经营权是否流转和流转的方式,且其依法获得的流转收益不得被任何组织和个人擅自截留、扣缴。(《农村土地承包法》第34条、第36条)

土地承包经营权的流转应当遵循以下原则:(1) 平等协商、自愿、有偿,任何组织和个人不得强迫或者阻碍承包方进行土地承包经营权流转;(2) 不得改变土地所有权的性质和土地的农业用途;(3) 流转的期限不得超过承包期的剩余期限③;(4) 受让方须有农业经营能力;(5) 在同等条件下,本集体经济组织成员享有优先权(《农村土地承包法》第33条)。值得注意的是,在《物权法》第128条中,对于承包地的农业用途有所放宽,规定"未经依法批准,不得将承包地用于非农建设",这就意味着承包地经批准可以改变土地的农业用途。如符合土地利用的总体规划并取得建设用地的企业,因破产、兼并等情形致使土地使用权依法发生转移的情形(《土地管理法》第63条)。

在土地承包经营权的流转中,当事人双方应当签订书面合同。根据《农村土地承包法》第37条的规定,土地承包经营权流转合同一般包括以下条款:(1) 双方当事人的姓名、住所;(2) 流转土地的名称、坐落、面积、质量等级;(3) 流转的期限和起止日期;(4) 流转土地的用途;(5) 双方当事人的权利和义务;(6) 流转价款及支付方式;(7) 违约责任。另外,采取转让方式流转的,应当经发包方同

---

① 该条规定:"承包方未依法登记取得土地承包经营权证等证书,即以转让、出租、入股、抵押等方式流转土地承包经营权,发包方请求确认该流转无效的,应予支持。但非因承包方原因未登记取得土地承包经营权证等证书的除外。"
② 崔建远:《物权法》(第二版),中国人民大学出版社2011年版,第270页。
③ 相同的规定参见《农村土地承包经营权流转管理办法》第3条。

意;采取转包、出租、互换或者其他方式流转的,应当报发包方备案。土地承包经营权人将土地承包经营权互换、转让,当事人要求登记的,应当向县级以上地方人民政府申请土地承包经营权变更登记;未经登记,不得对抗善意第三人(《物权法》第129条)。可见,流转登记的效力采用的也是登记对抗主义,未经登记的,合同有效,但是不得对抗善意第三人(《农村土地承包法》第38条)。《农村土地承包法》第39条第2款对"代耕"的情形进行了规定。承包方将土地交由他人代耕不超过一年的,可以不签订书面合同。言下之意,超过一年的,双方也应当对权利义务订立书面的合同形式。事实上,代耕并不是一个严谨的法律概念,实际的权利义务构造形态多样,可能类似转包,也可能类似出租或者仅仅是无偿劳务关系。为了权利的确定性以及避免纠纷,法律要求长时间的代耕要以书面形式来确定双方的权利义务关系。

关于土地承包经营权的流转方式,应该区分情形讨论:

首先,根据《农村土地承包法》第32条,通过家庭承包方式设立的土地承包经营权可以采取转包、出租、互换、转让或者其他方式进行流转。《物权法》第128条虽然只列举了转包、互换、转让这三种方式,但"依照农村土地承包法的规定"一语说明,《物权法》也认可了以出租或其他方式来流转土地承包经营权。(1)转包是指土地承包经营权人与其他有农业经营能力的人(受转包人)签订承包合同,把自己承包期内的土地,在一定期限内全部或者部分转交给受转包人耕种的流转方式。在通常情况下,受转包人要向转包人即土地承包经营权人支付转包费。在转包条件下,同时存在发包人与承包人、承包人(转包人)与受转包人之间两个承包合同。受转包人只享有合同上的债权。(2)出租是指承包方将其承包期内的土地出租给其他有农业经营能力的人(承租人)耕种并收取租金的流转方式。承租人也仅仅享有合同上的债权。(3)互换是指为了方便耕种或者各自需要,属于同一集体经济组织的承包方将各自的土地承包经营权进行交换的流转方式。互换使得两个物权的权利主体都进行了变更,双方对互换土地原享有的承包权利和承担的义务也相应互换,当事人可以要求办理农村土地承包经营权证变更登记手续(《农村土地承包经营权流转管理办法》第17条)。(4)转让是指承包人将其拥有的土地承包经营权转让给他人的流转方式。这种方式也是土地承包经营权主体的变更。转让后,原承包方与发包方在该土地上的承包关系即行终止,新承包方与发包方建立新的承包关系,当事人可以要求及时办理农村土地承包经营权证变更、注销或重发手续(《农村土地承包经营权流转管理办法》第18条)。不过,在承包经营权的转让中,要求承包方有稳定的非农职业或者有稳定的收入来源,而受让人也必须是从事农业生产经营的农户(《农村土地承包法》第41条),这实际上禁止了城镇居民和企业受让土地承包经营权。"其他方式"则主要指的是《农村土地承包法》第42条所规定的承包方之间为发展农业经济,自愿联合将土地承包经营权入股从事农业合作生产的方式,但股份合作解散时入股土地应当退回原承包农户(《农村土地承包经营权流转管理办法》第19条)。

其次,根据《农村土地承包法》第49条的规定,通过招标、拍卖、公开协商等方式对"四荒"土地取得的土地承包经营权,可以依法采取转让、出租、入股、抵押或者其他方式进行流转。《物权法》第133条沿袭了这一规定,但是也没有将出租列举出来。立法者为什么这样安排不得而知。但是正如上文所分析的,从解释学上说,仍然应当承认出租是流转的方式之一。值得注意的是,能否以抵押的方式进行流转,是"四荒"土地承包经营权与以家庭承包方式设定的土地承包经营权在流转方式方面的一个重要区别。从体系解释来看,《物权法》第133条明确列举抵押,而第128条却没有列举,似乎是立法者有意为之。因为我国对于农村土地的政策是以农村秩序的维持为首要考虑,因此,应当认为,《物权法》只允许"四荒"土地承包经营权的抵押。根据最高人民法院的司法解释:承包方以其土地承包经营权进行抵押或者抵偿债务的,应当认定无效。对因此造成的损失,当事人有过错的,应当承担相应的民事责任(《最高人民法院关于审理涉及农村土地承包纠纷案件适用法律问题的解释》第15条)。

(二)依法律行为以外的原因取得

依法律行为以外的原因取得土地承包经营权的,只有继承这一种情形。无论是通过家庭承包方式取得的土地承包经营权,还是通过招标、拍卖、公开协商等方式取得的土地承包经营权,只要在承包期内,原权利人的继承人就可以继续承包。在被继承人死亡,继承开始时,继承人便取得被继承人的土地承包经营权,且不以登记为生效要件。

六、土地承包经营关系主体的权利和义务

根据《物权法》和《农村土地承包法》,以家庭承包方式设定的土地承包经营权关系中主体的权利和义务分别为:

1. 发包方的权利:(1)发包本集体所有的或者国家所有依法由本集体使用的农村土地;(2)监督承包方依照承包合同约定的用途合理利用和保护土地;(3)制止承包方损害承包土地和农业资源的行为;(4)法律、行政法规规定的其他权利(《农村土地承包法》第13条)。

2. 发包方的义务:(1)维护承包方的土地承包经营权,不得非法变更、解除承包合同;(2)尊重承包方的生产经营自主权,不得干涉承包方依法进行正常的生产经营活动;(3)依照承包合同约定为承包方提供生产、技术、信息等服务;(4)执行县、乡(镇)土地利用总体规划,组织本集体经济组织内的农业基础设施建设;(5)法律、行政法规规定的其他义务(《农村土地承包法》第14条)。《物权法》第130、131条再一次强调了承包期间发包人不能调整和收回承包地,除非法律另有规定。这里"法律另有规定"的情况如《物权法》第130条第2款规定的因自然灾害严重毁损承包地等特殊情形,需要适当调整承包的耕地和草地,但是必须经本集体经济组织成员的村民会议2/3以上成员或者2/3以上村民代表的同意,并报乡(镇)人民政府和县级人民政府农业等行政主管部门批准(《土地管理法》第27条)。再如《农村土地承包法》第26条第3款规定:承包期内,承包方全家迁入设区的市,转为非农业户口的,应当将承包的耕地和草地交回发包方。承包方不交回的,发包方可以收回承包的耕地和草地。当然,如果交回承包地或者发包方依法收回承包地时,承包方对其在承包地上投入而提高土地生产能力的,有权获得相应的补偿(同条第4款)。而且,收回还要遵守一定的程序,即由经本集体经济组织成员的村民会议2/3以上成员或者2/3以上村民代表的同意,并报乡(镇)人民政府和县级人民政府农业等行政主管部门批准。在承包期内,个别承包经营者之间需要对承包的土地进行适当调整的,也需履行相同的程序(《土地管理法》第14条第2款)。承包合同中约定不得调整的,按照其约定(《农村土地承包法》第27条第2款)。可见,实际上这些特殊情况下的调整和收回也是充分考虑到了承包经营权人的利益保护的。

3. 承包方的权利:(1) 占有、使用承包地的权利;(2) 对土地收获物享有所有权;(3) 自主经营,根据农业生产经营规律和自己的意愿安排生产经营活动的权利;(4) 承包地被依法征收、征用的,有权依法获得相应的补偿(承包方已将土地承包经营权以转包、出租等方式流转给第三人的,除当事人另有约定外,青苗补偿费归实际投入人所有,地上附着物补偿费归附着物所有人所有,参见最高人民法院《关于审理涉及农村土地承包纠纷案件适用法律问题的解释》第22条);(5) 依法流转土地承包经营权的权利;(6) 法律、行政法规规定的其他权利,如以自己的名义起诉的权利(最高人民法院《关于执行〈中华人民共和国行政诉讼法〉若干问题的解释》第16条,《农村土地承包法》第16条,《物权法》第125、128、132条)。

4. 承包方的义务:(1) 维持土地的农业用途,不得用于非农建设[①];(2) 依法保护和合理利用土地,不得给土地造成永久性损害(《农村土地承包法》第17条,《物权法》第128条);(3) 支付承包金的义务;(4) 不得弃耕抛荒的义务(《土地管理法》第37条第1款);(5) 承包方全家迁入设区的市,转入非农业户口的,承包方负有交回承包地的义务(《农村土地承包法》第26条第3款);(6) 以转让方式

[①] 中共中央、国务院《关于进一步加强土地管理切实保护耕地的通知》中规定:农林项目开发必须严格按照批准的规划用途使用土地,严禁改变农林用途搞别墅、度假屋、娱乐设施等房地产开发,确需配套进行非农建设的,要依法办理建设用地审批手续。

流转土地承包经营权时征得发包方同意,或于出租、转包、互换等方式流转时,向发包方备案的义务(《农村土地承包法》第37条第1款);(7)当发包人依法收回承包地、调整承包地、解除承包合同,以及国家征收集体所有时,承包人负有容忍义务;(8)法律、法规规定的其他义务。

通过招标、拍卖、公开协商等方式承包的,当事人的权利义务由双方在不违反法律法规的范围内协商确定。

七、土地承包经营权的消灭

(一)消灭原因

土地承包经营权的消灭事由,从立法的规定和实践中看,主要有以下几个:

(1) 发包人与承包经营权人协商解除合同。不过承包经营权人应当提前半年以书面形式通知发包方。承包方在承包期内交回承包地的,在承包期内不得再要求承包土地。

(2) 承包期限届满,承包经营权人不愿意进行续期。以家庭承包方式设立的土地承包经营权期限届满时,如若承包方请求续期,发包方负有同意的义务,除非法律、法规另有规定。而通过招标、拍卖、公开协商等方式设立的"四荒"土地承包经营权期限届满时,承包人请求续期的,发包方并无必须同意的义务。

(3) 发包人依法收回承包地。① 如承包经营耕地的单位或者个人连续2年弃耕抛荒的,原发包单位应当终止承包合同,收回发包的耕地(《土地管理法》第37条)。应当注意的是,原发包单位以撂荒为由收回承包地的情形仅限于耕地,这是基于耕地作为稀缺资源对国民经济的重大影响所致。② 承包期内,承包方全家迁入设区的市,转为非农业户口,承包方不交回承包的耕地和草地的,发包方可以收回耕地和草地。耕地和草地被收回的,土地承包经营权相应消灭。

(4) 承包地由于自然灾害灭失或者由于乡(镇)的公共设施、公益事业建设的需要而被国家征收。这种情况下,承包经营权人应当得到相应补偿(《土地管理法》第65条)。

(5) 承包期内,承包方自愿交回承包地,并提前半年以书面形式通知发包方(《农村土地承包法》第29条)。

(6) 承包人死亡而又无继承人时,土地承包经营权因无主体而归于消灭。

(7) 法律、法规规定的,以及承包合同约定的导致土地承包经营权消灭的其他事由。

(二)消灭后果

土地承包经营权的消灭会引起以下法律后果:

首先,土地承包人应当将土地返还给发包方。

其次,土地承包人有权取回土地上的出产物、农用构筑物;或者可以与发包人协商,将这些财产留给发包人并获得相应补偿。

最后,土地承包人曾经为增加土地生产力或土地上使用的便利,而支出改良费用或其他有益费用,土地所有人知情且未作反对的,土地承包经营权消灭时,承包人有权请求相应补偿,补偿数额一般以现存的增加利益为限。①

第三节 建设用地使用权

一、建设用地使用权的概念与特征

建设用地使用权,是指自然人、法人和其他组织为建造建筑物、构筑物及其附属设施,并保有其所有权,而在国家或集体所有的土地及其上下进行占有、使用和收益的用益物权(《物权法》第 135、136、151 条)。建设用地使用权具有如下特征:

1. 权利主体因建设用地使用权类型的不同而有别。不同类型的建设用地使用权对主体身份有不同的要求。例如,行政划拨方式取得的建设用地使用权的主体限于国家机关、人民团体、军事部门、事业单位以及某些公司。再比如,集体土地上设立的建设用地使用权的主体以乡镇企业为主。

2. 建设用地使用权的客体原则上是国有土地,个别情形下是集体所有的土地。《物权法》规定的建设用地使用权主要以国有土地为客体(第 135 条),但是在兴办乡镇企业、建设乡(镇)村公共设施和公益事业等情况下,经依法批准,可以在集体所有土地上设立建设用地使用权(《土地管理法》第 43 条)。而且,有学者认为,《物权法》第 151 条的规定说明,以集体土地设立建设用地使用权的领域在今后还将被逐渐扩大。②

3. 建设用地使用权的内容是对国有土体或集体土地进行占有、使用、收益,而且它具有绝对性、排他性、优先效力、物权请求权等效力,因此是一种典型的用益物权。

4. 建设用地使用权人对土地的利用方式是在土地上建造建筑物、构筑物及其附属设施,并对它们保有所有权。建筑物指的是固定于土地上,能够供人们生产、生活用的房屋或者其他场所,如住宅、厂房等;构筑物指的是固定于土地上,不能够供人们在其中生产、生活的人工建造物,如道路、桥梁等;附属设施是指附属于建筑物、构筑物并辅助其发挥功能的设施,如电缆、雕塑、变压器,等等。

5. 建设用地使用权人利用客体的部位可以是地表、地下、地上。

---

① 参见梁慧星、陈华彬:《物权法》(第四版),法律出版社 2007 年版,第 268 页。
② 崔建远:《物权法》(第二版),中国人民大学出版社 2011 年版,第 289 页。

二、建设用地使用权的分类

建设用地使用权依据不同的标准可以被分为不同类型。

1. 根据建设用地使用权的取得方式,可以将其分为出让的建设用地使用权和行政划拨的建设用地使用权。

根据《物权法》第 137 条第 1 款、第 2 款,出让的建设用地使用权就是通过招标、拍卖、协议等公开方式,有偿取得的工业、商业、旅游、娱乐和商品住宅等经营性用地的使用权。考虑到我国土地资源的稀缺性,以公开竞价的方式来对其进行配置,无疑既能体现公平、公正、公开的原则,又可以较有力地促进土地市场价值的提升。无论是从保护土地资源,还是维护国家土地收益的角度出发,采取公开竞价的方式不仅是必要的,而且其适用范围还应当不断扩大。[1]

《物权法》第 137 条第 1 款、第 3 款规定的行政划拨的建设用地使用权,是指用地单位基于国家行政命令,对某宗土地无偿取得的建设用地使用权。行政划拨的建设用地使用权具有以下特点:

(1) 行政划拨的建设用地使用权的客体只有国有土地。从公平合理的角度出发,用地单位基于行政命令分享的只能是国有土地所有权中的占有、使用、收益权能。如若拟行政划拨的建设用地属于集体所有,那么国家必须先将该土地征收,并给予相关集体经济组织和农民个人足额补偿后,该行政划拨的建设用地使用权才具有正当性。[2]

(2) 行政划拨的建设用地使用权的行使受到严格限制。国家通过行政命令的方式划拨建设用地的目的是保护国家利益和社会公共利益。根据《城市房地产管理法》第 24 条及国土资源部于 2001 年 10 月 22 日发布的《划拨用地目录》的规定,在必要时可由县级以上人民政府依法批准划拨建设用地使用权的建设用地主要包括国家机关用地和军事用地;城市基础设施用地;公益事业用地;国家重点扶持的能源、交通、水利等项目的用地;法律、行政法规规定的其他用地。

(3) 行政划拨建设用地使用权要经过严格的行政审批程序,只有县级以上政府根据法律规定的权限和审批程序才有权力作出土地使用权划拨的决定。这主要是为了防止审批级别过低而造成滥拨土地的情况。

(4) 行政划拨的建设用地使用权是无偿的。无偿性主要源于该类建设用地使用权设立目的的公益性。这里"无偿"指的是无需支付建设用地出让金,尽管划拨取得建设用地使用权人可能要支付安置补偿费等费用,但是这些费用并非是合同的对价。

---

[1] 胡康生主编:《中华人民共和国物权法释义》,法律出版社 2007 年版,第 312 页。
[2] 崔建远:《物权法》(第二版),中国人民大学出版社 2011 年版,第 281 页。

（5）行政划拨的建设用地使用权的法律效力受到较多限制。行政划拨的建设用地使用权带有与生俱来的公益性和无偿性，这就决定了它在流转上的不自由，因此，法律原则上禁止权利人对行政划拨的建设用地使用权进行转让、出租、抵押。但这并不是绝对的，根据《城市房地产管理法》第 39 条，以划拨方式取得土地使用权的，转让房地产时，经有批准权的人民政府准予转让的，可以由受让方在办理土地使用权出让手续，并按照国家有关规定缴纳土地使用权出让金后取得建设用地使用权。如果有批准权的人民政府按照国务院规定决定可以不办理土地使用权出让手续的，转让方应当按照国务院规定将转让房地产所获收益中的土地收益上缴国家或者作其他处理。国土资源部于 2004 年 1 月 15 日公布的《关于国有划拨土地使用权抵押登记有关问题的通知》（国土资发[2004]6 号）指出，以国有划拨土地使用权为标的物设定抵押，土地行政管理部门依法办理抵押登记手续，即视同已经具有审批权限的土地行政管理部门批准，不必再另行办理土地使用权抵押的审批手续。同年 3 月 23 日最高人民法院发布的《关于转发国土资源部〈关于国有划拨土地使用权抵押登记有关问题的通知〉的通知》继而规定，人民法院不得以划拨建设用地使用权未经批准而认定无效。

（6）行政划拨的建设用地使用权没有存续期间的限制，但法律、行政法规另有规定的除外。

2. 根据建设用地使用权存在于土地所有权的种类和性质的不同，可以将其分为国有土地上的建设用地使用权和集体土地上的建设用地使用权。

3. 根据利用土地部位的不同，可以将建设用地使用权分为以地表为客体的建设用地使用权和空间权。空间权是以距地面一定高度或深度的空间为客体的建设用地使用权，又可以称为区分建设用地使用权或分层建设用地使用权。

4. 根据建设用地使用权的设立依据不同，可以将其分为意定建设用地使用权和法定建设用地使用权。意定建设用地使用权是在当事人合意的基础上设立的建设用地使用权。法定建设用地使用权则是依据法律的直接规定而设立的建设用地使用权。应当注意的是，在我国法律规定不周详的背景下，个别情况下依法理和利益平衡的需要而应当承认的建设用地使用权，也可划入法定建设用地使用权之列。①

三、建设用地使用权的取得

根据建设用地使用权是否基于他人既存的权利而取得，可以将建设用地使用权的取得分为原始取得和继受取得。在我国《物权法》上，建设用地使用权的原始取得主要是指基于善意取得制度或法律的直接规定而取得建设用地使用权

---

① 崔建远：《物权法》（第二版），中国人民大学出版社 2011 年版，第 285 页。

的现象。而建设用地使用权的继受取得则是指基于他人既存的权利而取得建设用地使用权。建设用地使用权的继受取得又可以被分为创设的继受取得和移转的继受取得,前者主要是指将他人享有的土地所有权中的占有、使用、收益权能分离出来而形成新的建设用地使用权;后者是指就他人享有的建设用地使用权依原样取得。因此,《物权法》第137条规定的以行政划拨方式取得建设用地使用权和出让取得建设用地使用权都属于创设的继受取得。而基于转让、赠与、互易、继承等方式取得建设用地使用权属于移转的继受取得。下面重点介绍《物权法》规定的划拨和出让这两种建设用地使用权的取得方式。

1. 行政划拨

前文已对行政划拨的建设用地使用权的法律特性作了较为详细的讲解,因此不再赘述。这里主要介绍行政划拨建设用地使用权的取得程序。

首先,在特定土地上的建设项目应当被列入了国家固定资产投资计划,或属于国家准许建设的项目,经过批准,建设单位才可以申请建设用地。其次,需要用地者持国务院行政主管部门或县级以上地方人民政府按照国家基本建设程序批准的设计任务书,或对用地数量、用地选址方案已经明确规定的其他批准文件,向县级以上人民政府土地资源管理部门提出用地申请。再次,县级以上人民政府应该根据法定的批地权限,对建设单位提出的申请进行审查,对法律手续齐备的,以行政命令的方式确定具体使用的建设用地,由国土资源管理部门把用地划拨给建设单位。最后,建设单位接到批准用地文件后,应当持该文件申请建设用地使用权登记。登记完成时,申请人取得建设用地使用权。[①]

2. 出让

出让的建设用地使用权,是指通过招标、拍卖、协议等公开方式,有偿取得的工业、商业、旅游、娱乐和商品住宅等经营性用地的使用权。用地者和国土资源管理部门之间应当签订建设用地使用权出让合同,在办理相关登记后,建设用地使用权得以设立。出让的建设用地使用权以下特点:

(1) 出让建设用地使用权属于民事法律行为,而非行政行为。国土资源管理部门代表国家行使所有者的权利,与受让人签订出让合同。在这一行为中,国家以民事主体的身份出现,而不是以行政管理者的身份出现。因此,出让合同双方当事人的法律地位平等,意志自由。

(2) 出让的建设用地使用权是有期限限制的。根据《城镇国有土地使用权出让和转让暂行条例》第12条,土地使用权出让最高年限按用途确定:居住用地70年;工业用地,教育、科技、文化、卫生、体育用地,综合或者其他用地50年;商业、旅游、娱乐用地40年。不过,依照《物权法》第149条的规定,住宅建设用地

---

① 崔建远:《物权法》(第二版),中国人民大学出版社2011年版,第292页。

使用权期间届满的,自动续期。这当然是为了保障城镇私人住宅所有人的基本利益,至于续期后是否应当再次缴纳费用,《物权法》没有明确规定。

(3) 国有土地使用权的出让是有偿的。建设用地使用权人应当依照法律规定以及合同约定支付出让金等费用(《物权法》第141条)。而且,缴纳土地使用权出让金等土地有偿使用费和其他费用后,方可使用土地(《土地管理法》第55条第1款)。

(4) 出让的具体方式主要有协议、招标、拍卖、挂牌(《城镇国有土地使用权出让和转让暂行条例》第13条)。协议出让是指由出让方根据用地的性质、功能等确定受让人或者由有用地需求的主体直接向出让方发出有偿使用土地的意思表示,由双方协商达成合意的出让方式。但是,由于土地利益巨大,而协议出让的程序不公开透明,容易滋生腐败。因此,《物权法》第137条第2款、《协议出让国有土地使用权规定》第9条规定,同一块地只有一个意向用地者,可以采取协议方式出让,但工业、商业、旅游、娱乐和商品住宅等经营性用地以及同一土地有两个以上意向用地者的,应当采取招标、拍卖等公开竞价的方式出让。没有条件,不能采取拍卖、招标方式的,可以采取双方协议的方式。采取双方协议方式出让土地使用权的出让金不得低于按国家规定所确定的最低价(《城市房地产管理法》第12条)。尽管法条中没有提到挂牌,但是在现实中,这种出让方式也是存在的,而且是一种公开竞价的方式。挂牌是指出让方发布挂牌公告,按公告规定的期限将拟出让土地的交易条件在指定的土地交易场所挂牌公布,接受竞买人的报价申请并更新挂牌价格,根据挂牌期限截止时的出让结果确定土地使用者的行为。这种方式本质上和拍卖类似,所以与招标、拍卖适用相同的法律规定,被统一规定于《招标拍卖挂牌出让国有土地使用权规定》中。

(5) 出让方式设立建设用地使用权,当事人应当采取书面形式订立建设用地使用权出让合同。建设用地使用权出让合同一般包括下列条款:① 当事人的名称和住所;② 土地界址、面积等;③ 建筑物、构筑物及其附属设施占用的空间;④ 土地用途;⑤ 使用期限;⑥ 出让金等费用及其支付方式;⑦ 解决争议的方法(《物权法》第138条)。

当然,出让取得的建设用地使用权,也必须向县级以上地方人民政府土地管理部门申请登记,经县级以上地方人民政府土地管理部门核实,由同级人民政府颁发土地使用权证书(《城市房地产管理法》第60条)。建设用地使用权自登记时设立。登记机构应当向建设用地使用权人发放建设用地使用权证书(《物权法》第139条)。该证书是权利人享有建设用地使用权的证据,当其与登记簿的记载不一致时,按照《物权法》第17条的规定进行处理。总的来说,无论是出让还是行政划拨的建设用地使用权,我国立法都采登记生效主义,登记完毕之日就是建设用地使用权设立之时。这主要是由于我国城市交易主体相对陌生,交易频繁,登记制度又比较完善,需要且有可能采取较为严格的登记制度。

四、建设用地使用权人的权利义务

(一) 建设用地使用权人的权利

(1) 对取得使用权的土地享有占有、使用、收益的权利,并可排除他人的非法干涉和侵占。

(2) 建设用地使用权人建造的建筑物、构筑物及其附属设施的所有权属于建设用地使用权人,但有相反证据证明的除外(《物权法》第 142 条)。也就是说,本条对于建设用地上建筑物、构筑物及其附属设施所有权的归属采用了有利于使用权人的权利推定。有学者认为,第 142 条但书所指主要是土地租赁权人对建设用地上的建筑物、构筑物及其附属设施享有所有权的情形。[①]

(3) 建设用地使用权人有权将建设用地使用权通过转让、互换、出资、赠与或者抵押的方式进行流转,但法律另有规定的除外(《物权法》第 143 条)。转让,是指转让人通过与受让人签订转让合同,将建设用地使用权转移给受让人,并凭此获得对价。互换,是指两个用地人将自己的建设用地使用权相互交换。出资,是指建设用地使用权人将自己的建设用地使用权作为资产投入到企业中去,归企业法人享有或由非法人企业的全体成员共享。赠与,是指用地人将建设用地使用权无偿移转给他人。抵押,是指用地人以建设用地使用权为标的物,为债权人设立抵押权。其中,转让、互换、出资和赠与会导致使用权人的变更,使建设用地使用权发生移转的继受取得。而抵押则只有在抵押权实现后才导致使用权人的变更。因此,尽管上述五种流转方式中当事人都应当采取书面形式订立相应的合同(《物权法》第 144 条),但是在前四种流转方式中,应当向登记机构申请变更登记,而在抵押中则应申请抵押登记。

我国实行了建设用地使用权与地上物一并处分的原则。《物权法》第 146 条规定:"建设用地使用权转让、互换、出资或者赠与的,附着于该土地上的建筑物、构筑物及其附属设施一并处分。"第 147 条规定:"建筑物、构筑物及其附属设施转让、互换、出资或者赠与的,该建筑物、构筑物及其附属设施占用范围内的建设用地使用权一并处分。"至于抵押,则规定在第 182 条(《城市房地产管理法》第 31 条、《担保法》第 36 条)中:"以建筑物抵押的,该建筑物占用范围内的建设用地使用权一并抵押。以建设用地使用权抵押的,该土地上的建筑物一并抵押。抵押人未依照前款规定一并抵押的,未抵押的财产视为一并抵押。"

值得注意的是,《物权法》第 143 条的但书部分主要涉及《城市房地产管理法》第 37、38 条的规定。第 37 条规定:"下列房地产,不得转让:(一) 以出让方

[①] 崔建远:《物权法》(第二版),中国人民大学出版社 2011 年版,第 303 页。

式取得土地使用权的,不符合本法第38条规定的条件的;(二)司法机关和行政机关依法裁定、决定查封或者以其他形式限制房地产权利的;(三)依法收回土地使用权的;(四)共有房地产,未经其他共有人书面同意的;(五)权属有争议的;(六)未依法登记领取权属证书的;(七)法律、行政法规规定禁止转让的其他情形。"第38条规定:"以出让方式取得土地使用权的,转让房地产时,应当符合下列条件:(一)按照出让合同约定已经支付全部土地使用权出让金,并取得土地使用权证书;(二)按照出让合同约定进行投资开发,属于房屋建设工程的,完成开发投资总额的25%以上,属于成片开发土地的,形成工业用地或者其他建设用地条件。转让房地产时房屋已经建成的,还应当持有房屋所有权证书。"由于我国城市房地产实行"房随地走,地随房走"的政策(参见《城市房地产管理法》第31条),这实际上也是对建设用地使用权流转的限制。《城镇国有土地使用权出让和转让暂行条例》第19条也规定,未按土地使用权出让合同规定的期限和条件投资开发、利用土地的,土地使用权不得转让。这主要是防止建设用地使用权人将土地闲置,依靠炒作地皮牟利。

另外,《城镇国有土地使用权出让和转让暂行条例》第四章还确立了一种土地使用权的流转方式,即土地使用权出租。土地使用权出租,是指土地使用者作为出租人将土地使用权随同地上建筑物、其他附着物租赁给承租人使用,由承租人向出租人支付租金的行为。为了防止"炒卖地皮"的行为,《城镇国有土地使用权出让和转让暂行条例》第28条、第31条规定,未按土地使用权出让合同规定的期限和条件投资开发、利用土地的,土地使用权不得出租。土地使用权和地上建筑物、其他附着物出租的,出租人应当依照规定办理登记。不过,第30条的规定说明,出租人办理的登记并非变更登记,因为出租并不改变建设用地使用权人的地位。土地使用权出租后,出租人必须继续履行土地使用权出让合同。

(4)不动产相邻权。建设用地使用权人属于土地的一种利用权人,因此,调整不动产利用权人关系的相邻关系规则对建设用地使用权人应当适用。

(5)设立地役权的权利。建设用地使用权人既可以将建设用地作为供役地,为他人设立地役权,也可以将建设用地作为需役地,在他人土地上设立地役权。

(6)将建设用地使用权出租、出借的权利。建设用地使用权人将其建设用地出租、出借与他人的,我国现行法尚无关于必须经建设用地所有权人同意的规定。[①]

(7)建设用地使用权人享有物权请求权,包括建设用地返还请求权、排除妨碍请求权以及妨害预防请求权。

[①] 崔建远:《确定建筑物所有权的依据》,载《甘肃政法学院学报》2007年第6期。

(二) 建设用地使用权人的义务

(1) 建设用地使用权人应当合理利用土地(《物权法》第140条),依照土地的自然属性和法律属性开发、利用、经营土地,不得使土地闲置。

(2) 建设用地使用权人不得改变土地用途;需要改变土地用途的,应当依法经有关行政主管部门批准(《物权法》第140条)。土地使用者先征得出让方同意,并经土地管理部门和城市规划部门批准,然后重新签订土地使用权出让合同,以变更时的土地市场价格调整土地使用权出让金(《城镇国有土地使用权出让和转让暂行条例》第18条),自批准变更之日起30日内申请土地用途变更登记(《土地登记规则》第30条)。原土地使用权人转让房地产后,受让人改变原土地使用权出让合同约定的土地用途的,除需取得市、县人民政府城市规划行政主管部门的同意外,还必须取得原出让方的同意,然后依法履行其他手续(《城市房地产管理法》第43条)。

(3) 通过出让方式取得建设用地使用权者应当依照法律规定以及合同约定支付出让金等费用(《物权法》第141条)。土地使用者应当在签订土地使用权出让合同后60日内,支付全部土地使用权出让金。逾期未全部支付的,出让方有权解除合同,并可请求违约赔偿(《城镇国有土地使用权出让和转让暂行条例》第14条)。

(4) 建设用地使用权终止时,权利人应当按时返还建设用地。

(5) 当建设用地使用权人不按合同约定的期限和条件开发、利用土地的,市、县人民政府土地管理部门可以无偿收回建设用地使用权(《城镇国有土地使用权出让和转让暂行条例》第17条第2款),此时权利人负有容忍义务。另外,当建设用地使用权因公共利益的需要而被提前收回时,权利人也负有容忍义务。

五、建设用地使用权的消灭

(一) 消灭原因

建设用地使用权的消灭事由除了抛弃、混同、标的物灭失等物权消灭一般原因外,主要还有:

1. 建设用地使用权期限届满,使用权人未申请续期或者虽请求续期但未获批准。住宅建设用地使用权自动续期,因此不包含在其中。

2. 建设用地使用权被提前收回。建设用地使用权期间届满前,因公共利益需要提前收回该土地的,应当依照《物权法》第42条的规定对该土地上的房屋及其他不动产给予补偿,并退还相应的出让金(《物权法》第148条)。

3. 建设用地使用权被撤销。这主要是建设用地使用权人严重违约,不按照约定用途使用土地,经土地所有权人请求停止仍不停止或者已经对土地造成了永久性损害的,或者建设用地使用权人无正当理由未按合同约定的开发日期开发达到 2 年以上的,土地所有权人都可以撤销建设用地使用权(《城市房地产管理法》第 25 条)。

4. 在不违反法律、行政法规强行性规定的情况下,当事人约定的建设用地使用权消灭的事由发生。

5. 其他情形:为实施城市规划进行旧城区改建,需要调整使用土地的;因单位撤销、迁移等原因,停止使用原划拨的国有土地的;公路、铁路、机场、矿场等经核准报废的(《土地管理法》第 58 条)。

(二) 消灭的法律后果

1. 权利人应当及时申请办理注销登记,并由登记机关收回权利证书(《物权法》第 150 条)。

2. 建设用地使用权消灭时,如果土地所有权人以市场价格购买地上物的,建设用地使用权人不得拒绝。① 若土地所有权人不行使购买权,则建设用地使用权人可以取回地上物,回复土地原状。若建设用地使用权人也不行使取回权,则土地所有权人可要求使用权人延长使用权期间,如果使用权人拒绝,则丧失对地上物的补偿请求权。若土地所有权人既不购买也不要求延期,则建设用地使用权人可以要求土地所有权人对地上物进行补偿。

3. 如果为了公共利益的需要而提前收回建设用地使用权,建设用地使用权人可以根据《物权法》第 42 条的规定,请求征收人对地上的建筑物、构筑物及其附属设施给予补偿,而且可以根据《物权法》第 148 条的规定,要求退还建设用地使用权剩余年限的出让金。

六、建设用地空间使用权

《物权法》第 136 条规定:"建设用地使用权可以在土地的地表、地上或者地下分别设立。新设立的建设用地使用权,不得损害已设立的用益物权。"一般认为,这一条确认了建设用地的空间使用权。不过,从这条规定所处的位置看,它将这种空间使用权作为了旧有用益物权的一种新的权利内容,而没有承认其为一种独立的新型用益物权。近代经济和科技的发展,使得空间成为可支配的有价值的东西,因而利用空间成为必要和可能,由此,空间权应运而生。空间权包括物权空间权和债权空间权,物权空间权中又包括空间地上权和空间地役权,《物权法》规定的建设用地空间使用权实际上类似于一种空间地上权。

建设用地空间使用权的主体一般是土地所有人和建设用地使用权人之外的第三人。由于土地的地表与其上下空间存在密切联系,除非法律另有规定和合同另有约定,建设用地使用权人自然会取得对地表上下一定范围空间的使用权。

---

① 参见梁慧星、陈华彬:《物权法》(第四版),法律出版社 2007 年版,第 278 页。

但是,如果建设用地的所有人在地上或者地下另设了一个使用权,则这个使用权的主体在很多时候不是建设用地使用权人。而如果建设用地使用权人将自己支配范围内的空间的使用权让与他人,则肯定是建设用地使用权人之外的第三人成为了空间使用权的主体。由此也可以看出,空间使用权的设定主体主要是建设用地所有权人,但在一定范围内,使用权人也可以设定。

建设用地空间使用权的具体规则与建设用地使用权差不多,需要强调的一点是,空间权也应当以登记作为公示的手段,采用登记生效主义的原则。

空间权的行使也受到一定的限制。第一个限制是,空间权的行使要服从公共利益;第二个限制是,空间权的行使不得损害已设立的用益物权;第三个限制是,空间权的行使不得违反双方当事人的约定。

七、集体所有土地作为建设用地

《物权法》将在集体土地上兴建企业和公益事业的事项留给了《土地管理法》来规定。《土地管理法》区分经营用地和公益用地,进行了分别规定。

《土地管理法》第60条规定了经营用地:"农村集体经济组织使用乡(镇)土地利用总体规划确定的建设用地兴办企业或者与其他单位、个人以土地使用权入股、联营等形式共同举办企业的,应当持有关批准文件,向县级以上地方人民政府土地行政主管部门提出申请,按照省、自治区、直辖市规定的批准权限,由县级以上地方人民政府批准;其中,涉及占用农用地的,依照本法第44条的规定办理审批手续。按照前款规定兴办企业的建设用地,必须严格控制。省、自治区、直辖市可以按照乡镇企业的不同行业和经营规模,分别规定用地标准。"

《土地管理法》第61条规定了公益用地:"乡(镇)村公共设施、公益事业建设,需要使用土地的,经乡(镇)人民政府审核,向县级以上地方人民政府土地行政主管部门提出申请,按照省、自治区、直辖市规定的批准权限,由县级以上地方人民政府批准;其中,涉及占用农用地的,依照本法第44条的规定办理审批手续。"

《土地管理法》第44条的内容是:"建设占用土地,涉及农用地转为建设用地的,应当办理农用地转用审批手续。省、自治区、直辖市人民政府批准的道路、管线工程和大型基础设施建设项目、国务院批准的建设项目占用土地,涉及农用地转为建设用地的,由国务院批准。在土地利用总体规划确定的城市和村庄、集镇建设用地规模范围内,为实施该规划而将农用地转为建设用地的,按土地利用年度计划分批次由原批准土地利用总体规划的机关批准。在已批准的农用地转用范围内,具体建设项目用地可以由市、县人民政府批准。本条第2款、第3款规定以外的建设项目占用土地,涉及农用地转为建设用地的,由省、自治区、直辖市人民政府批准。"可见,对于农用地转化为建设用地,法律采取了严格控制的态度。

第四节 宅基地使用权

一、宅基地使用权的概念与特点

宅基地使用权是指农村村民(农户)依法在集体所有的土地上建造住宅以及附属设施,并保有其所有权的用益物权(《物权法》第 152 条)。

从上述规定看,宅基地使用权具有如下特点:

(1)宅基地使用权设定的目的和功能,在于解决农户私有住房的用地问题。

(2)宅基地使用权的主体只能是自然人,而且限于集体经济组织成员。实践中,宅基地使用权的设立以户为单位,按照一户一处宅基地的原则分配,宅基地的面积不得超过省、自治区、直辖市规定的标准(《土地管理法》第 62 条第 1 款)。

(3)宅基地使用权的客体只能是农村集体所有的土地,且只能是宅基地,而不能是耕地或乡镇企业等建设用地(《物权法》第 152 条、《土地管理法》第 8 条第 2 款)。

(4)宅基地使用权的内容是占有、使用集体所有土地。由于宅基地在我国具有社会保障的功能,因此对于宅基地的流转采取了严格禁止的政策,这就意味着宅基地不能用来收益和处分,因此宅基地使用权的内容只有占有和使用两项。

(5)宅基地使用权的利用方式是利用土地建造住宅及其附属设施。

(6)宅基地使用权的取得是无偿的。按照我国现行法的规定以及政策的要求,农户取得宅基地使用权无需支付对价。集体经济组织及其他部门不得收取任何费用。

(7)宅基地使用权没有期限限制。宅基地使用权的功能和目的决定了它自身具有永久性。这是用益物权有期性的例外。

二、宅基地使用权的取得

(一)宅基地使用权的原始取得与继受取得

宅基地使用权的原始取得,主要是指通过中央政策和法律的直接规定,将农民拥有的宅基地所有权转变为宅基地使用权。[①] 1949 年之前,农民对宅基地及地上的房屋都享有所有权。新中国成立以后,经过了农村合作化运动和生产资料私有制的社会主义改造,农村土地由个体所有制实现了向社会主义集体所有制的转变。根据 1982 年《宪法》第 10 条第 2 款的明文规定,宅基地属于集体所

[①] 崔建远:《物权法》(第二版),中国人民大学出版社 2011 年版,第 319 页。

有。由此,农民对宅基地的所有权转变为使用权。

宅基地使用权的继受取得是其产生的常态,具体而言,是通过宅基地使用权的设立,在性质上属于创设的继受取得。相比之下,宅基地使用权较少发生移转继受取得。主要原因是,宅基地使用权不得单独被转让、抵押,而且由于按户分配宅基地使用权,所以不存在继承问题。因此,只有当宅基地上的房屋及附属设施被转让、继承、赠与,或者以宅基地上的房屋设定的抵押权被实现时,宅基地使用权会随之发生移转,出现移转继受取得的实例。①

(二)宅基地使用权的取得程序

《物权法》对宅基地的取得并没有直接规定,而是交给《土地管理法》等法律和国家政策去规定。由于宅基地是集体所有的土地,同时又是农民个人生活所需要的基本资料,因此,集体经济组织有义务为其成员设立宅基地使用权。但是,现实生活中存在着一些滥批宅基地的现象,造成了土地资源的浪费和对耕地的占用,因此,取得宅基地使用权必须符合法定条件、遵循法定程序。《土地管理法》即对此作了规定:

(1)一户一宅原则,即农村村民一户只能拥有一处宅基地,其宅基地的面积不得超过省、自治区、直辖市规定的标准(第62条第1款)。超过省、自治区、直辖市规定的标准,多占的土地以非法占用土地论处(第77条第2款)。

(2)合理规划原则,即农村村民建住宅,应当符合乡(镇)土地利用总体规划,并尽量使用原有的宅基地和村内空闲地(第62条第2款)。

(3)法定程序原则,即农村村民住宅用地,经乡(镇)人民政府审核,由县级人民政府批准;其中,涉及占用农用地的,依照《土地管理法》第44条的规定办理审批手续(第62条第3款)。农村村民未经批准或者采取欺骗手段骗取批准,非法占用土地建住宅的,由县级以上人民政府土地行政主管部门责令退还非法占用的土地,限期拆除在非法占用的土地上新建的房屋(第77条第1款)。

宅基地的取得不一定要登记,但在有条件的地方应当鼓励建立和健全登记制度。

三、宅基地使用权人的权利和义务

1. 宅基地使用权人的权利主要是:

(1)宅基地使用权人享有长期使用宅基地的权利,并有权排除他人的非法侵占和干涉。这种权利不得对抗法律规定的改变事由,如国家需要征用土地或村镇规划需要改变土地用途,公民的宅基地使用权都应经一定程序重新安排。共同使用的宅基地,未经共同使用人的同意,一方已占用建房的,如果建房时对

---

① 崔建远:《物权法》(第二版),中国人民大学出版社2011年版,第320页。

方明知而未提出异议,又不妨碍他人和公共利益的,可继续使用(最高人民法院《关于贯彻执行民事政策法律若干问题的意见》)。

(2) 宅基地使用权人在宅基地上建造的房屋、种植的树木、瓜果、蔬菜等,所有权属于宅基地使用权人。

(3) 极为有限的处分权。我国现行法禁止宅基地使用权人对宅基地使用权单独进行转让、抵押、继承或者出租(《土地管理法》第 63 条、《担保法》第 37 条第 2 项)。但是,如果宅基地使用权人将宅基地上的房屋及其设施进行转让、赠与、继承,那么宅基地使用权也随之移转。但是,权利人不得再要求集体经济组织为其分配宅基地。

(4) 宅基地使用权人既可以宅基地为供役地为他人设立地役权,也可以宅基地为需役地,在他人土地上设立地役权。

2. 宅基地使用权人的义务主要是:

(1) 宅基地使用权人必须按照法律规定的方式使用宅基地,不得擅自更改宅基地的用途。公民在依法取得使用权的宅基地上只能建造生活用房,不能建造生产经营用房,也不得多占土地作为宅基地。公民取得宅基地使用权后,应充分发挥宅基地的效用,对于村民长期闲置或抛弃的宅基地,集体有权收回。

(2) 宅基地使用权人不得单独对宅基地使用权进行转让、抵押、出租。出卖、出租房屋后,再申请宅基地的,不予批准(《土地管理法》第 62 条第 4 款)。

(3) 宅基地使用权人应当严格按照批准的面积利用宅基地,不得越界建造房屋和附属设施。

四、宅基地使用权的消灭

(一) 宅基地使用权消灭的事由

(1) 宅基地因自然原因灭失时,宅基地使用权消灭。

(2) 宅基地因公共利益被征收时,宅基地使用权消灭。

(3) 不按批准用途使用宅基地,宅基地使用权被收回。

(4) 宅基地使用权长期被闲置的,由集体报经县级人民政府批准,注销其土地登记,土地由集体收回,宅基地使用权也就随之消灭。(《确定土地所有权和使用权的若干规定》第 52 条)

(5) 占有宅基地的农户因家庭成员全部死亡或举家迁移城镇的,宅基地使用权消灭。

已经登记的宅基地使用权消灭的,应当及时办理注销登记(《物权法》第 155 条)。注销登记的效力与变更登记的效力相同。

(二) 宅基地使用权消灭的法律后果

(1) 地上住宅及其附属设施的所有权归宅基地所有权人(农村集体)所有。

(2) 宅基地因自然灾害而灭失的情况下,失去宅基地的农民有权要求重新分配宅基地(《物权法》第154条)。

第五节 地 役 权

地役权(Grunddienstbarkeit)是不动产权利人为了增进自己不动产的便利与价值,而在他人不动产之上设定的物权。地役权是一项古老的用益物权。民法上的地役权系源于罗马法之不动产役权,而罗马上的不动产役权为役权(Servitutes, servitude, Dienstbarkeit)的一种。[①] 所谓役权,是指为一定人或一定土地的便利而利用他人所有物的权利。[②] 根据罗马法,役权可区分为不动产役权与人役权。其中不动产役权是指为特定不动产的利益而使用他人不动产的权利,其又可被分为乡村(田野)地役权与建筑物役权。前者是为特定土地的利益而设定,主要为增进土地耕作的便利,而后者则为建筑物之利益而设定,主要为增进房屋建筑和使用的便利而设。而人役权系为特定人之便宜而设定的权利。罗马法上的役权所包含的内容十分广泛,凡利用他人之物的物权均被视为役权,在当时具有重要的社会作用。罗马法中役权制度的确立以及地役权与人役权的区分,对后世立法产生了极大的影响。近代欧陆各国民法,如德国、法国、瑞士等民法沿袭罗马法,大都同时建立了地役权与人役权制度;而亚洲各国(地区)立法,如日本与我国台湾地区均只规定了地役权,而没有人役权制度的规定。[③] 地役权不仅存在于大陆法,英美法也存在类似的制度(easement)。然而,随着地上权、永佃权等用益物权的相继发达,物权法定主义对旧有物权制度的整理,加上所有权自由化观念的盛行[④],这些因素都使得现代法意义上的地役权相较于罗马法上的役权,在内容与作用上均有所限缩。我国《物权法》在第十四章规定了地役权的内容。

一、地役权的概念和特征

地役权,是指权利人为实现自己不动产的便利或者价值的提高,而利用他人不动产的一种用益物权。其中,权利人自己的不动产为需役地,他人的不动产为供役地(《物权法》第156条)。供役地的权利人,为供役人;需役地的权利人,为

[①] 役权于罗马起源至早,唯与所有权并无区别,至古代末期始独立为他物权。参见谢在全:《民法物权论(修订三版)》(中册),台湾三民书局2004年版,第187页。
[②] 参见陈华彬:《物权法原理》,国家行政学院出版社1998年版,第543页。
[③] 参见刘乃忠:《地役权法律制度研究》,中国法制出版社2007年版,第2页;陈华彬:《物权法原理》,国家行政学院出版社1998年版,第544页注1。
[④] 参见谢在全:《民法物权论(修订三版)》(中册),台湾三民书局2004年版,第187页。

需役人,即地役权人。地役权中的"地",并不限于土地,而是包括其他不动产,如房屋。但是,实践中仍以土地为多数。

地役权具有以下特征:

1. 地役权的成立以存在两个不动产为条件。两个不动产的存在是地役权设定的前提条件。这两个不动产并非一定在地理上相邻,但一般具有地理位置上的某种关联,为了其中一个不动产的便宜而有利用另一个不动产的必要与可能。地役权的设定,不在于调节土地之所有,而以调节土地之利用为主要机能,因此通说认为,虽属同一人所有的二宗土地,仍可设定地役权。①

2. 地役权设立的目的是使需役地获得便利,从而能够更好地发挥效用,提高需役地的价值。《物权法》第156条第1款将便利和价值概括为"效益"二字。而且该条还规定,需役人和供役人可以在合同中约定提高需役地"效益"的内容,但是不得违反法律、行政法规的强行性规定,以及公序良俗原则。在实践中,需役地从供役地所获得的"效益"大致包括以下几类:(1) 使用供役地,如从供役地通行;(2) 由供役地取得孳息,如在供役地伐薪;(3) 限制供役地为某种使用,如要求供役地权利人在一定范围内不得修建建筑物;(4) 排除供役地依相邻关系所产生的某些权利的行使,如允许需役地人向供役地排放一定量的烟气等;(5) 为禁止营业竞争而设立的,如需役地所有权人或使用权人为避免供役地与其营业竞争,禁止供役地经营相同的营业。② 由此可见,需役地从供役地所获得的便利不限于经济上或财产价值的方便利益,精神上或感情上的利益也包括在内,例如为需役地的美观舒适而设定的眺望地役权即属非财产利益。③ 设立地役权既可以为需役地的直接利益,也可以为需役地的间接利益;这些便利可以是现实的,也可以是将来的。

3. 地役权的主体,可以是需役地的所有权人,也可以是使用权人,甚至可以是需役地上的租赁权人;而地役权的义务人则只能是供役地的所有权人或使用权人。《物权法》第162条规定:"土地所有权人享有地役权或者负担地役权的,设立土地承包经营权、宅基地使用权时,该土地承包经营权人、宅基地使用权人继续享有或者负担已设立的地役权。"第163条规定:"土地上已设立土地承包经营权、建设用地使用权、宅基地使用权等权利的,未经用益物权人同意,土地所有权人不得设立地役权。"因此,在土地上没有设定其他用益物权前,所有人可以设定地役权,但设定了其他用益物权后,用益物权人有权设定地役权,所有权人只有在征得用益物权人同意的前提下才能设定。由于我国实行土地国有或集体所

---

① 谢在全:《民法物权论(修订三版)》(中册),台湾三民书局2004年版,第184页。
② 崔建远:《物权法》(第二版),中国人民大学出版社2011年版,第350页。
③ 谢在全:《民法物权论》(修订三版)(中册),台湾三民书局2004年版,第184页。

有,因此,绝大多数情况下都是由用益物权人作为供役人,为他人设定地役权。而且,我国地役权的主体主要是需役地用益物权人和供役地用益物权人,如无特殊说明,以下部分的论述仅仅讨论这种情况而不讨论需役地或供役地所有人为主体的情况。

4. 地役权具有从属性。地役权的从属性,又被称为附从性、随伴性,这是地役权区别于其他用益物权的一个重要特点。地役权是以增进需役地之便利与价值为目的而设立,因而地役权的存续必须以需役地的存在为前提,此即地役权具有从属于需役地的特性。与作为所有权内容之扩张的相邻关系不同,地役权是一项独立的权利,属于从物权的一种。依据我国物权法的规定,地役权的从属性体现为其与地役权人对需役地的用益物权如建设用地使用权、土地承包经营权等的命运紧密相联。

地役权的从属性包括以下几个方面:(1)地役权人不得单独保留地役权而转让土地的所有权或用益物权,亦不得单独保留所有权或用益物权而转让地役权,更不得将所有权或用益物权与地役权分别让与两个不同的主体。《物权法》第 164 条规定:"地役权不得单独转让。土地承包经营权、建设用地使用权等转让的,地役权一并转让,但合同另有约定的除外。"(2)地役权人不得将地役权单独从土地所有权中分离出去而作为其他权利的标的,如仅以地役权抵押或出租等。《物权法》第 165 条规定:"地役权不得单独抵押。土地承包经营权、建设用地使用权等抵押的,在实现抵押权时,地役权一并转让。"当然,对于出租也应适用第 165 之规定。(3)需役地的所有权消灭,地役权因无法取得需役地的便宜而归于消灭。(4)在土地承包经营权人、建设用地使用权人或宅基地使用权人以其承包地、建设用地或宅基地作为需役地而设立地役权的时候,根据《物权法》第 161 条的规定,当事人约定的地役权期限不得超过土地承包经营权、建设用地使用权等用益物权的剩余期限。①

5. 地役权具有不可分性。地役权是为提高需役地的价值而设立的权利,故该权利及于需役地的全部,在地役权设定的目的范围之内,地役权人对供役地的利用应及于其全部,显然无论是对于需役地还是供役地,地役权都具有不可分性。即地役权之发生与消灭就需役地与供役地而言,均及于全部,不得分割为部分或仅为一部分而存在,就地役权之享有亦同。②(1)需役地经分割的,地役权为各部分的利益仍然存续。《物权法》第 166 条规定了需役地分割的情形:"需役地以及需役地上的土地承包经营权、建设用地使用权部分转让时,转让部分涉及地役权的,受让人同时享有地役权。"(2)供役地经分割的,地役权就各部分仍

---

① 崔建远:《物权法》(第二版),中国人民大学出版社 2011 年版,第 343—344 页。
② 谢在全:《民法物权论》(修订三版)(中册),台湾三民书局 2004 年版,第 202 页。

为存续。《物权法》第167条规定了供役地分割的情形:"供役地以及供役地上的土地承包经营权、建设用地使用权部分转让时,转让部分涉及地役权的,地役权对受让人具有约束力。"因此,当需役地被分割后,若地役权的行使及于原需役地全部的,则地役权仍及于各分割部分。如甲地所有人有从乙地通行的地役权,后甲地被分割成丙、丁两地,则丙、丁两地的所有人都有权从乙地通行。但若地役权的行使只及于原需役地的一部分,且该部分作为一个整体被分割出去,则地役权仅在该部分存续,与其他部分无关。当供役地被分割后,若地役权及于原供役地全部的,则需役地对各分割部分都享有地役权。如甲地在乙地上设有排放一定量烟气的权利,乙地被分割为丙、丁两部分后,甲地对丙、丁两地都可排放一定量的烟气。若地役权的行使只及于供役地的一部分,且该部分作为一个整体被分割出去,则需役地所有人或使用人的地役权只及于该部分,对其他分割部分不再享有地役权。

6. 地役权的享有不以对供役地的占有为必要。这与其他用益物权明显不同,主要是因为地役权仅仅是为需役地提供一定便利,对供役地实际控制的要求较弱。这一点在消极地役权场合表现得至为明显。

二、地役权与相邻关系之别

相邻关系,又称不动产相邻关系,是指两个或两个以上相互毗邻的不动产的所有人或使用人,在行使其所有权或使用权时,相互之间应给予便利或接受限制的权利义务关系。相邻关系与地役权的共同之处在于,这两种制度都旨在调节相邻不动产的利用关系,且都以不动产权利的限制或扩张为内容。[①] 但它们仍然是两种不同的制度。其区别主要表现在以下几个方面:

1. 相邻关系的发生以不动产相邻为要件,地役权不受不动产是否相邻的限制。如需役地人在供役地汲水的权利只受制于水源地,不要求供役地与需役地相邻。

2. 相邻关系是法律直接规定的权利义务关系,只要不动产相邻,其权利人就当然发生相邻关系,且双方的权利义务内容也是法定的;而地役权是双方约定设立的,当事人可就权利期限、费用支付等事项进行协商。

3. 相邻关系是对不动产所有权或使用权的当然扩张或限制,是依附于不动产权利的,因此相邻关系无需登记即产生;而地役权是一项独立的用益物权,其成立需要以地役权合同的成立为要件,且以登记为对抗善意第三人的要件。

4. 地役权的取得既可以是无偿的,也可以有偿的;而相邻关系中,当事人行使法律规定的权利时,只要不给邻人造成损失,通常是无偿的。

---

① 梁慧星、陈华彬:《物权法》,法律出版社2007年版,第186页。

5. 相邻关系作为一种物权法上的制度,是法律对相邻不动产的利用进行最低限度的调节,它对不动产所有权或利用权的限制与扩张的程度较低;而地役权作为当事人双方超越相邻关系的限度而约定的权利义务关系,它对土地所有权或利用权的限制与扩张的程度较大,甚至可以实现最大限度的调节。①

总结而言,相邻关系满足的是所有人等权利人的基本保障,而地役权则是当事人通过合同而实现的更高追求。形象地说,相邻关系与地役权之间,是"吃得饱"和"吃得好"的关系。相邻关系乃是基于所有权价值实现而产生的最为基本的最低限度的要求,否则无以维持其所有权的本质,是"吃得饱"的问题;而当事人超出这些最低限度基本要求之外的更高要求,就是这些法定的相邻关系所无法提供的了。要想"吃得好",还要借助于地役权,通过当事人的自由约定,充分满足当事人所希望的各种各样的要求。② 可以说,地役权制度弥补了法定主义下相邻关系的局限性。

三、地役权的分类

根据不同的标准,可以对地役权作出以下分类:

(一) 意定地役权与法定地役权

依地役权的设立是基于当事人的约定还是法律的直接规定,地役权可以被分为意定地役权和法定地役权。目前,我国《物权法》上的地役权主要基于当事人的约定而产生,属于意定地役权。其他一些国家的立法例则规定有法定地役权。如普通法上就规定了类似于我国《物权法》上的相邻关系的法定地役权。

有学者认为,为了确保那些关乎国家经济发展和战略安全的工程项目被顺利实施,避免工程沿途土地的权利人拒绝订立地役权合同的危险,我国《物权法》和《合同法》不妨通过法定地役权和强制缔约两项制度来解决。③ 因此,我国法也不应当拘泥于意定地役权。

(二) 积极地役权与消极地役权

依据地役权的内容是积极的作为还是消极的不作为,地役权可以被分为积极地役权和消极地役权。积极地役权,又称作为地役权或容忍地役权,是指地役权人得在供役地上为一定行为的地役权,例如通行地役权、排水地役权等。消极地役权,又称不作为地役权,是指以供役地所有人或使用人不为一定行为为内容的地役权,例如采光地役权、眺望地役权等。

(三) 继续地役权与不继续地役权

依地役权的内容实现是否继续无间断,地役权可以被分为继续地役权和不

---

① 彭万林:《民法学》,中国政法大学出版社1994年版,第206页。
② 申卫星:《地役权制度的立法价值与模式选择》,载《现代法学》2004年第5期。
③ 崔建远:《物权法》(第二版),中国人民大学出版社2011年版,第351页。

继续地役权。继续地役权,是指权利内容的实现,不需要每次有地役权人的行为,而在时间上能继续无间的地役权,例如在供役地上建造信号发射器的地役权。不继续地役权,是指权利内容的实现,每次均以有地役权人的行为为必要的地役权,例如未开设道路的通行地役权。

(四) 表见地役权与非表见地役权

依地役权的存在是否表现于外部,地役权可被分为表见地役权和非表见地役权。表见地役权,是指地役权的存在和行使,依外形的事实而表现的地役权,例如地面排水地役权。非表见地役权,是指地役权的存在和行使,无外形事实作为表现的地役权,如眺望地役权。

四、地役权的取得

1. 设定取得。地役权可通过当事人双方订立合同的方式设定,也可通过遗嘱等单方行为设定。一般来说,地役权的设定是通过前者实现的。

设立地役权时,当事人应当采取书面形式订立地役权合同。地役权合同一般包括下列条款:(1) 当事人的姓名或者名称和住所;(2) 供役地和需役地的位置;(3) 利用目的和方法;(4) 利用期限;(5) 费用及其支付方式;(6) 解决争议的方法(《物权法》第157条)。

地役权自地役权合同生效时设立。当事人要求登记的,可以向登记机构申请地役权登记;未经登记,不得对抗善意第三人(《物权法》第158条)。可见,我国对于地役权登记效力采取了登记对抗主义。尽管大陆法系一般采登记生效主义,但是由于我国大量地役权发生于农村,而我国农村登记制度又不完善,因此采登记对抗主义更加切合实际。在土地上设定地役权后,当事人申请地役权登记的,供役地权利人和需役地权利人应当向国土资源行政主管部门提交土地权利证书和地役权合同等相关证明材料(《土地登记办法》第37条第1款)。符合地役权登记条件的,国土资源行政主管部门应当将地役权合同约定的有关事项,分别记载于供役地和需役地的土地登记簿和土地权利证书,并将地役权合同保存于供役地和需役地的宗地档案中(第2款)。供役地、需役地分属不同国土资源行政主管部门管辖的,当事人可以向负责供役地登记的国土资源行政主管部门申请地役权登记。负责供役地登记的国土资源行政主管部门完成登记后,应当通知负责需役地登记的国土资源行政主管部门,由其记载于需役地的土地登记簿(第3款)。

2. 受让取得。地役权可通过受让取得,但基于地役权的从属性特征,地役权的移转必须与需役地的使用权一同移转(《物权法》第164、166条)。已经登记的地役权转让,应当及时办理变更登记(《物权法》第169条)。

3. 继承取得。地役权人死亡后,地役权随需役地的使用权一并由继承人取得。

五、地役权的效力

(一) 地役权人的权利

(1) 使用供役地的权利。按照合同约定的利用目的、方法和范围使用供役地是地役权人最主要的权利。地役权人在其权利范围内使用供役地,有权排除包括供役地权利人在内的其他人的非法干涉和妨害。地役权人使用供役地不以占有为前提,更不享有独占权。地役权人可与供役地权利人共同使用供役地,在同一供役地上还可同时设定数个不相冲突的地役权,由数个地役权人在同一供役地上分别行使。

(2) 为必要的附随行为、设置并保有必要设施的权利。地役权人为行使和维持其权利,有权在供役地内为必要的附随行为或设置必要的设备。所谓必要的附随行为,是指为达到地役权目的或实现其权利内容所必需的附随行为,如取水地役权场合为达取水目的而通行于供役地的行为,或铺设饮水管道的行为。[①] 显然,这里的附随行为不仅包含单纯行为,也及于设置必要的构筑物及附属设施的行为。但无论如何,要以行使或维持地役权必要为限,地役权在从事附随行为时应尽可能选择对供役地损害最小的方法,例如能埋设暗管则不得开挖明沟。

(3) 物权请求权。由于地役权是物权,因此它具有物权请求权这一效力。具体而言,地役权人可以基于本权行使妨害排除请求权和妨害预防请求权。但是,地役权人不能行使所有物返还请求权。

(4) 让与地役权的权利。因为地役权具有从属性,所以不得对地役权进行单独转让,但是地役权会随需役地上的土地承包经营权、建设用地使用权等使用权的转让而转让。已经登记的地役权被转让的,当事人应当申请变更登记。

(5) 以地役权设立抵押权的权利。地役权人有权将地役权进行抵押,但是不得单独抵押,这是其附从性的必然要求。因此,《物权法》第 165 条规定,地役权不得单独抵押;土地承包经营权、建设用地使用权等抵押的,在实现抵押权时,地役权一并转让。

(6) 费用减少请求权。原本设立的地役权是有偿的,但其后显示费用过高,维持原来的费用数额对地役权人显失公平的,地役权人可请求法院酌情减少费用。[②]

(二) 地役权人的义务

(1) 保全供役地权利人的利益。地役权人在行使地役权时,应选择对供役

[①] 谢在全:《民法物权论》(修订 5 版)(中册),台湾新学林出版股份有限公司 2010 年版,第 158 页。
[②] 同上书,第 228 页。

地损害最小的地点和方法,以尽量保全供役地权利人的利益。《物权法》第160条规定:"地役权人应当按照合同约定的利用目的和方法利用供役地,尽量减少对供役地权利人物权的限制。"地役权的设定使供役地承受负担,从而限制了供役地权利人对土地的权利,这种限制应该维持在最低限度内,否则就构成了权利滥用,损害了供役地权利人的利益。地役权人在使用供役地时对供役地造成变动、损害的,应当在事后恢复原状或赔偿损失。

(2) 及时维修在供役地上修建的设施,并在不影响地役权行使的前提下允许供役地权利人使用。地役权人对其为实现地役权在供役地上修建的设施应及时维修,以免因设施的损坏使供役地权利人遭受损害。同时,在不影响地役权行使的前提下应当允许供役地权利人使用这些设施。

(3) 若当事人约定地役权为有偿,则地役权人须按约定向供役人支付对价。

(三) 供役地权利人的权利

(1) 在不妨碍地役权行使的范围内,供役地权利人可在其享有所有权或使用权的土地上行使土地所有人或土地使用人的一切权利。

(2) 在不妨碍地役权行使的范围内,供役地权利人可使用地役权人在供役地上修建的设施。

(3) 地役权为有偿时,供役地权利人有请求地役权人支付对价的权利。

(4) 供役地使用场所与方法的变更请求权。在地役权的行使限于供役地一部分,供役地权利人认为该部分的使用对其有特殊不便利的情况下,可以请求将地役权的行使,迁移至其他适于地役权人利益的场所,迁移费用由供役地权利人承担。①

(5) 合同解除权。地役权人违反法律规定或合同约定,滥用地役权的,供役地权利人有权解除地役权合同(《物权法》第168条第1项)。在有偿利用供役地的情况下,约定的付款期限届满后,在合理期限内经供役地权利人两次催告,地役权人仍未支付费用的,供役地权利人有权解除地役权合同(《物权法》第168条第2项)。

(四) 供役地权利人的义务

(1) 不作为义务。以不作为义务为地役权内容时,供役地权利人负有不作为义务。

(2) 容忍义务。对于以使用为内容的地役权,供役地权利人应当按照合同约定,允许地役权人利用其土地,不得妨碍地役权人行使权利(《物权法》第159条)。但是,如果地役权人超出了约定范围使用供役地的,供役地权利人不再负

---

① 谢在全:《民法物权论》(修订5版)(中册),台湾新学林出版股份有限公司2010年版,第232页。

有容忍义务,且有权要求其停止超越范围的行为。①

(3) 附随义务。地役权不可能以供役地权利人的积极作为为内容,但供役地权利人有可能负有某些附随义务,如在供役地上为地役权人设立通行地役权的,供役地权利人负有交通安全保障义务,但可以通过约定由地役权人承担。②

(4) 维持和修理设施费用的分担义务。供役地权利人使用地役权人建造的设施的,应当按照其受益程度分担维持和修理设施的费用。

六、地役权的消灭

(一) 导致地役权消灭的事由

导致地役权消灭的原因主要有以下几种:

1. 事实上不能。(1) 土地的灭失。供役地或需役地的灭失都导致地役权的消灭。(2) 目的不能实现。地役权是以供役地为需役地提供便利为目的而设定的,当这种便利已成为永久不能实现的事实时,地役权归于消灭。如供役地上的水源永久干涸,则地役权人在供役地上汲水的权利自然消灭。

2. 土地被征收。供役地被征收时,地役权消灭;需役地被征收时,地役权由需用土地人取得。

3. 抛弃与混同。地役权由于地役权人的抛弃而消灭。当供役地与需役地的所有权或使用权归属于一人时,即地役权的双方当事人合二为一时,地役权因混同而消灭。

4. 约定的存续期间届满或其他约定的消灭事由发生。设定地役权时如有约定的存续期间或附有其他约定的权利解除条件,则地役权因存续期间届满或条件的成就而消灭。

5. 供役地权利人行使法定解除权解除地役权合同。这种解除的法定原因有两个:(1) 违反法律规定或者合同约定,滥用地役权;(2) 有偿利用供役地,约定的付款期间届满后在合理期限内经两次催告未支付费用。值得注意的是,在前一个原因下,地役权人违法只能涉及双方利益,而不能涉及公益,否则地役权合同无效,而谈不上解除。而滥用地役权也应达到一定程度,方可以解除。

(二) 地役权消灭的法律后果

需役人占有供役地的,负有返还供役地的义务;不占有供役地也没有建造设施的,自然恢复原状;已经依法建造了设施的,需役人有权取回此类设施,或由供役地权利人作价补偿给需役人,但对于供役地权利人无利益的,供役地权利人有

---

① 崔建远:《物权法》(第二版),中国人民大学出版社 2011 年版,第 357 页。
② 同上。

权令需役人拆除设施,恢复原状。[1]

已经登记的地役权消灭后,应当及时办理注销登记(《物权法》第169条)。

第六节 典 权

典权是我国特有的一项制度。[2]《物权法》对典权未作规定,但最高人民法院的司法解释[3]涉及了典权的内容,实践中也存在一些历史遗留的典权纠纷,同时考虑到典权在我国具有悠久的历史,本书在用益物权一章中设专节予以介绍。

一、典权的概念、性质和特征

典权是指支付典价,对他人所有的不动产行使占有、使用、收益的权利。支付典价而对他人的不动产行使占有、使用、收益权利的一方为典权人。以自己的不动产供典权人占有、使用、收益的一方为出典人。典权的客体为典物,典物为不动产。

典权的法律性质在理论界一直存在分歧,大致有三种观点:(1)用益物权说。该说认为由于典权人对典物享有收益和处分权,因此典权属于用益物权。(2)担保物权说。该说认为典价是典权人向出典人的借款,出典人以典物为借款的担保手段。出典人必须偿还典价才能取回典物。(3)特种物权说。该说认为典权具有用益物权和担保物权的双重属性,是一种特殊的物权。本书认为对典权性质的认识应与经济发展状况紧密相联。在封建经济条件下,典权确实有一定的担保作用。然而随着社会的进步和现代商品经济的发展,为担保债的履行,债权人会选择对其更为有利的抵押权而非典权。因此,随着社会的不断发展,现代意义上的典权,已不再具有担保作用,而为纯粹的用益物权。

典权具有以下法律特征:

(1)客体的特定性。在旧中国的历史上虽然出现过以动产、土地甚至人身为客体的典权,但这已被现代民法所摈弃。新中国的民法理论和司法实践只确认了房屋典权。因此,典权的客体只限于房屋。

(2)以支付典价为成立要件。在设定典权时,典权人必须向出典人支付典价。是否支付典价是典权与借用关系的重要区别。典价的支付并不导致所有权

---

[1] 崔建远:《物权法》(第二版),中国人民大学出版社2011年版,第360页。
[2] 韩国有类似制度,称为"传贳权"。不过其传贳权包括物权性传贳权和债权性传贳权。
[3] 如最高人民法院《关于贯彻执行〈中华人民共和国民法通则〉若干问题的意见(修改稿)》第137条规定:"在房屋出典期间或者典期届满时,当事人之间约定延长典期或者增减典价的,应当准许。承典人要求出典人高于原典价回赎的,一般不予支持。以合法流通物作典价的,可以按照或者适当高于回赎时市场零售价格折算。"此外最高人民法院还有数项司法解释和批复都涉及了典权问题。具体参见尹飞:《物权法·用益物权》,中国法制出版社2005年版,第360—362页。

的转移,这是典权与买卖关系的重要区别。

(3) 以使用、收益为目的。典权人取得典权后以对典物的使用、收益为主要目的。典权人可以直接占有典物,以实现对典物的使用和收益,也可以为了达到使用、收益的目的而将占有的权能让渡出去。

(4) 在回赎权期限内,出典人有权支付原典价回赎典物。

二、典权人的权利和义务

1. 典权人的权利主要有:

(1) 对典物有占有、使用、收益的权利。典权人可以自己占有、使用典物,也可在典权存续期间内将典物出租而收取租金。

(2) 转典的权利。典权人在典权存续期间内有权按原典权条件将典物转典给他人,转典后原典权人与出典人的关系消灭,新典权人取得与原典权人相同的权利和义务。

(3) 优先购买权。在典权存续期间内出典人出卖典物时,在同等条件下典权人有优先购买权。

(4) 必要费用返还请求权。经出典人同意,典权人对典物进行改造以增加其利用价值的,在出典人回赎典物时,典权人可请求出典人偿还此项费用,但以回赎时的现存价值为限。例如,典权人以 3000 元对承典的三间房屋进行装修,后因某种原因其中一间房屋的装修被破坏,则典权人仅能请求出典人返还其余两间房屋的装修费用,即 2000 元。

2. 典权人的义务主要有:

(1) 保管典物。典权人应妥善管理典物,以便将来出典人回赎时返还。由于典权人的过错造成典物毁损、灭失的,典权人应负赔偿责任。典权人将对典物的占有权能让渡与第三人的,因第三人的故意或过失造成的后果,典权人也应对出典人承担责任。

(2) 分担风险。在典权的存续期间内,典物因不可抗力而全部或部分消灭的,就其消灭部分,典权、回赎权均归于消灭。典物完全灭失的,双方典权关系终止。典物部分灭失的,出典人可回赎余存部分。典权存续期间内的损失由双方共同承担,出典人回赎余存部分时,可在原典价中扣除典物灭失部分价值的一半。

(3) 返还典物。典权人在出典人回赎典物时,应按约定将典物返还给出典人。

(4) 缴纳税款。典权存续期间内因典物发生的税款应由典权人缴纳。

三、出典人的权利和义务

1. 出典人的权利主要有：

（1）典物所有权。典权的设定使所有权的部分权能从所有权中分离出去，但典物的所有权仍然属于出典人。出典人有权将所有权让与他人。所有权的让与并不影响典权人的典权，只是出典人发生变更。而且出典人以出卖的方式转移所有权时，典权人有优先购买权。

（2）设定抵押权。典物出典后，出典人有权在典物上设定抵押权。由于典权设定在前，抵押权设定在后，因此，典权优先于抵押权，抵押权的行使不得与典权相抵触。

（3）回赎权。出典人的回赎权是指出典人享有的以返还原典价为条件赎回典物的权利。回赎权在性质上属于形成权，经出典人一方的意思表示并支付原典价即发生法律效力，典权人不得拒绝。

2. 出典人的义务主要有：

（1）费用返还的义务。典权人对典物进行必要的重建和修缮的费用以及经出典人同意对典物进行改造以增加其利用价值而支出的费用，出典人在回赎典物时应当返还。

（2）典物的瑕疵担保义务。典权设定时，出典人应对典物的瑕疵负担保责任。典物存在物的瑕疵或权利瑕疵的，由出典人负责。

四、典权的消灭

作为物权的一种，物权的一般消灭原因亦适用于典权，如物的灭失、权利的抛弃等。典权还有其自身特有的消灭原因：

（1）回赎。典权因出典人回赎典物而消灭。出典人的回赎权并不是永久的，出典人只在回赎权期限内有权回赎典物。设定典权时双方约定典期的，典期届满出典人可依约定回赎典物，即回赎权期限开始于典期届满时。双方约定典期并规定逾期不赎为绝卖的，若出典人逾期未赎，典权人取得典物的所有权。双方约定典期但未规定逾期不赎为绝卖的，我国司法实践认定出典人在典期届满后经过10年仍未回赎的，回赎权消灭，典权人取得典物的所有权。未约定典期的典权，出典人可随时回赎典物。为了防止所有权的权能永久分离而使权利长期处于不确定的状态，根据最高人民法院的司法解释，出典后经过30年不回赎的，回赎权消灭。

回赎权的主体为典物的所有人。典物所有权未发生转移的，由原出典人行使回赎权。典权存续期内典物的所有权发生转移的，回赎权一并发生转移。

回赎权尽管是出典人的一项形成权，权利的行使无须经典权人的同意，但回赎以返还原典价为要件。仅有回赎的意思表示而无原典价的返还,不发生回赎的法律效力。

(2)找贴。由于典权是一项限制物权,因此双方约定的典价一般都低于典物的买卖价格。典权的存续期限内出典人将典物的所有权让与典权人,找回典物当时的买卖价格与典价之间的差额,从而消灭典权,实现所有权的转移,此为找贴。找贴实质上是出典人与典权人的买卖合同,合同一经履行典权即消灭。因此,找贴以一次为限。

第十三章 担保物权

第一节 担保物权概说

担保物权制度是罗马法以来民法体系构成上的一个至为重要的组成部分。最初,担保物权是作为保障债权实现的工具来设计的,债权人因有担保物权,独占地取得特定物的支配价值,不仅具有债权人的地位,同时亦成为物权人,在债务不能清偿时,对担保标的物既存有直接变价之权,就所得价金又有优先于其他债权人而受清偿的权能。于是债权与物权结合,债权之权利因而扩充(权利扩充性),债权亦因而有物权之效果(债权物权化),债务的清偿,也得以保全。[1] 而随着社会经济的发展,担保物权作为社会融资的基本手段,间接促成经济繁荣的功能日益凸显。在现代社会,企业筹集资金的主要渠道,是向金融机构融资。而获取融资的最佳手段,则不外以企业的财产设定担保物权。而担保物权的设定,一方面使企业清偿债务进而获取利润的责任感由此而生;另一方面金融机构为使贷出的资金易于收回,无不先调查企业的信用,并考察其经营方式和经营计划。这样,企业与金融机构相辅相成,经由担保物权的融资手段,共同带动经济的繁荣。担保物权的社会作用日益重要,同时也带来了担保物权制度本身的复杂化和种类的多样化。

一、担保物权的概念和特征

(一) 担保物权的概念

担保物权,是指以确保债务的清偿为目的,而于债务人或第三人的特定物或权利上所设定的就其变卖价值优先受偿的定限物权。担保物权本质上是以支配物的交换价值为内容的物权。这里的物不仅仅限于有体物,还包括无体物及权利。基于此定义,分析担保物权的含义如下:

1. 担保物权是以确保债务清偿为目的的权利

担保物权的功能之一便是确保债权的实现,权利人支配财产交换价值的目的是为了实现其债权。所以,担保物权设定或实行之际,必须有被担保的债权存在,此即担保物权的从属性。担保物权是从权利,其所担保的债权为主权利。但与其他从权利不同,它是在主权利不能正常实现的情况下才得以行使的,从这一

---

[1] 谢在全:《民法物权论》(下),台湾三民书局1989年版,第5页。

点上说,担保物权具有替补性。[①]

担保物权是对担保物的交换价值进行支配的权利,因而被称为价值权。这与用益物权显然不同,用益物权如基地使用权、农地使用权等,是以支配标的物的使用价值为内容的实体利用权。担保物权的价值权性因其种类的不同而不同,比较而言,不以占有标的物为内容的抵押权和权利质权的价值权性最为突出,而动产质权与留置权的价值权性则差一些,因为动产质权与留置权是以对标的物的占有为内容,对物的实体仍存在支配。

2. 担保物权是在债务人或第三人的物或权利上成立的权利

担保物权作为一种物权,对于特定财产,即特定的物或权利,应具有支配力。即担保物权的标的物一般应为特定财产。特殊情况下也可以就债务人或第三人将来可取得的物或权利,设定担保物权,只要该担保物权在将来实行之际,标的物有特定的可能。

由于担保物权是以确保债务清偿为目的的权利,故担保物一般应是属于债务人或第三人所有的财产。特殊情况下,担保物权可以存在于债权人自己之物或权利之上,如所有人抵押。

3. 担保物权系具有担保作用的定限物权

定限物权,又称他物权,为一定范围内对物进行支配的所有权以外的其他物权。担保物权只是对标的物之交换价值或占有权能予以支配,故属于定限物权范畴。从其效力而言,担保物权具有担保之作用。其效力有二:一是优先清偿效力。担保物权为优先支配标的物之交换价值,于担保债权期限届满未受清偿时,担保物权人可以行使变价权,将标的物变价所得价值优先清偿债务,以抵押权为其典型。二是留置效力,即在债务未受全部清偿之前,担保物权人得留置标的物,以促使债务人清偿之效力。此以留置权、质权为代表。以此两效力观之,担保物权为具有担保作用的定限物权。

(二)担保物权的特性

担保物权作为一种物权,无疑具有物权的法定性、绝对性、支配性、优先性及客体的特定性等特征,但相对于所有权和用益物权来说,担保物权又具有自己独特的性质。其根本的特征为担保物权的价值权性,所谓担保物权的价值权性是指担保物权所注重和追求的不是物的使用价值,而是物的抽象的交换价值,它是对物的交换价值进行支配的价值权。由担保物权的价值权性这一根本的特征可以引申出从属性、不可分性、物上代位性等特征。

1. 担保物权的从属性

担保物权是为了确保债务的清偿而存在,所以必然与债权相结合,并且在权

[①] 郭明瑞:《担保法理论与实务》,中国方正出版社1995年版,第3页。

利实行时,即交换价值取得之时,同时也是担保物权消灭之时。而用益物权是以使用收益标的物为目的的,其本身即为目的,不以与债权相结合为必要,并且物的用益价值于物权设定之时即已取得,不待其权利之消灭。由此可见,担保物权从属于其所担保的债权,其成立以债权成立为前提,并随同债权之移转而移转,债权消灭担保物权也随之而消灭,此即担保物权的从属性。对于担保物权的从属性有学者将成立上与消灭上的从属性称为担保物权的附从性,而移转上的从属性则称为担保物权的随伴性,以示其区分。担保物权上从属性表现之强弱,并非完全一致,留置权等法定担保物权,法律上因系为保护特定债权而发生,故其从属性特别显著与强烈。至于作为融资媒介的抵押权、质权等,其适用则较为缓和,以免造成社会金融之不便,故抵押权、质权均得为将来债权而成立最高额抵押权和最高额质权。

2. 担保物权的不可分性

担保物权的不可分性是指在受担保债权未受全部清偿之前,担保物权人得就担保标的物之全部行使其权利。申言之,担保物权以担保标的物的全部担保债权的各部,以担保标的物的各部担保债权的全部。依此特性,受担保债权纵经分割、一部清偿或消灭,担保物权仍为担保各部分的债权或剩余债权而存在;担保标的物纵经分割或一部灭失,各部分担保物或余有担保物,仍为担保全部债权而存在。即使非典型担保,也具有不可分性。但是,担保物权的不可分性不是担保物权的性质上的不可分,而是为增加其担保效力而赋予担保物权不可分性;当事人可以特约排除担保物权的不可分性。

3. 担保物权的物上代位性

因担保物权不是以对标的物本身之利用为目的的权利,而是专以取得标的物之交换价值为目的的权利。故此,担保物权的标的物变化为其他价值形态时,担保物权的效力可及于担保物的变形物或代替物。标的物变化的原因是标的物灭失、毁损等,标的物之代替物包括权利人因担保标的物的损害或者灭失而取得之赔偿。其他对待给付或者保险给付等,若有代替物存在,该担保物权即移存于该代替物之上。

二、担保物权的性质

关于担保物权性质上为物权抑或债权,是学者中争论较多的一个问题。[①] 这一方面与各国立法有关,尽管大多数国家的立法将其规定于民法物权篇,但也有的国家将其规定于债权编;另一方面与担保物权的功能有关,担保物权以担保

---

① 参阅〔日〕加贺山茂:《担保物权法的定位》,于敏译,载梁慧星主编:《民商法论丛》第15卷,法律出版社2000年版,第475页以下。

债权为目的,与债权有着相同的价值需求。因而,担保物权的性质殊值探讨。

(一) 担保物权与债权的区别

近代以降的德国社会经济基础以及直接表现这一基础的法律制度中,已经发生了财产关系被区分为物权关系与债权关系的普遍情形,财产关系领域形成了物权关系与债权关系相互独立存在的法秩序。[①] 所以,为了理解担保物权的物权性,我们有必要将之与债权作一比较。

1. 相同点

(1) 二者皆以价值的移动为目的。有关价值移动的基本约束是债权关系的主要内容。以确保债权关系得到满足为目的的价值移动的权利为担保物权。因此,担保物权与被担保的债权具有共同目的,所以二者在目的关系上结合为一体。

(2) 二者皆为因自身消灭而获取利益的权利。两者均系因权利存续而保有价值移动的效力,因价值的移转而告消灭的权利,也就是说,两者都会因权利的实现(价值的移动)而告消灭。换言之,权利实现之时即为权利消灭之时。

(3) 二者皆为以将来的利益为目的的权利。债权关系以债务人的给付行为为手段,而预定着将来得以发生的利益,即以债务人将来(履行期)的履行为内容,担保物权亦为担保将来债务的履行而存在。

2. 不同点

(1) 对于价值的移动而言,债权以债务人的行为介入为必要,担保物权则是权利人可以直接从标的物取得一定量价值的权利。

(2) 债权以债务人的履行义务(债务人人格自由)形式来表现,担保物权却是以债权人对担保物的直接干涉(担保物所有人人格不自由)形式来表现的。

(3) 债权体现于债务人一般财产的无限责任之中,即债务人的总财产为债权的总担保;反之,担保物权则体现于特定物(担保物)的有限责任之中。[②]

(二) 担保物权的物权性质的表现

应当承认,从物权与债权的区别点上来确定担保物权的物权性无疑是正确的。但用于区别的特点也需是各种担保物权都具备的。担保物权的物权性主要表现在:

第一,担保物权是以获取标的物所保存的交换价值为内容的权利,其效力及于标的物的变价形态,是对标的物价值的支配权,这一点对抵押权也是适用的。

第二,担保物权的权利人不仅得向提供担保物的义务人主张权利,而且得向

[①] 陈华彬:《论基于法律行为的物权变动——物权行为及无因性理论研究》,载梁慧星主编:《民商法论丛》第6卷,法律出版社1996年版,第108页。

[②] 以上内容参见刘得宽:《民法诸问题与新展望》,中国政法大学出版社2002年版,第384—385页。

其他一切人主张权利,也就是说担保物权具有对抗第三人的效力,因此,担保物权尽管是在当事人双方之间设定的,但却具有物权的绝对性的特点。

第三,担保物权受到侵害时,既可获得债权救济方式的保护,也可获得物权救济方式的保护。适用债权的救济方法,是各种权利通用的救济手段,而适用物权的保护方法却是物权特有的救济手段,这也是担保物权物权性的表现。

担保物权的实现无须借助债务人的给付行为这一特性也是担保物权物权性的表现,已如前述。

三、担保物权体系

欲对一种制度进行体系化研究,必须着眼于该制度中权利的种类以及权利种类之间的冲突与协调的研究。只有如此,才能对该制度从整体上把握、了解其特色并掌握其社会作用。

(一)各国民法上的担保物权制度

现代大陆法系担保物权制度滥觞于罗马法。而在罗马法中,先后产生了三种担保物权,即信托质、质押与抵押权。信托(fiducia)原为当事人一方用市民法转让的方式(要式买卖或拟诉弃权),移转其物的所有权于他方,他方则凭信用,在约定的情况下,仍把原物归还物主[①],此种方式应用于担保,即为信托质。质押(pignus)制度形成于其后,其内容大体与现代质押制度相同。由于质押存在缺陷,即必须转移物的占有,这一问题对于地主和佃农之间的质押来说尤为突出,因而罗马法引进了希腊法制,形成了抵押权制度,其内容亦与现代抵押权制度相同。

日耳曼法上的担保物权制度也经历了一个漫长的发展过程,让与担保(所有质)是日耳曼法最初采用的担保方式,其实质为将不动产附条件地让与,用以担保债权。在此之后,产生了以对物之占有为成立要件的占有质制度,以及非以对物之占有为成立要件的抵押权制度。此外,日耳曼法上还有所谓动产质担保制度。

近代民法之担保物权种类可以以迄今为止最优秀的三部民法典来代表。1804年的《法国民法典》规定了动产质权与不动产质权、优先权与抵押权。1896年的《德国民法典》构筑了具有民族色彩的担保物权体系,即一般抵押权、土地债务、定期土地债务、动产质权与权利质权等制度。至于留置权则被认为是债权关系,不作为担保物权予以规定,优先权被认为是同种债权所具有的效力之一,同样不被作为担保物权处理。1898年的《日本民法典》,建立了由留置权、先取特权(优先权)、质权(动产质、不动产质、权利质)及抵押权组成的担保物权体系。

我国担保物权的正式立法始于1986年的《民法通则》,该法明确规定了抵

---

① 周枏:《罗马法原论》(上册),商务印书馆1994年版,第391页。

权和留置权。这里的抵押权泛指债务人或第三人提供一定财产作为债权担保的一切情况。随着市场经济的发展,我国于1995年又制定了《担保法》,不仅规定了不动产抵押权、动产抵押权、动产质权和留置权等传统的担保物权制度,而且还规定了权利质权、权利抵押权及最高额抵押权等现代担保物权制度,初步构建了我国的担保物权体系。2007年3月16日颁布的《物权法》,在担保物权的基本类别上没有突破,仍然是抵押权、质权和留置权三种传统的担保物权制度,对曾经写入草案且作过深入讨论的优先权、让与担保等制度没有规定。但是,在这三种传统担保物权制度下,增加了一些亚类型的担保物权制度,如浮动抵押、应收账款质押、最高额质押制度等,值得赞赏。

(二) 担保物权的分类

依照不同的标准,担保物权可以分为:

1. 法定担保物权与意定担保物权

这是以担保物权的发生原因为标准所作的分类。法定担保物权,是指在一定条件下,因法律的规定而当然发生的担保物权,如留置权、优先权及法定抵押权。而意定担保物权则是指基于当事人的意思表示而设定的担保物权,普通抵押权和质权皆属之。法定担保物权通常是为担保一定之债权而成立,故具有强烈的从属性。意定担保物权通常具有融资媒介的作用,即以担保物权作为获取融资的手段,因此,又称为融资性担保物权。

2. 留置性担保物权与优先受偿性担保物权

这是基于担保物权的效力而作的分类。前者是债权人占有债务人主观价值较高的财物,间接予债务人以心理上的压迫,从而促使其清偿债务的担保物权,以留置权为典型。后者是将担保标的物的使用价值归债务人保留,而债权人仅掌握其交换价值,将来即就此而优先受偿的担保物权,以抵押权为代表。而质权则兼具留置性与优先性。留置性之担保物权,可使标的物之利用价值进入冬眠状态,于社会经济不利,故不若优先受偿性担保物权功用大,优先受偿性担保物权在近代担保制度中已居于王者地位。

3. 动产担保物权、不动产担保物权、权利担保物权与非特定财产担保物权

此系根据担保物权标的之不同而作的区分。动产担保物权,是指以动产为标的而成立的担保物权,如动产抵押权和动产质权、动产优先权等;不动产担保物权,是指以不动产为标的而成立的担保物权,如不动产抵押权、不动产优先权;权利担保物权,是指以权利为标的而成立的担保物权,如权利质权、权利抵押权等;非特定财产担保物权,是指以内容不确定的总财产为标的而成立的担保物权,如企业担保或浮动担保、一般优先权等。

4. 定限性担保物权与移转性担保物权

担保物权依构造形态的不同,可以作如上区分。前者是以标的物设定具有

担保作用的定限物权为其构造形态的担保物权,所以总是"定限"权利的移转,标的物的所有权仍存留于设定人之手,例如,民法上的担保物权均属之。后者则是以标的物所有权或其他标的的权利自体,移转于担保权人为其构造形态的担保物权,所以在权利外形上,标的物所有权或其他标的之权利自体移转于担保权人,让与担保即为其典型代表。

5. 占有担保物权与非占有担保物权

该种分类的标准为是否移转担保标的物之占有。以将标的物移转于债权人占有为其成立与存续要件的担保物权,为占有担保物权,如留置权与质权;反之则为非占有担保物权,如抵押权。

6. 典型担保与非典型担保

这是基于担保形态是否为民法典或单行法律所明文规定为标准而进行的分类。典型担保以有法律的明文规定为限,如抵押权、质权与留置权,但因其制度化、物权法定等原因,不能完全适合所有的交易过程,也就是说,典型担保存在不可回避的缺陷或者不足。因此,在社会交易实践中自发产生了若干法律未规定、而后逐渐为判例和学说承认的担保形式,被称为非典型担保,如所有权保留、让与担保、假登记担保等,又称为不规则担保或变态担保。

最后应注意的是,根据分类标准的不同,担保物权还可作其他的分类,如依是否以登记为必要,可以分为登记担保物权与非登记担保物权。如此分下去将无穷尽也,然分类之目的不在于其本身,而在于了解制度及其社会作用。

第二节　抵　押　权

一、抵押权概说

抵押权为罗马法以来近现代各国民法最重要的担保物权制度,被誉为"担保之王"。[①] 从抵押权制度的发展历史看,抵押权是质权的改良。早期民法只有质权制度,而质权的设定要求必须转移对担保物的占有,这使得担保物的所有人不能对担保物进行利用,而且质权人也只不过是享有对担保物的占有和于债务人不履行债务时的优先受偿权而已,并不能对担保物进行利用,且须对其进行保管,这显然不利于物的效用的发挥,于是为了消除这种不利益和非便利性,出现了所谓的"不占有质",后逐渐演变为抵押权制度。由此可见,抵押权是为了克服质权须转移质物的占有方可成立的缺陷而产生的制度。

(一) 抵押权的概念与特征

抵押权,是指债权人对于债务人或者第三人不移转占有而提供担保的财产,

---

① 陈华彬:《物权法原理》,国家行政学院出版社1998年版,第571页。

在债务人不履行债务时，得以其变卖之价金优先受清偿的权利。其中，提供担保财产的债务人或第三人，称为抵押人；享有抵押权的人，称为抵押权人；抵押人所提供的担保财产，称为抵押物。抵押权具有以下法律特征：

1. 抵押权为担保物权

抵押权是就供担保的标的物所卖得的价金优先受偿的权利，是以支配不动产的交换价值确保债权的清偿为目的，具有优先清偿效力，从而具有担保作用，本质上与担保物权相符，特征上亦具有从属性、不可分性及物上代位性，故抵押权应属担保物权之一种。

2. 抵押权的标的物属于他人的财产

作为抵押物的财产必须为债务人或第三人所有，法律不允许设定所有人抵押权，虽然物权因混同之结果，有抵押权存在于自己（抵押权人所有）的财产上的可能，但这仅是变态而非常例。另外，抵押物不限于不动产。依法国、德国、瑞士、日本等国立法例，抵押权的标的物只能为不动产。这里是指上述各国民法典的规定，但各国在其判例、学说及特别法中有承认动产抵押的，如日本的《汽车抵押法》《飞机抵押法》《船舶抵押法》等。然而依照我国《物权法》第180条的规定，抵押物包括不动产、动产及财产权利，除了建筑物和其他土地附着物外，建设用地使用权，以招标、拍卖、公开协商等方式取得的荒地等土地承包经营权，生产设备、原材料、半成品、产品，正在建造的建筑物、船舶、航空器，以及交通运输工具等都可以抵押。特别是第180条中还明确指出，只要是"法律、行政法规未禁止抵押的其他财产"，均可以成为抵押财产。故抵押物不限于不动产。

3. 抵押权是不移转对标的物的占有的物权

抵押权是以取得抵押物的交换价值而实现债权为目的，其本质上为价值权。因此抵押权的成立与存续不以移转标的物之占有为必要，这是它与质权、留置权的根本区别；而且抵押权的行使亦无须占有标的物，这点又与基地使用权、农地使用权、典权等用益物权相区别。如果当事人设定需移转标的物占有的抵押权，属于违反物权法定主义之行为，其移转占有之行为应属无效，但除去该无效部分，抵押权仍可成立，故于抵押权之成立无碍。

4. 抵押权是就标的物所卖得的价金而优先受偿的物权

优先受偿权是抵押权的核心，抵押权的担保功能，正是通过赋予抵押权人优先受偿权而实现的。根据我国《物权法》的规定，要想实现优先受偿权，应当具备以下两个条件之一：一是债务人不履行到期债务，二是发生当事人约定的实现抵押权的情形。但抵押权人的优先受偿权是相对于一般债权人而言的，若法律规定有优于抵押权的其他债权人时，则抵押权人仍只能享有次于此顺位的优先受偿权。

优先受偿权的表现有：(1) 附有抵押权的债权人，对抵押标的物的变价款有优先于无抵押权的债权人而受偿的权利;(2)对于债务人的其他抵押权人而言,先次序的抵押权人有优先于后次序抵押权人就抵押物所卖得价金受清偿之权;(3)债务人受破产宣告的,抵押权人有别除权,仍得就抵押物卖得之价金优先受偿。

(二)抵押权的特性

抵押权为典型的担保物权,因此具有担保物权的从属性、不可分性、物上代位性等特征,具体表现如下:

1. 抵押权的从属性

抵押权是就抵押物所卖得价金优先受偿的权利,因而抵押权必须从属于其所担保的债权而存在。抵押权随着债权的发生而产生;债权移转,抵押权随之移转;债权消灭,抵押权亦随之消灭。具体包括以下内容:

(1)发生上的从属性。抵押权的发生以主债权的发生为前提,主债权如不发生,则抵押权亦无存在之可能;主债权归于无效,抵押权亦随之归于无效。但近来随着担保物权制度的发展与社会经济发展的要求,抵押权的从属性逐渐被突破。最高额抵押权的出现即为明证。

(2)处分上的从属性。首先,抵押权不得与债权分离而为让与。即债权人不得以抵押权单独让与他人,自己保留其债权;抵押权人也不得将债权单独让与他人,而自己保留其抵押权;抵押权人也不得将债和抵押权分别让与不同的人。因此,仅让与抵押权的,其让与不生效力;仅让与债权的,其效力及于抵押权。其次,抵押权不得与债权分离而为其他债权的担保。即抵押权人不得单独以抵押权为其他债权设定权利质权。也就是说,抵押权人如对第三人负有债务,欲以抵押权为担保时,须连同债权一并设定担保,而成立附随抵押权的债权质权。

不过,随着担保物权制度的发展,这一立场也在一定程度上出现了松动。如我国《物权法》第192条,在规定"抵押权不得与债权分离而单独转让或者作为其他债权的担保。债权转让的,担保该债权的抵押权一并转让"的同时,也指出,"法律另有规定或者当事人另有约定的除外"。这里,"法律另有规定"如《物权法》第204条的规定,"最高额抵押担保的债权确定前,部分债权转让的,最高额抵押权不得转让";当事人也可以约定,在抵押权人转让债权时,不涉及担保该债权的抵押权的转让。

(3)消灭上的从属性。抵押权所担保的债权如因清偿、提存、抵销、免除等原因而全部消灭时,抵押权亦随之而消灭。只有在特殊情况下主债权因混同而消灭,产生所有人抵押时,抵押权不因主债权消灭而消灭。

2. 抵押权的不可分性

抵押权的不可分性,是指在被担保债权未全部清偿之前,抵押权人可以就抵押物的全部行使权利。具体表现如下:

(1) 抵押物一部经分割或让与第三人时,抵押权并不因此而受影响。即抵押权人仍得对全部抵押物(包括被分割或转让部分)行使抵押权。

(2) 抵押物部分灭失时,未灭失部分仍应担保着全部债权,并不因部分抵押物的灭失而使所担保的债权额受到影响。

(3) 主债权纵经分割或转让,抵押权并不因此而受到影响,即各债权人仍得就其享有的债权额对全部抵押物行使抵押权。

(4) 主债权部分消灭,抵押权人仍得就其剩余的债权对全部抵押物行使抵押权。

应当注意的是,有学者指出,抵押权的不可分性并非抵押权的本质要求必须具备的性质,只不过是法律为了加强抵押权的担保作用而特别赋予的,因而对于抵押权的不可分性不能无条件地加以承认,而应在保证不损害抵押权人的合法利益的情况下,通过约定合理地排除抵押权的不可分性。[1]

3. 抵押权的物上代位性

抵押权的物上代位性是指当抵押物毁损、灭失,因而受有赔偿金或保险金时,抵押权人可就该赔偿金或保险金行使抵押权的性质。这里抵押物因毁损、灭失而获得的赔偿金或保险金被认为是抵押物的代替物或代位物。由于抵押权为支配抵押物的交换价值的权利,其以确保债权的优先受偿为目的,所以当抵押物毁损、灭失后,如有交换价值存在,无论其形态如何,仍应为抵押权所支配的交换价值,只不过是因抵押物的毁损、灭失而使该交换价值提前实现而已。况且该交换价值既然是抵押权所支配的交换价值,则抵押权效力及于其上,就其经济实质而言,抵押权仍具有同一性。所以,抵押权的效力及于代替物上,不仅与抵押权作为价值权的本质相符,而且还可以避免抵押权因抵押物的灭失而消灭,抵押人却可以保有赔偿金或保险金利益的不公平状态。[2]

二、抵押权的取得

抵押权的取得,可分为依法律行为取得和依法律行为以外的原因而取得两种。

(一) 依法律行为而取得抵押权

依法律行为取得抵押权,包括抵押权的设定与抵押权的让与两个方面,兹分述如下:

1. 抵押权的设定

通过设定而取得抵押权,为抵押权取得的最常见方式,因设定而取得的抵押

---

[1] 崔建远:《抵押权若干问题之我见》,载《法律科学》1991年第5期。
[2] 谢在全:《民法物权论》(下),台湾三民书局1992年版,第58—59页。

权,学说称为意定抵押权。抵押权之设定,以契约为最多,也可以通过遗嘱而设定,但都必须订立书面契约,并办理登记后,才产生物权效力或对抗效力。抵押权当事人的设定行为,为物权契约,系以直接发生抵押权为内容的法律行为,具有无因性。① 否认物权行为无因性的学者认为,抵押行为是抵押人和抵押权人设定抵押权的合意行为,包括签订抵押合同和履行合同两个方面,抵押权设定行为为债权行为。② 抵押权的设定涉及如下问题:

(1) 设定人。设定抵押权的当事人为抵押权人与抵押人,抵押权人为抵押权之取得人,因抵押权是为担保债权而存在,故抵押权人必为债权人。抵押人则为提供抵押物、设定抵押权之人,抵押人以债务人自己为常态,但第三人亦可为抵押权人提供抵押物,设定抵押权,此时该第三人即为"物上保证人"。第三人订立设定抵押权契约,无须债务人之承诺。抵押权设定行为为处分行为,设定人对于标的物需有处分权及处分能力。标的物所有权人,在不得行使处分权的情况下,如破产人、受扣押之人等,均无权设定抵押权。代表人、有处分权之代理人,可成为设定契约的当事人。但失踪人的财产管理人或未被授有处分权的代理人,只有对不动产的管理权,不得设定抵押权。

(2) 标的物。关于抵押权设定的标的物,我国《物权法》设有明文。具体包括:建筑物和其他土地附着物;建设用地使用权;以招标、拍卖、公开协商等方式取得的荒地等土地承包经营权;生产设备、原材料、半成品、产品;正在建造的建筑物、船舶、航空器;交通运输工具及法律、行政法规未禁止抵押的其他财产(《物权法》第 180 条)。依其规定,我国抵押权的标的物,不仅包括不动产,而且也包括动产和权利。但是抵押权系为担保债权之清偿而设定,所以标的物必须具有让与性,在债务不受清偿时,方能变价以满足其债权。按照《物权法》第 184 条的规定,不能设定抵押的财产包括:① 土地所有权;② 耕地、宅基地、自留地、自留山等集体所有的土地使用权,但法律规定可以抵押的除外;③ 学校、幼儿园、医院等以公益为目的的事业单位、社会团体的教育设施、医疗卫生设施和其他社会公益设施;④ 所有权、使用权不明或者有争议的财产;⑤ 依法被查封、扣押、监管的财产;⑥ 法律、行政法规规定不得抵押的其他财产。

(3) 所担保的债权。抵押物所担保的债权以从标的物的变价价值优先受偿为目的,所以被担保债权通常为金钱债权;在债务人不履行时可变为金钱债权(损害赔偿)的其他债权,也可以成为被担保债权。被担保债权不以抵押权设定时存在为必要,只要存在将来发生的可能性即可。但在抵押权实行时,其债权需存在且其数额需确定,典型的例子如最高额抵押权。

---

① 史尚宽:《物权法论》,台湾荣泰印书馆 1979 年版,第 244 页。
② 梁慧星主编:《中国物权法研究》(下),法律出版社 1998 年版,第 821 页。

(4) 登记与书面。抵押权设定行为为要式行为,必须有特定的表征。依照我国《物权法》第 185 条的规定,"设立抵押权,当事人应当采取书面形式订立抵押合同"。据此,抵押权的设定应以书面为之。另外,依照《物权法》第 187 条的规定,以建筑物和其他土地附着物,建设用地使用权,通过招标、拍卖、公开协商等方式取得的荒地等土地承包经营权,以及正在建造的建筑物抵押的,应当办理抵押登记,抵押权自登记时设立;依照第 188 条的规定,以生产设备、原材料、半成品、产品,交通运输工具,正在建造的船舶、航空器抵押的,抵押权自抵押合同生效时设立,未经登记不得对抗善意第三人。

2. 抵押权的让与

因抵押权让与而取得抵押权为继受取得方式。基于抵押权的从属性,抵押权可连同债权一并让与,受让人即因此而取得同一次序抵押权。依各国法律,因受让而取得抵押权时,须进行登记,非经登记,不生抵押权取得之效力。值得注意的是,以担保特定债权为目的,设定抵押权,其债权不成立或为无效时,因抵押权之附属性,其抵押权应不生效力。但因债权的让与,第三人应受抵押权登记公信力的保护。

(二) 依法律行为以外的原因而取得

1. 依法律规定而取得

依照法律规定取得之抵押权,称为法定抵押权,不须登记,即生抵押权取得之效力。但法定抵押权仅限于个别情形,非有法律的明文规定,不得发生;依法律规定而发生的物权,不经占有或登记即直接发生效力,因为授予权利人该权利的是法律,而法律当然具有与登记等相同的公示效力。① 我国《物权法》第 182 条规定,以建筑物抵押的,该建筑物占用范围内的建设用地使用权一并抵押。以建设用地使用权抵押的,该土地上的建筑物一并抵押。而且还特别指出,抵押人未依照此规定一并抵押的,未抵押的财产视为一并抵押。这一规定可以被看做是我国关于法定抵押权的少有立法例之一。

2. 继承

抵押权为非专属性财产权,自然可以成为继承的标的,在被继承人死亡时,被继承人的抵押权连同债权,当然由继承人取得,且不必登记即生效力。但继承人转让抵押权的,须为登记方可生效。该种继承取得一般为法定继承取得,如为意定继承取得(即遗嘱继承)时,存在单方法律行为,属于依法律行为而取得抵押权的方式。

---

① 孙宪忠:《不动产物权取得研究》,载梁慧星主编:《民商法论丛》第 3 卷,法律出版社 1995 年版,第 44 页。也就是说,法律规定也是物权的一项公示方法。参见申卫星:《优先权同其他担保物权之区别与竞合》,载《法制与社会发展》2001 年第 3 期。

三、抵押权的效力

抵押权为担保债权的实现,具有优先受偿性,并有直接支配抵押物的交换价值的效力。抵押权的效力包括抵押权担保债权的范围、抵押物的范围、抵押人的权利与抵押权人的权利等,具体阐释如下。

（一）抵押权所担保债权的范围

抵押权所担保债权的范围,是抵押权人实行抵押权时,所得受优先清偿的范围,对债务人、抵押人或抵押物第三取得人而言,则是为使抵押权消灭所必须清偿的债务范围。抵押权所担保债权的范围属于当事人私法自治的范畴,但如当事人未有约定时,则须依照法律之规定。根据我国《物权法》第173条的规定,抵押权的担保范围包括主债权及其利息、违约金、损害赔偿金和实现担保物权的费用。但当事人另有约定的,按照约定。

（二）抵押权效力所及于标的物的范围

所谓抵押权的效力及于标的物的范围,即抵押权人实行抵押权时可依法予以变价的标的物的范围。一般来讲,抵押权效力主要应针对抵押物,但为了维护抵押权标的物的经济效用及其交换价值,以及兼顾双方当事人之利益,对标的物以外的其他物或权利,在一定条件下,也应纳入抵押权标的物的范围。所以多数国家的立法例,就抵押权标的物的范围,稍予扩张。① 抵押权的效力除及于双方当事人约定用于抵押的抵押物外,还及于下列财产和权利。

1. 从物

从物是指非主物之成分,常助主物之效用,并且同属于一人之物。抵押权的效力及于从物,其原理在于主物的处分及于从物,所以就主物设定抵押权时,虽未载明从物在内,也当然包括从物。

2. 从权利

从权利是指为助主权利之效力而存在的权利。从权利之于主权利,其关系亦犹如从物之于主物,故抵押权的效力亦应及于从权利。例如,抵押物为建筑物时,其基地使用权亦为抵押权效力之所及。我国1997年6月1日施行、2001年8月15日修正的《城市房地产抵押管理办法》第4条即规定:"以依法取得的房屋所有权抵押的,该房屋占用范围内的土地使用权必须同时抵押。"这就是抵押权效力及于标的物从权利的一个表现。《物权法》第183条中也规定:"以乡镇、村企业的厂房等建筑物抵押的,其占用范围内的建设用地使用权一并抵押。"

3. 孳息

孳息分为天然孳息与法定孳息。天然孳息,指基于物的自然属性所产生的

---

① 谢在全:《民法物权论》(下),台湾三民书局1992年版,第49页。

孳息,包括果实及动物的产物等。法定孳息系指其他因法律关系所得的收益。抵押权的效力不及于着手实行抵押权之前已由抵押物分离的天然孳息。因为抵押权系不转移占有标的物的担保物权,抵押权设定后,抵押人并未丧失其使用收益权,所以抵押人仍有收取孳息的权利。根据《物权法》第197条的规定,债务人不履行到期债务或者发生当事人约定的实现抵押权的情形,致使抵押财产被人民法院依法扣押的,自扣押之日起抵押权人有权收取该抵押财产的天然孳息或者法定孳息,但抵押权人未通知应当清偿法定孳息的义务人的除外。抵押权人所收取的孳息应当先充抵收取孳息的费用。

4. 抵押物的代位物

抵押物灭失、毁损,因而获得赔偿金或保险金,该赔偿金或保险金成为抵押权标的物的代替物。抵押权人可以就该项赔偿金或保险金行使权利,此即为抵押权之代位性。抵押物之代位物或代偿物具体包括如下几种:(1) 损害赔偿金。抵押物因为第三人的行为毁损、灭失,抵押物所有人对第三人依法可以请求的损害赔偿金。(2) 保险赔偿金。抵押物办理保险后,因为保险事故之发生而受有损害,抵押物所有人依照保险合同可以请求的保险赔偿金。但抵押人在保险合同中指定第三人为保险金请求权人的,抵押权的效力不得及于该赔偿金。(3) 征用补偿金。抵押物被征用,抵押物所有人依法可以取得之补偿或者赔偿金。(4) 用作抵押的房屋因倒塌而成为动产时,依物上代位法理,该动产也属抵押物的代位物。

《物权法》第174条规定:"担保期间,担保财产毁损、灭失或者被征收等,担保物权人可以就获得的保险金、赔偿金或者补偿金等优先受偿。被担保债权的履行期未届满的,也可以提存该保险金、赔偿金或者补偿金等。"由此可见,我国抵押物之代位物包括保险金、赔偿金及转让价款三部分,颇为注重抵押权安全性价值的实现。

(三) 抵押人的权利

抵押权本质上为不转移占有的价值权,设定抵押权后,抵押人对抵押物仍有使用、收益乃至处分之权。只是此处之处分,主要指法律上的处分。至于事实上的处分,则仅在不影响抵押物价值的范围内,才可以进行。抵押人的权利具体表现为如下内容:

1. 设定数个抵押权的权利

为使用作担保的财产尽量发挥其担保价值,促进资金融通,近现代各国抵押权立法大多允许抵押人就同一抵押物设定数个抵押权。因为抵押权既然不以占有抵押物为内容,则设定数个抵押权于同一物上已有可能,况且有多数抵押权存在时,又依登记之先后而定其顺序,则先次序之抵押权自不受后次序抵押权的影响,权利不致因此而受损害,所以抵押权之再设定,没有禁止的道理。抵押权人不能随意阻止抵押人行使该项权利。

2. 设定用益权的权利

不动产所有人设定抵押权后,可以就同一不动产再设定用益权。此所谓用益权,既包括基于物权关系而产生的用益权,也包括基于债之关系而产生的用益权。前者如基地使用权、农地使用权、地役权,后者如将抵押物出租、出借予他人而成立的租赁权、使用借贷权等。① 上述权利的设定或行使,抵押权并不因此而受影响,即抵押人设定用益权时,如影响抵押权人所支配抵押物的交换价值,对于抵押权人不生效力,这是对抵押权人受到抵押人行使该项权利之侵害时的救济,目的在于调和抵押权与用益权间的利益。

3. 将抵押物让与他人的权利

所有人不因他物权的设定而丧失所有权,所以,所有人就其所有物仍有法律上的处分权能,也就是说,抵押人不因抵押权的设定而丧失对抵押物法律上的处分权,当事人之间如有设定抵押权后不能让与抵押物的特约,此项特约对于受让人不生效力。另外,抵押物的所有权虽经让与,但基于抵押权的追及效力,抵押权并不因此而受影响。

我国《担保法》允许抵押人转让抵押物。该法第49条第1款规定:抵押期间,抵押人转让已办理登记的抵押物的,应当通知抵押权人并告知受让人转让物已经抵押的情况;抵押人未通知抵押权人或者未告知受让人的,转让行为无效。据此规定,抵押人转让抵押物之所有权,应履行告知与通知之义务。

但我国《物权法》采取了禁止转让的做法。根据该法第191条的规定,抵押期间,抵押人未经抵押权人同意,不得转让抵押财产,但受让人代为清偿债务消灭抵押权的除外。经抵押权人同意转让抵押财产的,应当将转让所得的价款向抵押权人提前清偿债权或者提存。转让的价款超过债权数额的部分归抵押权人所有,不足部分由债务人清偿。

(四) 抵押权人的权利

抵押权人的权利,实质为抵押权对于抵押权人所具有的效力。主要包括四种权利:抵押权的次序权、抵押权的处分权、抵押权的保全权,以及抵押权的实行权。具体如下:

1. 次序权

抵押权的次序,是指同一标的物上有数个抵押权时,各个抵押权优先受清偿的次序,先次序抵押权人较后次序的抵押权人优先受偿,所以抵押权的次序直接关系各抵押权人的利益,后次序抵押权实质上是就前一次序抵押权优先受偿后剩余的标的物价值的受偿权,因而抵押权的次序也是一种权利,学者们称之为次

---

① 陈华彬:《物权法原理》,国家行政学院出版社1998年版,第611页。

序权。此种优先受偿的先后次序,应依登记的先后次序而定。纵使设定抵押权的书面做成在先,而登记在后的,仍应依登记的先后定其次序。唯设定抵押权的书面已载明设定抵押权的次序的,则次序在后的抵押权,事实上已无从完成次序在先的登记;如设定抵押权的书面未载明设定抵押权的次序的,则后设定的抵押权可能先登记或同时登记。在发生同时登记时,数抵押权同一次序,并无先后。至于先申请登记,而登记机关登记在后的,除更正登记外,抵押权的次序,仍依登记先后而定。① 有关抵押权的次序,我国《物权法》第 199 条作了如下规定:首先,抵押权已登记的,按照登记的先后顺序清偿;顺序相同的,按照债权比例清偿;其次,抵押权已登记的先于未登记的受偿;如果都是未登记的抵押权,则按照债权比例清偿。此外,《物权法》还对抵押次序权的让与、抛弃和变更进行了规定。根据第 194 条,抵押权人可以放弃抵押权或者抵押权的顺位。抵押权人与抵押人可以协议变更抵押权顺位以及被担保的债权数额等内容,但如果未经其他抵押权人书面同意,抵押权的变更不得对其他抵押权人产生不利影响。抵押权人放弃该抵押权、放弃抵押权顺位或者变更抵押权的,其他担保人在抵押权人丧失优先受偿权益的范围内免除担保责任,但其他担保人承诺仍然提供担保的除外。

2. 处分权

抵押权的处分,包括抵押权人让与、抛弃抵押权,将抵押权用作担保,以及抵押权次序的让与、抛弃和变更等;狭义的抵押权的处分仅指抵押权的让与、用作担保及抛弃等。

3. 抵押权的保全权

为了保障抵押权人抵押权的实现,抵押权人享有以下保全抵押权的权利:

(1) 抵押物价值减少之防止权。为保护抵押权人的利益,在抵押人的行为足以使抵押物价值减少之时,抵押权人有权要求抵押人停止其行为,如遇急迫情事,抵押权人得为必要的保全处分。我国《物权法》第 193 条即如此规定:"抵押人的行为足以使抵押财产价值减少的,抵押权人有权要求抵押人停止其行为。"

(2) 抵押物价值减少之补救请求权。如果抵押物的价值因可归责于抵押人的事由而已经实际减少,则抵押权人有权请求抵押人回复抵押物原状或提供与减少的价值相当的担保,此即为抵押物价值减少的补救。我国《物权法》第 193 条对此设有明文规定:"抵押财产价值减少的,抵押权人有权要求恢复抵押财产的价值,或者提供与减少的价值相应的担保。抵押人不恢复抵押财产的价值也不提供担保的,抵押权人有权要求债务人提前清偿债务。"

---

① 有关抵押权人次序权的让与、抛弃和变更,详见申卫星等:《物权法》,吉林大学出版社 1999 年版,第 17 章。

(3) 抵押权人的妨害除去请求权。抵押权人的妨害除去请求权,为抵押权人的物权请求权的一种,如《德国民法典》第1133条第1项:"因土地毁损致抵押权的担保受危害时,债权人得规定适当期间要求其排除妨害。"即使没有该项立法的国家,也可以通过"物权请求权"原理支持抵押权人的妨害除去请求权。

4. 实行权

抵押权的实行又称为抵押权的行使,是指抵押权人在债权已届清偿期而债务人不履行债务时,处分抵押物以优先受偿的行为,实质为抵押权之变卖权与优先受偿权的实现程序。我国《物权法》第195条对此予以明文规定。这是抵押权最主要的效力。

抵押权之实行,通常需具备两项要件:一是须有经过登记的、有效的抵押权存在。二是须债权已届清偿期而未获清偿,或者发生当事人约定的实现抵押权的情形。所谓债权,指本金债权,而非由该债权所生的利息债权。

依照我国规定,抵押权人处分抵押物以受偿,主要有以下三种方法:一是折价。也就是抵押权人与抵押人签订相关协议,在市场价格的基础上,以一定的价款将抵押财产的所有权转移给抵押权人。与此相关的是《物权法》第186条,该条规定:"抵押权人在债务履行期届满前,不得与抵押人约定债务人不履行到期债务时抵押财产归债权人所有。"这样的规定是为了防止债权人利用其强势地位,在债务尚未到期前就与抵押人约定能够得到抵押财产的所有权,从而损害抵押人的利益。然而在债务到期后,抵押人仍然不能清偿,或在当事人约定的实现情形已经发生时,双方可以协商以一定价格实现抵押财产所有权的转移。

第二种方法是拍卖,这是一种在实践中普遍应用的方式,是指以公开拍卖竞买的方式,将抵押物的所有权转移给出价最高的竞买者,从而使抵押权人受偿。拍卖的优点在于,通过自愿竞买,能够最大程度地体现抵押财产的价值,充分保障抵押权人的利益。

方法之三是变卖,这种方式是指以一般的买卖形式转移抵押物的所有权。变卖一般以市场价格为参考,也是一种常规的抵押权实现方式。

(五) 抵押权与其他担保物权的竞合

1. 抵押权与质权的竞合

由于我国《物权法》中的抵押权的标的物包括动产,而且抵押权的设定非以占有为要件,因此可以和其上的质权并存。在抵押权和质权竞合的情况下,最高人民法院《关于适用〈中华人民共和国担保法〉若干问题的解释》第79条第1款规定:"同一财产法定登记的抵押权与质权并存时,抵押权人优先于质权人受偿。"

2. 抵押权与留置权竞合的效力

基于同样的原理,抵押权和留置权也可以竞存。对于二者竞存时的优先顺位,最高人民法院《关于适用〈中华人民共和国担保法〉若干问题的解释》第79条第2款规定,同一财产抵押权与留置权并存时,留置权人优先于抵押权人受偿。我国《物权法》第239条规定,同一动产上已设立抵押权或者质权,该动产又被留置的,留置权人优先受偿。

四、抵押权的消灭

《物权法》中,从总体上对担保物权的消灭进行了规定:"有下列情形之一的,担保物权消灭:(一)主债权消灭;(二)担保物权实现;(三)债权人放弃担保物权;(四)法律规定担保物权消灭的其他情形。"

抵押权的消灭,是指抵押权人对抵押物具有的支配力的终止。抵押权除因物权的一般消灭原因,如混同、抛弃等消灭外,还有以下较为特殊的消灭原因。

1. 抵押权因被担保的主债权消灭而消灭

抵押权系为担保主债权而存在,具有从属性,故主债权一旦因清偿、抵销、免除等原因而全部消灭时,抵押权也就随之全部消灭。但是,若抵押担保的债权因为诉讼时效的完成而不受法律的保护,其债权本身并未消灭,抵押权的效力不受影响。例外:第一,最高额抵押权和所有人抵押权并不因被担保的债权的消灭而消灭;第二,债权因第三人的清偿而消灭时,抵押权是否消灭需要区分不同的情况。

2. 抵押权因行使而消灭

抵押权人实行抵押权时,无论所担保的债权是否因实行而全部受偿,抵押权均归于消灭。同一抵押物上存在数个抵押权时,次序在先的抵押权人行使抵押权而拍卖抵押物的,次序在后的抵押权人不论是否主张抵押权,也不论其债权是否已受清偿,其抵押权均归于消灭。① 同一抵押物上存在数个抵押权时,次序在后的抵押权人行使抵押权,次序在先的抵押权是否归于消灭?理论上一般认为,次序在先的抵押权不因次序在后的抵押权的行使而消灭,应当由抵押物的买受人承受;但是,次序在先的抵押权因其担保的债权已届清偿期或者可以清偿的,对于次序在后的抵押权之行使所取得之价金优先受偿的利益,可归于消灭。②

3. 抵押权因除斥期间的经过而消灭

抵押权为物权,故原则上不因所担保之债权罹于消灭时效而消灭。但是,近现代民法从尽快确定各种复杂法律关系的实际需要出发,也例外地承认抵押权等担保物权可因一定期间之经过,依公示催告为无效,如《德国民法典》第1170、1171条,《瑞士民法典》第871条。我国台湾地区"民法"第880条也规定:抵押

---

① 史尚宽:《物权法论》,台湾荣泰印书馆1979年版,第274页。
② 同上书,第286页;谢在全:《民法物权论》(下),台湾三民书局1992年版,第102页。

权担保的,其请求权已因时效而消灭,如抵押权人于消灭时效完成后 5 年间不行使其抵押权的,该抵押权消灭。我国最高人民法院《关于适用〈中华人民共和国担保法〉若干问题的解释》第 12 条第 2 款规定:"担保物权所担保的债权的诉讼时效结束后,担保权人在诉讼时效结束后的 2 年内行使担保物权的,人民法院应当予以支持。"实际上对抵押权的存续规定了 2 年的期间。我国《物权法》也加入了类似规定,即第 202 条:"抵押权人应当在主债权诉讼时效期间行使抵押权;未行使的,人民法院不予保护。"

4. 未经抵押人同意转让债务

《物权法》第 175 条规定:"第三人提供担保,未经其书面同意,债权人允许债务人转让全部或者部分债务的,担保人不再承担相应的担保责任。"

抵押权消灭时,抵押权人负有注销登记的义务。抵押权消灭后,抵押人有权请求抵押权人注销抵押登记;抵押权已经消灭的抵押物的取得人,亦有权请求抵押权人注销抵押登记。抵押权人不为抵押权消灭后的抵押注销登记的,抵押人或者抵押物的取得人可以诉讼请求法院强制抵押权人为抵押注销登记。

五、特别抵押权

(一) 法定抵押权

法定抵押权(gesetzliche Hypothek)是相对约定抵押权而言的,是指依法律规定而发生的抵押权。法定抵押权非依当事人订立契约设立,其特殊性在于法定抵押权无需登记即生效力,而与一般抵押权因当事人合意而设定、需经登记始生效力不同。[①]

法定抵押权的种类,各国或地区有不同规定。如《法国民法典》规定了妻之法定抵押权,被监护人的法定抵押权,国家、公共团体及营造物的法定抵押权,税务机关就纳税人的财产享有的法定抵押权。《瑞士民法典》中法定抵押权包括:出卖土地的债权人就出卖土地所生的法定抵押权;共同继承人及其他共同权利人因分割而生的债权,就属于共同体之土地所生之法定抵押权;以及承揽人之法定抵押权等。《德国民法典》及我国台湾地区"民法"亦都规定了承揽人之法定抵押权。

我国对法定抵押权没有系统的规定,仅在个别法律、法规中有零星的规定。例如,《物权法》第 182 条规定,以建筑物抵押的,该建筑物占用范围内的建设用地使用权一并抵押。以建设用地使用权抵押的,该土地上的建筑物一并抵押。并且特别指出,抵押人未依照这一规定一并抵押的,未抵押的财产视为一并抵押。此一规定可以被看做是我国关于法定抵押权的少有立法例之一。有学者认

---

① 谢在全:《民法物权论》(下),台湾三民书局 1992 年版,第 128 页。

为我国《合同法》第 286 条规定的建筑承包人的优先受偿权为法定抵押权,而本书认为该条规定之权利应为典型的不动产特别优先权。

(二) 动产抵押权

动产抵押权(Hypothek an beweglichen Sachen)是指以动产为抵押物而设定的抵押权。动产抵押权的特殊之处在于标的物为动产,而有别于普通抵押权标的物为不动产的特点。抵押权以不转移占有为显著标志,其制度价值在于实现"物尽其用",而现代经济社会中,动产不仅在数量上日渐增加,在价值上与不动产也不再是不可相提并论的局面。作为商品交易的担保客体,动产的价值已渐为人们所认识。动产抵押制度注重动产效用的发挥,在不影响动产用益的前提下,利用动产具有的交换价值以担保债权受偿,所以"显著地扩充了动产担保及用益权能"。[①]

根据我国《物权法》第 188 条的规定,以生产设备、原材料、半成品、产品,交通运输工具,正在建造的船舶、航空器抵押的,抵押权自抵押合同生效时设立,未经登记不得对抗善意第三人,但并不影响其抵押之成立。

(三) 最高额抵押

最高额抵押(Höchstbetragshypothek)是指在预定的最高限额内,为担保将来一定期间内连续发生的债权而设定的抵押,又称最高限额抵押。其主要适用于连续交易关系、劳务提供关系及连续借款关系等情况。最高额抵押的特殊之处在于其是为将来债权担保的一种抵押权,而普通抵押权必先有债权而后始能设定抵押权,亦即抵押权的成立是以债权的存在为前提,抵押权从属于主债权。最高额抵押权的设定,不以先有债权存在为必要,且最高额抵押担保的将来债权数额并不确定,仅预定一个最高数额限度,作为担保范围的标准。如果抵押权所担保债权虽为将来之债,但数额确定(如附停止条件的债权),其亦不属最高额抵押。

最高额抵押是现代民法一项重要的担保制度,是为适应有长期业务往来的商事主体之间连续性交易关系的需要而产生的。最高额抵押制度的价值在于克服普通抵押权在连续交易中造成交易成本浪费的缺点,追求交易便捷与安全的市场经济本旨。依此制度,当事人只需设定一个抵押权,便可担保基于一定法律关系,并于一定期间内重复发生的债权,简便了抵押权的设定,能节约交易成本。

最高额抵押权应以书面订立的抵押合同设定并经登记公示而生效力。该抵押合同应包括以下内容:(1) 被担保的主债权种类及最高担保数额;(2) 担保的期限;(3) 抵押物的名称、数量、质量、状况、所在地以及权利状况;(4) 担保的范围;(5) 当事人认为需约定的其他事项。

[①] 王泽鉴:《民法学说与判例研究》(1),台湾三民书局 1980 年版,第 259 页。

最高额抵押权担保的债权多为将来发生的不特定债权,该债权因一定事实的发生而确定。我国《物权法》第 206 条规定,最高额抵押权中的债权因下列事实的发生而确定:(1) 约定的债权确定期间届满;(2) 没有约定债权确定期间或者约定不明确,抵押权人或者抵押人自最高额抵押权设立之日起满 2 年后请求确定债权;(3) 新的债权不可能发生;(4) 抵押财产被查封、扣押;(5) 债务人、抵押人被宣告破产或者被撤销;(6) 法律规定债权确定的其他情形。

最高额抵押担保的债权确定前,部分债权转让的,最高额抵押权不得转让,但当事人另有约定的除外(《物权法》第 204 条)。最高额抵押担保的债权确定前,抵押权人与抵押人可以通过协议变更债权确定的期间、债权范围以及最高债权额,但变更的内容不得对其他抵押权人产生不利影响(《物权法》第 205 条)。

最高额抵押权所担保的债权,如果确定地不发生,则最高额抵押权消灭。因所担保债权的确定而使最高额抵押权变为普通抵押权后,则适用一般抵押权的规定,因此,普通抵押权的消灭的原因也适用于最高额抵押权。

(四) 共同抵押

共同抵押(Gesamtshypothek)是指为担保同一债权,而于多个物上设定的抵押。作为共同抵押物的数个物可以是动产、不动产以及不动产用益物权,可以为一人所有,也可分属于不同抵押人。共同抵押的特殊之处在于抵押权及于数个抵押物之上,而一般抵押权仅及于一物之上。

共同抵押既可同时设定,也可以追加设定。共同抵押的效力应区分两种情形分别确定:(1) 如当事人就数个抵押物应负担的金额以特约作了明确限定,则应依各抵押物应负担的金额,各自承担其担保责任。(2) 如当事人未限定各个抵押物的负担金额,则抵押权人有权就各个抵押物卖得价金,受债权全部或一部之清偿,即抵押权人可同时行使数个抵押权,也可选择行使其中之一项抵押权。[1]

(五) 财团抵押与浮动担保

财团抵押是指以财团为抵押权标的的抵押制度。所谓财团是指企业财产的结合体,是由企业的建筑物、机器设备和土地使用权、工业产权等各项权利所组成的一种集合的财产。财团抵押的特殊之处在于抵押标的既非单纯的不动产,亦非单纯的动产,又非单纯之权利,乃是企业所有的不动产、动产、权利综合为一体,与单纯的不动产抵押、动产抵押、权利抵押均不相同,而为"一物一权主义"的例外。[2]

财团抵押的制度价值在于注重企业财产结合体在交易上的特殊价值和地

---

[1] 陈华彬:《物权法原理》,国家行政学院出版社 1998 年版,第 641 页。
[2] 郑玉波:《民法物权》,台湾三民书局 1980 年版,第 275 页。

位,充分利用企业财产结合体所具有的特殊价值,也节省交易上的成本。

浮动担保(floating charge)原是英美法系的特有概念,后为大陆法系的日本所借鉴,又称企业担保(charge on the undertaking of a company),与财团抵押具有相似之处,但二者在内容上并不完全相同,为两种不同性质的担保制度。

浮动担保虽亦是为担保企业的债务而以该企业的总财产为客体设定的担保权,但与财团抵押相比较,具有以下特征:第一,它是以变动不居的财产为客体的担保,效力及于担保标的物范围内公司现有财产和将来取得的财产,但不及于因为营业而处分的财产;第二,企业可以营业为限,自由处分和收益财产;第三,浮动担保因特定事由之发生,而变为特定担保。而财团抵押是将企业所有的不动产、动产和权利结合成为一个集合物予以抵押,作为抵押物的集合财产需要做成财产清单目录,抵押人在抵押期间不得擅自处分,即财团抵押是固定抵押,与浮动担保不同。

浮动担保可以充分利用企业的担保价值,促进资本融通。浮动担保的设立是以企业的继续经营和盈利为条件的,可以最大限度地利用企业财产结合体所具有的独立担保价值,筹措企业经营资金;此外,浮动担保还可以弥补企业欠缺提供特定担保能力的不足,被认为是"极其便利"、"非常有益"、"最具包容力且最便利"的担保形式。[1]

我国在《物权法》立法过程中,关于是否设立浮动抵押,有过不同意见。其中,反对的理由主要包括以下几点:一是由于浮动抵押期间,抵押人可以自由处分抵押财产,导致抵押财产处于不确定状态,实现债权的风险很大;二是浮动抵押制度有赖于良好的市场环境和社会信誉,在我国目前尚待改善的市场经济条件下,规定浮动抵押不利于保障债权人利益。然而,相对地,支持规定浮动抵押制度的理由包括:其一,浮动抵押制度极大拓展了企业的融资能力,从而能促进经济发展;其二,设立浮动抵押时只需对抵押财产进行概括性描述,手续简单,成本低廉;其三,浮动抵押设定后,如果没有约定或法定事由,抵押人仍可以自由使用抵押财产进行经营活动,有利于企业的正常经营;其四,相较于传统抵押,浮动抵押更为灵活,也具有更强的融资性,弥补了传统抵押方式的不足;其五,设置浮动抵押,符合国际的通行做法,也是出于我国自身实践的需要。[2]

基于以上考虑,我国《物权法》特别增加了关于浮动抵押担保的规定。如第181条:"经当事人书面协议,企业、个体工商户、农业生产经营者可以将现有的以及将有的生产设备、原材料、半成品和产品抵押,债务人不履行到期债务或者发生当事人约定的实现抵押权的情形,债权人有权就约定实现抵押权时的动产

---

[1] 黄宗乐:《浮动担保之研究》,载《台大法学论丛》第6卷第2期。
[2] 王胜明主编:《中华人民共和国物权法解读》,中国法制出版社2007年版,第387—388页。

优先受偿。"在第 189 条中,规定了设置浮动抵押担保应当向抵押人住所地的工商行政管理部门办理登记。抵押权自抵押合同生效时设立,未经登记则不得对抗善意第三人。此外,第 196 条进一步规定了浮动抵押担保的"结晶"事由,即,在发生下列情形之一时,抵押财产确定:(1) 债务履行期届满,债权未受清偿;(2) 抵押人被宣告破产或者被撤销;(3) 当事人约定的实现抵押权的情形;(4) 严重影响债权实现的其他情形。

（六）所有人抵押权

所有人抵押权(Eigentümershypothek)是指于自己的所有物上存在的抵押权。所有人抵押权的特殊之处在于抵押物非系他人所有,而是抵押权人自己之物。普通抵押权则存在于债务人或第三人之物上,与所有人抵押权显著不同。

所有人抵押权可分为两种,一种是所有人于自己的物上为自己设定之抵押权,因其自始即为所有人创设,故称原始之所有人抵押权;又因其是为尚未存在的债权而设定,因所有人之设定而存在,因此,又叫设定之所有人抵押权。另一种是为他人所成立的抵押权因后来发生的法定事由,如混同,而归于抵押标的物所有人取得的抵押权。因其成立后才发生,故称后有所有人抵押权。因其因法定事由而发生,又称法定之所有人抵押权。

所有人抵押权的制度价值在于：

(1) 适应抵押权证券化的要求,促进抵押权的流通。一般情况下,若抵押权人与被担保债务的债务人为同一人,如果严格适用混同原则,抵押权会因混同被所有权吸收而消灭。抵押物所有人如果再度抵押该物以获融资则必须重新设定,从而不利于抵押权的流通,也增加交易成本。相反,如果抵押权不因混同而消灭,而归所有人所有,则所有人可通过转让抵押权的方式使之流通,特别是在将抵押权作为证券的情况下,其流通更为便捷。

(2) 所有权人通过设定所有人抵押权,可以限制后次序抵押权的"升位"。同一抵押物上存在数个抵押权时,先次序的抵押权一经消灭,后次序的抵押权即升位,从而使所有人无从再次利用先次序抵押权获得融资。因此,所有人通过为自己设定抵押权限制之,使后次序抵押权仅能在先次序抵押权受偿后有剩余时方可受偿,以便自己之用。

(3) 所有人抵押权的设定对于将来利用该抵押权进行融资有便利性。为将来进行融资,所有人于自己的物上为自己设抵押权并保有之,对于现实的融资,则通过设定后次序抵押权为之。

（七）证券抵押

证券抵押是指以流通为目的,将抵押权与其被担保债权做成证券的抵押权,又称抵押证券(Hypotheksbrief)。其实质是一种将抵押权证券化,进而依有价证券流通规则进行流通的制度。证券抵押的特殊之处主要有两点:一是普通抵押为保全抵押,即为补充既存债务之责任,而确保其清偿的抵押,其成立以债权的存在为前提,其本质属于债权的担保物权。而证券抵押为投资抵押,乃投资于不动产的所有人获得资金的媒介,亦即诱导债权成立的一种法律手段。此种抵押的成立,不以债权存在为前提,而且目的正在于促成债权的发生,为抵押权从属性的例外。二是普通抵押不发行证券,而证券抵押成立,必须发行证券,抵押权的移转以转移证券为之。[①] 证券抵押的制度价值在于:一是使投资具有安全性和流动性,实现资本在流动中增值;二是简化转让手续,证券抵押权只需背书及交付证券,即生转让的效力。

第三节 质 权

一、质权的含义、特性与作用

(一) 质权的含义

质权是指债权人为担保其债权而占有债务人或第三人提供的动产或权利,于债务人不履行债务时,得以其所占有的标的物的价值优先于其他债权人而受偿的担保物权。债务人或第三人用于担保的财产为质权的标的,称为质物;占有质物的债权人为质权人;提供财产设定质权的人为出质人。基于质权的定义,可以看出质权有以下含义:

1. 质权为担保物权

设立质权的目的,是为担保债权人的债权得以实现。质权是物权,它是对标的物的交换价值加以直接且排他支配的权利,其实质内容在于占有质物并取得质物的交换价值。正因为质权是对质物的直接支配权,才使质权人得以对质物就所担保的债权优先受偿。

2. 质权的标的物为他人的财产

质权的标的物可以是债务人的财产,也可以是第三人的财产,但不能是债权人自己的财产。质权的标的物可以是动产,也可以是依法可设定质权的财产权利。动产属于有体物,因可以交付并转移占有而可设立质权。其他可以设立质权的财产权利,如汇票、支票、本票、债券、存单、仓单、提单等证券权利,还有依法可转让的股份、股票等证券权利,虽为无体物,但仍可以通过一定的公示方法表明权利的存在或变动,因此,也可以设定质权。

[①] 郑玉波:《民法物权》,台湾三民书局1980年版,第289页。

3. 质权须转移质物的占有

质权的产生以质权人占有质物为要件。在被担保债权受清偿以前,质权人因其占有质物而享有留置质物的权利,质权人占有质物,包括直接占有设质的财产权利的权利证书。质权人之所以占有质物,是因为质权的标的为动产或财产权利,其流动性大,权利变动频繁,若得使出质人享有任意的使用、收益、处分权利,则质权人的优先受偿权难以得到保证,这是质权区别于抵押权的本质特征。

4. 质权为优先受偿的权利

质权人占有质物,但质权人并不能直接以质物抵偿其债权,而只能以质物的价值优先于其他债权人受偿。因此,质权人于债务人不能清偿债务时,不能直接取得质物的所有权,而只能将质物变卖,以价款优先受偿。只有与出质人协商,一致同意后,才可将质物折价,充抵债权。

(二) 质权的特性

质权作为担保物权,当然也就应具备担保物权的一般特征。质权的特征主要有以下几个:

1. 附随性

质权的附随性,又称质权的从属性。质权是为担保债权受偿而设定或发生的物权,具有从属于被担保债权的属性。被担保的债权为主权利,担保主权利的质权为从权利。但质权的从属性并不是绝对的,最高额质押、所有人质押并不以债权的存在为其发生或存在的前提条件,质权的附随性于此不具有显著性。

2. 不可分性

质权不因质物的分割或者让与以及被担保债权的部分清偿、分割或者让与而变化,质权人仍得对担保物的全部行使权利以担保债权的全部,也就是说,即使债务人已清偿大部分债务,仅有部分债务未清偿,质权人也得就其未受偿的债权对全部质权标的行使质权。而当质物部分灭失时,未灭失的质物部分仍担保债权的全部,而不能相应地缩减质权的担保范围。

3. 物上代位性

质权的性质为价值权,其内容在于支配标的物的交换价值。而交换价值在本质上不因物的形态或性质变化而变化,仍然保持其同一性。因此,不论质物是否变化其原有的形态或性质,只要还能维持其交换价值,质权基于直接支配标的物的交换价值的效力,可以及于变形物或代替物,如第三人之损害赔偿、保险给付以及其他对待给付,质权人可依质权人物上请求权请求优先受偿。

(三) 质权的社会作用

质权是担保物权,其作用是以留置和优先受偿的双重效力来共同担保债权的实现。

（1）公示作用。质权由质权人取去标的物,其本身已公示质权之存在。

（2）留置作用。质权人于出质期间占有质物,出质人于未清偿债务时不能请求返还质物。这虽然不利于发挥物的经济效益,但有利于促使债务人履行债务。

（3）融资作用。因质权人已实际占有质物,因此,以质权方式取得融资成功率极高,受当事人普遍欢迎。同时,权利质权的出现,使出质人不丧失占有、使用、收益权能,又能取得融资的效果。这样既可保证质权的公示,又避免了质权人占有标的物的不便,使质权发挥了极大的社会作用。再者,质权人因设定质权而投入资本,通过转质而有再度流动的可能,因此,权利质权具有促进金融流通的经济功能。[1]

二、质权的分类

1. 动产质权、不动产质权与权利质权

依质权标的物的类别可将质权分为权利质权、动产质权和不动产质权。动产质权是以动产为标的的质权,动产质权以占有为公示条件。动产质权为质权的基本形式,各国皆有规定。不动产质权是以不动产为标的的质权。它曾是农业经济社会中一种重要的物权担保方式,但现代社会中除少数国家采用外,多数国家已废弃这一制度,我国也不例外。权利质权是指以可让与的财产权利为标的的质权。权利质权为现代各国立法所普遍采取,只有少数国家将权利质权包括于动产质权,虽在形式上没有规定权利质权,实质上仍然采用。

各国立法上将动产质权称为一般质权,而将权利质权、不动产质权称为特殊质权。区分意义在于法律适用不同,权利质权、不动产质权除有特殊规定外,准用动产质权之规定。

2. 民事质权、商事质权与营业质权

其分类标准为质权适用法律的属性。民事质权、商事质权的适用法律分别为民法与商法。在民商合一的国家则无此两项分类,我国即是如此。

营业质权是指适用当铺管理规则的当铺业质权,它是债务人以一定的财物（当物）交付于债权人（当铺）作担保,向债权人（当铺）借贷一定数额的金钱,于一定期限（回赎期限）债务人清偿债务后即取回（赎回）担保物;期限届满后,债务人不能清偿时,担保物（当物）即归债权人所有或由债权人以当物的价值优先受清偿。

营业质权与民事质权的区别在于:营业质权不适用关于禁止当事人约定于履行期满后债权未受清偿时,质物归质权人所有的规定。

---

[1] 谢在全:《民法物权论》(下),台湾三民书局1992年版,第300页。

3. 占有质权、收益质权与归属质权

这是以质权的内容为标准来区分质权。占有质权是指质权人对质物仅能占有,而不得使用、收益的质权,一般适用于消耗物。收益质权是指质权人不仅占有质物,而且可以对质物使用、收益的质权,其仅适用于非消耗物。归属质权是指质权人通过取得质权标的所有权,以充抵其债权的质权。该质权为多数国家所禁止,其仅限适用于营业质权。我国亦是如此。我国《物权法》第211条规定:"质权人在债务履行期届满前,不得与出质人约定债务人不履行到期债务时质押财产归债权人所有。"

4. 意定质权和法定质权

这是以质权成立的原因作为标准划分质权的。意定质权是指以法律行为设定的质权,法定质权是指依法律规定而当然发生的质权。两者竞合时,法定质权效力优于意定质权。

各国在质权立法上多以质权标的的不同为分类标准,我国亦然。但我国没有承认不动产质权,所以以下仅就动产质权与权利质权加以论述。

三、动产质权

（一）动产质权的含义

动产质权是指因担保债权,占有由债务人或第三人提供的动产,而得就其变卖的价金优先受偿的权利。动产质权是质权的基本形式,立法上亦以动产质权立法为出发点,特殊质权除适用其特殊规定外,适用动产质权的一般规定。动产质权为担保物权,质权人对质押的动产有占有并支配其交换价值的权利,以担保债权优先受偿。

动产质权的动产,应当为可让与的特定物。性质上不可转让或法律禁止流通的财产,不能成为质物。因为若不可让与,则当然不能将质物变价,质权人也就无法实现其权利。法律上规定限制流通之物可为质物(如黄金、白银等),但在实现质权时,应由特定部门收购,质权人可从价款中优先受偿。质物一旦为质权人所占有,即为特定化的财产,虽为种类物,亦不得以同类物替代。动产质权的标的物范围应当包括:质物、已随质物转移出质的从物、质物的孳息、质物丧失之代替物如赔偿金、保险金等。对于机动车、船舶等可设立抵押权之动产,是否可为质押,理论上意见不一。一般认为,若法律无明文规定禁止,则应认为可以设立质押,因质权由质权人占有出质人的质物,较易为质权人接受,容易融通资金,故多为当事人所采用。此类动产质权,是否也应为登记行为?一般认为,无须办理登记,因质权人占有即有公示作用。此类动产质权,若既设立了质权,又设立了抵押权,其效力如何?通说认为,应依权利设立先后而定,设立在先,则效力优先,但如果抵押权未经登记公示,则不能对抗善意第三人,此时,如果质权人善意不知动产已设立抵押,则质权效力优于抵押权。

(二)动产质权的取得

1. 基于法律行为而取得动产质权

其取得方式包括动产质权的设定和动产质权的让与两种。

(1)动产质权的设定。质权的设定是动产质权取得的基本方式,动产质权的设定是一种双方法律行为,它是基于质权人与出质人之间的质押合同而成立的。但是,仅有当事人之间设定动产质权的合意,动产质权并不能生效,尚须出质人将质物交与质权人,动产质权始得生效。

动产质权的当事人为质权人与出质人。质权人须为债权人,因质权是以担保债权为目的的从权利,不享有主债权者不能成为质权人。出质人则是提供财产担保的人,可以是债务人,也可以是第三人。出质人为第三人时,该第三人即是物上保证人。出质人须为质物的所有人或对设质的动产有处分权者。

质权是否以出质人对质物享有所有权为必要,对此有不同看法。一般认为,若出质人为合法占有人,其以合法占有的财产设定质权,若债权人为善意的,所设定的质权应为有效,至于因此给所有人造成的损失,应由出质人负责赔偿。此为质权的善意取得。但值得注意的是,质权善意取得并非基于法律行为而取得,而是基于法律规定取得,故应属原始取得,此点容后详述。

根据《物权法》第212条的规定,质权自出质人交付质押财产时设立。本条的规定来源于《担保法》第64条第2款,该款规定:"质押合同自质物移交于质权人占有时生效"。然而,该规定自出台后,遭到了很多学者的质疑,认为该款规定将质押合同的生效和质权的设定混为一谈。质押合同是一种债权行为,如果没有违反《合同法》的强制或禁止性规定,质押合同即可生效,但其生效并不当然导致质权的成立或生效,因为质权的设定是一种物权行为,其效力不受作为质权设定原因行为的质押合同效力的影响。因此,《物权法》在规定相关内容时,对《担保法》规定中的不妥之处进行了修改,区分了质押合同的效力和质权设定行为的效力。

质权自出质人交付质押财产时设立,其中,交付的形式包括现实支付、简易交付、指示交付等。但质权人不能让出质人代自己占有质物,也就是说不得以占有改定方式设定质权,其理由一是维护质权的留置效力,二是维护动产质权占有的公示作用,保护善意第三人利益,维护交易安全。

根据《物权法》第210条的规定,质押合同应采用书面形式,它一般包括以下几项条款:① 被担保债权的种类和数额;② 债务人履行债务的期限;③ 质押财产的名称、数量、质量、状况;④ 担保的范围;⑤ 质押财产交付的时间。事实上,在《担保法》的规定中,对于质押合同所包括的内容采用的用语是"应当包括",而非"一般包括"。在制定《物权法》时之所以将"应当"修改为"一般",主要是基于以下两点考虑:其一,合同的内容是当事人双方的真实意思表示,应由当事人自己确定更为合理;其二,如果规定为"应当包括",在司法实践中经常会出现当不符合规定内容时,质押合同被确认为无效而导致当事人利益得不到保护的情况。因此,《物权法》在用语上进行了修改。① 当事人对质押合同未采用书面形式的,质押合同不能因此而被认定无效;合同中不具备上述内容的,可以补正,也不能因其缺少某项内容而否认其效力。

此外,《物权法》中还规定了对流质契约的禁止。第 211 条规定:"质权人在债务履行期届满前,不得与出质人约定债务人不履行到期债务时质押财产归债权人所有。"对流质契约的禁止,主要是为了防止债权人利用自己的强势地位,迫使债务人以价值很高的质物担保价值相对较低的债权,在不能清偿时再通过取得质物的所有权来牟取不当利益。

(2) 动产质权的让与。动产质权为非专属性的担保物权,自可让与。但因动产质权系为担保债权而存在,具有从属性,故动产质权应与所担保的债权一并让与。一般来说,债权让与时,质权也一同转于受让人,受让人遂因此取得质权。

2. 基于法律行为以外的原因取得质权

(1) 因时效而取得。一般认为,动产质权得因时效的完成而取得。即债权人以担保债权的意思,于一定期间公然、和平、持续占有债务人的动产时,取得动产质权。当然,因时效而取得动产质权,乃是以债权人对债务人之债权存在为前提。因质权为从属于债权而存在的权利,具有从属性,故不得独立存在。

(2) 依善意取得方式而取得。依善意取得方式取得动产质权,性质上属于非因当事人的设定行为,而是基于法律特别规定取得质权。有的国家(地区)法律明文规定依善意取得而取得动产质权,如《瑞士民法典》规定:"质物的善意取得人,即使出质人无处分质物的权利,仍取得质权。但第三人因更早的占有而享有权利的,不在此限。"我国台湾地区"民法"第 886 条规定:"质权人占有动产,而受关于占有的规定之保护者,纵出质人无处分其质物之权利,质权人仍取得质权。"借鉴这些立法,我国最高人民法院《关于适用〈中华人民共和国担保法〉若干问题的解释》第 84 条承认了动产质权的善意取得:"出质人以其不具有所有权但合法占有的动产出质的,不知出质人无处分权的质权人行使质权后,因此给动产所有人造成损失的,由出质人承担赔偿责任。"《物权法》第 106 条第 1 款正式规定了动产和不动产所有权可以善意取得,同时第 3 款进一步将该规则准用于其他物权,自然应当包括动产质权。

至于权利质权能否善意取得,有学者认为能够适用善意取得的权利,仅以性质上可以视为动产的以有价证券为标的的权利质权为限,以其他财产权利为标

---

① 王胜明主编:《中华人民共和国物权法解读》,中国法制出版社 2007 年版,第 456 页。

的设定的权利质权,谈不上质权的善意取得。① 其理由在于,只有有价证券质权人方可取得如同动产一样的占有,而只有取得占有,方可适用善意取得。

(3) 因继承而取得。动产质权是财产权,于质权人死亡时,继承人得依继承取得。一般来说,动产质权因继承取得时,不以继承人是否知其事实或是否占有质物为必要。

(4) 因法律规定而取得。债权人因法律规定而取得动产质权,为法定质权。如根据我国台湾地区"民事诉讼法"第 103 条第 1 款和第 106 条的规定,受担保利益人对于供担保人所提存的现金、有价证券或其他提存物,与质权人有同一之权利。

以上四种情况,善意取得为我国《物权法》所规定,时效取得与法定质权在我国并未得到承认,而对继承取得,我国《物权法》虽未规定,但依一般法理,应当允许。

(三) 动产质权的效力

1. 动产质权的效力范围,包括质权所担保的债权的范围和质权效力所及于标的物的范围

(1) 质权所担保债权的范围,一般由当事人于质押合同中确定。若合同中未明确的,一般应包括:主债权及其利息、违约金、损害赔偿金、质物的保管费以及实现质权的费用(《物权法》第 173 条)。

最高人民法院《关于适用〈中华人民共和国担保法〉若干问题的解释》第 90 条还将质物隐蔽瑕疵致质权人损害的赔偿责任纳入了质权所担保的债权的范围。质物瑕疵损害赔偿的条件是:① 质物有瑕疵;② 质物的瑕疵为隐蔽的,不为质权人所明知;③ 该瑕疵致使质权人遭受损害。具备了这些条件,质权人方能就质物予以求偿。《物权法》对此没有规定。

质物若为第三人所提供,债务人于质权成立后又与质权人实施法律行为而扩大债的,扩大的债权不在质权的担保范围内。

从质权的担保债权的范围来看,要比抵押权的范围广泛。其原因是:质权须转移占有,质权人占有质物后,当然产生质物的保管费用及质物隐蔽瑕疵可能造成损害的赔偿问题,而抵押权不转移占有,当然不会有上述问题。

(2) 质权效力所及的标的物范围。一般认为,质权的效力除及于标的物本身外还包括标的物的从物、孳息、代位物、添附物等。

① 从物。质权的效力,若及于从物,须以从物转移给质权人占有为必要。反之,虽双方当事人有以从物出质的意思表示,且主物已转移占有,但若从物未转移占有,质权的效力不及于从物,因质权以转移占有为生效要件。

---

① 谢在全:《民法物权论》(下),台湾三民书局 1992 年版,第 338 页。

②孳息。孳息可分为法定孳息与自然孳息,若质押合同无特别约定,质权的效力应及于两者。所谓孳息的质权,是质权人于质押期间得收取孳息,并非取得孳息的所有权。质权人所收取的孳息应先充抵收取孳息的费用(《物权法》第213条)。

③代位物。质物的代位物包括特殊情况下拍卖的价金、损害的赔偿金、保险赔偿金等。质权债权已届清偿期而未受清偿时得就该代位物受偿。质权人若要对代位物行使质权,须具备以下三个条件:一是质物须因事实上或法律上的原因而绝对灭失;二是因灭失而受有赔偿金;三是赔偿金为质权人取得并占有。

④添附物。质物若与他物发生添附时,质权的标的物范围一般认为应按下列原则处理:如果质物所有权为第三人取得,出质人的质物所有权即消灭,质权也随之消灭,但质物原所有人得依不当得利请求权要求因添附取得质物的所有人返还其质物价值,此时质权及于返还的补偿金上;若质物的所有人成为添附后质物的所有人,则质权继续存在,但质权人只能就原质物的价值优先受偿;若质物所有人与他人成为添附后质物的共有人,则质权应存在于出质人对共有物的应有部分。

2. 出质人的权利与义务

(1) 出质人的权利有以下内容:

①质物的收益权。质权人占有质物后,有权收取质物的收益,但若质权人与出质人在质押合同中约定,出质人保留质物的收益权,则出质人有权收取质物的收益(《物权法》第213条)。

②质物的处分权。出质人虽然丧失对质物的占有,但并未丧失质物的所有权,出质人仍可以指示交付的方式,将质物转让,如出卖、赠与等,亦可将质物再行设质。此行为并不影响质权人的质权。因质物已为质权人占有,故实际上出质人并无事实上的处分权。

③对质权人的抗辩权。出质人不仅享有债务人享有的一切抗辩权,而且享有属于保证人的抗辩权。出质人为物上保证人的,债务人抛弃其对债权人享有的抗辩权时,出质人对债权人的抗辩权也不丧失。

④除去权利侵害及返还质物的请求权。质权人不能妥善保管质物或因其他行为可能使质物灭失或毁损的,出质人可以要求将质物提存或另行提供担保请求返还质物,也可提前清偿债务而要求返还质物。债务人履行债务后,请求返还的质物受到损坏的,出质人有权要求质权人赔偿(《物权法》第215条)。在质押期间,质物因自身原因有损害或价值明显减少的可能,出质人可以另行提供担保,请求返还质物,亦可与质权人协议拍卖或变卖质物,以价款提前清偿担保债权或向与质权人约定的第三人提存(《物权法》第216条)。

⑤质权实行请求权。出质人可以请求质权人在债务履行期届满后及时行

使质权;质权人不行使的,出质人可以请求人民法院拍卖、变卖质押财产。出质人请求质权人及时行使质权,因质权人怠于行使权利造成损害的,由质权人承担赔偿责任(《物权法》第220条)。

⑥ 物上保证人的代位权。若出质人不是主债务人而是第三人时,第三人于代位清偿债务后,对主债务人即有求偿权与代位权。若因质权实行丧失质物所有权时,还有权依保证担保制度的规定向主债务人请求补偿。

(2) 出质人的义务包括以下内容:

① 损害赔偿义务。出质人对因质物隐蔽瑕疵所生的损害,负有赔偿义务;于质物的非隐蔽瑕疵致质权人损害时,也应赔偿,但这种损害赔偿债权,应属普通债权,不属于质权担保的范围。

② 偿还必要的费用义务。出质人对质权人保管质物支出的必要费用负偿还义务。对于质权人取得出质人同意而为有益行为支出的费用,亦应偿还。

3. 质权人的权利与义务

(1) 质权人的权利包括以下内容:

① 占有并留置质物的权利。质权以标的物占有移转为成立要件,质权人当然有占有质物的权利。质权人占有质物,是质权存续的条件,质权人于其债权受清偿前,对其占有的质物有留置权利。不论债权是否逾期,只要未受清偿,质权人就得拒绝出质人的返还请求,即使质物转让与第三人,质权人也得拒绝第三人之交付请求权。质权人对质物的留置权是为维持质权的存续,因而不同于普通留置权。

② 质物的孳息收取权。质权人有权收取质物的孳息,包括天然孳息与法定孳息。但若质押合同中另有约定的,依约定。对此,《物权法》中有明确规定:"质权人有权收取质押财产的孳息,但合同另有约定的除外。"质权人收取质物所生孳息,并非取得孳息的所有权,孳息所有权仍属出质人所有,其性质仍属质权的范围,为动产质权效力所及的标的物之一。质物的孳息,应首先充抵收取孳息的费用,其次充抵原债权利息,最后充抵原债权。

③ 偿还费用请求权。质权人对因保管质物所支付的必要费用,享有偿还请求权。对出质人同意而为有益行为支出的费用,在质押期满后于现存的增加价值范围内享有偿还请求权。

④ 质权保全权。质押担保以质物的交换价值确保债权的受偿,当质物有损坏或价值明显减少的可能足以危害质权人利益时,质权人可以要求出质人提供相应担保。出质人不提供的,质权人可以拍卖或变卖质物,并与出质人协议将拍卖或变卖所得价款用于提前清偿所担保的债权或者向与出质人约定的第三人提存(《物权法》第216条)。

⑤ 转质权。转质权是指质权人为担保自己或他人的债务,将质物交与债权

人设定新的质权。因转质而取得质权的权利人,称为转质权人。质权人是否享有转质权,各国规定不一,法国和德国民法未规定转质权,但学说上承认质权人的转质权;瑞士和日本民法上则对转质权有明文规定。我国民法没有关于转质权的规定,学者们普遍认为质权人应当有转质权,立法和实务上亦有必要吸纳转质权制度。① 最高人民法院《关于适用〈中华人民共和国担保法〉若干问题的解释》第94条第1款和第2款分别对责任转质和承诺转质进行了规定。② 为了保护出质人的利益,《物权法》第217条规定:"质权人在质权存续期间,未经出质人同意转质,造成质押财产毁损、灭失的,应当向出质人承担赔偿责任。"起草者认为,《物权法》对转质所采取的态度是不提倡转质,也没有禁止转质。③

质权具有融通资金和物资的功能,质权人因设定质权而投下的资本,通过转质而有再度流动的可能,因此转质具有促进金融流通的经济机能。质权人因质权的设定而占有质物,必妨碍其使用价值的发挥,若质权人能通过转质而充分利用质物的交换价值,可以弥补质物的使用价值不能获得充分发挥的缺陷,因此,我国民法应当承认质权人的转质权。

转质依其成立条件可分为责任转质和承诺转质:责任转质是指质权人在质权存续期间,无须出质人同意而依自己的责任将质物转质于第三人的行为。承诺转质是指质权人取得出质人同意为担保自己或他人债务而将质物转质于第三人的行为。

责任转质与承诺转质的性质相同,都是质权人为担保自己或他人债务而在质物上设定新质权的行为,属于质权的再设定,新设定的转质权所支配的标的仍为原质权支配的标的;但转质权对质物取得更优先的支配力。

承诺转质与责任转质的区别有以下几点:第一,承诺转质须取得出质人同意,而责任转质以转质人自己的责任进行转质,未取得出质人同意。第二,承诺转质的范围,即被担保的债权额与清偿期,无须在质权的范围之内,可超过质权的范围;责任转质则须在质权范围之内,不得超过。第三,承诺转质中转质人的责任并未加重,而责任转质中转质人的责任加重。第四,承诺转质的转质权不受质权消灭或其他原因的影响;责任转质于质权消灭时,转质权亦同时消灭。第五,承诺转质的转质权人于自己债权已届清偿期时,无须原质权亦具备实行条件,即可实行其转质权;而责任转质,须待转质权与原质权均具备实行要件时,始

---

① 钱明星:《物权法原理》,北京大学出版社1994年版,第365页。
② 第94条规定:质权人在质权存续期间,为担保自己的债务,经出质人同意,以其所占有的质物为第三人设定质权的,应当在原质权所担保的债权范围之内,超过的部分不具有优先受偿的效力。转质权的效力优于原质权。质权人在质权存续期间,未经出质人同意,为担保自己的债务,在其所占有的质物上为第三人设定质权的无效。质权人对因转质而发生的损害承担赔偿责任。
③ 王胜明主编:《中华人民共和国物权法解读》,中国法制出版社2007年版,第467页。

得行使转质权。

⑥ 质权的处分权。动产质权属财产权,质权人可以处分质权,包括质权的抛弃、质权的让与或供他债权担保。质权人可以任意抛弃其质权,但不得损害第三人的权利。债务人以自己的财产出质,质权人放弃该质权的,其他担保人在质权人丧失优先受偿权益的范围内免除担保责任,但其他担保人承诺仍然提供担保的除外。质权亦可随同主债权一并转让或供他债权担保。

⑦ 优先受偿权。优先受偿权是质权的基本内容,也是实现质权担保作用的最后方式。质权人较债务人的一般债权人优先受偿,前顺序质权人较后顺序质权人优先受偿。质物所有人破产时,质权人有别除权,质物不得列入破产财产。

(2) 质权人的义务包括以下内容:

① 保管质物的义务。质权人占有质物,应以善良管理人的注意保管质物。《物权法》第 215 条即指明,质权人负有妥善保管质押财产的义务。因保管质物不善致使质物灭失或毁损的,质权人应当承担赔偿责任。

② 赔偿因转质致出质人所受的损失。在责任转质中,质权人对因转质而使质物受不可抗力损失的,应负赔偿责任。上文中已经提到,《物权法》第 217 条的规定正是这种赔偿责任的体现。

③ 返还质物。债务人于清偿期限届满时履行了债务或者出质人提前清偿所担保的债权,质权人应当返还质物。不能返还时,出质人可请求损害赔偿。《物权法》第 219 条对此进行了规定。

(四) 动产质权的实行

动产质权的实行是指质权人在债权已届清偿期而未受清偿时,处分质物优先受偿的行为。它是动产质权的主要效力之一。

1. 动产质权实行的条件

(1) 须质权有效存在,即有设定质权的合意且质物仍为质权人占有。

(2) 须债权已届清偿期而未获清偿。未获清偿不仅指债权全部未受清偿,也包括债权部分未受清偿。

(3) 债权虽未至清偿期,但于特殊情形下,即债务人破产时,亦可实行质权。债务人被宣告破产以后,未到期债权视为已至清偿期,债务人不能清偿债务的,质权人可就质物行使优先受偿的权利。质物于出质期间有损坏或价值明显减少的可能,足以危害质权人利益时,若质权人要求出质人提供担保而出质人不提供时,质权人可就质物实行质权(《物权法》第 216 条)。

2. 动产质权实行的方法

(1) 与出质人协议,以质物折价归质权人所有。以此方式实行质权,应具备以下条件:① 质权人与出质人订立转移质物所有权合同;② 合同应于清偿期届满后订立,不得预先在质押合同中规定债务于履行期限届满质权人未受清偿时,质物所有权转移给质权人所有;③ 合同以清偿质权所担保债权为目的,否则,不属于动产质权的实行范畴;④ 须无害于其他债权人的利益。

(2) 拍卖、变卖质物。这是动产质权实行最主要的方式。拍卖与变卖大同小异,只是出卖方式不同。拍卖分一般拍卖和强制拍卖。一般拍卖是质权人与出质人协商而委托拍卖人拍卖质物。强制拍卖是指出质人与质权人协商不成时,质权人通过法院拍卖质物,此与抵押权之拍卖相同。质物经拍卖后,质权人就所得价金优先受偿;有余额的,应返还给出质人;不足的,未受清偿部分,作为无担保的普通债权得向债务人继续求偿,但于质物上的质权即告消灭。

(3) 以其他方式处分质物取偿。是指用以上两种方法以外的方法实行质权,主要指一般的买卖方法或登报标售的方法。以此种方法实行质权,除须当事人订立契约外,还不得有害于其他质权人的利益。

(五) 动产质权的消灭

动产质权的消灭即动产质权人不再享有对特定动产的质权。动产质权消灭的原因主要有以下法律事实:

(1) 因被担保的债权消灭而消灭。质权是从权利,其附随主债权的存在而存在,主债权消灭,质权当然消灭。债权可因清偿、混同、抵销等原因消灭。

(2) 因质权的抛弃及质物的任意返还而消灭。质权人可以抛弃其质权或任意将质物返还给出质人,质权人即丧失质物的占有,由于不可以占有改定的方式设定质权,故质权消灭。返还质物须出于质权人自己的意思,其返还质物的原因在所不问,但出质人如果非基于质权人自己意思而占有质物,如以窃取、强盗等方式取回质物,质权人于此并不丧失质权。质权人由于受欺诈致动机上错误而返还质物时,则其丧失质权,但此时构成质权侵害,应依质权受侵害的救济方法处理。

(3) 因丧失对质物的占有而消灭。质权人的质物因遗失或被第三人侵夺,得请求不法占有者返还质物,此情形下,质权并未丧失。若质物为第三人善意取得或确定已无法取回,则质权消灭。若第三人取得的不是所有权而是限制物权,质权并不消灭,但第三人的权利优于质权。

(4) 因质权标的物的灭失而消灭。动产质权因质物灭失而消灭,但因质物灭失得到赔偿金时,则发生物上代位,质权人得就赔偿金取偿;质物被征用的,质权亦消灭,若有补偿金,质权人对补偿金发生物上代位请求权;质物被没收,质权亦消灭;质物一部分灭失时,因质权有不可分性,质权并不消灭,其仍存续于质物的剩余部分。

(5) 因质权的实行而消灭。质权人于债权已届清偿期而未受清偿时,得处分质物,实行质权,此时质权人无论是否受完全清偿,动产质权皆归于消灭。

四、权利质权

（一）权利质权的概念与特征

权利质权是以财产所有权以外可让与的财产权为标的而成立的质权。除另有特殊规定外，权利质权一般准用动产质权的规定，故被称为准质权。动产质权与权利质权已经发展成我国质押制度中两个彼此独立的权利类型。

权利质权具有以下几个特征：

(1) 权利质权为担保物权。权利质权是质权人直接对出质人提供质押的财产权利予以支配的权利，属于对权利的支配权范畴，具有物权特征，并可以对抗质押的财产权利的持有人和第三人，构成担保物权。权利质权的实质内容在于支配并取得质押的财产权利的交换价值，以担保债权的优先受偿。权利质权因其为担保物权，故具有担保物权所具有的附随性、不可分性与物上代位性等特征。

(2) 权利质权的标的为财产权利。权利质权的标的是财产权利而非人身权利，但并非所有财产权皆可成为权利质权的标的，首先，其须具备可让与性。质权的本质在于支配质押标的的交换价值，在债务人不履行债务时，质权人可以变价质押标的而受偿；质押的标的若不能让与，则质权的效力无从发挥。其次，设定质权的财产权不得与质权的性质矛盾，如不动产的用益物权虽可作为抵押权的标的，但不得作为质权的标的。[①]

法律规定不得转让或性质上不得设定质权的财产权利如养老金请求权，不得设定权利质权，否则，权利质权的设定因违反物权法定原则和法律的强制规定而无效。

(3) 权利质权须经交付或登记公示而生效力。可以交付占有的权利凭证应当交付给质权人占有，以便公示质权的设定。若难以通过交付财产权利的载体而设定质权，应以一定的登记方式表明质权的设定。否则，质权不能成立。

（二）权利质权与动产质权的区别

1. 标的不同。动产质权的标的为有形财产，即动产。权利质权的标的为无形财产，即权利。我国《物权法》第 223 条规定可以出质的权利包括：(1) 汇票、支票、本票；(2) 债券、存款单；(3) 仓单、提单；(4) 可以转让的基金份额、股权；(5) 可以转让的注册商标专用权、专利权、著作权等知识产权中的财产权；(6) 应收账款；(7) 法律、行政法规规定可以出质的其他财产权利。相较于《担保法》中的规定，《物权法》特别增加了基金份额和应收账款作为权利质权的标的。

[①] 参见史尚宽：《物权法论》，台湾荣泰印书馆 1979 年版，第 352 页。

2. 质权设定方式不完全相同。动产质权设定方式为质押契约与交付质物。权利质权设定方式除质押契约外,有的以交付权利证书方式设定,有的以登记方式设定。

3. 质权保全与实行方式不同。保全动产质权的方式为质权人对质物的实际管领,权利质权的保全方式为对出质人处分权利的法律限制。动产质权的实行只能采取折价、拍卖或变卖方式,而权利质权除上述方法外,还可以采取由质权人取代出质人的地位,向出质权利的义务主体直接行使权利,使自己的债权优先受偿的方法。

权利质权与动产质权虽有区别,但由质权的性质和基本特征所决定,两者效力基本相同。各国立法上大多规定,权利质权关系中发生的问题,除适用其特别规定外,还应适用有关动产质权的规定。《物权法》第229条即特别指出了这一点。

(三) 权利质权的设定

权利质权是依当事人的意思而创设的权利,权利质权的发生称为权利质权的设定。权利质权的设定的基本要求是出质人与质权人以书面形式订立质押合同,而各类不同权利质权的设定各有其特点,宜分别说明。

1. 有价证券质权

我国《物权法》规定的可以质押的有价证券包括汇票、支票、本票、债券、存款单、仓单、提单等。《物权法》第224条规定,以汇票、支票、本票、债券、存款单、仓单、提单出质的,当事人应当订立书面合同。质权自权利凭证交付质权人时设立;没有权利凭证的,质权自有关部门办理出质登记时设立。

《物权法》第225条规定,汇票、支票、本票、债券、存款单、仓单、提单的兑现日期或者提货日期先于主债权到期的,质权人可以兑现或者提货,并与出质人协议将兑现的价款或者提取的货物提前清偿债务或者提存。

2. 股权质权

股权质权是指以企业出资人的股权为标的的权利质权。质权的标的一般只为股份有限公司股东的股票和有限责任公司的股份,而合伙企业的合伙人的出资权及合作社社员的股金权,并非适用于质押的股权。同时,股份有限公司、有限责任公司的股东股权也受某些特别法的限制。如发起人持有的本公司股份,自公司成立之日起1年内不得转让;公司董事、经理、监事在职期间,每年转让的本公司股份不得超过其所持股份总数的25%,所持本公司股份自公司股票上市交易起1年内不得转让(《公司法》第142条),等等。此外,股权即便出质后,质权人也只能享有其中的受益权等财产权利,公司重大决策权和选择管理者权等则仍由出质人行使。

我国《物权法》第226条规定:以股权出质的,当事人应当订立书面合同。以证券登记结算机构登记的股权出质的,质权自证券登记结算机构办理出质登记时成立。以其他股权出质的,质权自工商行政管理部门办理出质登记时设立。由此可见,股票质权的设定须具备两个条件:一是订立书面质押合同;二是向证券登记结算机构或者工商行政管理部门办理质押登记。以上市公司的股权、公开发行股份的公司的股权、非公开发行股份但股东在200人以上的公司的股权等设立质权的,向证券登记结算机构办理登记。以包括有限责任公司的股权、非公开发行股份且股东在200人以下的股份有限公司的股权等不在证券登记结算机构登记的股权设立质权的,须到工商行政管理部门办理出质登记。[1] 股权出质后,不得转让,但经出质人与质权人协商同意的除外。出质人转让股权所得的价款,应当向质权人提前清偿债务或者提存。

3. 知识产权质权

知识产权质权是以注册商标专用权、专利权、著作权中的财产权为标的的质权。

(1) 著作权质权。它包括著作权人设定质权和著作权使用权人设定质权,如出版权质权。著作权质权的设定,须出质人与质权人订立书面质押合同,并向版权管理机关办理出质登记。

(2) 专利权质权。专利权质权的设定,双方须订立书面质押合同,并经专利管理机关登记后生效;全民所有制单位以专利权设质的,还须经其上级主管机关批准;中国单位或公民向外国人设定专利权质权的,还须经国务院有关主管部门的批准。

(3) 注册商标专用权质权。商标权质权的设定,应由质权人与出质人订立书面质押合同,经商标管理机关登记后生效。

知识产权中的财产权出质后,出质人不得转让或者许可他人使用,但经出质人与质权人协商同意的除外。出质人转让或者许可他人使用出质的知识产权中的财产权所得的价款,应当向质权人提前清偿债务或者提存。

4. 基金份额质权和应收账款质权

值得注意的是,与《担保法》中的规定相比较,《物权法》对于权利质权种类的规定增加了两类:一是可以转让的基金份额,二是应收账款。

基金份额是指向投资者公开发行的、表示持有人按其所持份额对基金财产享有收益分配权、清算后剩余财产取得权和其他相关权利、并承担相应义务的凭证。应收账款,是指权利人因提供一定的货物、服务或者设施而获得的要求义务人付款的权利,它包括尚未产生的将来的债权,但仅限于金钱债权。[2] 这两种质

---

[1] 王胜明主编:《中华人民共和国物权法解读》,中国法制出版社2007年版,第488页。
[2] 同上书,第480、482页。

权的设定,也应通过订立书面质押合同来完成。按照《物权法》第226条的规定,以基金份额出质的,质权自证券登记结算机构办理出质登记时设立,出质的基金份额,不得转让,但经出质人与质权人协商同意的除外。出质人转让基金份额所得的价款,应当向质权人提前清偿债务或者提存。按照《物权法》第228条的规定以应收账款出质的,自信贷征信机构办理出质登记时设立,应收账款出质后,不得转让,但经出质人与质权人协商同意的除外。出质人转让应收账款所得的价款,应当向质权人提前清偿债务或者提存。

(四)权利质权的效力

权利质权具有担保债权的优先受偿,并直接支配质押标的交换价值的效力。

1. 权利质权的效力范围

(1)权利质权的担保范围。权利质权对债权的担保范围与动产质权的担保范围大体相同,包括主债权、主债权利息、违约金、损害赔偿金以及实行质权的费用,当事人另有约定的除外。

(2)权利质权的质押标的支配范围。权利质权以其质押标的的全部和物上代位物担保债权受偿。

以债权出质的,除当事人就质权对债权的支配范围另有约定外,债权所生的利息、违约金、赔偿金以及物权的担保利益都属于质权支配的范围。

以公司股权出质的,股份或股票的分配盈余亦属于质权的支配范围。

以知识产权出质的,因为质权的效力限制出质人对质押标的的处分,出质人处分质押标的须经质权人同意,故出质人处分质押标的所得收益亦为质权的支配范围。

同时,质押标的灭失所取得的赔偿金或对应给付,构成质押标的的代位物或代替物,亦属质权的支配范围。如债权因第三人侵害而消灭所产生的损害赔偿请求权,有价证券灭失而取得的保险金请求权,股份或股票因公司合并或分立而产生的配发新股或现金请求权,等等。

2. 权利质权人的权利

(1)占有或者留置权利凭证。占有权利凭证是权利质权的生效要件。质权人在债权未受清偿前,有权留置权利凭证,以促使债务人履行债务。

(2)质押标的的收益权。权利质权为财产权利,因财产权利的利用所生孳息,如债权的利息、专利权的许可使用费等,质权人有权收取,并首先用于充抵收取孳息的费用,超出部分可用以清偿所担保债权。

(3)转质权。权利质权的转质,与动产质权的转质大体相同。

(4)权利的保全权。质押担保以质押标的所具有的交换价值确保债权的受偿,若质押标的的价值降低或者因为质押标的的处分行为将导致质押标的的价值降低或者危害权利质权存在,质权人有保全质权的权利。①

(5) 权利质权受侵害的救济权。权利质权的债权、质押标的、占有的权利凭证在受到侵害或有受侵害可能时,质权人有妨害除去或妨害预防的请求权。有关权利凭证因遗失、被盗等原因灭失的,有通过挂失止付、公示催告等方法获得救济的权利。义务人不履行义务的,质权人有权要求赔偿。

(6) 变价质押标的和优先受偿。权利质权人实行质权,是其终极目的,是其基本权利。质权人在债权已届清偿期而债务人不履行债务时,有处分质押标的以优先受偿的权利。

3. 权利质权人的义务

(1) 妥善保管质押的权利凭证。可转移占有的权利凭证交由质权人占有后,质权人应妥善保管。权利凭证丢失或灭失的,质押权人应积极采取措施,加以补救。若怠于采取上述措施而使质押人遭受损失的,应承担赔偿责任。

(2) 不得损害出质人对质押标的的合理权利。① 在债权质权中,被担保债权清偿期届满前,质权人非经出质人的同意不得单方向债务人收取债权。出质债权为指示证券或无记名证券的,被担保债权清偿期届满前,质权人不得转让其留置的有价证券。② 对于知识产权质权的出质人,在出质前知识产权已为某种使用或者已许可他人为某种使用时,质权人在原使用范围内无权干涉。

(3) 权利凭证的返还。权利质权消灭时,质权人应将占有的权利凭证返还给出质人或者通知有关登记机关注销质押登记。

(五) 权利质权的实行

权利质权的实行是指质权人在债权已届清偿期而债务人不履行债务,或发生当事人约定的实现权利质权的情形时,处分质押标的以优先受偿的行为。权利质权行使的条件与动产质权实行的条件大体相同。权利质权的实行方法,因质押标的不同而有区别:

1. 债权质权的实行方法

债权质权的质权人得以自己的名义向出质的债权的债务人请求债务的履行,此为债权质权实行的基本方式。但为保证质权行使的公正,有些国家或地区的立法往往要求出质债权的债务人向出质人或者质权人履行债务时,应征得相对方的同意,否则,应当提存应为的给付。如我国台湾地区"民法"第901条规定:为质权标的物之债权,其债务人受质权设定之通知者,如向出质人或质权人一方为清偿时,应得他方之同意。他方不同意时,债务人应提存其为清偿之给付物。此情况下,质权人可以向法院提起诉讼,请求强制执行出质的债权。

质权人对出质债权的债务人请求给付债务的,因出质的债权清偿期不同而

---

① 详见申卫星等:《物权法》,吉林大学出版社1999年版,第18章。

不同。

(1) 出质债权的清偿期先于被担保的债权。出质的债权的清偿期先于被担保的债权届满,因质权人的债权未届清偿期,质权人无权要求出质的债权的债务人向其履行债务,来实现自己的质权,于此情况下,质权人可以要求出质的债权的债务人提存其给付,以便于债务清偿期届满时受偿。对于无记名债权和指示债权,质权人可以在债务履行期届满前兑现或提货,并与出质人协议将兑现的价款或者提取的货物用于提前清偿所担保的债权或向与出质人约定的第三人提存。

(2) 出质人债权之清偿期后于被担保的债权。质权人的债权清偿期,先于出质的债权届满,质权人可直接请求出质债权的债务人向其履行债务,但须于出质债权清偿期届至时为之。

此外,出质人与质权人可以协议将出质的债权转让给质权人,以抵偿受质押担保的债权,但此协议须在质押期限届满时为之,出质人与质权人不得在质押合同中约定债务履行期届满质权人未获清偿时,出质的债权转移为质权人所有。

2. 股权质权的实行方法

以公司的股份或者股票出质的,质权人在债务人不履行债务时可以依法变价出质的股份或股票,以其变价金优先受偿,主要有三种方法:一是协议取得股份或股票;二是拍卖出质的股票或股份;三是以其他方式变卖出质的股票或股份,其方法与动产质权大体相同。

3. 知识产权质权的实行方法

以知识产权出质的,质权人在债务人不履行债务,或发生当事人约定的实现质权的情形时,可以依法变价知识产权中的财产权,以变价金优先受偿。其方法与股权质权相同。

4. 应收账款的实行方法

以应收账款出质的,质权人在债务人不履行债务,或者发生当事人约定的实现质权的情形时,可以对应收账款进行变价,以价金优先受偿。

(六) 权利质权的消灭

权利质权消灭的原因主要有以下几种:

1. 质权标的的权利归于消灭。权利质权的标的消灭,质权也当然消灭。但如果质权标的可以通过某种方式得到救济,如公示催告等,则标的上的质权并未消灭。

权利质权的标的可因混同而消灭,但下列情况则除外:(1) 出质的债权,其债权人与债务人发生混同时,出质的债权并不消灭,债权质权仍然存在;(2) 质权人与第三债务人同为一人时,质权并不消灭,此时其质权即存在于自己的债权之上。至于证券债权,其债权人与债务人发生混同时,该债权虽不消灭,但以证券出质时,其证券既存于质权人之手,出质人自无法再行转让,当然也无由再行转让,所以上述混同的情形不能发生。

2. 第三人原始取得作为质权标的的权利。第三人因时效而取得作为质权标的的权利或利益时,质权应归于消灭,因为此种取得为原始取得。无记名证券因被盗或遗失,而使第三人依即时取得的规则取得其权利时,因此种取得为原始取得,则其上的质权也应归于消灭。

3. 质权标的的返还。质权人将其占有的质押标的的权利凭证归还于出质人,质权即告消灭。

4. 质权的实现。质权人实现其质权,债权已受清偿,则质权当然消灭。

五、最高额质权

最高额质权是指对于债权人的一定范围内的不特定的连续发生的债权预定一个限额,并由债务人或者第三人提供质物予以担保而设定的特殊质权。以前,最高额质权在我国民法中未有规定,但《担保法》中规定了最高额抵押权。有学者认为,最高额质权与最高额抵押权理论与实际上极为相似,具有同样的社会价值,立法上有承认与规定的必要。[①] 有鉴于此,2007 年 3 月 16 日颁布的《物权法》中,加入了关于最高额质权的规定,即第 222 条:"出质人与质权人可以协议设立最高额质权。最高额质权除适用本节有关规定外,参照本法第六章第二节最高额抵押权的规定。"

设定最高额质权,需要限定被担保的债权范围。限定的范围,可以是担保债权的量,也可以是担保债权的质。最高额质权仅以特定范围的原因关系所引起的不断发生的债权为担保对象。

最高额质权的原因关系,应由当事人自行约定,并且是由具有连续性的民事法律行为而产生的。最高额质权所担保债权一般为将来发生的债权,其是否发生及债权数额在设定时并不能确定。最高额质权与其所担保的债权不具有附随性,但仍从属于原因关系。债权因抵销、清偿等原因消灭,最高额质权仍然为将来可能发生的不特定债权而存在,不因债权的消灭而消灭;债权的让与使得债权脱离最高额质权的担保范围,但最高额质权并不随被担保债权的让与而发生转移。

最高额质权的当事人应在质押合同中明确规定所担保的最高限额。最高额质权所担保的债权仅限于预定的最高担保额。若最高额质权确定时,债权额超过预定的最高担保额,则超过部分不属于担保范围,最高额质权实际担保债权额为预定的最高担保额;债权额若低于预定的最高担保额,则以实际存在的债权额

---

① 梁慧星主编:《中国物权法研究》(上),法律出版社 1998 年版,第 991 页。

为担保债权额。

最高额质权当事人可以协议变更质押担保的债权范围,但须于被担保债权确定以前为之。出质人与质权人变更该最高额的,应当经其他利害关系人同意。被担保的债权确定前,最高额质权可以随着引起被担保债权发生的原因关系的转移而转移,但质权人不得脱离债权发生的原因关系而单独转让最高额质权或以最高额质权设定担保。

最高额质权所担保的债权一经确定,即转化为普通质权,受质押担保的原本债权、利息、违约金、赔偿金从质物优先受偿的,不得超过最高额质权预先约定的最高额,但保管质物和实行质权的费用,应当从质物的拍卖价金中扣除,不得计入最高额。

最高额质权的当事人应当在质押合同中限定最高额质权的存续期。最高额质权因存续期届满而确定,从而转变为普通质权。若没有规定存续期,则出质人可随时通知质权人终止设定最高额质权的质押合同,最高额质权的效力仅以最高额质权确定时已特定的债权的存续期间为限,并附随于该债权的存在而存在。

最高额质权,除适用其特殊规定外,应适用法律对最高额抵押权和质权的一般规定。

第四节 留 置 权

一、留置权的概念与特征

留置权是债权人占有属于他人的动产,具备一定要件时,于债权未受清偿前,得留置该动产的法定担保物权。债权人得留置其所占有的他人动产,以其非因侵权行为而占有他人的动产为限;债权人因为侵权行为而占有他人动产,不得行使留置权。因此,留置权是权利人非因侵权行为而占有他人财产时,在同该财产有关联的债权获得清偿前,对该项财产享有扣留并置于其控制之下的权利。

留置权有民事留置权与商事留置权之分。虽然在民商合一的国家,民事留置权与商事留置权并不区分,只在某些商事特别法上就某种特定关系规定有特别留置权,但民事留置权与商事留置权的历史沿革有所不同。民事留置权起源于罗马法之恶意抗辩[①],并无物权的效力,只不过为诉讼法上抗辩权之一种,仅能对特定人行使;商事留置权,其萌芽较民事留置权为晚,大约发轫于中世纪意大利都市之习惯法。不过,近代各国民法上的留置权也多受到中世纪商事留置权影响。同时,因各国立法受罗马法、中世纪商法的影响程度不同,以及各国的

---

① 郑玉波:《民法物权》,台湾三民书局1980年版,第341页。

历史、文化等因素的影响不同,近现代各国立法上对留置权的规定不一。

从各国对留置权的立法例上看,存在债权性留置权和物权性留置权两种不同的留置权制度。(1)债权性留置权。采用债权性留置权制度的国家主要有德国、法国、意大利等。德国民法将留置权直接规定于债编总则,以基于同一债权关系所发生的两个对立债权的拒绝给付为核心内容;留置权在性质上无异于同时履行抗辩权等债权性权利。法国民法直接继受由罗马法的传留,民法典不仅缺乏留置权制度的统一规定,而且否认留置权为特权,将留置权视为双务合同同时履行抗辩权之特例。这些国家在立法上认为留置权在性质上只是债权效力的延伸,债权人在相对人履行债务前,对其已经占有之相对人的财产有拒绝给付的权利,但没有直接支配的权利。(2)物权性留置权。采用物权性留置权制度的有英美法系诸国,日本、瑞士等国。日本民法将留置权作为物权加以规定,但留置权的效力并不包括优先受偿权能,留置权在日本民法上并非担保物权。英美法系中的留置权种类繁多,如普通法上的留置权、衡平法上的留置权、海事留置权等三十余种,但留置权在性质上始终属于"物权担保"的范畴。英美货物买卖法中规定的留置权最为典型,这些国家在立法上认为留置权是债权人为担保债权受偿而对占有之债务人的财产享有的一种独立的法定物权。

我国留置权制度正式确立于1986年的《民法通则》。根据该法第89条第4项的规定,债权人因为合同而占有债务人财产,债务人不按合同给付款项超过约定期限的,债权人对其占有的财产享有留置权。由此可见,留置权是以担保债权受偿为目的的权利。1995年我国颁布了《担保法》,该法第82条规定:债权人按照合同约定占有债务人的动产,债务人不按合同约定的期限履行债务的,债权人有权留置该财产,以该财产折价或者以拍卖、变卖该财产的价款优先受偿。2007年出台的《物权法》中也包含了关于留置权制度的规定——其第230条称,如果债务人不履行到期债务,债权人可以留置已经合法占有的债务人的动产,并有权就该动产优先受偿。从以上可以看出,我国对留置权在立法上规定为法定担保物权。法定的留置权类型,《民法通则》和《担保法》中规定为保管合同中保管人之留置权、运输合同中承运人之留置权和加工承揽合同中加工人之留置权。1999年3月15日颁布的我国《合同法》第422条又规定了行纪合同中行纪人的留置权。《物权法》中则没有特别规定某种法定留置权,而是概括性地指出,只要债务人不履行到期债务,债权人就可以留置债务人的动产并就该动产优先受偿。

我国民法上的留置权为法定担保物权。留置权是依法律规定的条件直接发生的,并不是由当事人设定的,不能依当事人合意而成立。其具体特征表现如下:

(1)留置权为担保物权。留置权以确保债权人债权的受偿为目的,是担保债权实现的权利。留置权担保的作用,一是可间接强制债务人履行义务;二是于债务人终不履行时,可就留置物受偿,即留置权人于一定条件下,可将标的物变价。因而留置权为担保物权,为价值权,留置权不以使用收益为目的,所以不属于用益物权,留置权人对留置物一般不得为使用收益。

(2) 留置权为法定担保物权。留置权是依法律规定的条件直接发生的,并不是由当事人设定的,不能依当事人的合意而成立。

(3) 留置权为他物权。留置权是债权人对债务人的财产的权利,亦即系对他人之物的权利,而不是对自己财产的权利,在自己所有的财产上不能存在自己的留置权。

(4) 留置权为从属性物权。留置权是为担保债权而设,其为从属于所担保的债权的物权,依主债权存在而存在,依主债权消灭而消灭。

(5) 留置权具有不可分性。留置权所担保的为债权的全部,而非部分;留置权的效力及于债权人所留置占有的债务人的财产的全部,即留置权人于其债权未受清偿前,得就留置物的全部行使其留置权。留置财产为可分物的,留置财产的价值应当相当于债务的金额(《物权法》第 233 条)。

(6) 留置权为得二次发生效力的权利。留置权人就其所占有的留置物于债务人履行债务前有继续占有的权利,对于债务人等基于债权或物权的返还请求权,均得排除之。此可谓留置权的第一次效力。留置权人于债务人超过一定期限不履行债务时,可以依法以留置物的变价优先受清偿,此可谓留置权的第二次效力。留置权的二次效力性,是与其他担保物权的区别之一。由于依我国法律规定,于留置权发生第二次效力时,留置权人有优先受偿的权利,因而留置权也有物上代物性。

二、留置权的取得

留置权为法定担保物权,这就决定了留置权只能依法律规定产生,而不能由当事人约定设立。留置权的取得要件,一般分为积极要件和消极要件。

(一) 留置权取得的积极要件

留置权的积极要件是指留置权成立所必须具备的要件,主要有三个:

1. 须债权人占有债务人的动产

留置权的目的是当债务人不能清偿债务时以其财产变价或折价清偿债权人之债权,因此,债权人须占有债务人的财产才可能实现此目的。

对于债权人占有之财产是仅为债务人之财产,还是亦包括第三人之财产,各国或地区立法规定不一。例如,《日本民法典》规定:得留置的财产只须为他人之物;《瑞士民法典》第 895 条第 3 款规定:债权人对其善意取得的不属于债务人所有的物,有留置权,但第三人因更早的占有而享有权利时,不在此限。由此可见,日本民法和瑞士民法规定的债权人占有的财产可以是债务人之财产,也可以是第三人之财产。其立法理由是其他担保物权既然可于第三人所提供标的物上存在,留置权亦为担保物权,没有理由不可以。而我国台湾地区"民法"规定债权人占有之动产应为债务人所有之动产。其理由是:留置权的建立,原系基于公平观念,今若允许对非所有人的物,亦得行使其留置权,有违立法的本旨,且与无合理根据不得限制所有权行使的原则亦不相符。

我国在《民法通则》《担保法》和《物权法》上只规定债权人占有的为"债务人的财产",但该财产是否须为债务人所有,并不明确。我国学者认为,这里"债务人的财产"应理解为基于合同关系由债务人交付债权人占有的财产,并非指债务人所有的财产。因此,在债权人善意占有第三人的财产上亦可成立留置权,例如某人将借来的手表送到表店修理,表店就可以对此表行使留置权。

对于债权人占有的财产是否仅为动产,各国或地区立法上亦不相同。德国民法上,留置权的标的不限于物,也包括权利;日本民法上,留置的财产仅以物为限;瑞士民法上,留置的财产以动产和有价证券为限;我国台湾地区"民法"上留置物仅为动产。而我国《民法通则》中仅规定留置的财产为"对方的财产",未作其他限制。但我国《物权法》上则明确规定债权人占有的财产须为债务人之动产,不动产不得留置。

2. 须债权的发生与该动产属同一法律关系

留置权的目的在于留置债务人的财产,迫使债务人履行债务,以实现债权受偿。但是,如果允许债权人任意留置债务人所有的、与债权的发生没有关系的财产,对债权人的利益保护过于绝对,对债务人的利益则限制过强,有违公平原则,与留置权制度的设立本旨相悖,同时也会损害交易安全,与保护交易安全的私法原则相冲突,所以债权人占有财产应以存在同一法律关系为必要条件。如果保管人对寄存人享有的是保管合同之外的其他债权而留置保管物,或者保管人留置的是债务人的其他财产,则该留置权不能成立。这一法律关系不限于合同关系,因无因管理而发生的债权关系也可适用留置权。

同时我国《物权法》在企业之间留置的情形,放松了对同一法律关系这一要件的要求(《物权法》第231条)。这是考虑到在商业实践中,企业之间相互交易频繁,追求交易效率,讲究商业信用,如果严格要求留置财产必须与债权的发生具有同一法律关系,有悖交易迅捷和交易安全原则。① 这实际上承认了商事留置权的存在。

3. 债权已届清偿期

留置权是基于公平观念,于债务人未清偿其债务前,债权人得留置债务人的

---

① 全国人大常委会法工委民法室:《中华人民共和国物权法——条文说明、立法理由及相关规定》,北京大学出版社2007年版,第414页。

动产而拒绝返还的权利,如债权未届清偿期,债权人尚无请求债务人清偿其债务的权利时,即允许债权人留置债务人动产,则显失公平,也易产生债权人滥用权利的情形。所以,各国均规定债权履行期届满为留置权成立要件。

（二）留置权取得的消极要件

留置权取得的消极要件是指阻止留置权发生的情形或因素,也称留置权成立的限制。其主要有以下几项：

1. 须留置财产与对方交付财产前或交付财产时所为指示不相抵触。债务人与债权人在合同中明确表示债权人不得留置标的物时,债权人不得留置。留置权系法定担保物权,当事人不得随意设立,但可依当事人合意排除留置权的适用。我国《物权法》第232条明确规定,当事人约定不得留置的动产不得留置。

2. 须留置债务人财产不违反法律规定、公共秩序或善良风俗。我国《物权法》第232条规定了留置财产不得违反法律规定。此外,很多国家或地区的立法中也规定了关于公共秩序或善良风俗的要求,如《瑞士民法典》第896条规定,留置如与公共秩序有抵触时,不得行使留置权。我国台湾地区"民法"亦规定："动产之留置,如违反公共秩序或善良风俗者,不得为之。"① 对此,我国法律虽未明文规定,但这是民事活动应遵循的一般原则,亦应遵守。

3. 须留置财产与债权人所承担义务不相抵触。如果债权人在合同中的义务即是交付标的物,则债权人不得以债务人不履行义务为由行使留置权,否则与其所承担义务的本旨相违背。

三、留置权的效力

（一）留置权效力的范围

1. 留置权所担保债权的范围

一般而言,凡与留置物属同一法律关系的债权,均属留置权担保的范围。因此,原债权、利息、迟延利息、实行留置权的费用及债权人因保管留置物所支出的必要费用,均为留置权所担保债权的范围。对此,《物权法》中虽没有单独针对留置权而进行规定,但在第173条中概括性地规定了,"担保物权的担保范围包括主债权及其利息、违约金、损害赔偿金、保管担保财产和实现担保物权的费用"。

2. 留置权标的物的范围

留置权效力所及标的物的范围,除留置物本身外,一般应包括从物、孳息、代位物。留置权人对所留置财产的从物,依"从随主"原则,可以行使留置权。但是对从物行使留置权仍以占有为条件,须符合留置权取得之要件。

留置权人在留置标的物期间,可以收取留置物的孳息,该孳息应当先充抵收

---

① 陈祥健主编：《担保物权研究》,中国检察出版社2004年版,第277页。

取孳息的费用(《物权法》第 235 条)。

留置权为担保物权,具有物上代位性,因留置权灭失而取得的赔偿金,也应包括在留置标的物的范围内。

(二) 留置权人的权利与义务

1. 留置权人的权利

(1) 留置财产的占有权。留置权人对留置财产有占有的权利,在其债权未受清偿前得留置标的物,拒绝一切返还请求。留置权人留置留置物,是留置权人的基本权利,也是留置权的基本效力,是行使其他权利之基础。

留置权人留置财产的价值应与债务人之债务价值相当,若留置物为不可分物,则留置范围为物之全部;若留置物为可分物,则留置权人应将超过债务价值之部分返还给债务人,否则违反返还之义务,为不正当留置行为。

(2) 留置物孳息的收取权。留置权为担保物权而非收益使用权,因此,债权人无收益使用留置物的权利,但留置物有孳息时,无论该孳息为法定孳息还是天然孳息,债权人均有权收取。留置权人收取孳息,非基于占有的效力,而是基于留置权的效力。其只能以收取的孳息优先受偿,而不能直接取得孳息的所有权。

(3) 必要费用的求偿权。因留置权人对留置物无使用收益权,但却对留置物负有以善良管理人的注意予以保管的义务,其所支出之费用,系为留置物所有人利益支出的,因此,留置权人可就必要费用求偿。

请求偿还之费用一般可分为有益费用和必要费用。必要费用系指维持留置物品质之费用,有益费用系指留置权人使留置物价值增加而支出的费用。对于有益费用,是否得求偿,立法与实践意见不一,但一般认为可以求偿。

(4) 留置物的使用权。留置权是担保物权,留置权人一般情况下不得为使用收益行为,但下列两种情况下,留置权人可以使用留置物:一是为保管上所必要。因留置权人有保管留置物之义务,为此义务而必要使用,既不构成义务违反,也不构成侵权行为,此行为并非以积极地取得物的收益为目的,仅限于保存目的,若此行为有收益,则可按孳息用以偿付债权。留置权人超出必要范围使用收益,且未被所有人允许的,则收益为不当得利,留置权人应返还给留置物的所有人;造成损害的,留置权人应负赔偿责任。[①] 二是经所有人同意,此系当事人之合意,为法律所允许。留置权人既可以自己使用,亦可将留置物出租、设立担保等。

(5) 留置权的实行权。留置权人留置之终极目的为债权的实现。留置权的实行,可分为变价权和优先受偿权,留置权人行使该权利,非于债权已届清偿期时即可成立,而尚须以债务人不履行债务超过一定期限为必要。相对于留置权

---

① 参见谢在全:《民法物权论》(下),台湾三民书局 1992 年版,第 414—415 页。

人的其他权利,该权利为留置权的第二次效力。

2. 留置权人的义务

(1) 留置物保管义务。留置权人于债务人清偿债务时,负返还留置物之义务,因此,留置权人应以善良管理人的注意保管留置物,此义务于留置权消灭时始消灭。而且,如果留置权人违反此义务,应当负损害赔偿责任,如我国《物权法》第234条即规定:"留置权人负有妥善保管留置财产的义务;因保管不善致使留置财产毁损、灭失的,应当承担赔偿责任。"但是留置物因不可抗力或意外事故遭受风险损失,留置权人不负责任,由债务人自行承担。

(2) 不得擅自使用或为其他处分行为的义务。留置权人除为保管上必要和经所有人同意,不得擅自使用或为其他处分行为,这是由留置权的性质决定的。若留置权人违反此义务而将留置物租赁或设立担保,如何处理,对此有不同的意见。一般认为,留置权人未经所有人同意而将留置物出租时,租赁合同并非无效,但留置权人无权将留置物交付承租人使用,承租人不得取得租赁物的使用权,得解除合同,请求赔偿损失。留置权人未经所有人同意以留置物设立质权的,属于处分他人之权的行为,其设定的担保应为无效,但善意第三人依善意取得可以取得质权。

(3) 返还留置物的义务。留置权人于留置物所担保的债权消灭时,无论债权消灭原因为何,都有将留置物返还于债务人之义务。此外,债权虽未消灭,但债务人另行提供担保而使留置权成立原因消灭时,留置权人亦负返还之义务。

留置权人返还留置物的义务非因留置权而新产生的义务,其为原有返还义务于此场合下的继续,这与质权人返还质物的义务不同。

(三) 留置物所有人的权利与义务

1. 留置物所有人的权利

(1) 损害赔偿请求权与留置物返还请求权。这是与留置权人保管和返还留置物的义务相对应的。

(2) 就留置物为法律上的处分权利。留置物所有人虽丧失占有,但并未丧失所有权,所以其仍可将留置物让与第三人。也就是说,留置权继续存在于留置物上,债权人的留置权并不消灭,即使受让人取得留置物的所有权,留置权人与新的所有人之间也继续存在留置关系。况且,留置物所有人转让留置物,除当事人另有约定或法律另有规定,受让人也不能取得留置物所有权,因为留置权人占有留置物,转让人不能完成交付。

留置权为担保物权,虽因债权人与债务人之间的债权债务关系而产生,但其并非债权人与债务人之间的关系,而是留置权人与留置物所有人之间的关系。所以,留置物所有权让与受让人,而受让人未承担被担保债务时,留置权仍存在于留置权人与新所有人之间。

(3) 提供相当担保而使留置权消灭的权利。留置物所有人行使该权利,须取得留置权人的同意。我国《物权法》第 240 条规定,留置权人对留置财产丧失占有或者留置权人接受债务人另行提供担保的,留置权消灭,亦即此意。

2. 留置物所有人的义务

(1) 支付留置权人保管留置物花费的费用。

(2) 因留置物之隐蔽瑕疵致留置权人损害时,负有赔偿损失的义务。

此两点亦与留置权人之权利相对应。

四、留置权的实行

留置权实行是指留置权人行使留置权,以使其债权得以优先受偿的行为。

1. 留置权实行的条件

留置权实行条件是指留置权人于何情形下可行使留置权。大体有以下三个条件:

(1) 须债务人不履行债务超过一定期限。此期限可由当事人自行约定,但不得少于法定期限。未约定的,具体期限由债权人决定,但亦不能低于法定期限。我国《物权法》第 236 条规定,当对宽限的履行期限未约定或约定不明时,留置权人应当给债务人两个月以上履行债务的期间,但"鲜活易腐等不易保管的动产除外"。

(2) 通知债务人于确定期限内履行其义务。债权人未为此项通知,不得实行其留置权。

(3) 债务人于确定期限内仍未履行义务,且未提供其他担保。

2. 留置权的实行方法

留置权的实行方法指依何手段实现留置权。依《物权法》第 238 条的规定,主要有折价与出卖两种。折价一般由留置权人与留置物所有人商定留置物价格,由留置权人取得留置物所有权,以冲抵债务;出卖一般包括拍卖和变卖两种方式。留置权人实行留置权应与债务人协商,协商不成的,留置权人一般应当采取拍卖方式处置留置物,这样有利于维护留置物所有权人的利益。

留置权人处分留置物所得价款,若偿还债务后有余额的,应将其返还给留置物所有人;若无法返还,应当予以提存,其提存费用应由债务人承担。若不足以偿还债务的,留置权人可就未受偿部分向债务人要求继续清偿,不过此时债权变为普通债权,并无优先权。

特别指出的是,较之《担保法》,《物权法》中增加了一条规定,即"债务人可以请求留置权人在债务履行期间届满后行使留置权;留置权人不行使的,债务人可以请求人民法院拍卖、变卖留置财产"(第 237 条)。这是因为,如果留置权人长期持续地占有留置财产而不实现其留置权,不符合"物尽其用"的原则,而且在有些情况下,留置财产还会发生自然损耗或贬值,对债务人不利。① 因此,不能允许留置权人无限期地留置财产,《物权法》即通过制定本条规定来防范这种情况。

五、留置权的消灭

留置权具有物权性和担保性,因此,物权的一般消灭原因如标的物灭失、混同、抛弃,以及担保物权的一般消灭原因如主债权消灭、担保物权的实行,对留置权均适用。以下仅就其特殊的消灭原因加以说明。

(1) 债务人提供新的担保。留置权人留置留置物后,其只享有占有标的物的权利,且不得为使用收益;留置物所有人因丧失占有,亦不能为使用收益,这显然不利于发挥物的效用,不利于物的使用价值的利用,而且现实中还可能出现为小额债权而留置价值较大之物的现象,这对留置物所有人十分不利。留置权人留置之目的仅在于担保其债权,若其债权可以得到保障,则无留置的必要,因此,债务人若另行提供担保,债权人的债权亦得保障,留置权即消灭。留置物所有人若欲另行提供担保使留置权消灭,尚须满足两个条件:一是另行提供之担保与留置物之价值相当(若留置物的价值明显高于债权额的,与债权额相当即可),二是留置权人同意接受。债务人提供的担保不论价值是否相当,只要债权人不接受,担保的效力就无从发生,留置权不能因为担保之提出而消灭。②

(2) 质权人丧失对留置物的占有。留置权以债权人对留置物的占有关系为其成立与存续的要件,因此,留置权必因丧失占有而消灭。留置物丧失占有的原因包括出于自己意思的原因和非出于自己意思的原因。出于自己意思的原因如将留置物交与其所有人,留置权当然消失。留置权非依留置权人自己的意思丧失占有,则留置权亦应消灭。③ 若留置物为其所有人不法夺回,则留置权人不得依留置权及所有人不法行为而请求返还;若留置物为第三人非法侵夺,则留置权人不得依留置权请求不法侵占人返还,但可依关于保护占有的规定请求第三人返还,若其请求得以满足而恢复占有,则标的物返还时得再生留置权。

(3) 债权清偿期的延缓。留置权之成立,以债权已届清偿期而未获清偿为前提,故债权人如其后同意延缓债权清偿期,留置权即无存在的余地,因此,留置权亦消灭。当债务人未请求返还留置物以前,延缓的清偿期又已届至时,债权人仍可以行使新的留置权。④ 此与前一个留置权并无关系。

留置权消灭时,留置权人对因债的关系而占有的债务人财产,负有返还的义务;在留置权效力期间,债务人对债权人占有的物,享有物的返还请求权,但因留

---

① 王胜明主编:《中华人民共和国物权法解读》,中国法制出版社 2007 年版,第 506 页。
② 梁慧星主编:《中国物权法研究》(下),法律出版社 1998 年版,第 1055 页。
③ 郑玉波:《民法物权》,台湾三民书局 1980 年版,第 58 页。
④ 参见谢在全:《民法物权论》(下),台湾三民书局 1992 年版,第 425 页。

置权人对该物行使权利而阻止了物的返还请求权的行使。留置权消灭,债务人对留置物享有的返还请求权恢复到原有状态,债权人应当返还所留置的债务人的财产。

留置权因为留置物的灭失、混同、第三人侵夺等原因消灭的,债权人不能返还留置物,不论债务人是否已履行其债务,债权人对因可归责于自己的原因造成债务人损害的,应当承担赔偿责任。

第十四章 占 有

第一节 占有制度概说

一、占有的内涵

占有及占有制度起源于罗马法,后经与日耳曼法之融合,共同构成现代占有制度的渊源。与各国所有权观念大同小异的情形不同,占有观念在不同时代、不同国家有着深刻的差异,"在有关占有的法律中,各种构成现代民法本质的线索如此紧密和错综地交织在一起,恐怕法律的任何其他领域都无法与之相比。罗马法理论、古老的日耳曼惯例和封建观念以及寺院法改革和黑格尔学派的形而上学都曾影响占有法律,并使这个论题特别有趣和复杂"。① 不仅如此,《法国民法典》《德国民法典》《日本民法典》中关于占有的不同规定,更造成了对占有观念正确理解的困难。从我国学者的论述上看,或有认为占有仅为所有权的一项权能,或有认为占有系指非所有人实际掌握他人财产的事实状态,等等。笔者认为,从占有的地位与独特的功能而言,应将占有理解为现代物权法的一项重要制度,其是指占有人对于物有事实上管领力之事实。其中对物为管领之人,为占有人,为占有法律关系的主体;被管领之物,称为占有物,为占有法律关系的客体。其具有如下特征:

1. 占有的客体须为物。占有的客体仅以物为限,对于不因物的占有而成立的财产权(如商标权、专利权或地役权等),仅可成立准占有。作为占有客体的物本身,包括动产与不动产,与权利标的物相比,其范围则要广泛得多:无论私物、公物皆得成为占有的标的,甚至于国有土地上兴建的违章建筑上也可成立占有;无论是物之全部,还是物的一部分,只要能为事实上之管领,就可成为占有的客体,而不受物权法上一物一权主义的拘束。

2. 占有是对物有事实上管领之力。一般而言,对于物已有确定与继续之支配关系,或者已立于得排除他人干涉状态者,皆得谓对物有事实上的管领关系。但此仅为理论上之抽象。就事实上判断而言,"对于物有事实上之管领力"须在个案之中凭人与物的空间关系、时间关系并与某种法律关系结合等方面来加以

---

① 〔澳大利亚〕瑞安:《财产法中的占有和所有权》,梁治平译,载中国人民大学法律系民法教研室编:《外国民法论文选》,中国人民大学出版社 1984 年版,第 162 页。

综合考虑,不能一概而论。就空间关系而言,人与物事实上之接触固可谓具事实上管领力,依社会一般观念认为人与物有场所上之结合关系时,亦应包含在内。如某甲对于其射杀之鸟兽,虽未具体接触,亦应谓有空间之结合关系。从时间关系上看,人与物须有相当的继续性结合关系,否则无法显现人对物的管领已处于得排除他人干涉之状态。另外,人与物虽无空间或时间上的结合关系,但人与物如存在某种法律关系时,则仍可认为该人与物存在占有关系。如出质人作为间接占有人通过质权人的直接占有亦成立占有,雇主通过受雇人(占有辅助人)而实现对物的直接占有。

3. 占有人须具占有的意思。占有须具有事实上管领力(体素)已成为共识,然是否尚须有占有意思(心素)为成立要件,系占有理论上最有名的争论问题,至今尚未有定论。学说上向来有主观说、客观说与纯客观说三种见解:

(1) 主观说。这种学说源于罗马法,它又分为如下三种:一是所有意思说。德国学者萨维尼(Savigny)认为,占有的要素包括心素和体素。心素是指所有的内在意思;体素,也称客观要件或物质要素,是指对物的实际持续的控制,即持有。这样,占有就是以所有人的意思控制某物的状态。《法国民法典》采此说(见第 2228、2229 条)。二是支配意思说。这是德国学者温德夏德(Windscheid)所主张的,认为占有的意思是支配物的意思。三是为自己意思说。这是德国学者邓伯格(Dernburg)的观点,他认为占有是指以自己的名义为自己的利益而持有物。《日本民法典》采是说(见第 180 条规定)。

(2) 客观说。此说由 19 世纪末德国学者耶林(Jhering)提出,他认为,依意思而生人与物之关系时,始成立法律关系之占有。此时之意思,仅系持有物之意思,并非所有意思或支配意思,亦非为自己之意思。就人与物关系观之,体素为心素所实现之形,无心素即无体素,无体素亦无心素,两者同时现于外界。故体素为心素之实现,而非心素与体素之单纯之附合。从而占有与持有,其本质并无差别,唯法律依实际上之理由,妨碍占有之效力时为持有。占有为常态,持有为例外。依此说,占有的成立以具有若干意思为必要,然此项意思为构成要素之一部分,并非独立之要素。《德国民法典》采是说。

(3) 纯客观说。此说以贝克为代表。他认为占有系依纯客观之事实支配状态而成立,占有意思全无必要。

笔者认为,采"客观说"较为合理。这是因为:

第一,采主观说不妥。在占有心素的确定问题上,主观说通常以个人的意思为占有意思。但问题在于意思为主体自为、变化自在,忽为占有忽为持有,不可揣度,而且占有意思不容易被外界认识,因此物的持有人是否应受法律保护难以判定。同时,持有人在对占有心素举证时,也会遇到同样的问题:如何证明存之于自我心中之意思呢?可见,该说对社会公众和持有人双方来说都是不利的。

就自己意思说而言,从占有意思依占有人客观地位所决定角度观之,日本民法之"为自己意思"似为可采,但实际情况则并非如此。在绝大多数情况下,占有人通常是为自己利益而占有,如所有人、承租人、保管人、质押权人等都是为了自己的利益而占有财产。但在某些情况下,占有人并不一定是为自己利益而占有,如拾得人拾得遗失物、漂流物后占有该物,拾得人希望尽快返还失主,因此很难说拾得人具有为自己利益占有该物的意图,但拾得人完全意识到自己在占有该物,拾得人仍然具有占有意思,因而仍然构成占有。

第二,采用纯客观说不妥。任何占有的占有主体都须具备一定的占有意图,无意识的占有在法律上是没有意义的。虽然有些占有可从客观上认定,但占有毕竟是人的行为,法律必然要考虑人的主观意图。从客观上认定占有并加以保护,并非总能符合"占有人"的主观心态,并非总能达到建立占有制度的立法目的。同时需要注意的是,有些占有必须考虑占有人的意思才能确定其性质,如直接占有与间接占有、自主占有与他主占有、善意占有与恶意占有等,都须以占有人的主观因素为依据。因此可以说,完全抛弃占有人的主观因素而认定占有、区分情形对占有进行分别的保护是不妥的。

第三,客观说可兹赞同。占有除对物有事实上管领力(体素)之外,尚须有占有的意思(心素)为成立要件,占有意思一般可通过客观上状态(体素)推定之。王泽鉴先生持此观点,并认为取得占有并维持均须有占有意思,否则殆难想象。占有意思乃自然的意思,非法律行为上的意思,占有人只要对物有为支配的自然能力,即为已足。正因有占有意思的存在,才使得以主观因素为区分标准的占有的分类有了理论上的依据。

二、占有的本质

占有的本质究为事实,或权利,抑或其他?换言之,占有与占有权的关系如何?此可上溯至罗马法时学说之争,其学说及划分方法一直影响到后世的民事立法和民法理论。

在近现代民法学中,学者们对于占有本质的认识存在着诸多分歧。有人主张,占有为一种事实。他们认为,占有仅系一项事实而非权利,但此项事实在民法上却有一定的效力,受法律保护,具有法律意义。这种保护系对物的事实支配状态的保护,是否具有法律上的正当权利在所不问。[1] 另有学者主张,占有是一种权利。他们认为,从理论上讲,一切权利系由法律保护的一定事实关系而发生。占有本身虽系一种事实,但法律既予以保护而赋予一定的效力,使占有人得

---

[1] 参见谢在全:《民法物权论》(下),中国政法大学出版社1999年版,第932页。

享有由占有所发生的利益,即可成为权利。① 还有人认为,占有很难说是单纯的事实或权利,它是一种法律关系。美国学者 Harsis 就曾指出:占有是某人和物之间针对另一个人所形成的关系。由于它是一种法律关系,所以要根据法律规则来解释一系列的事实。② 笔者认为,占有只是一种事实,而不是一种权利。对此,马克思曾深刻地指出:"私有财产的真正基础,即占有,是一种事实,是不可解释的事实,而不是权利。只是由于社会赋予实际占有以法律的规定,实际占有才具有合法占有的性质,即私有财产的性质。"③占有仅体现为人对物的事实上的支配管领关系,其只是在某些方面体现出类似于权利的部分特征(如间接占有场合)。如把占有规定为权利,实务上还可能发生不利于保护占有的效果,不符合占有立法的目的。即在权利被侵害时,权利人欲寻求法律保护,须先证明自己享有该项权利。但在许多场合,占有人证明自己的占有权利并不容易。而把占有规定为事实,占有人只需证明占有的存在,即可受到占有制度的保护,而对自己是否有权占有则无需证明,免除了举证困难。

法律对事实支配状态的尊重,可能出于如下的考虑:其一,维护社会秩序和安定,维护物的效用的充分发挥。其二,维护占有人(包括无权占有人)利益的需要。占有推定功能、持续功能的发挥会使占有人获得部分或全部本权的效果;而占有保护功能的存在,则为占有人维护自身利益直接提供了救济的手段。其三,最终维护本权人利益。将占有理解成以合法原因为基础的权利的概念可能会使上述立法目的得不到实现。

占有与权利均受法律保护,但二者仍有如下差异:(1) 凡有权利能力者,均得为权利之主体,但却并非均得为占有之主体;(2) 权利有主权利、从权利之分别,而占有则无主占有、从占有之分;(3) 权利有禁止让与和继承的,如人格权与身份权,而占有则无;(4) 权利无直接、间接之分,但占有则有直接占有与间接占有之别;(5) 权利与权利有混同之可能,而占有与占有则否;(6) 权利之继受人不能仅就自己取得权利后之有利事实而为主张,但占有则可;(7) 数人共有一物时,共有人中之一人如遇他共有人侵害其权利时,仍得请求所有人物上请求权之保护,但数人共同占有一物时,各占有人就其占有物使用的范围,不得互相请求占有之保护。④ 民法将占有定位为事实,旨在表示法律对物事实支配状态之保护,此种支配仅为事实之支配,是否具有法律上之正当权利在所不问。

反观各国立法例,可发现占有的性质自罗马法以来几乎一直被认为是一种事实。在罗马法上,占有始终是一种事实状态,"'占有'这个词的含义是指真正

---

① 倪江表:《民法物权论》,台湾中正书局1960年版,第393页。
② 转引自王利明:《物权法论》,中国政法大学出版社1998年版,第810—811页。
③ 《马克思恩格斯全集》第1卷,人民出版社1956年版,第382页。
④ 谢在全:《民法物权论》(下),中国政法大学出版社1999年版,第934—935页。

的掌握(signoria),一种对物的事实上的控制(dominazione)"。① 因此,在罗马法上,占有是与权利有所区分的。而日耳曼法对此则没有作出区分:占有为"权利之外衣",其本身即是一种权利。亦即,在日耳曼法上,虽然占有本身被看做对物的事实支配状态,但这种状态通常是与其背后的法律上支配权密切结合在一起的,从而占有被看做是作为法律上支配权的外在形式而存在和受到法律保护的——这在一定程度上被看做是占有性质不清的一个论据。法国民法承继罗马法传统,也将占有作为一种事实状态,并以自主占有为主干(对"暂时占有"提供法律保护为其例外与补充)而构建其整个占有制度。在德国民法中,以占有客观说为基点。需加以说明的是,德国学者有的把占有解为权利,但如何定其性质,意见甚为分歧,如开始的所有权、推定的权利、一时的权利、相对的权利、权利地位,或弱于物权的权利。② 但此类观点仅系学说理论,尚未被德国立法接受。以直接占有和间接占有的区分为骨干,从而使直接占有表现为一种事实,间接占有表现为一种权利。这标志着占有概念由事实性质向权利性质的转化。

笔者认为,占有权是指物之占有人根据占有之事实而依法享有的权利,占有权来源于法律赋予占有的效力。"占有为人与物间之社会之事实现象,占有权为法律所与占有人之法律上之力。""占有权以占有之事实为基础,系对于现为物之占有人,与以法律上之力。占有事实之存在与否,直接影响占有权之得丧,约言之,占有权为占有之效力。""如以占有解为与物之关系,自为事实。如解为由此关系所生法律上之力,则为权利。"③法律出于对事实支配状态的尊重,而赋予占有以大体等同于权利的法律效果,从此意义而言,将占有法律效果称为占有权并无不当,虽然占有权与权利究为不同。

占有权乃是以"占有"这一事实状态为法律要件的法律效果,取得"占有"时,也就取得了"占有权",可见,占有与占有权同命运。"当占有与财产法联系在一起时,它的真实含义是指一系列占有权利的集合,这种集合总称为'占有权'。"④法律对事实状态的占有的保护是通过赋予其占有权而实现的。

第二节 占有的分类

占有依其状态的不同,可划分为不同的类型。由于占有的不同分类对物权法乃至整个民法中若干制度都有至关重要的影响,所以把握占有的分类有着重

---

① 〔意〕彼德罗·彭梵得:《罗马法教科书》,黄风译,中国政法大学出版社1992年版,第270页。
② 参见苏永钦:《侵害占有的侵权责任》,载《台大法学论丛》(1987年特刊)。
③ 史尚宽:《物权法论》,中国政法大学出版社2000年版,第530页。
④ 〔英〕F.H.劳森、B.拉登:《财产法》(第二版),施天涛等译,中国大百科全书出版社1998年版,第40页。

要的意义。

一、有权占有与无权占有

根据占有是否具有法律上的原因（具有本权），可将占有分为有权占有与无权占有。有权占有，又称为正权源占有，是指具有法律上原因的占有，或称具有权源的占有，该法律上的原因或权源被称为本权。本权不仅包括物权法所生之权利，如所有权人对其物的占有，也包括其他法律关系所生之权利，如债权、亲属权等亦可成为占有的权源。所谓无权占有，是指无本权的占有，如盗贼对赃物的占有。

虽无论有权占有或无权占有，占有人皆得行使占有保护请求权，但将两者区分仍有如下实益：其一，在有权占有，占有人得因占有具有法律上原因，拒绝他人为本权的行使。而在无权占有，享有本权的人可向占有人行使权利，占有人不得向该本权人行使占有保护请求权。其二，这种区分为占有的进一步细分奠定了基础。如善意占有与恶意占有、和平占有与强暴占有、无瑕疵占有与有瑕疵占有等，均是在无权占有类型内的再分类。其三，因侵权行为占有他人之物，不生留置权之效果。换言之，留置权的发生，须以有权占有为成立要件。

二、善意占有与恶意占有

善意占有与恶意占有，是在无权占有之类型下，以无权占有人是否误信有占有的权源为标准而作的划分。所谓善意占有，是指误信为有占有的权利且无怀疑而为的占有。与民法其他制度中的善意相比，其标准较为严格。反之，所谓恶意占有，是指明知无占有的权利，或对有无占有的权利有怀疑而仍占有。

两者区分的实益大抵有三：其一，时效取得期间之不同。依我国台湾地区"民法"，不动产时效取得的期间为20年，但占有之始为善意且无过失的，期间为10年。其二，动产善意取得，以善意受让占有为要件，受让人恶意受让占有动产的，不生善意取得的效果。其三，占有人对于回复请求人的权利义务，因善意占有与恶意占有而有所不同（参见我国《物权法》第242—244条）。①

三、无过失占有与有过失占有

依善意占有人就其善意是否有过失，可以将善意占有分为无过失占有与有过失占有。无过失占有，是指占有人就其善意并无过失；反之，则为有过失占有。两者区分的实益在于时效取得期间有所不同，在占有之始为善意且无过失的，时效取得的期间较短，反之则较长。

---

① 王泽鉴：《民法物权》（二），中国政法大学出版社2001年版，第178页。

四、有瑕疵占有与无瑕疵占有

根据无权占有是否具有瑕疵,可将其分为无瑕疵占有与有瑕疵占有。所谓无瑕疵占有,是指对于物以善意且无过失、和平(非以强暴手段)、公然(不以隐藏的方法)并持续(时间上继续无间断)的占有。反之,所谓有瑕疵的占有,是指对于物以恶意、有过失、强暴、隐秘或不继续占有中的任何一种的占有。

两者区分的实益在于:其一,凡主张占有的合并的,应承继前一占有人的瑕疵。其二,在取得时效与善意取得的要件上尚有作用。

五、自主占有与他主占有

根据占有人是否以所有的意思对标的物加以占有,占有可分为自主占有与他主占有。以所有的意思对标的物而为的占有,为自主占有。而不以所有的意思而为的占有,为他主占有。所谓所有的意思,通说认为,只要具有认为其物是自己的物而排斥他人占有的意思即可,无需是依法律行为取得所有权意思表示的意思。至于占有人是否为真正占有人或误信为占有人或明知非所有人,仅会影响其是否为有权占有,不会影响其是否为自主占有。因此,窃贼对赃物的占有,侵夺人对侵占物的占有也是自主占有。同时,各国立法为保护占有人的利益,并减少占有人举证责任,一般推定占有人的占有为自主占有。而如承租人、受寄人、借用人、地上权人、质权人、留置权人等,均是他主占有人,他们的占有大多是基于占有媒介关系而成立。

自主占有与他主占有区分的实益在于:第一,在基于时效而取得动产所有权或基于先占而取得所有权的情形,均以自主占有为成立要件。第二,占有人的赔偿责任,因系自主占有或他主占有而有所不同。第三,关于占有人的保护,不因占有人为自主占有或他主占有而有所不同,法律上对占有保护的规定,对两者均适用。第四,自主占有具有权利推定的效力,而他主占有则否。

六、直接占有与间接占有

以占有人是否直接占有其物为标准,可将占有分为直接占有与间接占有。所谓直接占有,是指对于物有事实上的支配力(管领力)的占有。所谓间接占有,是指自己不直接占有其物,而对直接占有人基于一定法律关系而享有返还请求权,因而间接对物有事实上管领力的占有。如质权人、承租人、受寄人为直接占有人,而出质人、出租人、寄托人为间接占有人。

直接占有在外观上必须具有对物进行客观控制的事实状态。同时,在主观上,直接占有人对物的占有须有为他人占有的意思(自主占有中是无所谓直接占有的)。间接占有则非属于对物有事实上的管领力,而是一种观念化的占有或事实上管领力的拟制。间接占有在外观上不体现为对物进行直接控制的状态,而是基于一定的法律关系对直接占有人享有返还请求权,以实现间接占有的目的。其以占有媒介关系的存在和返还请求权的赋予为内在构造。① 学说上将直接占有与间接占有得以共存的一定法律关系称为"占有媒介关系"。此种占有媒介关系可基于契约(如承揽契约)、法律(如法定代理人管理未成年人的财产关系)等发生。而间接占有人的返还请求权则是占有媒介关系的延伸和必然体现,是指间接占有人对于直接占有人,有请求返还占有物的权利。此种权利,主要是指基于占有媒介关系而产生的请求权,但不限于此,还包括所有物返还请求权和不当得利返还请求权。

直接占有和间接占有区分的实益在于:

第一,间接占有的承认,使法律有关占有的规定对其同样适用。如间接占有人可基于直接占有的关系完成取得时效,或在第三人侵夺直接占有人的占有物时,享有占有人的占有保护请求权。

第二,间接占有概念的承认,使占有趋于观念化,此从占有人的物上请求权而言,具有扩大维持社会秩序范围的意义;从以占有为动产物权变动的公示方法而言,使观念交付(尤其是占有改定)成为可能,因而便利物的交易、促成交易的便捷。②

七、自己占有与占有辅助

根据对物的占有,是占有人亲自占有,还是基于他人的指示而为的占有,可分为自己占有与占有辅助。

所谓自己占有,是指占有人亲自对物为事实上的管领和控制。而基于特定的从属关系,受他人的指示而对物为事实上的管领和控制,为占有辅助。就受雇人而言,其是受雇主的指示而为占有,故其仅为占有辅助人。

理解占有辅助,须注意以下方面:第一,占有辅助关系的成立的要件之一是在占有辅助人与占有人之间必须存在某种从属关系。此种关系并非请求权关系,而是命令和服从的社会从属关系,可为私法关系如雇佣关系,可为公法关系如军人管领武器等。第二,占有人经由占有辅助人而取得占有,也因占有辅助人而丧失占有,占有辅助人本身非占有人。之所以如此,是因为占有辅助人是基于占有人的指示而对物进行事实上的控制,非基于自己的意思。第三,占有辅助具有代理的功能,但不同于民法上的代理。代理适用于法律行为,而占有辅助适用于事实行为。

---

① 申卫星、傅穹、李建华:《物权法》,吉林大学出版社1999年版,第439页。
② 谢在全:《民法物权论》(下),中国政法大学出版社1999年版,第946页。

两者区分的实益在于,占有辅助人虽事实上管领某物,但不因此而取得占有,系以他人为占有人。占有辅助人既非占有人,自不享有或负担基于占有而生的权利义务。如公司的收款员遗失支票,只有该公司(占有人)而非收款员(占有辅助人)可申请公示催告。①

第三节 占有的效力

占有的效力,是占有制度的核心问题,动产善意取得制度、取得时效制度等皆由此而来。通说认为,占有的法律效力主要有四个方面:占有权利的推定、动产物权的善意取得、占有人与回复请求人的权利义务、占有的物权法上的保护。

一、占有权利的推定

占有是权利存在的外观,通常之情形下,占有存在时,其背后皆有实质或真实的权利为其基础,故占有权利的推定乃是指占有人于占有物上行使权利,推定其为真正权利人,而不管其实际情况如何。原因在于,动产的外在表现与其实质内容,通常八九不离十,具有较大的概然性。为如此之推定,既可以借"外衣"而保护占有背后的权利,又可以因无须举证,便利排除侵害而使物、社会之秩序得以维护;既可因占有之公信力而促进交易安全,又因其可减少争执而符合经济原则。

就其适用而言,大致有如下规则:

第一,凡以占有标的物为内容的权利,均在占有推定范围内。具体包括:所有权、他物权(如地上权、质权)和债权(如租赁权),但不以占有为内容的权利(如地役权、抵押权、著作权等)则不在此限。至于不动产可否为占有权利的推定,有着不同的立法例,德国、瑞士规定仅限于动产,日本则规定动产与不动产皆得为占有权利推定。考虑到我国不动产以登记为公示方法,因此笔者认为占有权利的推定仅限于动产,而未登记的不动产和以不动产为标的的债权作为例外,当然可以适用此推定。

第二,为体现占有制度设立之意旨,法律规定,在占有状态不甚明了之际,推定占有人对占有物是自主占有、善意占有、无过失占有、和平占有、公然占有,同时,占有人若能证明前后两时存在占有状态,无须证明中间无间断,即可主张为继续占有。

第三,就主张占有权利推定的主体而言,不仅占有人自己、第三人可以援用,直接占有人亦可援用关于间接占有人的权利推定。不仅现占有人,对过去占有

---

① 王泽鉴:《民法物权》(二),中国政法大学出版社 2001 年版,第 191 页。

人亦可适用。不仅占有人于消极地位时可以援用,占有人对他人积极主张其为有权占有时,亦可援用,即其"非仅用防御,亦可用于攻击"。①

第四,就其权利推定的内容而言,因占有权利的推定,乃基于占有之表彰本权的机能,而非占有人的保护,故其不限于为占有人的利益,对其不利益亦得适用。

第五,就占有权利推定的效力范围而言,究竟是其推定对一切人有效,还是只针对所有人与前占有人以外之人有效?笔者认为,占有权利推定之意旨,乃为物之保护需要及便利权利行使,而非绝对地从保护占有人出发,故以采后者为妥。因此,当占有与本权发生冲突与背离时,为避免占有人滥用推定,真正权利人可举反证推翻之,且此项反证,不可绝对严格,否则将不利于真正权利人的保护。

二、动产物权的善意取得

所谓动产物权的善意取得,是指以动产物权的移转或设定为目的,而善意受让动产的交付,除法律另有规定外,即使为移转或设定的占有人无相关的权利,受移转或设定的占有人,仍取得其权利。此乃对所有权之追及力的限制。

因动产是以占有为其公示方法,故与动产占有人交易之第三人,信赖此种公示方法,自应受法律保护而取得该动产物权。其内在的理论基础,乃是基于交易安全的保护和来源于占有的表彰本权机能的占有的公信力。

因本书有关章节已经对动产物权的善意取得制度作了较为详尽的论述,故有关构成要件、适用范围等内容,本节从略。

三、占有人与回复请求人的权利义务

当无权占有某物,依法应返还于请求人时,有三个问题需要考虑:物的使用收益是否需要返还、物的灭失毁损应否赔偿及对物支出的费用可否求偿。对此问题,各国(地区)民法上大多区分占有人究为善意或恶意而加以区别对待。

1. 占有物的使用、收益

于公平角度而言,善意占有人为权利推定后,当应享有相应的使用、收益权,方为合理。依我国台湾地区"民法"第952条之规定,"善意占有人,依推定其为适法所有之权利,得为占有物之使用及收益"。大致可知,占有物的使用、收益应注意如下问题:其一,占有物的使用与收益,仅应对善意占有人而生效力。如为恶意占有人,则其既无使用权,亦无收益权。由善意而转为恶意时,仅于善意存续期间有使用、收益权。其二,须占有人误信享有的权利中包含有使用和收益权

---

① 王泽鉴:《民法物权》(二),中国政法大学出版社2001年版,第237页。

能(如所有权、租赁权等),反之,如于动产上行使质权等,则无该规则的适用。其三,善意占有人对占有物得为使用、收益,是指依物的用法加以利用,并收取占有物的天然孳息和法定孳息。

同善意占有人相比,恶意占有人对占有物无使用、收益权。故于返还原物之际,负有孳息返还的义务。对于孳息已消费,或因其过失而毁损,或怠于收取的,负偿还其孳息价金的义务。

2. 对占有物费用支出的偿还

占有人对占有物为费用支出,于占有物返还时,于何种费用、何种范围内有费用求偿权,乃须仔细考量占有人与回复请求人之间的关系,区分善意与恶意,区分费用种类而定之。通说一般认为,此种费用大致可分为三种:必要费用、有益费用和奢侈费用。下面分述之。

就必要费用而言,其是指为保存或管理占有物而支出的费用,包括通常必要费用和特别必要费用。前者如税捐、大厦管理费等。支出费用应以当时的情况,依客观标准认定是否必要。此等通常必要费用,原则上得请求偿还,但善意占有人已取得孳息的,不论两者价值是否相当,皆不得请求偿还。后者指通常必要费用以外的必要费用,又称临时必要费用。如房屋遭地震而支出的重大修缮费用。在此情形,善意占有人纵然已收取孳息,仍得请求偿还(我国《物权法》第243条)。

所谓有益费用,是指因改良占有物所支出的费用。对此费用,善意占有人只能就因改良而增加价值的尚存部分请求相对人偿还。

除了必要费用、有益费用以外,善意占有人对占有物所投入之费用皆为奢侈费用。对此,一般认为占有人不得请求偿还,但同时享有在返还占有物前,于不因分离而损害占有物范围内取回增添设备的权利。

在占有人为恶意场合,其求偿权的行使,受到两项限制,一是限于必要费用(包括通常必要费用与特别必要费用);二是只许依无因管理的规定,即恶意占有人费用的支出须为回复请求人尽公益上的义务或利于回复请求人且不违反其意思,方可请求偿还。可见,恶意占有人之支出费用求偿权范围较善意占有人为狭。需要说明的是,恶意占有人于请求而未受费用偿还前,与善意占有人相同,皆可主张对占有动产的留置权。

3. 占有物灭失或毁损的赔偿责任

善意占有人对于占有物因可归责于自己的事由毁损、灭失时,仅以因毁损灭失所受到的利益为限负赔偿责任。此可归责于自己的事由包括占有辅助人的故意或过失。至于他主占有人,则无此规则的适用,盖因为他主占有人明知占有他人之物,应负相当注意义务,违反之,自不可不负责任,方属公允。

恶意占有人或他主占有人,因可归责于自己的事由使占有物毁损、灭失的,应负赔偿全部损失的责任,包括所受损害及所失利益,不以占有人是否受有利益为限。至于非可归责事由的情形,与善意占有人责任相同,不负赔偿责任。

我国《物权法》第 242 条仅就恶意占有人的赔偿责任进行了规定。

四、占有的物权法上的保护

占有制度的重要机能之一就是对于物的事实支配,无论其有无本权,皆应得到保护,以此而达致对占有物的保护,对社会安宁、稳定的保护。在物权法上,此种保护手段有二:其一为占有人的自力救济权,其二为占有保护请求权。

(一) 占有人的自力救济权

在现代社会,权利或利益受到侵害时,原则上应遵循法定程序,寻求公力救济,以确保社会之平和秩序。唯占有人所受损害依公权力救济不及时,可例外地承认占有人的自力救济权。此种权利,从消极方面而言,指占有防御(卫)权;从积极方面着眼,指占有物取回权。占有防御权是指占有人对于侵夺或者妨碍其占有的行为,采取正当防卫等自力方法排除侵夺或妨害的权利。占有物取回权是指对于已经完成的占有侵夺,占有人有权取回被侵夺的财物。其被侵夺的占有物如果是不动产,占有人可以在被侵夺后通过即时排除加害人的方法而将不动产取回。

此两种自力救济权,不但占有人自己可以行使,而且占有辅助人也可因其对物有管领力而加以行使。但是,在占有人针对侵害人(包括侵害人的继承人和其他恶意继受人)行使自力救济权时,不能超过必要的限度,对于恢复正常占有必须造成侵害人的财产损失的,以恢复到正常占有为限度;对于必须对行为人实施强力方能恢复正常占有的,则以有效制止行为人的侵害行为为界限。超过必要的限度而实施的行为,即使占有人没有过失,也应承担损害赔偿责任。

(二) 占有物上请求权

占有物上请求权,也称占有保护请求权、占有人之物上请求权、占有诉权,是指占有人的占有物被非法侵夺或妨害时,于法定期间内,得请求侵害人返还占有物、排除妨害、除去妨害危险的实体权利。通说认为,占有物上请求权包括三种类型(参见我国《物权法》第 245 条第 1 款)。

其一,占有物返还请求权。占有物返还请求权是指占有人于占有物被侵夺时,得请求侵夺人返还占有物的权利。此项权利,直接占有人和间接占有人皆得行使。此项请求权的目的仅在于回复其物的占有,而非恢复其物的原有状态。故可归责于加害人之事由而致占有物毁损时,仅可请求损害赔偿。占有人返还原物的请求权,自侵占发生之日起一年内未行使的,该请求权消灭(《物权法》第 245 条第 2 款)。

其二,占有妨害除去请求权。与占有物的被侵夺不同,此妨害是指以侵夺以外的方法妨碍占有人管领其物。此项请求权并非损害赔偿请求权,不发生金钱赔偿的问题。

其三,占有妨害防止请求权,是指占有有被妨害的危险时,占有人具有的可请求防止其妨害的权利。但究竟有无此项危险,非依占有人的主观意思加以认定,而应就具体事实,依一般社会观念,客观地加以判断。

第四节 占有的取得与消灭

一、占有的取得

(一) 占有的原始取得

占有的原始取得,指非基于他人既存之占有而取得之占有。例如无主物的先占、遗失物的拾得等,均为占有的原始取得。占有的原始取得纯为事实行为,而非法律行为,故无行为能力人也可依其行为直接取得对物的占有,但占有的取得须有占有的一般意思,即要求行为人具有行使管领力的意思能力。至于占有的方法并不一定是要求对物直接施加自己的力量,一般认为只要将物置于自己的控制范围内,即可认为取得了对物的占有。同时,其取得人可不亲自为之,而委之占有辅助人,如店员等人为之。占有原始取得的标的物包括动产与不动产,已登记之不动产亦包括在内,且无论标的物是否有人占有,或占有之取得是否合法。[①]

(二) 占有的继受取得

占有的继受取得,指基于他人既存之占有而取得之占有,此于直接占有与间接占有均有适用。占有的继受取得,可分为占有的移转继受取得(简称移转取得)与创设继受取得(简称创设取得或设定取得)。

1. 继受取得的原因

占有继受取得之发生,不外两种原因,即占有之移转与占有之继承。试分述如下:

(1) 占有之移转

占有之移转,是指占有人以法律行为将其占有物交付他人,该他人因而取得占有的情形。由于占有之移转一般须依法律行为为之,因此称为占有之让与。依各国法及解释,占有之移转,须有下列要件始生效力:

其一,须有移转占有的意思表示。占有之移转既然系依法律行为而为移转,因此自以有移转占有的意思表示为必要,此种意思与占有原始取得时要求之"行

---

① 参见谢在全:《民法物权论》(下),中国政法大学出版社 1999 年版,第 955 页。

使管领力之意思"不同。占有的移转既然须以有意思表示为必要,因此占有之移转如非因当事人之意思表示而发生,如遗失之动物,自拾得人处自动返回遗失人之住所的,即不得谓为占有之移转。

其二,须有占有物之交付。因占有乃对于物有事实上之管领力,故占有之移转,仅有移转占有的意思表示,尚不发生效力。而只有在将占有物交付后,始生占有移转的效力。在直接占有之移转,不问动产或不动产,一律因占有物之交付而生效力。至于交付的方法,不以现实交付为必要,即使简易交付、占有改定及指示交付(返还请求权之让与)等,也并无不可。在间接占有让与场合,一般认为,间接占有人可依指示交付将其间接占有让与他人。

(2) 占有之继承

占有虽为一种事实,但若认为占有人一旦死亡,其占有的意思即不存在,同时亦割断其与物的管领关系使之当然消灭而不得继承,显然不利于保护继承人。所以各国法上都对占有的继承作了规定。如《德国民法典》第857条、《法国民法典》第724条及《瑞士民法典》第560条等,无不设有明文规定。依各国法及解释,因继承而取得占有,既不以知悉继承事实之发生为必要,也无须事实上已管领其物或有交付之行为,更无须为继承之意思表示。

2. 继受取得的效力

占有,于本质上并非权利,而为事实。故在占有之继受,因继受人一面系继续与前占有人为同一性之占有,一面系开始自己新的占有。故法律允许继受人或单独主张自己之新占有,或与前占有人之占有合并而为主张。但如为占有的继承,则以被继承人死亡时占有某物为必要条件。其占有悉依被继承人死亡时的占有状态(有权占有或无权占有、有瑕疵占有或无瑕疵占有、自主占有或他主占有、直接占有或间接占有等)移转于继承人,而无论继承人知悉与否。

(1) 占有之合并

占有之合并,是指占有之继承人或受让人,得就自己之占有与其前占有人之占有合并而为主张。

关于占有之合并,须注意下列三点:其一,得主张占有之合并的,仅限于占有的继承人或受让人。换言之,仅占有之继受取得人可主张占有之合并,至于占有之原始取得人则无主张占有合并之余地。其二,所谓前占有人之占有,不限于直接前占有人之占有,只须前占有人之占有系继受取得,即得辗转合并所有前手之占有而为主张。其三,合并前占有人之占有而为主张的,并应继承其瑕疵。因占有之继受人既已主张占有之合并,则依一般继受取得法理,自应按占有的原有状态(有权占有或无权占有、有瑕疵占有或无瑕疵占有、自主占有或他主占有、直接占有或间接占有等)加以继受。关于合并占有之实益,主要见于取得时效。

(2) 占有之分离

占有之分离,即占有之继受人得将自己之占有与前占有人之占有分离,而仅就自己之占有而为主张。因占有之继受人合并前占有人之占有而为主张时,须承继其瑕疵,对己未必有利。况继受人已取得标的物之占有,对物已有事实上之管领力,足以成立新占有。因此,法律一般允许占有之继受人,得将自己之占有与前手之占有分离而为主张。

二、占有的消灭

就直接占有而言,其消灭事由为占有人丧失对物之事实上之管领力。至于何谓丧失管领力,则需就具体事实,依法律规定及一般社会观念予以认定。管领力丧失的情形有二:其一,基于占有人意思的管领力丧失。如抛弃占有物(作为),或见占有物掉落而不拾(不作为)。此种意思非属法律行为上的意思表示,不以具有行为能力为必要。其二,非基于占有人意思的管领力丧失,如物被窃或遗失。凡此种种,皆得为占有消灭的原因。但仅一时不能行使管领力,不能谓占有管领力丧失,从而也就不能为占有消灭的原因。

另外,占有物之物质的灭失,包括毁灭(如玻璃杯破碎)、消耗(如燃烧煤块)或添附(如以漆刷地板)等,亦当然可以作为占有消灭的原因。

就间接占有而言,因其成立主要赖于其与直接占有的关系,所以其消灭的主要原因大致关联于直接占有,主要包括三种情形:直接占有人丧失占有、直接占有人拒绝承认间接占有及返还请求权的消灭。

第三编 债 权

第十五章 债权总论

债权与物权是相互对应的两大财产权。物权主要调整的是人对物的直接管领和支配,侧重反映的是静态的财产关系,即财产的归属、支配关系,也一定程度上调整物的利用和交易关系,如各项他物权和物权变动等;而债权主要调整的是人对人的请求权①,侧重反映的是动态的交易关系,即财产的流转关系,包括正常的自愿的财产流转关系(如合同之债),也包括非自愿的不正常的财产流转关系(如侵权之债、不当得利之债和无因管理之债)。在现代的民法体系中,由于交易关系日呈灵活化和国际化,债权理论也日益复杂和精致,需要深入研究方得其真谛,并能在现实社会中发挥积极作用。本章为债权总论,主要介绍了有关债的一般原理、债的履行、债的保全、债的担保、债的移转和债的消灭等问题。

第一节 债 与 债 权

一、债的概念

民法上债的概念源自罗马法。罗马法上的债以拉丁文 Obligatio 一字兼括,有时也称作"法锁"(iuris vinculum)。所谓法锁即指特定当事人之间的法律关系。债就像一条锁链,将特定的当事人拴在一起,相互承担义务、享有权利。《法律汇编》有曰:"债的本质,不是某物或者劳务归谁所有,而是讲,使其他人给我某物或者劳务。"现代法继承了罗马法这一概念,以债来表示社会经济流转关系。但是债的概念仅存于大陆法系,英美法系仅有"给付义务之法锁"之概念。在中国固有法上,债仅具有非常狭窄的含义。古代"债"、"责"通用,《正字通说》曰:"责,逋财也,俗作债。"《汉书·淮阳宪王钦传》师古注:"债,谓假贷人财物,未偿

---

① Medicus/Lorenz, Schuldrecht I, Rn. 1ff.

者也。"自西汉《九章律》之"户律"首次出现债的明文规定,至唐《贞观律》详细规定钱、债的内容,债的观念一直未见扩大,仅指欠人财物。至清末《大清民律草案》,西方民法中债的概念才首次引入我国。①

债者,乃特定当事人之间得请求一定给付的法律关系。② 我国《民法总则》第 118 条第 2 款规定:"债权是因合同、侵权行为、无因管理、不当得利以及法律的其他规定,权利人请求特定义务人为或者不为一定行为的权利。"可见,我国民事立法是把债作为特定当事人之间的一种民事法律关系予以规范的,是指特定当事人之间请求为或不为一定给付的民事法律关系。基于合同关系、侵权责任而形成的关系,都属于特定当事人之间的民事法律关系,均为债的关系。在债的法律关系中,享有权利的一方称债权人,负有义务的一方称债务人。

现代法意义上的债,与老百姓理念中简单的"欠人钱财"不同。"欠人钱财"是一种债,但这仅仅是合同之债中的一种——借贷之债,除了合同这种自愿形成的债之关系外,还包括非自愿形成的侵权之债、不当得利之债和无因管理之债等法定之债③。仅就合同之债而言,除了人们能自然想到的"欠人钱财"的借贷合同外,还有很多其他合同类型,如提供服务的劳务合同,提供一定工作成果的加工承揽合同,乃至于竞业禁止的不作为合同等,都远远超出了"欠人钱财"的范围。总结而言,现代意义的债具有如下的含义:

(1) 债是一种财产法律关系。我国民法的调整对象主要是财产关系和人身关系。债的关系属于典型的财产关系,因此债权属于财产权。财产关系是指能以而且应当以货币加以衡量和评价的社会关系。所以,民法中的等价有偿原则在债的关系中表现得最为充分,而债的制度也就成为调整市场经济的基本法律制度。

(2) 债是特定当事人之间的法律关系。债的当事人即债的主体,包括债权人和债务人,前者享有权利,后者承担义务。一般情况下,债权人的权利原则上只对债务人发生效力,而债务人也仅对债权人负担义务,即在债的关系中,债权人和债务人都是特定的,即债法关系当事人之间在法律上是特别结合关系(rechtliche "Sonderverbindungen")。④ 因此,债权也称为对人权或相对权,或称"债的相对性"。

但是无论在我国还是在其他国家,债的相对性都发生了突破,主要表现在:

第一,买卖不破租赁。我国《合同法》第 229 条明确规定了买卖不破租赁的

---

① 郭明瑞、房绍坤主编:《民法》(第 3 版),高等教育出版社 2010 年版,第 270 页。
② 王泽鉴:《债法原理》,北京大学出版社 2009 年版,第 3 页;Staudinger/Olzen (2009) § 241 Rn. 46. ff.;Larenz, Schuldrecht I,§ 2 I.
③ Looschelders, Schuldrecht, Allgemeiner Teil, 9. Aufl., Rn. 4.
④ Lanrenz, Lehrbuchdes Schuldrechts, Band I, AT, 14. Aufl. S. F.

规则,其指在租赁期间即使出租人将其财产转移给第三方,已经订立的合同对第三人也继续有效。

第二,涉他合同。涉他合同包括第三人利益合同和第三人负担合同,前者是指合同为合同当事人以外的第三人设立合同上的利益(《合同法》第 64 条),后者是指合同为第三人设立合同上的义务或负担(《合同法》第 65 条)。

第三,债的保全制度。债的保全包括债权人的代位权与撤销权(《合同法》第 73 条和第 74 条),这两种权利都涉及第三人,具体内容后有专节论述。

以上这些所谓的"债的相对性的突破",只是在一定程度使债的效力可以辐射、影响他人,但尚未使债权成为可以对不特定的任何人主张的权利,债的效力仍限定在一定范围内。

(3)债是以给付为客体的法律关系。所谓债的客体,是指债权和债务共同指向的对象。由于债的本质是债权人得请求债务人为或不为特定行为,所以债的客体就是债权人得请求债务人为或不为一定的行为,这在民法理论上称为"给付"(Leistung)[1],它是债法上特有的抽象概念,包括作为和不作为。就形式而言,给付与履行几乎相同,只是观察的角度不同而已。[2] 根据不同债的指向不同,给付又可以分为给付行为(Leistungsverhalten)和给付效果(Leistungserfolg),前者着眼于行为的提供,如劳务合同;后者则不仅包括行为的提供,还要达到法定或约定的效果,如买卖合同、加工承揽合同等。[3]

二、债的要素

所谓债的要素,是指构成债所必须具备的要素。债作为民事法律关系之一种,也是由主体、客体和内容三部分构成,即债的要素包括债的主体、债的内容和债的客体。

(1)债的主体。债的主体,是指参与债的法律关系的当事人,包括权利主体和义务主体。债的权利主体称为债权人,义务主体称为债务人。债权人和债务人是相互对应、相互依存的债的双方当事人,缺少任何一方,债的法律关系就不能有效成立和维持。在某些特别的债的关系中,一方当事人仅享有债权而不负有债务,另一方当事人仅负有债务而不享有债权。而在通常情况下,双方当事人既互享债权又互负债务,即就整个债的关系而言,债权人同时为债务人,债务人也同时为债权人。

(2)债的内容。债的内容是指债权人享有的权利和债务人负担的义务的总

---

[1] Looschelders, Schuldrecht, Allgemeiner Teil, 9. Aufl., Rn. 10.
[2] 郭明瑞、房绍坤主编:《民法》(第 3 版),高等教育出版社 2010 年版,第 271 页。
[3] Looschelders, Schuldrecht, Allgemeiner Teil, 9. Aufl., Rn. 16.

和,即债权和债务。债权、债务是债的两个方面,一般而言,债权和债务相互对应,相互依存,相互联系,统一地构成了债的内容。通常情况下,债权与债务互为对价,债权人之所以能够获得债权是因为其要履行债务,而债务人之所以愿意履行债务是因为其要享有债权。就典型的债的关系而言,不存在无债务的债权,也不存在无债权的债务。①

(3) 债的客体。债的客体又称债的标的,是指债权人的权利和债务人的义务共同指向的对象,即债权人得请求债务人为或不为一定的行为,简称为"给付"。

构成债之客体的给付,必须具备以下条件:

首先,给付必须适法,即不为法律所禁止。凡违反法律强制性规定或公序良俗的行为均不得成为债的标的,如赌债以及买凶杀人等均不能作为有效的债的给付。

其次,给付必须确定,即给付的内容、方式等能够确定。不能确定的给付,当事人无法请求,不能作为债的标的。当然,给付的确定是指"可得确定",既包括在合同成立时,给付是确定的,也包括在合同履行时是确定的。给付不能确定,将导致合同效力的瑕疵。

再次,给付必须可能。给付不可能,为"标的不能""履行不能",现代法上一般并不绝对认为其构成合同无效,一个准确的表述是,自始履行不能对合同效力一般不产生影响。但是,给付是否可能,取决于时代发展、社会观念和技术条件,如,到月球旅行,在过去被认为是不可能的,而在现在则是可能的。

最后,给付必须适格。即依事物的性质,适于作为债的标的。如果给付不能满足民事主体利益之需要,或者不为民事主体所控制,则被视为不适于债的履行,将导致给付不适格。

债的客体又称债的标的,但债的标的不同于债的标的物。债的标的物是指给付行为所涉及的具体金钱或财物,即给付的具体对象,如房屋买卖合同中的房屋、出版合同中的书稿。

三、债权与债务

(一) 债权及其特点

债权是指债权人得请求债务人为一定给付的权利。债权是重要的民事权利,是债的内容的核心,具有如下特点:

(1) 债权是请求权。请求权是指根据权利的内容,权利人得请求相对人为一定行为或不为一定行为的权利。债权即为债权人得向债务人请求其为特定行

---

① Looschelders, Schuldrecht, Allgemeiner Teil, 9. Aufl., Rn. 29.

为的权利①。请求权的特征在于权利人如要实现其利益,必须借助于相对人履行义务的行为,在相对人即债务人为给付之前,债权人不能直接支配债权所负载的利益,也不能直接支配债务人的行为,而只能请求债务人履行债务以实现其利益。

(2)债权是相对权。相对权是指权利人只能向特定的相对人主张权利,而不能及于他人。在债的关系中,债权人只能向债务人主张权利,而不能向债务人以外的任何人主张权利。债的效力仅及于特定的相对人即债务人,其他人均不对债权人负有义务,所以,债权是只对特定相对人发生效力的权利,具有相对性。

(3)债权的设定具有任意性。② 债权的任意性是指当事人在不违反法律的强制性规定和公序良俗的前提下,可以依自己的自由意志,自由创设民事法律关系③,这种关系受法律保护。当然,债权的任意设定,仅就意定之债而言,法定之债(侵权之债、不当得利之债、无因管理之债、缔约过失之债)的设立,则不具有任意性,只能依据法律规定产生。

(4)债权具有期限性。债权的期限性是指债权只在一定的期限内有效存在,而不能永久存续。债权为有期限的权利,期限届满,债权即归于消灭。根据我国学界通说,债权的期限性主要是指法律上可执行的债权具有期限性,债权的实体则并不具有明确的期限性。即使超过诉讼时效的债权,债权人仍然可以向债务人主张,只不过债务人享有时效届满的抗辩权而已,但债权的实体仍然存续。另外,债还会因清偿、免除、提存、混同、抵销、破产清算等或法律规定的其他原因而消灭,进而消灭债权。④

(5)债权具有相容性。在同一标的上可同时并存数个债权。⑤ 债权的相容性可以表现为不同的债权各自独立存在,彼此不影响各自的效力。

(6)债权具有平等性。数个债权人对同一个债务人先后发生数个普通债权时,其效力一律平等,不因其成立先后而有效力上的优劣之分。⑥ 在债务人破产或其财产被法院依诉讼程序强制执行而不足以清偿全部债务时,得以债务人之总和财产,在数个债权人之间按各个债权额比例进行分配清偿。债权的平等性是通例,只有在法律有特别规定或全体债务人同意的情况下,债权的平等性才能被突破。

---

① Vgl. Medicus/Lorenz, Schuldrecht I, Rn. 6; Gernhuber, Schuldverhältnis, §3 I 5; Looschelders, Schuldrecht, Allgemeiner Teil, 9. Aufl., Rn. 8.
② Larenz/Canaris, Schuldrecht II/2, §63 I1a.
③ Westermann/Bydlinski/Weber, Schuldrecht AT, Rn. 2/2 ff.
④ 郭明瑞主编:《民法学》,北京大学出版社2001年版,第293页。
⑤ 魏振瀛主编:《民法》(第四版),北京大学出版社、高等教育出版社2010年版,第340页。
⑥ 同上。

(二) 债权与物权的区别

债权与物权的区别主要表现在以下几个方面：

(1) 从权利所反映的社会关系的性质上看。物权主要反映的是物的归属与支配关系，即静态财产关系，而债权主要反映的是财产的流转关系；物权侧重保护静的财产安全，债权侧重保护动的财产安全。

(2) 从权利的发生上看。物权法定主义是物权法的基本原则，当事人不得设立法律规定以外的物权，通常也不能设定与物权法所规定的内容不同的物权；而债权既可以因合法行为发生，也可以因不法行为及其他事实行为或事件而发生，同时，依照法律规定，在不违反国家法律和行政法规强制性规定以及公序良俗原则的条件下，基于"意思自治"的理念，当事人可以自由设立任何种类和内容的债权。

(3) 从主体上说。物权关系是特定的权利主体和不特定的义务主体之间的一种法律关系，它确认的是所有权人与所有权人以外的一切人之间的关系，其义务主体是不特定的，为此，物权称为绝对权或称对世权；而债权是特定的当事人之间的法律关系，其主体双方都是特定的，债权人的权利原则上只对债务人发生效力，因此，债权被称作相对权或对人权。

(4) 从权利的作用和实现方式上说。物权为支配权，债权为请求权。物权得由权利人自己对物的支配而实现，即不需借助义务人的积极行为即可实现对物的占有、使用、收益和处分；而债权人的权利主要表现为要求债务人为一定行为或不为一定行为，在一般情况下，债权人债权的实现须依靠债务人的履行行为。

(5) 从权利的效力上说。物权具有排他效力、优先效力、追及效力，并有物上请求权；而债权无排他性，也无优先性，无追及性，对债权的保护也只能适用债的保护方式。

值得注意的是，现代法律的发展，出现了债权的物权化。债权的物权化，指使相对性的债权亦具有对抗一般人的效力，其主要情形有两种：第一，租赁权的物权化；第二，预告登记。[1] 债权物权化只是使债权的内容和保护上具有物权的某些特点，但其本质仍然是债权。

(三) 债务及其特点

债务是指债务人依照约定或法定应为的给付义务。债务具有如下特点：

(1) 债务可以是作为义务，也可以是不作为义务。债务一般是指债务人履行债务应实施积极的特定行为，但有时债务的内容也可以是不作为义务，如竞业禁止的义务、保密的义务等。但通常而言不作为义务较少作为主给付义务出现，

---

[1] 王泽鉴：《债法原理》，北京大学出版社 2009 年版，第 13—14 页。

一般都是附随义务。债务就其本质来说是债务人负担不利益。债务履行的结果，一方面使债权人的利益得以实现，另一方面又使债务人失去既有利益，处于不利益状态。

（2）债务的内容具有特定性。债务的内容或者由当事人约定，或者由法律直接规定，每一个具体的债务，都有其具体和确定的内容。

（3）债务不具有永久性。债务只能是特定的、有期限的，非经法定理由不得转移于他人承受并令其长时间承担甚或永久承担；设定无期限的债务，将会使债务人永久失去人身自由或交易自由，与现代法律精神不符。同时法律也可以基于劳动者权益保护作出特别的债务期限规定，如我国《劳动合同法》第 24 条第 2 款规定："在解除或者终止劳动合同后，前款规定的人员到与本单位生产或者经营同类产品、从事同类业务的有竞争关系的其他用人单位，或者自己开业生产或者经营同类产品、从事同类业务的竞业限制期限，不得超过 2 年。"

四、债的本质和效力

（一）债的本质

关于债的本质，我国学者有不同的观点。以往多数学者是从阶级分析方法的角度，认为不同社会制度下的债是为不同统治阶级服务的，并以此来说明债的本质和作用，而对不同社会中债的共同本质即债的本身属性极少揭示。本书认为，虽然债的发生原因不同，各种不同债的功能和作用也不同，但就各种债的共性而言，债的关系是财产移转关系，即保障财产能够从一个主体移转给另一个主体。债是商品交换的法律形式，随着商品生产的产生、发展而产生、发展，并联系和反映着商品生产必不可少的信用关系。因此可以这样讲，债是发展商品经济关系的有效法律工具，商品经济关系越发达，债的制度越发达。债的关系在本质上是法律上可期待的信用[①]，它首先确认让渡商品与实现价值存在时间差距的合理性，确认经济利益暂时不平衡的合理性，同时又保证这种差距可以消除。

（二）债的效力

所谓债的效力，是指债的法律关系成立后，法律所赋予债的强制性作用力，具体表现为对债权的内容积极肯定或消极否定的效果。

债的效力具体表现为法律对于人的行为的作用力。一方面，债权人依债的效力可以请求债务人履行债务，接受债务的履行以实现自己的利益，而债务人应当依此效力积极履行债务，确保债权的实现。另一方面，在债务人不履行债务时，债权人得依债的效力请求法律的保护，以法律的强制力迫使债务人履行债务以实现债权。债的效力是债权效力和债务效力的结合。对债权人而言，是赋予

[①] 张俊浩主编：《民法学原理》，中国政法大学出版社 1997 年版，第 542 页。

债权人以法律之力,属于债的效力的积极方面;对于债务人而言,则是对债务人的法律拘束,属于债的效力的消极方面。因此,债的效力通过对债权的保护表现为债的请求力、保持力和强制执行力。请求力是债的主要效力,是指债权人依其债权请求债务人履行债务的效力。保持力是指债权人有保持所受给付的效力,债务人履行债务后,不得以不当得利请求返还。强制执行力是指在债务人不履行债务时,债权人得请求法院对债务人实施强制执行的效力。[①]

关于债的效力,可根据不同的标准,作如下分类:

(1) 一般效力与特殊效力。这是以债的效力是否涉及一切债的关系为标准而进行的分类。一般效力又称普通效力,是指所有类型的债所具有的共同效力,包括:债的关系成立后,债务人的财产即成为债的一般担保;债务必须在规定期限和地点履行;债权人受领迟延可减轻债务人的责任;债务人不履行债务,债权人得请求强制执行或请求损害赔偿。债的特殊效力是指法律对个别债的效力的特别规定。例如合同之债的定金罚则,违约金的交付,同时履行抗辩等。

(2) 积极效力与消极效力。这是以债的效力的内容为标准而作的分类。积极效力是指债的当事人依据债的关系应实施一定的行为。例如,债权人有权要求债务人履行债务;债务人有权要求债权人给予必要的协助并接受履行等。消极效力是指债务人不履行债务或债权人受领迟延等所应承担的法律后果。

(3) 对内效力与对外效力。这是以债的效力是否涉及第三人为标准而作的划分。对内效力是指发生于债权人与债务人之间的效力。对外效力是指发生于债的当事人与第三人之间的效力,如债的保全等。依传统民法理论,债的效力仅及于债的当事人,不具有涉及第三人的效力,但近现代各国立法及判例对这一观点有所修正,承认在特殊情况下,债的效力也可及于第三人,此即所谓债的效力的扩张。例如,债的保全涉及的第三人、保证合同中的保证人、保险法上享有合同利益的第三人、租赁关系中的第三人、债的转移中的第三人、受合同法特别保护的第三人、不法侵害债权的第三人等都可为债的效力所及。

五、债法

(一) 债法及其特征

债法是指调整债权债务关系的法律规范的总称。[②] 债法在各国的称谓不尽一致,如瑞士称之为债务法,日本称之为债权法,德国称之为债务关系法。[③]

债法有形式意义的债法与实质意义的债法之分。形式意义的债法是指专门

[①] 李开国主编:《民法原理与实务》,中国政法大学出版社2002年版,第340页。

[②] 张广兴:《债法学论》,法律出版社1997年版,第1页;崔建远、韩世远、于敏:《债法》,清华大学出版社2010年版,第34页。

[③] Looschelders, Schuldrecht, Allgemeiner Teil, 9. Aufl., §2.

的债法典或民法典中的债法编,是债的基本法,前者如《瑞士债务关系法》,后者如德、日、意等国民法典中的债法编。实质意义的债法是指所有有关债的法律规范,包括债的基本法、有关债的单行法、有关债的判例等。我国并无严格的形式意义上的债法,而只有实质意义上的债法,这些法律体现在《民法通则》第五章、第六章,《合同法》和《侵权责任法》《担保法》《劳动合同法》以及其他法律部门中调整债的关系的法律,如《保险法》中关于保险合同的规定,等等。

债法具有如下特征:

(1) 债法的基本性质为财产法。债法是关于财产关系的法,是民事主体处理民事交易关系的行为准则和裁判规范。如前所述,债法的调整对象为债权债务关系,而债权债务关系属于财产领域的关系。因此,债权属于财产权,债法属于财产法。

(2) 债法的内容多为任意性法律规范。这意味着民事主体主要涉及私法主体的利益,通常与国家利益、社会利益以及整体利益没有直接的关联性。因此,任意性法律规范构成了债法的主体内容。这意味着当事人在法律没有规定时,任意性法律规范即成为合同的内容。如果合同的内容不符合当事人之间的偏好,当事人可以以约定排除任意性规范。但是为了特定的政策目的或者特定主体的权益保护,债法也可以作出强制性规定排除当事人意志的作用。所以,总体而言,债法是任意法。

(3) 债法具有国际性和统一性。由于财产的交易是任何社会存在和发展的必由之路和必要手段,并不必然与一国的政治形态、经济发展水平、民族文化等有直接的关联或者虽有关联但关联度没有公法和财产法强,其共性远多于个性,所以财产交易规则在国际上较早地开始了统一化进程,各国的债法立法例无不借鉴国际经济贸易中形成的惯例以及其他国家债法的规定,这促进了债法的国际性和统一性。我国《合同法》就大量吸收了联合国《国际货物买卖合同公约》的内容。

(二) 债法的地位

债法的地位是指债法在民法中发挥何种作用。债法的地位体现在:

(1) 债法是民法的重要组成部分。民法是调整人身关系和财产关系的法律,调整人身关系的规则形成民法中的人身权法,调整财产关系的规则形成民法中的财产权法。财产关系是人们相互之间因财产的归属、利用和交换而发生的关系,财产的归属、利用关系表现为民法中的物权制度,财产的交换关系表现为民法的债权制度。所以,债法是民法的一个重要组成部分。[①] 现代大陆法系国家的民法典,大都将债法作为独立的一编规定于民法典中,民法典由总则、债、物

---

① 崔建远、韩世远、于敏:《债法》,清华大学出版社2010年版,第35页。

权、亲属和继承等几个主要部分组成。在英美法系国家,合同法、财产法、侵权行为法等单行的制定法和判例法在其法律体系中同样居于重要地位。

(2) 民法总则的规定适用于债权法。民法总则中的基本原则、民事主体制度、民事法律行为、诉讼时效等内容都统一适用于债权法。债权法必然也会涉及上述内容,而债法显然没有必要将这些内容再规定一遍。因此,体系性地界定债法的地位,就必须清晰地认识到,债法不是一个完全封闭的体系,民法总则的规定适用于债权法。

第二节 债的发生

一、债的发生的概念

债的发生,是指债权债务关系的产生,即一项特定的、新的债权债务关系在当事人之间得以创设。广义上的债的发生,既包括在原本无任何债的关系的当事人之间设定一项新的债,也包括一项已设定的债在当事人之间进行移转,即由新的当事人替代原来的当事人承受已经存在的债。狭义上的债的发生,仅指前一种情形,即在原本无任何债的关系的当事人之间设定一项新的债,客观上产生了一项新的债,而后一种情形只是债的主体发生了变更而已,客观上并无新的债权债务关系发生,只是既存之债的转移。通常所称债的发生,系采狭义的概念,债的移转问题由债法中另外的制度加以规定。

二、债的发生原因

债的发生原因也称债的发生依据,是指产生债的法律事实。目前各国法在债的发生原因上有不同的规定和体系。如《德国民法典》将契约规定为债的主要发生根据,并将其规定于债法总则第二章中,而将侵权行为、无因管理、不当得利作为各论规定于债务关系法的第七章中;而在美国法上债的发生根据包括合同、侵权行为以及不当得利等。依据我国《民法总则》第 118 条第 2 款的规定,债的发生原因主要有以下几种类型:

(1) 合同。合同,是当事人之间设立、变更、终止民事法律关系的协议。《合同法》第 2 条第 1 款将合同界定为平等主体的自然人、法人、其他组织之间设立、变更、终止民事权利义务关系的协议,但同条第 2 款将关于婚姻、收养、监护等有关身份关系的协议排除在外。依法成立的合同受法律保护,当事人基于合同设立的以债权债务为内容的民事法律关系,称为合同之债。在现实经济生活中,各民事主体主要通过订立合同来明确相互间的权利义务关系。因此,合同是产生债的最常见、最主要的法律事实。

(2) 无因管理。无因管理,是指没有法定或者约定的义务,为避免他人利益受到损失而进行管理或者服务的行为。对他人事务进行管理或者服务的人是管理人,因管理人管理事务或服务而获得利益的人为受益人,又称本人。无因管理发生后,管理人与受益人之间便产生一种债的法律关系,即无因管理之债。

(3) 不当得利。不当得利,是指没有法律或合同上的根据取得利益,而致使他人受到损害。当发生不当得利的事实时,由于一方取得的利益没有合法的根据,因此,其获得的利益是不正当的;同时,另一方在不存在法律根据和合同约定的情况下而受到不应有的损害,显然有失公允。所以,依照法律规定,受损失的一方有权请求不当得利人返还所得的利益,不当得利人有义务返还其所得利益,当事人之间即发生债权、债务关系。因不当得利所发生的债,称为不当得利之债。

(4) 侵权行为。侵权行为,是指侵害他人财产或人身权利的不法行为。侵害他人财产或人身权利的不法行为人应当依法承担民事责任。依照法律的规定,对于侵害人和受害人之间因侵权行为所生的民事权利义务关系,受害人有权要求侵害人赔偿,侵害人有义务负责赔偿。这种因侵权行为发生的侵害人与受害人之间的债权债务关系被称为侵权损害之债或损害赔偿之债,侵权行为也因而成为债的发生原因之一。不过损害赔偿之债并不专指因侵权行为发生的债。

侵权行为是一种单方实施的不适法的行为,不具有合法性,但因侵权行为而发生的债却是合法的,是受法律保护的。我国在《侵权责任法》实施前,传统民法将侵权行为作为债的发生原因之一,而《民法通则》没有把侵权行为制度纳入债权中,而是规定在"民事责任"一章。这反映了我国法律确认侵权行为法律制度的特殊演进路径。目前我国已经把《侵权责任法》独立出来,独立于合同法。尽管在立法体系上,侵权责任获得了独立性,但毫无疑问的是,侵权行为依然是债的发生原因,其目的依然要实现权益救济和自由保护的统一。

(5) 缔约过失。缔约过失,是指在订立合同过程中,当事人一方因违背诚实信用原则而导致合同不成立、无效、被撤销等,并给对方造成损害的情形。在这种情况下,致人损害的一方当事人需向受损一方承担赔偿责任,这种责任称为缔约过失责任。因缔约过失所生之债即为缔约过失之债。通常认为,因缔约过失而产生的民事法律关系不能在合同以及侵权责任的框架内得到合理的解释。因为在缔约过程中,尽管是因一方当事人的原因而给对方当事人造成损害,但当事人之间不存在合法有效的合同关系,缔约过失责任的承担更不以有效的合同为前提。同时,缔约过失与侵权责任也不完全相同,后者根本不要求当事人限于缔约过程,更不限于合同必须无效或者不成立等要求。但是,缔约过失责任在相当情况下可以与侵权行为竞合。为此,应将因缔约上的过失给对方造成损失而产生的债权债务的求偿关系,列为一种新的债的发生原因。

（6）单独行为。单独行为又称单方行为，或者单务约束，是指表意人向相对人作出的为自己设定某种义务，使相对人取得某种权利的意思表示。① 它之所以可以引起债的关系的发生，完全在于表意人单方的意思自治。表意人可基于某种物质或精神上的需要，为自己设定单方义务，同时放弃对于相对人给付对价的请求。如，遗赠、设定幸运奖等。

（7）债的其他发生原因。除上述事实外，其他法律事实也可引起债的产生，成为债的发生原因。如拾得遗失物的保管和交还、遗嘱执行人与受遗赠人之间的保管和交付遗产等，也是债发生的原因。② 这些债不能被前六种情况所涵盖，而且也很难总结它们共同的特征，主要还是基于法律的规定。

第三节 债的分类

依据不同的标准，可将债分为以下不同的类型。

一、法定之债与意定之债

根据债的发生原因及债的内容是否以当事人的意志决定，债可分为法定之债和意定之债。

法定之债是指债的发生与内容均由法律加以直接和明确规定的债。意定之债是指债的发生及其内容完全由当事人依其自由意志决定的债。民法以私人自治为基本原则，民事权利义务关系的产生、变更和消灭一般由当事人根据自己的意志自由决定，法律不作强行规定，但涉及诚实信用的实现、公序良俗以及国家政策之保障时，为维护法的价值，民法也会基于价值选择和政策判断而规定诸多情形下的事件和事实行为在当事人之间产生特定性的法律关系，使一方当事人依据法律的直接规定而向对方为给付义务，此种由法律直接规定债的发生依据和债的内容的债，称为法定之债。法定之债主要包括侵权损害赔偿之债、不当得利之债、无因管理之债及缔约过失之债。而意定之债主要指合同之债以及单方允诺之债。因此，意定之债也称为约定之债。但是，法定之债与约定之债的原理或规则间也可具有相通性，如法定之债产生后，当事人也可以根据约定之债的规则进行移转或者放弃等。

区分法定之债与意定之债的意义在于：第一，前者体现了国家对当事人之间法律关系的评价，即债的发生和内容均直接由法律规定；后者贯彻了意思自治原则，在债的主体、类型、内容、履行期限、履行方式及债务不履行的责任等方面，均

---

① 崔建远、韩世远、于敏：《债法》，清华大学出版社2010年版，第21页。
② 魏振瀛主编：《民法》（第四版），北京大学出版社、高等教育出版社2010年版，第344页。

可以由当事人约定。第二,两者应适用不尽相同的法律规范,即各种合同之债,主要应适用合同法;侵权行为之债,主要应适用侵权行为法;不当得利之债、无因管理之债以及因遗赠、拾得遗失物、抢救公物等所生之债,只能适用专门的法律,专门法律没有规定的,适用债的一般原理。

二、特定之债与种类之债

根据债的标的的属性不同,债可分为特定之债和种类之债。

特定之债(Stückschuld)是指以特定给付为标的的债,此种债务只能以负担的特定物履行,其后果常见于给付不能等说。① 种类之债(Gattungsschuld)是指以种类中的一定数量或计量单位为标的的债。特定给付,是指具有独立特征或被权利人指定,不能由其他给付代替的给付,它包括独一无二的物品和某一类物中被特定化的物。种类给付,是指具有共同特征,能以品种、质量、数量等标准加以确定,且能由同种类给付代替的给付。种类给付经由当事人的合意或者约定,即可以转化为特定给付。种类之债以种类物的交易最为常见,但并不以此为局限,如种类租赁(如甲向乙租车公司租赁一部奔驰轿车等)、种类雇佣或种类承揽合同,均属可能。②

种类之债的标的,在债发生时尚未被确定,只有给付时才可能被特定化。关于种类之债特定化的方法,一般认为有两种:一种是依债务人一方的行为而特定化,包括:(1)在债权人住所地交付的,当债务人将种类给付中特定数量的给付送达债权人住所地并提出履行时,标的即为特定。(2)在债务人住所地履行的,当债务人将特定数量的种类给付分离出来并将准备履行的意思通知债权人时,标的即为特定。(3)在第三地点履行的,如债务人有送交该地的义务,当债务人在该地向债权人提出给付时,标的即为特定;如债务人应债权人的请求在第三地点履行的,在债务人具体指定其给付物,并交送运输单位时,标的物即为特定。另一种是依当事人的约定而特定化,包括:(1)经债权人同意指定种类给付中的一部为给付标的,或者由债权人指定而为债务人同意以种类给付中的一部为给付标的。(2)当事人合意由一方指定或由第三人指定时,因有指定权人的指定,其给付即为特定。

区分特定之债与种类之债的法律意义在于:第一,两类债对给付的约束程度不同。特定之债的履行,债务人负有履行特定给付的义务,债权人也只能请求债务人交付该标的。而种类之债则对债务人给付的约束程度较特定之债弱,债务人可以在一定范围内选择具体的给付,自由度较大,但都可以构成适当履行。第

---

① 〔德〕梅迪库斯:《德国债法总论》,杜景林、卢谌译,法律出版社2004年版,第113页。
② 黄立:《民法债编总论》,中国政法大学出版社2002年版,第340页。

二,标的物因不可抗力,法律对债务人是否免除给付义务有不同规定。在特定之债中,若标的物因不可抗力而灭失,则发生债的履行不能,债务人的给付义务免除,即转化为损害赔偿义务。种类之债原则上不存在履行不能的情况,除非债务人所有的种类物全部灭失或者因不可抗力导致合同履行非常困难。

三、单一之债与多数人之债

根据债的主体双方的人数,债可分为单一之债和多数人之债。

单一之债是指债的双方主体即债权人和债务人都仅为一人的债。多数人之债,是指债的双方主体均为二人以上或者其中一方主体为二人以上的债。

区分单一之债与多数人之债的法律意义在于:因单一之债的主体双方都只有一人,当事人之间的权利、义务关系比较简单,不发生多数主体之间的权利、义务关系;而多数人之债,当事人之间的关系比较复杂,不仅有债权人和债务人之间的权利、义务关系,而且还发生多数债权人或多数债务人之间的内部权利义务关系。因此,正确地区分单一之债和多数人之债,有利于准确地确定双方当事人之间及各方当事人内部之间的权利和义务。

四、按份之债与连带之债

在多数人之债中,根据各方各自享有的权利或承担的义务以及相互间的关系,可分为按份之债和连带之债。

按份之债,是指债的一方或双方主体为多数人,多数人一方当事人之间按照一定的份额享有权利或承担义务的债。《民法通则》第86条规定:"债权人为二人以上的,按照确定的份额分享权利。债务人为二人以上的,按照确定的份额分担义务。"按份之债又可分为按份债权和按份债务。债权人一方为多数人,各债权人按一定份额分享权利的,为按份债权;债务人一方为多数人,各债务人按一定份额分担义务的,为按份债务。按份之债,主要因法律行为而成立。按份之债的标的必须是可分的,即作为债的标的的给付可分为数个给付,而无损于标的的性质和价值。

关于按份之债的效力,一般认为有以下几方面:(1) 按份债权人只能按自己享有的确定份额请求债务人清偿,而无权请求债务人向自己为全部债务的清偿。按份债务人仅就自己所负的债务份额向债权人履行债务,对其他债务人应负的债务份额,无清偿义务。(2) 某一债权人接受的履行超过自己应接受的份额时,除可认为是代其他债权人接受履行者外,其超过部分,构成不当得利;其他债权人的债权并不消灭。某一债务人的履行超过自己应负担的债务份额时,除可认定为代其他债务人履行者外,其超过部分,可依不当得利请求返还;其他债务人的债务并不消灭。(3) 因某一债权人或债务人的行为而发生的事项,对其他债权人或债务人不产生影响,即某一债权人或债务人的债务免除、提存、无效、撤销或抵销行为,以及某一债务人因不可抗力或时效完成而消灭债务等事项,对其他债权人或债务人不产生影响。(4)因按份之债基于同一发生原因,在因合同所生的按份之债中,合同的解除应由一方当事人全体向对方当事人全体为之。(5)就发生按份之债的合同有争议时,全体债权人和全体债务人可作为共同诉讼人起诉或应诉。(6)在双务合同中,若一方当事人为数人,他方所负的对待给付为不可分时,则于一方当事人未为全部给付前,他方当事人可拒绝对待给付;若其对待给付为可分,则不得以他方当事人未为全部给付而拒绝对待给付,各债权人仅得就自己应享受的部分尚未履行而拒绝履行相应的义务。

连带之债,是指债的主体一方或双方为多数人,多数人一方当事人之间对同一给付有连带关系的债。所谓连带关系,是指当事人各自的债务或者债权具有共同的目的,从而在债的效力上、债的消灭上相互发生牵连。①《民法通则》第87条规定:"债权人或者债务人一方人数为二人以上的,依照法律的规定或者当事人的约定,享有连带权利的每个债权人,都有权要求债务人履行义务;负有连带义务的每个债务人,都负有清偿全部债务的义务,履行了义务的人,有权要求其他负有连带义务的人偿付他应当承担的份额。"按照这一规定,连带之债包括连带债权和连带债务。债权主体一方为多数人且有连带关系的,为连带债权;债务主体一方为多数人且有连带关系的,为连带债务。连带之债既可因法律的直接规定发生,也可因当事人的约定而发生。民事实践中以连带债务居多,如共同侵权中数个侵权人之间对受害人承担的债务、合伙人之间对外承担的债务等,均为连带债务。

连带债务的效力,可分为对内效力和对外效力。一般认为,连带债务的对内效力包括两个方面:一是对于连带债务人之一因清偿、提存、抵销、混同、免除以及诉讼时效完成而使债部分或全部终止的,就发生终止效力的债务,对其他债务人发生免除其向债权人履行义务的后果;二是连带债务人之一因清偿或其他行为使其他债务人免除履行义务的,就其他债务人各自应承担的份额,有请求偿还的权利。连带债务的对外效力是连带债务人均有义务向债权人清偿债务,也即债权人可向债务人之一人或数人请求全部或一部之给付,被请求之债务人不得以超过自己应负份额为由提出抗辩。连带债权的效力也可分为对内效力和对外效力。一般认为,对内效力为各债权人仍应按确定的份额享受债权,受领全部给付的债权人对超出其份额的部分,应偿还给其他债权人。对外效力为连带债权人中任何一人受领全部给付时,全体债权人的债权统归消灭。

区分按份之债和连带之债的法律意义主要在于:按份之债的多数债权人或

---

① 魏振瀛主编:《民法》(第四版),北京大学出版社、高等教育出版社2010年版,第353页。

债务人的债权或债务是各自独立的,相互间无连带关系;而连带之债的债权人或债务人的权利或义务是连带的。在按份之债中,任一债权人接受了其应受份额的履行或者任一债务人履行了自己应负担份额的义务后,与其他债权人或债务人均不发生任何权利、义务关系。在连带之债中,连带债权人的任何一人接受了全部履行,或者连带债务人的任何一人清偿了全部债务时,虽然原债归于消灭,但连带债权人或连带债务人在其内部之间则会产生新的按份之债,即常说的"外部连带,内部按份"。

五、简单之债与选择之债

根据债的标的有无选择性,债可分为简单之债与选择之债。

简单之债又称不可选择之债,是指债的标的是单一的,当事人只能以该种标的履行而没有选择余地的债。选择之债（Wahlschuld）是指债成立时,确定的标的为两项以上,当事人于履行时可以选择其中一项或数项来履行的债。选择之债的标的,在债成立时确定为数个,数个标的具有不同的内容,因此有选择的必要。设定选择之债的目的在于确保实现当事人的偏好,或者为将来需要提供便利。例如,根据我国《合同法》第 111 条的规定,在出售的商品不符合质量要求时,买受人与出卖人之间就会发生选择之债,或修理、或更换、或退货,选择权人须从中选择一种要求履行。

关于选择之债的性质,学说不一,或认为它是复数债,或认为它是单数债。[①] 一般认为,选择之债为单数债。选择之债虽然表面看有数种给付,但这数种给付仅为债权人或债务人选择的参考,债务人无需也无义务履行全部给付义务,只需选择其中一种或数种即可,并且这种选择具有溯及力,给付一经选定即溯及债发生之时。选择之债因有数个给付,而债务人仅负其中一种或数种给付义务,因此选择之债以选定给付为必要条件,即于数个给付中,最终选择一种给付,债务才能履行。此即选择之债的特定化。选择之债的特定化方法有三:一是依合同而特定;二是依给付选择而特定;三是因给付不能而特定。

区分简单之债与选择之债的意义在于:第一,在简单之债中,债务人仅依法律的直接规定或当事人的约定所确定的内容为给付,即其具有给付内容的确定性和不可选择性;如为选择之债,则通常债务人可享有选择权,债的给付内容须待选择后才能确定。第二,选择之债中的选择权属于形成权,债权人享有选择权的称为选择债权,债务人享有选择权的称为选择债务。在当事人无约定且法律也无规定时,将选择权赋予债务人更为方便,也更容易实现债的履行。当事人一经行使选择权,选择之债便成为确定内容的简单之债,债务人需依此履行,而选

---

① Vgl. Looschelders, Schuldrecht, Allgemeiner Teil, 9. Aufl., Rn. 298ff.

择权人也不得反悔。第三,简单之债的标的无法履行时,发生债的履行不能;而选择之债的某种可选择的标的无法履行时,不发生债的履行不能,当事人可以在其余的标的中选择其中之一履行,只有在所有可选择的标的均无法履行时,才发生债的履行不能。

六、主债与从债

根据两个债之间的关系,债可分为主债和从债。

主债是指在两个并存的债中,居于主要地位且能独立存在的债。凡是不能独立存在,而必须以主债的存在为成立前提的债,为从债。主债与从债是相对应的,没有主债不发生从债,而没有从债也就无所谓主债。主债是相对于从债而言的,所以必须有两个并存的债才有主债存在的意义。两个并存的债之间应当存在牵连关系,一般而言,从债往往是为了担保主债的实现而存在的。

区分主债与从债的法律意义在于:第一,主债是从债的存在依据,没有主债就不会存在从债;第二,从债的效力取决于主债的效力,主债不成立,从债也不成立,主债被撤销或被宣告无效时,从债也随之失去效力;第三,主债消灭,从债也随之消灭。

七、财物之债与劳务之债

根据债务人的义务是提供财物还是提供劳务,债可分为财物之债和劳务之债。

财物之债,是指债务人须给付金钱或实物的债,即债之给付内容为交付财物或支付金钱。劳务之债,是指债务人须提供劳务的债,即债之给付内容为劳务。

区分财物之债与劳务之债的意义在于:第一,当债务人不履行债务时,财物之债可适用强制履行方式;而劳务之债则基于"禁止劳役"的现代观念不能适用强制履行方式,也不能通过诉讼程序为之。第二,财物之债在一般情况下均可由第三人履行;而劳务之债除法律另有规定或当事人另有约定或者根据劳务的性质能替代履行外,一般不能由第三人履行。

第四节 债的履行

一、债的履行的概念

债的履行,是指债务人按照合同的约定或者法律的规定全面适当地履行自己所承担的义务的行为[①]。《民法通则》第 84 条第 2 款规定:"债权人有权要求债务人按照合同的约定或者依照法律的规定履行义务。"《合同法》第 60 条第 1 款规定:"当事人应当按照约定全面履行自己的义务。"债的履行是债务人的给付行为。不同类型的债,给付行为内容不同,其履行的表现形态也不同。在移转所有权的合同,如买卖合同中,债的履行表现为出卖人交付标的物转移所有权,买受人支付价款。无因管理之债的履行表现为本人对管理人的费用偿还义务。而侵权行为之债则表现为侵权人对受害人的损害赔偿义务。

履行、给付和清偿是三个既相互联系而又有区别的概念。给付指债务人应为的特定行为,包括作为与不作为,它是债的标的(或称客体),具有抽象的、静态的意义;履行指债务人实施给付的行为,即债务人实施债的内容所要求的特定行为,具有具体的、动态的意义;清偿指债务人履行的效果,通常在债的消灭原因的意义上使用。这三个概念均与债务人的行为有关,故有时被通用。[②] 例如"给付行为""履行行为"和"清偿行为"均被用来指债务人履行债务的行为;"给付义务""履行义务"和"清偿义务"均被用来指债务人所负担的债务。

二、债的履行原则

债的履行原则,是指债的当事人在履行债时必须遵守的基本原则。本书认为,债的履行原则应包括以下几项:

1. 诚实信用原则。诚实信用原则是自罗马法以来世界各国法律公认的原则,不过其适用范围各有不同[③]。我国《民法通则》和《合同法》都明确规定了诚实信用原则。其作为民法的原则也是我国债的履行的基本原则。

依诚实信用原则,债的当事人在债的履行中应当本着诚实、善意的内心状态维护对方的利益,以对待自己事务的注意对待他人事务,保证法律关系的当事人都能得到自己应得的利益,不得损人利己。[④] 对于债务人来说,应当选择有利于债权人的时间、地点和履行方式,按照约定的标的来履行,并履行其应当承担的附随义务;对于债权人而言,应当积极协助履行并妥为受领。

2. 实际履行原则。实际履行原则是指当事人应按照债的标的来履行而不能任意改变。严格按照约定的标的履行,不能用其他标的代替原标的的履行,是由债的法律效力和当事人所追求的经济目的所决定的。如果允许合同债务人任意以其他标的代替合同约定的标的进行履行,不仅会使合同失去自身的基本价值和意义,而且也会影响甚至否定合同当事人的利益,不能或难以达到订立合同

[①] Vgl. Looschelders, Schuldrecht, Allgemeiner Teil, 9. Aufl., Rn. 384.
[②] 郭明瑞主编:《民法学》,北京大学出版社 2001 年版,第 321 页。
[③] 详见 Looschelders, Schuldrecht, Allgemeiner Teil, 9. Aufl., § 4.
[④] Brox/Walker, Schuldrecht AT, § 7 Rn. 1.

的目的。另一方面,实际履行原则意味着债务人的履行不等于违约加上赔偿金。美国大法官霍姆斯认为遵守合同义务仅仅是要么是履行要么是违约加损害赔偿的预期的结论[1],并不适合于中国。因为在我国,当事人并没有违约的权利,即使是"效率违约的权利"。当事人订立合同的目的就是为了履行自身而非简单地要求履行或者违约加损害赔偿金。而且我国合同法认为,违约责任的第一个法律后果是继续履行或实际履行,而非损害赔偿,这也排斥和否定了将违约加上损害赔偿作为实际履行的代替物。

3. 适当履行原则。适当履行原则,又称正确履行原则或全面履行原则,是指当事人应当按照约定或者法律规定全面适当地履行债。当事人是否适当履行债,是决定当事人是否承担不履行责任的判断标准。适当履行不仅要求债务人严格按照债的标的实际履行,而且还要求按照债的履行期限、地点、方式来履行,即在适当的时间,用适当的方法,在适当的地点履行。适当履行是实际履行原则的一个深化。

4. 协作履行原则。协作履行原则,是指当事人双方不仅要适当地履行义务,而且应按照诚实信用原则的要求协助对方履行义务。一般认为,协作履行原则主要表现在以下几个方面:(1)债的当事人各方都应严格按照规定或约定的条件履行自己的义务,同时债权人应当适当受领给付。(2)债权人应尽力协助债务人履行义务,为债务人履行义务创造必要的条件,不能以合同或法律无明文规定为由不予配合。(3)遇有不能按原规定履行的情况时,应按法律规定或合同的约定采取积极措施,避免或者减少损失的发生或扩大。

5. 经济合理原则。经济合理原则要求当事人履行债务时,要讲求经济效益,力争付出最小的成本获得最大的效益。合同当事人是求同,他们的根本利益和目标一致,相互间是一种互惠互利的协作关系。因此,任何一方当事人的利益都服从于双方基于合同而形成的共同利益,该利益的实现也应当符合效率原则,不能产生浪费。因此,如果合同约定不够具体或不符合经济合理的要求,以及合同订立后情势发生了变更等,在这些情况下,当事人就应遵循法律的任意性规则以及体现诚实信用的经济合理原则履行合同,尽可能选择最优方案为对方节省开支,以最节省的方式取得最大的效益,避免当事人的利益遭受不必要的损失及社会资源的浪费。

三、债的履行的内容

(一)履行给付义务

履行给付义务,是指债务人依照债的内容,在债务履行期届至时全部、适当

---

[1] Holmes, The Path of the Law, 10 *Harvard Law Review*(1897), p.462.

地履行,即债的履行的主体、履行的标的、履行的期限、履行的地点和履行的方式都是适当的、完全的,否则不能成立有效的给付。

1. 履行主体。债的履行主体,首先为债务人,包括单独债务人、连带债务人、不可分债务人、保证债务人[①]。

债是特定当事人之间的一种民事法律关系,因而在通常情况下,债应由债务人履行,债权人只能向债务人请求履行并接受履行。但在某些情况下,当债务由谁来履行对债权人的债权实现并无影响,而且债权人也不反对他人代为履行时,债务可以由第三人代为履行。当然,如果法律直接规定或当事人约定或者依债务性质必须由债务人亲自履行的,则不得由第三人代替履行。在允许第三人代为履行或代为接受时,第三人代为履行或代为接受履行的,不能因此而损害债权人或债务人的合法权益。

当债的履行主体涉及第三人时,一般是由债的当事人在合同中加以约定而形成的。根据我国《合同法》第 64 条的规定,债的履行中的第三人包括向第三人履行和由第三人履行两种情况:(1) 当事人约定由债务人向第三人履行债务的,第三人为接受履行主体。若债务人最终未向第三人履行债务或者履行债务不符合约定,则债务人应当向债权人而非向第三人承担违约责任,第三人也不能向债务人主张违约责任,因为第三人并非债的当事人,而只是债的接受履行主体。(2) 当事人约定由第三人向债权人履行债务的,第三人为履行主体,若第三人最终未履行债务或者履行债务不符合约定,债权人只能向债务人主张违约责任,而不能向第三人主张违约责任。

2. 履行标的。债的履行标的与债的标的不同,债的履行标的是指债的给付对象,即债务人向债权人履行给付义务时具体交付的对象。履行标的可以是物,也可以是完成工作,还可以是提供劳务等。当事人严格按照约定的标的履行义务,是债的实际履行原则的要求。只有在法律规定或者合同约定允许以其他标的代替履行时,债务人才可以其他标的履行。对履行标的的具体要求表现在:

(1) 债务人以给付实物履行债务的,交付的标的物的数量、质量必须符合法律规定和合同的约定。标的物的质量应按合同中约定的标准履行。若合同中对标的物的质量规定不明确,则按照国家标准、行业标准履行;没有国家标准或者行业标准的,按照通常标准或者符合合同目的的特定标准履行。

(2) 以完成一定工作或劳务履行义务的,债务人应当严格按照合同约定和法律规定的质量、数量完成工作或提供劳务。

(3) 以货币履行义务的,除法律另有规定外,须用人民币计算和支付。除国家允许的现金交易外,法人之间的经济往来,必须通过银行转账结算。

[①] 崔建远、韩世远、于敏:《债法》,清华大学出版社 2010 年版,第 48 页。

(4) 在支付标的为价款或酬金时,当事人应按照合同约定的标准和计算方法确定的价金履行。合同中约定价款不明确的,按照订立合同时履行地的市场价格履行。依法应当执行政府定价或者政府指导价的,按照规定履行,即:在合同规定的交付期限内政府价格调整时,按交付时的价格计价。逾期交货的,遇价格上涨时,按原价格执行;价格下降时,按新价格执行。逾期提货或逾期付款的,遇价格上涨时,按新价格执行;价格下降时,按原价格执行。

3. 履行期限。履行期限,是指债务人向债权人履行义务和债权人接受债务人履行的时间。履行期限可以是具体的某一期日,也可以是某一期间。履行期限,有约定时,依其约定;没有约定,法律、法规有规定时,依其规定。如果当事人在合同中未约定履行期限,可由当事人事后协议补充。如果合同约定的履行期限不明确,当事人又协商不成的,则债务人可以随时向债权人履行义务,债权人也可以随时要求债务人履行义务,但都应当给对方必要的准备时间。

履行期限有为债务人利益的,有为债权人利益的,也有为双方当事人利益的。对于第一种情况,债权人不得在履行期前请求履行,但债务人可以放弃其期限利益,在履行期前履行。对于第二种情况,债权人可以在履行期限前请求债务人为履行,但债务人无权强行要求债权人于期前受领给付。对于第三种情况,债务人无权强行要求债权人于期前受领,同时债权人无权请求债务人于期前履行。依《合同法》第71条的规定,债权人可以拒绝债务人提前履行债务,除非提前履行不损害债权人的利益。债务人在履行期限届满后履行,称为债的逾期履行,又称迟延履行。债务人在履行期限届满前履行自己的义务称为债的提前履行。经债权人同意的提前履行,视为双方对履行期限的变更。未经债权人同意,债务人原则上不能提前履行。

4. 履行地点。履行地点,是指义务人履行义务和债权人接受履行的地点。对履行地点有约定的,依照约定履行。如果当事人在合同中未约定履行地点,可由当事人事后协议补充。如果合同约定的履行地点不明确,当事人又协商不成的,则按照合同有关条款或者交易习惯确定。履行地点也可由习惯确定,例如,车站、码头物品寄存,应在该寄存场所履行债务。履行地点还可由债的性质确定,例如,不作为债务的履行地点应在债权人的所在地。在按上述规则仍不能确定履行地点时,按照法律规定,如果当事人对履行地点约定不明确,给付货币的,在接受给付一方的所在地履行;交付不动产的,在不动产所在地履行;其他标的,在履行义务一方的所在地履行;但标的物为工程项目和建筑物的,应在标的物所在地履行。法律有特别规定时,依其规定,例如,《票据法》第23条第3款规定:"汇票上未记载付款地的,付款人的营业场所、住所或者经常居住地为付款地。"

5. 履行方式。履行方式是完成债务的方式,如标的物的交付方法,工作成果的完成方法,运输方法,价款或酬金的支付方法等。合同对履行方式有约定的,按照约定履行;没有约定的,依照《合同法》第 61 条的规定以及第 62 条第 5 项关于"履行方式不明确的,按照有利于实现合同目的的方式履行"的规定加以确定。履行方式与当事人的权益密切相关,履行方式不符合要求,有可能造成标的物缺陷、费用增加、迟延履行等后果。因债的性质和内容不同,其履行方式也不同。有的债应一次性全部履行,如一次性交货的买卖合同;有的债应分次、分部分履行,如分批发放贷款的借款合同;有的债应定期履行,如按月交租的房屋租赁合同。对履行方式约定不明确的,应按照有利于实现合同目的的方式履行。债权人可以拒绝债务人部分履行债务,除非部分履行不损害债权人的利益。

(二) 履行附随义务

附随义务(Nebenpflicht),又称附从义务,此类义务的发生,系以诚实信用原则为依据。[1] 我国《合同法》第 60 条第 2 款规定:当事人应当遵循诚实信用原则,根据合同的性质、目的和交易习惯履行通知、协助、保密等义务。附随义务与主给付义务的区别主要有三:(1) 主给付义务是自始就确定的,并决定着债的类型;而附随义务是随着债的关系的发展,于个别情况下要求当事人一方有所作为或不作为,以维持相对人的利益,于任何债的关系均可发生,不受特定债的关系类型的限制。(2) 主给付义务构成双务合同中的对待给付,享有同时履行抗辩权;而附随义务原则上不构成对待给付,不能发生同时履行抗辩权。(3) 主给付义务不履行,债权人有权解除合同;而附随义务不履行,债权人原则上不得解除合同,但在约定有违约金的场合,可请求债务人支付违约金,或者就其所受损害,依照不完全履行的规定请求支付违约金或者损害赔偿。[2] 而且,附随义务也有别于从给付义务,不具有可诉请履行性。[3] 德国通说认为应以得否独立以诉请求履行为判断标准,其得独立以诉请求的,为从给付义务,其不得独立以诉请求的,则为附随义务。[4]

附随义务的种类甚多,但就其功能而言,可分为两类:一类为有辅助功能的,即促进实现主给付义务,使债权人的给付利益获得最大可能的满足的附随义务。如出卖人应对出卖的物品为相应的包装,以便于买受人安全携带。[5] 一类为维护他方当事人人身或财产上利益的附随义务。例如雇主应注意其所提供工具的安全性,避免受雇人因此而受损害。[6] 须注意的是,附随义务兼具以上两种功能的,亦属有之,例如,汽锅的出卖人应告知其使用上应注意的事项,一方面使买受

---

[1] 参见王泽鉴:《债法原理》,北京大学出版社 2009 年版,第 30 页。
[2] 参见崔建远、韩世远、于敏:《债法》,清华大学出版社 2010 年版,第 9 页。
[3] 参阅 Looschelders, Schuldrecht, Allgemeiner Teil, 9. Aufl., Rn. 11ff; Gernhuber, Schuldrverhältnis, § 2 III 4; Brox/Walker, Schuldrecht AT, § 2 Rn. 8ff.
[4] 参见王泽鉴:《债法原理》,北京大学出版社 2009 年版,第 31 页。
[5] 参见郭明瑞、房绍坤主编:《民法》(第 3 版),高等教育出版社 2010 年版,第 273 页。
[6] 参见王泽鉴:《债法原理》,北京大学出版社 2009 年版,第 32 页。

人给付上的利益得获满足,另一方面亦维护买受人的人身或财产上的利益不因汽锅爆炸而遭受损害。① 但随着债的关系的发展,可能会要求当事人有所作为或不作为,以维护对方的利益。附随义务不受债的种类的限制,在任何债的关系中均可发生。附随义务虽不可单独请求履行,但如果违反此义务,给对方当事人造成损害的,也应承担损害赔偿责任。附随义务是否存在以及内容如何,一般由法官根据各个债权债务关系的具体情势加以判断。

附随义务,归纳起来大致包括以下几项:

1. 注意义务。债务人应尽善良管理人或者如同处理自己的事务一样的注意。债务人的注意程度因其地位、职业、判断能力以及债务的性质而有所不同。

2. 告知与通知义务。当事人对有关对方利益的重大事项负有告知与通知的义务。例如,债务人交付仪器设备的,应告知装配、使用及维修方法;债务人履行不能时,应告知履行不能的原因等;遇有不可抗力发生时应及时向对方通报有关情况等。

3. 照顾义务。照顾义务可分为对债权人的照顾义务、对特定第三人的照顾义务和对标的物的照顾义务。对于前者,若存在多种履行方式,则债务人应选择方便债权人受领的方式履行;对于后者,如出卖易碎物品应妥善为其包装;而对于特定第三人的照顾,如从事危险作业的,应避免其他人在场。

4. 协助义务。依照诚实信用原则,当债务人的履行在性质上需要债权人的协助时,债权人即负有协助履行的义务。协助义务主要是指为对方的履行提供方便和条件。例如,债权人应及时验收,无故不得拖延。

5. 保密义务。对涉及一方利益的尚不被人知晓的情况,他方负有保密义务,不得向外披露。例如,技术秘密的使用方应对第三方保守该技术秘密;代理人不得披露委托人的商业秘密等。

6. 不作为义务。根据债的内容和性质,债务人应承担某种不作为义务的,其应负不作为义务。例如出租车司机承载客人后,不应中途搭载其他人。②

四、债的不履行及其后果

债的不履行又称债务违反,是指债务人没有依照债的内容履行给付的行为。债一经有效成立,即具有法律约束力,债务人应全面适当地履行债务,债务人违反此义务,即构成债务违反,债务人应承担相应的民事责任。通说认为,债的不履行有四种形态:给付不能、给付拒绝、给付迟延和不完全给付。

(一) 给付不能及其后果

给付不能,又称履行不能,是指债务人没有完全履行自己的义务。

---

① 王泽鉴:《债法原理》,北京大学出版社2009年版,第31页。
② 郭明瑞、房绍坤主编:《民法》(第3版),高等教育出版社2010年版,第285页。

给付不能按不同标准可分为不同类别:(1)事实不能和法律不能。事实不能是指因自然法则而使给付不能,如发生山洪冲毁道路而不能运送;法律不能是指因法律上的原因而使给付不能,如出卖他人之物,该物已被所有人取回。(2)自始不能和嗣后不能。自始不能又称原始不能,是指在债成立之时给付即为不能;嗣后不能是指在债成立以后发生的给付不能。(3)客观不能与主观不能。客观不能是指因债务人以外的原因而使给付不能,主观不能是指因债务人的原因而使给付不能。(4)全部不能与部分不能。全部不能是指给付义务的全部履行不能,部分不能是指给付义务的一部分履行不能。(5)可归责的给付不能与不可归责的给付不能。前者指因有可归责于债务人的事由的给付不能,后者指因不可归责于债务人的事由的给付不能。(6)永久不能与一时不能。永久不能是指债务人在履行期内已无履行的任何可能性,一时不能是指因暂时性的障碍而不能履行。

给付不能的法律后果,包括以下两个方面的内容:

1. 因可归责于债务人的事由而致履行不能时,其法律后果为:

(1)债务人免除履行原债务的义务。若为部分不能,则债务人免除该不能给付部分的履行义务;若为全部不能,则债务人免除全部给付的履行义务;若为一时不能,则债务人只在该时免除给付义务,除非以后的履行对债权人已无利益,否则债务人不能免除履行义务,并承担履行迟延的责任。

(2)债务人应承担债务不履行的违约金或者损害赔偿责任。该项法律后果是由原债务转化而来的。在一部履行不能时,债权人仅可请求不能履行部分的违约金或者损害赔偿金,对其他部分只能请求继续履行。但可能部分的履行对债权人已无利益的,债权人可拒绝该部分的履行,而请求全部不履行的违约金或者损害赔偿金。

(3)对于合同之债,债权人可因债务人的给付不能而解除合同,并有权请求损害赔偿。

2. 因不可归责于债务人的事由而致履行不能时,其法律后果为:

(1)债务人免除履行原债务的义务,且不承担不履行债务的责任。部分不能履行时,债务人在不能履行的范围内免除履行义务;全部不能履行时,债务人全部免除履行义务;一时不能履行时,债务人于履行障碍消灭前不负履行迟延的责任。

(2)代偿请求权。债务人因不履行债务的事由而对第三人有损害赔偿请求权时,债权人得请求债务人让与该请求权或交付其所受领的赔偿物。[①]

[①] 郭明瑞主编:《民法学》,北京大学出版社 2001 年版,第 326 页。

(二) 给付拒绝及其后果

给付拒绝,亦称拒绝给付,是指债务人能够给付而故意不给付的意思表示。从客观方面看,给付拒绝属于一种违法事实,即对于合法的债务,债务人拒不履行。从主观方面看,给付拒绝基于债务人的故意,即债务人明知自己负有给付义务且能够给付却故意不给付。给付拒绝的表示,可以在履行期到来之前为之,也可以在履行期届至或者发生迟延以后为之;既可以是明示的,也可以是默示的。但债务人有权拒绝的,如拒绝履行超过诉讼时效的债务,则不构成给付拒绝。

给付拒绝的法律后果,体现在以下三个方面:

1. 对于已届履行期的给付拒绝,债权人有权要求强制履行或采取补救措施,并有权请求损害赔偿。

2. 对于未届履行期的给付拒绝,债权人有权即时解除合同,并可要求损害赔偿,不必等到履行期届至时再主张债务不履行的责任。此为《合同法》第94条规定的先期违约责任。

3. 对于有担保的债务,当债务人明确拒绝履行时,债权人即可请求保证人履行债务,或者拍卖、变卖担保物,实现债权。

(三) 给付迟延及其后果

给付迟延,又称履行迟延,是指在债务履行期届满后,债务人能履行债务而未履行债务。① 给付迟延并不意味着债务人永远不履行,在许多情况下,债务人迟延一段时间后仍会履行债务,因此,它既不同于给付拒绝,也不同于给付不能。

给付迟延的法律后果,体现在以下三个方面:

1. 在合同之债中,债权人有解除合同的权利。当债务人的迟延给付对债权人无利益或使合同目的无法实现时,债权人可拒绝原定给付并解除合同,同时可请求赔偿因不履行原定给付所遭受的损失。

2. 债权人有权请求强制履行。对于债务人的给付迟延,债权人认为有必要要求债务人继续履行的,债务人在可能的范围内应当继续履行。债务人不履行的,债权人有权请求法院强制其履行。

3. 债务人向债权人支付违约金和损害赔偿金。债权人可请求赔偿因迟延履行而遭受的损失。②

给付迟延因下列情况而消灭:(1) 债务人的履行;(2) 债权人免除债务人的迟延责任;(3) 债权人同意债务人的延期履行;(4) 履行不能;(5) 原债权消灭;(6) 债权人不请求原债务的履行而径行请求损害赔偿。

---

① 郭明瑞、房绍坤主编:《民法》(第3版),高等教育出版社2010年版,第286页。
② 同上书,第289页。

(四) 不完全给付及其后果

不完全给付,亦称不良给付或加害给付,是指债务人虽为给付,但其给付有瑕疵或者给债权人造成其他损害的情况。①

不完全给付的法律后果,体现在以下四个方面:

1. 对于在清偿期内尚可补正的不完全给付,债务人有补正其为完全给付的责任;如补正的给付已过清偿期间,债务人就补正的给付负给付迟延的责任。

2. 对于不能补正的不完全给付,债务人应负损害赔偿责任。

3. 不完全给付或补正之给付对债权人无利益时,债权人可拒绝受领,改由债务人负损害赔偿责任。

4. 对于加害给付,债务人除负补正责任外,还须就所生的损害负赔偿责任。

以上四种情况,是从债务人的角度而言债的不履行的情况,是学说上通常意义的债务不履行。但如从广义上讲,迟延受领也属于违反债的关系的行为,债权人也应承担相应的责任。

五、受领及受领迟延

(一) 受领

受领,是指债权人接受债务人给付的行为。

债权人利益的实现,除主要依赖于债务人履行义务外,还须债权人接受债务人的履行。债权人的受领只有在债务人依债的内容完全、适当履行时,才具有必要与可能。债务人的履行不符合法定或约定的债的内容时,不发生履行的效力,债权人有权拒绝受领。

受领既是债权人的义务,但更主要的是债权人的一种权利。当债权人不为受领时,只能视为债权人放弃其利益,原则上不得强制债权人接受债务人的履行。在一般情况下,债权人虽无受领的义务,但在受领上也应遵循诚实信用原则。例如,债务人本应一次全部给付,但债务人采取的分次履行对债权人并无不利和不便时,债权人不得拒绝受领。

(二) 受领迟延及其构成要件

受领迟延是指债权人因一定原因未及时接受债务人的适当给付。受领给付虽不为债权人的债务,但为债权人的一项协助义务。债权人受领迟延的,为协助义务的违反。

受领迟延应符合以下构成要件:

1. 债务的履行需要债权人协助。某些债务不需债权人的协助,债务人即可自行完成债务的履行,如不作为债务,在此种情况下,不可能成立受领迟延。

---

① Looschelders, Schuldrecht, Allgemeiner Teil, 9. Aufl., Rn. 492ff.

2. 债务已届履行期。在有期限的债务,履行期届至前,债务人原则上不得提前履行,如果履行,债权人有权拒绝,并不成立受领迟延。

3. 债务人已提出履行或已实际履行。债务人已提出履行,是指债务人已经向债权人发出可以履行的通知。债务人已实际履行,是指债务人已经将履行标的提交给债权人。

4. 债务人向债权人为适当的履行。适当的履行就是债务人按照法定或约定的全部内容,全面、准确、及时地履行给付义务。若债务人的履行不适当,债权人有权拒绝受领,亦不能构成迟延受领。

5. 债权人不为或者不能受领。债权人不为受领,指债权人拒绝受领或不提供协助义务。债权人不能受领,是指基于债权人自己的原因,客观上无法受领。

(三) 受领迟延的法律后果

受领迟延的法律后果,主要是减轻或免除债务人的责任,主要体现在:

1. 债务人得通过提存等方式免除其履行责任;
2. 由于债权人受领迟延而发生的负担,债务人不再承担;
3. 在双务合同,自应当受领时起,风险负担转移给债权人;
4. 债务人因债权人的受领迟延而发生费用增加或受到其他损害的,有权要求债权人予以赔偿。

第五节 债的保全

一、债的保全的概念

债的保全,也称责任财产的保全,是指法律为防止因债务人财产的不当减少危及债权人债权的实现而设置的保全债务人责任财产的法律制度。具体包括债权人的代位权制度和债权人的撤销权制度。其中,债权人的代位权着眼于债务人的消极行为,当债务人有权利行使而不行使,以致影响债权人权利的实现时,法律允许债权人代债务人之位,以自己的名义向第三人行使债务人的权利;而债权人的撤销权则着眼于债务人的积极行为,当债务人在不履行其债务的情况下,实施减少其财产而损害债权人债权实现的行为时,法律赋予债权人有诉请法院撤销债务人所为的行为的权利。债权人有了代位权和撤销权这两项权利,就可以用来保全债务人的总财产,增强债务人履行债务的能力,以达到实现其合同债权的目的。我国《合同法》第73条、第74条分别规定了债权人代位权制度和债权人撤销权制度,虽然规定的内容比较简略,但填补了我国民事立法的空白,对于维护债权人的利益,意义重大。①

一般而言,债以相对性为原则,债的效力仅及于债之关系的当事人,债权人只能向债务人请求为一定给付,债务人也仅对债权人负有给付义务及附随义务,其他第三人在合同关系上既不承担义务也不享有权利。而债权人的代位权和撤销权的行使,须向债务人以外的第三人进行主张或者请求,其效力已涉及合同关系之外的第三人,是对合同相对性原则的突破,因此被称为债权的对外效力。②

立法者何以突破传统民法的"合同相对性原则",赋予债权人以代位权和撤销权?其立法的基础在于确保债权的实现。对于保障合同债权实现的法律措施,传统民法拥有合同责任制度可资运用。一般认为,合同责任属于由债的效力引申出来的一般担保,即债务人必须以其全部财产作为履行其债务的总担保,债务人的全部财产构成了履行债务担保的"责任财产"。因此,责任财产的状况与债权人债权的实现休戚相关,而且该责任财产不仅仅是某一债权的一般担保,还是全体债权的共同担保。因为当债务人责任财产状况恶化,不足以清偿数个并存债权,即使责令债务人承担民事责任,债权人的债权也不能全部得到清偿、甚至全部不能得到清偿。

债的保全制度的价值在于,它为合同责任的实行提供了物质基础,保全了作为承担合同责任基础的责任财产,为将来的强制执行做好了准备,否则如果债务人任意处分责任财产而无限制,那么合同责任也将无用武之地。同样,特别担保中人的担保,不过是在债务人的责任财产之外增加了保证人、并存的债务承担人或者连带债务人的责任财产而已,同样存在"责任财产"的保全问题。与物的担保相比,合同保全制度并不需要履行任何手续,只要有合法有效的债权存在,当条件具备时,债权人便当然地拥有保全的权利。从这一角度出发,笔者认为保全如同债权所具有的请求权、执行权、保有权、处分权等权能一样,应为债权固有的权能。债权保全制度与一般担保、特别担保相互为用,共同担保债权的实现,体现了现代民法对债权人保护制度的周密细致化发展趋向,具有重要的现实意义。③

二、债权人的代位权

(一) 债权人的代位权的概念

债权人的代位权,是指当债务人怠于行使其对第三人享有的权利而害及债

---

① 参见申卫星:《合同保全制度三论》,载《中国法学》2000 年第 2 期。
② 也有学者认为,债权保全仍是债权的对内效力,其效力及于第三人只不过是其效力的反射作用而已。参见郑玉波:《民法债编总论》(修订二版),陈荣隆修订,中国政法大学出版社 2004 年版,第 313 页。
③ 申卫星:《合同保全制度三论》,载《中国法学》2000 年第 2 期。

权人的债权时，债权人为保全自己的债权，以自己的名义代位行使债务人对第三人的权利之权利。关于代位权，《法国民法典》《日本民法典》、我国《合同法》、我国台湾地区"民法"以及其他国家或地区的民法典均有规定。如《法国民法典》第1166条规定："债权人得行使债务人的一切权利及诉权，但权利和诉权专属债务人的，不在此限。"我国《合同法》第73条第1款规定："因债务人怠于行使其到期债权，对债权人造成损害的，债权人可以向人民法院请求以自己的名义代位行使债务人的债权，但该债权专属于债务人自身的除外。"

债权人代位权具有以下特征：

1. 债权人的代位权是债权人基于对债务人享有的债权而以债权人自己的名义对债务人的债务人（也称次债务人）主张权利，体现了债的效力的扩张。

2. 债权人的代位权是债权人以自己的名义，代债务人之位行使债务人权利的权利，但债权人不是债务人的代理人，债权人行使代位权的最终目的是为了债权人自己的利益，而非为了债务人的利益，因此债权人的代位权不适用代理的规定。

3. 债权人的代位权是债权人为保全自己的债权而代债务人之位行使其权利。债权人的代位权不是固有意义上的形成权。它行使的效果，使债务人与第三人之间的法律关系发生变更，虽与形成权相类似，但不是依权利人一方的意思表示而形成法律上的效力，只是依赖债务人的权利而行使。①

4. 债权人的代位权是债权人为保全债权而代债务人之位行使其权利，而非扣押债务人财产的权利或就收取的财产享有优先受偿权，因此其是实体法上的权利而非诉讼法上的权利。

5. 债权人的代位权，不是债权人对于债务人或第三人的请求权，就其内容而言是为了保全债权，而且在履行期到来之前债权人为了保持债务人的财产也可以行使代位权。债权人行使代位权的唯一合法根据在于债务人怠于行使权利而害及债权人权利的实现。

6. 债权人的代位权是债权的一种法定权能，源于法律的直接规定，无论当事人是否约定，债权人都可以享有，而且债权人的代位权只能通过向法院提起诉讼才能有效行使，并非直接向次债务人行使的民事权利。

(二) 债权人的代位权的成立要件

依最高人民法院《关于适用〈中华人民共和国合同法〉若干问题的解释》（一）（以下简称《合同法司法解释》（一））第11条的规定，债权人提起代位权诉讼，应当符合下列条件：(1) 债权人对债务人的债权合法；(2) 债务人怠于行使其到期债权并对债权人造成损害；(3) 债务人的债权已到期；(4) 债务人的债权不属于

---

① 魏振瀛主编：《民法》（第四版），北京大学出版社、高等教育出版社2010年版，第364页。

专属于债务人自身的债权。因此，债权人的代位权的成立要件应包括以下几个方面的内容：

1. 债权人对债务人的债权合法。非法债权不受法律保护，债权人不得就此行使代位权。债权人得代为行使的债务人的权利，必须是非专属于债务人自身的权利，专属于债务人自身的权利不得为债权人代位行使。依《合同法司法解释》（一）第12条的解释，专属于债务人自身的债权，是指基于扶养关系、抚养关系、赡养关系、继承关系产生的给付请求权和劳动报酬、退休金、养老金、抚恤金、安置费、人寿保险、人身伤害赔偿请求权等权利。

2. 债务人须对第三人享有权利。债务人对于第三人的权利，为债权人的代位权的标的。债权人的代位权属于涉及第三人的权利，若债务人享有的权利与第三人无涉，自不得成为代位权的行使对象。按《合同法》第73条的规定，代位权的标的，是指债务人的到期债权，如合同债权、不当得利返还请求权、基于无因管理而生的偿还请求权等。但是，《合同法》及其司法解释仅将债务人对于第三人权利的范围限于到期债权，这使得债权人代位权的适用范围过于狭小，难以发挥该制度在现实生活中的作用。

从比较法的角度看，《法国民法典》第1166条规定，债权人得行使债务人的一切权利和诉权。日本和我国台湾地区的立法和理论，可代位行使的权利也很广泛，除了债权之外，还包括物权及物上请求权；除了请求权之外，还包括形成权，甚至债权人代位权、撤销权本身又可以成为代位权的标的，并且不仅限于私权的代位，对于一些公权利也可以代位行使，内容非常广泛。

对于上述内容，我国《合同法》应予调整而未作规定，构成法律漏洞。对此漏洞可以围绕着债权人代位权制度的立法宗旨，采取目的性扩张的方法予以填补。结合我国民法的权利类型，笔者认为以下权利可以成为债权人代位权的标的：

（1）债权。合同债权、不当得利返还请求权、基于无因管理而产生的偿还请求权、由于侵害财产权而产生的损害赔偿请求权和违约损害赔偿请求权。

（2）物权及物上请求权。如所有物返还请求权、土地妨害除去请求权、债务人对第三人财产上存在的担保物权等。

（3）形成权。合同解除权、选择之债的选择权、买回权、抵销权以及对因重大误解或显失公平而成立的民事行为的撤销权和变更权。

（4）债权人代位权和撤销权。如果债务人本人作为第三人的债权人享有代位权或撤销权，但怠于行使该权利，从而危及其债权人的债权实现时，该代位权或撤销权也可以成为债权人代位权的标的，债权人可以代债务人之位向第三人及其相对人行使代位权或撤销权。

（5）诉讼法上的权利或公法上的权利。如中断诉讼时效的权利、代位提起诉讼的权利、申请强制执行的权利和各种登记请求权等。①

3. 债务人怠于行使其权利。所谓"怠于行使"是指应行使并且能行使而不行使,至于不行使的理由为何,则在所不问。所谓"应行使"是指债务人对次债务人的债权已到期,且若不及时行使,则该权利将有消灭或丧失以及减少其财产价值的可能。所谓"能行使"是指不存在行使权利的任何障碍,债务人在客观上完全有能力去行使。所谓"不行使"即消极地不作为,是指债务人根本不主张权利或者迟延行使权利。依照最高人民法院《合同法司法解释》(一)第13条的规定,债务人怠于行使到期债权,对债权人造成损害,是指债务人不履行其对债权人的到期债务,又不以诉讼方式或者仲裁方式向其债务人主张其享有的具有金钱给付内容的到期债权,致使债权人的到期债权未能实现。怠于行使权利,主要表现为根本不主张权利或迟延行使权利。只要债务人自己行使了该权利,则不论其行使的方法及结果对债权人是否不利,债权人不得行使代位权。②

如果次债务人认为债务人不存在怠于行使其到期债权的情况,则次债务人应负举证责任。

4. 债务人已陷于履行迟延。在债务人迟延履行以前,债权人的债权能否实现,难以预料,若在这种情形下允许债权人行使代位权,则对于债务人的干预实属过分。因此,对于未到期的债权,债权人原则上不得行使代位权。但在这一原则之外也存在例外。例如,消灭时效的中断,破产时的债权申报等。因为在此情形下,若债务人不及时行使其权利,又无资力清偿其债务,则债权人的债权已经有不能实现的现实危险,此时已发生保全债权的必要。

5. 对债权人造成损害。对债权人造成损害,也称为"有保全债权的必要",是指债权人的债权有不能依债的内容获得清偿的危险,因而有代位行使债务人的权利以便实现债权的必要。该必要不以债务人无资力为要件,因为债权与债务人有无资力并无直接关系,即使债务人有资力,债权人也可为保全债权而行使债务人的权利。例如,甲购买乙的A物,未受领时甲便转卖于丙,若甲怠于向乙行使交付请求权,则丙的债权将无法实现,所以,丙不问甲有无资力均可代位请求乙交付A物。具体地说,对不特定债权及金钱债权,应以债务人陷入无资力状况为必要;对特定债权及其他与债务人资力无关的债权,则不以债务人陷入无资力状况为必要。③

(三)债权人的代位权的行使

债权人在行使代位权时,应注意以下问题:

---

① 申卫星:《合同保全制度三论》,载《中国法学》2000年第2期;申卫星:《论债权人代位权的构成和效力》,载《西南政法大学学报》1999年第6期。
② 崔建远、韩世于、于敏:《债法》,清华大学出版社2010年版,第68页。
③ 王家福主编:《民法债权》,法律出版社1991年版,第180页。

1. 债权人的代位权的行使主体是债权人，债务人的各个债权人在符合法律规定的条件下均可行使代位权，可作为共同原告。当然，若一个债权人已就某项债权行使了代位权，则其他债权人不得就该项权利再行使代位权，提起代位权诉讼，若有提起的，人民法院可以合并审理。债权人以此债务人为被告向人民法院提起代位权诉讼，未将债务人列为第三人的，人民法院可以追加债务人为第三人。

2. 债权人应以自己的名义行使代位权，并须尽到善良管理人的注意。若债权人违反该项义务给债务人造成了损失，则债权人应负赔偿责任。

3. 债权人的代位权必须通过诉讼程序行使。因为，一方面，只有通过裁判方式才能保证某个债权人行使代位权所获得的利益能够在各个债权人之间得到合理分配；另一方面，也只有通过裁判方式才能有效地防止债权人滥用代位权，如防止随意处分债务人的权利或将债务人的权利用以充抵自己的债权，同时也能够有效地防止债权人与其他未行使代位权的债权人、债务人以及次债务人之间因代位权的行使而发生纠纷。

4. 债权人代位权的行使，以保全债权人的债权的必要为其限度。根据《合同法》第73条的规定，代位权的行使范围以债权人的债权为限。应代位行使的权利的价值超过债权保全的程度时，要在必要的限度内分割债务人的权利，才能行使代位权。但不能分割行使时，可以行使全部的权利。[①] 债权人行使代位权的请求数额超过债务人所负债务额或者超过次债务人所负债务额的，对超出部分，人民法院不予支持。

5. 债权人提起代位权诉讼，应向被告（次债务人）住所地人民法院提出。在诉讼中，债权人为原告，次债务人为被告，债务人应列为或追加为第三人。由于债权人的代位权的行使，使债务人的处分权受到了影响和限制，因此，在债权人提起代位权诉讼后，不允许债务人抛弃、免除或让与其权利，否则代位权制度将失去其效用。

（四）债权人的代位权行使的效果

1. 效果的归属。债权人代位权行使的效果直接归属于债务人；如果债务人怠于受领，债权人可代位受领，但债务人仍有权请求债权人交付所受领的财产。然而，依照最高人民法院《合同法司法解释》（一）的规定，在代位权诉讼中，债权人向次债务人提起的代位权诉讼经人民法院审理后认定代位权成立的，由次债务人向债权人履行清偿义务，债权人与债务人、债务人与次债务人之间相应的债权债务关系即予消灭。依此规定，债权人可以直接受领次债务人的清偿，这一规定突破了传统民法理论的框架，它有利于简化诉讼程序，节约诉讼成本，最大限

[①] 魏振瀛主编：《民法》（第四版），北京大学出版社、高等教育出版社2010年版，第366页。

度发挥代位权制度的作用。① 但也有学者提出反对意见认为:"如果认为代位权行使的结果不归属于债务人,直接地归属于债权人,将无异于使债权人代位权转化为债务人债权的法定移转,结果债权人并非以自己的名义行使他人的权利,而是在以自己的名义行使自己的权利,显然有悖于代位权制度的基本含义。"②

2. 代位权行使的效力。债权人的代位权行使的效力,具体表现在以下几个方面:

(1) 对于债务人的效力。在代位权诉讼中,债务人处于第三人的诉讼地位,债权人未将债务人列为第三人的,人民法院可以追加债务人为第三人。经人民法院审理,代位权成立的,由次债务人向债权人履行清偿义务。债权人与债务人之间的债务关系消灭,债务人与次债务人之间的债务关系也消灭。按我国《合同法司法解释》(一)第20条的规定,此效力则应解释为:于次债务人向债权人所为清偿范围内,消灭债务人对债权人的债务。

(2) 对于第三人的效力。第三人即次债务人,在代位权诉讼中处于被告的诉讼地位。在代位权诉讼中,第三人享有的权利是:向债权人主张自己对债务人的抗辩权,亦可对债权人的债权提出异议;债权人要求对其财产采取保全措施的,享有要求提供相应担保的权利。第三人应负的义务是:代位权有效成立的,负有向债权人清偿的义务;债权人胜诉的,负担诉讼费用的义务。

(3) 对于债权人的效力。债权人行使代位权不得超出债务人权利的范围。同时,依最高人民法院《合同法司法解释》(一)的规定,在代位权诉讼中,债权人胜诉的,诉讼费由次债务人负担,从实现的债权中优先支付。债权人向次债务人提起的代位权诉讼经人民法院审理后认定代位权成立的,由次债务人向债权人履行清偿义务,债权人与债务人、债务人与次债务人之间相应的债权债务关系随即消灭。

三、债权人的撤销权

(一) 债权人的撤销权的概念

债权人的撤销权与代位权均为债的保全措施。与债权人的代位权一样,撤销权也是债的效力扩张的体现,其宗旨在于强化债权实现的保障机制,以最终实现民法的诚实信用理念。但代位权是对债务人消极地不行使权利而使财产减少害及债权人的行为的救济,而撤销权是对于因债务人的积极行为使财产减少而害及债权人的行为的救济。所谓债权人的撤销权,又称废罢诉权,是指债权人对

---

① 郭明瑞主编:《民法学》,北京大学出版社2001年版,第334页。
② 崔建远、韩世远、于敏:《债法》,清华大学出版社2010年版,第71页。

于债务人所为的危害债权的行为,可请求法院予以撤销的权利。① 我国《合同法》第 74 条第 1 款规定:"因债务人放弃其到期债权或者无偿转让财产,对债权人造成损害的,债权人可以请求人民法院撤销债务人的行为。债务人以明显不合理的低价转让财产,对债权人造成损害,并且受让人知道该情形的,债权人也可以请求人民法院撤销债务人的行为。"

在理解债权人的撤销权时,应注意以下问题:

1. 债权人撤销权是附属于债权的实体权利,其行使为单方民事法律行为,又以请求恢复原状、取回债务人财产为特点,是兼有形成权和请求权双重性质的实体权利。②

2. 债权人撤销权的产生是由法律规定的,并须依法定程序申请人民法院裁决方可实现。

3. 债权人的撤销权只能在债务人实施了减少其责任财产的积极行为或放弃其债权的消极行为时,方能行使。

4. 债权人的撤销权的适用范围以债权人的债权为限。对任何债权债务关系中的债务人实施的害及债权的处分财产积极行为和放弃自己债权的消极行为,债权人均有权依法撤销。

(二) 债权人的撤销权的成立要件

债权人的撤销权的成立要件,因债务人所为的行为系无偿行为抑或有偿行为而有所不同。在无偿行为场合,只需具备客观要件即可;而在有偿行为的情况下,则必须同时具备客观要件与主观要件。

1. 客观要件

(1) 须有债务人不当减少财产的行为。所谓债务人减少财产的行为,依《合同法》第 74 条第 1 款的规定,包括放弃其到期债权,无偿转让财产和以明显不合理的低价转让财产。

(2) 须债务人的行为有害债权。所谓有害债权,是指债务人实施上述减少财产的行为后,将减弱其对债权人的清偿能力,以致使债权人的债权有不能实现之虞。债务人减弱清偿能力一般包括两种情况:一为减少积极财产,例如让与所有权、设定他物权、免除债务;二为增加消极财产,例如债务人新负担的债务。若债务人实施了减少财产的行为,但其他财产足以清偿债务的,就不存在对债权的危害,自无撤销之必要。至于债务人现存财产的变形,例如买卖、互易等,只要价值相当,就不应认为是有害债权的行为。

(3) 债务人的行为须以财产为标的。债务人的行为,非以财产为标的者不

---

① 崔建远、韩世远、于敏:《债法》,清华大学出版社 2010 年版,第 72 页。
② 郭明瑞主编:《民法学》,北京大学出版社 2001 年版,第 334 页。

得予以撤销,因此,例如结婚、收养或终止收养、继承的抛弃或承认等,不得撤销。① 以不作为债务的发生为目的的法律行为,以提供劳务为目的的法律行为,财产上利益的拒绝行为,以不得扣押的财产权为标的的行为,均不得作为债权人的撤销权的标的。②

(4) 债务人的行为须在债权成立后所为。在债权人债权成立之前的债务人的行为,尽管实际减少了财产,但由于债务人的行为不会害及债权人,故不存在撤销的前提。

2. 主观要件

在有偿行为场合,债权人撤销权的成立还以债务人主观上有恶意为要件。依《合同法》第74条第1款的规定,对债务人以明显不合理的低价转让财产对债权人造成损害的,要求行使撤销权以受让人知情为要件。因为无偿行为的撤销,仅使受益人失去无偿所得的利益,并未损害其固有利益,法律应首先保护受危害的债权人的利益。而在有偿行为中,债务人的恶意,为债权人撤销的成立要件;受益人的恶意,亦为债权人行使撤销权的要件。若仅有债务人的恶意而受益人为善意,则债权人不得撤销他们之间的民事法律行为。

(1) 债务人的恶意。债务人的恶意,应以行为时为准。行为时不知,而后为恶意的,不成立诈害行为。债务人虽有恶意,但事实上未发生有害于债权人的结果时,不成立债权人的撤销权。

(2) 受益人的恶意。受益人又称取得人,是指基于债务人的行为而取得利益的人。受益人通常为同债务人发生民事法律行为的相对人,但在为第三人利益的合同中,受益人为该第三人。受益人的恶意,是指第三人在取得一定财产或取得一定财产利益时,已经知道债务人所为的行为有害于债权人的债权,至于受益人是否具有故意损害债权人的意图,或是否曾与债务人恶意串通,不在考虑之列。为第三人利益的合同,以第三人(受益人)有恶意为要件,与债务人成立民事法律行为的相对人是否有恶意,在所不问。

债务人有无恶意,虽一般要求由债权人举证,但一般应实行推定原则,即只要债务人实施行为而使其无资力(有害于债权),就推定其为有恶意。而第三人有恶意,是指知道受让行为会损害债权的情形而继续为之,依当时具体情形应为受益人所能知晓的,即可推定受益人为恶意。若受让人不知道上述情形,则该受让人为善意受让人,债权人不享有撤销该转让行为的权利。

受益人必须在受益时为恶意,在受益后才为恶意的,债权人不得行使撤销权。受益人受利益与债务人行为在时间上不一致时,只要在受益时为恶意,不论

---

① 崔建远、韩世远、于敏:《债法》,清华大学出版社2010年版,第74页。
② 同上书,第72页。

行为时系善意或恶意,均应认定为恶意。

(3) 转得人的恶意。转得人,是指由受益人取得权利的人。我国《合同法》没有规定转得人。但一般认为,债权人对转得人主张撤销权的场合,应当以转得人受让财产时有恶意为其行使要件,若转得人受让财产时为善意,且符合善意取得的其他要件,善意取得的规则自然适用。

(三) 债权人的撤销权的行使

债权人在行使撤销权时,应注意以下问题:

1. 债权人的撤销权的主体,是指因债务人的行为而使债权受到损害的债权人。如果债权人为多数人,既可以共同享有并行使债权人的撤销权,也可由每个债权人独立行使。不过,因为债权人的撤销权行使的目的在于保障全体债权人的共同利益,所以每个债权人行使债权人的撤销权将对全体债权人的利益发生效力。确定债权人撤销权的主体是否合格,关键在于确定哪些债权适合于保全。一般认为,可通过债权人以撤销权方式保全的债权须具备以下条件:(1) 以财产给付为标的;(2) 因责任财产的减少而受损害;(3) 在债务人的民事法律行为前产生。

2. 与代位权一样,债权人的撤销权由债权人以自己的名义通过诉讼程序行使,而不得直接向债务人或第三人行使。这样规定是因为撤销权对于第三人利害关系重大,为防止债权人滥用撤销权,造成对债务人和第三人的不公平,应由法院审查撤销权的条件是否已经具备。

3. 依照最高人民法院的解释,债权人依照《合同法》第 74 条的规定提起撤销权诉讼时只以债务人为被告,并由被告住所地人民法院管辖。若未将受益人或者受让人列为第三人的,则人民法院可以追加该受益人或者受让人为第三人。

4. 撤销权的行使范围以债权人的债权为限,即因行使撤销权而得到的财产价值与债权人的债权价值相当。

5. 债权人提起撤销权诉讼,请求人民法院撤销债务人放弃债权或转让财产的行为,人民法院应当就债权人主张的部分进行审理,依法撤销的,该行为自始无效。

(四) 撤销权行使的效力

债权人撤销权行使的效力依判决的确定而产生。债务人的行为一经被撤销,即从行为开始时失去法律约束力。撤销权的行使产生对债权人、债务人和第三人的效力,各当事人均受其约束。具体来说,债权人撤销权行使的效力表现在以下方面:

1. 对于债务人和受益人的效力。债权人依法撤销债务人的行为后,债务人的行为被视为自始无效,第三人因该行为取得的财产,应返还债务人,债务人亦因此而取得对第三人的返还财产请求权。对此返还财产请求权,债权人亦可代位行使。债务人的行为一旦被撤销即自始失去法律约束力。尚未依该行为给付的,不得给付;已为给付的,受领人负有恢复原状的义务;因标的物不存在而无法返还的,应折价赔偿;第三人如已向债务人支付了对价,第三人有权要求债务人返还。

2. 对于行使撤销权的债权人的效力。行使撤销权的债权人有权请求受益人向自己返还所受利益,并有义务将收取的利益加入债务人的一般财产,作为全体一般债权人的共同担保,而无优先受偿之权。依最高人民法院的解释,债权人行使撤销权所支付的律师代理费、差旅费等必要费用,由债务人负担;第三人有过错的,应当适当分担。

3. 对于其他债权人的效力。因撤销权人撤销债务人的行为而取回的财产或替代原财产的损害赔偿,属于全体一般债权人的共同担保,债权人按债权额比例分别受偿。

（五）债权人撤销权的除斥期间

因为债权人的撤销权旨在保护债权人的利益,所以该权利应在一定的期限内行使。如果债权人自愿接受债务人行为的后果,则法律准许这种行为有效。若债权人长期不行使撤销权,在债务人的行为产生法律效力后的很长时间再提出撤销,则会使一些合同的效力长期处于不确定的状态,不利于社会经济秩序的稳定和可预期性。因此,《合同法》第 75 条规定:"撤销权自债权人知道或者应当知道撤销事由之日起 1 年内行使。自债务人的行为发生之日起 5 年内没有行使撤销权的,该撤销权消灭。"据此规定,法律对债权人的撤销权行使期间的要求是:首先,债权人行使撤销权,应当在知道或者应当知道出现撤销事由之日起的 1 年内为之。其次,债权人不知道或者不应当知道撤销事由的,从债务人的处分行为发生之日起,开始计算时效期间,经过 5 年的,债权人撤销权消灭。撤销权的行使期间在性质上属于除斥期间。

第六节 债 的 担 保

一、债的担保概述

（一）债的担保的概念

债的担保,是指法律为促使债务人履行债务,保障债权人的债权得以实现而采取的法律措施。[①] 债的担保分为一般担保和特别担保。一般担保,是指债务人必须以其全部资产作为履行债务的总担保。但该种担保方式存在明显缺点,

---

① 魏振瀛主编:《民法》（第四版）,北京大学出版社、高等教育出版社 2010 年版,第 374 页。

如果债务人的财产不足，那么债权人即不能获得清偿或者不能获得完全清偿。而特别担保则以第三人的信用或者特定财产作为债权担保。本节所指的债的担保，专指债的特别担保，非指债的一般担保。我国《民法通则》第 89 条规定的债的担保，是关于债的担保的原则性和一般制度性规定。1995 年颁布的《担保法》是重要的民事单行法，是关于担保制度的专门立法。债的担保制度是债法中的重要制度。债的担保不仅是保障债权人实现其权利的一种最为有效的措施，而且通过担保还可以促进经济交易，有利于社会经济的发展。

在理解债的担保时，应注意以下问题：

1. 债的担保是保障特定债权人债权实现的法律制度，其目的在于加强债务人的清偿能力和打破债权人平等的原则，使特定债权人能够从第三人处得到受偿或者优先于其他债权人受偿。

2. 债的担保是以第三人的信用或者特定财产来保障债权人债权实现的制度。

3. 债的担保是对债的效力的一种加强和补充，是对债务人信用的一种保证措施。

债的担保，是督促债务人履行债务，保障债权实现的一种法律手段。与债的保全相比，二者的根本目的相同，即都是通过一定的形式，保障债权的实现。但它们也存在着明显的不同：首先，二者的着眼点不同。债的保全着眼于债的履行之中，而债的担保主要着眼于债的产生之初。其次，债的担保在于双方的约定或法定，一般须订立附属于主合同的从合同，少数依法律规定，而债的保全则完全依法律规定。最后，债的担保在债务不履行时，债权人可自行处理担保物或要求第三人承担保证责任，而债的保全则必须依法定程序申请人民法院裁决。

（二）债的担保的特征

由于债的担保是担保债权实现的法律措施，因此其一般具有从属性、自愿性及目的性等特征。

1. 债的担保具有从属性。所谓从属性，是指担保之债与被担保之债形成主从关系及补充关系。债的担保一经有效成立，就在主债关系的基础上补充了某种权利义务关系，如保证法律关系、抵押法律关系、质押法律关系、定金法律关系等。当然，在主债关系因适当履行等而正常终止时，从属的、补充的义务并不实际履行；只有在主债务不履行时，从属的、补充的义务才履行，使主债权得以实现。因此，担保之债是从债，被担保之债是主债；担保之债是对主债效力的补充和加强，受主债效力的制约。主债无效，担保之债亦不能存在；担保之债随主债的终止而终止。债的从属性并不要求先有主债后有担保产生，债的担保是为了担保债权实现，包括未来债权的保障。《担保法》规定的最高额保证（第 14 条）和最高额抵押（第 59 条至第 62 条）已经允许了未来债权保障。

2. 债的担保具有自愿性。债的担保,有的是由法律直接规定的,称为法定担保。但在一般情况下,债的担保是由当事人通过合同自愿设立的。是否设立担保,采用何种形式担保,担保多大范围的债务,法律一般不加干涉,完全由当事人商定。此为债的担保的自愿性。在《担保法》规定的五种担保方式中,只有留置是由法律直接规定的,称为法定担保。

3. 债的担保具有明确的目的性。债的担保是保障债权人利益的,不论设定何种担保,当事人设立担保的目的都是十分明确的,即确保债权人的利益能够得到满足。在保障债权实现这点上,债的担保不受或少受债务人财产状况的限制,即使债务人的一般财产不足以清偿数个并存的债权,被担保的债权一般也能得以实现。具体而言,在人的担保的情况下,通过扩张一般担保的责任财产的数量和规模,即不但把债务人的全部财产作为责任财产,也把保证人的全部财产纳入可以履行债务的范畴或列入可以承担责任的财产范围,从而大大增强了债权实现的可能性。在物的担保情况下,通过使债权人对债务人或第三人的特定财产享有优先受偿权的形式来使债权得到满足。在金钱担保的情况下通过金钱得丧的规则效力使当事人产生心理压力,为避免自己的金钱损失而积极履行债务,保障债权实现。

(三) 债的担保种类与方式

债的担保的方式,也就是担保的方法,是指当事人用以担保债权的手段。一般包括人的担保、物的担保和金钱担保三类。

1. 人的担保。人的担保,是指以第三人的信用担保债的履行的担保方式。其形式就是保证。它是由保证人以自己的信用作为债务人履行债务的担保。保证的成立实际上扩大了债务人清偿债务的责任财产的范围。

2. 物的担保。物的担保,是指直接以一定的财物作为债权担保的担保方式。为担保债的履行而在一定财产上设定的权利,称为担保物权。《民法通则》中规定的担保物权包括抵押权和留置权。《担保法》区分了抵押权与质权,规定了抵押、质权和留置权三种担保物权。抵押权、质权一般由当事人自行设定,又称约定担保物权。留置权是直接基于法律规定的条件而发生的,因此称为法定担保物权。所有权保留也是一种广义的物的担保形式。"所有权保留是买受人于价款付清前可以先占有、使用标的物,同时能保障出卖人的价款债权得以实现的较为理想的担保方式。"[①]

3. 金钱担保。金钱担保,是在债务以外又交付一定数额的金钱,该金钱的得丧与债务履行与否联系在一起,使当事人双方产生心理压力,从而促其积极履行债务,保障债权实现的制度。其形式就是定金。

---

① 崔建远、韩世远、于敏:《债法》,清华大学出版社 2010 年版,第 82 页。

依照我国《民法通则》和《担保法》的规定,债的担保方式有保证、定金、抵押、质押、留置五种。后三种担保方式属于担保物权的性质,在本书第十三章"担保物权"中已有详述,故本节只介绍保证和定金两种担保方式。

(四) 主合同有效或无效下的无效担保的责任承担

《担保法》第5条规定:"担保合同是主合同的从合同,主合同无效,担保合同无效。担保合同另有约定的,按照约定。担保合同被确认无效后,债务人、担保人、债权人有过错的,应当根据其过错各自承担相应的民事责任。"根据这一规定及最高人民法院司法解释的规定,主合同有效,担保合同无效,债权人无过错的,担保人与债务人对主合同债权人的经济损失承担连带赔偿责任。债权人、担保人有过错的,担保人承担民事责任的部分不能超过债务人不能清偿部分的1/2。主合同无效而导致担保合同无效,担保人不承担民事责任,但担保人有过错的,担保人承担民事责任部分不应超过债务人不能清偿部分的1/3。担保人因无效担保合同向债权人承担赔偿责任后,可以向债务人追偿,或者在承担赔偿责任的范围内,要求有过错的反担保人承担赔偿责任。

(五) 反担保

所谓反担保,是指在商品贸易、工程承包和资金借贷等经济往来中,有时为了换取担保人提供保证、抵押或质押等担保方式,由债务人或第三人向该担保人新设担保,以担保该担保人承担的担保责任的制度。① 《担保法》第4条第1款规定:"第三人为债务人向债权人提供担保时,可以要求债务人提供反担保。"最高人民法院《关于适用〈中华人民共和国担保法〉若干问题的解释》规定,反担保人可以是债务人,也可以是债务人之外的其他人。

关于反担保的方式,依上述司法解释,可以是债务人提供的抵押或质押,也可以是其他人提供的保证、抵押或质押。我们不能认为《担保法》规定的五种担保方式均可成立反担保,理由在于:(1) 留置权不能作为反担保方式。因为按《担保法》第4条的规定,反担保产生于约定,而留置权却发生于法定。留置权在我国法律上一律以动产为客体,价值相对较小,在主债额及原担保额均为巨大的场合,以留置权作为反担保,实在不足以保护原担保人的合法权益。(2) 定金虽然在理论上可以作为反担保的方式,但由于支付定金会进一步削弱债务人向债权人支付价款或酬金的能力,往往形成原担保与反担保不成比例的局面,因而在实践中极少采用。在实践中运用较多的反担保形式首先是保证、抵押权,然后是质权。不过,在债务人亲自向原担保人提供反担保的场合,保证就不得作为反担保方式。因为这会形成债务人既向债权人负偿付义务,又向原担保人负保证债务,债务人与保证人合二为一的局面,起不到反担保作用。只有债务人以其特定

---

① 崔建远、韩世远、于敏:《债法》,清华大学出版社2010年版,第82页。

财产设定抵押权、质权作为反担保方式,才会实际地起到保护原担保人的合法权益的作用。至于实际采用何种反担保方式,取决于债务人与原担保人之间的约定。在第三人充任反担保人的场合,抵押、质押、保证均可采用,究竟采取何者,取决于该第三人(反担保人)与原担保人之间的约定。由于反担保的设立为民事法律行为,故其设立必须符合《民法通则》第55条规定的有效条件。而每种反担保方式又各有其成立要件,因此尚须符合《担保法》中相应条款规定的特定成立要件。

二、保证

(一) 保证的概念和特征

保证是指由第三人向债权人担保,在债务人不履行债务时,由其按照约定负责履行或者承担全部或部分责任的一种担保方式。在保证担保关系中,负责履行或承担担保责任的第三人称为保证人;其债务被担保的人称为被保证人;这里的债权人既是主债的债权人又是保证合同从债的债权人,按照约定履行债务或承担责任被称为保证债务或保证责任。我国《担保法》第6条规定:"本法所称保证,是指保证人和债权人约定,当债务人不履行债务时,保证人按照约定履行债务或者承担责任的行为。"

依据法律的有关规定,保证具有如下含义:

1. 保证是一种双方的民事法律行为。仅有一方的意思表示就可以成立的法律行为,不是债权法上的保证担保。如票据法上的保证就不属于债权法上的保证,而属于一种特别法上的担保。

2. 保证是担保债务人履行债务的行为。保证是保证人以自己的信用担保债务人履行债务,因而保证人只能是债务人以外的第三人,而不能是债务人本人。

3. 保证是约定于债务人不履行债务时由保证人承担保证责任的行为。保证人承担的保证责任,也就是保证人向债权人承担的保证债务。保证债务于债务人不履行债务时才发生,在债务人履行债务时,保证债务不能生效。

保证具有如下的法律特征:

1. 保证具有附从性。保证的附从性表现在:第一,保证合同以主合同的有效存在或将来可能存在为前提;第二,保证的范围与强度从属于主债务,不得大于或强于主债务;第三,保证债权随主债权的转移而转移,但保证合同另有约定的除外;第四,保证债务随主债务的变更、消灭而变更、消灭。

2. 保证具有独立性。保证人的保证债务虽与主债务之间形成主从关系,但保证债务并不是主债务的一部分,而是独立于主债务的单独债务,在附从主债务的范围内具有独立性。保证的独立性表现在:第一,保证债务的范围和强度可以不同于主债务,可以有自己独立的变更或消灭的原因;第二,基于保证合同而发生的抗辩权,债务人不得享有,保证人得单独行使其抗辩权;第三,债权人免除保证人保证债务的,主债务人的债务仍然存在;第四,保证合同无效的,主债务的效力不受影响。

3. 保证具有补充性或连带性。《担保法》第17条、第18条分别规定了一般保证和连带责任保证。在一般保证中,先由主债务人履行其债务,只有在对其财产进行强制执行无效果时才由保证人承担责任,这种性质称为保证的补充性。而在连带责任保证中,则不存在上述履行的顺序限制,主债务人不履行主合同债务时,债权人既可以要求主债务人履行债务,也可以请求保证人在其保证范围内承担保证责任。这称为保证的连带性。

（二）保证的成立条件

保证由保证人和被担保的债务的债权人订立保证合同,因此保证合同的当事人是保证人和主债权人。保证成立的条件是:

1. 保证人应当是具有代为履行或代为清偿能力的人。一般情况下,保证人应当具有相应的民事行为能力和清偿能力,这是保证的目的性所要求的。若保证人无民事行为能力,则保证人自然不能代债务人履行;若保证人无清偿能力,则债权人的债权便无保证实现的意义。保证人无代偿能力并不必然影响保证合同的效力。最高人民法院《关于适用〈中华人民共和国担保法〉若干问题的解释》（以下简称《担保法司法解释》）第14条明确规定:不具有完全代偿能力的法人、其他组织或者自然人,以保证人身份订立保证合同后,又以自己没有代偿能力要求免除保证责任的,人民法院不予支持。

2. 保证人有承担保证责任的明确意思表示。保证人是以自己的信用、名义为债务人作担保的,因此保证人承担保证责任的意思表示是保证合同成立的必要条件。若行为人只是向债权人介绍或者证明债务人的支付能力,而没有明确表示对债务人履行合同承担保证责任,则不能认定保证成立,该行为人不是保证人。

3. 保证合同应采用书面形式。保证合同应当以书面形式订立,并载明下列内容:被保证的主债权的种类、数额;债务人履行债务的期限;保证的方式;保证担保的范围;保证的期间等。

《担保法》第13条要求保证合同采取书面形式。《担保法司法解释》第22条同时规定了其他的成立形式,该条规定:"第三人单方以书面形式向债权人出具担保书,债权人接受且未提出异议的,保证合同成立。主合同中虽然没有保证条款,但是,保证人在主合同上以保证人的身份签字或者盖章的,保证合同成立。"

（三）保证合同的当事人

保证合同的当事人为保证人和债权人。保证合同的债权人可以是一切享有债权的人,而保证人一般应是具有民事行为能力和偿债能力的法人、其他组织或自然人。

依我国《担保法》和《担保法司法解释》:

1. 自然人可以为保证人,但自然人为保证人应具有完全民事行为能力和偿债能力。

2. 企业法人可以为保证人,但公司企业法人的董事、经理为本公司的股东或者其他个人债务,以公司名义进行保证的,保证合同无效。

3. 学校、幼儿园、医院等以公益为目的的事业单位、社会团体不得为保证人,但从事经营活动的事业单位、社会团体作为保证人的,如无其他导致保证合同无效的情况,保证合同有效。

4. 国家机关原则上不得为保证人。因为国家机关主要从事国家活动,其财产和经费来源于国家和地方财政的拨款,并主要用于符合其设立宗旨的公务活动。虽然国家机关也进行一些民事活动,如购置办公用品等,但仍以必要和可能为前提。因此,国家机关的财产和经费若用于清偿保证债务,不仅与其活动宗旨不符,也会影响其职能的正常发挥。为此,《担保法》第 8 条规定:"国家机关不得为保证人,但经国务院批准为使用外国政府或者国际经济组织贷款进行转贷的除外。"

5. 其他组织可以作为保证人。其他组织主要包括依法登记领取营业执照的合伙企业、独资企业、联营企业、乡镇街道村办企业、中外合作经营企业、经民政部门核准登记的社会团体。

6. 企业法人的分支机构、职能部门因其主体资格、清偿能力等方面的原因,不宜充任保证人。企业法人的分支机构未经法人书面授权提供保证的,保证合同无效,由此给债权人造成损失的,企业法人的分支机构应承担过错责任。企业法人的分支机构经法人书面授权提供保证的,保证合同有效。如果法人的书面授权范围不明,法人的分支机构应对保证合同约定的全部债务承担保证责任。企业法人的分支机构管理的财产不足以承担责任的,由企业法人承担民事责任。企业法人的职能部门提供保证的,保证合同无效。债权人知道或应当知道保证人是企业法人的职能部门的,由此造成的损失由债权人自行承担。债权人不知保证人为企业法人的职能部门的,由此造成的损失,企业法人承担过错责任。

(四) 保证合同的内容和形式

根据《担保法》第 15 条的规定,保证合同一般应具有以下内容或条款:

1. 被保证的主债权的种类、数额。被保证的主债权种类,如借款合同中的还本付息债权、买卖合同中的请求交付标的物或支付价款的债权等。

自然债务是否得为保证的对象,应分两种情形而定:其一,保证成立后主债务变为自然债务的,保证虽不因之而当然失效,但保证人得主张主债务人的时效完成的抗辩,即使债务人抛弃该抗辩权,保证人也有权主张;其二,对已经完成时效的自然债务进行保证,根据《担保法司法解释》的规定,其保证仍为有效,于此场合不得主张主债务已经完成时效的抗辩。

被担保的债权,也可以是将来可能发生的债权,如《担保法》第14条规定的"最高额保证"。最高额保证合同的不特定债权确定后,保证人应当对在最高债权额限度内的一定期间内连续发生的债权额承担保证责任。

2. 债务人履行债务的期限。债务人履行债务的期限是衡量债务人是否违约的标准之一,也是保证人决定是否实际承担保证责任的因素之一,因而应予明确规定。它有两种情形:一为期日,二为期间。

3. 保证的方式。保证方式包括一般保证和连带责任保证。不同的保证方式对当事人的利益有较大影响,应予明确约定。未约定时,以连带责任保证论。

4. 保证担保的范围。保证担保的范围依当事人在保证合同中的约定,无约定时按《担保法》第21条的规定处理,即包括主债权及利息、违约金、损害赔偿金和实现债权的费用。但在借款合同中,利息与违约金合而为一,故只能算一项。

5. 保证的期间。保证期间为保证责任的存续期间,也是确定保证债务与诉讼时效关系的依据,对此保证合同应明确约定。无此约定的,在连带责任保证的情况下,债权人有权自主债务履行期届满之日起6个月内要求保证人承担保证责任;在一般保证场合,保证期间为主债务履行期届满之日起6个月。保证合同约定的保证期间早于或等于主债务履行期限的,视为没有约定,保证期间为主债务履行期届满之日起6个月。保证合同约定保证人承担保证责任,直至主债务本息还清时为止等类似内容的,视为约定不明,保证期间为主债务履行期届满之日起2年。

6. 双方认为需要约定的其他事项。双方认为需要约定的其他事项,主要是指赔偿损失的范围及计算方法,是否设立反担保等。

（五）保证的分类

1. 一般保证和连带责任保证。依保证方式,保证可分为一般保证和连带责任保证。一般保证是指当事人在保证合同中约定,只有在债务人不能履行债务时,才由保证人代为履行的保证方式。换言之,债权人首先应向债务人追偿债务,而不能直接向保证人主张权利。保证人在主债务纠纷未经审判或仲裁并就债务人财产依法强制执行前,有权拒绝对债权人承担责任,保证人的这一抗辩权称为先诉抗辩权或检索抗辩权。

连带责任保证是指债务人在主合同规定的履行期届满而没有履行债务的,债权人既可以要求债务人履行债务,也可以要求保证人承担责任。一般保证中的保证人的责任是补充性的,保证人享有先诉抗辩权,而连带责任保证的保证人不享有这一权利,一旦债务人不能履行到期债务,债权人可以直接起诉保证人,要求其承担履行债务的责任。因此,连带责任保证是一种比一般保证更为严格的保证方式。

当事人可以在保证合同中约定采用哪一种保证方式。若当事人对保证方式没有约定或约定不明,则视为连带责任保证。

2. 单独保证和共同保证。依保证人的数量,保证可分为单独保证和共同保证。单独保证是指只有一个保证人担保同一债权的保证。共同保证是指两个以上的保证人担保同一债权的保证。共同保证要求两个条件:一是保证人必须是2人以上,至于是自然人还是法人抑或法律认可的其他组织,在所不问;二是数个保证人担保同一债务。若数个保证人分别保证各自的债务,彼此之间无关联,则仍为单独保证,而非共同保证。数个保证人与债权人签订一个保证合同固然可以成立共同保证,而签订数个保证合同共同担保同一债权同样可以成立共同保证,而且这些合同是同时成立还是先后成立,彼此间有无意思联络,均在所不问。

关于共同保证的效力,《担保法》第12条规定:"同一债务有两个以上保证人的,保证人应当按照保证合同约定的保证份额,承担保证责任。没有约定保证份额的,保证人承担连带责任,债权人可以要求任何一个保证人承担全部保证责任,保证人都负有担保全部债权实现的义务。已经承担保证责任的保证人,有权向债务人追偿,或者要求承担连带责任的其他保证人清偿其应当承担的份额。"

共同保证分为连带共同保证和按份共同保证。两个以上保证人对同一债务同时或分别提供保证时,各保证人与债权人没有约定保证份额的,应当认定为连带共同保证。连带共同保证的保证人以其相互之间约定各自承担的份额对抗债权人的,人民法院不予支持。连带共同保证的债务人在主合同规定的债务履行期届满没有履行债务的,债权人既可以要求债务人履行债务,也可以要求任何一个保证人承担全部保证责任。连带共同保证的保证人承担保证责任后,向债务人不能追偿的部分,由各连带保证人按其内部约定的比例分担,没有约定的,平均分担。按份共同保证的保证人,按照保证合同约定的保证份额承担保证责任后,在其履行保证责任范围内,对债务人行使追偿权。

3. 定期保证和无期保证。依保证是否定有期限,保证可分为定期保证和无期保证。定期保证是指保证合同约定了保证人在一定期间内承担保证责任的保证,保证人仅于此期限内承担保证责任,债权人未在此期限内对保证人提起诉讼或者申请仲裁的,保证人即免除担保责任。无期保证是指保证合同未约定保证期限,债权人有权自主债务履行期届满之日起6个月内请求保证人承担保证责任的保证。可见,无期保证中的无期,只是保证合同未约定期限,而法律早已为此规定了期限。[1]

4. 有限保证和无限保证。依当事人是否约定保证担保的范围,保证可分为有限保证和无限保证。所谓有限保证,是指当事人自由约定担保范围的保证。当然,该约定的范围不得超出主债务的范围,这是由保证的附从性决定的[2]。所谓无限保证,是指当事人未特别约定保证担保的范围,而是依据法律的规定确定其范围的保证。《担保法》第21条规定,当事人对保证担保的范围没有约定或者约定不明确的,保证人应当对全部债务承担责任。其保证范围包括主债务的全部、利息债务、违约金、损害赔偿金和实现债权的费用等。

5. 将来债务的保证和既存债务的保证。依被担保的债务是否为既存债务,保证可分为将来债务的保证和既存债务的保证。前者是指为将来存在的债权债务设定的保证,如最高额保证;后者是指为已经存在的债权债务设定的保证,这是保证的常态。

(六) 保证的效力

保证的效力涉及以下几个问题:

1. 保证责任的范围。保证责任的范围,亦即保证债务的范围,或称保证担保的范围。《担保法》第21条第1款对此规定:"保证担保的范围包括主债权及利息、违约金、损害赔偿金和实现债权的费用。保证合同另有约定的,按照约定。"当事人可以约定保证责任范围的大小,选择其中一项或数项或全部进行担保,还可以约定只保证缔结保证合同时已存的债权,而不及于后扩张的部分。应当注意,基于保证的附从性要求,约定的保证担保的范围不得超出主债务的数额,否则,超出的部分无效。若当事人对保证责任范围没有约定或约定不明确,则保证人应对全部债务承担责任。

2. 保证责任的期间。当事人可以在保证合同中约定保证人承担保证责任的期间。未约定期间的,一般保证为主债务履行期届满之日起6个月;连带责任保证也为主债务履行期届满之日起6个月。在此期间内若债权人只对债务人而未对保证人要求承担责任,则保证人的保证责任得以免除。

3. 主合同内容的变更对保证责任的影响。债权人与债务人协议变更主合同,应取得保证人的书面同意,否则保证人不再承担保证责任。

4. 主合同当事人变更对保证责任的影响。在保证期间内,债权人依法将主债权转让给第三人,不影响保证的效力,保证人仍应在原保证担保的范围内继续承担保证责任;但若债权人许可债务人转让债务给第三人,则应取得保证人的书面同意,否则保证人不再承担保证责任。

---

[1] 崔建远、韩世远、于敏:《债法》,清华大学出版社2010年版,第96页。
[2] 同上书,第97页。

5. 债权人的权利。债权人的权利是在主债务人不履行债务时,得请求保证人履行保证债务即承担保证责任。债权人的权利行使,以在保证期间内主张权利为必要。在保证期间内,债权人未向保证人主张权利,保证人可免除承担保证责任。

6. 保证人的权利。由于保证合同是单务合同,保证人对债权人不享有请求给付的权利,所享有的只是抗辩权或者其他防御性的权利。主要有:(1) 主债务人的抗辩权。《担保法》第20条规定,一般保证和连带责任保证的保证人享有债务人的抗辩权。债务人放弃对债务的抗辩权的,保证人仍有权抗辩。(2) 保证人享有一般债务人应享有的权利。如合同无效、得撤销、未到期等抗辩权。(3) 保证人特别享有的权利。先诉抗辩权,又称检索抗辩权,是指保证人于债权人未就主债务人的财产强制执行而无效果前,对于债权人拒绝清偿保证债务的权利。《担保法》第17条第2款明确规定了一般保证保证人的先诉抗辩权。但是,连带责任保证的保证人不享有先诉抗辩权。(4) 保证人的追偿权。保证人的追偿权,是指保证人在承担保证责任后,有权向主债务人请求偿还的权利。保证人承担保证责任后,对债权人与保证人之间的关系来说,形式上属于清偿自己的债务,但对主债务人和保证人之间的关系而言,实质上仍然属于清偿主债务人的债务。① 因此,保证人在承担保证责任后有权向债务人追偿。(5) 保证人的代位权。保证人的代位权是指保证人向债权人承担保证责任后,可以取代债权人的地位,行使其债权的权利。

(七) 最高额保证

最高额保证是指保证人于约定的最高债权额的限度内就一定期间连续发生的债权所提供的保证。最高额保证是保证担保中的一种特殊形式的保证。我国《担保法》第14条规定:"保证人与债权人可以就单个主合同分别订立保证合同,也可以协议在最高债权额限度内就一定期间连续发生的借款合同或者某项商品交易合同订立一个保证合同。"

最高额保证具有如下特点:(1) 最高额保证所担保的债权不是已经发生的债权,而是未来的债权,而且将来是否会发生也不完全确定。(2) 最高额保证所担保的债权不是基于一个被担保的主合同产生的债权,而是基于若干个被担保的主合同产生的债权。(3) 最高额保证担保的债权是在一定期间内连续发生的,但"一定期间"是指当事人约定的保证合同期间,在此期间之前或之后发生的债权不属于保证的范围。(4) 最高额保证所担保的债权不得超过当事人在合同中约定的最高额限度,超过限度的债权不属于保证的范围,保证人不承担责任。(5) 最高额保证合同如果约定了期限,那么保证人应在约定的期限内就所发生

---

① 崔建远、韩世远、于敏:《债法》,清华大学出版社2010年版,第101页。

的债权承担保证责任;若保证合同未约定保证期间,则保证人可以随时书面通知债权人终止保证合同,保证合同终止后再发生的债权不属于该最高额保证的保证范围。

(八)保证责任的消灭

保证的消灭是指保证关系的消灭,或保证人保证之债的消灭,是指对已经存在的保证责任基于法律的规定或当事人的约定加以除去的现象。保证责任因下列原因而消灭:

1. 主债务消灭。依照主债与从债的关系,当主债务因债务人的履行或与履行具有同等效力的事实(如免除、混同、抵销、提存等)而消灭时,作为从债的保证之债也随之消灭。

2. 保证责任期间届满。在保证合同约定的保证责任期间届满前,或在未约定时依照法律规定的保证期间届满前,债权人未向保证人主张权利的,保证之债消灭。

3. 保证合同解除。若保证人与债权人达成协议,解除保证合同,则保证之债消灭。

4. 保证责任免除。保证责任的免除包括单方免除与法定免除。单方免除是指债权人以单方的意思表示免除保证人的保证责任,法定免除是指根据法律的规定免除保证人的保证责任。

法定免除的情形有:

(1)主合同当事人双方恶意串通,骗取保证人提供保证的,保证人不承担保证责任。

(2)主合同债权人采取欺诈、胁迫等手段,使保证人在违背真实意思的情况下提供保证的,保证人不承担保证责任。

(3)债权人许可债务人转让债务而未经保证人同意的,保证人对转让的债务不承担保证责任。但是,保证人仍应对未转让部分债务承担保证责任。债权人依法将主债权转让给第三人的,保证债权同时转让,保证人在原保证担保的范围内对受让人承担保证责任。但是,保证人与债权人事先约定,仅对特定的债权人承担保证责任,或者禁止债权转让的,债权转让后保证人不再承担保证责任。

(4)债权人与债务人协议变更主合同,但未经保证人同意。若变更加重了债务人的债务,则保证人对加重部分不承担保证责任。若对主合同的变动减轻了债务人的债务,则保证人仍应对变更后的合同承担保证责任。债权人与债务人对主合同的履行期限作了变动,未经保证人书面同意的,保证期间为原合同约定或者法律规定的期间。债权人与债务人协议变更主合同内容,但并未实际履行的,保证人仍应承担保证责任。主合同当事人双方协议"贷新还旧",除保证人知道或应当知道以外,保证人不承担保证责任。但新贷与旧贷系同一保证人保证的,保证人仍应承担保证责任。

(5) 在同一债权既有保证又有物的担保的情况下,债权人放弃物的担保时,保证人在债权人放弃权利的范围内免除保证责任。

(6) 在一般保证的情况下,保证期间届满,债权人未对债务人提起诉讼或者申请仲裁的,保证人免除保证责任。保证人在主债权履行期间届满后,向债权人提供了债务人可供执行财产的真实情况的,债权人放弃或怠于行使权利,致使该财产不能被执行,保证人可请求人民法院在其提供可执行财产的实际价值范围内,免除其保证责任。在连带责任保证的情况下,保证期间届满,债权人未要求保证人承担保证责任的,保证人免除保证责任。

三、定金

(一) 定金的概念

定金是指为确保合同的履行,根据法律规定或者当事人约定,当事人一方于合同成立时或成立后未履行前,预先给付对方的一定数额金钱或者其他代替物的担保方式。我国《民法通则》第89条第3项及《担保法》第89条都对定金作出了明确的规定。《担保法》第89条规定:"当事人可以约定一方向对方给付定金作为债权的担保。债务人履行债务后,定金应当抵作价款或者收回。给付定金的一方不履行约定的债务的,无权要求返还定金;接受定金的一方不履行约定的债务的,应当双倍返还定金。"

由于合同履行与否与该金钱的得失挂钩,从而使当事人产生心理压力,因此定金既指一种债的担保方式,也指作为定金担保方式的那笔预先给付的金钱。与人的担保和物的担保不同,定金属于金钱担保。

(二) 定金与预付款、押金的区别

1. 定金与预付款的区别。定金和预付款都是一方应给付给对方的一定金钱,但两者的法律性质和效力存在较大差别,主要体现在:

(1) 定金属于担保方式,而预付款属于价款支付义务的一部分,而且是提前履行部分债务;

(2) 定金的交付形成定金合同,从属于主债关系,而预付款则属于履行主债的一部分,不构成独立的合同;

(3) 定金一般是一次性交付,而预付款可以分期支付;

(4) 定金类型多样,作用也差别较大,而预付款通常没有多样化的作用,只是起到预先支付价金的作用;

(5) 当事人一方不履行合同时,适用定金罚则,而预付款则没有此效力。

2. 定金与押金的区别。定金与押金都属于金钱担保,均为当事人一方按照约定向对方支付一定数额的金钱或其他代替物,在合同适当履行后,发生返还

法律效果。但两者的区别也是明显的,主要表现在:

(1) 定金的交付往往在合同订立时或者合同履行前,具有预先给付的特征,而押金的交付则往往与履行主合同同时或者与履行主合同相继进行,不具预先给付的特征;

(2) 定金担保的对象是主合同的主给付,押金担保的对象往往是主合同的从给付;

(3) 定金的数额低于合同标的额,且不得超过法定比例,而押金的数额则往往高于或等于被担保的债权额;

(4) 定金具有在一方违约时发生定金丧失或者双倍返还的效力,而押金则没有双倍返还的效力。[1]

(三) 定金的种类

我国现行法承认以下五种类型的定金:

1. 成约定金。成约定金,是指作为合同成立要件的定金。合同因定金的交付而成立。

2. 证约定金。证约定金,是指定金为订立合同的证据。这种定金不是合同的成立要件,仅以证明合同成立为目的。

3. 违约定金。违约定金,是指交付定金的当事人若不履行债务,接受定金的当事人可以没收定金。这种定金和违约金都具有间接强制债务履行的效力。违约定金通常兼有证约定金的作用。

4. 解约定金。解约定金,是指以定金作为保留合同解除权的代价,也就是交付定金的当事人可以抛弃定金以解除合同,而接受定金的当事人也可以双倍返还定金来解除合同。

5. 立约定金。立约定金,是指为保证正式缔约的定金。应解释为交付定金的当事人若拒绝立约,则丧失定金;接受定金的当事人若拒绝立约,则应双倍返还定金。

(四) 定金的成立条件

定金一般由当事人订立定金合同加以约定。定金合同除具备合同成立的一般条件外,还须具备以下条件:

1. 定金合同以主合同(主债)的有效成立为前提条件。这是由定金合同的从属性决定的,主合同无效时,定金合同亦无效。

2. 定金合同以定金的交付为生效要件。定金合同为实践性合同,若只有双方当事人的意思表示一致,而没有一方向另一方交付定金的交付行为,则定金合同不能生效。定金只能在合同履行前交付,因而具有预先给付的性质。《担保

---

[1] 魏振瀛主编:《民法》(第四版),北京大学出版社、高等教育出版社2010年版,第389页。

法》第90条规定:"定金应当以书面形式约定。当事人在定金合同中应当约定交付定金的期限。定金合同从实际交付定金之日起生效。"收受一方提出异议并拒绝接受定金的,定金合同不生效。

3. 定金的数额由当事人约定,但不得超过主合同标的额的20%。对于超过的部分,不按定金处理。当事人实际交付的定金数额多于或少于约定数额,视为变更定金合同。收受一方提出异议并拒绝接受定金的,定金合同不生效。

(五)定金的效力

定金给付后,发生以下三方面的效力:

1. 证约效力。定金具有证明合同成立的效力,定金给付后,如无相反证明,主合同视为成立。

2. 充抵价金或返还的效力。主合同履行后,主债消灭,作为从债的定金也消灭,给付定金一方可以请求接受定金一方返还其定金,或以定金充抵应给付之价金。在定金抵作价款时,实际上是一种抵销。

3. 定金罚则的效力。在合同不履行时,适用定金罚则,即若交付定金一方不履行合同,则丧失定金;若接受定金一方不履行合同,则应双倍返还对方定金。这是定金的主要效力,体现的是定金的担保性质。适用定金罚则的定金类型有解约定金、违约定金以及立约定金。解约定金具有解除合同的效力,该效力的发生以定金的丧失或者双倍返还为条件,定金交付后,交付定金的一方可以按照合同的约定以丧失定金为代价而解除主合同,收受定金的一方可以双倍返还定金为代价而解除主合同。立约定金的效力在于,给付定金的一方拒绝订立主合同的,无权要求返还定金;收受定金的一方拒绝订立合同的,应当双倍返还定金。而违约定金所受的法律规制则要复杂些,违约定金罚则在拒绝履行或者履行不能两种情形下并无问题,即给付定金的一方不履行约定的债务的,无权要求返还定金;收受定金的一方不履行约定的债务的,应当双倍返还定金。但是对于违约定金而言,需要注意的有两点:第一,定金罚则的生效以过错为要件。《担保法司法解释》第122条规定:"因不可抗力、意外事件致使主合同不能履行的,不适用定金罚则。因合同关系以外第三人的过错,致使主合同不能履行的,适用定金罚则。受定金处罚的一方当事人,可以依法向第三人追偿。"第二,在逾期履行和不完全履行时,定金罚则受比例原则的限制。《担保法司法解释》第120条规定:"因当事人一方迟延履行或者其他违约行为,致使合同目的不能实现,可以适用定金罚则。但法律另有规定或者当事人另有约定的除外。当事人一方不完全履行合同的,应当按照未履行部分所占合同约定内容的比例,适用定金罚则。"

第七节 债的移转

一、债的移转概述

(一) 债的移转的概念

债的移转,是指在不改变债的同一性前提下,债权或者债务由第三人予以承受的法律制度。

债的移转属债的变更范畴。广义的债的变更,包括债的主体、客体和内容的变更。狭义的债的变更,仅指债的内容或客体的变更。现代民法所称的债的变更多指狭义而言,而将债的主体的变更分立出来,称为债的移转。

不改变债的同一性,是指债的效力保持不变,不仅原有的理由和瑕疵均不受移转的影响,而且其从属的权利原则上也继续存在。[①]

债的移转的实质是债权或债务在不同的民事主体之间的转移,亦即由新的债权人或债务人代替原债权人或债务人,使债的主体移位。

(二) 债的移转的分类

债的转移,依不同的标准划分为不同的类型:

1. 依其发生的原因划分,可分为:

(1) 法律行为上的移转[②],是指因法律行为而产生的债的移转,其中有因合同产生的,也有因单方行为产生的,如遗赠。其中最主要的是签订合同的行为。

(2) 法律上的移转,是指因法律规定而产生的债的移转,如继承。

(3) 裁判上的移转,是指因法院的裁判而产生的债的移转。

2. 按其移转的内容划分,可分为:

(1) 概括承受,是指债权与债务作为财产的整体而移转,系指由合同当事人一方将债权债务一并移转给第三人,由第三人概括地接受这些债权债务。概括承受有两种方式:一种是合同转让,即依当事人之间的约定而发生的债权债务的移转。如《合同法》第88条规定的当事人一方经对方同意,可以将自己在合同中的权利和义务一并转让给第三人。另一种是因企业的合并或分立,如依《合同法》第90条规定的当事人订立合同后合并的,由合并后的法人或者其他组织行使合同权利,履行合同义务;当事人订立合同后分立的,除债权人或者债务人另有约定的以外,由分立后的法人或者其他组织对合同的权利和义务享有连带债权,承担连带债务。

[①] 郑玉波:《民法债编总论》(修订二版),陈荣隆修订,中国政法大学出版社2004年版,第431页。

[②] 参见 Looschelders, Schuldrecht, Allgemeiner Teil, 9. Aufl., Rn. 1081.

(2) 特定承受,是指债权或债务单独发生的移转,即债权让与或债务承受。

因法律行为发生的债的移转包括债权让与、债务承担、债权债务概括承受三种方式。我国《民法通则》第 91 条对债的移转有所规定,但其不足之处有三:一是规定合同的转让不得牟利,这显然与市场经济的价值规律不相符合;二是规定凡合同权利、义务移转均需取得合同另一方同意,未区分债权让与与债务承担;三是未规定债权债务移转的具体规则。① 而我国《合同法》第 79 条至第 89 条对合同债权债务的移转作了较为详细的规定,克服了《民法通则》的上述缺陷,体现了回应性合同法的内在特征:法律回应社会的需要而变化。

二、债权让与

(一) 债权让与的概念和特征

债权让与,是指不改变债的内容,债权人将其享有的债权转移于第三人享有的现象。其中的债权人称作转让人,第三人称作受让人。

债权让与的方式有权利全部转让和部分转让两种。全部转让是指债权人将债权完全转让给第三人,第三人将完全取代债权人的地位而成为债的当事人,原债权债务关系消灭,新的债权债务关系产生。部分转让是指债权人将债权的一部分转让给第三人,第三人作为受让人加入到原债权债务关系中来,与原债权人共同享有债权。债权让与是在债的关系不失其同一性的前提下,债的关系的一方当事人依法将其债权、债务全部或者部分地转让给第三人的现象。② 因债的内容保持不变,通常情况下,债权让与对债务人并无不利,故各国民法③均承认债权原则上可以让与。我国《合同法》第 79 条对此也有明确规定。

债权让与具有如下法律特征:

1. 债权让与具有非要式性。债权人与第三人就让与债权意思表示一致,债权让与合同即告成立,除法律、行政法规规定应当办理批准、登记手续的以外,无须履行特别的形式,债权让与合同是否做成书面均不影响其效力。对已经做成债权证书的债权进行让与,虽须交付债权证书,但该行为属于履行附随义务,而非债权让与的成立要件。④

2. 债权让与具有无因性。债权让与是基于各种各样原因而产生的,但不论基于何种原因及其有效与否,对债权让与合同的效力均无直接影响。该无因性的目的在于保障债权流转的安全性,以及保护善意受让人的利益。

---

① 郭明瑞主编:《民法学》,北京大学出版社 2001 年版,第 346—347 页。
② 魏振瀛主编:《民法》(第四版),北京大学出版社、高等教育出版社 2010 年版,第 393 页。
③ 如《德国民法典》第 398 条及以下各条。
④ 申卫星:《论合同权利转让的条件》,载《法律科学》1999 年第 5 期。

3. 债权让与是处分行为。① 债权让与是将债权作为一项财产进行处分,所以要求让与人就该债权必须具有处分权限和处分能力。无处分权人让与他人债权的,除非经债权人追认,否则其行为无效。同时,除无记名债权外不适用善意取得制度,即从无处分权人处受让债权时,不能因其善意而取得该债权。②

4. 债权让与的主体是债权人和第三人。此第三人即为得到全部或部分债权的受让人,债务人不是债权让与的当事人。

(二) 债权让与的条件

1. 须有有效存在的债权,且债权的让与不改变债的内容。债权的有效存在,是债权让与的根本前提。有效的债权,是指该债权真实存在且并未消灭,但并不意味着它一定能够得到实现,也就是说,让与人仅负有保证它确实存在的义务,而不负保证债务人能够清偿的义务。③ 以不存在或者无效的债权让与他人,或者以已消灭的债权让与他人,则属于给付不能。债权让与是将已存在的债权让与第三人,而且债权的让与关系到债务人的利益,因此让与人不得改变债的内容,既不能增加债务人的负担,也不能随意免除债务人的债务。

2. 债权的让与人与受让人应当就债权让与达成合意。债权让与是一种民事法律行为,确切地说,是一种合同行为,应适用民法关于意思表示的规定。

3. 让与的债权须具有可让与性。并非一切债权均适合作为让与的标的。《民法通则》虽然未对禁止债权转让的法定事由作出规定,但《合同法》第 79 条却对此有明确的规定。依该条的规定,下列债权不得让与:

(1) 根据合同性质不得转让的债权。这种债权是指根据合同权利的性质,只有在特定当事人之间发生才能实现合同目的的权利,若转让给第三人,则将使合同的内容发生变更。此种债权常见的有五种:第一种是基于特别信任关系而必须由特定人受领的债权,如因雇佣、委托、培训、咨询等产生的债权;第二种是以特定的债权人为基础发生的合同权利,如以某个特定演员的演出活动为基础所订立的演出合同产生的债权;第三种是属于从权利的债权,如因担保而产生的权利,从权利不得与主权利相分离而单独让与;第四种是不作为债权,如竞业禁止约定④;第五种是法律规定禁止扣押的合同债权⑤。

(2) 按照当事人的约定不得转让的债权。当事人在订立合同时或者订立合同后约定禁止任何一方转让合同权利的,只要此约定不违反法律的禁止性规定和社会公共道德,就具有法律效力,任何一方不得转让债权。一般认为,禁止债

---

① Vgl. Looschelders, Schuldrecht, Allgemeiner Teil, 9. Aufl., Rn. 1084ff.
② 申卫星:《论合同权利转让的条件》,载《法律科学》1999 年第 5 期。
③ 同上。
④ 同上。
⑤ 张广兴、韩世远:《合同法总则》(下),法律出版社 1999 年版,第 14 页。

权让与的约定有效,但不得对抗善意第三人。①

(3) 依照法律规定不得转让的债权。法律规定不得转让的债权,当然不能转让。这类债权,常见的有三种:第一种是以特定身份为基础的债权,如扶养费的请求权和因继承而发生的对于遗产管理人的遗产给付请求权;第二种是公法上的债权,如抚恤金债权、退休金债权、劳动保险金债权等;第三种是因人身权受到侵害而产生的损害赔偿请求权,如因身体健康、名誉受侵害而产生的赔偿金、抚慰金债权。《担保法》第 61 条规定最高额抵押担保的主合同债权不得转让,但《物权法》已经取消了该种限制,具有科学性。

依我国《合同法》的规定,债权让与不需征得债务人的同意,这在比较法上亦有相应学说支持②,只要符合上述三个要件,即发生债权让与的效果。但有两点需要注意:(1) 需将债权让与的情况通知债务人。《合同法》第 80 条规定:债权人转让债权的,应当通知债务人。法律、行政法规有特别规定的,应当遵照其规定。如票据的转让,必须以背书的方式进行。债权转让的通知于到达债务人时发生效力,且债权人不得撤销。债务人接到通知后应以受让人为债权人,并不得再向原债权人清偿或者为其他免责行为。债权人没有通知债务人的,对债务人不发生效力。这里的"对债务人不发生效力"是指债权人没有通知债务人时,债务人仍得向原债权人履行,而不是向新债权人履行,原债权人不得拒绝受领,而不是指债权人与第三人的债权让与合同无效。(2) 债权让与虽为债权人对其权利的处分,但权利的行使不得损害债务人的利益,债权让与给债务人造成损害的,债务人可以主张债权让与的无效或请求损害赔偿。

(三) 债权让与的效力

债权让与的效力,是指因债权让与而对让与人、受让人和债务人发生的法律上的效果。具体来说,有以下几种:

1. 在债务人与受让人之间的效力。该让与在债务人与受让人之间的效力表现在:

(1) 抗辩权的援用。从债务人接到债权让与通知时起,债务人得对抗原债权人的一切抗辩,均可用于对抗受让人,但法律另有规定或当事人另有约定的除外。

(2) 抵销的主张。债务人可以行使抵销权,即债务人如对受让人享有债权,并且债务人的债权先于转让的债权到期或同时到期的,债务人可以向受让人主张抵销,进而使债务人对受让人的债务归于消灭。

2. 在债务人与让与人之间的效力。在让与人与债务人之间,因债权让与的

---

① 崔建远、韩世远、于敏:《债法》,清华大学出版社 2010 年版,第 132 页。
② 参见 Brox/Walker, Schuldrecht AT, §34 Rn. 9。

通知，二者完全脱离关系。让与人不得再受领债务人的给付，债务人也不得再向让与人履行原来的债务。

3. 在让与人与受让人之间的效力。该让与在让与人与受让人之间的效力表现在：

（1）法律地位的取代。自债权移转至受让人时起，受让人便成为债务人的新债权人，债务人因此成为受让人的债务人。但是在债权部分让与时，让与人和受让人共同享有债权。

（2）从权利的移转。债权人转让债权的，受让人取得与债权有关的从权利，但该从权利专属于债权人自身的除外。随同债权移转的从权利包括担保权以及其他从权利。

（3）债权证明文件移交。让与人应当将债权证明文件全部交付给受让人，并告知受让人行使债权所必要的一切情况。

最高人民法院《合同法司法解释》（一）第 27 条规定："债权人转让合同权利后，债务人与受让人之间因履行合同发生纠纷诉至人民法院，债务人对债权人的权利提出抗辩的，可以将债权人列为第三人。"

三、债务承担

（一）债务承担的概念和特征

债务承担，是指债的关系不失其同一性，债权人或者债务人通过与第三人订立债务承担合同，将债务全部或者部分地转移给第三人承担的现象。[①]

债务承担具有如下法律特征：

（1）债务承担是通过第三人与债权人或者债务人订立转让合同，使该第三人承受债务或者加入到债的关系中而成为债务人[②]。该第三人被称做债务承担人。

（2）债务承担是无因行为。第三人愿意承担他人债务，通常是具有一定的原因的，该原因一般存在于第三人与债务人之间，例如第三人与债务人之间有赠与、委托关系或者有偿承担等。但此种原因本身并不构成债务承担合同的组成部分，该原因自始无效、被撤销、不被追认或者被解除的，并不影响债务承担的效力。债务承担成立以后，第三人不得以原债务人未履行承担债务的原因约定或者原因行为有瑕疵而对抗债权人。

债务承担与第三人代为履行都存在第三人履行债务的情况，但二者是不同的，区别在于：

---

① **魏振瀛**主编：《民法》(第四版)，北京大学出版社、高等教育出版社 2010 年版，第 399 页。
② Looschelders, Schuldrecht, Allgemeiner Teil, 9. Aufl., Rn. 1155ff.

(1) 在债务承担中,债务人与第三人达成转移债务的协议,要取得债权人的同意,否则债务转移不发生法律效力。在第三人代为履行的情况下,第三人并没有与债权人或债务人达成转让债务的协议。代替履行债务的表示产生的效力不能对抗债权人,债权人也不得直接向第三人请求履行债务。

(2) 在债务承担中,债务人已经成为债的关系的当事人,但在第三人代为履行的情况下,第三人只是履行主体而不是合同当事人。

(3) 在债务承担的情况下,由于第三人已经成为债的关系的当事人,因此若他未能依照债的要求履行债务,则债权人可直接请求其履行债务和承担违约责任;如果第三人已完全代替债务人的地位,那么债权人就不能要求债务人履行债务或承担责任。而在第三人代为履行的情况下,对第三人的不适当履行,债务人应当承担债务不履行的民事责任。债权人也只能向债务人而不能向第三人请求承担责任。

(二) 债务承担的类型

债务承担,按照承担后原债务人是否免责为标准,可以分为免责的债务承担和并存的债务承担。

1. 免责的债务承担,是指债务人经债权人同意,将其债务部分或全部移转给第三人负担,第三人取代原债务人的地位而承担该部分债务,使原债务人脱离该部分债的关系的债务承担方式。《合同法》第 84 条规定:"债务人将合同的义务全部或者部分转移给第三人的,应当经债权人同意。"

免责的债务承担,成立方式有两种:一是第三人与债权人达成协议,由第三人承担债务人之债务,由于合同的一方当事人是债权人,这种方式本身就体现了债权人的同意;二是债务人与第三人达成协议,由第三人承担债务人的债务,这种承担方式须经债权人的承认,才能发生债务承担的效力。

免责的债务承担的效力表现在,原债务人脱离债的关系,不再对所移转的债务承担责任(免责),而第三人成为新的债务人,对所承受的债务负责。与主债务有关的从债务,除专属于原债务人自身的以外,也随主债务移转给新债务人承担。同时,原债务人对债权人享有的抗辩权,新债务人亦可以之对抗债权人。

2. 并存的债务承担,又称附加的债务承担,或者重叠的债务承担,是指第三人(承担人)加入债的关系之中,与原债务人一起向债权人承担债务的现象。① 严格说来,这并非债的主体变更,而是增加债务人的人数,由于第三人的加入,债务人增加,成为多数债务人之债。第三人加入后,与债务人之间成立连带关系,对同一债务负连带责任。债权人既可以请求债务人履行义务,也可以径直向第三人请求履行义务。在并存的债务承担中,该合同若是承担人与债权人签订的,

---

① 魏振瀛主编:《民法》(第四版),北京大学出版社、高等教育出版社 2010 年版,第 402 页。

即使违背了债务人的意思,也予以成立并生效,这与免责的债务承担不同。① 其原因在于,并存的债务承担场合,不发生债务人免责的效果,也不属于第三人清偿,实质上是一种担保。②

(三) 债务承担的条件

1. 须存在有效的债务。债务有效存在是债务承担的前提。债务自始无效或者承担时已经消灭的,即使当事人就此订有债务承担合同,也不发生效力。但就不完全的债务,仍然可以成立债务承担。例如,债务虽然存在可撤销或者解除的事由,但在被撤销或者解除之前,仍可成立有效的债务承担。但若债务其后被撤销或者解除,则债务承担合同自始无效。对于撤销权或者解除权的行使,在免责的债务承担中,承担债务的第三人即有权行使。而在并存的债务承担中,承担人无权行使,只有原债务人才可以行使撤销权或者解除权。将来发生的债务也可以设立债务承担,不过只有在该债务成立时,才能发生转移的效果。

2. 被移转的债务应具有可移转性。③ 债务的可移转性,是债务承担的另一个前提条件,不具有可移转性的债务,不能成为债务承担合同的标的。依照当事人的约定或法律规定或根据债的性质不能移转的债务,不能移转于他人。此点可参照债权让与中"债权的可移转性",因为二者是对应的。

3. 第三人须与债权人或者债务人就债务的移转达成合意。债务承担要求第三人须就债务的移转与债权人或者债务人意思表示一致。该意思表示一致就是一个合同,名为债务承担合同,其订立及效力应适用《合同法》总则关于合同订立的规定和民法关于意思表示的规定。第三人订立债务承担合同的方式有以下两种:

(1) 第三人与债权人订立债务承担合同。由于债权人拥有比债务人更为优越的地位,应当认为既然债务人可以移转债务,债权人当然也可以移转债务。所以,第三人完全可以通过与债权人订立债务承担合同进行债务的移转。④

第三人与债权人订立债务承担合同,是否需要取得债务人的同意?一般认为,第三人代债务人履行债务,对债务人并无不利,债务人一般不会反对,即使债务人反对,而第三人自愿代其履行,债权人又愿意接受第三人履行的,自无使债务承担合同归于无效的必要,所以第三人与债权人订立的债务承担合同,不必经债务人同意即可生效。但这一原则有以下例外:其一,有偿债务承担须经债务人同意;其二,债务人与债权人事先订有禁止债务移转条款的,须经债务人同意。虽然第三人与债权人订立债务承担合同一般不必经债务人同意即可成立,但应

---

① 魏振瀛主编:《民法》(第四版),北京大学出版社、高等教育出版社 2010 年版,第 402 页。
② 韩世远:《合同法总论》(第二版),法律出版社 2008 年版,第 439 页。
③ 比较 Staudinger/Rieble (2005) § 414 Rn. 30ff。
④ 详见 Looschelders, Schuldrecht, Allgemeiner Teil, 9. Aufl., Rn. 1152ff。

通知债务人,否则对债务人不发生效力,在通知之前债务人向债权人所为的履行有效。

(2) 第三人与债务人订立债务承担合同。[①] 根据《合同法》第 84 条"债务人将合同的义务全部或者部分转移给第三人的,应当经债权人同意"的规定,第三人订立债务承担合同的方式还可以是第三人与债务人订立债务承担合同。债务承担合同自债务人与第三人达成合意时成立,但免责的债务承担,在经债权人同意后才发生法律效力。债务承担合同存在无效、可撤销、效力未定的原因,被确认为无效、被撤销、不被追认后,不发生债务承担的效果,债务人不脱离债的关系,仍负有原债务。

但应当指出,债务承担为相对的无因行为,债务人与第三人订立的移转债务的合同虽属无效或被撤销,但经债权人同意后,依然发生债务承担的效果。

4. 债务承担须经债权人同意。在第三人与债务人订立债务承担合同时,必须经债权人同意。因为债的关系是建立在债权人对债务人的履行能力的了解和信任基础上的,债务人的支付能力对于债权人权利的实现至关重要。[②] 如果债务人未经债权人同意而将债务移转于第三人,而该第三人无足够的资力和信用履行债务时,债权人的利益将很难得到原初的保障或者毫无保障。我国《合同法》第 84 条也对此规定,即债务人在移转合同义务于第三人时,应当征得债权人的同意,但这仅适用于免责的债务承担。对于并存的债务承担,由于第三人对债的关系的加入,并未导致原债务人脱离债的关系,并且第三人对债的关系的加入,有利于加强对债权人利益的保护,增加了债权实现的可能性,所以第三人与债务人订立并存的债务承担合同,不必征得债权人的同意,但也应通知债权人,自通知始并存的债务承担对债权人生效。关于债权人同意的方式,明示或者默示均可。债权人即使未明确表示,但如果向第三人请求履行或者受领第三人的履行,亦表明其同意。

此外,特殊情况下,根据《合同法》第 87 条的规定,债务人转移合同义务,法律、行政法规规定应当办理批准、登记等手续的,自办理上述手续后方可生效。当事人之间约定须履行特定形式的,如公证,也需依法办理才能生效。

(四) 债务承担的效力

债务承担的合同生效后,产生如下效力:

1. 第三人作为债务人法律地位的产生。免责的债务承担有效成立后,第三人取代原债务人,成为新债务人,原债务人脱离债的关系,由第三人直接向债权

---

① Looschelders, Schuldrecht, Allgemeiner Teil, 9. Aufl., Rn. 1155ff.
② Ibid., Rn. 1157ff; RGZ 60, 415(416); BGH NJW-RR 1996, 193(194); Hk-BGB/Schulze § 415 Rn. 3.

人承担债务。嗣后第三人不履行债的义务,债权人不得再请求原债务人承担债务,只能请求第三人承担债务不履行之损害赔偿责任或者请求人民法院向第三人强制执行。并存的债务承担有效成立后,第三人加入到债的关系中来,成为新债务人,同原债务人一起对债权人连带承担债务,但当事人约定按份承担债务的,依其约定。第三人不履行债务的,债权人可以请求人民法院强制执行,也可以请求原债务人履行债务。

2. 抗辩权随之移转。根据《合同法》第 85 条的规定,债务人转移义务的,新债务人可以主张原债务人对债权人的抗辩。这一点无论对于免责的债务承担,还是并存的债务承担都适用。但应注意的是,由于债务承担的无因性,没有特别约定,第三人不能基于原因行为的事由对债权人进行抗辩,只能基于所承担的债务本身所具有的抗辩事由向债权人行使抗辩权。

3. 从债务一并随之移转。依《合同法》第 86 条规定,债务人转移义务的,新债务人应当承担与主债务有关的从债务。例如附随于主债务的利息债务,随着主债务的移转而移转于第三人。但从债务专属于原债务人自身的除外,如保证债务不当然随主债务移转于第三人,除非保证人同意。

4. 对债务人的追偿权。在承担人和债务人负连带责任的情况下,履行了全部债务的债务人或承担人,有权向另一方当事人追偿。

根据最高人民法院《合同法司法解释》(一)第 28 条的规定,经债权人同意,债务人转移合同义务后,受让人与债权人之间因履行合同发生纠纷诉至人民法院,受让人就债务人对债权人的权利提出抗辩的,可以将债务人列为第三人。

四、债的概括承受

(一) 债的概括承受的概念

债的概括承受,是指债的一方主体将其债权债务一并移转于第三人。债的概括承受,可为全部债权债务移转,也可为一部分债权债务的移转。一部移转时出让人和承受人应确定各自享有的债权和承担的债务的份额和性质,若无约定或者约定不明确,则视为连带之债。①

债的概括承受,可以是基于当事人之间的合同而产生的,称为意定概括承受,如《合同法》第 88 条的规定;也可以是基于法律的直接规定而产生的,称作法定概括承受,如《合同法》第 90 条的规定。

(二) 债的概括承受的类型

债的概括承受可分为两种情况,一是合同承受,二是企业合并承受。

---

① 崔建远、韩世远、于敏:《债法》,清华大学出版社 2010 年版,第 152 页。

1. 合同承受

合同承受，是指一方当事人与他人订立合同后，依照其与第三人的约定，并经对方当事人的同意，将合同上的权利义务全部或者部分地转移于第三人，由第三人承受自己在合同上的地位，全部或者部分地享受权利并承担义务。

合同承受也可因法律的规定而发生，例如《合同法》第 229 条规定："租赁物在租赁期间发生所有权变动的，不影响租赁合同的效力。"这就是说，出租方将财产所有权移转给第三方时，租赁合同对财产新的所有人继续有效，俗称"买卖不破租赁"原则。

合同承受的要件，主要有：(1)须有有效的合同存在。(2)承受的合同须为双务合同，只有在双务合同中才有权利义务并存的情况，才能发生债权债务的概括承受。(3)须原合同当事人与第三人达成合同承受的合意。(4)须经原合同相对人的同意。同时，《合同法》第 88 条明确规定，当事人一方经对方同意，可以将自己在合同中的权利和义务一并转让给第三人。因此，在合同的对方当事人不同意时，合同的承受不发生效力。

合同承受的效力主要在于承受人取得原合同出让人的法律地位，成为合同关系的当事人，出让人脱离合同关系。其后，如果承受人不履行合同义务，相对方也不能再诉请原当事人承担责任。另外，合同承受是一种无因行为，因而承受人得对抗出让人的事由，不得用以对抗对方当事人。

根据最高人民法院《合同法司法解释》(一)第 29 条，合同当事人一方经对方同意将其在合同中的权利义务一并转让给受让人，对方与受让人因履行合同发生纠纷诉至人民法院，对方就合同权利义务提出抗辩的，可以将出让方列为第三人。

2. 企业合并承受

企业合并，是指原存的两个以上的企业合并为一个企业。我国《公司法》第 184 条规定的公司合并包括两种情形：一为吸收合并，即一个公司将原存的其他公司吸收为自己的一部分，被吸收的公司解散；二为新设合并，即两个以上的公司合并成立一个新的公司，合并各方解散。其他企业的合并通常也表现为这两种形式。企业之间的合并或兼并，是市场经济中的一种常见的现象。无论企业合并的原因是什么，合并活动都会对合并前企业所享有的债权和负担的债务发生影响，为了保证相对人对合并企业的利益，法律规定在此种情况下，发生债权债务移转的法律效果。为此，《民法通则》第 44 条第 2 款规定："企业法人分立、合并，它的权利和义务由变更后的法人享有和承担。"

我国《合同法》第 90 条也规定，当事人订立合同后合并的，由合并后的法人或者其他组织行使合同权利、履行合同义务。

企业合并后，原企业债权债务的移转，属于法定移转，无须征得对方当事人的同意,仅依合并后企业的通知或公告,即对债权人发生法律效力。通知的方式可以是单独通知,也可以是公告通知。公告通知的,应当保证在一般情形下能为相对人所知悉。通知到达相对人或公告期满时,原债权债务即移转于合并的新企业,该企业成为债的关系的当事人,享有债权并承担债务。并且,债权的从权利、抗辩权和债务的从义务、抗辩权一并移转。

第八节 债的消灭

一、债的消灭概述

(一)债的消灭的概念

债的消灭,又称债的终止,是指债的当事人之间的债权债务关系于客观上已不复存在。[①] 债的关系为动态的关系,其终点就是债的消灭。

(二)债的消灭的原因和种类

债的消灭的原因,是指引起债的消灭的各种事由。我国《民法通则》对此未作规定,但《合同法》第91条则规定了七种合同终止的事由,即:"有下列情形之一的,合同的权利义务终止:(一)债务已经按照约定履行;(二)合同解除;(三)债务相互抵销;(四)债务人依法将标的物提存;(五)债权人免除债务;(六)债权债务同归于一人;(七)法律规定或者当事人约定终止的其他情形。"其中,前六种是列举性的规定,第七种是概括性的规定。

从性质上看,债的消灭的原因可分为三类:一类是根据当事人的意思所产生的事由,如合同的合意解除、债务抵销等;二是基于债的目的而消灭,如清偿以及不能履行;三是由法律规定的事由,如法定解除、债务混同等。

(三)债的消灭的效力

债的消灭的效力,表现在以下几个方面:

1. 原债权债务关系消灭,从权利和从义务也一并消灭。原债消灭后,依附于主债权债务关系的从属债权债务,如担保、利息等债权债务亦随之消灭。但已具体成立的违约金债权、纠纷解决条款等独立存在,不与之一并消灭。

2. 债消灭后,使债的担保以及其他权利义务也归于消灭。债权人应当将债权或债务字据或其他文件返还给债务人,如果原始字据或文件灭失的,应向债务人出具债务消灭的字据或文件。

3. 在债的当事人之间发生后契约义务。后契约义务是指依照诚实信用原则,在债的关系消灭后,原债的当事人所负担的对他方当事人的照顾义务。例

[①] 郭明瑞、房绍坤主编:《民法》(第3版),高等教育出版社2010年版,第319页。

如,租赁合同消灭后,出租人对寄送给原承租人的信件应妥为保存,并设法通知其收取等;同时应当允许承租人张贴告示告知其后来的地址,出租人不能妨碍。

二、清偿

(一) 清偿的概念

清偿,是指能达到消灭债权效果的给付,即债务已经按照约定履行。清偿是债的消灭的最基本、最常见、最重要的原因。债务人履行债务,属于清偿;第三人为满足债权人的利益而为给付的,也属清偿。此外,即使依强制执行或者实行担保权而获得满足,也应发生清偿的效果。[①]

(二) 清偿人与清偿受领人

清偿一般应由债务人为之,但不以债务人为限,清偿人主要包括:债务人、债务人的代理人、第三人。清偿受领人则包括:债权人、债权人的代理人、破产财产管理人或清算人、受领证书持有人、行使代位权的债权人。

1. 清偿人

得为清偿的人称为清偿人。清偿一般应由合同债务人为之,但不以债务人为限。常见的清偿人主要有以下几种:

(1) 债务人。债务人负有清偿义务,必须为清偿。连带债务人、保证债务人亦同。债务履行行为如系法律行为,债务人为限制行为能力人时,应取得其法定代理人的同意。但特别法上对债务清偿有限制的,从其规定。

(2) 债务人的代理人。除法律规定、当事人约定或性质上须由债务人本人履行的债务外,债务的清偿可由债务人的代理人为之。清偿由代理人为之时,代理人可以同时代理债权人与债务人为债务履行的法律行为,此时代理制度上关于双方代理的禁止性规定不适用。

(3) 第三人。合同债务本应由债务人清偿,但如第三人的履行能使债权人的债权得到满足,同时又对债务人没有不利时,原则上第三人的清偿应为有效。此种清偿被称为代为清偿。

第三人为清偿时,与债务人的代理人为清偿有别。第三人的清偿系以自己名义有意识地清偿他人债务。而债务人代理人清偿则是以债务人的名义清偿的。如果第三人误认他人债务为自己债务而为清偿,不发生清偿的效力,第三人清偿后,可依不当得利的规定请求返还。

债权人对于第三人为清偿的履行行为,如无正当理由而拒绝受领时,应负受领迟延责任。对于第三人的清偿,债务人可提出异议。此时债权人有权拒绝第三人的清偿,而不负受领迟延责任。对债的清偿有利害关系的第三人(如以自

[①] 崔建远主编:《合同法》(第五版),法律出版社2010年版,第267页。

己财产提供担保的人清偿债务,抵押权顺位在后的人向顺位在前的抵押权人清偿债务,无担保权的债权人清偿有担保权的债权人的债务,合伙人清偿合伙的债务等)所为的清偿,债务人纵有异议,债权人也不得拒绝其清偿,否则即应负受领迟延责任。

依债的性质,可由第三人代为清偿的,方可代为清偿。债权人与债务人有特别约定不得由第三人清偿的,或者依合同的性质和法律的规定不得由第三人清偿的,以及不作为债务,不得由第三人代为清偿。

第三人清偿后,债务人的债务免除,债权因而消灭。对未消灭部分,债务人仍应清偿。第三人清偿后,第三人与债务人之间的关系,应就各具体情况确定:第三人以赠与为目的而代债务人清偿时,清偿后第三人对债务人无求偿权;第三人与债务人之间有其他法律关系时,第三人因此取得代位求偿权,可在清偿的限度内,以自己的名义主张原债权人对债务人的权利。此时即发生债权法定移转的效果。

2. 清偿受领人

清偿受领人,即受领清偿利益的人。清偿须向有受领权的人为之,并经其受领后,始发生清偿的效力,债的关系才可消灭。除债权人以外的得受领清偿的人,在实践中还有以下数种:(1)债权人的代理人;(2)破产财产管理人;(3)债据的持有人;(4)行使代位权的债权人;(5)债权人与债务人约定受领清偿的第三人;(6)经债权人认可或受领后取得债权的人。

(三)清偿地和清偿期

1. 清偿地。清偿地是指清偿人履行债务的场所。履行地不符合债的要求的,不发生清偿的效力。关于清偿地,当事人有约定的,从约定;当事人没有约定的,依下列方法决定:(1)法律有规定的,按照法律的规定。如《民法通则》第88条第2款第3项规定:"履行地点不明确,给付货币的,在接受给付一方的所在地履行,其他标的在履行义务一方的所在地履行。"《合同法》第62条第3项也有类似规定。(2)依债务的性质而定。如不动产权利的转移,应在不动产登记机关所在地履行。(3)有习惯的,从习惯。如通过邮局邮寄物品,履行地为债务人邮局所在地。

2. 清偿期。清偿期是指债务人履行债务的期限。有确定期限的债务,债务人应在期限到来时清偿。提前清偿的,债权人有权拒绝受领,自不发生清偿效力。《合同法》第71条第1款规定:"债权人可以拒绝债务人提前履行债务,但提前履行不损害债权人利益的除外。"期限利益专为债务人而设者,债务人可抛弃期限利益,提前清偿。对于清偿期,当事人有约定的,从其约定;当事人未约定或者约定履行期不明确的,按照《民法通则》第88条第2款第2项的规定,即:"履行期限不明确的,债务人可以随时向债权人履行义务,债权人也可以随时要求债务人履行义务,但应当给对方必要的准备时间。"当事人没有约定而法律又没有特别规定的,应依债的性质决定。

(四) 代物清偿

代物清偿是债权人受领他种给付代替原定给付的清偿。如债务人以一个古玩抵偿100万元的债务,债权人受领的。债权人受领代物清偿后,债的关系即告消灭。

代物清偿须满足以下要件:(1) 须有原债务存在;(2) 须以他种给付代替原定给付;(3) 须有双方当事人关于代物清偿的合意。

(五) 清偿抵充

在债务人对同一债权人负有数宗同种标的的债务场合,或者一个债务的清偿应以数个给付作出的场合,债务清偿人所提供的履行不足以清偿全部的债务时,因利息及担保的有无、清偿期到来与否之不同,以所提交的履行充抵数个债务中的哪些债务,对于当事人的利害关系而言意义重大,这一问题被称为清偿的抵充,亦称履行的抵充。①

一般地说,清偿抵充的构成须具备以下三个要件:(1) 债务人须对同一债权人负担数宗债务;(2) 债务人负担的数宗债务的种类相同;(3) 清偿人所提出的给付不足清偿全部债权。

抵充依照抵充方法分为意定抵充和法定抵充。意定抵充是指当事人的合意决定的抵充,而法定抵充是指法律规定的抵充。我国《合同法》对此没有明确规定。

(六) 清偿费用

清偿费用,是指清偿所需要的必要费用,如物品交付的费用,运送物品的费用,金钱邮汇的邮费,但不包括合同标的本身的价值。通常情况下,清偿费用有运费、包装费、汇费、登记费、通知费等。

对于清偿费用,法律无明文规定,当事人又无约定时,由债务人负担。但因债权人变更住所或其他行为而致清偿费用增加时,增加的费用由债权人负担。

三、抵销

(一) 抵销的概念

抵销是指二人互负债务且给付种类相同时,在对等数额内使各自的债权债务相互消灭的制度。主张抵销的债权,称为主动债权(或自动债权,或者能动债权)。被抵销的债权,叫做被动债权(受动债权,或者反对债权)。②《合同法》第

---

① 崔建远、韩世远、于敏:《债法》,清华大学出版社2010年版,第161页。
② 崔建远主编:《合同法》(第五版),法律出版社2010年版,第270页。

99 条规定:"当事人互负到期债务,该债务的标的物种类、品质相同的,任何一方可以将自己的债务与对方的债务抵销,但依照法律规定或者按照合同性质不得抵销的除外。当事人主张抵销的,应当通知对方。通知自到达对方时生效。抵销不得附条件或者附期限。"

抵销可以产生债的消灭的法律后果,当事人之间只需有抵销的意思表示,就可产生债务清偿的法律效果。因此,抵销是一种特殊的债的消灭的方式。抵销的意义,首先在于方便当事人。抵销使当事人本应履行的债务不再履行,从而简便了债权实现的方式,节省了费用。其次,抵销还有保护债权人权利的作用。这一点在破产程序中表现得尤为突出。当债务人破产时,债权人可向债务人主张抵销,以避免破产清算时按比例分配给自己带来的不利。

抵销,就其发生的根据而言,可分为合意抵销和法定抵销。[①] 前者是由互负债务的债务人经合意而发生的抵销,如我国《合同法》第 100 条规定的"当事人互负债务,标的物种类、品质不相同的,经双方协商一致,也可以抵销"。后者是依法律规定以当事人一方的意思表示所作的抵销,例如以定金充抵货款。就抵销发生的规范基础而言,又可分为民法上的抵销和破产法上的抵销,后者仅因一方的意思表示而发生,故属于法定抵销。这里仅介绍民法上的法定抵销。

(二) 民法上的法定抵销的要件

根据《合同法》第 99 条的规定,民法上的法定抵销有以下四个要件:

1. 须双方合法地互享债权、互负债务。抵销以在对等数额内使双方债务消灭为目的,故以双方互享债权、互负债务为必要前提。只有债务而无债权,或者只有债权而无债务,均不发生抵销问题。其中任何一个债权债务为不法,也不得主张抵销。超过消灭时效期间的债权,不得作为主动债权而主张抵销,否则无异于强使对方履行已失去法律执行力的债务。超过消灭时效的债权为被动债权时,可认为抵销权人抛弃时效利益。附有同时履行抗辩权的债权,不得作为主动债权而主张抵销,否则即属剥夺他方当事人的抗辩权。但如其作为被动债权,则可认为抵销权人已抛弃同时履行抗辩权,此时进行的抵销,当无不可。债权让与时,债务人对原债权人享有债权的,得向债权受让人主张抵销。为了避免保证人承担保证责任后向主债务人求偿困难,加剧保证人难觅的局面,《法国民法典》规定,主债务人对于债权人的债权,保证人得主张抵销(第 1294 条第 1 项)。[②]

2. 须双方债务均至清偿期。可供抵销的债权,原则上是能够请求履行的债权,未届清偿期的债权,债务人的期限利益依然客观存在,此时债权人还不能请求履行,因此不能请求抵销,否则等于强迫债务人抛弃期限利益而提前清偿,不

[①] 崔建远主编:《合同法》(第五版),法律出版社 2010 年版,第 270 页。
[②] 同上书,第 272 页。

符合债的本性。但是,如果债务人主张以自己的未届清偿期的债务与对方当事人已届清偿期的债务抵销,则系主动放弃自己的期限利益,法律自无禁止的理由。

3. 双方债的标的物种类、品质相同。如果双方互负债务的标的物种类不同,双方各有其经济目的,如允许抵销,则不免使一方或双方当事人的目的难以实现,因而要求用以抵销的债的标的物种类必须相同。其他种类之债,如果双方债的标的物种类相同,而品质不同,比如一级酒与二级酒,原则上亦不许抵销。①如果一方或双方的债权标的物为特定物,则原则上不许抵销,尤其是以种类物债权抵销特定物债权时,更不应允许。需要注意的是,《合同法》第 100 条规定:"当事人互负债务,标的物种类、品质不相同的,经双方协商一致,也可以抵销。"此条规定的是合意抵销而非法定抵销。

4. 债务须依其性质或法律规定属于可抵销的范围。有些债务,根据其性质,不能抵销,如不作为债务、提供劳务的债务或依双方约定不得抵销的债务等,双方必须互相清偿,不得抵销,如互相抵销,则违反债务成立的本旨和当事人的合意。此外,与人身不可分离的债务,如抚恤金、退休金、抚养费债务等,也不得抵销。法律基于特殊的政策目的规定不得抵销的债务应遵守该规定,主要是指禁止强制执行的债(此时法律必须保留被执行人本人及其所供养家属的生活必需品)、因故意侵权行为所生的债(此时债务人不得主张抵销侵权损害赔偿债权)等。②

(三) 民法上的法定抵销的方式

关于抵销的方式,各国民法规定并不相同。有的国家采取当然抵销主义,认为抵销无须当事人的意思表示,只要有双方债权对立的事实,便当然发生抵销。如《法国民法典》第 1290 条规定:"债务双方虽均无所知,根据法律的效力仍可发生抵销;两个债务自其共同存在起,在同等的数额范围内相互消灭。"有的国家采取单方行为说,认为抵销权的产生虽然基于债权相互对立的事实,但债的消灭的效果并不当然发生,须有抵销权的行使,即一方当事人的意思表示。如《德国民法典》第 388 条规定:"抵销应以意思表示向他方当事人为之。"《瑞士债务法》《日本民法典》等也均采此说。我国《合同法》也采取单方行为说。而《合同法》对此作出了三个特别规定:第一,通知的要求。《合同法》第 99 条第 2 款前段规定,当事人主张抵销,应当通知对方。抵销既然为单方行为,应适用民事法律行为以及意思表示的法律规定。第二,根据《合同法司法解释》(二)第 24 条的规定,当事人对抵销有异议的,应当及时提出,如果当事人对异议期间有规定的,超过异议

---

① 崔建远、韩世远、于敏:《债法》,清华大学出版社 2010 年版,第 166 页。
② 王家福主编:《中国民法学·民法债权》,法律出版社 1991 年版,第 205 页。

期间提出异议并向人民法院提出起诉的,人民法院不予支持,当事人没有约定异议期间的,在抵销通知到达之日起3个月以后才向人民法院起诉的,人民法院不予支持。第三,根据《合同法》第99条第2款后段的规定,抵销的意思表示不得附有条件或者期限。因为附有条件和期限,与抵销追求确定性的本旨相矛盾。

(四) 民法上的法定抵销的效力

民法上的法定抵销的效力表现在以下几个方面:

1. 双方互负的债务在对等的数额内消灭。抵销为债的绝对消灭,故抵销成立后不得撤回。

2. 诉讼时效中断。抵销为债权的行使,根据《民法通则》第140条的规定,诉讼时效中断,就残存的债权,诉讼时效期间应该重新计算,其起算点为残存债权的履行期限届满的次日。①

3. 抵销使双方债权溯及得为抵销时消灭。得为抵销,是指抵销发生之时。

四、提存

(一) 提存的概念

我国现行法上,提存制度有一般的提存制度和特殊的提存制度之分。前者由《合同法》第101条至第104条规定。后者规定在我国《担保法》等法律上,如《担保法》第49条第3款规定,抵押人转让抵押物所得的价款,应当向抵押权人提前清偿所担保的债权或者向与抵押权人约定的第三人提存,这种提存制度不要求具备债务人因债权人的原因而难以履行债务这一前提。而一般的提存是指由于债权人的原因而使债务人无法向其交付合同标的物时,债务人将该标的物交给提存部门而消灭债务的制度。

债权人对于债务人的给付负有协助和受领的义务。当债权人无正当理由拒不受领时,虽负有迟延责任,但债务人的债务却不能消灭,其时刻处于准备履行状态,对债务人有失公平。法律为结束这一状态,特设提存制度作为解决这一问题的方法。这里论述的是《合同法》中规定的一般的提存制度。

(二) 提存的原因

根据《合同法》第101条的规定,提存的法定事由主要有以下几项:

1. 债权人无正当理由拒绝受领。债务人通过提存而消灭自己的债务,是以债权人无正当理由拒绝受领为前提的。所谓"无正当理由拒绝受领",是指债权人应当且能够受领而不受领。如果债权人有拒绝受领的正当理由,如,债务人交付的标的物不符合约定的质量标准、债务人提前履行且对债权人不利、债务人只履行了一部分且对债权人的利益有所影响以及因对方当事人违约导致合同已经

---

① 魏振瀛主编:《民法》(第四版),北京大学出版社、高等教育出版社2010年版,第412页。

解除等,债务人即不能通过提存而消灭自己的债务。

债务人提存通常以债权人受领迟延为前提,履行期届至前,债权人并无义务受领,此时期并不陷于履行迟延,此时法律不应当允许债务人在期限届至前提存。所以,若债权人期前拒绝受领,其即有正当理由,债务人必须等到履行期届至后才能提存。

2. 债权人不能受领。债权人不能受领既包括事实上的受领不能,也包括法律上的受领不能。前者如债权人下落不明,下落不明是指债权人的住所和居所不固定或者不被他人所知,以至于债务人无法履行。债权人下落不明,并非债权人失踪,只要债权人的下落为债务人在通常情形下无法得知,即可构成"债权人下落不明"。如果债务人知道债权人的下落,但债权人所处的地方使其无法交付,也可认为发生债务人提存的权利。后者如债权人死亡未确定继承人的,或者债权人丧失民事行为能力未确定监护人的。

3. 法律规定的其他情形。所谓"其他情形",首先指合同法规定的债务人可以通过提存消灭债务的情形。例如,《合同法》第70条规定,"债权人分立、合并或者变更住所没有通知债务人,致使履行债务发生困难的,债务人可以中止履行或者将标的物提存。"在其他法律规定有债务人可以提存的情形时,债务人也可以提存。

(三) 提存的当事人

提存的当事人涉及三方当事人:

(1) 提存人。在一般情况下,提存人为债务人,但是,得为清偿的第三人也可作为提存人。按照我国《提存公证规则》第2条规定,提存人为"履行清偿义务"的人。

(2) 提存受领人。提存受领人一般为债权人或其代理人。

(3) 提存部门。提存部门是指国家设立的接收提存物而为保管的机构。根据《提存公证规则》第4条第1款的规定,公证机构是债务履行地的公证处。

(四) 提存的客体

提存的客体,即提存的标的,原则上为依合同的规定应当交付的标的物,但提存的标的物以适于提存者为限。根据司法部《提存公证规则》第7条的规定,货币、有价证券、票据、提单、权利证书、贵重物品、担保物(金)或其替代物以及其他适宜提存的标的物,均可提存。标的物不适于提存或有毁损灭失的危险,以及提存费用过高的,提存人可依法申请拍卖而提存其价金。该标的物有市价者,也可按照市价出卖而提存价金。

(五) 提存的效力

提存成立后,发生以下三方面的效力:

1. 债务人与债权人之间的效力。提存发生与清偿同等消灭债的效力,债权人对债务人的给付请求权因此消灭。在提存期间，提存物的毁损、灭失的风险发生转移，由债权人负担。提存物的保管费用及其他费用由债权人承担，同时，提存物的收益也由债权人享有。

2. 提存人与提存机关之间的效力。提存人依法将标的物提交于提存机关后，提存机关依法负有保管提存物的义务。债的标的物提存后，提存人除以下情况外，不得取回提存物：(1)凭法院生效的判决、裁定或者提存之债已经清偿的公证证明而取回提存物；(2)债权人以书面方式向提存机关表示抛弃提存受领权的，提存人可取回提存物。提存物取回后，视为未提存。债务人应负担提存机关保管提存物的费用，债务人未支付该费用的，提存机关可留置价值相当的提存标的物。债务人在提存书中所指定的受领提存物的人，如系无权受领人，其提存无效，如提存物已交付提存机关，债务人得请求返还提存物。

3. 债权人与提存机关之间的效力。《合同法》第104条规定："债权人可以随时领取提存物，但债权人对债务人负有到期债务的，在债权人未履行债务或者提供担保之前，提存部门根据债务人的要求应当拒绝其领取提存物。债权人领取提存物的权利，自提存之日起5年内不行使而消灭，提存物扣除提存费用后归国家所有。"债权人请求领取提存物时，应持提存通知，提交债权存在的证明文件，并应承担提存部门保管、变卖或出卖提存物的费用。债权人对提存物所生孳息，有权要求发还。如果债务人的清偿系对债权人的对待给付，债权人受领提存标的物时，应当提供履行对待给付的证明。债权人未为对待给付或提供相当担保时，提存部门得阻止其领取提存物。

提存部门办理提存系出于公法上的义务。债权人仅可对提存部门的处分提出异议，而无请求发还提存物的私法上的请求权，也不能以提存部门为被告，提起民事诉讼。[①] 司法部《提存公证规则》第28条规定，符合法定或者约定的给付条件，公证处拒绝给付的，由其主管的司法行政机关责令限期给付；给当事人造成损失的，公证处应予赔偿。标的物提存后风险负担已移转于债权人，故因不可归责于提存部门的事由而致提存物毁损灭失的，提存部门不负责任；但如系提存部门的故意或过失所致，债权人得请求损害赔偿。

五、混同

(一) 混同的概念

混同，是指因债权债务同归一人，致使债权债务关系归于消灭的事实。债权人与债务人系处于对立状态，法律乃在于规范此类对立的主体之间的财产关系，债权因混同而消灭，并非逻辑的必然，仅仅是在通常情况下，处于这种状态下的

[①] 张广兴、韩世远：《合同法总则》(下)，法律出版社1999年版，第73页。

债权继续存续,已经没有法律上的需要,法律规定它因混同而消灭,效果更佳。①《合同法》第106条规定:"债权和债务同归于一人的,合同的权利义务终止,但涉及第三人利益的除外。"

混同作为一种法律事实,并非行为。在债务人受让债权场合,混同显然指的是作为债权让与结果的事实。因此,混同在性质上属于"事件"②,无须任何意思表示,只要有债权与债务同归一人的事实,即发生债的关系消灭的效果。

(二)混同的成立原因

债权债务的混同,是由于债权或者债务的承受而产生的。所以,混同可因债权债务的概括承受和债权债务的特定承受而发生。

1. 债权债务的概括承受。债权债务的概括承受主要是指企业的合并、债权债务的概括继承等,如企业合并,合并的两个企业之间互有债权债务时,合并后债权债务即同归于合并企业,从而发生混同,导致合同的权利义务终止。另外,因继承也可能发生混同。

2. 债权债务的特定承受。特定承受是指债权人承受债务人对自己的债务,或者债务人受让债权人对自己的债权。此时也因发生主体的混同而使债的关系消灭。

(三)混同的效力

1. 债的关系消灭。概括承受使合同关系以及其他债的关系绝对地消灭。而在特定承受的情况下,债的关系消灭,但未让与的债权和与之相对应的债务继续存在。与此同时消灭的还有从权利,如违约金债权、担保权等。

2. 例外情况。如果债权是他人权利的标的,基于第三人合法权益保护的观念,该债权可能并不消灭。我国《合同法》第106条规定:"债权和债务同归于一人的,合同的权利义务终止,但涉及第三人利益的除外。"所谓"涉及第三人利益",是指作为债权债务的标的上设有他人的权利,如债权作为他人质权的标的,在这种情况下,即使债权债务发生混同,但为保护质权人的利益,债权不因此而消灭。例如,甲企业持有乙企业的债券,并以此债券向他人设定质权,后乙两个企业合并,发生混同。此时,如果甲企业原有的债权因混同而消灭,则有害于质权人的利益,故在此种情形,债权债务不因混同而消灭。

3. 特别法对混同效力有规定的,从之。在票据法上,基于票据自身的流通性特征,票据债权人、债务人为同一人时,债并不消灭,票据在到期前仍然可以转让。

---

① 黄立:《民法债编总论》,中国政法大学出版社2002年版,第723页。
② 崔建远、韩世远、于敏:《债法》,清华大学出版社2010年版,第182页。

六、债务免除

（一）债务免除的概念及特点

免除,是指债权人为抛弃债权而对债务人为一方意思表示而发生债务消灭效力的单独行为。①

免除为债的消灭原因,为各国民法所承认,但其法律性质如何,却有分歧。② 大陆法系国家多将债务免除规定为契约行为,而日本则规定其为债权人的单独行为。从理论上说,民法强调当事人的自由意思,在不损害他人利益的前提下,权利人可以自由处分自己的权利。权利人对自己权利积极的抛弃或者消极的不行使,均无不可,法律不得强制权利人行使权利。债权人既然可以单方面抛弃自己的权利,当然也可任意免除债务人的债务。《合同法》第 105 条规定："债权人免除债务人部分或者全部债务的,合同的权利义务部分或者全部终止。"此规定采取了单独行为说。

免除除为单独行为外,还具有以下特点:(1)免除为无因行为。免除的原因或动机,有的为赠与,有的为对待给付,也有的为和解而为,但此等原因,并非免除的要件。其原因无效或者不成立时,不影响免除的效力。(2)免除自身为无偿行为。免除的原因虽然可以有偿或者无偿,但与免除的效力无关,免除本身乃属无偿行为。(3)免除为非要式行为。免除的意思表示不需特定的方式,无论以书面或者口头,明示或者默示,均无不可。

（二）债务免除的条件

1. 免除人应当有行为能力且对债权享有处分权。免除为债权人的处分行为,需要免除人具有处分该项债权的能力。无行为能力人不得为免除行为,限制行为能力人未得其法定代理人的同意,不得为免除行为。法律对免除人的免除权有特殊规定的,从其规定。

2. 免除须由免除人作出意思表示。免除应由债权人或其代理人为之。债权人被宣告破产时,即不得任意处分其债权,故其不得为免除的意思表示。

3. 免除须由债权人向债务人表示。免除为有相对人的单独行为,因而须向债务人或其代理人为之。如债权人向第三人表示要免除债务人的债务,债的关系并不消灭。

4. 债权人的免除的意思表示不得撤回。免除为单独行为,自债权人向债务人或其代理人表示后,即发生法律效力。故一旦债权人作出免除的意思表示则

---

① 崔建远、韩世远、于敏:《债法》,清华大学出版社 2010 年版,第 179 页。
② 崔建远主编:《合同法》(第五版),法律出版社 2010 年版,第 280 页。

不得撤回,否则将有违诚实信用原则,还可能损及债务人的利益。①

(三) 债务免除的效力

债务免除的效力表现在以下几个方面:

1. 债的关系绝对消灭。债务全部免除时,债的关系全部归于消灭,既包括债权人的债权也包括债务人的债务;一部分免除时,债的关系部分归于消灭。

2. 从债务免除。主债务消灭时,从债务当然也随之消灭。但免除人仅免除从债务时,主债务并不消灭。

3. 法律禁止抛弃的债权不得为免除。例如,受雇人对雇佣人的工伤事故赔偿请求权不得预先抛弃。

4. 免除不得损害第三人的合法权益。如果免除的结果对第三人产生不利益,如以损害他人利益为目的的免除,可能被撤销;以债权为质权的标的,债权人如免除债务,就会对质权人造成损害,其处分权必须受到限制。

---

① 张广兴、韩世远:《合同法总则》(下),法律出版社1999年版,第77页。

第十六章 合同之债

合同之债,乃是最常见最重要的债的类型。现代社会已经由过去的身份社会,转向由各种各样类型的合同组织成立的社会交往体系,使得合同在现代社会中发挥重要规范作用。本章主要介绍合同及合同法的一般理论,其内容涵盖合同的订立、合同的内容与形式、合同履行、合同的变更与解除、合同的解释以及违约责任。

第一节 合同的概念与特征

一、合同的概念

合同的含义非常广泛,既有生活意义上的,也有法律意义上的。民间有些所谓的"君子协议"就是生活意义上的合同,自身有道德的约束力,依赖双方的信任与非正式机制保障执行。而法律意义上的合同类型多样,如劳动法上的合同、行政法上的合同、民法上的合同、保险法上的合同。即使是民法意义上的合同,在不同的国家也可能存在物权合同、债权合同、身份合同等。法律意义上的合同与生活意义上的合同的最大差别在于是否在法律上有拘束力。

我国《民法总则》第119条规定:"依法成立的合同,对当事人具有法律约束力。"《民法通则》第85条规定:"合同是当事人之间设立、变更、终止民事关系的协议。依法成立的合同,受法律保护。"《合同法》第2条规定:"本法所称合同是平等主体的自然人、法人、其他组织之间设立、变更、终止民事权利义务关系的协议。""婚姻、收养、监护等有关身份关系的协议,适用其他法律的规定。"上述规定揭示了合同的本质是双方当事人意思表示一致的产物,是一种设立、变更、终止民事关系的协议,同时,把那些非财产性契约从合同法中排除出去。因此,合同是指平等主体的自然人、法人、其他组织之间设立、变更、终止民事权利义务关系的协议。

我国《合同法》第2条第2款的规定意味着,《合同法》并不规范身份合同。而且改革开放三十多年来,实践和《合同法》并没有区分物权合同和债权合同,因此比较科学的理解是:《合同法》只是规范债权合同。[①]

---

① 崔建远:《合同法总论》(上卷),中国人民大学出版社2008年版,第2页。

二、合同的特征

1. 合同是法律行为。法律行为不同于事实行为,它以发生一定的民事法律后果为目的,以当事人的意思表示为基本要素。合同是双方当事人意思表示的结果,其目的在于设立、变更、终止民事权利义务关系。需要注意的是,通常所说的合同为民事法律行为,但在这个合同法的体系内,合同是一个中性的民事行为,否则有效合同就是同义反复,而无效合同、可变更可撤销的合同以及效力待定的合同都是错误概念。

2. 合同是双方当事人意思表示一致的民事法律行为。合同是一种合意,即双方或两方以上的当事人必须就协商的标的取得一致意见,意思表示一致。这是合同区别于单方法律行为的重要标志。

3. 合同是以设立、变更、终止民事权利义务关系为目的的民事法律行为。任何法律行为均有目的性,而合同当事人签订合同的目的,即在于设立、变更、终止某种财产权利义务关系。即,作为债的发生原因之合同,还须以变动债权债务关系为目的。如果不具备此目的,就不是《合同法》调整的合同。如果是以变动身份关系为目的的合同,则由亲属法调整。

4. 合同是当事人在平等、自愿基础上实施的民事法律行为。在民法上,当事人各方的地位是平等的,其所作出的意思表示应当是自由的、自愿的。当然,当事人的意愿也并非是绝对的,更非是恣意的。法律可以基于特殊的政策判断,如限制垄断当事人的权力或者为了保护消费者权益而限制当事人的自愿或自由。

第二节 合同的分类

一、单务合同与双务合同

依合同当事人双方是否互负义务,合同可分为单务合同与双务合同。单务合同,是指一方只享有权利,另一方只承担义务的合同,如赠与、借用合同等。双务合同,是指当事人双方互享权利互负义务的合同。在双务合同中,一方享有的权利正是对方所承担的义务,每一方当事人既是债权人又是债务人。至于一方享有的权利与对方负担的义务是否等价,则在所不问。买卖、租赁、承揽、保险等合同均为双务合同。

区分双务合同与单务合同的意义在于:(1) 在双务合同中,如果法律和合同没有特别约定,双方应同时履行,任何一方在自己没有履行义务时,都无权请求对方履行,否则被请求方可行使同时履行抗辩权;而单务合同不存在对待给付,因而不存在同时履行抗辩权。(2) 双务合同的一方因不可归责于双方当事人的原因不能履行时,无权请求对方履行合同,如果对方已经履行,应将所得返还给对方;双务合同的一方当事人因自己的过错而不能履行合同时,对方有权请求赔偿损失,解除合同,对方已经履行的,还有权请求返还该项给付。而单务合同则不发生上述法律后果。

二、有偿合同与无偿合同

依当事人之间有无对价的给付,合同可分为有偿合同与无偿合同。有偿合同是当事人双方因给付而取得对价的合同,即当事人一方以付出某种利益为代价交换其所获得的利益。无偿合同是当事人一方只为给付而无对价的合同,即一方当事人向对方承担某种给付义务时,并不要求对方当事人给予补偿。在现实生活中,买卖、租赁、承揽合同等为有偿合同;赠与、借用合同等为无偿合同;而保管、委托、消费借贷合同等是否有偿,则需视当事人是否约定报酬而定。通常而言,双务合同多为有偿合同,而有偿合同未必是双务合同。

区分这两类合同的意义在于:(1) 有偿合同债务人的注意义务较无偿合同重,例如在保管合同中,对保管物的灭失,有偿保管之保管人负过失赔偿责任,无偿之保管人则负重大过失责任,即一般过失不负赔偿责任;(2) 限制民事行为能力人订立有偿合同时,须经法定代理人同意或追认,才有效,而对于纯获利益的赠与等无偿合同,则可独自为之;(3) 债权人撤销权的行使,须债务人与第三人的合同以无偿为条件,债权人不得撤销非恶意的有偿行为。

三、要式合同与不要式合同

依合同成立是否需要具备某种特定形式,合同可分为要式合同与不要式合同。要式合同,是指法律要求采用某种特定形式或履行某种特定手续,方能有效成立的合同。这类合同如果不按照法律规定的形式进行,该合同或者不能成立,或者不能生效,或者不能对抗善意第三人。不要式合同,是指法律不要求采用某种特定形式或履行某种特定手续,即为有效成立的合同。这类合同的特点是,当事人可自由选择某种形式,当事人无论采用何种形式均不影响合同的成立及效力。

区分这两类合同的意义在于:订立要式合同不仅要当事人意思表示一致,还要履行特定的方式;而非要式合同,当事人享有更多的合同自由权。

四、有名合同与无名合同

以合同的名称是否为法律所直接规定为标准,合同可分为有名合同与无名合同。有名合同,又称典型合同,是指法律赋予一定名称,并作出特别规定的合同,如《合同法》规定的买卖、租赁合同等。无名合同,又称非典型合同,是指法律尚未为其确定一定名称和特定规范,而由当事人自由创设的合同,如物业管理合同、电子认证合同等。我国《合同法》所列的15种合同属于有名合同,而《合同法》和其他民事法律未直接规定的合同,属于无名合同。

区分有名合同与无名合同的意义在于处理合同纠纷时适用的规则不同。有名合同由于其名称、性质、条款等已有法律规定,为当事人提供了合同的范式,纠纷应按照有关该合同的法律规定处理;无名合同的纠纷,则适用《合同法》总则的规定和参照最相类似的有名合同的条款处理。同时,对于有名合同,如果当事人不愿适用,也可在不违反强行性规范的条件下,特约排除有名合同的有关条款;对于无名合同,只要该合同不违反社会公德、社会公共利益和法律的禁止性规定,当事人可以自由创设,法律承认其效力。

五、诺成性合同与实践性合同

根据合同的成立是否以交付实物为条件,可将合同分为诺成性合同和实践性合同。诺成性合同,是指双方当事人意思表示一致即可成立的合同,即一方当事人向另一方作出建立某种法律关系的建议,另一方对此表示同意,即可导致合同成立,双方所约定的民事权利和民事义务关系就已经存在,如买卖、租赁合同等都是诺成性合同。实践性合同,是指除了双方当事人意思表示相一致外,还要交付实物才能成立的合同,所以又称为要物合同。这种合同的特点是,仅有双方当事人意思表示相一致或相对应,还不能在双方当事人之间产生民事权利义务关系,只有将标的物交付给对方当事人时,合同才算成立,如民间的借贷合同、一般赠与合同等通常属于要物合同。

区分这两类合同的意义在于:(1)掌握这两种合同的成立要件,可以帮助人们识别哪些合同已经成立,具有法律效力,哪些不具备合同成立的要件,双方所确定的民事权利义务还不能发生法律效力。(2)这种分类对于我们认定合同成立的时间以及标的物上权利之设定或转移的时间均有重要意义。如债务负担通常为诺成性合同,该合同自当事人意思表示一致时成立;而动产之处分合同,则自标的物交付时成立,但法律另有规定或当事人另有约定的除外。动产上之物权亦自标的物交付时设定(如动产质权)或转移(如动产所有权)。

六、主合同与从合同

以合同之间的相互关系为标准,可将合同分为主合同与从合同。主合同是指不需要借助其他合同的存在就可独立成立的合同。这种合同的特点是,其可独立成立和存在,不需依附于其他合同。从合同是指依附于其他合同的存在而存在的合同。这种合同的特点是,其成立及效力一般取决于主合同的成立及效力。主合同不成立,从合同即无从成立;主合同无效,将会导致从合同不能生效。如借贷合同订立时,出借方为了保证借贷方能够到期还本付息,而要求借贷方提供抵押物作为债权的担保,从而又订立了抵押合同。在这两个合同中,借贷合同是主合同,依附于借贷合同的存在而存在的抵押合同则属于从合同。

七、为本人利益的合同与为第三人利益的合同

根据缔约人是为谁的利益而订立合同,可将合同分为为本人利益的合同与为第三人利益的合同。一般情况下,缔约人是为了本人的利益而订立合同,称为为本人利益的合同。为第三人利益的合同,是指缔约的一方当事人不是为了自己,而是为第三人设定权利并使其获得利益的合同,如为第三人利益所订立的保险合同。这两种合同类型合称为涉他合同。

区分为本人利益的合同与为第三人利益的合同的意义在于:为本人利益的合同只在订约当事人之间发生债权债务关系;而为第三人利益的合同,涉及第三人,第三人若接受合同权利便具有了合同当事人的地位,享有独立的权利。

八、确定合同与射幸合同[①]

以合同的效果在缔约时是否确定为标准,可将合同分为确定合同与射幸合同。确定合同是指合同的法律效果在缔约时已经确定的合同。射幸合同是指合同的法律效果在缔约时不能确定的合同,保险合同、押赌合同、有奖销售合同等,均属此类。射幸合同又称机会性合同。

区分确定合同与射幸合同的意义在于:确定合同一般要求等价有偿,若不等价,可能被撤销或被认定为无效;射幸合同一般不能从等价与否的角度来衡量合同是否公平合理。

第三节 合同的订立

一、合同的订立的概念

合同的订立,是指缔约人为意思表示并达成合意的状态。它描述的是缔约各方自接触、洽商直到达成合意的过程,是动态行为与静态协议的统一体。[②] 合同的订立与合同成立、合同生效是有区别的。合同的成立是一种合意。合同的订立是当事人私法自治的体现,是当事人的意志结果,强制缔约只是例外,且仅

[①] 崔建远:《合同法总论》,中国人民大学出版社 2008 年版,第 85—88 页。
[②] 魏振瀛主编:《民法》(第四版),北京大学出版社、高等教育出版社 2010 年版,第 427 页。

就合同成立而言,仍然体现了双方当事人的合意。① 合同的生效是国家对合同效力的认可,它强调的是合同内容的合法性,体现了国家对合同的规制,反映的是法律对合同的评价。也就是说,合同成立,并不一定产生法律效力。已成立的合同,如其符合法定生效要件,则合同生效,受法律保护;如其违背或欠缺生效要件,则合同无效、可撤销或效力未定。

当事人订立合同时,除要遵守平等原则、诚实信用原则等民法基本原则外,还应遵守合同自由的原则。合同自由原则,又称契约自由原则,是世界各国合同法的基本原则,该原则要求:当事人是否缔结合同、同谁缔结合同以及缔结合同的内容和形式,主要取决于当事人的意思。只要不违反法律的禁止性规定以及公序良俗,可由当事人自由决定。我国《合同法》奉行的是合同自由原则,有关合同订立、内容、形式等的规定,多属任意性规范,除法律的少数强制性规定外,当事人对合同的订立有非常广阔的选择空间。

二、合同订立的一般程序

合同订立的程序是指当事人相互作出意思表示并就合同条款达成一致协议的过程。我国《合同法》第 13 条规定:"当事人订立合同,采取要约、承诺方式。"

（一）要约

1. 要约的概念及其条件

《合同法》第 14 条规定:"要约是希望和他人订立合同的意思表示,该意思表示应当符合下列规定:（一）内容具体确定;（二）表明经受要约人承诺,要约人即受该意思表示约束。"发出要约的人称要约人,受领要约的人称相对人或受约人。要约属于意思表示而非民事法律行为。因此,要约不能当然发生当事人所预期的法律后果,即成立合同。

一项要约,欲取得法律效力,必须具备一定的条件。根据《合同法》第 14 条的规定,要约发生法律效力,应当符合下列构成要件:

（1）要约必须是特定人所为的意思表示。只有要约人特定化,且表达了希望订立合同的愿望,受要约人才具有承诺的对象。特定人是指能为外界客观确定的人。

（2）要约的内容须具体、确定。要约的内容具体,是指要约必须具有足以确定合同成立的条件,至少是主要条件。要约内容的确定,是指要约的内容必须明确,不能含糊不清,应当达到一般人能够理解其真实含义的水平。

（3）经受要约人承诺,要约人即受该意思表示约束。要约在被承诺后,就产生合同的法律效力,要约人要受合同效力的约束。

---

① 崔建远:《合同法》(第四版),法律出版社 2010 年版,第 41 页。

（4）要约必须向相对人发出。相对人一般为特定的人，既包括一人，也包括数人。但在特殊情况下，对不特定的人发出无妨要约所达目的时，相对人也可为不特定人。

2. 要约与要约邀请的区别

《合同法》第15条规定："要约邀请是希望他人向自己发出要约的意思表示。寄送的价目表、拍卖公告、招标公告、招股说明书、商业广告等为要约邀请。""商业广告的内容符合要约规定的，视为要约。"要约与要约邀请的区别如下：

（1）从目的上看。要约是一方向另一方发出的意欲订立合同的意思表示；而要约邀请则表明仍处在订立合同的磋商阶段，欠缺直接缔约的目的。

（2）要约人受要约拘束，在要约有效期限内，不得任意撤销要约，否则应当承担缔约过失责任，受要约人一旦承诺，则导致合同成立的法律后果。而要约邀请人对于相对人的意思表示，仍有决定承诺与否的自由。①

对要约与要约邀请的区别，法律有明文规定的，依其规定。如最高人民法院《关于审理商品房买卖合同纠纷案件适用法律若干问题的解释》第3条规定："商品房的销售广告和宣传资料为要约邀请，但是出卖人就商品房开发规划范围内的房屋及相关设施所作的说明和允诺具体确定，并对商品房买卖合同的订立以及房屋价格的确定有重大影响的，应当视为要约。"

3. 要约的生效

要约的生效，是指要约从什么时间开始发生法律效力。对于以对话形式发出的要约，采取了解主义，即受要约人了解要约时即开始生效。而在非对话要约中，则采取到达主义，即要约在送达受要约人时生效。我国《合同法》第16条规定："要约到达受要约人时生效。"到达主义的"到达"，不是指要约必须在实际上到了受要约人或者其代理人的手中，而是要约送到了受要约人及其代理人实际控制的地方。例如，以信件为载体的要约送到受要约人或其代理人的信箱，就视为到达。需要特别注意的是，我国《合同法》第16条第2款规定："采用数据电文形式订立合同，收件人指定特定系统接收数据电文的，该数据电文进入该特定系统的时间，视为到达时间；未指定特定系统的，该数据电文进入收件人的任何系统的首次时间，视为到达时间。"另外，采用数据电文形式缔约的效力规则还必须适用《中华人民共和国电子签名法》的规定。

4. 要约的撤回和撤销

（1）要约的撤回。要约的撤回，是指要约人在发出要约之后、要约生效之前，使要约不发生法律效力的行为。《合同法》第17条规定："要约可以撤回。撤回要约的通知应当在要约到达受要约人之前或者与要约同时到达受要约人。"由

---

① 韩世远：《合同法总论》（第二版），法律出版社2008年版，第67页。

于要约的撤回发生在要约生效之前,受要约人还未曾被赋予承诺的资格,一般不会给受要约人造成损害。所以,法律允许要约人根据市场的变化、需求等各种经济情势以及各自的偏好,可以改变发出的要约,以保护要约人的利益,尊重其决定自由。

在实践中,关于撤回要约的权利,应当注意以下几个问题:

第一,受要约人在收到迟到的要约撤回通知后,是否负有通知其要约撤回通知迟到的义务?对此,学者的意见不一致。笔者认为,要约人发出要约后,又要撤回要约,主要是要约人自己原因所致,要约人应当为自己的过失负责,不能要求受要约人对其过失承担责任。因此,受要约人不负向要约人通知要约撤回通知迟到的义务。

第二,要约撤回的通知迟到,是否视为要约撤销?对此,法律没有规定。笔者认为不能,因为法律一旦确认该要约撤回通知迟到就自然地转化为要约撤销,与要约人的意志相背,损害要约人的利益。在要约撤回通知迟到的情况下,要约人有可能选择让要约继续有效,而不是撤销要约。因为要约撤销后,要约人将面临承担缔约过失责任的可能。

第三,撤回要约通知的内容不明确,无法认定是撤回还是撤销的,应当如何处理?笔者认为,如果该通知在要约到达之前或者同时到达受要约人,应认定为要约的撤回;如果在要约生效之后,受要约人发出承诺通知之前到达受要约人的,应认定为要约的撤销。

(2)要约的撤销。要约的撤销是指要约人在要约生效之后,受要约人作出承诺之前,将该要约取消,使该要约效力归于消灭的行为。《合同法》第18条规定:"要约可以撤销。撤销要约的通知应当在受要约人发出承诺通知之前到达受要约人。"由于要约的撤销发生在要约生效之后,受要约人可能已经做好承诺和履行的准备,如果允许要约人撤销要约,很可能损害受要约人的利益和社会交易安全。

行使要约撤销权,应当注意以下几个问题:

第一,要约撤销的时间界限。撤销要约应当发生在要约生效之后,受要约人发出承诺通知之前。在受要约人发出承诺通知之后,即使承诺通知仍在途中,受要约人也作了履行准备,这时允许要约人撤销要约,将破坏受要约人的预期,给其造成损失,此时要约人应当承担违约责任或者缔约过失责任。

第二,撤销要约的通知于要约到达之前到达受要约人,《合同法》没有规定应当怎样处理。此时,根据当事人的意思,法律赋予要约撤销通知以撤回的法律效力比较妥当。这样,能够更好地保护要约人的利益,也不会损害受要约人的利益和交易安全。

第三,有的要约是不能撤销的。《合同法》第19条规定:"有下列情形之一的,要约不得撤销:(一)要约人确定了承诺期限或者以其他形式明示要约不可撤销;(二)受要约人有理由认为要约是不可撤销的,并已经为履行合同作了准备工作。"按照上述规定,要约在下列两种情况下,不得撤销:

首先,要约中确定了承诺期限或者以其他形式表明要约不可撤销的,不得撤销。要约中确定了承诺期限,对于要约人意味着:要约人向受要约人允诺在承诺期限内,要约是可以信赖的。要约人基于自己的利益而自愿赋予了受要约人在一定期限内的权利,这种期限的规定也是符合其自身利益的,法律对要约人作出的这种决定予以认可,即使在该期限内出现市场波动,这也是要约人所自愿承受的。而对于受要约人而言,这意味着,受要约人在承诺期限内基于要约人的意思而取得了承诺资格,受要约人自然可以对此予以信赖,此时其获得了一定的"特权"。所以即便受要约人没有发出承诺,也可以基于信赖而为履约作准备,待准备工作就绪后,再向要约人承诺。所以在此时允许要约人撤销要约,很可能给受要约人的利益造成损失,并危及交易安全。"以其他形式表明要约不可撤销"是指虽然要约没有表明有承诺期限,但是表明在一定时间内不可撤销的,或者既没有表明承诺期限,也没有明确表明不可撤销,但是根据交易习惯等可以认为要约不得撤销,如表明"保证现货供应""随到随买"等,应当视为不可撤销的要约。

其次,受要约人有理由认为要约是不可撤销的,并且已经为履行合同做了准备工作。这种情况包含三个要点:一是在要约中没有承诺期限,也没有通过其他形式表明要约是不可撤销的;二是受要约人有理由认为要约是不可撤销的,例如要约使用的言辞足以使受要约人相信,在合理的时间内,受要约人可以随时承诺而成立合同,即要约人在合理的时间内,不会撤销要约;三是受要约人在发出承诺的通知之前,已经为履行合同做了准备工作。

5. 要约的失效

要约的失效即丧失其法律拘束力,要约人不再受要约的约束,受要约人也不再有承诺的资格,其"承诺"不再具有承诺的效力。《合同法》第20条具体规定了要约失效的四种事由:"有下列情形之一的,要约失效:(一)拒绝要约的通知到达要约人;(二)要约人依法撤销要约;(三)承诺期限届满,受要约人未作出承诺;(四)受要约人对要约的内容作出实质性变更。"

(二) 承诺

1. 承诺的概念及其条件

《合同法》第21条规定:"承诺是受要约人同意要约的意思表示。"受要约人对要约表示承诺,合同即告成立。对于实践合同,除合同双方意思表示一致外,尚需交付标的物,合同始成立;要式合同,则要合乎法定或约定的形式要求,合同始成立。

按照这一规定,承诺应当符合下列条件:

(1) 承诺必须由受要约人作出。作出承诺是受要约人的权利,这里的权利的实质是一种资格。受要约人的代理人可以代为承诺。受要约人之外的第三人没有作出承诺的资格。

(2) 承诺必须向要约人作出。受要约人承诺的目的是要与要约人缔约,所以只有向要约人作出承诺才有意义。当然,向要约人的代理人作出的承诺具有同样的意义。

(3) 承诺应当在承诺期限内作出。要约在存续期间内才有效力。一旦受要约人承诺便可成立合同,因此承诺必须在此期间作出。

(4) 承诺的内容应当与要约内容一致。为取得合同的成立,承诺就应当在内容上与要约的内容一致。如果承诺的内容对要约进行了扩张、限制或者变更等,应视为反要约。为鼓励交易,立法对内容一致采取了灵活的方法。《合同法》把要约中的内容分为实质性内容和非实质性内容。规定承诺更改要约的实质性内容的,为对要约的拒绝并发出了新的要约;承诺更改要约的非实质性内容的,除非要约人及时反对,否则该承诺为合格承诺,发生承诺的法律效力。

2. 承诺的方式

承诺的方式,是指受要约人通过何种形式将承诺的意思送达要约人。一般认为,承诺应以明确的方式作出,缄默或者不作为不视为承诺。《合同法》第22条规定:"承诺应当以通知的方式作出,但根据交易习惯或者要约表明可以通过行为作出承诺的除外。"按照这一规定,承诺的法定形式是通知,但法律也不禁止受要约人根据交易习惯或者通过行为的形式作出承诺。受要约人采取通知以外的行为方式作出承诺的,须符合下列情形之一:

(1) 要约人在要约中选择以行为作为承诺方式。要约人在要约中限定采取行为方式承诺的,这种限定只要不违背法律、公序良俗,就应对受要约人产生拘束力,受要约人原则上应当依照要约人限定的方式承诺。例如,要约人在要约中明确表明:"如同意上述条件,可在某期限内发货。"表明了要约人同意受要约人以发货行为作为承诺的意思表示。

(2) 根据交易习惯,合同可以用行为的方式承诺。通常情况下,合同的性质与承诺的形式没有直接关系,但根据交易习惯,某些特殊类型的合同可以采用行为的方式承诺。例如,在房屋租赁合同中,租赁期限届满,承租人继续缴纳租金,出租人收取租金的,就视为其接受了续租的要约,作出了续租的承诺。再如,有长期业务往来的法人之间,依据惯例,需货方仅需要向供货方发出需货数量和规格的传真,供货方就会在收到传真的次日,将货物托运给需货方。需货方的传真可视为要约,供货方的发货行为,即可视为承诺。

3. 承诺的期限

承诺的期限实际上是受要约人资格的存续期限,在该期限内受要约人具有承诺资格,可以向要约人发出具有拘束力的承诺。《合同法》第 23 条规定:"承诺应当在要约确定的期限内到达要约人。""要约没有确定承诺期限的,承诺应当依照下列规定到达:(一)要约以对话方式作出的,应当即时作出承诺,但当事人另有约定的除外;(二)要约以非对话方式作出的,承诺应当在合理期限内到达。"确定"合理的期限"通常应当考虑下列因素:第一,根据要约措辞的缓急。如要约中标明"速回信""见函即复"等措辞的,表明该合理期限较短。第二,根据要约的内容。如要约表明买卖鲜活水产品,则意味着承诺期限不可能太长。要约表明"常年供货",即表示承诺并非紧迫。第三,根据某种特定行业的习惯做法。第四,根据一个理智、善良、业务水平中等的交易人正常的考虑、准备时间。第五,根据合理的在途时间。[①]

对于合理期限的确定发生的纠纷,应当按照以下办法处理:一是受要约人在收到正常到达的要约后,已经以最迅捷的方式,毫不迟延地作出承诺的,要约人不得以超过合理期限为由拒绝。二是受要约人收到没有按照正常速度到达的要约,在计算合理期限时,应当以要约人发出要约的时间或者要约上载明的时间为准。三是要约人认为承诺超过合理期限的,应当在收到承诺后,毫不迟延地,以比承诺方式更迅捷的方式告知受要约人,否则应当认为该承诺是在合理期限内作出,具有法律效力。

关于承诺期限的计算问题,《合同法》第 24 条规定:"要约以信件或者电报作出的,承诺期限自信件载明的日期或者电报交发之日开始计算。信件未载明日期的,自投寄该信件的邮戳日期开始计算。要约以电话、传真等快速通讯方式作出的,承诺期限自要约到达受要约人时开始计算。"按照该条规定,承诺期限起算点的确定,应当遵守以下规则:第一,以信件方式作出的要约,承诺期限应当从信件载明的日期,开始计算承诺期限。如果信件没有载明日期,则应当自投寄信件的邮戳日期开始计算。第二,以电报方式发出的要约,承诺期限应当自电报交发之日开始计算。第三,以电话和传真方式作出的要约,由于是一种迅捷的通讯方式,所以,承诺期限从要约到达受要约人的时间开始计算。

4. 承诺的撤回

承诺的撤回,是受要约人在发出承诺之后、承诺生效前,宣告收回发出的承诺,阻止其生效的行为。《合同法》第 27 条规定:"承诺可以撤回。撤回承诺的通知应当在承诺通知到达要约人之前或者与承诺通知同时到达要约人。"法律规定承诺人的承诺撤回权,是由于承诺的撤回发生在承诺生效之前,要约人还未曾知晓受要约人承诺的事实,合同还没有成立,此时撤回承诺,不会对要约人造成损害,也不会破坏要约人可能基于合同而产生的预期。对于对话形式的承诺,无法

[①] 杨立新:《合同法总则》(上),法律出版社 1999 年版,第 93 页。

撤回；由他人转达的语言承诺，可以按照承诺撤回权行使的时间限制，予以撤回。采用电子数据形式的承诺，因其本身的性质，也不太可能撤回。对非直接对话方式和非电子数据传递方式的承诺，则可以和可能撤回。为了使发出的承诺撤回通知早于承诺的通知或者与承诺的通知同时到达要约人，承诺人应当采取比承诺更迅捷的送达方式。对以行为作出的承诺的撤回，应当以通知为基本形式。

需要说明的是，承诺与要约不同的是，承诺不存在撤销的问题，因为承诺一旦到达要约人，合同即成立。受要约人再表示撤销承诺，即可能构成违约的意思表示。

5. 承诺的生效

承诺生效，合同即告成立，承诺的生效时间，即为合同成立的时间。我国《合同法》第 26 条规定："承诺通知到达要约人时生效。承诺不需要通知的，根据交易习惯或者要约的要求作出承诺的行为时生效。""采用数据电文形式订立合同的，承诺到达的时间适用本法第 16 条第 2 款的规定。"显然《合同法》采取的是到达主义。

关于承诺生效时间的具体确定，应遵守以下规则：

（1）承诺需要通知的，以承诺的通知到达要约人的时间为承诺生效时间。承诺的通知到达要约人，是指承诺信息的载体到达要约人实际支配的范围，如，信件已投入要约人的信箱；电报已为要约人的同住成年家属签收；挂号信、电报等，要约人一方签收的时间，为承诺到达时间。以对话形式的承诺，一般是即刻到达，立即生效；需要他人转达的承诺，应以信件形式处理。

（2）采用数据电文形式订立合同的，承诺到达的时间适用《合同法》第 16 条第 2 款的规定：采用数据电文形式承诺，要约人指定特定计算机系统接收数据电文的，该数据电文进入该特定系统的时间，视为到达时间；未指定特定系统的，该数据电文进入要约人的任何系统的首次时间，视为到达时间。

（3）承诺不需要通知的，根据交易习惯或者要约的要求作出承诺的行为时生效。在这种情况下，考察承诺生效的时间，应当以根据交易习惯或者要约的要求作出承诺的行为时为准。承诺行为的作出与承诺行为被要约人知晓之间，往往有一段时间间隔，应当类比以通知方式作出承诺的情况处理，以行为到达要约人可支配范围的时间，为承诺生效的时间。

6. 逾期承诺和承诺迟到

逾期承诺，是指受要约人在要约人限定的承诺期限届满后向要约人发出的承诺。《合同法》第 28 条规定："受要约人超过承诺期限发出承诺的，除要约人及时通知受要约人该承诺有效的以外，为新要约。"因此，逾期承诺的效力是：第一，逾期承诺不生承诺的法律效力。在承诺期限届满后，受要约人不再有作出承诺的资格。第二，逾期承诺在性质上是一项新要约。逾期承诺在是在承诺期间经过的时候发出的,不再为适格承诺。但是考虑到承诺人对要约人的要约内容作出了响应,发出了积极的意思表示,因此,应当视为新要约,对方可以在合理的时间内给予承诺。第三,在要约人及时认可的情况下,逾期承诺具有承诺的法律效力。逾期承诺到达要约人,要约人认为该逾期承诺可以接受的,应当按照当事人的意志,承认承诺的效力,因而合同成立。法律的要求是,受领逾期承诺的要约人必须对逾期的承诺及时认可。"及时认可"是指要约人在收到逾期承诺之后,毫不迟延地以与承诺方式相同或者不慢于承诺方式的方式向对方声明认可。

承诺迟到,是指承诺人在承诺期限内发出承诺,但在承诺到达要约人时,已经超出了承诺期限。承诺迟到,分为非因受要约人原因的承诺迟到和因受要约人原因的承诺迟到。若是因受要约人原因而导致承诺的迟到,自然不发生承诺的效力,对于要约人而言可以视为受要约人提出的新要约,要约人可以自我决定是否同意,不受其拘束。值得讨论的是非因受要约人原因而导致的承诺迟到,应如何处理?

非因受要约人原因的承诺迟到,是指受要约人在承诺期限内发出承诺,按照通常情形能够及时到达要约人,但因其他原因,承诺到达要约人时超过了承诺期限。《合同法》第29条规定:"受要约人在承诺期限内发出承诺,按照通常情形能够及时到达要约人,但因其他原因承诺到达要约人时超过承诺期限的,除要约人及时通知受要约人因承诺超过期限不接受该承诺的以外,该承诺有效。"构成非因受要约人原因的承诺迟到须具备以下要件:第一,受要约人须在承诺期限内发出承诺。如果要约没有规定承诺期限,依照法律的规定,可以在合理期限内予以承诺,但这种情况,由于无法确定受要约人的承诺是否在承诺期限内发出,因此一般不适用这一规则。第二,承诺到达要约人时超过了承诺期限。第三,承诺超过承诺期限到达要约人,非基于受要约人的原因。"承诺迟到不是由于受要约人的原因",是指受要约人在承诺期限届满以前发出了承诺,依据该承诺方式的正常情况,受要约人已经留出了足够的时间,使承诺能够在期限届满前到达要约人,但是由于受要约人意志以外的原因,如邮电局的误投、意外事故的信件损毁等,造成承诺迟到。

非因受要约人的原因承诺迟到,原则上该承诺发生承诺的法律效力,但要约人及时通知受要约人,因承诺超过期限不被接受的,不发生承诺的效力。法律之所以承认这种承诺迟到发生承诺的效力,是因为这种承诺的迟到不能归责于受要约人,而且受要约人可以合理预期他的承诺能够及时到达,并使合同成立。善意受要约人基于这种合理的预期,可能已经为合同的履行作准备。如果不赋予该承诺以法律效力,对受要约人是不公平的。如果要约人接到迟到的承诺就及时通知受要约人,因承诺超过期限不接受该承诺的,则应当尊重当事人的意志和选择,使承诺不发生法律效力。其理由是,承诺迟到虽然不是出于受要约人的过错,但是也不是出于要约人的过错。一律承认迟到的承诺为有效,对要约人也是不公平的。这里强调的"及时",是指要约人在收到迟到的承诺后,毫不迟延地以与承诺相同的或者快于承诺的方式,通知受要约人。但是我们非常清楚的是,在现代的信息传播方式下,上述规则适用的空间大大减少了。

7. 承诺的效力

承诺生效,意味着受要约人完全接受要约的意思表示,订约过程结束,要约、承诺的内容对要约人和受要约人产生法律拘束力。《合同法》第 25 条规定:"承诺生效时合同成立。"

(1) 关于合同成立的时间,《合同法》第 32 条规定:"当事人采用合同书形式订立合同的,自双方当事人签字或者盖章时合同成立。"第 33 条规定:"当事人采用信件、数据电文等形式订立合同的,可以在合同成立之前要求签订确认书。签订确认书时合同成立。"以合同书或者确认书订立合同,都需要双方当事人的共同签字或者盖章,所以,当事人双方签字或者盖章的时间,就是合同成立的时间。《合同法司法解释》(二)第 5 条规定:"当事人采用合同书形式订立合同的,应当签字或者盖章。当事人在合同书上摁手印的,人民法院应当认定其具有与签字或者盖章同等的法律效力。"这一规定尊重了民间订立合同摁手印的习惯,诚值肯定。

(2) 关于合同成立的地点,《合同法》第 34 条规定:"承诺生效的地点为合同成立的地点。""采用数据电文形式订立合同的,收件人的主营业地为合同成立的地点;没有主营业地的,其经常居住地为合同成立的地点。当事人另有约定的,按照其约定。"第 35 条规定:"当事人采用合同书形式订立合同的,双方当事人签字或者盖章的地点为合同成立的地点。"《合同法司法解释》(二)第 4 条规定:"采用书面形式订立合同,合同约定的签订地与实际签字或者盖章地点不符的,人民法院应当认定约定的签订地为合同签订地;合同没有约定签订地,双方当事人签字或者盖章不在同一地点的,人民法院应当认定最后签字或者盖章的地点为合同签订地。"

三、合同订立的特殊方式

(一) 悬赏广告

悬赏广告是指以广告的方式,公开对完成一定行为的人给予报酬的意思表示。如征集商标图案、悬赏寻物等。悬赏广告为日常生活所常见。我国《合同法》对此没有作规定,但在社会生活和司法实务中,以悬赏广告订立合同是常见的缔约方式。学理上对悬赏广告的性质有单方行为说和合同说两种观点。《合同法司法解释》(二)第 3 条对此进行了明确规定,为理论的争论画上了一个句号。该条规定:"悬赏人以公开方式声明对完成一定行为的人支付报酬,完成特定行为的人请求悬赏人支付报酬的,人民法院依法予以支持。但悬赏有合同法第 52 条规定情形的除外。"从此处规定看,悬赏广告符合要约条件的应该视为要约。行为人在期限内完成指定行为时,构成承诺,合同成立。此时承诺人即对广告人享有报酬请求权。在数人同时或先后完成指定行为时,行为的标的互不竞合的,数个行为人的报酬请求权可并行不悖,例如提供犯罪嫌疑人的线索;行为的标的发生竞合时,应由最先完成者取得报酬请求权。

(二) 招标投标

招标投标是指通过招标、投标和定标的竞争程序订立合同的方式。在一般非竞争缔约方式中,合同的订立是当事人双方一对一进行的;而竞争缔约方式,是由当事人一方与相互竞争的多个相对人进行的。因此,招标投标是一种竞争缔约方式,建设工程合同、成套设备采购、承包经营权、土地使用权出让等,皆可用招标方式缔约。尤其是公物、公共机关采购、医院用药等用招标方式缔约,能避免舞弊行为。

招标投标缔约,通常有招标、投标、开标验标和定标四个环节。

(1) 招标。招标是当事人一方向数个特定的相对人或不特定的人公开表达缔约愿望的意思表示。该公开意思表示的人,称招标人,记载意思表示的文件称标书。由于招标不受承诺拘束,故招标不属于要约,而属于要约邀请。

(2) 投标。投标是受招标人许可的人,以接受标书为条件向招标人发出订立合同的意思表示。该意思表示人称投标人,记载投标人意思表示的文件称标单。所谓受招标人许可的人,在有限竞争性招标中,是指受领标书的相对人;在无限竞争性招标中,是指符合标书约定条件的不特定人。投标通常被认为是要约,受承诺拘束力拘束。

(3) 开标验标。开标是指招标人在召开的招标会议上,当众启封标书,公开标书内容。而验标则是验证标书的效力,对不具备条件者宣布无效。

(4) 定标。定标亦称决标,是指招标人对所有的投标进行评比,对评定的最优投标人允诺与其订立合同的意思表示。公布所有的投标,称开标;对投标的评比,称评标。评标是否公开以及公开的范围,应按约定,在可能侵害投标人商业秘密的情况下,评标应按适当的方法公开进行。定标是否属于承诺,要视定标内容而定。定标若是对投标完全接受,定标即为承诺。

(三) 拍卖

拍卖是指卖方以公开竞价方式在众多的买方中,选定最高报价者并与之缔约的买卖方式。其中,以落槌或其他公开方式作出卖定意思表示者称拍卖人。拍卖人可以是卖方或卖方的委托人,根据《拍卖法》的规定,商事拍卖人是出卖人的委托人,且须是专营拍卖的企业法人。买方称竞买人。以最高应价购得拍卖标的的竞买人称买受人。拍卖属于竞争缔约方式,与招标不同的是,除了招标的竞争者是"卖方"、拍卖竞争者是"买方"外,招标竞争的是最低出价,而拍卖竞争的通常是最高出价。拍卖的标的,可以是动产、不动产或权利,但法律禁止拍卖的,不得以拍卖方式进行。

拍卖缔约通常要经过拍卖公告及展示拍卖物、竞买、卖定等程序。

(1) 拍卖公告。拍卖公告,是拍卖人将拍卖标的物的名称、质量、数量、拍卖场所及日期等事项以公开的方式所作的宣示。在商事拍卖中,对于文物、书画等动产,拍卖人应提供相关资料和供察看的展览时间;对于土地使用权、房屋等不动产,应指示不动产的地理位置和察看的接待日期。拍卖公告属要约邀请,拍卖人没有据此必须与应买人缔约的义务。

(2) 竞买。竞买,是应买人以报价方式向拍卖人所作应买的意思表示。应买的意思表示属要约,在以口头方式表示时,在其他应买人报出更高价前,维持其拘束力。应买的意思表示只有在下一个应买人作出意思表示时,拘束力才消灭。应买一旦作出,不得撤销。

(3) 卖定。卖定是拍卖人同意与最后报价的应买人成交的意思表示。按照拍卖的惯例,卖定是由拍卖人以拍槌的方式进行,故卖定亦称拍定。拍卖无保留价(亦称底价)的,卖定为有效;拍卖若有保留价的,竞买人最高报价低于该底价的,最高报价不发生卖定法律效力。卖定在效力上属对应买的承诺,卖定生效时,买卖合同即告成立。

四、缔约过失责任

(一) 缔约过失责任的概念、特征与性质

缔约过失责任,是指缔约人因故意或过失导致合同不成立、无效、被撤销或者不被追认时,给对方当事人造成损失而应依法承担的民事责任。合同成立前,当事人因过错而致相对人损害,受害人不可能依合同请求损害赔偿,只能依缔约过失责任请求赔偿。

在大陆法上,缔约过失责任理论源自德国著名法学家耶林于1861年发表的《缔约上过失、契约无效与不成立时之损害赔偿》一文。该文写道:"法律所保护的,并非仅仅是一个业已存在的契约关系,正在发展中的契约关系亦应包括在内,否则契约交易将暴露于外,不受保护,使缔约一方当事人成为他方疏忽或者不注意的牺牲品。契约的缔结产生了一种履行义务,若此种效力因法律上的障碍而被排除时,则会发生损害赔偿责任。所谓契约不成立、无效者,仅指不发生履行效力,非谓不发生任何效力。简言之,当事人因自己之过失致使契约不成立者,对信其契约有效成立的相对人,应赔偿基于此项信赖而产生的损害。"[①]《日

---

① 王泽鉴:《债法原理》,北京大学出版社2009年版,第181页。

本民法典》虽未明确规定缔约过失责任,但其判例及学说确立了这一制度,并在实践中广泛运用。英美法系也以判例的形式确认了前合同责任制度,与缔约过失责任制度有较高相似性。我国《合同法》的第 42 条、第 43 条规定了缔约过失责任。

缔约过失责任的特征,主要表现在以下几个方面:

1. 缔约过失责任是缔结合同过程中的民事责任。这种民事责任只能存在于缔约阶段,即先契约阶段,不可能存在于其他阶段。

2. 缔约过失责任以合同前义务的存在为前提,是缔约人故意或过失违反合同前义务的法律后果。合同前义务是指自缔约人双方为签订合同而互相接触磋商开始逐渐产生的注意义务,包括互相协助、互相照顾、互相保护、互相通知、诚实信用等义务。

3. 缔约过失责任是以诚实信用原则为基础的民事责任。尽管缔约过失责任制度的根据有不同的学说,通说认为是诚实信用原则。在缔约阶段,诚实信用原则要求缔约双方当事人必须遵守法定的合同前义务,违背这种义务,当然应承担相应的法律责任。而且只有承担这种责任,才符合商业伦理或日常伦理,法律制度的社会可接受性才强。

4. 缔约过失责任是以补偿缔约相对人损害为目的的民事责任。缔约过失行为人因自己未遵守先合同义务,致使相对人遭受财产上的损失,应依据假设没有当事人的缔约行为的状态,赔偿相对人因此遭受的财产损失。

缔约过失责任不同于违约责任,主要原因在于前者以先合同义务为成立前提,而后者以约定义务为前提,前者赔偿的是信赖利益,后者赔偿的是履行利益;缔约过失责任也不同于侵权责任,主要原因在于前者主要规范已经进入意图缔约或进行接触的人的行为,法律对其注意义务要求较高,而后者对侵权人所要求的是社会一般人的注意义务。因此,缔约过失责任是一种独立的责任形态。只是在体系设置上,缔约过失责任宜规定在合同法中,并不意味着其是违约责任。

(二)缔约过失责任的构成要件

构成缔约过失责任的构成需要以下四个要件:

1. 行为人违反了先合同义务。先合同义务是指要约生效后,合同成立前,缔约双方当事人在磋商时发生的说明、告知、注意等义务。缔约人一方违反了先合同义务,是缔约过失责任产生的首要条件。

2. 对方当事人受有损失。缔约过失行为使相对一方当事人遭受了损失。这种损失主要是指因缔约过失行为导致相对人信赖利益的损失,信赖利益是缔约相对人因相信合同会有效成立而付出的费用或直接财产的减少。

3. 缔约过失行为与损失之间有因果关系。即相对一方财产利益的损失是由于缔约一方的过失行为而使合同未能有效成立引起的,二者之间存在因果关系。

4. 行为人有过错,包括故意或过失。这种过错主要表现为违背诚实信用原则。

(三) 缔约过失责任的类型

根据我国《合同法》第 42 条"当事人在订立合同过程中有下列情形之一,给对方造成损失的,应当承担损害赔偿责任:(一) 假借订立合同,恶意进行磋商;(二) 故意隐瞒与订立合同有关的重要事实或者提供虚假情况;(三) 有其他违背诚实信用原则的行为"和第 43 条"当事人在订立合同过程中知悉的商业秘密,无论合同是否成立,不得泄露或者不正当地使用。泄露或者不正当地使用该商业秘密给对方造成损失的,应当承担损害赔偿责任"的规定,缔约过失责任的类型有以下几种:

1. 恶意磋商致使合同不成立。即当事人一方假借订立合同,恶意进行磋商致使合同不成立的缔约过失。缔约双方在接触时应有缔约诚意,友好协商,如果为恶意磋商或突然恶意中断交涉,则构成该类型的缔约过失。非恶意的过失中断交涉致使合同不成立的,即使相对一方受有损害,他方可不负缔约过失责任。

2. 隐瞒重大事项或提供虚假情况。即当事人一方缔约时故意隐瞒与缔约有关的重大事项或提供虚假情况的过失。故意隐瞒与缔约有关的重大事项或提供虚假情况可构成欺诈,若受欺诈的一方不行使撤销权,合同仍为有效;若其行使撤销权,使合同因撤销而归于无效的,可请求相对人负缔约过失责任。

3. 违反诚实信用原则的其他缔约过失行为。这是《合同法》为规范其他没有归纳但也属于缔约过失责任的类型而作的规定,因为法律不能将所有的违反前合同义务的类型予以穷尽式列举,在法律机制上就采用其一般条款的方式克服立法者有限理性的局限。此种类型最典型的是违反附随义务,如告知义务、安全保障义务、保密义务等情形。

(四) 缔约过失责任的损害赔偿

缔约过失损害赔偿的范围一般为相对方的信赖利益损失。信赖利益的损失,是指缔约人信赖合同有效成立,但是因为法定事由的发生,致使合同不成立而造成的损失,它同样包括直接损失和间接损失。信赖利益的直接损失包括缔约费用,如邮电费用、赶赴缔约地或者察看标的物所支出的合理费用;准备履行所支出的费用,如为运送标的物或者受领对方履行所支付的合理费用;受害人支出上述费用所损失的利息。信赖利益的间接损失为丧失与第三人另行订立合同的机会所产生的损失,包括利息的损失,延误工程的损失,以及因合同不成立而给对方当事人造成的其他损失。缔约过失损害赔偿义务人应赔偿权利人的全部损失。双方互有损害时,应当各自赔偿对方的损失。

第四节 合同的内容与形式

一、合同的内容

（一）合同的内容与一般条款

合同的内容，就是合同当事人所约定的权利义务，包括合同权利和合同义务。合同条款是合同内容的表现形式，是合同内容的载体。

合同应包含哪些条款，由当事人根据交易的需要和交易的类型而确定。在一般情况下，法律并不强制约束当事人的合同内容，但为了方便当事人，《合同法》第12条规定了一般情况下合同所应当具备的条款："合同的内容由当事人约定，一般包括以下条款：（一）当事人的名称或者姓名和住所；（二）标的；（三）数量；（四）质量；（五）价款或者报酬；（六）履行期限、地点和方式；（七）违约责任；（八）解决争议的方法。"该条规定属于任意性规定，合同的成立与否，有效与否，并不完全取决于是否遵照该条款订立。属于本条规定的某些条款，合同中没有约定，但可以由法律规定或者可以通过行业惯例等予以确定的，仍然可以认为合同成立、有效；相反，即使不属于本条所规定的条款，但根据某种合同的特殊性质必须具备的条款，合同没有约定的，仍然可以认定该合同不成立。

合同一般条款的具体内容包括：

1. 当事人的名称或者姓名和住所。这项内容包括两项：一是当事人的名称或姓名。当事人应当使用法定的名称和姓名，法人和其他组织的法定名称是其在工商管理机关或其他有关机关登记的名称；自然人的法定姓名是其户口本或身份证上载明的姓名。二是当事人的住所。自然人以其户籍所在地的居住地为住所，经常居住地与住所不一致的，经常居住地视为住所。法人和其他组织以其主要办事机构为其住所。该条款是合同的必备条款。

2. 标的。标的，是合同当事人的权利和义务共同指向的对象。没有标的，合同的权利和义务就失去所指，合同也就不会存在。所以合同的标的是所有合同的必备条款。在制定合同标的条款时，需要明确写明物品或服务的名称，注意不同地区、国家和方言对同一标的的不同称谓，以使合同标的特定化，使合同的履行有明确、确定的目标。

3. 数量。数量是指合同标的的多少，直接决定着民事权利义务的大小，因此，数量是度量标的的基本条件。没有约定数量或者约定不明确，合同将无法履行，所以数量条款是合同的必备条款。标的的数量应当确切，选择双方当事人共同接受的计量单位，确认当事人双方认可的计量方法，以单位个数、重量、面积、长度、容积、体积等确定。在数量条款中，还应当允许规定合理的磅差和尾差。

计量单位除国家明文规定以外,当事人可以自由选择非国家或国际标准计量单位,但应当明确其具体含义。

4. 质量。质量是合同标的的具体化的又一反映,也是合同得以正确、全面履行的保障,因此,质量也是度量标的的条件。但是,质量的内容没有数量的内容那么重要,因而质量条款不是合同的必备条款。合同没有约定质量标准或者质量标准约定不明确的,可以根据《合同法》第 61 条和第 62 条规定的方法确定。

5. 价款和报酬。价款和报酬,是取得标的所支付的对价。价款一般针对取得物而言,报酬一般针对取得服务而言。在有偿合同中,价款和报酬不是必备的条款,依据《合同法》第 61 条和第 62 条的规定,价款和报酬约定不明确的,可以按照一定的方法予以确定。需要注意的是,价款和报酬是合同标的本身的对价,一般不包括运费、装卸费、保管费、仓储费、保险费等费用。这些费用,应当在合同条款中一一列明,避免发生争议,如果发生争议,则按照《合同法》第 61 条和第 62 条的规定确定。

6. 履行期限、地点和方式。履行期限是合同履行的时间规定。一般认为,履行期限不是合同的必备条款,在没有约定履行期限的情况下,根据《合同法》第 61 条和第 62 条的规定予以确定。履行地点,是确定合同义务履行的区域,往往关系到运费的负担、标的物所有权的转移、意外灭失风险的转移和发生纠纷的案件管辖等问题,所以应当格外引起当事人的重视,但它不是合同的必备条款,合同没有约定履行地点时,应当按照《合同法》第 61 条和第 62 条的规定确定。合同的履行方式,一般可分别约定为:一次履行或分批分期履行;实物交付或所有权凭证交付;自提或送货;铁路运输、水路运输或航空运输等。这一内容不是合同的必备条款,但是与当事人的利益关系很大,也应在合同中尽量予以明确,避免发生争议。

7. 违约责任。违约责任是当事人在违反合同约定的义务后所应当承担的合同法上的不利后果。它不是合同的必备条款,即使当事人没有约定,违约方也应依照法律的规定承担违约责任。当事人在合同中可以事先约定违约的救济方式、违约金的计算方法、赔偿范围,以及免责条款等。

8. 解决争议的方法。解决争议的办法,是指如果将来因合同发生纠纷,应当诉诸何种方式和方法予以解决。该条款不是合同的必备条款,即使当事人没有事先约定,在发生纠纷后,也可以再行商定,即使协商不成,仍可按法律规定处理。当事人可以约定解决争议的方式:是选择诉讼还是仲裁,还可以依据《民事诉讼法》第 34 条的规定,选择管辖的法院,但这种约定不得违反《民事诉讼法》对级别管辖和专属管辖的规定。

(二) 格式条款

1. 格式条款的概念和特点

按照《合同法》第 39 条第 2 款的规定，"格式条款是当事人为了重复使用而预先拟定，并在订立合同时未与对方协商的条款"。在法理上，格式条款合同也称为"服从合同""定式合同"。格式条款与格式合同不完全相同，前者是从具体条款看的，后者从整个合同角度看。有格式条款的合同未必是格式合同。而格式合同中也未必都是格式条款。

格式条款具有以下特点：

(1) 格式条款一般是由居于优势地位的一方所拟订。优势地位当然包括但不限于垄断地位。垄断地位包括两种，一是法律上的垄断，是指一方依据法律上的规定取得的垄断地位，例如国家规定铁路、邮电、自来水、电力、热力、燃气等行业由专门的公司垄断经营。二是事实上的垄断，是指一方依据经济实力等条件，在事实上形成的垄断经营，例如居于事实垄断地位的保险公司、远洋运输公司，对保险合同和海上运输合同的条款的垄断权利。即使达不到垄断地位，处于优势地位的一方当事人也往往基于效率、便利、加强内部管理等需要而拟定格式条款的合同。

(2) 格式条款的相对方当事人处于从属地位，没有机会参与合同条款的协商，只能对格式条款表示全部接受或全部不接受，没有其他的选择余地。在格式条款合同中，对方当事人只能从属于格式条款合同，而不能主导甚或修改合同格式条款的内容。格式条款以消费者合同为常，但绝非消费者合同的专利，因为目前绝大多数商事合同也都采取格式条款合同的方式，此时并不意味着一方当事人处于从属地位。

(3) 格式条款具有完整、定型、持久等特性。从格式条款合同的订立过程看，就消费者合同而言，格式条款合同的要约人往往为格式条款合同的制定者，受要约人则是不特定的通常消费者；从合同内容上看，格式条款合同所有的条款为一个整体，主要条款，如价格条款等不允许变更，除了合同的签订时间、对方当事人、数量等，其他内容都已定型化。

(4) 格式条款往往以书面形式表达出来。要约人可以将合同文本印制成固定的合同表格，仅需双方在空白处填写时间以及当事人姓名、名称等内容；也可以将合同的条款印制在某些单证如车船票上；或者将合同的条款通过公告、通知、顾客须知、公司章程等方式张贴、悬挂于营业场所；或者某些格式条款虽没有存在于合同文本中，但依据该行业的规则或惯例，已为双方当事人所认同。

2. 提供格式条款一方当事人的法定义务

(1) 根据公平原则确定当事人之间的权利和义务的义务。公平原则是确定格式条款的基本原则，也是整个民法的基本原则。公平原则是社会道德观念的法律化,在确定格式条款的场合,表现为格式条款应当符合社会的公平观念,合同的任何一方,依据该格式条款取得的权利和所负担的义务应当相当,风险的负担应公平合理。

(2) 以合理方式提请对方注意的义务。提供格式条款的一方当事人,对合同中设定的免除或者限制自己责任的条款,应当采取合理的方式提请对方注意。为避免对方当事人的疏忽,提供格式条款的一方当事人负有提请对方注意的义务,从而使对方有合理的机会了解该条款。如何认定"采取合理的方式"呢?《合同法司法解释》(二)第6条对此作出了明确的规定:"提供格式条款的一方对格式条款中免除或者限制其责任的内容,在合同订立时采用足以引起对方注意的文字、符号、字体等特别标识,并按照对方的要求对该格式条款予以说明的,人民法院应当认定符合合同法第39条所称'采取合理的方式'。"

(3) 给予说明的义务。给予说明,是指在接受格式条款合同的一方当事人对格式条款合同中设定的免除或者限制提供格式条款合同一方当事人责任的条款,提出说明要求时,提供格式条款合同的一方当事人,应当按照对方的要求,对该条款予以说明。其内容应当包括:该条款的基本含义;该条款的存在给对方带来风险和负担的大小及其可能性。提供格式条款的一方对于免除或者限制其责任的条款未尽到提示义务或者拒绝履行说明义务的,《合同法》第39条并没有规定其后果。但是我们看到《合同法司法解释》(二)第6条对说明义务的后果进行了规定,如果没有尽到说明义务,即视为未采用合理方式提请注意,那么该格式条款就没有订入合同,此时曾经所谓的"软性义务"已经明确为"硬性义务"。

需要特别注意的是,商事合同中格式条款的订入方式应当与消费合同格式条款的订入方式有所差别。因为商人均有相当的经营经验和知识,有足够的注意能力和交涉能力,无须法律的特别保护。①

3. 格式条款中免责条款的无效

根据《合同法》的规定,格式条款在下列情形下无效:

(1) 格式条款有《合同法》第52条规定的情形之一,即一方以欺诈、胁迫的手段订立合同,损害国家利益;恶意串通,损害国家、集体或者第三人利益;以合法形式掩盖非法目的;损害社会公共利益;违反法律、行政法规的强制性规定,该格式条款一律无效。

(2) 格式条款有《合同法》第53条规定的情形,即规定造成对方人身伤害而予以免责的条款,规定因故意或者重大过失给对方造成财产损失而予以免责的条款的,一律无效。

(3) 免除提供格式条款一方当事人责任、加重对方责任、排除对方当事人主

---

① 崔建远:《合同法总论》(上卷),中国人民大学出版社2008年版,第150页。

要权利的。需要注意的是,对此格式条款需要进行目的性限缩。如果这些格式条款明显违背了公平原则、公序良俗和等价有偿等民法基本原则以及其他法律的强制性规定,对该类条款应当宣布无效。只是免除格式条款提供方责任或者加重对方责任不宜一概认定该条款无效。

4. 对格式条款歧义的解释

格式条款的解释,是指当事人对格式条款的含义存在不同理解时,应当依据何种事实、原则对该条款作出合理的说明。《合同法》第 41 条规定:"对格式条款的理解发生争议的,应当按通常理解予以解释。对格式条款有两种以上解释的,应当作出不利于提供格式条款一方的解释。格式条款和非格式条款不一致的,应当采用非格式条款。"据此规定,对格式条款歧义的解释的方式为:

(1) 通常解释原则。对格式条款进行解释的一般原则是通常解释原则,即对有争议的合同条款,按照通常的理解予以解释。

(2) 不利解释原则。对格式条款的理解发生争议,有两种以上解释的,应当作出不利于格式条款的提供方的解释。这是因为,由于格式条款是往往由特定的一方当事人提供的,在整体上往往有利于条款的提供者;个别的格式条款提供者甚至会故意对个别条款作出语义含混、理解矛盾的规定,并凭借其优势地位,强迫或者欺骗对方接受不合理的条款解释。为了纠正这种不公正现象,保护消费者利益,法院应当对格式条款作出不利于格式条款提供者的解释。对格式条款的理解发生争议,是指对格式条款的内容存在不同的但是确有根据的理解。合理的理解是指一个正常的、理智的、一般水平的商人,或者该行业一般水平的人员,在具体情况下可能对该标准条款的用语产生的理解。在商事合同中,不利解释的适用相较于消费者合同应有差别。

(3) 格式条款和非格式条款不一致的,应当采用非格式条款。格式条款和非格式条款的内容相互冲突,内容不一致,采用不同的条款,会对双方当事人的利益产生不同的影响。在这种情况下,应优先使用非格式条款,与该非格式条款相矛盾的格式条款无效。因为,非格式条款体现了相对人的真实意思,更符合公平原则。

二、合同的形式

合同形式,是当事人合意的表现形式,是合同内容的外在表现,是合同内容的载体。《合同法》第 10 条规定:"当事人订立合同,有书面形式、口头形式和其他形式。""法律、行政法规规定采用书面形式的,应当采用书面形式。当事人约定采用书面形式的,应当采用书面形式。"第 11 条规定:"书面形式是指合同书、信件和数据电文(包括电报、电传、传真、电子数据交换和电子邮件)等可以有形地表现所载内容的形式。"

(一)《合同法》规定的合同形式

《合同法》规定的合同形式有三种,即:书面形式、口头形式和其他形式。

(1) 口头形式,就是以口头语言方式订立合同的形式。口头形式的合同简便易行,经常被使用,其缺点是一旦发生纠纷,当事人面临举证的困难。对于不能及时清结而意义重大、时空分离或者标的较大的合同,不宜采用口头形式。

(2) 书面形式,是指以文字等有形表现方式订立合同的形式。合同书和合同确认书是典型的书面形式。凡是比较重要、复杂的合同,应当采用书面形式订立。《合同法》第11条规定,合同的具体书面形式有合同书、信件以及数据电文(包括电报、电传、传真、电子数据交换和电子邮件)等。这里仅仅是一个列举性规定,随着社会的发展,实践中会出现新的书面形式,例如摄影、录像等合同形式,在实践中就已经出现。这些新的书面合同形式只要符合合同书面形式的要求,不违背合同法的精神,就应当承认其法律效力。

(3) 其他形式,包括公证形式、鉴证形式、审批形式、登记形式,等等。公证形式,即当事人约定或者依照法律规定,以国家公证机关对合同内容加以审查公证的方式订立合同时所采取的一种合同形式。鉴证形式,即当事人约定或依照法律规定,以国家合同管理机关对合同的内容的真实性和合法性进行审查的方式订立合同的一种合同形式。审批形式,即法律规定某些类别的合同须采取的经国家有关管理机关审查批准的一种合同形式。登记形式,即当事人约定或依照法律规定,采取将合同提交国家登记主管机关登记的方式订立合同的一种合同形式。当事人约定合同订立以后还须进行公证或者鉴证的,应当采用公证或者鉴证的形式;如果法律要求审批、登记的,必须经过审批、登记,否则合同不能生效。当然,其他形式也属于书面形式,只不过要求更为特殊而已。

《合同法司法解释》(二)第2条规定:当事人未以书面形式或者口头形式订立合同,但从双方从事的民事行为能够推定双方有订立合同意愿的,人民法院可以认定是以《合同法》第10条第1款中的"其他形式"订立的合同。但法律另有规定的除外。因此,这里的"其他形式"包括了传统上学理上所论述的"推定形式"。推定形式是指仅仅用行为甚至沉默向对方发出要约,对方通过一定的或指定或约定俗成的行为作为承诺,合同成立。最典型的如生活中最为普遍的通过自动售货机而进行的交易,顾客只需要将货币投入机器内,即可订立合同。[①]

(二) 对要式合同形式欠缺的态度

对于当事人应采用书面形式订立合同而未采取书面形式的合同的效力问题,我国《合同法》采取了较为宽松的态度。《合同法》第36条规定:"法律、行政法规规定或者当事人约定采用书面形式订立合同,当事人未采用书面形式但一

---

① 崔建远:《合同法总论》(上册),中国人民大学出版社2008年版,第212页。

方已经履行主要义务,对方接受的,该合同成立。"为此,我们可以认为,《合同法》有条件地承认了其效力。承认其效力的条件是:(1) 合同一方当事人的主要义务已经履行。如果当事人已经履行了合同的主要义务,合同已经可以证实,而且当事人并没有认为形式要件重要到足以影响双方当事人之间的法律关系。因而,法律应当认定这样的口头合同的效力。在具体的判断上,合同的主要义务已经履行,是指已经履行的义务在合同的全部义务中占据主要的部分。"合同的主要义务"的判断标准既可能是质的判断标准,如在装修合同中,装修的最主要工作已经完成,此时我们就可以认定合同的主要义务已经履行;也可以是"量"的判断标准,如合同约定的义务已经完成了60%以上甚或更多的,应当认为合同的主要义务已经履行。(2) 对方当事人接受了履行。另一方当事人接受了这种履行,表明对方当事人以行动承认了当事人之间的合同行为的效力。

(三) 没有签字盖章的合同是否成立的问题

按照《合同法》第32条的规定,双方当事人应当在合同书上签字或者盖章,以表明双方当事人对合同内容的确认。从原则上说,合同书没有当事人的签字或者盖章,就没有合同当事人对合同内容的确认,合同一般是不成立的,此时如果当事人的行为符合缔约过失责任的构成要件,从之。但生活中较为普遍的是,即使双方当事人没有签字,也已经实际履行了,此时法律强制合同无效没有意义,既不符合双方当事人的意思,也增加了交易成本。在这个问题上,我国《合同法》采取了较为务实的立场,其第37条规定:"采用合同书形式订立合同,在签字或者盖章之前,当事人一方已经履行主要义务,对方接受的,该合同成立。"合同书在签字或者盖章之前履行主要义务,主要包括以下几种情况:(1) 在合同书上,双方当事人既没有签字也没有盖章。(2) 一方当事人在合同书上没有签字或盖章,另一方当事人已经签字或者盖章。(3) 当事人签字或者盖章不符合要求,例如没有法定代表人或负责人签字,签字的不是当事人的法定代表人或者负责人,所盖印章系非正式使用的印章等。(4) 当事人一方或者双方只有签字没有盖章或者只有盖章没有签字。对以上这些情况,除(4)外,都应当认为是没有在合同书上签字或者盖章,适用本条规定。因为,《合同法》对合同的签字或者盖章的要求是,当事人应当在合同书上签字或者盖章,意思就是或者签字,或者盖章,只要有一项就符合法律的要求,而不是必须既签字又盖章,同时根据《合同法司法解释》(二)第5条的规定,摁手印也具有和签字或盖章相同的效力,尊重了我国的现实国情,反映了法律的本土性。

第五节　合同的履行

一、合同履行及其原则

（一）合同履行的概念

合同的履行，是指合同当事人按照合同的约定或者法律规定，全面、适当地完成各自承担的合同义务，使债权人的权利得以实现的过程。合同的履行是合同效力的集中体现，也是合同消灭的最主要原因。合同的履行是合同制度的中心内容，是合同法中其他一切制度的最终归宿或延伸。合同法规定合同的担保、合同债权的保全，以及违约责任等制度，所保障的都是合同的履行。《合同法》在合同的履行问题上，确立了一些具体的履行规则以及相应的抗辩制度等，由此构成了我国合同法完整的合同履行制度。

（二）合同履行的原则

合同履行的原则，是当事人在履行合同债务时所应遵循的基本准则。

在合同履行的原则中，有些是合同法的基本原则，如诚实信用原则、公平原则以及平等原则等，有些是合同履行的专属原则，如适当履行原则、全面履行原则、协作履行原则等。我国《合同法》第60条规定的合同履行原则，采用了概括性的立法方法，有学者认为我国合同履行有两项原则：一是依约履行原则，二是诚实信用原则。[①] 笔者概括为依约履行原则和诚实信用原则。

1. 依约履行原则

《合同法》第60条第1款规定的"当事人应当按照约定全面履行自己的义务"，就是依约履行原则，亦称约定必须信守原则。

依约履行原则源于法律赋予合同的法律约束力。该原则不仅体现或包括了全面履行与正确履行合同义务的内容，同时也符合要求当事人实际履行的规定。依约履行原则包括两个方面，即适当履行和全面履行。适当履行，是指合同当事人的履行要完全符合合同约定的履行主体、标的、时间、地点以及方式等。全面履行，是要求合同当事人按照合同所约定的各项条款，全部而完整地完成合同义务。本书认为，适当履行侧重于债务履行的质，全面履行侧重于合同履行的量。因此，在强调适当的同时，再强调合同的全面履行，也是有意义的。同时，本书认为，我国《合同法》没有放弃实际履行原则，因为《合同法》第107条规定的违约方"应当承担继续履行"的违约责任，以及第114条第3款规定的"当事人就迟延履行约定违约金的，违约方支付违约金后，还应当履行债务"，即表明了《合同法》仍

[①] 杨立新：《合同法总则》（上），法律出版社1999年版，第194—195页。

然坚持实际履行原则。

2. 诚实信用原则

《合同法》第 60 条第 2 款规定:"当事人应当遵循诚实信用原则,根据合同的性质、目的和交易习惯履行通知、协助、保密等义务。"

诚实信用原则是合同法的基本原则,不是合同履行所独有的原则。在合同履行中强调诚实信用原则,其着眼点在于强调履行合同应当根据合同的性质、目的及交易习惯,履行虽然没有约定或者可能没有约定的诸如通知、协助及保密等附随的义务。在合同法的理论上,将履行这些附随义务概括为协作履行原则和经济合理原则。

协作履行,包括以下内容:(1) 凡是在合同履行中所发生的对合同的履行有影响的客观情况,当事人都负有相互通知的义务,以使对方及时了解情况,采取对策,避免造成损失。(2) 相互协助。(3) 一方当事人在履行合同中,对对方的商业秘密、技术秘密等应严加保守。

我国《合同法》虽然没有明文规定经济合理原则,但它应包含在诚实信用原则之中。它要求当事人在履行合同时,应当讲求经济效益,付出最小的成本,取得最佳的合同利益。但应当注意的是,经济合理的前提是适当履行,不能因为追求经济合理而使合同的履行违反合同约定的基本内容,违背当事人的合同利益。

二、合同条款约定不明时的履行规则

合同履行的规则,是指法律规定的当事人履行合同时必须共同遵守的具体规范。根据我国《合同法》的有关规定,合同履行的规则主要有:亲自履行规则、正确履行规则、第三人履行规则、合同条款约定不明的履行规则和价格变动的履行规则等。鉴于本书的体例,这里只对合同条款约定不明的履行规则加以介绍。

合同条款约定不明时的履行规则,又称法律补救或推定规则,是指合同条款没有约定或约定不明确,当事人不能通过协商达成补充协议,又不能根据合同有关条款或交易习惯确定时,法律为了保护交易安全,采用推定当事人意思表示的方式来确定的履行补救规则。《合同法》第 61 条规定:"合同生效后,当事人就质量、价款或者报酬、履行地点等内容没有约定或者约定不明确的,可以协议补充;不能达成补充协议的,按照合同有关条款或者交易习惯确定。"

根据我国《民法通则》第 88 条和《合同法》第 61 条、第 62 条的有关规定,合同条款约定不明的具体履行规则主要有:

1. 质量不明条款的履行。《合同法》第 62 条第 1 项规定,质量约定不明确的,按照国家标准、行业标准履行;没有国家标准、行业标准的,按照通常标准或者符合合同目的的特定标准履行。所谓通常标准是指该标的物在通常流通中所适用的标准。依照国际惯例,在确定了应适用的质量标准后,仍应以给付该质量标准中的中等品质的物或者行为为具体的标准。符合合同目的的标准,是指合同标的所指向的特定用途的质量要求,是一种特殊标准。

2. 价款或报酬不明条款的履行。《合同法》第 62 条第 2 项规定,价款或报酬不明确的,按照订立合同时履行地的市场价格履行;依法应执行政府定价或者政府指导价的,按照规定履行。

3. 履行地点不明条款的履行。合同中约定的履行地点不明确的,应当根据合同的性质、标的的种类和法律规定来确定。《合同法》第 62 条第 3 项规定,履行地点不明确的,给付货币的,在接受货币一方所在地履行;交付不动产的,在不动产所在地履行;其他标的,在履行义务一方所在地履行。

4. 履行期限不明条款的履行。《合同法》第 62 条第 4 项规定,履行期限不明确的,债务人可以随时向债权人履行义务,债权人也可以随时要求债务人履行义务,但应当给予对方必要的准备时间。所谓"给对方必要的准备时间",应当与所履行义务的通常的性质相适应。

5. 履行方式不明条款的履行。《合同法》第 62 条第 5 项规定,履行方式不明确的,按合同性质要求以有利于实现合同目的的方式履行。可采取的方法有:一次履行或分次履行;直接履行或以邮寄、托运等方式履行。

6. 履行费用不明条款的履行。履行费用,是指合同义务履行的费用,如运费、产品包装费等。《合同法》第 62 条第 6 项规定,履行费用的负担不明确的,由履行义务一方负担,即由债务人负担。

三、合同履行中的变动

(一) 履行价格的变动

《合同法》第 63 条规定:"执行政府定价或者政府指导价的,在合同约定的交付期限内政府价格调整时,按照交付时的价格计价。逾期交付标的物的,遇价格上涨时,按照原价格执行;价格下降时,按照新价格执行。逾期提取标的物或者逾期付款的,遇价格上涨时,按照新价格执行;价格下降时,按照原价格执行。"

(二) 履行主体的变动

履行主体的变动,是在原合同的主体不变的情况下,当事人约定由债务人向第三人履行债务,或者由第三人向债权人履行债务。这种变动,不是合同主体的变更,即不属于债权转让或者债务移转,债权人和债务人都没有发生变化,只是当事人约定,将债务履行的对象由债权人改变为第三人,或者由债务人履行改变为第三人履行。这里的第三人并不是合同的主体,不享有合同的权利,也不承担合同的义务。[①] 履行主体的变动包括向第三人履行和由第三人履行。

[①] 杨立新:《合同法总则》(上),法律出版社 1999 年版,第 209 页。

1. 向第三人履行

合同当事人约定向第三人履行合同的,只要该第三人符合法律或合同规定的接受履行资格,该第三人就成为合同的履行主体。债权人可以指定第三人接受履行,但是,债权人指定由第三人代其接受履行,不得因此增加债务人履行费用负担。应当注意的是,第三人接受履行时,第三人只是接受履行的主体,而不是合同的当事人。《合同法》第 64 条规定:"当事人约定由债务人向第三人履行债务的,债务人未向第三人履行债务或者履行债务不符合约定,应当向债权人承担违约责任。"因此,合同的债权人应对第三人接受履行的后果负责,第三人替债权人接受履行不适当或因此给债务人造成损失的,也应由债权人承担民事责任。

第三人替债权人接受履行,是因为第三人与债权人之间存在一定的关系,但第三人并不是债权人的代理人。例如,甲、乙、丙三方,甲乙间有仓储合同,甲为存货方,乙为仓储方;甲、丙之间有购销合同,甲为供方,丙为需方。现甲乙双方约定,由乙保管的货物直接由乙交付于丙。相对于甲、乙之间的仓储合同,丙接受货物的行为即为第三人替债权人接受履行。

2. 由第三人履行

《合同法》第 65 条规定:"当事人约定由第三人向债权人履行债务的,第三人不履行债务或者履行债务不符合约定,债务人应当向债权人承担违约责任。"这里规定的就是由第三人履行,或称为第三人代债务人履行。第三人代替债务人履行债务的特点是:第三人与债权人、债务人并未达成转让债务的协议,第三人并未成为合同当事人,只是按照合同当事人之间的约定,代替债务人向债权人履行债务。由第三人履行并不意味着合同义务的移转。

(三) 履行中止

《合同法》第 70 条规定:"债权人分立、合并或者变更住所没有通知债务人,致使履行债务发生困难的,债务人可以中止履行或者将标的物提存。"这里规定的履行的中止,是合同履行中的一种变动。债务人待阻碍其履行的法定事由消失以后,再继续履行。

(四) 提前履行

提前履行,是合同履行中的履行时间的变动。提前履行可以由两个原因发生,一是债务人要求提前履行自己的债务;二是债权人请求债务人提前履行。在后一种情况下,债务人同意的,自然可以提前履行,债务人不同意的,可以拒绝债权人的请求。合同的适当履行原则要求合同双方当事人应当严格按照合同所规定的期限履行,只有这样才能真正体现双方的合意,实现共同利益。所以,在一般情况下,债务人提前履行并不一定给债权人带来好处。为此,《合同法》第 71 条规定:"债权人可以拒绝债务人提前履行债务,但提前履行不损害债权人利益的除外。""债务人提前履行债务给债权人增加的费用,由债务人负担。"

债务人提前履行,应分两种情况:一种情况是,如果履行期限是为债务人的利益设定的,则债务人可以提前履行自己的义务。因为法律一般不限制当事人放弃自己的利益。这种履行是适当的,债权人应当接受。另一种情况是,如果债的履行期限是为债权人利益设定的,或者涉及双方的利益,则债务人非经债权人的同意,不得提前履行。例如,在加工承揽合同中,承揽方未经定作方同意提前交付定作物,定作方有权拒收。提前履行给债权人增加的费用,应当由债务人承担。

(五) 部分履行

对于债务人的部分履行,债权人可否拒绝受领,学者有不同意见。《合同法》采取实事求是的态度,在第72条确立了部分履行的规则,即:"债权人可以拒绝债务人部分履行债务,但部分履行不损害债权人利益的除外。债务人部分履行债务给债权人增加的费用,由债务人负担。"

(六) 合同主体的其他变动

《合同法》第76条规定:"合同生效后,当事人不得因姓名、名称的变更或者法定代表人、负责人、承办人的变动而不履行合同义务。"因为,姓名或名称的变更只是合同主体的文字标记发生了变化,合同的主体并没有发生变化。法人的法定代表人以及其他组织的负责人的变更,也不影响合同的履行,因为作为合同主体的法人和其他组织并没有发生变化。法人和其他组织的承办人是法人或其他组织的代理人,其进行代理行为所产生的法律后果直接由被代理人即法人或其他组织承担。

四、双务合同履行中的抗辩权

双务合同履行中的抗辩权,是指在符合法定条件时,当事人一方针对对方当事人的履行请求权,暂时拒绝履行其债务的权利。根据我国《合同法》的规定,包括同时履行抗辩权、先履行抗辩权和不安抗辩权。从性质上看,双务合同履行中的抗辩权是一时的、延缓的抗辩权,其自身并不消灭合同的履行效力。就其功能来看,法律赋予此类抗辩权的目的是,避免自己履行后得不到对方履行的风险,促进对方当事人及时履行等,属于事前预防。权利的行使自然无须承担违约责任,但实践中该权利的行使要符合严格的条件和约束,否则权利滥用的确可能构成违约行为,承担违约责任。

(一) 同时履行抗辩权

1. 同时履行抗辩权的概念

同时履行抗辩权,是指双务合同的当事人一方在对方当事人未为对待给付以前,有拒绝自己先为给付的权利。《合同法》第66条规定:"当事人互负债务,没有先后履行顺序的,应当同时履行。一方在对方履行之前有权拒绝其履行要求。一方在对方履行债务不符合约定时,有权拒绝其相应的履行要求。"这一条规定的就是同时履行抗辩权。

同时履行抗辩权在法律上的根据,在于双务合同在成立上的牵连性。牵连性,是指给付和对待给付具有不可分离的关系。这种牵连性表现在三个方面:一是给付与对待给付发生上的关联性。一方的给付义务不发生时,另一方的对待给付义务也不会发生。二是存续上的牵连性,是指双务合同的一方当事人的债务因不可归责于当事人的事由,致使不能履行时,债务人要免除给付义务,债权人相应也免除对待给付义务。三是功能上的牵连性,是指双务合同的当事人所负担的给付义务与对方当事人所负担的给付义务互为前提,在一方当事人不履行其给付义务时,对方当事人原则上也无义务履行。同时履行抗辩权就是这种功能上牵连性的体现和反映。①

2. 同时履行抗辩权的构成要件

根据《合同法》的规定,同时履行抗辩权的成立,应具备以下条件:

(1) 双方当事人因同一双务合同互负债务。同时履行抗辩权,基于双务合同功能上的牵连性,只存在于双务合同之中,即仅适用于双务合同。单务合同和不真正的双务合同都不适用。同时履行抗辩权发生的基础,是在同一双务合同中双方互负债务,即须为同一双务合同所产生的两项债务,且互为对待给付。

(2) 双方当事人互负的债务必须有效且已届清偿期。同时履行抗辩权设置的目的在于保证双方所负债务的履行,因此,这就要求以当事人互负的债务有效为前提。而且,既然是同时履行,则当然要求双方互负的债务均已届清偿期,如果债务履行期限未届满,则不能行使同时履行抗辩权。

(3) 须对方未履行债务或者未按照约定正确履行债务。当事人一方向对方请求履行债务时,如果负有与对方债务有牵连关系的债务未履行,对方可以主张同时履行抗辩权,拒绝履行债务。在双务合同中,如果一方当事人全部不履行或拒绝履行其债务的,可适用同时履行抗辩权;迟延履行的,一般来说只有行使了同时履行抗辩才能排除迟延责任;债务人在债权人受领迟延后请求对待给付,债权人可以主张同时履行抗辩权;双务合同的一方当事人提出部分履行时,对方当事人有权拒绝受领;债务人瑕疵履行,债权人可以请求其消除缺陷或另行给付,在债务人未消除缺陷或者另行给付时,债权人可行使同时履行抗辩权。②

(4) 须对方的对待履行是可能履行的。同时履行抗辩权的价值在于促使双务合同的当事人同时履行其债务,但是,同时履行是以能够履行为前提的。如果一方已经履行,而另一方因过错而不能履行其所负的债务,则同时履行的目的已

---

① 魏振瀛主编:《民法》(第四版),北京大学出版社、高等教育出版社 2010 年版,第 441—442 页。
② 崔建远、韩世远、于敏:《债法》,清华大学出版社 2010 年版,第 56—57 页。

不可实现,故此时只能适用不履行的补救方法,而不发生同时履行抗辩的问题。如果因不可抗力发生履行不能,则因此而不履行的当事人将被免责。

3. 同时履行抗辩权的效力

同时履行抗辩权的行使结果,并不使对方当事人的请求权归于消灭,而是仅阻碍其效力的发生,因此同时履行抗辩权在性质上属于延期的抗辩权。同时履行抗辩权只有延期履行的抗辩效力,没有消灭对方请求权的效力,其效力仅为使对方请求权延期,即在对方未履行对待给付前,得拒绝自己债务的给付。在行使同时履行抗辩权时,当事人一方只需证明对方未履行,仅需表示援用同时履行抗辩权的意思即可,对对方当事人是否履行对待给付不负举证责任。当事人不因行使同时履行抗辩权而负迟延履行的责任。

(二) 先履行抗辩权

1. 先履行抗辩权的概念

先履行抗辩权,是指在当事人约定有先后履行顺序的,负有先履行义务的一方当事人未依照合同约定履行债务,后履行债务的一方当事人可以依据对方的不履行行为,拒绝对方当事人履行请求的抗辩权。《合同法》第67条规定:"当事人互负债务,有先后履行顺序,先履行一方未履行的,后履行一方有权拒绝其履行要求。先履行一方履行债务不符合约定的,后履行一方有权拒绝其相应的履行要求。"先履行抗辩权的主体,不是双方当事人,而是负有后履行义务的当事人一方,负有先履行义务的一方不享有这种抗辩权。

2. 先履行抗辩权的构成要件

先履行抗辩权有如下三个构成要件:

(1) 双方当事人互负债务。这是先履行抗辩权得以产生的基础性的前提条件。

(2) 两个债务有先后履行顺序。先后履行顺序既可能是当事人约定的,也可能是法律直接规定的,但以当事人约定的为常。

(3) 先履行一方未履行或者其履行不符合债的本旨。先履行一方未履行,包括的形态较多,既可能是先履行方在履行期届满或者届满前不予履行,也可能是先履行一方还没有履行的情况。而先履行方的履行不符合债的本旨,则是指先履行方尽管已经履行,但是其履行确实不符合当事人约定的或者法律规定的标准,在具体内容上可以包括迟延履行、不完全履行和部分履行。

3. 先履行抗辩权的行使

在先履行一方当事人已经构成违约并请求后履行方履行时,先履行抗辩权的形式则需要明示,但先履行一方构成不能履行、拒绝履行、迟延履行、不完全履行而没有请求后履行方履行时,先履行抗辩权的形式则不需要明示。①

4. 先履行抗辩权的效力

先履行抗辩权的主要效力在于,后履行方有权暂时中止自己债务的效力,以保护自己的顺序利益。在先履行抗辩权的存在事由消失后,后履行方则必须履行债务,否则构成违约。

(三) 不安抗辩权

1. 不安抗辩权的概念

不安抗辩权,是指双务合同中有先为给付义务的一方当事人,在对方当事人有不能履行合同义务的可能时,可暂时中止履行的权利。

在双务合同中,如果双方约定一方当事人有先为履行的义务,则当事人无同时履行抗辩权。但是,在合同成立后,如果后履行合同义务的一方当事人财产状况发生恶化,此时先履行义务的一方如果先为给付,那么,其债权显然难以实现,如果强迫其履行先行给付义务,则会违背公平原则。我国《合同法》在吸取了国外现今立法经验的基础上,在第68条中规定:"应当先履行债务的当事人,有确切证据证明对方有下列情形之一的,可以中止履行:(一)经营状况严重恶化;(二)转移财产、抽逃资金,以逃避债务;(三)丧失商业信誉;(四)有丧失或者可能丧失履行债务能力的其他情形。""当事人没有确切证据中止履行的,应当承担违约责任。"尽管法律规定了违约责任制度,但其诉讼或仲裁程序较为复杂,难免使负先为给付义务一方处于不利地位,因此,在未造成实际违约前赋予负先为给付义务的一方当事人以不安抗辩权,是较为理想的制度。

不安抗辩是大陆法系国家在合同关系中,为贯彻公平原则,对期前履约危险进行平衡而设立的救济制度。不安抗辩制度是大陆法系的用语,与英美法系的先期违约制度极其相似。先期违约是英美法系合同法的一种违约理论。先期违约的形态有两种,即拒绝履行和推定不能履行,分别构成明示先期违约与默示先期违约。明示先期违约是指合同生效后,履行期到来之前,一方当事人明确表示届时将不履行合同,即拒绝履行。默示先期违约是指合同生效后,履行期届至之前,一方当事人自身的行为或客观事实暗示其将不履行合同义务或不能履行合同大部分义务,即推定不能履行。拒绝履行和推定不履行,否定、动摇了合同成立的基础对价,并有可能在将来导致合同的根本违反。因此,将拒绝履行和推定不能履行作为一种独立的违约形态,给一方当事人以中止或解除合同的权利,有利于其在损失尚未扩大时及时采取措施减少损失,或从合同中解脱出来,另订补救性合同,因此具有非常重大的意义。这一理论被英国判例法所确认,并由美国《统

---

① 崔建远、韩世远、于敏:《债法》,清华大学出版社2010年版,第59页。

一商法典》予以进一步发展,后又被《联合国国际货物买卖合同公约》所吸收。①

2. 不安抗辩权与先履行抗辩权的区别

(1) 不安抗辩权是负有先履行义务的一方享有的抗辩权,当负有后履行义务的当事人有不履行债务之虞,预期的回报有不能实现的危险时,产生不安抗辩权。而先履行抗辩权属于负有后履行义务一方享有的抗辩权。

(2) 不安抗辩权的行使并不要求对方履行义务期限届至,而只要求不安抗辩事由的存在。不安抗辩权产生的实体条件是对方有不能为对待给付的危险,使自己的交换目的不能实现,这种危险是一种现实的危险,而不是一种现实。而先履行抗辩权行使的前提是对方的违约已成为现实。

(3) 行使不安抗辩权的目的是中止履行合同,而行使先履行抗辩权的目的是拒绝履行合同。

3. 不安抗辩权的构成条件

(1) 合同所确立的债务合法有效。不安抗辩权是合同履行中的抗辩权之一,只能发生在有效合同的债务履行之中。

(2) 当事人互负债务且有先后履行顺序。不安抗辩权产生的另外一个前提是要求双方当事人的对待给付须由同一个双务合同而发生,而且须有先后履行顺序。当然,先后履行顺序既可能是当事人约定的,也可能是法律规定的或者根据当事人交易的性质而推定的。

(3) 后履行债务的一方财产状况恶化,且存在不能对待给付的现实危险。产生不安抗辩权的关键条件之一,是要求双务合同生效后,后履行债务的一方当事人的财产状况恶化,且此种财产状况的恶化是双方当事人订立合同后发生的。若明知对方财产状况恶化而仍与其签订合同,则视为其自愿承担该不能对待给付的风险。

我国《合同法》第68条规定了发生不安抗辩权的四种情形:(1) 经营状况严重恶化。这种情况并非当事人恶意所为,而是在经营中力所不及。经营状况严重恶化,该方当事人极有可能无力清偿债务,因此,先履行的当事人可以行使不安抗辩权。(2) 转移财产、抽逃资金,以逃避债务。后履行债务的当事人在履行期届至前,转移财产,抽逃资金,以逃避债务,其意图十分明显,视为严重的默示先期违约。在这种情况下,后履行义务的当事人如果仍按照合同的约定先履行给付义务,则有可能使自己的债权不能实现,造成自己的损失。(3) 丧失商业信誉。丧失商业信誉的商家,其履约能力必然受到影响,构成先期违约危险。(4) 有丧失或者可能丧失履行债务能力的其他情形。这一规定是概括性规定,可根据具体情况确定。

---

① 杨立新:《合同法总则》(上),法律出版社1999年版,第232—233页。

4. 不安抗辩权的行使

不安抗辩权的行使中,权利人的义务有两个。一是通知义务。为了兼顾后履行人的利益,同时便于其提供担保,我国《合同法》第69条规定了不安抗辩权人的通知义务,该条前段规定:"当事人依照本法第68条的规定中止履行的,应当及时通知对方。"二是适当行使的义务,为了防止不安抗辩权的滥用,《合同法》同样对权利人规定了约束机制。《合同法》第68条第2款规定:"当事人没有确切证据中止履行的,应当承担违约责任。"

5. 不安抗辩权的效力

不安抗辩权一旦具备其成立要件时,其所产生的效力包括三个:第一是中止履行,即后履行义务人提供适当担保前,先履行义务人可以中止履行合同;第二是恢复履行义务,如果后履行方提供了适当担保,先履行方的履行义务应恢复;第三,解除合同,即在先履行方中止履行后,对方在合理期限内未恢复履行能力并且未提供适当担保的,中止履行的一方可以解除合同。

第六节 合同的变更与解除

一、合同的变更

(一) 合同变更的概念

合同的变更有广义与狭义之分,广义的合同变更包括合同的主体与内容的变更,狭义的合同变更仅指内容变更。因为合同的主体变更,属于合同的权利义务转让,也即合同债权债务的移转,在民法体例上归入债法总论。所以,在此处介绍的只是狭义的变更,即合同内容的变更。

合同的变更是指合同成立后,尚未履行或尚未完全履行之前,基于当事人的意思或者法律的直接规定,仅就合同的内容所作的变更。

(二) 合同变更的原因

合同变更的原因主要有:

(1) 合同订立时存在重大误解或显失公平情形的,当事人可请求人民法院或者仲裁机构变更合同内容;

(2) 双方当事人协商一致,对合同内容进行变更;

(3) 因选择权人行使选择权,使选择之债变更为简单之债,从而使合同内容变更;

(4) 因法律的直接规定而发生合同变更。

(三) 合同变更的效力

合同变更的效力原则上指向将来,未变更的内容继续有效,已经履行的合同义务或已发生的违约责任、损害赔偿请求权等,除法律规定或当事人约定之外,不因变更而失去其效力。我国《合同法》第 77 条第 2 款规定,法律、行政法规规定变更合同应当办理批准、登记等手续的,依照其规定。第 78 条规定,当事人对合同变更的内容约定不明确的,推定为未变更。

二、合同的解除

(一) 合同解除的概念及其特征

合同解除,是合同有效成立后,在当事人约定或者法律规定的解除条件具备时,因当事人或双方的意思表示,使合同关系自始或者仅向将来消灭的行为。我国《合同法》在第六章"合同的权利义务终止"中,规定了合同的解除。该法第 93 条对协议解除和约定解除作了规定,第 94 条对法定解除进行了规定。所谓协议解除是指当事人双方协商一致解除合同关系。协议解除是无解除权的当事人合意的结果,它不以解除权的存在为必要。约定解除是指当事人一方通过行使约定解除权而解除合同关系,它是合同的一方当事人基于合意而行使解除权的结果。所谓法定解除是指解除条件由法律直接规定的合同解除。

根据我国《合同法》的规定,合同解除具有以下法律特征:

1. 合同解除大多是以有效成立的合同为对象。一般情况下,合同解除的目的在于消灭合法有效的合同关系,因而解除的对象必须是合法有效的合同,无效合同、可撤销的合同与效力未定的合同都不能作为合同解除的对象。但特殊情况下,已经成立但未生效的合同也可以作为解除的对象。[①]

2. 合同解除必须符合解除条件。合同解除涉及合同关系的消灭,因此合同解除要么有当事人约定的根据,要么有法律规定的根据。而且就法律规定而言,并非所有的违约行为或其他行为都能导致解除权的赋予。

3. 合同解除必须通过当事人解除合同的行为来实现。合同一经有效成立,即具有法律效力,当事人双方都必须严格遵守,不得擅自解除。只有在主客观情况发生变化使合同履行成为不必要或不可能时,才允许解除。合同解除必须通过解除行为来实现。根据我国《合同法》的规定,当事人解除合同的行为包括协议解除、约定解除和法定解除。

4. 合同解除的效果是合同关系消灭。合同解除的法律效果是使合同关系消灭,合同的权利义务终止。《合同法》第 97 条规定,合同解除后,尚未履行的,终止履行;已经履行的,根据履行情况和合同性质,当事人可以要求恢复原状、采取其他补救措施,并有权要求赔偿损失。

(二) 合同解除的方式

根据我国《合同法》的规定,合同解除的方式有以下两种:

---

① 崔建远、韩世远、于敏:《债法》,清华大学出版社 2010 年版,第 273 页。

1. 协议解除

协议解除是在合同成立后，履行完毕前，双方当事人通过协商而同意终止合同关系的解除方式。《合同法》第93条第1款规定："当事人协商一致，可以解除合同。"协议解除往往是在合同有效成立后，由于新情况的出现或者其他原因，当事人基于他们的偏好不愿意继续履行合同。

2. 行使解除权的解除

解除权，是指根据法律规定或合同约定当事人可以解除合同的权利。根据《合同法》的规定，合同解除权包括法定解除权和约定解除权两种：

（1）合同的法定解除权。法定解除权，是指由法律规定而发生的解除权，即法律赋予当事人在一定情况下解除合同的权利。法定解除分为一般法定解除和特别法定解除。特别法定解除通常是指因具体合同类型和性质而有差别，法律只能根据特定合同类型或性质作出特别规定。一般法定解除的条件，是指所有类型的合同解除都可以适用的条件。此处仅研究一般法定解除条件。

我国《合同法》第94条对法定解除权的发生原因作了规定，具体有以下五种情形：

第一，因不可抗力致使不能实现合同目的。不可抗力往往导致当事人不能履行或者不能全部履行合同义务，从而使合同的全部目的或者部分目的不能实现。此时，我国《合同法》允许当事人通过行使解除权的方式将合同解除，而非必须经过法院裁判。

第二，在履行期限届满之前，当事人一方明确表示或者以自己的行为表明不履行主要债务。此种情形在大陆法系被称为拒绝履行，而在英美法系被称为预期违约。预期违约，又称先期违约，是指在履行期限到来之前的违约，它包括明示的预期违约和默示的预期违约两种。明示的预期违约是指在合同履行期限到来之前，当事人一方在无正当理由的情况下，向对方当事人明确表示不履行主要债务。默示的预期违约，是指在合同履行期限到来之前，当事人一方虽然没有明确表示不履行债务，但以自己的行为或者现状表明将不会或者不能履行债务，如将特定物转卖给他人。

第三，当事人一方迟延履行主要债务，经催告后在合理期限内仍未履行。迟延履行是指债务人在履行期限届满后仍未履行债务。因债务可分为定有履行期限的债务和未定履行期限的债务两种。对于定有履行期限的合同，履行期限届满之后，债务人未履行债务的，构成迟延履行。但并非所有的迟延履行都可构成合同解除的理由，判断是否可构成合同解除的条件，主要在于看履行期限是否在合同内容上特别重要，如果特别重要，债务人不在此期限履行即达不到合同目的，此时债务人未在履行期限内履行，债权人可以不经由催告而径直解除合同；如果不是特别重要，即使债务人在履行期限届满后履行，通常不至于使合同目落空,此时法律应允许债务人履行合同,但是此种状态又不能久而不决,债权人应当向债务人发出履行催告,规定一个合理的宽限期,在此期限内不能履行债务的,债权人可以解除合同。

第四,当事人一方迟延履行债务或者有其他违约行为致使不能实现合同目的。这是指债务人有迟延履行或者其他不按约履行债务的行为,在此情形下,因债务人违反合同约定的数量、质量、履行方法等条款的违约行为,致使合同其他部分的履行对债权人已无利益,此时,法律也赋予债权人单方解除合同的权利。

第五,法律规定的其他情形。此规定是"一般性规定",是"兜底条款"。该规定既包括《合同法》分则中规定的一些具体合同的法定解除权,也包括其他法律、行政法规中所规定的法定解除权。例如不安抗辩权人的解除权、承揽人的解除权、保险人的解除权等。

(2) 合同的约定解除权。约定解除权,是指基于合同双方当事人的约定而发生的解除权。

约定解除权的产生是基于双方当事人的约定,这种约定可以在订立合同时约定,也可以在订立合同后另行约定。

(三) 合同解除的程序

解除权经由何种途径予以行使,各个国家的立法并不相同。按照我国《合同法》的规定,解除权的原因发生后,不当然发生合同解除的效力,只有当事人行使解除权,合同才因解除而消灭。根据《合同法》第96条第1款前段规定,一方当事人行使解除权时,只须向对方作出解除的意思表示,即发生解除合同的效力,无须对方同意。法律对解除权的行使方式有特别规定的,从之。如《企业破产法》第18条规定:"人民法院受理破产申请后,管理人对破产申请受理前成立而债务人和对方当事人均未履行完毕的合同有权决定解除或者继续履行,并通知对方当事人。管理人自破产申请受理之日起2个月内未通知对方当事人,或者自收到对方当事人催告之日起30日内未答复的,视为解除合同。管理人决定继续履行合同的,对方当事人应当履行;但是,对方当事人有权要求管理人提供担保。管理人不提供担保的,视为解除合同。"

但对方对解除合同有异议的,可以请求人民法院或仲裁机构确认解除合同的效力。根据法律关系理应尽快确定原则,"对解除合同持有异议,应当在一定期限内提出,不宜漫无限制,并且,该期限不宜长"[1]。

(四) 合同解除权除斥期间的确定

解除权涉及合同权利义务关系的消灭,因此原则上并不允许其处于较长时间的不确定状态,实践中,合同解除权除斥期间的确定规则有:

---

[1] 崔建远、韩世远、于敏:《债法》,清华大学出版社2010年版,第292页。

1. 对于约定解除权,当事人应在约定的期限内行使,期限届满当事人不行使的,解除权消灭。当事人没有约定解除权期限的,准用法定解除权消灭的有关规定。

2. 对于法定解除权,法律有规定的,依其规定;法律没有规定解除权行使期限的,经对方催告后在合理期限内不行使的,解除权消灭。关于如何确定合理期限,可以类推最高人民法院《关于审理商品房买卖合同纠纷案件适用法律若干问题的解释》第 15 条第 2 款关于"法律没有规定或者当事人没有约定的,……对方当事人没有催告的,解除权应当在解除权发生之日起 1 年内行使;逾期不行使的,解除权消灭"的规定。[1]

(五) 合同解除的效力

根据《合同法》第 97 条、第 98 条的规定,合同解除的法律后果表现为终止履行或者恢复原状、采取其他补救措施,如有损失的还可以要求相对人赔偿损失。但是,合同的解除,不影响合同中结算和清理条款的效力。合同解除的效力具体表现在以下几个方面:

1. 终止履行。《合同法》第 97 条规定,"合同解除后,尚未履行的,终止履行"。合同解除,其效力归于消灭,双方当事人终止履行原合同约定的义务。但合同是溯及消灭还是指向将来消灭,应视合同类型而定。通常,持续性合同解除后,其解除效力指向将来发生,已履行的义务继续有效,如供电合同等;一次性合同解除后,其解除效力溯及既往,合同视为自始不成立,当事人已履行或因不履行而受损害的,则发生返还财产和损害赔偿的效力。

2. 恢复原状。《合同法》第 97 条还规定,合同解除后,"已经履行的,根据履行情况和合同性质,当事人可以要求恢复原状、采取其他补救措施,并有权要求赔偿损失"。依此规定,有些合同一旦解除,即溯及既往地消灭合同关系,当事人负有恢复原状的义务,应将依据原合同取得的财产返还给对方。但在实际生活中,有时做不到完全返还,有时如果绝对返还则会损害第三人的利益,甚至妨碍正常的社会经济秩序,在此情况下,只能采取其他补救措施或者赔偿损失。

3. 赔偿损失。我国《合同法》采取并存主义,规定合同解除并不影响当事人要求赔偿损失的权利。损害赔偿的范围,不仅包括债务人不履行的损害赔偿,而且还包括因合同解除而产生的损害赔偿。

4. 合同解除后不影响合同中有关结算和清理条款的效力。合同解除不影响合同中结算和清理条款的效力是国际通例,是法律尊重结算和清理条款独立性的体现,其基本的正当性在于尊重当事人的合意。我国《合同法》第 98 条采用国际上通行的做法,规定合同的权利义务终止,不影响合同中结算和清理条款的效力。

---

[1] 崔建远、韩世远、于敏:《债法》,清华大学出版社 2010 年版,第 290 页。

第七节 违约责任

一、违约责任的概念和特征

违约责任,是当事人因违反合同义务应承担的民事责任,我国《民法通则》称之为违反合同的民事责任。大陆法系将违约责任包含在债务不履行的责任中,或者视为债的效力的范畴,而英美法系国家则称之为违约的补救。违约责任以有效合同为前提,合同未成立或成立后无效、被撤销的,纵使当事人有过失,也只承担缔约过失责任,无违约责任可言。

违约责任具有如下法律性质:

1. 违约责任是合同当事人违反合同义务的法律后果。违约责任的存在以有效的合同关系作为前提,没有有效的合同关系就不可能存在违约责任;而且以一方当事人或者双方当事人的违约行为为要件,只有合同而无违约行为,合同即经由履行而消灭,无违约责任的存在空间。而侵权责任的存在并不以有效合同为存在前提,其与违约责任存在根本不同。

2. 违约责任是违约方向对方当事人承担的民事责任。合同关系属于债权债务关系,违约责任只能发生在特定的合同当事人之间。合同的相对性决定了违约责任承担的相对性。违约责任是违约方自己承担的责任,而不是他人承担的责任。在因第三人的行为造成债务不履行的情况下,仍应由债务人向债权人承担违约责任,而不应由第三人向债权人承担违约责任。《合同法》第121条规定:"当事人一方因第三人的原因造成违约的,应当向对方承担违约责任。当事人一方和第三人之间的纠纷,依照法律规定或者按照约定解决。"

3. 违约责任可以由当事人约定,具有相对的任意性。根据《合同法》第111条、第114条的规定,当事人可以在合同中约定违约金的数额、损害赔偿的计算方法。对违约责任的事先约定,是合同自由原则的体现。当然,约定的违约金低于或过分高于造成的损失的,当事人还可以请求人民法院或仲裁机构予以适当增加或减少。同时,我们也应当看到,《合同法》第107条、第111条、第112条和第113条等还规定了法定的违约责任,这些规定是作为任意性规则弥补当事人没有约定的漏洞的。

4. 违约责任基本上是一种财产责任,具有补偿性。我国合同法上,违约责任包括赔偿损失、支付违约金、强制履行以及价格制裁等,它们都是典型的财产责任。但是违约责任是否还包括非财产损害赔偿,学界有不同的观点。笔者赞同违约责任中应当包括非财产损害赔偿,典型的如违反旅游合同可能导致的精神损害赔偿。

二、违约责任的归责原则

违约责任的归责原则,是指基于一定的归责事由而确定违约方是否承担违约责任的法律原则。

我国《合同法》第 107 条规定:"当事人一方不履行合同义务或者履行合同义务不符合约定的,应当承担继续履行、采取补救措施或者赔偿损失等违约责任。"通说认为,我国《合同法》将违约责任的归责原则确定为严格责任原则,即无过错责任原则。就这一点学者有不同的认识。① 但是,我们需要清醒地认识到,严格责任原则并非贯彻在整个合同法始终。因为《合同法》第 179、180、181、222、262、265、280、281、370、371 条都明确规定了违约责任的过错责任,体现了过错责任的归责原则。

三、违约的形态

违约形态,是指违约行为的表现形态。虽然我国《合同法》没有规定违约的具体形态,但违约形态的研究有利于揭示不同违约行为可能导致的违约救济的不同措施和形态。学界一般将违约分为以下几种类型:

1. 履行不能。履行不能,是指债务人在客观上没有履行能力或者法律禁止债务的履行。金钱债务,通常不能发生履行不能。履行不能基于不能的标准可分为事实不能与法律不能、自始不能与嗣后不能、客观不能与主观不能、全部不能与部分不能等类型。

2. 迟延履行。迟延履行,是指因可归于债务人的事由,履行期届满而未为给付所发生的现象。构成履行迟延,需已届履行期,而且债务履行须为可能,如果债务履行不可能,则属于履行不能。合同的履行期,应按约定确定,债务人自期限届满之时起,负迟延责任;如未约定期限,经债权人请求并催告,自催告期限届满时起,负迟延责任。

3. 不完全履行。不完全履行,是指债务人虽然履行了债务,但其履行并不符合债的本旨要求。不完全履行可分为数量上履行不完全、标的物品种规格不符合约定、加害给付、方式履行不完全、违反附随义务履行等类型。

4. 拒绝履行。拒绝履行,是指债务人在债成立后履行期届满之前,能履行而不履行的意思表示。该表示既可能是明示的,也可能是默示的。《合同法》第 108 条规定:"当事人一方明确表示或者以自己的行为表明不履行合同义务的,对方可以在履行期限届满之前要求其承担违约责任。"

---

① 崔建远:《严格责任 过错责任》,载梁慧星主编:《民商法论丛》(第 11 卷),法律出版社 1999 年版,第 190 页。

5. 债权人迟延。债权人迟延,是指债权人对于已经提供的给付,不受领或者不为应协力行为的事实。债务人履行,债权人受领,才能构成合同目的的完整实现。债权人受领迟延肯定会损害债务人利益,债法当然既要保护债权人的利益,也要保护债务人利益。因此债权人迟延作为一种违约形态,具有独立性。

四、违约责任的形式

根据我国《合同法》第107条、第114条的规定,违约责任的承担方式主要有以下几种:

1. 支付违约金

违约金,是指当事人在合同中约定的,合同债务人违约时应支付给对方当事人的一定数量的金钱或其他给付。

(1) 违约金的类型。违约金通常可分为惩罚性违约金与赔偿性违约金。惩罚性违约金,是指受害人除请求支付违约金以外,还可请求强制实际履行或损害赔偿。赔偿性违约金,是指受害人只能选择请求强制实际履行或支付违约金,不能双重请求,违约金只是当事人双方预先估计的损害赔偿总额。

通说认为,我国《合同法》第114条规定的违约金,属于赔偿性违约金[1],不得同时请求债务人继续履行合同或者赔偿损失。需要特别注意的是,《合同法》第114条第3款规定:"当事人就迟延履行约定违约金的,违约方支付违约金后,还应当履行债务。"但一般认为,履行迟延场合履行请求权与违约金请求权指向的对象不同,此时的违约金仍应被看做赔偿性违约金。[2] 但我国也并非完全排斥惩罚性赔偿违约金,当事人可以基于合同自由而约定,只要该约定不违反法律、行政法规的禁止性规定即可。

(2) 违约金数额的调整。当事人约定的违约金或规定的违约金计算方法,既可能与实际损失一致或不相上下,也可能产生非常大的偏差。在后一情况下即可能产生不正义的情况,也有违等价有偿的基本原则。因此,《合同法》及其司法解释规定了违约金的调整。

第一,违约金高低的判断标准。根据《合同法》第114条的规定,违约金高低的判断标准是"造成的损失"。"造成的损失"这个标准是比较具有确定性的。

第二,违约金的调整包括两种情况,一种是违约金的增加,另一种是违约金的适当减少。

《合同法》第114条第2款前段规定,约定的违约金低于造成的损失的,当事人可以请求人民法院或者仲裁机构予以增加。单纯从文义上讲,只要违约金比

---

[1] 魏振瀛主编:《民法》(第四版),北京大学出版社、高等教育出版社2010年版,第475页。
[2] 同上书,第479页。

违约造成的损失低,法院或者仲裁机构就应当予以增加。但从合同法的原则以及约定违约金的功能来看,如此理解并不妥当。因为合同法的理念是合同自由,当事人的约定应当予以尊重,除非该约定过分不合乎比例原则;如果违约金只要低于损失就调整,这事实上使当事人丧失了订立的违约金低于损失的可能,而且损失在违约时才能确定,而约定违约金则是合同订立时,此时如此理解无异于强人所难。《合同法司法解释》(二)第 28 条规定:"当事人依照合同法第 114 条第 2 款的规定,请求人民法院增加违约金的,增加后的违约金数额以不超过实际损失额为限。增加违约金以后,当事人又请求对方赔偿损失的,人民法院不予支持。"

《合同法》第 114 条第 2 款后段规定,约定的违约金过分高于造成的损失的,当事人可以请求人民法院或者仲裁机构予以适当减少。根据《合同法司法解释》(二)第 29 条的规定,当事人主张约定的违约金过高请求予以适当减少的,人民法院应当以实际损失为基础,兼顾合同的履行情况、当事人的过错程度以及预期利益等综合因素,根据公平原则和诚实信用原则予以衡量,并作出裁决。当事人约定的违约金超过造成损失的 30% 的,一般可以认定为《合同法》第 114 条第 2 款规定的"过分高于造成的损失"。

(3) 违约金与其他违约救济的关系。惩罚性违约金可以与损害赔偿并用,而赔偿性违约金与损害赔偿不能并用。

《合同法》第 116 条规定,当事人既约定违约金,又约定定金的,一方违约时,对方可以选择适用违约金或者定金条款。从此规定看,违约金与定金不能并存。但学界认为应当对该法条进行目的性限缩。惩罚性违约定金作为对违约的惩罚,对违约责任没有影响,理应和违约金并存;而赔偿性违约定金实质上为损害赔偿额的预定,与作为损害赔偿额预定的违约金,规范目的相同,不应当并用,其他类型的定金由于与违约金的目的和功能不同,法律没有必要禁止。①

2. 损害赔偿

损害赔偿,是指违约方因违约行为而给对方当事人造成损失时,依法或者依约应承担赔偿对方当事人所受损失的责任。根据《民法通则》以及《合同法》的规定,我国法上的损害赔偿主要是指金钱赔偿,有时也包括实物赔偿以及以合同标的物以外的物品予以赔偿。

(1) 损害赔偿的构成要件。损害赔偿责任的构成要件有以下几点:

第一,损害的存在。损害既包括财产上损害也包括非财产损害,其中财产损害既包括积极损害——财产的积极减少,也包括消极损害——财产的消极不增加。损害中直接损害与间接损害是最常见的一种分类,有学者认为,前者是指所

---

① 魏振瀛主编:《民法》(第四版),北京大学出版社、高等教育出版社 2010 年版,第 479—480 页。

受损害,后者是指所失利益。直接损害与间接损害的分类应予抛弃。① 但事实上做到这一点很难。

第二,因果关系。因果关系是损害赔偿法中的世界级难题。因果关系既体现在违约责任的成立与否上,也体现在违约责任的范围上,此即常说的因果关系的二分法。在合同法上,因果关系的难点主要反映在违约责任的范围上。责任成立的因果关系主要解决的是责任是否成立,而责任范围的因果关系主要解决的是责任的度或量化问题。② 如此区分能更为清晰地解决损害赔偿的实际问题,具有科学性。

第三,违约行为。上文已经涉及,此处不赘。

第四,无免责事由。下文将详解,此处不赘。

(2) 损害赔偿的范围。

第一,损害赔偿范围的理念。我国《合同法》贯彻完全赔偿的理念。《合同法》第113条第1款规定:"当事人一方不履行合同义务或者履行合同义务不符合约定,给对方造成损失的,损失赔偿额应当相当于因违约所造成的损失,包括合同履行后可以获得的利益,但不得超过违反合同一方订立合同时预见到或者应当预见到的因违反合同可能造成的损失。"因此,损害赔偿所赔偿的利益为履行利益,即将非违约方置于合同履行后所处的状态而获得的利益。但是,损害赔偿的完全赔偿的理念是法律之内的完全赔偿,并非所有的与违约行为有关的损害均可以得到赔偿。

第二,损害赔偿范围的限制。损害赔偿范围的限制原则主要包括:

一是可预见规则。根据我国《合同法》第113条第1款的规定,可预见规则的主体为违约方,可预见规则的预见时间为订立合同时,预见的内容为损害的类型而不延及损害的程度,而预见的标准通常为"理性人标准"。

二是减轻损失规则。我国《合同法》第119条第1款明确规定了减轻损失规则,该条规定:"当事人一方违约后,对方应当采取适当措施防止损失的扩大;没有采取适当措施致使损失扩大的,不得就扩大的损失要求赔偿。"

三是与有过失规则。与有过失规则,是指受害人就损失的发生或者扩大有过失的,法院可以减轻或者免除侵害人的赔偿责任。我国《民法通则》第131条规定:"受害人对于损害的发生也有过错的,可以减轻侵害人的民事责任。"此规定同样适用于合同法。

四是损益相抵规则,又称损益同销规则,是指受害人基于损失发生的同一原因而获得利益时,则在其应得的损害赔偿额中,应扣除其所获得的利益部分。损

---

① 魏振瀛主编:《民法》(第四版),北京大学出版社、高等教育出版社2010年版,第468页。
② 同上书,第468—469页。

益相抵规则,只是从损害赔偿额中扣除受害方所获得的利益,扣除所得利益所得的差额就是违约方应当支付的损害赔偿额。因此,损益相抵只是减少部分赔偿额,而非免除责任。损益相抵的规则体现的是补偿性,受害人状况不得因为损害赔偿而较损害事故发生时更为优越从而获得不当利益。

3. 继续履行

继续履行,又称实际履行,是指违约方不履行合同时,另一方有权请求法院要求违约方按合同规定履行义务。我国合同法对违约行为救济的态度是,以继续履行为主、以损害赔偿为辅。对于履行迟延、履行不当或履行拒绝等违约行为,原则上均可请求继续履行或补充履行。我国《合同法》第110条规定:"当事人一方不履行非金钱债务或者履行非金钱债务不符合约定的,对方可以要求履行,但有下列情形之一的除外:(一)法律上或者事实上不能履行;(二)债务的标的不适于强制履行或者履行费用过高;(三)债权人在合理期限内未要求履行。"

(1) 继续履行的构成要件。继续履行的构成要件是:第一,存在违约行为;第二,须有非违约方请求违约方继续履行合同的行为,法院不能依职权决定实际履行;第三,需违约方能够履行。

(2) 继续履行的除外情形。这一点《合同法》第110条已经作出了明确规定,此处不赘。

(3) 继续履行的形式。根据《合同法》第111条的规定,继续履行包括如下几种情况:限期履行、修理、更换、重作。

五、免责事由

根据我国《合同法》的规定,免责事由包括如下几种情形:

1. 法定免责事由。将不可抗力规定为违约责任的免责条件,是公平原则的需要。我国《合同法》第117条第1款规定:"因不可抗力不能履行合同的,根据不可抗力的影响,部分或者全部免除责任,但法律另有规定的除外。当事人迟延履行后发生不可抗力的,不能免除责任。"可见,不可抗力是违约责任的法定免责事由。但不可抗力发生后,当事人不能履行合同的,应及时通知对方,并在合理期限内提供证明。不可抗力是指不能预见、不能避免并且不能克服的客观情况。

2. 免责条款。免责条款,是指当事人双方在合同中事先约定的,可以免除其违约责任的条款。免责条款是合同的组成部分,是基于"合同自由原则"由当事人约定的条款。免责条款应当由当事人在合同中明确地加以约定,不能以默示方式作出,也不允许由法官进行推定。

我国《合同法》第39条第1款规定:"采用格式条款订立合同的,提供格式条款的一方应当遵循公平原则确定当事人之间的权利和义务,并采取合理的方式提醒对方注意免除或者限制其责任的条款,按照对方的要求,对该条款予以说明。"这表明,我国采取的是提请注意的方式。提请注意以个别提请注意为原则,以公开张贴公告为例外,并应在合同订立前进行。同时,我国《合同法》对免责条款进行了必要的限制。《合同法》第40条规定,提供格式条款一方免除其责任、加重对方责任、排除对方主要权利的,该条款无效。《合同法》第53条规定,免除造成对方人身伤害或者免除因故意或者重大过失造成对方财产损失的责任的免责条款无效。

3. 法律特别规定的其他免责事由。这是指法律在不可抗力之外对免除违约责任作出的其他特别规定。比如我国《合同法》第311条规定,在符合法律和合同规定条件下的运输,由于货物本身的自然性质或者合理损耗以及托运人、收货人的过错造成货物毁损、灭失的,承运方不承担违约责任。

第八节 合同解释

一、合同解释的概念

合同的解释,是指对合同条款以及相关资料的含义所作出的分析和说明。合同文本是双方当事人意志的客观化、固化。基于语言自身的多义性、双方当事人对语言理解的差异性以及语义随着情景的变化性,当事人不可避免地对同一词语、术语、句子、体系产生不一致的理解。这是正常的现象。有的理解可以经由双方当事人的沟通或者约定而消除,而有的则要经由诉讼或者仲裁来解决。合同解释向来是合同法的难点,为了使合同解释更具客观性和合理性,法律设定了诸多的解释规则来确定合同的意义,解决当事人之间的纷争。

法官或仲裁员的有权解释,往往是认同了当事人及其诉讼代理人的解释,或者是以他们的解释为素材所作的解释。狭义的合同解释的结果是制作调解书、裁决书或判决书的主要根据之一,对当事人具有强制执行的法律拘束力,是一件非常严肃的工作,必须符合法律的要求始能生效。

合同解释的对象不仅仅包括合同文本,而且还包括与交易有关的环境因素,如来往信函,交易过程,交易惯例,备忘录等。

二、合同解释的原则

解释合同,应遵循一些基本规则,达到合同目的,实现公平正义。我国《合同法》第125条对合同的解释作了原则性的规定,概括此规定,合同解释应遵循如下原则:

1. 文义解释。文义解释,是指根据合同所使用的语言或文字的含义所作出的解释。合同是由语言文字构成的,也主要是因为语言文字的而理解而产生争议的,因此合同解释的首要方法是文义解释。事实上,文义解释所产生的确定性较强,因此法院更愿意适用该解释方法。

文义解释有两种不同的观念,一个称为"主观主义",一个称为"客观主义"。前者要求探究当事人的真意,而后者侧重强调以当事人表达出来的意思为准。现代法更信奉"客观主义"。事实上,从现行法的体系看,民法规则有的时候采客观主义的解释观念,而有的时候采主观主义的解释观念,两者并非完全相悖,互不相容。但"客观主义为主,主观主义为辅,是我国立法应采取的合同解释原则"①。

2. 体系解释。体系解释,是指把合同的全部条款和构成部分看做一个统一的整体,从各个合同条款及构成部分的相互关联、所处的地位和总体上的联系来阐明合同用语的含义。体系解释也是各国合同法所认可的合同解释方法之一。体系解释的合理性在于,合同条款是基于共同目的而有组织、有逻辑地结合在一起,词语、条文只有在这个体系中才获得确定性的意义。

3. 目的解释。目的解释是指在合同使用的文字或用语有两种以上理解时,或者同一合同使用的两种以上文字的不同文本用语不一时,应依照当事人所欲达到的经济的或社会的效果而对合同进行解释。当事人订立合同均为达到一定目的,合同的各项条款及其用语均是达到该目的的手段或工具。目的解释既要考虑到典型交易情况下的合同目的,同时也应当根据特定当事人订立特定合同的目的来确定主观目的;目的解释也应当贯彻"诚信原则",不能允许权利滥用的解释出现。目的解释可以用来印证文义解释、体系解释以及习惯解释的妥当性。一般认为,如果合同条款相互矛盾,有使合同有效与无效两种解释,那么应作使合同有效的解释,因为有效合同的解释最能经由合同的履行实现当事人所欲追求的经济或社会效果。

4. 参照习惯或交易惯例解释。参照习惯或管理解释,是指在合同文字或条款的含义发生歧义时,按照习惯或惯例的含义予以明确;在合同存在漏洞,致使当事人的权利义务不明确时,参照习惯或惯例加以补充。根据《合同法司法解释》(二)第 7 条的规定,不违反法律、行政法规强制性规定的,人民法院可以认定为合同法所称"交易习惯":(1) 在交易行为当地或者某一领域、某一行业通常采用并为交易对方订立合同时所知道或者应当知道的做法;(2) 当事人双方经常使用的习惯做法。因此,习惯不仅仅存在于行业或领域中,而且也可能存在于当事人之间。

---

① 崔建远、韩世远、于敏:《债法》,清华大学出版社 2010 年版,第 437 页。

三、合同解释的规则[①]

合同解释的规则都是从实践中总结出来的行之有效的经验总结,我国合同法对此并无直接规定,但基于这些规则具有的科学价值,可以经由基本原则以及一般条款而在适用时内化为规则。此处只选择几个重要的进行介绍。

1. "明示其一,排斥其他"。如果当事人在合同中列明了特定的款项,未采用更为一般性的或包罗万象的术语,那么,其意图就是排除未列明的项目。这就是所谓的"明示其一,排斥其他"规则。但是这一规则并不在所有情况下具有最终的约束力。

2. 同类规则。如果当事人列明了特定的项目,随后又使用了更为一般性、包容性的术语,那么,其意图就包含了与特定项目类似的项目。因此,在合同文书的起草上,经常使用"包括,但不限于"等词语来体现该规则。

3. 推定不违法。如果一个合同或条款有两种合理的解释,一个解释与法律相矛盾,而另一个与法律相一致,此时法院应采用使合同合法的方式解释该合同或该条款。与此理念相似的是有利于公共利益的解释,即如果合同用语可以合理地得出两种解释,且只有一种解释有利于公共利益,该解释应当予以优先考虑。

4. 特别条款优于一般条款。如果合同的每一部分都体现着当事人的某种意图,那么,对整个合同的解释将会不利于在合同某些部分写入了不必要事由的一方。然而,在两项条款有明显冲突时,则条款内容越具体特定,就越可能反映当事人的真实意图,因此,特定性条款优先于一般性条款。

5. 遇有异议不利草拟人的解释。如果合同由一方当事人草拟,而且该方当事人提供的用语可合理地得出两种解释,法律应选择不利于合同草拟人的解释。此种解释方法主要适用于格式合同。

[①] 参阅崔建远、韩世远、于敏:《债法》,清华大学出版社 2010 年版,第 382—388 页。

第十七章　法定之债(一):不当得利之债

合同是基于当事人之间的合意而产生的债。但在日常生活中,还存在大量的债与当事人的合意并无关系,其是根据法律的规定而成立的。这种债称为"法定之债"。法定之债的成立、内容和效力都是由法律直接规定,当事人的合意通常并无直接的作用。在大陆法系的民法理论和法律框架中,法定之债主要包括不当得利之债和无因管理之债。

第一节　不当得利概说

一、不当得利的概念

我国《民法总则》第122条规定:"因他人没有法律根据,取得不当利益,受损失的人有权请求其返还不当利益。"这是我国法上不当得利的重要规定。不当得利,是指没有合法根据取得利益而致他人受有损失的事实。[①] 在这一事实中,获得不当利益的一方称为受益人或不当得利人,受到损失的一方称为受害人或受损人。

不当得利的用语带有较强的道德评价性,其不应当受法律保护。不当得利之债,是指因不当得利的存在而在当事人之间形成的民事权利义务关系。在不当得利之债中,不当得利人(受益人)应将其所得利益返还给受损失的人。

二、不当得利的性质

关于不当得利的性质,学者们认识不一。有的认为不当得利属于事件,有的认为不当得利属于行为。但是,通说认为,不当得利属于事件。事件与行为的最重要差别就是行为必须受意志支配,而事件则与其无关。不当得利的发生既可能基于当事人之间的行为,也可能基于自然发生的事件,因此意志并不必然与不当得利相关。即使不当得利是由行为产生的,但是否在意志支配下以及何种意志支配下,对不当得利的构成都无影响。而且,法律规定不当得利之债的目的,并不在于制裁受益人的得利"行为",而是在于纠正受益人"得利"这一不正常、不合理的现象,调整无法律原因的财产利益的变动。[②]

[①] 魏振瀛主编:《民法》(第四版),北京大学出版社、高等教育出版社2010年版,第566页。
[②] 同上。

三、不当得利与相关制度的区别

不当得利作为一种法律事实，与法律行为、无因管理及侵权行为等同为债的发生根据。但不当得利属于事件，与人的意志无关，因而也就不同于与人的意志有关的法律行为、无因管理及侵权行为等。

1. 不当得利与民事法律行为的区别。在我国现行法上，民事法律行为以意思表示真实为要素，是合法的民事行为。依民事法律行为而取得的利益是合法的、正当的，受法律保护，当然不存在得利返还问题；但若当事人所为的民事行为被法律判定为无效的或可变更、可撤销的民事行为，当事人一方依据该行为所得的利益（例如依无效合同所取得的利益），已经没有法律上的根据和原因，此时可以构成不当得利。

2. 不当得利与无因管理的区别。无因管理虽与管理人的意志有关，但不是民事法律行为，而是一种合法的事实行为。无因管理的管理人应将管理所得的利益归于本人，管理人并不能取得利益。本人是从管理人管理本人的事务中取得利益，因该利益本来就为本人所享有，故不属于不当得利；管理人将管理所取得的利益移归本人时，因其未将利益占为己有，管理人亦不为不当得利之人；但若管理人从管理本人的事务中取得利益并由管理人占有时，则管理人的占有是没有合法根据的占有，本人得基于不当得利的规定请求管理人返还。

3. 不当得利与侵权行为的区别。侵权行为之债是因为行为人的侵权行为而形成民事权利义务关系。侵权行为一般与人的意志有关，但侵权行为是当事人之间实施的一种不受法律肯定的事实行为。根据《侵权责任法》的规定，法律规制侵权行为的目的，是要预防侵权行为的发生，制裁不法行为人。而法律规范不当得利并非为了制裁不当得利人，而是要纠正不正常的财产利益变动，使其恢复到应然的正常状态。侵权行为人侵害他人的合法权益，也可能从中获利，这种得利构成不当得利。在这种情况下，产生侵权行为请求权与不当得利请求权的竞合。[①]

第二节　不当得利的成立条件

不当得利的构成条件包括以下四个方面：

一、须一方受有利益

一方受益，是不当得利的必要条件，没有一方利益的取得，也就不会发生不

---

① 郭明瑞、房绍坤主编：《民法》（第3版），高等教育出版社2010年版，第429页。

当得利。一方受有利益,是指一方当事人因一定的原因而得到一定的财产利益。受有利益是指财产的增加,包括财产的积极增加和消极增加。前者指财产或权利的范围的扩大。如财产权利的取得、财产权的扩张及其效力的加强、财产权利限制的消灭、取得财产的占有以及债务消灭等。后者指财产本应减少而没有减少,如本应支出的费用而没有支出、本应负担的债务而不再负担或少承担以及本应设定的权利限制而没有设定等。

二、须他方受有损失

他方受有损失,是构成不当得利的另一必要条件。如果有一方获得利益,但无他方受损,则不构成不当得利。如通过先占获得他人丢弃的物品,这是所有权的原始取得,不构成不当得利。他方利益受损,是指财产总额减少或者财产可得增加而未增加的情形,既包括积极损失,也包括消极损失。积极损失,又称直接损失,是指现有财产利益的减少;消极损失,又称间接损失,是指财产应增加而未增加,亦即应得财产利益的损失。这里的应得利益是指在正常情形下可以得到的利益,并非指必然或实际得到的利益,例如,没有合法根据居住他人的空房,尽管所有权人从来也没有计划将它出租或出卖,但所有权强调的是基于个人意志的支配,所有人基于所有权而产生的使用和受益的可能性被剥夺,其损失是一种机会或可能性被剥夺的损失,而非既有的财产被剥夺或者必然会得到的受益的丧失。利益和受损都必须从权利以及权利自身承载的获益可能性进行界定。

三、须一方受利益与他方受损失之间有因果关系

所谓受利益与受损失间有因果关系,是指他方的损失是因一方受益造成的,一方受益是他方受损的原因,受益与受损之间有变动的关联性。至于损失和利益的范围是否相同,损失和利益的表现形式是否一致,损失和利益是否同时发生,则在所不问。

关于受益与受损之间的因果关系,在民法理论上有直接因果关系说与非直接因果关系说两种主张。直接因果关系说认为,受益和损失必须是基于同一原因事实,即同一原因使一方获得利益,另一方造成损失,否则,即使受益和损失之间有牵连关系,也不应视为有因果关系。非直接因果关系说认为,获得利益的原因事实不必与受到损失的原因事实相同,只要社会观念认为获得利益和受到损失有牵连关系,就可认定两者之间有因果关系。[①] 根据我国《民法总则》第122条的规定,只要他方的损失是由一方获得不当利益造成的;或者说没有其不当利益的获得,他人就不会造成财产的损失,均应认定受益与受损之间有因果关系。

[①] 郭明瑞、房绍坤主编:《民法》(第3版),高等教育出版社2010年版,第430页。

在一般情况下，受益与损失是基于同一事实发生的，表现为直接因果关系，但在某些情况下也有例外，即表现为非直接因果关系。

四、须无合法根据

德国、日本的民法称之为无法律上的原因，瑞士民法称之为无适法原因[①]，我国《民法总则》称之为"没有法律根据"，是不当得利构成的核心条件。在典型的交易形式中，合法利益的取得需要法定或约定的根据。法律的根据是指法律的直接规定，包括《物权法》规定的取得所有权或使用权的规定；约定的根据指当事人之间订立的合同或其他民事法律行为。不是直接根据法律的规定或者根据民事法律行为取得利益的，其取得利益就是没有合法根据，亦即没有法律上的原因，该得利即为不正当的。在时间点上，当事人取得利益的判断既可能是自始就无合法根据，如盗窃他人财物，也可能是开始有但后来丧失合法根据的情况，如合同被撤销或者解除，被撤销或解除之后的利益也属无法律根据。

第二节 不当得利的基本类型

在大陆法系，以利益的取得是否基于给付行为为标准，不当得利可区分为基于给付而发生的不当得利和基于给付以外的原因而发生的不当得利两类。[②]

一、基于给付而发生的不当得利

给付是一方将其财产利益移转给另一方。给付以一定的目的而为之，或者是为了清偿债务，或者是为了直接创立一种债的关系。欠缺给付目的而增加他人的财产，受益人即构成不当得利。基于给付而发生的不当得利包括以下几种情形：

1. 给付的目的自始不存在。给付的目的自始不存在是指一方为履行自己的义务而向受益人给付，但该义务自始就不存在。这种情形主要有两种形态：一是非债清偿；二是作为给付原因的行为不成立、无效或者被撤销。如甲误认为与乙有买卖合同而将货物交付给乙。

但根据学理的概括和日常的生活经验，一般认为，在下列情形下，当事人一方虽没有给付义务而给付，另一方的得利表面上符合不当得利的构成，但基于道德或政策判断而否定其不当得利的构成：

---

① 张广兴：《债法总论》，法律出版社1997年版，第95页。
② 〔德〕迪特尔·梅迪库斯：《债法分论》，杜景林、卢谌译，法律出版社2007年版；王泽鉴：《不当得利》，北京大学出版社2009年版。

(1) 履行道德义务而为的给付。如养子女对其生父母的法定赡养义务虽因收养而解除，若该养子女仍赡养其生父母，则属于尽道德义务。对于因此而支出的费用，养子女不得以不当得利请求返还。这是道德义务对不当得利构成的限制。

(2) 为履行未到期债务而交付财产。债务未到清偿期，债务人本无清偿的义务，若债务人主动提前清偿而债权人受领时，即使债务人因此失去利益而债权人得到利益，也不为不当得利。这是双方当事人之间的合意对不当得利构成的限制。

(3) 明知无给付义务而交付财产。一方明知自己没有给付义务而向他人交付财产的，对方接受该财产不成立不当得利。不当得利的构成，一般而言当事人的给付必须有移转财产利益的意思，而非简单地使他方暂时保管。如为避免劫匪追击暂时将手中东西交给路人，此时路人即不能认为是不当得利。

(4) 因不法债务交付的财产。不法债务，如"赌债"，不受法律保护，在法律上"债务人"没有给付财产的义务，"债权人"也没有获得财产的权利。此时，法律上对不法债务有特别规定的，按照特别规定处理。就赌债而言，该财产应依法由有关机关予以收缴或没收。

2. 给付的目的未达到。给付的目的未达到是指为实现将来的某种目的而为给付，但该目的日后却未实现。如附停止条件的法律行为其条件未能成就的，债权人以受偿的目的将债务清偿的收据交付给债务人而其后债务人并未清偿债务等。

3. 给付的目的嗣后消灭。当事人一方的给付原有法律目的，但于给付后该法律目的消灭时，因给付而取得的财产利益也就成为无法律原因的受益。如，在发生保险事故，保险人依照保险合同给付保险金后，被保险人从第三人处取得损害赔偿而填补损害，其所受领的保险金即构成不当得利，应当予以返还。[①]

二、基于给付以外的原因而发生的不当得利

非基于给付的不当得利是指基于给付以外的原因而发生的不当得利，包括以下几种情况：

1. 基于受益人自己的行为而发生的不当得利。例如无权处分他人之物而为处分，无权消费他人之物而为消费，即构成侵害他人权益而自己受益的事实，权利人可请求该受益人返还不当得利。由于该情形下的不当得利往往是因受益人侵害他人的合法权益而发生的，因此，这种情形下受益人的行为也可能会构成侵权行为，承担侵权责任。此时即为不当得利与侵权责任的竞合。

[①] 郭明瑞、房绍坤主编：《民法》（第3版），高等教育出版社2010年版，第431页。

2. 基于受损人的行为而发生的不当得利。例如，误认他人的牲畜为自己的牲畜而加以饲养，误将他人事务视为自己的事务而为管理所支出的费用，对他方而言构成不当得利，受损人可向因该行为而受益的人请求返还不当得利。

3. 基于第三人的行为而发生的不当得利。例如，甲以乙的饲料饲养丙的牲畜，受损人乙可请求受益人丙返还该不当得利；在债权让与通知前，债务人向原债权人清偿而致受让人损失，原债权人所获清偿为不当得利。

4. 基于自然事件而发生的不当得利。例如，甲鱼塘内的鱼因暴雨而致池水漫溢流入乙的养鱼塘内，丙栽种的果树上生长的果实落入丁的院内，则乙、丁基于事件的发生所获得的利益为不当得利，甲、丙可以请求返还。

5. 基于法律规定而发生的不当得利。基于法律规定而发生的不当得利，主要发生在添附、善意取得等场合。①

第四节 不当得利之债的效力

一、不当得利之债主体间的效力

不当得利一经成立，受损人与受益人之间即发生债权债务关系，受损人有权请求受益人返还不当得利，受益人负有返还不当得利的义务。

二、不当得利之债返还请求权的标的及范围的效力

根据我国《民法总则》第122条的规定，不当得利返还请求权的标的为受有利益一方所取得的不当利益。最高人民法院《民通意见》第131条规定："返还的不当利益，应当包括原物和原物所生的孳息。利用不当得利所取得的其他利益，扣除劳务管理费用后，应当予以收缴。"据此，受益人返还的不当利益，可以是原物、原物所生的孳息、原物的价金、使用原物所取得的利益，也可以是其他利益。不当得利的返还以返还原物为原则，以偿还价额为例外。只有在原物毁损、灭失等情况下，不能返还原物时，才能以偿还价额的方式进行。

不当得利返还请求权的标的范围，也就是受益人返还义务的范围。义务人返还义务的范围依其受利益是否为善意而有所不同：

1. 在受益人善意时。如果受益人为善意，即受益人不知情，是指受益人于取得利益时不知道自己取得利益无合法的根据。在此情形下，若受损人的损失大于受益人取得的利益，则受益人返还的利益仅以现存利益为限。利益已不存在时，受益人不负返还义务。所谓现存利益，是指受益人收到返还请求时享有的

---

① 崔建远、韩世远、于敏：《债法》，清华大学出版社2010年版，第195页。

利益,而不以原物的固有形态为限。原物的形态虽改变但其价值仍存或者可以代偿的,仍是现存利益。例如,受益人将其受领的财物以低于通常的价格出卖,受益人只返还所得的价款。如果该价款已经被其消费,并因此而省下其他的费用开支,则其节省的开支为现存利益,受益人仍应返还。但是若受益人所得的价款被他人盗走,则为利益已不存在。受益人受有的利益大于受损人的损失时,受益人返还的利益范围以受损人受到的损失为准。

2. 在受益人为恶意时。受益人为恶意,又称受益人知情,是指受益人于受有利益时知道其取得利益没有合法根据。于此情形下,受益人应当返还其所取得的全部利益,即使其利益已不存在,也应负责返还。若受益人所得的利益少于受损人的损失,则受益人除返还其所得的全部实际利益外,还须就该损失与得利的差额另加赔偿。这实质上是受益人的返还义务与赔偿义务的结合。问题是,受益人所得利益大于受损人损失时,受益人的返还的利益范围是否还以损失为准则,学界对此有争议,此时在德国法上可以准用"非法无因管理"规则剥夺受益人的受益超过损失的部分。

3. 受益人受益时为善意而其后为恶意的利益返还。受领人于其明知没有合法根据(无法律上的原因)之前的阶段,他可以主张所受利益不存在,而仅就现存利益负返还义务,因信赖有法律上的原因而取得的利益所支出的费用也可以主张扣除;于其明知获得的利益没有合法根据(无法律上的原因)之后,开始承担加重的责任。[①]

三、不当得利返还请求权与其他请求权的关系

1. 不当得利返还请求权与所有物返还请求权的关系。在一方当事人侵占他人财物,或者一方基于无效行为给付他人财物时,发生所有物返还请求权与不当得利返还请求权的竞合。由于不当得利返还请求权为债的请求权,所有物返还请求权为物上请求权,因此,权利人最佳的选择应首先适用物上请求权的规定,但也不排除权利人依不当得利返还请求权请求返还不当得利的权利。

2. 不当得利返还请求权与侵权损害赔偿请求权的关系。不当得利返还请求权与侵权损害赔偿请求权也可以发生竞合。例如,侵害人因侵权行为而从中受有利益时,该受益即是无合法根据的不当利益,于此情形下即可成立不当得利。受损人既可选择侵权损害赔偿请求权,也可行使不当得利返还请求权。

3. 不当得利返还请求权与违约损害赔偿请求权的关系。不当得利返还请求权与违约损害赔偿请求权也可以并存发生。例如,在双务合同中,一方履行了义务,而对方发生履行不能时,既可发生违约损害赔偿请求权,也可以发生不当

[①] 王泽鉴:《不当得利》,北京大学出版社 2009 年版,第 190 页。

得利返还请求权。此时,受损人得同时行使违约损害赔偿请求权和不当得利返还请求权。但若一方并未向对方履行义务,对方未受利益,就不能发生不当得利返还请求权。另外,在一方的给付有瑕疵的情形下,一般仅发生违约损害赔偿请求权而不发生不当得利返还请求权。

第十八章　法定之债(二)：无因管理之债

无因管理与不当得利同为法定之债的主要类型。无因管理与不当得利作为债的发生根据,具有其各自的独特性。无因管理制度主要体现的是利他主义在个体主义的民法中的地位。社会上诸多"见义勇为"的案例很多都可以依据无因管理得到民法上的解释和规范,无因管理制度可称为"雷锋精神"的保护神。

第一节　无因管理概说

一、无因管理的概念

无因管理,是指没有法定的或者约定的义务,为避免他人利益受损而进行管理或者服务的法律事实。[①]　其中,进行管理或者服务的一方称为管理人,接受事务管理或者服务的一方称为本人。因本人一般从管理人的管理或者服务中受益,所以又称为受益人。

将无因管理作为一项独立制度加以规定始于《德国民法典》。《德国民法典》将无因管理编排在委任之后,视其为未受委托而管理事务。而日本民法则将无因管理与合同、不当得利、侵权行为并列在一起,同为债的发生根据。我国《民法总则》第121条规定:"没有法定的或者约定的义务,为避免他人利益受损失而进行管理的人,有权请求受益人偿还由此支出的必要费用。"依此规定,无因管理在管理人和本人之间形成无因管理之债。法律确立无因管理制度的直接目的,是赋予无因管理行为以合法性,而对不符合无因管理要件的对他人事务的干涉行为,则不承认其合法性。所以,无因管理实质上是法律赋予没有根据而管理他人事务的某些行为以阻却违法性。

二、无因管理的性质

通说认为,无因管理就其性质而言是一种事实行为,而非法律行为。在无因管理中,管理人虽有为他人管理事务的意思,即有为他人谋利益的意思,但该意思不是民事权利义务设定的必要构成要件,他也不必与对方当事人达成任何合

[①]　崔建远、韩世远、于敏:《债法》,清华大学出版社2010年版,第209页。

意,甚或还可以与对方的意思相悖。具体来说:

(1) 无因管理与人的意志有关,不属于事件,而属于行为。

(2) 管理人并不是以发生一定民事法律后果为目的而实施管理行为的,并不以行为人的意思表示为要素,因此,无因管理不属于意思行为或表意行为,而属于事实行为。

(3) 无因管理是一种合法行为。事实行为有合法的,也有不合法的,无因管理属于合法的事实行为。[1]

三、无因管理与相关制度的区别

(一) 无因管理与合同、不当得利、侵权行为的区别

1. 无因管理与合同的主要区别在于:

(1) 合同为表意行为,即以意思表示为要素,须有各方的意思表示一致才能成立,并且当事人应有相应的民事行为能力;而无因管理是单方实施的事实行为,不以意思表示为要素。

(2) 合同当事人依据合同享有权利和义务,而无因管理则根据法律的直接规定享有权利承担义务。

2. 无因管理与不当得利的区别主要在于:

(1) 无因管理属于法律事实中的行为,管理人的意志在法律的框架内有一定意义,其中有无为他人利益管理的意思是判断能否成立无因管理的决定性条件;而不当得利属于法律事实中的事件,是否存在当事人的意志及其内容,均不会影响不当得利的成立。

(2) 不当得利是无法律根据而得到利益,而无因管理是本人得到利益有法律根据,所以在法律适用上,无因管理排斥不当得利。即就适法无因管理而言,其与不当得利并不存在竞合的可能,这也是王泽鉴教授在请求权检索时将无因管理置于不当得利之前的根本原因。

3. 无因管理与侵权行为的区别主要在于:

(1) 无因管理是合法的事实行为,而侵权行为属于不法的事实行为,两者有根本区别。

(2) 无因管理阻却违法性,而侵权行为具有违法性。因此,在适用上,无因管理排斥侵权行为。对于某一干预他人事务的行为,若成立无因管理即不属于侵权行为。[2]

---

[1] 崔建远、韩世远、于敏:《债法》,清华大学出版社 2010 年版,第 210 页。
[2] 郭明瑞、房绍坤主编:《民法》(第 3 版),高等教育出版社 2010 年版,第 436 页。

（二）无因管理与代理、无权代理的区别

1. 无因管理与代理的区别在于：

由于无因管理的管理人是为本人的利益管理本人事务的，无因管理与代理有相同之处，但二者的性质根本不同。在代理中，代理人有管理被代理人事务的义务，并且代理人与第三人所为的行为主要为非身份性质的民事法律行为；而无因管理的管理人此前不存在为本人管理事务的义务，管理人的行为既包括事实行为也包括民事法律行为。因此，代理排斥无因管理的适用。

2. 无因管理与无权代理的区别在于：

（1）无权代理中的行为人是以本人名义进行活动的，而无因管理中的管理人并不必须以本人的名义实施管理行为。

（2）无权代理行为属于民事行为，行为人须有相应的民事行为能力；而无因管理行为属于事实行为，不要求管理人具有民事行为能力，更不必是完全民事行为能力。

（3）无权代理的利益平衡机制中本人享有追认权，经本人追认的无权代理转化为有效代理，对本人直接发生法律效力；而无因管理不发生本人的追认，本人是否接受无因管理的后果不影响无因管理的效力。

（4）无权代理人实施行为的后果既可能有利于本人，也可能不利于本人，行为人是否有为本人利益实施行为的意思并不是其成立的要件；而无因管理中的管理行为的后果从根本上说是有利于本人的，管理人有为本人利益管理的意思是其成立的条件。

第二节 无因管理的成立要件

无因管理的成立须具备以下三个条件：

一、管理他人事务

管理他人事务，是无因管理成立的前提条件。没有对他人事务的管理，当然不会成立无因管理。管理他人事务，既包括对他人事务的管理行为，如对他人财物的保存、利用、改良、管领、处分等；也包括对他人提供服务，如为他人提供劳务帮助。管理人所管理的事务，可以是有关财产的事项，也可以是非财产的事项。[①] 管理的事务可以是事实行为，如将迷路之人送回家；也可以是法律行为，如以自己名义雇人修缮他人漏雨的房屋。无因管理中的事务必须是客观上的他人事务，管理人管理自己的事务，即使误认为是他人事务，也不能构成无因管理。

[①] 郭明瑞、房绍坤主编：《民法》（第3版），高等教育出版社2010年版，第436页。

在实施管理行为时,管理人可以以自己的名义,也可以以本人的名义,但因无因管理在管理人与本人之间产生债权债务关系,因此对不适合作为债之客体的事项或事务不构成无因管理。所以,管理下列事务的,一般不发生无因管理:(1)违法的或者违背社会公德的行为,如为他人看管赃物;(2)不足以发生民事法律后果的纯粹道义上的、宗教上的或者其他一般性的生活事务,如接待他人的朋友;(3)单纯的不作为行为;(4)依照法律规定须由本人实施或者须经本人授权才能实施的行为,如放弃继承权的事务。

二、有为他人利益而管理的意思

为他人管理的意思,是构成无因管理的主观要件,同时它也是无因管理阻却违法性的根本原因。管理的意思,是指管理人于管理事务时所具有的为他人谋利益的意思。判断管理人是否具有为他人利益管理的意思,可以从动机和后果两个方面考察。从动机上看,管理人必须是为了避免他人利益受损失而进行管理或服务;从后果上看,管理人管理或服务行为所取得的利益最终归属本人享有,而不是为管理人享有。管理人是否具有为他人谋利益而为管理的意思,应由管理人负举证责任。管理人应从自己的主观愿望、事务的性质、管理的必要性以及管理的后果等诸方面来证明自己的管理是为他人谋利益的。虽然无因管理的管理人须为他人的利益而为管理,但并不要求管理人须有为他人利益的明确表示,只要管理人的管理在客观上确实避免了他人利益的损失或为他人带来了利益,即使其未有明确的为他人利益管理的目的,只要不单纯是为自己利益管理事务的"利己"行为,就可以构成无因管理。事实上,这种情况下,管理人的目的是被推定为"有为他人管理事务的意思"。如果本人否定该目的的存在,应当负举证责任证明。管理人主观上同时既有为他人的目的又有为自己的动机,客观上自己也同时受益的,仍可成立无因管理。例如,为避免邻居的房屋的大火烧到自己的房屋而为他人的房屋救火,管理人同时有为避免自己房屋受损的意思,而且也使自己享有免受危险的利益,仍不影响无因管理的成立。但是,如果管理人纯粹为自己的利益而管理他人的事务,即使本人从其管理中受有利益,也不能构成无因管理。管理人将他人的事务作为自己的事务进行管理的,如符合不当得利的要件,可成立不当得利;如构成对他人事务的不法干涉和侵犯,则构成侵权行为。其实,在无因管理的判断中,为他人管理事务的意思通常争议不大。

三、没有法定或约定的义务

没有法定义务和约定义务进行管理,是构成无因管理的核心要件。无因管理上的"无因"是指无法律上的原因,即无法律意义上的义务,包括法定义务和约定义务。所谓法定的义务,是指法律直接规定的义务。这里的法律不限于民法,也包括其他法律。例如,父母管理未成年子女的事务,失踪人的财产代管人管理失踪人的财产,是民法上直接规定的义务;消防队员抢救遭受火灾的他人财物,警察收留走失的儿童,是行政法上直接规定的义务。所谓约定的义务,是指管理人与本人约定的义务,也就是基于当事人双方的合同而产生的义务,如受托人管理委托人的事务即是基于双方的委托合同而产生的义务。如果管理他人事务是管理人的法定义务或者依合同约定而实施的,都不构成无因管理。管理人虽有义务,但超过其义务的范围而处理事务时,就其超过部分,仍属于无义务,可构成无因管理。

管理人有无管理他人事务的义务,应依管理人着手管理时的客观事实决定,不能以管理人主观的判断为标准。管理人原无管理的义务,但于管理时有义务的,不能成立无因管理;反之,管理人先前有管理义务,但于管理时已没有义务的,则自没有义务时起成立无因管理。如果负有义务而管理人误认没有义务,其管理不构成无因管理;如果本无义务而管理人误认有义务,其管理可构成无因管理。

第三节 无因管理之债的效力

无因管理成立后,在管理人与本人之间产生债权债务关系,即无因管理之债。无因管理之债发生于管理人开始管理之时,自管理人着手管理他人事务时起,即发生妥为管理等义务,而本人于事务管理结束或管理过程中,负有向管理人支付费用、补偿损失等给付义务。下面主要从管理人和本人的义务的角度来说明无因管理的效力。

一、管理人的义务

管理人的义务,是指管理人着手管理事务后依法承担的义务。无因管理一旦成立,管理人也就承担了一定的义务。管理人的义务主要表现在以下几个方面:

1. 适当管理义务

管理人在管理他人事务时,应尽适当管理的义务。管理是否适当,是一个复杂的判断标准,应综合考虑本人可能的管理要求、管理人的身份地位以及常识和个别能力进行判断,既不能对其要求过高,减少利他主义行为的激励,也不能要求过低,可能损害本人的利益。总之,管理人应当以有利于本人的方法进行管理。

不违反本人的意思,以有利于本人的方法进行管理为适当管理,这是管理人的基本义务。所谓不违反本人的意思,是指管理人的管理与本人的意思或本人的真实利益不相冲突。本人的意思包括明示的和可推知的意思。例如,本人明确表示过要修缮自己的危房,则为有明示的意思;本人于路途中发病,虽未明确表示要去医院治疗,但从本人所处的情形以一个理性人的视角可推知其有去医院治疗的意思。当然,现实生活中,本人的意思未必与从道德、社会意义上认定的他的根本利益一致,甚或可能相反,管理人则应依其道德社会意义上所认定的根本利益而为管理,例如,路遇自杀者而予以抢救,此时管理人的管理为适当管理。所谓有利于本人的方法,是指管理人对事务管理的方式、手段、管理的结果有利于本人,而不能损害本人的利益。管理方法是否有利于本人,应以管理人管理事务当时的具体情况确定,不能以管理人的主观意志为标准。管理人虽主观上认为其管理方法有利于本人,而客观上并不利于本人,甚至反而使本人的利益受到损失,则其管理是不适当的。反之,本人主观上认为管理人的管理方式不利于自己,但从当时的情况看,管理人的管理是有利于本人利益的,则管理人的管理是适当的。管理人所管理的事务如果是本人应尽的法定义务或者公益义务,即使管理的结果不利于本人的利益,管理人的管理也可能是适当的。

管理人未尽到适当管理的义务进而给本人造成损失的,应当依法承担相应的民事责任。若管理人能证明自己没有过错,则可不承担民事责任。为鼓励无因管理行为,对管理人的注意义务不能要求过高,即只要求管理人对所管理的事务给予如同管理自己事务一样的注意,即认为管理人尽到了适当管理义务。因此,如果管理人对所管理的事务尽到了如同管理自己事务一样的注意,其管理虽为不适当,但也不认为其有过错,管理人就不应承担责任;反之,如果管理人在管理事务中未尽到如同管理自己事务一样的注意,则可推定其管理不适当,主观上有过错,管理人应承担赔偿责任。但管理人所管理的事务处于紧急状态,不迅速处理就会使本人遭受损失时,除有恶意或重大过失外,对于不适当管理的损害,管理人不应承担责任。一般说来,管理人对因不适当管理所承担的赔偿责任,应当限于管理人不管理就不会发生的损害,而不能包括其他损失。当然,如果管理人在管理中有过错地侵害了本人的权利,该行为也可构成侵权行为。于此情形,会发生因不适当管理所承担的赔偿责任与侵权责任的竞合,管理人须依本人的主张,承担任一种民事责任。

2. 通知义务

管理开始后,管理人应将管理开始的事实通知本人。管理人的通知义务以可能和必要为限。如果管理人不知本人是谁,或不知本人的住址、本人下落不明或因其他原因无法通知的,则免除通知义务。管理人发出通知后应中止管理行为,听候本人的指示,但紧急事务除外。管理人未履行通知义务的,对因其不通知所造成的损失应负赔偿责任。

3. 报告与结算义务

管理人于开始管理后应及时地将管理的有关情况报告给本人,尤其是管理过程中发生的财务支出情况,应予以明确记载,列举清单,并应本人的要求予以说明。管理人的报告义务也应以管理人能够报告为限。管理关系终止时,管理人应向本人报告事务管理的过程,并将管理事务所取得的各种利益,如取得的权利、物品、金钱及孳息等转移于本人。管理人若为自己的目的而使用本人金钱的,应自使用之日起支付利息。[①]

二、本人的义务

本人应当承担的义务也就是管理人的权利。本人的义务主要是偿还管理人支出的费用,所以管理人的权利主要是得请求本人偿付因管理事务所支出的必要费用。本人的义务主要表现在以下几个方面:

1. 偿还必要费用

根据我国《民法总则》第 121 条的规定和最高人民法院《民通意见》第 132 条的解释,必要费用"包括在管理或者服务活动中直接支出的费用,以及在该活动中受到的实际损失"。因此,管理人有权请求本人偿还的必要费用包括两部分:一是管理人在管理事务中直接支出的费用,如送路边病人住院而代为支付的住院费、医疗费等;一是管理人在事务管理中受到的实际损失,如因挽救跳楼者而导致自己的手表损毁等。

管理人为本人管理事务所支出的必要费用,应由本人予以偿还。所支出的费用是否必要,应以支出时的客观情况决定。如果依当时的情况,该项费用的支出是必要的,即使其后看来是不必要的,也应为必要费用。反之,如依管理事务的当时情况,该项费用的支出是不必要的,即使其后来为必要的,一般也不应视为必要的费用。

2. 补偿损失

管理人因管理本人事务而受到的损失,应由本人给予补偿,它不受本人对该损失有无过错的影响。但此项损失的发生应与管理事务的行为有因果关系,且应以实际损失为限。管理人在管理中受到的实际损失,并非全部由本人偿付。除管理人处于急迫危险状况外,管理人对该损失的造成有过错的,应适当减轻本人的责任;如果管理人对损失的发生没有过错,而该损失又大于本人因无因管理所得到的利益,则应从公平原则出发,由双方分担责任。

3. 清偿必要的债务

管理人在管理事务过程中,以自己的名义为本人负担的债务,本人应当负责清偿,例如,甲以自己的名义雇用丙修缮乙的危房,甲有权请求乙直接向丙支付修缮费用。但该债务应以必要的或对本人有益的为限。对于管理人所设立的不必要债务,本人不应承担,而应由管理人自行清偿。[②]

[①] 王泽鉴:《债法原理》,北京大学出版社 2009 年版,第 271—272 页。
[②] 同上书,第 272 页。

第四编　　侵权责任

第十九章　　侵权责任概论

中华人民共和国第十一届全国人民代表大会常务委员会第十二次会议于2009年12月26日通过《中华人民共和国侵权责任法》（以下简称《侵权责任法》），并已经于2010年7月1日起实施。这是世界上第一部以"侵权责任法"命名的法律。该法不仅吸收了各个国家立法的先进经验，而且还基于中国国情，无论在框架的设计还是内容上都具有鲜明的中国特色。尽管侵权行为与合同一样都是债的发生原因之一，但现在在我国的民法典体系内获得了独立的地位，具有了独立的意义，有必要进行单独学习。侵权责任与侵权行为具有内在关系，因此我们需要先了解侵权行为的内容。

第一节　　侵权行为的概念、特征与类型

一、侵权行为的概念

《侵权责任法》第2条第1款规定："侵害民事权益，应当依照本法承担侵权责任。"《民法通则》第106条第2款、第3款规定："公民、法人由于过错侵害国家的、集体的财产，侵害他人财产、人身的，应当承担民事责任。""没有过错，但法律规定应当承担民事责任的，应当承担民事责任。"根据这些规定，我国法上的侵权行为，既包括加害人由于过错侵害他人的财产权利和人身权利依法应当承担民事责任的行为，也包括加害人虽无过错，但依照法律的特别规定应当承担民事责任的其他致害行为。

由此，侵权行为是指由于过错侵害他人人身权和财产权而依法应当承担侵权责任的行为以及根据法律的特别规定而承担侵权责任的其他致害行为。

二、侵权行为的特征

侵权行为具有以下法律特征：

1. 侵权行为是一种侵害他人民事权益的行为。侵权行为是事实行为，不是法律行为，其不以意思表示为要素，其行为只要符合法律规定的构成要件，就要承担法定的侵权责任。侵权行为既包括作为也包括不作为，作为是指为一定行为，而不作为是指不为一定行为。但无论是作为还是不作为，该行为必须侵害了他人的民事权益。在我国现行法上，侵权行为中的"权"应当理解为"权益"而非通常所谓的"权利"，更不能局限为"法定权利"。权益的范围比较广泛，在权益的立法模式上，我国采取具体列举的方式。《侵权责任法》第 2 条第 2 款规定："本法所称民事权益，包括生命权、健康权、姓名权、名誉权、荣誉权、肖像权、隐私权、婚姻自主权、监护权、所有权、用益物权、担保物权、著作权、专利权、商标专用权、发现权、股权、继承权等人身、财产权益。"从该条可见，并非所有的权益都受到侵权责任法保护，侵权法保护的主要是绝对权。此外，作为对英雄烈士人格利益保护的宣示，《民法总则》第 185 条规定："侵害英雄烈士等的姓名、肖像、名誉、荣誉，损害社会公共利益的，应当承担民事责任。"

2. 侵权行为主要是因行为人的过错而侵害他人民事权益的行为。"侵权行为"一词产生之初就包含了"过错"的含义，绝大多数侵权行为都是过错行为。[①] 过错自身反映了法律对该行为的道德否定性评价。过错包括故意和过失。法律之所以要求过错作为侵权行为的构成要件，主要是基于侵权法应当适当考量民事权益救济与行为自由保护这一侵权责任法的基本立场[②]，目的是要实现一种利益平衡，使侵权责任法保持在社会可接受的水平上。

3. 侵权行为在特殊情况下是损害他人民事权益并依法承担责任的行为。侵权行为自身也经历了社会适应性的调整，逐渐从与"过错"的结合中解放出来。因为现代社会中的许多风险活动自身并不具有道德可谴责性和道德上的应受否定性，如高速活动、核能发电等。这些活动一旦给他人的合法权益造成损害，即使风险活动的经营者没有过错，基于法律对受害人的权益保护，法律也使其承担侵权责任。

4. 侵权行为是需要承担侵权责任的行为。生活意义上的侵权行为与法律意义上的侵权行为不同，对他人权益产生损害的行为都可称为生活意义上的侵权行为，但法律意义上的侵权行为则是需要承担侵权责任的侵权行为。《侵权责任法》第 2 条第 1 款的规定实际上明确了此点。但是侵权行为产生侵权责任未

[①] 王利明：《侵权责任法研究》（上卷），中国人民大学出版社 2010 年版，第 7—8 页。
[②] 张新宝：《民事权益救济与行为自由保护》，载《光明日报》2009 年 2 月 12 日第 9 版。

必要产生损害,有产生损害的危险或对他人权益产生妨碍即可要求侵权行为人承担消除危险、排除妨碍等侵权责任方式。

三、侵权行为的类型

侵权行为按照不同的标准,可以分为不同的种类。成文法国家与判例法国家对侵权行为的分类有很大区别。成文法国家将侵权行为分为一般侵权行为与特殊侵权行为、单独侵权行为与共同侵权行为、作为的侵权行为与不作为的侵权行为等,判例法国家则将侵权行为分为对财产的侵害、对个人的侵害以及过失三大类,并且在此基础上又进一步细化为一些独立的分类。我国则是按照成文法国家的做法对侵权行为进行分类。

(一) 一般侵权行为与特殊侵权行为

根据侵权行为的构成要件不同,侵权行为分为一般侵权行为与特殊侵权行为。一般侵权行为,又称普通侵权行为,是指加害人因过错实施的致人损害依法应承担民事责任的行为。这是最常见的侵权行为。如故意或者过失毁坏他人财产,打伤他人,未经权利人允许擅自使用权利人的姓名、肖像、商标、专利等。特殊侵权行为,是指加害人基于与自己有关的行为、事件或者其他特别原因致人损害,依法应当承担民事责任的行为。

区分一般侵权行为与特殊侵权行为的法律意义在于:第一,两者的适用法律不同。绝大多数的侵权行为属于一般侵权行为,直接适用侵权行为法的一般规定。特殊侵权行为是法律特别规定的侵权行为,适用《侵权责任法》《民法通则》以及其他民法特别规定的责任条款或者民事特别法的规定。第二,两者的归责原则不同。一般侵权行为适用过错责任原则,加害人只有在有过错的情况下才承担民事责任。特殊侵权行为一般适用无过错责任原则,不以加害人主观上有过错为承担民事责任的构成要件,只是有的特殊侵权行为适用过错推定,例如,《民法通则》第126条规定的建筑物及其他设施致人损害的民事责任。第三,两者的举证主体不同。一般侵权行为通常适用"谁主张谁举证"的证明规则,由受害人负责举证;而特殊侵权行为的举证责任倒置,由加害人负责举证。

(二) 单独侵权行为与共同侵权行为

根据侵权加害人的人数,侵权行为分为单独侵权行为与共同侵权行为。单独侵权行为,是指加害人仅一人的侵权行为。共同侵权行为,是指加害人是两个人以上的侵权行为。

区分单独侵权行为与共同侵权行为的法律意义在于:承担民事责任的主体个数不同。单独侵权行为的民事责任主体是单一的,由实施加害行为的加害人自己承担民事责任。共同侵权行为的民事责任主体是复合的,由共同实施加害行为的多个加害人共同承担连带赔偿的民事责任。当然,基于主体个数的不同,法律规则的复杂程度也不同,单独侵权行为的规范比较简单,而共同侵权行为的规范则比较复杂。

(三) 作为的侵权行为与不作为的侵权行为

根据加害人实施侵权行为的方式不同,侵权行为分为作为的侵权行为与不作为的侵权行为。作为的侵权行为,也称为积极的侵权行为,是指加害人以一定的作为方式致人损害的行为。例如,非法损坏或者占有、使用他人财产的行为,非法伤害他人身体、侮辱他人人格的行为等。不作为的侵权行为,又称消极的侵权行为,是指加害人以一定的不作为方式致人损害的行为。构成不作为的侵权行为的前提是加害人负有特定的义务,这种特定的义务不是道德义务,而是法律义务。例如,负有特定救助义务的人不实施救助行为致人损害的行为。

区分作为的侵权行为与不作为的侵权行为的法律意义在于:判定两者是否违反法定义务的方式不同。作为的侵权加害人违反的是不作为的法定义务,即应当不作为而作为了,并因此致人损害,其侵权行为的方式是采用积极的作为方式致人损害;不作为的侵权加害人违反的是应当作为的法定义务,即应当作为而没有作为,并因此致人损害,其侵权行为的方式是采用消极的不作为方式致人损害。

第二节 侵权责任的概念与特征

一、侵权责任的概念

侵权责任是指侵权人因实施侵害或损害他人民事权益的行为而承担的不利的法律后果。侵权行为是侵权责任的前提,侵权责任法就是使侵权行为人承担侵权责任。某些情况下,侵权人实施了侵权行为,但不符合法律规定的侵权责任构成要件,此时并不一定当然产生侵权责任。

根据《侵权责任法》第1条的规定,侵权责任的主要目的是受害人保护,弥补受害人的损失;同时预防和制裁侵权行为,其不是简单的消极意义上的弥补损失,同时经由侵权责任的承担实现对未来的潜在侵权行为的预防。因此侵权责任的理想是尽量减少侵权行为的发生,以及一旦发生后尽可能使受害人的损失得到弥补。

二、侵权责任的特征

侵权责任具有以下法律特征:

1. 侵权责任以侵权行为为前提。没有侵权行为就没有侵权责任,而侵权责任是侵权人实施侵权行为自然的法律后果。但是我们需要注意的是,侵权责任不是侵权行为人基于其侵权行为而产生的唯一责任,侵权行为同样可能产生刑事责任、行政责任。但是,民事责任的基本理念是损害填补,因此刑事责任、行政责任的承担并不免除也不减少民事责任的承担。

2. 侵权责任是法律规定的责任。此点可以从三个方面进行解释,一是侵权责任具有法定性,侵权行为一旦产生且符合侵权责任的构成要件,侵权行为人就要承担侵权责任。这一点与违约责任有根本区别。二是侵权责任承担的法源主要但不限于《侵权责任法》,即《侵权责任法》绝非侵权责任承担的唯一法源。《侵权责任法》第5条规定即证明此点,该条规定:其他法律对侵权责任另有特别规定的,依照其规定。三是侵权责任的成立、侵权责任承担范围以及侵权责任承担方式具有法定性,通常没有多少当事人的自治空间。

3. 侵权责任是侵权人对受害人承担的责任。侵权责任经由对受害人的救济而实现受害人权益的保护,这也是民事责任的一般特征。刑事责任和行政责任则是行为人对国家所承担的责任,无法给受害人提供适当的补偿。也正是因此,侵权责任作为民事责任在承担上具有优先性,《民法总则》第187条规定:"民事主体因同一行为应当承担民事责任、行政责任和刑事责任的,承担行政责任或者刑事责任不影响承担民事责任;民事主体的财产不足以支付的,优先用于承担民事责任。"《侵权责任法》第4条也有同样的规定。

第二十章 侵权责任的归责原则

第一节 侵权责任归责原则概说

一、侵权责任归责原则的概念

侵权责任归责原则,是指据以确定侵权行为人承担民事责任的根据。归责原则是侵权责任法的精髓①,也是侵权责任法的核心问题②。

归责原则贯穿于侵权责任法之中,对各个具体侵权责任的构成及规则设计发挥着统率作用。归责原则自身体现了法律的价值判断,如加害人承担责任是否要以其过错为要件,是否要求损害结果的发生,等等。不同的归责原则强调不同的责任承担根据和基础,如过错责任体现的是"责任自负"的传统理念,而无过错原则体现的主要是损害的合理分担以及更强的受害者保护。不同的归责原则确定了不同的责任构成要件,如过错原则要求责任必须以加害人有过错为前提,而无过错原则则否。不同的归责原则也确定了不同的免责事由,如过错原则中,加害人无过错即构成免责事由,而无过错责任原则中,加害人无过错并非免责事由。

二、《侵权责任法》确定的侵权责任归责体系及其特征

我国《侵权责任法》通过之前,在有关侵权行为的归责原则方面,学术界中主要有三种观点:一元归责说、二元归责说、三元归责说。一元归责说认为,未来的中国式民事责任体系只有一个归责原则,即过错归责原则。该观点认为,应当通过扩大过错推定的适用范围来解决侵权行为法领域出现的新问题。③ 二元归责说认为,我国侵权行为法的归责原则是过错原则和无过错原则。该观点认为,对于一般侵权行为,适用过错原则,对于特殊侵权行为,适用无过错原则。公平责任实质上是特定情况下的损失分担,不能作为一个归责原则。④ 三元归责说中又分为两种观点。一种观点认为,我国侵权行为法的归责原则是过错原则、过错

---

① 王利明:《侵权责任法研究》(上卷),中国人民大学出版社2010年版,第196页。
② 王泽鉴:《侵权行为》,北京大学出版社2009年版,第11页。
③ 王卫国:《过错责任原则:第三次勃兴》,中国法制出版社2000年版,第185页。
④ 张新宝:《中国侵权行为法》,中国社会科学出版社1998年版,第45页。

推定原则和公平责任原则。该观点认为,无过错原则不能成为一项归责原则。[1]另一种观点认为,我国侵权行为法的归责原则是过错原则、无过错原则和公平原则。大多数学者持过错责任原则、无过错责任原则和公平责任原则三元归责说。《侵权责任法》通过后,侵权责任法归责原则的讨论尘埃落定。但是,学界对侵权责任法归责原则体系有不同的解读,一种观点认为,我国侵权法的归责原则体系为过错责任原则(包括过错推定原则)、无过错责任原则[2];另一种观点认为,我国侵权责任法确定了过错责任原则、过错推定原则、无过错责任原则、公平原则等多元的归责原则体系。[3] 通说是第二种观点,本书也采纳第二种观点,从总体而言我们依然在过错责任原则下论述过错推定原则。

侵权责任法所确定的上述归责原则体系具有如下特征:第一,层次性和逻辑性。《侵权责任法》第6条第1款确定了过错责任原则,且是一般归责原则,居于主导地位。《侵权责任法》第6条第2款和第7条分别规定了过错推定和无过错责任原则,是特殊的归责原则,前提条件是"法律规定"时。公平责任是一项辅助性的损失分担机制,只是在特殊类型的侵权责任中予以适用。第二,综合运用性。从侵权责任的整体看,各种归责原则相互补充,在某一具体的制度中可基于公平的考虑形成多个归责原则。以医疗侵权责任为例,《侵权责任法》第54条规定了过错责任是医疗侵权责任的一般归责原则,第58条医疗伦理责任采过错推定,而第59条医疗产品责任则采严格责任。

第二节 过错责任原则

一、过错责任原则的概念

过错责任原则,是指以加害人有过错作为归责根据的原则。过错责任原则是一般归责原则,在法律没有特殊规定时予以适用。《民法通则》第106条第2款规定:"公民、法人由于过错侵害国家的、集体的财产,侵害他人财产、人身的,应当承担民事责任。"《侵权责任法》第6条第1款规定:"行为人因过错侵害他人民事权益,应当承担侵权责任。"

过错责任原则包括以下含义:

第一,加害人的过错是侵权责任的构成要件。如果加害人没有过错,即不承担民事责任。

---

[1] 马俊驹、余延满:《民法原论》,法律出版社1998年版,第105页。
[2] 张新宝:《侵权责任法》(第二版),中国人民大学出版社2010年版,第17页;魏振瀛主编:《民法》(第四版),高等教育出版社、北京大学出版社2010年版,第648页。
[3] 王利明:《侵权责任法研究》(上卷),中国人民大学出版社2010年版,第198页。

第二,加害人的过错可能作为确定责任形式、责任范围的依据。在过错责任原则中,过错通常对责任形式和责任范围并无影响,因为侵权责任法奉行"损害填补原则",只要受害人的损害得以填补,受害人的过错对责任范围并无影响。但是,我们也应清晰地了解,在连带责任的情况下,责任人的过错程度可能成为内部分担责任的依据,如最高人民法院《关于审理人身损害赔偿案件适用法律若干问题的解释》(以下简称《人身损害赔偿解释》)第 3 条即确定过错程度以及原因力大小作为共同侵权人内部责任分担的根据。《侵权责任法》第 14 条也确认了此点。同时,《侵权责任法》第 47 条明确规定了,"明知"是产品责任惩罚性赔偿的构成要件,从另一个侧面看,在产品侵权责任中,"明知"决定了损害赔偿的范围大于实际损害。

二、过错责任原则的适用范围

我国《侵权责任法》确定的过错责任原则具有普遍适用性。因为《侵权责任法》以一般条款的形式确立了过错责任原则。各种责任形式都可以适用过错责任原则。当然,过错责任原则的适用并不局限于损害赔偿,其还包括停止侵害、排除妨碍和消除危险。如果没有法律特别规定排除适用过错原则,侵权案件都应当予以适用。同时,过错责任原则还具有延展性,该原则能够适应不断发展的社会需要。

三、过错推定

过错推定,是指在某些侵权责任的构成中,法律推定行为人实施该行为时有过错。《侵权责任法》第 6 条第 2 款规定,根据法律规定推定行为人有过错,行为人不能证明自己没有过错的,应当承担侵权责任。

过错推定是否是独立的归责原则,学术界有不同的观点。一种学说认为,其仍属于过错责任原则,并不具有独立性,因为其构成要件中仍然要求行为人有过错。[1] 另外一种学说认为,尽管其仍然是以过错为归责依据的责任,但已经具有了独立性。[2]

过错推定原则原则上只能适用于法定的特定侵权责任。过错推定更多的是基于法政策层面的考虑。

过错推定理论,是在工业事故和交通事故等大幅度增加,而按照过错归责原则处理的话,的确不能产生合理的为社会接受的结果等背景下产生的。过错推定既有效地保护了受害人的利益,同时也维护了以过错责任为主要归责原则的

---

[1] 魏振瀛主编:《民法》(第四版),高等教育出版社、北京大学出版社 2010 年版,第 650 页。
[2] 王利明:《侵权责任法研究》(上卷),中国人民大学出版社 2010 年版,第 227—228 页。

侵权责任制度的内在体系的和谐。①

在我国现行法上,过错推定的主要情况有:

《民法通则》第 126 条规定:"建筑物或者其他设施以及建筑物上的搁置物、悬挂物发生倒塌、脱落、坠落造成他人损害的,它的所有人或者管理人应当承担民事责任,但能够证明自己没有过错的除外。"

《侵权责任法》第 81 条规定:"动物园的动物造成他人损害的,动物园应当承担侵权责任,但能够证明尽到管理职责的,不承担责任。"

第三节 无过错责任原则

一、无过错责任原则的概念

无过错责任原则,是指法律规定,不论加害人是否有过错,只要存在其行为、损害后果以及两者之间存在因果关系即应承担民事责任的归责原则。《民法通则》第 106 条第 3 款规定:"没有过错,但法律规定应当承担民事责任的,应当承担民事责任。"《侵权责任法》第 7 条规定:"行为人损害他人民事权益,不论行为人有无过错,法律规定应当承担侵权责任的,依照其规定。"

无过错责任原则的特征在于:

第一,无过错责任原则不考虑行为人的过错。《侵权责任法》第 7 条修改了《民法通则》第 106 条第 3 款规定用语的不恰当之处,更为准确地表达了无过错责任原则的真意。无过错责任原则绝非只有无过错才承担责任,而是责任的承担不以有无过错为构成要件。

第二,免责事由受到严格限制。无过错责任原则主要是基于受害者的保护,因此免责事由应当受到严格限制。"原则上,《侵权责任法》第三章规定的免责事由不适用于严格责任。"②但这并不意味着无过错责任原则无免责事由,而是无过错责任原则的免责事由需要在规定该严格责任的特别规定中寻找。

第三,无过错责任原则以法律有明文规定为限。无过错责任原则作为特殊的归责原则,只适用于有法律特别规定的情形。其包括三个层次,一是无过错责任原则必须适用于法律有特别规定的情形,这点与过错责任原则相反;二是无过错责任原则的构成要件和免责事由法定;三是减轻责任的事由也须法定。

二、确立无过错责任原则的意义

无过错原则是在 19 世纪伴随着工业化大生产而确立起来的一项归责原则。

---

① 王利明:《侵权责任法研究》(上卷),中国人民大学出版社 2010 年版,第 232 页。
② 同上书,第 248—249 页。

由于工业事故、交通事故、环境污染、产品责任事故等频繁发生,所造成的损失极为重大,受害人众多,事故发生的原因又常常是难以发现的工业技术缺陷,在这种情况下,如果适用过错责任原则由受害人证明加害人的过错,受害人就会因为举证不能而得不到法律救济。为加强对受害人的保护,减少受害人因为举证不能而导致的不利后果,立法上采取了一种比过错推定更为严格的责任形式,即无过错责任。世界各国先后通过立法和判例的形式,逐渐确立无过错责任原则。无过错责任原则的确立和适用,表明现代各国立法加强了对弱者利益的保护和对社会利益的保护。现代社会的企业在获得利益的同时,应当对其在经营中产生的、不是人的意志能够控制的损害承担赔偿责任。这样,能够促使经营者、从事高度危险作业者改进技术、加强安全措施,有效防止损害的发生。

三、无过错责任原则的适用

《民法通则》在第 121 条、第 122 条、第 123 条、第 124 条、第 127 条具体规定了一系列适用无过错责任原则的侵权行为类型。

《侵权责任法》规定无过错原则的侵权行为有:产品责任、高度危险责任、环境污染责任、动物损害责任中的部分责任。

第四节 公平责任原则

一、公平责任原则的概念

公平责任原则,是指在当事人双方对损害的发生均无过错,在法律有特别规定的情况下,根据当事人双方的财产状况等因素,由双方公平合理分担损失。如前所述,公平责任原则是否为一项独立的侵权责任归责原则,学术界向有争议。笔者认为,公平责任根本不是一项侵权的归责原则,而是损害的分担机制。

《民法通则》第 132 条规定:"当事人对造成损害都没有过错的,可以根据实际情况,由当事人分担民事责任。"《侵权责任法》第 24 条规定:"受害人和行为人对损害的发生都没有过错的,可以根据实际情况,由双方分担损失。"这些规定都确定了公平责任原则的独立性。公平责任原则的这一含义表明:

第一,公平责任原则的目的在于公平分担损失。公平责任不以过错为归责基础,其是确定对于不幸的损害如何在当事人之间进行公平合理的分配。

第二,公平责任原则主要考虑财产状况。因此,公平责任也可称为因财产而产生的责任。其可以弥补错过错责任和无过错责任带来的不足。

第三,公平责任原则基于公平观念进行补偿。公平责任的承担方式是"补偿",而非赔偿。

二、公平责任原则的适用范围

公平责任原则作为特殊的归责原则,只适用于法律规定的特殊情况。因此,《侵权责任法》第 24 条只是规定了公平责任适用的条件,而非普遍适用于一般情况的公平责任的规则。

根据《侵权责任法》《民法总则》以及《民法通则》的规定,公平责任适用于以下几种具体情形:

1. 有财产的无行为能力人或限制行为能力人致人伤害的责任。《侵权责任法》第 32 条规定,有财产的无民事行为能力人、限制民事行为能力人造成他人损害的,从本人财产中支付赔偿费用。不足部分,由监护人赔偿。

2. 暂时没有意识或者失去控制的完全行为能力人致人损害时的责任。《侵权责任法》第 33 条规定,完全民事行为能力人对自己的行为暂时没有意识或者失去控制造成他人损害有过错的,应当承担侵权责任;没有过错的,根据行为人的经济状况对受害人适当补偿。

3. 紧急避险人的适当责任。《侵权责任法》第 31 条规定,紧急避险造成损害的,由引起险情发生的人承担责任。如果危险是由自然原因引起的,紧急避险人不承担责任或者给予适当补偿。紧急避险采取措施不当或者超过必要的限度,造成不应有的损害的,紧急避险人应当承担适当的责任。《民法总则》第 182 条第 2 款规定,危险由自然原因引起的,紧急避险人不承担民事责任,可以给予适当补偿。

4. 高空抛物致人损害的责任。《侵权责任法》第 87 条规定,从建筑物中抛掷物品或者从建筑物上坠落的物品造成他人损害,难以确定具体侵权人的,除能够证明自己不是侵权人的外,由可能加害的建筑物使用人给予补偿。

5. 见义勇为的适当补偿。《民法总则》第 183 条规定,因保护他人民事权益使自己受到损害的,由侵权人承担民事责任,受益人可以给予适当补偿。没有侵权人、侵权人逃逸或者无力承担民事责任,受害人请求补偿的,受益人应当给予适当补偿。

第二十一章　一般侵权责任的构成

一般侵权责任的构成要件,是指构成一般侵权责任所必须具备的条件。本书所指的一般侵权责任是指:自己加害行为造成损失的责任;自己加害行为适用过错责任原则情况下的责任;主要指赔偿损失和恢复原状的责任方式。① 而停止侵害、排除妨碍、消除危险等责任方式的侵权责任,并不需要以损害后果为要件;承担停止侵害、排除妨碍、消除危险、返还财产等责任时也并不需要以过错为要件。② 法院在进行侵权责任案件的裁判中,首先必须根据一般侵权责任的构成要件判断该行为是否产生侵权责任。因此,构成要件的研究无论是理论上还是实践中都是非常重要的。当然,本书只是研究一般侵权责任的构成要件,因为并非所有的侵权责任都符合一般侵权责任的要件,其可能对一般侵权责任的构成要件作出改变或补充。

事实上,不同的侵权责任归责原则会影响侵权责任的构成要件,不同归责原则下的侵权责任构成要件的差别主要体现在过错的地位上。在过错责任原则下,过错自然是侵权责任的构成要件。而在无过错责任原则下,过错自然不是构成要件,尽管在具体语境下行为人可能存在过错,但其并不影响侵权责任的构成。在公平原则下,双方当事人必须均无过错,过错自然也非该种侵权责任的构成要件。

就一般侵权责任的构成要件而言,学术界主要有两种不同学说。一种学说称为"三要件说",以法国民法理论为其代表,即主张损害事实、因果关系和过错三要件。另一种学说称为"四要件说",以德国民法理论为其代表,即主张行为的违法性、损害事实、因果关系和过错四要件。③ 我国《侵权责任法》第 6 条第 1 款规定,行为人因过错侵害他人民事权益,应当承担侵权责任。《民法通则》第 106 条第 2 款规定:"公民、法人由于过错侵害国家的、集体的财产,侵害他人财产、人身的,应当承担民事责任。"上述规定并没有直接传达我国立法在一般侵权责任构成要件上采取何种学说。我国有的司法解释明确肯定了四要件说,最高人民法院在《关于审理名誉权案件若干问题的解答》中指出:认定侵害名誉权应当考虑:(1) 受害人确有名誉被损害的事实;(2) 行为人的行为违法;(3) 违法行为

---

① 张新宝:《侵权责任法》(第二版),中国人民大学出版社 2010 年版,第 27 页。
② 魏振瀛主编:《民法》(第四版),北京大学出版社、高等教育出版社 2010 年版,第 652 页。
③ 张新宝:《侵权责任法》(第二版),中国人民大学出版社 2010 年版,第 27 页。

与损害之间有因果关系;(4)行为人主观上有过错。学界通说也认为,四要件说更为科学。

第一节 加害行为

一、加害行为的概念及性质

(一)加害行为的概念

加害行为,是指行为人所实施的对受害人民事权益的不法行为。加害行为是任何侵权责任的构成要件。

(二)加害行为的性质

从加害行为的概念上看,加害行为具有如下特征:

1. 加害行为是侵权人或其被监护人、雇员实施的行为。加害行为的主体既可能是行为人自身,也可能是被告对其造成的损害负有赔偿等义务的人实施的"行为",主要是指雇员在执行雇佣工作中或者为了雇主的利益而实施的行为以及被监护人致人损害的情况。[①]

2. 加害行为的违法性。加害行为是一般侵权责任的构成要件,侵害任何一种绝对权权利的行为都具有违法性,违反保护他人为目的的法律的加害行为以及故意违反善良风俗的加害行为也均属于违反行为。因此,违法性的判断不以法律的明文规定为限。

3. 加害行为必须侵害了受害人的合法权益。受害人的合法权益广泛,《侵权责任法》第2条对其进行了列举性规定。需要注意的是,债权只有在特别情况下才可能成为侵权责任法加害行为的侵害对象。

二、违法加害行为的方式

侵权行为中的违法加害行为客观表现为作为和不作为两种方式。

行为人违反不作为义务而作为,是作为的加害行为。作为的加害行为,违反的是一般意义上的权利不受非法侵犯的义务。行为人违反法律规定的作为义务而不作为,是不作为的违法加害行为。例如,法律禁止用侮辱、诽谤的方式损害公民的名誉,加害人实施了损害公民名誉的行为,就是作为的违法加害行为;法律要求在公共场所、道旁或者通道上挖坑、修缮、安装地下设施等,应当设置明显标志和采取安全措施,如果施工人没有采取安全措施致使行人伤亡的,就是不作为的违法加害行为。作为义务的产生根据具有多元性,如法律规定、服务关系、

[①] 张新宝:《侵权责任法》(第二版),中国人民大学出版社2010年版,第29页。

合同上的义务、自己的先前行为以及公序良俗等。①

第二节 损害事实

一、损害的概念

损害,是指加害人的行为侵犯了他人的人身、财产或者精神等权益而给受害人带来的不利后果。包括财产损失、名誉毁损、精神痛苦或者肉体疼痛、身体伤害、健康损害、知识产权损害等。

损害事实是违法加害行为之外的、构成侵权行为的又一要件。违法加害行为必须造成了权利人利益遭受损害的后果。如果只有侵权行为而没有产生损害的后果,就不应让加害人承担侵权的民事责任。

作为侵权行为构成要件的损害,应当具有如下特征:第一,损害是侵害受害人合法民事权益所产生的人身或者财产方面的不利后果;第二,这种损害在法律上具有救济的必要与救济的可能;第三,损害后果应当具有客观真实性和确定性。②

二、损害的种类

根据《侵权责任法》的规定,损害可以分为财产损害、人身损害和精神损害。

1. 财产损害。财产损害又称物质损害,是指因加害人侵害权利人的人身权利或者财产权利致使权利人在经济上受到的损失。财产损害一般是可以用货币估量的物质财富损失。财产损害在实际类型上可以分为三类,一是对财产权益自身造成的损失,如在加害人侵犯了他人财产权的情况下,损害后果一般体现为致使他人财产毁损、灭失,财产所有人所受到的损害就是财产毁损或者灭失,该财产的价值就是权利人的损害数额;二是因侵害生命权、健康权等有形人身权而造成的财产损失,如在加害人侵害他人生命健康权的情况下,致人死亡的财产损害一般体现为支付的丧葬费、死者生前抚养的人的抚养费等,致人人身伤害的财产损失体现为所花费的医疗费、护理费、营养费、交通费等;三是因侵害他人姓名权、肖像权、名誉权、知识产权等而造成的财产损失。

财产损害根据损失的形态不同,可以分为直接损失、间接损失以及纯粹经济损失。直接损失,又称积极损失或者既得利益的损失,是指因加害人的侵权行为使受害人财产的实际减少或者丧失。例如,财产被毁损、灭失,被打伤而实际花

---

① 王泽鉴:《侵权行为》,北京大学出版社 2009 年版,第 216—221 页。
② 张新宝:《侵权责任法》(第二版),中国人民大学出版社 2010 年版,第 31 页。

费了医疗费、交通费、护理费等。间接损失,又称消极损失或者可得利益的损失,是指因加害行为而使受害人本应得到的利益没有得到。例如受伤住院治疗期间工资收入的减少、商标被冒用后权利人市场营销利润的减少等。纯粹经济损失,是指侵害他人合法利益而产生的损失,如由于火车晚点导致火车乘客不能及时谈判带来的生意损失。纯粹经济损失由于高度的不确定性和涉及人数较多,损失数量巨额,通常情况下不能获得赔偿。

2. 人身损害。人身损害是指受害人的人身利益受到的伤害,即加害人的侵权行为侵害了他人的生命权或者健康权,致使受害人伤残或者死亡。这种伤害是一种有形损害,并且常常伴随着财产损失。

3. 精神损害。精神痛苦是指加害人的侵权行为使受害人产生的精神上的痛苦和不安。依据生活经验,侵害人身权以及侵害具有特定的承载人格关系或精神利益所指向的对象或物品可能发生精神损害。单纯侵害财产权通常不导致精神损害,即使在个案中存在精神损害,法律也并不支持精神损害赔偿。精神损害的证明非常困难,而且主观性强。精神损害的程度有严重与非严重之分,法律一般只支持严重的精神损害。《侵权责任法》第22条规定,侵害他人人身权益,造成他人严重精神损害的,被侵权人可以请求精神损害赔偿。

第三节 因果关系

加害行为与损害之间的因果关系,是侵权责任法中的核心问题。因果关系不是简单的数学计算,而是复杂的价值判断和利益衡量。因果关系的理论应当随着社会的发展、技术的进步、风险的复杂性、当事人利益关系等而不断作出回应,实现结果的可欲性。

一、因果关系的基本含义及特征

(一)因果关系的基本含义

所谓因果关系,是指客观事物和现象之间的前因后果的关联性,即一种现象在一定条件下必然引起另一现象的发生。前一种现象称为原因,后一种现象称为结果,这种原因与结果之间的关系,就是因果关系。一般侵权责任构成要件中的因果关系,是指加害行为与损害后果之间的因果关系。

(二)侵权责任法因果关系的特征

1. 因果关系的法律性。并非所有的因果关系都是侵权责任法上的因果关系。侵权责任法上的因果关系是指损害结果与造成损害后果的原因之间具有的关联性。因果关系是归责的前提条件,侵权责任法可能对因果关系的链条进行合理的片段化的截取,避免行为人承担过重的责任而妨碍其必要的行为自由。

2. 因果关系的客观性。加害行为与损害结果之间的因果关系必须是客观存在的,它独立于人的主观意识之外。行为与损害之间是引起与被引起的关系。行为是原因,损害是结果,原因在前,结果在后。

3. 因果关系的复杂性。事物之间的联系广泛而复杂,因果关系也是复杂的。在现实生活中,因果关系表现为一因一果、一因多果、多因一果和多因多果等多种形式。在一个违法加害行为的实施产生了一个损害结果的情况下,两者之间因果关系的判断不存在困难。在出现多因一果或者多因多果的情况下,因果关系具有复杂性,判断起来比较困难。

二、相当因果关系

因果关系的理论丰富多彩、林林总总,有影响力的因果关系理论主要有条件说、原因说、规范目的说,但目前占据通说地位的是相当因果关系理论。本书即介绍此种理论。

1. 相当因果关系的概念。该说认为,侵权人应当对以他的加害行为为相当条件的损害负赔偿责任,但是对超出这一范围的损害不负民事责任。相当原因必须是损害后果发生的必要条件,并且极大增加损害后果发生的可能性即"客观可能性"。

2. 相当因果关系的判断步骤。相当因果关系的判断有如下两个步骤:

(1) 事实因果关系。事实因果关系,是指行为与损害后果之间客观存在的因果关系。其是客观存在。其是要确定,损害是否是在自然发生的过程中形成的,或者是否依照特别情况发生,是否有外来因素介入。具体的判断方法是删除法和替代法相互检验。[1]

(2) 法律因果关系。法律因果关系,是指事实因果关系中具有法律意义的部分因果关系。其是主观判断,在事实因果关系确定以后,需要进一步判断原因是否具有可责性。因此,法律因果关系是一种法律政策的工具,是价值判断。此种判断实际上就是判断原因是否具有充分性,或者说被告的行为是否为损害发生的充足原因。因此,相当说也称为充分原因说。

事实上的因果关系往往使因果关系的链条过长,不能解决责任的限制问题,而法律上的因果关系,能够确定法律上应当承担责任的原因,使不应当负责的行为人免除责任。[2]

三、因果关系的检验方法

在具体确定因果关系时,应当以已经发生的某一特定的损害事实为基点,认

---

[1] 王利明:《侵权责任法研究》(上卷),中国人民大学出版社2010年版,第382页。
[2] 同上书,第385页。

真寻找原因。根据司法实践,理论上归纳了几种具体认定方法,主要有时间上的顺序性、原因现象的客观性、必要条件的检验、实质要素的补充检验。①

1. 时间顺序排列法。原因与结果必然是前后关系,而不能相反。作为引起损害后果发生的原因的事实肯定发生在损害后果出现之前。因此,只有先于损害后果出现的加害行为才能成为原因事实,凡是后于损害后果发生的加害行为,都不可能成为原因事实。

2. 原因现象的客观性。原因是一种客观存在。只有外化的侵权人的具体行为才可能构成原因。相反,加害人的心理状态或者受害人的主观猜测、估计等均不能成为原因事实。

3. 必要条件的检验。原因是结果的必要条件。作为原因的现象应当是作为结果的现象的必要条件。实践中主要有三种具体方法,一是反正检验法,即提出一个反问句:要是没有甲现象,乙现象是否也会出现?如果答案为是,甲现象不是乙现象的发生原因,如果为否,则甲现象可能是乙现象发生的原因;二是剔除法,其特点在于重建一个拟制的模式,排列各种可能的原因现象,然后一个一个地剔除这些现象,观察结果现象是否会发生,如果某一现象被排除仍然发生结果现象,那么被剔除的现象就不是原因;三是代替法,其是要将加害行为由另一合法行为所取代,如果被取代后,损害结果仍然发生,则加害行为不是原因,反之,加害行为就是原因。

4. 实质要素的补充检验。实质要素的补充检验是对必要条件检验方法的一种补充,是指如果加害行为实际上足以引起损害结果的发生,它就是引起损害结果的原因。因此在具体适用中,必要条件的前三种检验方法必须先予适用,只有在必要时才能适用最后一种方法。

第四节 过 错

一、过错的概念及特征

(一)过错的概念

过错是指侵权人的一种可归责的心理状态。学者对过错的定义有不同的认识,归纳起来,主要有主观过错说、客观过错说和综合说三种代表学说。

主观过错说认为,过错是一种应受到非难的心理状态,与行为人的外部行为有着严格的区别。客观过错说认为,过错并非加害人的主观心理态度具有应受非难性,而在于加害行为具有非难性,如果行为人的行为不符合某种标准,则该

---

① 张新宝:《侵权责任法》(第二版),中国人民大学出版社2010年版,第34—35页。

行为人有过错,因此,过错与违法加害行为属于一个构成要件。综合说则认为,对过错概念应当充分吸收主观过错说和客观过错说的合理内涵,兼收并蓄,主张过错是一个主观和客观要素相结合的概念,是指在故意和过失的状态支配下行为人从事了在法律和道德上应受非难的行为。对过失的判断应当采取客观过错标准,而对故意的判断仍应坚持主观标准。①

(二) 过错的特征

1. 过错本质上是一种主观状态,是主观上的一种可归责的心理状态。这种心理状态表现为故意和过失。行为人不同的心理状态,使其过错程度以及受谴责的程度有所区别。

2. 过错通常通过加害行为表现出来。过错是违法加害行为的心理基础,违法加害行为是过错的外在表现。只有通过违法加害人的行为才能了解和判断违法加害人的过错。

二、过错作为一般侵权行为构成要件的意义

侵权行为法之所以关注行为人的主观态度,是由侵权行为法律制度所设定的价值趋向决定的。

1. 与道德要求相吻合。从道德观念角度看,民事主体就自己由于过错而实施的行为负损害赔偿责任,符合正义的要求。否则,如果行为不是出于过错而为,行为人已经尽了注意义务,该行为人在道德上即无可非难,使其承担责任没有道德正当性基础。

2. 保护个人自由和社会安全的需要。从保护个人自由和社会安全两种价值的角度考虑,将过错作为追究侵权责任的构成要件,可以促使人人尽注意义务,从而避免一般损害的发生,社会安全也就能够得以维护。

将加害人主观上有过错作为一般侵权行为构成要件之一表明,一方面,法律上要求民事主体必须谨慎行事,有过错就应当承担民事责任;另一方面,法律对于已经尽到了必要注意义务的行为人的行为,则采取宽容态度,行为人不必承担民事责任。

三、过错的形式

过错分为故意和过失两种形式。

(一) 故意

故意是指加害人预见到了自己行为的损害后果,仍然希望或者放任损害结果的发生。其中,加害人希望损害后果发生的心理状态是直接故意;加害人有意

---

① 王利明:《侵权责任法研究》(上),中国人民大学出版社 2004 年版,第 470—472 页。

放任损害后果发生的心理状态是间接故意。在民法中,只要确定加害人的行为是出于故意,就可以解决加害人承担民事责任的问题。因此,一般没有必要区分直接故意和间接故意。

(二) 过失

过失是指加害人违反了其应尽的对他人的注意义务的心理状态。换句话说,过失是指加害人对自己的行为所造成的损害后果应当预见而没有预见,或者虽已预见却轻信能够避免的心理状态。在刑法中,过失被区分为疏忽大意的过失和过于自信的过失。在民法中,一般并不作此区分,因为这种划分对于侵权民事责任的确定没有多大意义。民法上一般根据行为人注意义务的大小,将过失分为重大过失、一般过失与轻微过失。重大过失是指行为人计算疏忽或者极端轻信的心理状况;一般过失是指一般人在通常情况下的过失;轻微过失是指较小的过失。有的侵权责任可能要求特定程度的过失,而且过失程度对于损害赔偿的范围可能产生影响。在我国民法上,一般将故意和重大过失相提并论。如《侵权责任法》第78条规定,饲养的动物造成他人损害的,动物饲养人或者管理人应当承担侵权责任,但能够证明损害是因被侵权人故意或者重大过失造成的,可以不承担或者减轻责任。

四、过错的判断标准

过错的判断标准,是指运用何种标准和方法来判定加害人是否有过错。对此,有主观标准说和客观标准说两种观点。主观标准说主要是通过分析加害人的主观心理状态来判断加害人有无过错。具体判断步骤是:首先,确定加害人对其行为的结果或者发生损害的后果有无预见或者认识。其次,如果没有预见或者没有认识,则分析其是否应当预见或者认识,如果应当预见或者认识而没有预见或者认识,则构成疏忽大意的过失。如果不能要求其预见或者认识,则无过失。如果加害人已经预见损害的发生,则应当进一步分析其对损害后果发生的态度,是希望损害发生,还是放任或者轻信能够避免。主观标准说依据具体加害人的实际情况而定标准,成本非常高,而且赋予法院过大的自由裁量权,不符合现代裁判观念。

客观标准说是以一个合理的、谨慎的人即理性人(reasonable person)的行为作为衡量加害人是否有过错的标准。如果一个合理人或者谨慎人置身于加害人的客观环境不会像加害人那样地作为或者不作为,那么加害人就有过错;反之,如果加害人像合理人、谨慎人那样作为或者不作为,即使不能避免损害后果的发生,加害人也没有过错。在确定合理人、谨慎人的行为标准时,往往要考虑加害人的注意义务。注意义务的判定应综合考虑加害人的生理状况、智力程度、技术水平、生活习惯等多方面的因素。"理性人概念的出现,意味着法律对注意义务的认定、对过失的认定采客观化标准。"但是我们也非常清晰地理解理性人标准的缺点,"其忽略了人们个体之间的差异,可能使得某些人事实上要承担结果责任,而某些人可能会不承担责任"。① 为了防止上述不公平现象的出现,理性人标准可以更加具体化,以实现实质公平。当然,在实践中,行政法或其他与标准有关的法律或规范是认定行为人是否有过失的重要标准。如我国《道路交通安全法》即根据是否违反交通规则来认定是否存在过错。但上述标准有的并不具有终局性意义。

---

① 魏振瀛主编:《民法》(第四版),北京大学出版社、高等教育出版社2010年版,第660页。

第二十二章 数人侵权

第一节 数人侵权行为概述

一、数人侵权行为的概念

数人侵权行为,是指两个以上的人实施的侵权行为。数人侵权行为与单独侵权行为相对,数人侵权行为由于两个以上人的存在而复杂化。现代侵权法律制度的发展在很大程度上是不断应对数人侵权的现实。

在类型上,数人侵权行为可分为承担连带责任的数人侵权行为与承担按份责任的数人侵权行为。《侵权责任法》第 8 条规定,二人以上共同实施侵权行为,造成他人损害的,应当承担连带责任。《民法通则》第 130 条规定,二人以上共同侵权造成他人损害的,应当承担连带责任。上述两个条文规定的是承担连带责任的数人侵权行为。《侵权责任法》第 12 条规定,二人以上分别实施侵权行为造成同一损害,能够确定责任大小的,各自承担相应的责任;难以确定责任大小的,平均承担赔偿责任。该条规定的是承担按份责任的数人侵权行为。

二、数人侵权行为的类型

《人身损害赔偿解释》第一次建构了我国数人侵权行为的类型,《侵权责任法》对该体系进行了更合乎学理和科学的修改。根据《侵权责任法》,数人侵权行为包括共同加害行为、共同危险行为及教唆、帮助侵权行为等。

第二节 共同加害行为

一、共同加害行为的概念和特征

共同加害行为,也称为"狭义的共同侵权行为",是指两个或两个以上的行为人基于共同的过错而侵犯他人合法权益从而造成损害的行为。《侵权责任法》第 8 条规定,二人以上共同实施侵权行为,造成他人损害的,应当承担连带责任。这是我国对共同加害行为的规定。

需要注意的是,《侵权责任法》第 8 条的规定与最高人民法院《人身损害赔偿解释》第 3 条的规定有很大不同。《人身损害赔偿解释》第 3 条第 1 款规定,二人以上共同故意或者共同过失致人损害,或者虽无共同故意、共同过失,但其侵害行为直接结合发生同一损害后果的,构成共同侵权,应当依照《民法通则》第 130 条规定承担连带责任。该解释认为,数个行为人主观上具有共同过错的构成共同侵权,而不具有共同过错的也构成共同侵权,采取的是共同侵权的客观说。而《侵权责任法》第 8 条的规定与《人身损害赔偿解释》第 3 条的立场明显不同,前者采取的是主观说。①

二、共同加害行为的构成要件

共同加害行为首先是侵权行为,其构成应当符合某一特定侵权行为的要件,一般而言需要有加害行为、损害、因果关系和过错这四个要件。共同侵权行为的构成具有如下特点:

1. 主体的复数性。主体的复数性,是指加害人为二人或者二人以上的多数人。这些多数人可以是自然人,可以是法人,也可以是自然人和法人以及其他社会组织。在较为简单的共同侵权行为中,共同侵权人都是实行行为人,一同实施致害他人合法权益的行为。

2. 共同过错。学术界对于共同加害行为主观要件的问题上,有不同的认识,主要分为主观说和客观说。前者认为,共同侵权人在主观上必须具有共同的主观过错才能构成共同侵权并使其承担连带责任,这一学说又分两种观点,一种观点称为"意思联络说",即共同加害人之间必须具有意思联络,即共同故意或者同谋;另外一种观点称为"关联共同说",即共同侵权只需要两者具有共同过错即可,共同故意以及共同过失均包括在内。后者认为,只要共同侵权行为与引起的结果之间具有关联性即可构成共同侵权,但损害不能分割。《侵权责任法》第 8 条明确确认了主观说,最高人民法院《人身损害赔偿司法解释》第 3 条所采取的客观说立场已经受到摒弃。因此,从 2010 年 7 月 1 日起,在共同侵权的认定上,《人身损害赔偿司法解释》第 3 条即不能适用。

3. 行为的共同性。共同加害行为语境下,数人的行为相互联系,构成了统一的致人损害的原因;而且任何一个共同加害人都对损害结果的发生发挥了作用,尽管个人的行为对损害结果所起的作用可能是不同的。②至于他们内部之间具有何种简单或者复杂的关系,在所不问。

三、共同加害行为人的责任承担

(一)共同加害行为人的责任承担

《侵权责任法》第 8 条明确规定了共同侵权人的连带责任。此种连带责任是

---

① 王利明:《侵权责任法研究》(上卷),中国人民大学出版社 2010 年版,第 516—517 页。
② 同上书,第 511—512 页。

法定责任而非约定责任。法律使共同侵权行为人承担连带责任具有正当性，一是共同侵权行人的共同过错使连带责任具有伦理基础，二是连带责任的承担更有利于保护受害人，三是连带责任的承担在行为人内部也是公平的。

（二）共同加害行为人的责任免除

责任免除，是指受害人通过明示的方式免除全体或部分共同侵权行为人的责任。至于受害人是否有该项权利，学界也有不同的观点。有人认为，受害人无权免除部分共同侵权行为人的责任，因为连带责任并非按份责任，每个责任人都有可能承担全部赔偿义务，所以不能免除其中部分人的责任而让其他责任人承担全部或剩余责任。[①] 但现在这种观点基本上已经被抛弃，主流观点认为，受害人可以免除共同侵权行为人的部分责任。[②] 该观点的基本根据有两点，第一是受害人的权利自然可以放弃，其免除他人责任的自由应当予以尊重，法律并无充分的正当性支持剥夺受害人的免除权；第二是免除部分共同侵权行为人责任时也不能给其他的共同侵权人造成负担，基本规则是免除部分共同侵权人的责任不能导致其他共同侵权人责任的增加。

（三）共同加害人之间的追偿

在一个或者数个加害人清偿了全部赔偿债务后，在共同加害人之间还发生追偿，即支付了赔偿金的加害人有权请求其他共同加害人支付一定的金额以补偿其承担全部赔偿责任而受到的损失。

我国《民法通则》第87条规定，"负有连带义务的每个债务人，都负有清偿全部债务的义务，履行了义务的人，有权要求其他负有连带义务的人偿付他应当承担的份额"。据此可认为，共同侵权行为人中的一人或者部分人承担了全部赔偿责任以后，有权向其他应负责任而未负责任的行为人追偿。因此，共同侵权人之间进行追偿，或者说他们之间赔偿责任的分配应当遵循以下原则：(1) 过错原则，即对数个共同加害人在实施共同侵权行为时的过错进行比较，过错较大的最终分担较大份额的赔偿金额，过错较小的最终分担较小份额的赔偿金额，过错不相上下难以比较大小的，原则上平均分担；(2) 原因力原则，即对数个共同加害人在实施共同侵权行为时各自所起的作用进行比较，所起作用较大的最终分担较大的赔偿额，所起作用较小的最终分担较少的赔偿额，如果每个加害人的作用不相上下，原则上平均分担；(3) 衡平考量原则，该原则也称为公平考量原则或者司法政策考量原则，是指在共同加害人之间最终分担赔偿份额时适当考虑各加害人的经济状况和其他相关因素。

[①] **魏振瀛**主编：《民法》，北京大学出版社、高等教育出版社2000年版，第707—708页。
[②] 王利明：《侵权责任法研究》（上卷），中国人民大学出版社2010年版，第543—544页。

第三节 共同危险行为

一、共同危险行为的概念

共同危险行为也称为准共同侵权行为,是指二人以上共同实施有侵害他人人身或者财产权益安全的危险的行为并造成损害后果,不能确定实际侵害行为人的情况。

二、共同危险行为的构成要件

1. 主体必须是二人以上。如果危险行为的实施者只有一人,则属于单独侵权行为。另外,危险行为人是确定的,实施共同危险行为人如果不确定,法律就不能使危险行为人承担连带责任;而且数人的行为必须具有共同危险性,即数人的行为都在客观上存在危及他人的可能性。需要注意的是,法律并不要求该共同危险行为具有非法性,即使合法的危险行为同样可能产生共同危险行为进而产生责任承担。

2. 数人实施的危险行为均可能造成损害后果。数人的行为都有可能引发损害,一是指数人所实施的行为对造成的损害后果而言都是一种可能性,各个危险行为人在实施危险行为时主观上都没有共同的指向,也并非基于意思联络;二是指如果某人实施的行为并无造成该损害结果的可能性,其即不为这里的共同危险行为人。[①]

3. 损害后果已经发生并且不能判定何人所造成。在共同危险行为中,损害结果已经发生,而且必然是其中的一人或数人所造成,但既有的证据无法确定具体的加害人。在共同危险行为中,并非每个人的行为都与实际损害结果的发生有因果关系,而只是实际致害人的行为与损害结果的发生有因果关系,只不过不能判明而已。对于谁为实际致害人,受害人无须证明之,其仅需证明数人的行为具有危险性即可。由于受时间、空间和其他条件的限制,法院难以确认谁是真正加害人。此时应由共同危险行为人举证免责,不能举证者,法律推定全部行为人应承担连带责任。

4. 行为人的过错。共同危险行为中加害人不明,那么基于对受害人的保护,法律推定所有行为人具有共同过错,而且推定行为与损害结果之间有因果关系。

---

① 王利明:《侵权责任法研究》(上卷),中国人民大学出版社 2004 年版,第 747 页。

三、共同危险行为的责任承担

对共同危险行为,比照共同侵权行为的规定对危险行为人施加连带责任是各国的通例。共同危险行为的责任承担中实际可分为两个层次进行,一个是外部关系,一个是内部关系,前者是指行为人对受害人的连带责任关系,后者是指共同危险行为人之间的责任分担关系。

（一）共同危险行为人对受害人的连带责任关系

根据《侵权责任法》第10条的规定,共同危险行为人对受害人应负的连带责任,是指受害人有权向共同危险行为人中的任何一人或数人请求赔偿全部损失,而任何一个共同危险行为人都有义务向受害人负全部的赔偿责任。连带责任是一种法定的责任,不因共同危险行为人内部的约定而改变。连带责任有利于保护受害人的利益,不仅使受害人的损害赔偿请求简便易行、举证负担较轻,而且使请求权的实现有了充分的法律上的保障。但从结果上看,连带责任无疑加重了行为人的责任。而加重行为人责任的依据何在？有学者以利益分析方法对此作出解释——虽然共同危险行为中数人负连带责任情形,"对实际上未为加害而未能为证明之人,难免过苛,但若不为赔偿,对被害人,则绝对不利,权衡轻重,法律仍不能不令数人负连带侵权责任"[①]。事实上,这种解释是功利性的。法律之所以要求共同危险行为人承担连带责任,原因是多元的,每个行为人都有过错,形成危险就承担危险所带来的损害,强化受害人保护,促进行为人更为谨慎地行为等都是连带责任的承担根据。[②]

按连带责任的要求,共同危险行为人既可以作为一个整体对受害人的损害承担全部责任,也可以由共同危险行为人中的一人或部分人承担全部责任,而一人或部分人承担了对全部损害的民事责任后,也就解除了全体共同危险行为人的责任。同时,按连带责任要求,受害人既可以对所有共同危险行为人请求承担损害后果的全部民事责任,也可以对一个或部分共同危险行为人请求承担损害后果的全部民事责任,但其请求权一经全部实现,受害人即不得再提出类似的请求。

（二）共同危险行为人之间的责任分担关系

在共同危险行为人承担连带责任后,法律应当允许在行为人之间分担损失。这里的分析以"平均分担"为妥。此种观点基于两点考虑:一是在制定法上,连带责任人承担连带责任后可以向其他责任人进行追偿;二是就具体的危险行为而言,平均分担是合理的科学的选择,因为共同行为人在实施共同危险行为时,过

---

① 王泽鉴:《民法学说与判例研究》(第一册),中国政法大学出版社1998年版,第60页。
② 王利明:《侵权责任法研究》(上卷),中国人民大学出版社2010年版,第564—565页。

错相当,致害几率相同,所以除法律另有规定或者契约另有约定外,在共同危险行为人的责任划分上,一般是平均分担的,各人以相等的份额对损害结果负责,在等额的基础上,实行连带责任。①

第四节 教唆、帮助侵权行为

一、教唆行为

（一）教唆行为的概念

教唆行为,即教唆侵权行为,是指利用语言等一定方式对他人进行开导、说服或者通过刺激、怂恿、利诱等其他办法使被教唆者接受教唆意图从而实施某种侵权行为。

（二）教唆行为与被教唆者的加害行为构成共同侵权的要件

1. 教唆者实施了教唆行为,而被教唆者按照教唆意图实施了加害行为,且两者具有因果关系。如果被教唆者没有按照教唆者的意图实施加害行为,则不构成共同侵权,而是构成单独侵权行为。

2. 教唆者与被教唆者有共同过错。教唆者始终为故意。如果被教唆者是故意,其当然构成共同侵权;如果被教唆者是过失,仍然可以构成共同侵权。当然,有学者认为,即使教唆者与被教唆者主观上都是过失,也可以构成共同侵权。②

3. 教唆者与被教唆者都是完全民事行为能力人。这是典型的教唆侵权行为的构成要件。

（三）教唆人责任的类型

1. 教唆完全民事行为能力人的,应当与行为人承担连带责任。《侵权责任法》第9条第1款规定,教唆、帮助他人实施侵权行为的,应当与行为人承担连带责任。

2. 教唆无民事行为能力、限制民事行为能力人的,教唆人单独承担责任。《侵权责任法》第9条第2款前段规定,教唆、帮助无民事行为能力人、限制民事行为能力人实施侵权行为的,应当承担侵权责任。在多数情况下,教唆人之所以教唆无民事行为能力人、限制民事行为能力人实施侵权行为,纯粹是把他们当做工具使用。

需要注意的是,在此种情况下,该无民事行为能力人、限制民事行为能力人的监护人未尽到监护责任的,应当承担相应的责任。这里所谓"相应的责任",是

---

① 参见王泽鉴:《民法学说与判例研究》(第三册),中国政法大学出版社1998年版,第312页。
② 魏振瀛主编:《民法》(第四版),高等教育出版社、北京大学出版社2010年版,第697页。

指监护人在承担相应责任的范围内,与教唆人共同向受害人承担责任。但教唆人是最终责任人,监护人在承担责任后可以向教唆人行使求偿权。①

二、帮助行为

(一) 帮助行为的概念

帮助行为,即帮助侵权行为,是指经由提供工具、指示目标或者以语言激励等方式在物质上或精神上帮助他人实施侵权行为的行为。

(二) 帮助行为与被帮助行为构成共同侵权的要件

1. 帮助人一般出于故意,其和实行人之间具有共同加害的意思联络,但在特殊情况下,即使没有意思联络,帮助人意识到被帮助人的行为并对加害行为起到辅助作用的,也可以构成共同侵权。

2. 帮助者实施了帮助行为。其既可以是物质帮助,也可以是精神帮助;既可以采取积极形式,也可以采取消极形式。

3. 帮助人的帮助行为与受害人遭受的损害之间有因果关系。只要帮助行为是导致损害产生或扩大的原因之一,即可以构成共同侵权。

(三) 帮助人责任的类型

1. 帮助完全民事行为能力人的,应当与行为人承担连带责任。《侵权责任法》第 9 条第 1 款规定,帮助他人实施侵权行为的,应当与行为人承担连带责任。

2. 帮助无民事行为能力、限制民事行为能力人的,帮助人单独承担责任。《侵权责任法》第 9 条第 2 款前段规定,帮助无民事行为能力人、限制民事行为能力人实施侵权行为的,应当承担侵权责任。

需要注意的是,在此种情况下,该无民事行为能力人、限制民事行为能力人的监护人未尽到监护责任的,应当承担相应的责任。这里所谓"相应的责任",是指监护人在承担相应责任的范围内,与帮助人共同向受害人承担责任。但监护人的责任主要是根据其过错程度来确定适当责任的。②

---

① 王利明:《侵权责任法研究》(上卷),中国人民大学出版社 2010 年版,第 537 页。
② 同上书,第 540 页。

第二十三章 各类侵权责任

各类侵权责任包括两种类型,一种是传统的特殊侵权责任,是指以无过错责任为基础的侵权责任;另一种是尽管在构成要件上没有特殊性,但是基于社会的发展而出现的侵权责任。本章前面介绍传统的特殊侵权责任,后面介绍《侵权责任法》规定的各类侵权责任。

第一节 国家机关及其工作人员的职务侵权责任

一、国家机关及其工作人员职务侵权行为的概念

国家机关及其工作人员职务侵权行为,是指国家机关或者其工作人员在执行职务过程中实施的致人损害,由国家承担赔偿责任的侵权行为。《民法通则》第121条明确规定:"国家机关或者国家机关工作人员在执行职务中,侵犯公民、法人的合法权益造成损害的,应当承担民事责任。"《国家赔偿法》第2条规定:"国家机关和国家机关工作人员行使职权,有本法规定的侵犯公民、法人和其他组织合法权益的情形,造成损害的,受害人有依照本法取得国家赔偿的权利。"

二、国家机关及其工作人员职务侵权行为的构成要件

1. 侵权主体为国家机关或者国家机关工作人员。国家机关,是指依法享有国家权力的权力机关、行政机关、审判机关、检察机关以及军事、警察机关等的总称。而国家机关工作人员,是指一切在国家机关中依法从事公务的人员,包括被委任、聘任或者选任的工作人员。临时受国家机关委托,以国家机关名义从事一定行为的人员,也属于此处的国家机关工作人员。

2. 侵权行为发生于执行职务过程中。执行职务,是指以国家机关的名义行使相关职权并由国家机关承担后果的行为。只有在执行职务过程中实施的侵权行为才是职务侵权行为,才具有使国家机关承担责任的正当性和依据。如果不是执行职务过程中,即使发生侵权行为,也不构成此类侵权行为。

需要特别注意的是,《国家赔偿法》第2条并没有规定职务侵权行为必须是非法行为,不要求"非法性"。准确的理解是,"修改后的《国家赔偿法》规定的国家机关及其工作人员侵权责任的构成要件而言,有的情形需要'违法性'这一要

件,而有的情形则不需要'违法性'这一要件"①。

3. 侵权行为造成受害人损害。这里的损害既包括财产权损害,也包括人身权损害。这里的损害具有特定的指向性,主要限于《国家赔偿法》第 3、4、17、18 条以及第 38 条规定的损害。事实上,人身自由权、身体权、健康权、生命权、财产权等侵害,营业权受侵害而遭受的经济损失,以及名誉权、荣誉权等人身权所遭受的侵害产生的损失,都包括在这里的损害范围内。

而且,《国家赔偿法》的进步在于总体上确认损害包括精神损害,尽管还不完美。该法第 35 条规定:"有本法第 3 条或者第 17 条规定情形之一,致人精神损害的,应当在侵权行为影响的范围内,为受害人消除影响,恢复名誉,赔礼道歉;造成严重后果的,应当支付相应的精神损害抚慰金。"

4. 侵权行为与损害之间有因果关系。因果关系是构成国家机关及其工作人员侵权责任的要件。与一般侵权行为相同的是,受害人的损害是由侵权行为人的侵权行为造成的。而不同的是,该类侵权行为的因果关系要求赔偿义务机关与侵权行为人之间的关系的存在,即由于直接行为人是赔偿义务机关的执行者,从而使赔偿义务机关与损害事实之间形成一种间接的因果关系。②

三、赔偿请求权人与赔偿义务机关

1. 赔偿请求权人。赔偿请求权人是法律规定的。根据《国家赔偿法》第 6 条、第 20 条的规定,受害的公民、法人和其他组织有权要求赔偿。受害的公民死亡,其继承人和其他有扶养关系的亲属有权要求赔偿。受害的法人或者其他组织终止的,其权利承受人有权要求赔偿。

2. 赔偿义务机关。赔偿义务机关也是法定的。赔偿义务机关因其是行政机关、司法机关而有差别。根据《国家赔偿法》第 7、8 条的规定,行政赔偿义务机关的确定规则如下:行政机关及其工作人员行使行政职权侵犯公民、法人和其他组织的合法权益造成损害的,该行政机关为赔偿义务机关。两个以上行政机关共同行使行政职权时侵犯公民、法人和其他组织的合法权益造成损害的,共同行使行政职权的行政机关为共同赔偿义务机关。法律、法规授权的组织在行使授予的行政权力时侵犯公民、法人和其他组织的合法权益造成损害的,被授权的组织为赔偿义务机关。受行政机关委托的组织或者个人在行使受委托的行政权力时侵犯公民、法人和其他组织的合法权益造成损害的,委托的行政机关为赔偿义务机关。赔偿义务机关被撤销的,继续行使其职权的行政机关为赔偿义务机关;没有继续行使其职权的行政机关的,撤销该赔偿义务机关的行政机关为赔偿义

---

① 崔建远、韩世远、于敏:《债法》,清华大学出版社 2010 年版,第 733 页。
② 同上书,第 734 页。

务机关。经复议机关复议的,最初造成侵权行为的行政机关为赔偿义务机关,但复议机关的复议决定加重损害的,复议机关对加重的部分履行赔偿义务。根据《国家赔偿法》第21条的规定,刑事赔偿义务机关的确定规则如下:行使侦查、检察、审判职权的机关以及看守所、监狱管理机关及其工作人员在行使职权时侵犯公民、法人和其他组织的合法权益造成损害的,该机关为赔偿义务机关。对公民采取拘留措施,依照本法的规定应当给予国家赔偿的,作出拘留决定的机关为赔偿义务机关。对公民采取逮捕措施后决定撤销案件、不起诉或者判决宣告无罪的,作出逮捕决定的机关为赔偿义务机关。再审改判无罪的,作出原生效判决的人民法院为赔偿义务机关。二审改判无罪,以及二审发回重审后作无罪处理的,作出一审有罪判决的人民法院为赔偿义务机关。

四、国家机关及其工作人员职务侵权责任的免责事由

根据《国家赔偿法》的规定,因赔偿责任是行政赔偿或刑事赔偿而有不同的免责事由。《国家赔偿法》第5条规定了行政赔偿责任的三种免责事由:(1)行政机关工作人员与行使职权无关的个人行为;(2)因公民、法人和其他组织自己的行为致使损害发生的;(3)法律规定的其他情形。《国家赔偿法》第19条规定了刑事赔偿责任的六种免责事由:(1)因公民自己故意作虚伪供述,或者伪造其他有罪证据被羁押或者被判处刑罚的;(2)依照《刑法》第17条、第18条规定不负刑事责任的人被羁押的;(3)依照《刑事诉讼法》第15条、第142条第2款规定不追究刑事责任的人被羁押的;(4)行使侦查、检察、审判职权的机关以及看守所、监狱管理机关的工作人员与行使职权无关的个人行为;(5)因公民自伤、自残等故意行为致使损害发生的;(6)法律规定的其他情形。

第二节 产品责任

一、产品责任的概念

产品责任,是指因产品缺陷造成他人人身、财产损害,产品的制造者、销售者对受害人承担的民事责任。

《民法通则》第122条规定:"因产品质量不合格造成他人财产、人身损害的,产品制造者、销售者应当依法承担民事责任。运输者、仓储者对此负有责任的,产品制造者、销售者有权要求赔偿损失。"《产品质量法》对产品责任进行了较为详细的规定。《侵权责任法》更是专章对其进行规定,使产品责任更加有法可依。

二、产品责任的构成要件

产品缺陷致人损害的侵权行为应当同时具备产品有缺陷、有损害事实以及产品缺陷与损害事实之间具有因果关系这三个要件。

1. 产品有缺陷。根据《产品质量法》第2条、第46条的规定,产品缺陷是指经过加工、制作,用于销售的产品存在危及他人人身、财产安全的不合理危险。《产品质量法》第2条第2款规定:"本法所称产品是指经过加工、制作,用于销售的产品。"因此,未经过加工的自然物不是产品,未用于销售和进入流通领域的加工物,也不是产品。而且,建设工程不受产品质量法调整。产品缺陷的判断标准分为一般标准和法定标准。一般标准是消费者可得期待的安全性。法定标准是指国家和行业对某种产品制定的保障人体健康、人身和财产安全的专门标准。有法定标准的,应当首先适用法定标准,无法定标准的适用一般标准。

2. 损害事实。产品缺陷致人损害的事实包括人身伤害、财产损失和精神损害。人身伤害包括致人死亡、致人伤残。财产损失是指缺陷产品以外的其他财产损失,包括直接损失和间接损失。精神痛苦是指因产品缺陷致人损害造成受害人的精神痛苦和感情创伤。

3. 产品缺陷与损害事实之间有因果关系。产品缺陷与受害人的损害事实之间存在着引起与被引起的关系,产品缺陷是原因,损害事实是结果。

确认产品责任的因果关系,一般适用由受害人负责举证的规则。首先,受害人应当证明缺陷产品被使用或者消费;其次,受害人应当证明在合理使用或者消费该产品时导致了损害的发生。

三、产品责任的赔偿义务人

《侵权责任法》第43条规定:"因产品存在缺陷造成损害的,被侵权人可以向产品的生产者请求赔偿,也可以向产品的销售者请求赔偿。产品缺陷由生产者造成的,销售者赔偿后,有权向生产者追偿。因销售者的过错使产品存在缺陷的,生产者赔偿后,有权向销售者追偿。"第44条规定:"因运输者、仓储者等第三人的过错使产品存在缺陷,造成他人损害的,产品的生产者、销售者赔偿后,有权向第三人追偿。"《产品质量法》第4条规定:"生产者、销售者依照本法规定承担产品质量责任。"

因此,产品责任的赔偿义务人为产品生产者和销售者。受害人可以选择生产者也可以选择销售者请求赔偿,承担了赔偿责任的生产者或销售者没有过错的,可以向另一方追偿。因运输者、仓储者等第三人的过错使产品存在缺陷造成损害的,生产者或销售者可以向该第三人追偿。

四、产品责任的免责事由

根据《产品质量法》第 41 条第 2 款的规定,产品缺陷致人损害的侵权行为的免责条件包括三种情况:一是制造者未将产品投入流通;二是产品投入流通时引起损害的缺陷尚不存在;三是将该产品投入流通时的科学技术水平尚不能发现缺陷的存在。

五、产品责任的形式

我国《侵权责任法》对产品责任的形式进行了较为明确的规定,比《产品质量法》的相关规定更为细致和具体。

1. 损害赔偿

《侵权责任法》第 43 条规定了产品责任下的损害赔偿。损害赔偿的具体计算方法可以适用《产品质量法》以及《侵权责任法》的相关规定。

2. 排除妨碍、消除危险

《侵权责任法》第 45 条规定,因产品缺陷危及他人人身、财产安全的,被侵权人有权请求生产者、销售者承担排除妨碍、消除危险等侵权责任。

3. 警示、召回

《侵权责任法》第 46 条规定,产品投入流通后发现存在缺陷的,生产者、销售者应当及时采取警示、召回等补救措施。未及时采取补救措施或者补救措施不力造成损害的,应当承担侵权责任。

4. 惩罚性赔偿

《侵权责任法》第 47 条规定,明知产品存在缺陷仍然生产、销售,造成他人死亡或者健康严重损害的,被侵权人有权请求相应的惩罚性赔偿。需要注意的是,惩罚性赔偿的适用非常严格,其必须符合三项构成要件:明知产品存在缺陷,仍然生产、销售,造成他人生命健康损害。[1]

第三节 高度危险责任

一、高度危险责任的概念及根据

高度危险责任是因行为人从事高度危险作业侵犯他人权益而承担的责任。高度危险作业,是指从事高空、高压、易燃、易爆、剧毒、放射性、高速运输工具等对周围的人身或财产安全等具有高度危险的作业。《民法通则》第 123 条规定:

---

[1] 杨立新:《侵权责任法》,高等教育出版社 2010 年版,第 231 页。

"从事高空、高压、易燃、易爆、剧毒、放射性、高速运输工具等对周围环境有高度危险的作业造成他人损害的,应当承担民事责任;如果能够证明损害是由受害人故意造成的,不承担民事责任。"《侵权责任法》第69条明确规定:"从事高度危险作业造成他人损害的,应当承担侵权责任。"《侵权责任法》第69条的规定比《民法通则》第123条的规定更为概括。

社会的发展、技术的进步创造了很多农业社会并不存在的活动,这些活动的确给社会和他人造成了超越通常危险的危险。这些高度危险活动自身为社会发展所必需,同时又不能损害可能受到危险人的权利救济,因此法律对高度危险责任规定了无过错责任,目的就是要协调高度危险业的合理存在与受害人权利救济和预防的统一。

二、高度危险责任的构成要件

高度危险责任必须同时具备三个要件:高度危险作业活动、损害后果或者高度危险的存在以及因果关系。

1. 高度危险作业活动。无论是《民法通则》还是《侵权责任法》都没有对高度危险作业活动进行准确界定,但两者都具体列举了比较典型的高度危险活动,如前者规定了从事高空、高压、易燃、易爆、剧毒、放射性、高速运输工具等有高度危险的作业,后者更为具体地列举了民用核设施和民用航空器的经营、地下挖掘以及使用高速轨道运输工具等高度危险行为。上述列举不是周延性和排他性的,因为随着社会发展和技术进步可能还存在新型的高度危险活动。《侵权责任法》对高度危险责任的规定,采取了概括规定加特殊列举的方式,值得赞同。

2. 损害后果或者高度危险的存在。高度危险作业致人损害的后果,既包括人身损害也包括财产损害。但是高度危险责任并不以损害后果的发生为必要条件。为了实现权利损害的预防,法律还规定了,有严重危险存在也是该类特殊侵权行为人应当承担民事责任的理由。最高人民法院《民通意见》第154条规定:"从事高度危险作业,没有按有关规定采取必要的安全防护措施,严重威胁他人人身、财产安全的,人民法院应当根据他人的要求,责令作业人消除危险。"因此高度危险责任并非是结果责任。

3. 高度危险作业与损害后果或者严重危险之间具有因果关系。这种因果关系原则上由受害人负责举证。如果在某些科技领域,受害人只能证明高度危险作业和损害后果或者严重危险之间存在表面上的因果关系,甚至只能证明高度危险作业是损害后果的可能原因,则可以依据这些事实推定因果关系存在,除非高度危险作业人能够证明两者之间没有因果关系。

三、高度危险责任的赔偿义务人

根据《侵权责任法》第 69 条、《民法通则》第 123 条的规定,从事高度危险作业的人为赔偿义务人。但是基于雇佣关系、代表关系等关系的存在,从事高度危险作业的人与高度危险作业现场操作人员不同,其通常是指占有高度危险源或者实际控制危险作业活动并获取利益的人或主体。不同具体类型的高度危险作业,赔偿义务人的判断并不相同。

高度危险作业致人损害的侵权行为适用无过错责任原则,不要求作业人主观上有过错。即使损害的发生是由于受害人的过失引起的,也不能免除作业人的赔偿责任。作业人只有证明了损害后果的发生是由于受害人的故意或者不可抗力的原因引起的,才能够免责。

民用核设施发生核事故、民用航空器造成他人损害的,民用核设施或民用航空器的经营者是赔偿义务人。从事高空、高压、地下挖掘活动或者使用高速轨道运输工具造成他人损害的,经营者是赔偿义务人。

占有或者使用易燃、易爆、剧毒、放射性等高度危险物造成他人损害的,占有人或者使用人为赔偿义务人。但是遗失、抛弃高度危险物造成他人损害的,由所有人承担侵权责任。所有人将高度危险物交由他人管理的,由管理人承担侵权责任;所有人有过错的,与管理人承担连带责任。

非法占有高度危险物造成他人损害的,由非法占有人承担侵权责任。所有人、管理人不能证明对防止他人非法占有尽到高度注意义务的,与非法占有人承担连带责任。

四、高度危险责任的免责事由

不同类型的高度危险责任的免责事由也不同。在民用核设施发生核事故造成他人损害的情况下,损害是因战争等情形或者受害人故意是免责事由;在民用航空器造成他人损害的情况下,受害人故意是免责事由。

在占有或者使用易燃、易爆、剧毒、放射性等高度危险物造成他人损害的情况下,如果损害是由受害人的故意或者不可抗力造成的,占有人或使用人不承担责任。被侵权人对损害的发生有重大过失的,可以减轻占有人或者使用人的责任。在从事高空、高压、地下挖掘活动或者使用高速轨道运输工具造成他人损害的情况下,如果损害是因受害人故意或者不可抗力造成的,经营者不承担责任。被侵权人对损害的发生有过失的,可以减轻经营者的责任。

第四节 环境污染责任

一、环境污染致人损害的侵权行为的概念

环境污染致人损害的侵权行为,是指因环境污染造成他人人身或财产损害而应承担的民事责任的行为。环境污染,是指因人为原因致使环境发生物理、生物等特性上的不良变化进而对人类财产或自身产生损害的现象。《民法通则》第124条规定:"违反国家保护环境防止污染的规定,污染环境造成他人损害的,应当依法承担民事责任。"《侵权责任法》第65条规定:"因污染环境造成损害的,污染者应当承担侵权责任。"

二、环境污染责任的构成要件

（一）环境污染的行为

环境污染的范围非常广泛,包括生产建设或者其他生活活动中所产生的废水、废气、废渣、粉尘、放射性物质以及噪声、震动、电磁波辐射等对环境产生的破坏。根据《环境保护法》第42条的规定,产生环境污染和其他公害的单位有采取有效措施防治污染的义务。

污染环境的行为是否必须具有非法性呢？传统的观点持赞同意见,而现在的观点则并不如此坚持传统观点,"污染环境的行为,包括违反了国家环境保护法规的具体排放标准,造成他人损害的情况,也包括虽然没有直接违反法律规定的具体标准,但仍然给他人造成损害的情况"[①]。因为,即使污染的排放每次都不会超标,但是长期的积累依然可能给他人的财产或人身造成伤害。另外,环境污染责任的目的是要保护个人合法权利,而污染物的排放侧重于行政管理的需要,两者的目标并不完全一致。合法排放不能作为环境污染责任的抗辩事由。

（二）环境污染的损害

环境污染的损害,是指因环境污染而使他人财产、人身利益受到损害的事实,既包括人身损害也包括财产损害。人身损害是环境污染最常见的损害事实,水源、河流、空气的污染均可以造成大范围的人身伤害。这种损害事实具有潜在性、隐蔽性的特点,即受害人在开始受到伤害时往往并没有明显表现,随着时间的推移,损害才逐渐显露,如人体及其器官的减退、早衰。这种潜在的危害也应当是人身损害事实。常见的财产损害主要发生于工业、农业、渔业生产场合,从损害类型上看包括直接损失和间接损失。

---

① 崔建远、韩世远、于敏:《债法》,清华大学出版社2010年版,第768页。

(三) 环境污染行为与环境污染损害之间有因果关系

因果关系是法学界的难题,而环境污染中的因果关系确定更是难上加难。因果关系不仅仅是一种简单的科学判断,也是一种复杂的价值判断。污染者与受害人之间往往在技术资源、经济实力等方面不对称,此时法律应当更加倾向于保护受害人的利益,因此传统的"谁主张、谁举证"的规则就不能完全适用。《侵权责任法》第 66 条规定:"因污染环境发生纠纷,污染者应当就法律规定的不承担责任或者减轻责任的情形及其行为与损害之间不存在因果关系承担举证责任。"如此,因果关系的证明采取了倒置方式,法律使加害人举证证明因果关系不存在。如果不能证明因果关系不存在,法律则推定因果关系存在。

三、环境污染损害责任的承担及诉讼时效

(一) 数个污染者时责任的承担

实践中,同样的损害可能是由不同的污染者的污染导致的,此时如何确定污染者责任的承担对受害人的利益保护就非常重要。而且法律规则的设计也必须有效考虑到污染者民事责任的合理分担,不能使不同程度的污染者一体对待。《侵权责任法》第 67 条规定:"两个以上污染者污染环境,污染者承担责任的大小,根据污染物的种类、排放量等因素确定。"

(二) 第三人有过错时责任的承担

《侵权责任法》第 68 条规定:"因第三人的过错污染环境造成损害的,被侵权人可以向污染者请求赔偿,也可以向第三人请求赔偿。污染者赔偿后,有权向第三人追偿。"

(三) 诉讼时效

《环境保护法》第 66 条规定:"提起环境损害赔偿诉讼的时效期间为 3 年,从当事人知道或者应当知道其受到损害时起计算。"

第五节　地面施工致害责任

一、地面施工致害责任的概念

地面施工致人损害责任,是由法律条文明确规定的。《民法通则》第 125 条规定:"在公共场所、道旁或者通道上挖坑、修缮安装地下设施等,没有设置明显标志和采取安全措施造成他人损害的,施工人应当承担民事责任。"《侵权责任法》第 91 条第 1 款规定:"在公共场所或者道路上挖坑、修缮安装地下设施等,没有设置明显标志和采取安全措施造成他人损害的,施工人应当承担侵权责任。"

地面施工致人损害的侵权行为是日常生活中常见的特殊侵权行为。在公共

场所、道路上进行施工,可能会给他人的安全带来威胁,使损害发生。此时法律应当赋予施工人较高的注意义务,预先采取必要的措施,防止损害的发生。如果没有尽到法律规定的注意义务采取必要措施并因此造成受害人损害的,应当承担民事责任。

二、地面施工致害责任的构成要件

根据《民法通则》和《侵权责任法》的规定,地面施工致害责任的构成要件包括:

1. 地面施工行为。地面施工行为主要包括在公共场所或者道路进行挖掘、修缮安装地下设施等施工。

2. 施工者没有设置明显标志和采取安全措施。在公共场所、道旁或者通道上进行施工具有相当的危险性,容易产生损害因此法律要求施工人设置明显标志和采取安全措施。施工人必须同时履行这两项作为义务,只履行了其中的一项,其行为仍具有违法性。

3. 有损害事实。这种损害事实中的受害人应当是地面施工人、工作物的所有人、管理人或者使用人以外的其他人,损害结果同样体现为人身伤害或者财产损失,主要是人身伤害。

4. 损害事实与违法施工行为之间具有因果关系。损害后果的发生是地面施工行为和工作物所致,与施工人的不作为违法行为之间具有因果关系。

5. 施工人及工作物的所有人、管理人或者使用人有过失。与其他特殊侵权行为不同,地面施工致人损害的侵权行为要求责任人必须有过失,这种过失存在于责任人不履行法定的作为义务之中,是从责任人不作为的违法行为和损害后果之间的因果关系中推定出来的。如果施工人怠于依法履行设置明显标志和采取安全措施这两种特定的作为义务,就是有过失,因此造成损害的,应当承担民事责任。

地面施工致人损害侵权行为的免责事由除了受害人的故意、不可抗力等一般的免责条件之外,施工人及其工作物的所有人、管理人和使用人已经尽了法定注意义务的,可以免责。在双方均无过错的情况下,可以适用《民法通则》第132条的规定,由双方公平地分担损失。

第六节 物件致人损害责任

一、物件致人损害责任的概念和特征

物件致人损害责任,是指物件的所有人、管理人或者其他主体对其所管理的物件致人损害所承担的责任。物件致人损害责任是基于建筑物等工作物的风险

高出一般动产而低于危险物质,因此存在特别规范的需要。①《侵权责任法》第十一章专门对此作出规定。而物件致人损害责任在《民法通则》以及相关司法解释中只有少量的规定。如《民法通则》第 126 条规定:"建筑物或者其他设施以及建筑物上的搁置物、悬挂物发生倒塌、脱落、坠落造成他人损害的,它的所有人或者管理人应当承担民事责任,但能够证明自己没有过错的除外。"最高人民法院《民通意见》第 155 条规定:"因堆放物品倒塌造成他人损害的,如果当事人均无过错,应当根据公平原则酌情处理。"

物件致人损害责任有如下特征:第一,物件致人损害的基础是物导致的损害而非人的行为。建筑物的日益复杂化、巨大化、科技化、高层化以及地下化,对人身安全和财产安全造成了现实危险,所有人、管理人等应当加强物件管理和维修,它们对因物件发生的损害应当承担责任,如果是所有人、管理人的行为产生的损害,适用一般侵权责任的构成要件即可。第二,物件致人损害责任原则上适用过错推定原则,由物件所有人或管理人证明自己没有过错。但在法律有特殊规定时适用法律的特殊规定。第三,物件致人损害责任是一种"集合",涵盖了与物件损害有关的各种不同情况,事实上,物件致人损害责任并无统一适用的构成要件和法律效果。

二、物件致人损害责任的类型及其责任承担

(一)建筑物等脱落、坠落致害责任

《侵权责任法》第 85 条规定,建筑物、构筑物或者其他设施及其搁置物、悬挂物发生脱落、坠落造成他人损害,所有人、管理人或者使用人不能证明自己没有过错的,应当承担侵权责任。所有人、管理人或者使用人赔偿后,有其他责任人的,有权向其他责任人追偿。

需要特别注意的是,《侵权责任法》对建筑物等脱落、坠落致害责任采过错推定归责原则,因为:第一,建筑物、构筑物或者其他设施及其搁置物、悬挂物脱落、坠地等致人损害,所有人、管理人或者使用人通常存在过失,即其没有尽到适当的注意义务,未能对建筑物进行合理的安全管理;第二,受害人基本不能证明所有人、管理人或使用人存在主观上的过错。

在此种情况下,管理人与所有人是并列的责任主体。有学者认为,此处的"管理人"应当作限制性解释,应限于依照法律、法规或者行政命令对国有建筑物进行经营管理的人。②

如果建筑物等脱落、坠落致害是由其他人的行为造成的,所有人、管理人或

---

① 张新宝:《侵权责任法》(第二版),中国人民大学出版社 2010 年版,第 332 页。
② 同上书,第 340 页。

者使用人并不能免责,但可以在承担责任后基于《侵权责任法》第 85 条第 2 句的规定向直接行为人追偿。此时所有人、管理人或者使用人并非是最终的责任承担者。

(二)建筑物等倒塌致害责任

《侵权责任法》第 86 条规定,建筑物、构筑物或者其他设施倒塌造成他人损害的,由建设单位与施工单位承担连带责任。建设单位、施工单位赔偿后,有其他责任人的,有权向其他责任人追偿。需要注意的是,法律在此种情况下采取的是无过错责任原则。建设单位、施工单位不能以其无过错为由不承担责任。但《侵权责任法》第 86 条第 2 款同时规定,因其他责任人的原因,建筑物、构筑物或者其他设施倒塌造成他人损害的,由其他责任人承担侵权责任。

本条的规定主要是为了回应于生活中大量发生的建筑物等质量不合格而致人损害的产生,强化建设单位和施工单位的责任。"汶川地震"中的部分人身伤亡损失并非是由天灾而是由人祸引起,如建筑设计、建筑施工不合格导致。

(三)高空抛物责任

《侵权责任法》第 87 条规定,从建筑物中抛掷物品或者从建筑物上坠落的物品造成他人损害,难以确定具体侵权人的,除能够证明自己不是侵权人的外,由可能加害的建筑物使用人给予补偿。

这是《侵权责任法》立法过程中争议最激烈的法律条款。否定说认为,一人行为导致的损害要由很多无辜的仅仅是居住在同一区域内的住户承担责任,如此规定的高空抛物责任不符合侵权责任法的规则理念;肯定说认为,此种责任有利于互相监督从而有利于发现真正的高空抛物者,从根本上减少或杜绝抛物者。[①] 本书也赞同肯定说。该条的法律适用要注意:

第一,只有在具体侵权人难以确定时才能适用。如果能够确定具体的侵权人,受害人自然只能要求该侵权人承担侵权责任。

第二,法律使用"补偿"一语意味着,高空抛物并非是严格意义上的侵权责任。

第三,补偿者为"可能加害的建筑物使用人",并非全部的所有人或管理人,"可能加害的建筑物使用人"由法官依据生活常识判断。

第四,"可能加害的建筑物使用人"可以通过证明自己不可能加害而使自己免于承担侵权责任,也无需作出任何补偿。

(四)堆放物倒塌致害责任

《侵权责任法》第 88 条规定,堆放物倒塌造成他人损害,堆放人不能证明自己没有过错的,应当承担侵权责任。

---

① 魏振瀛主编:《民法》(第四版),北京大学出版社、高等教育出版社 2010 年版,第 715 页。

法律对堆放物倒塌致害责任采过错推定原则。特别要注意的是，堆放物倒塌致害责任的责任主体是堆放人，这一规定与《民通意见》以及《人身损害赔偿解释》均不同，《民通意见》第155条规定，因堆放物品倒塌造成他人损害的，如果当事人均无过错，应当根据公平原则酌情处理。根据《人身损害赔偿解释》第16条的解释，堆放物品滚落、滑落或者堆放物倒塌致人损害的，由所有人或者管理人承担赔偿责任，但能够证明自己没有过错的除外。

（五）公共道路上堆放、倾倒、遗撒物品致人损害责任

《侵权责任法》第89条规定，在公共道路上堆放、倾倒、遗撒妨碍通行的物品造成他人损害的，有关单位或者个人应当承担侵权责任。

在该条的法律适用中需要注意：第一，公共道路上堆放、倾倒、遗撒物品致人损害责任，法律采无过错责任原则，堆放人、倾倒人、遗撒人是否有错过并不影响责任构成；第二，有关单位或者个人的确定有两个层次，一是责任人通常为堆放人、倾倒人、遗撒人等具体实施侵权行为的人，二是对公共道路负有管理、维护义务的单位或者个人如果没有及时清理妨碍通行物致人损害的，也应当承担责任。[①]

（六）林木折断致害责任

《侵权责任法》第90条规定，因林木折断造成他人损害，林木的所有人或者管理人不能证明自己没有过错的，应当承担侵权责任。

《侵权责任法》对林木折断致害责任规定了过错推定责任，能够较好地维持林木所有人或管理人与受害人利益的平衡。

（七）地下设施致人损害责任

《侵权责任法》第91条规定，在公共场所或者道路上挖坑、修缮安装地下设施等，没有设置明显标志和采取安全措施造成他人损害的，施工人应当承担侵权责任。窨井等地下设施造成他人损害，管理人不能证明尽到管理职责的，应当承担侵权责任。

法律对地下设施致人损害责任采过错推定原则，地下设施的管理人欲免除责任则需要证明其不存在过错。此处的"管理人"是指对地下设施负有管理职责的单位或者个人。

第七节 饲养动物损害责任

一、饲养动物损害责任的概念

饲养动物致人损害责任，是指因饲养的动物致人损害而依法应由动物饲

[①] 王胜明主编：《中华人民共和国侵权责任法释义》，法律出版社2010年版，第434页。

人或者管理人承担的损害赔偿责任。《民法通则》第 127 条规定："饲养的动物造成他人损害的,动物饲养人或者管理人应当承担民事责任;由于受害人的过错造成损害的,动物饲养人或者管理人不承担民事责任;由于第三人的过错造成损害的,第三人应当承担民事责任。"《侵权责任法》第十章专门规定了饲养动物损害责任,更为详尽地规定了饲养动物损害责任的各种情况。

饲养动物损害责任的基本根据还是在于危险责任的法理。① 动物饲养无论在城市还是在农村都面临较大的问题,即使政府管理部门进行了较为严格的管制,但动物给他人的人身或财产损失依然造成现实的危险,损害事件常常发生。在制定法上对其进行规范,成为降低纠纷,加强饲养人或管理人责任的必要途径。

二、饲养动物损害责任的构成要件

饲养动物损害责任需要具有以下三个较为特殊的构成要件。

1. 饲养的动物。饲养的动物是指为人们管束喂养的动物,包括家禽、家畜、野兽等动物。这种被饲养的动物应当具备被特定人所有或者占有、饲养人或者占有人对该动物具有相当程度的控制力的特征,此外,该动物还应当是依其自身特征有可能对他人人身或者财产造成损害的动物。② 因此,依习惯散养的动物应当是饲养的动物。饲养的动物是相对于"野生的动物"而言。需要注意的是,《侵权责任法》第 81 条规定："动物园的动物造成他人损害的,动物园应当承担侵权责任,但能够证明尽到管理职责的,不承担责任。"该规定与一般饲养的动物致人损害责任判断中的无过错责任不同,其所采取的是过错推定责任。

2. 饲养动物致人损害。饲养动物致人损害的事实包括人身伤害和财产损失。饲养动物致人损害必须是动物基于本能或受外界刺激而伤害他人,如果动物只是作为他人伤害另一人的工具,则不属于此处的饲养动物致人损害。

3. 动物的加害动作与损害事实之间具有因果关系。一般情况下,饲养动物致人损害责任的归责原则为无过错责任原则,即使动物的饲养人或者管理人无过错,也应当承担赔偿责任。

三、饲养动物损害责任中的赔偿义务人及抗辩事由

根据《侵权责任法》第十章的规定,饲养动物损害责任主要分为以下五种类型,每种类型下,赔偿义务人的抗辩事由并不相同:

(一)一般情况下的饲养动物损害责任的赔偿义务人及抗辩事由

《侵权责任法》第 78 条规定:饲养的动物造成他人损害的,动物饲养人或者

---

① 曾隆兴:《详解损害赔偿法》,中国政法大学出版社 2004 年版,第 108 页。
② 张新宝:《中国侵权行为法》,中国社会科学出版社 1998 年版,第 551 页。

管理人应当承担侵权责任,但能够证明损害是因被侵权人故意或者重大过失造成的,可以不承担或者减轻责任。通过此推定,我们可以认为,饲养动物损害责任的归责原则为无过错原则。但是为了进行利益平衡,防止动物饲养人或管理人承担过重责任,同时避免受害人的机会主义行为,《侵权责任法》赋予了饲养人或管理人的抗辩权,但在法律适用上需要注意的是,对受害人的故意或重大过失应严格认定,只有受害人的故意或者重大过失是诱发动物致害的直接原因时,才能作为责任免除或者减轻的事由。①

(二) 违反管理规定时的饲养动物损害责任的赔偿义务人及抗辩事由

《侵权责任法》第 79 条规定:"违反管理规定,未对动物采取安全措施造成他人损害的,动物饲养人或者管理人应当承担侵权责任。"该条规定的目的是促进动物饲养人或管理人采取更加严格的措施保障动物饲养的安全。在法律适用上,需要注意的是,在违反管理规定未对动物采取安全措施造成他人损害时,即使受害人存在过失,也不能免除或者减轻动物饲养人或管理人的责任。② 此种情况下,"动物饲养人或管理人不得通过证明损害是因受害人的故意或重大过失造成的,主张不承担或者减轻责任"③。

(三) 禁止饲养的危险动物损害责任中的赔偿义务人及抗辩事由

《侵权责任法》第 80 条规定:"禁止饲养的烈性犬等危险动物造成他人损害的,动物饲养人或者管理人应当承担侵权责任。"禁止饲养的烈性犬等危险动物对人的人身和财产造成了更大的危险,饲养人或管理人应当承担更为严格的责任。在法律适用上,"动物饲养人或管理人不得通过证明损害是因受害人的故意或重大过失造成的,主张不承担或者减轻责任"④。

(四) 动物园饲养动物损害责任中的赔偿义务人及抗辩事由

《侵权责任法》第 81 条规定:"动物园的动物造成他人损害的,动物园应当承担侵权责任,但能够证明尽到管理职责的,不承担责任。"动物园饲养的动物有其特殊性,此时法律赋予了动物园的抗辩事由,即其证明尽到管理职责的可不承担责任。

(五) 遗弃、逃逸的动物损害责任中的赔偿义务人及抗辩事由

《侵权责任法》第 82 条规定:"遗弃、逃逸的动物在遗弃、逃逸期间造成他人损害的,由原动物饲养人或者管理人承担侵权责任。"此时,侵权责任法也没有赋予赔偿义务人抗辩事由。

---

① 王胜明主编:《中华人民共和国侵权责任法释义》,法律出版社 2010 年版,第 393 页。
② 同上。
③ 崔建远、韩世远、于敏:《债法》,清华大学出版社 2010 年版,第 761 页。
④ 同上。

第八节 监护人责任

一、监护人责任的概念

监护人责任,是指监护人承担因被监护人实施加害行为致他人合法权利受损的责任。

《民法通则》第133条规定:"无民事行为能力人、限制民事行为能力人造成他人损害的,由监护人承担民事责任。监护人尽了监护责任的,可以适当减轻他的民事责任。""有财产的无民事行为能力人、限制民事行为能力人造成他人损害的,从本人财产中支付赔偿费用。不足部分,由监护人适当赔偿,但单位担任监护人的除外。"最高人民法院《民通意见》第158条至第161条对此也作出了规定。《侵权责任法》第32条明确规定:"无民事行为能力人、限制民事行为能力人造成他人损害的,由监护人承担侵权责任。监护人尽到监护责任的,可以减轻其侵权责任。有财产的无民事行为能力人、限制民事行为能力人造成他人损害的,从本人财产中支付赔偿费用。不足部分,由监护人赔偿。"

二、被监护人致人损害侵权行为的构成要件

被监护人致人损害的侵权行为必须同时具备被监护人独立实施了违法的加害行为、有损害事实、加害行为与损害事实之间具有因果关系、监护人未尽到监督义务这四个条件。

1. 被监护人的加害行为。这一要件中包含三方面的要求:一是被监护人实施了加害行为;二是被监护人实施的加害行为具有违法性;三是被监护人自己独立实施了加害行为,如果是有民事行为能力的人故意教唆、指使所为,则属于一般侵权行为,由教唆、指使者直接承担民事责任。另外,被监护人的加害行为应当是客观上的,不以被监护人的主观过错为要件。

2. 损害事实。包括对他人人身权利和财产权利的损害。

3. 被监护人独立实施的违法加害行为与损害后果之间具有因果关系。

4. 监护人未尽监督义务。根据《侵权责任法》第32条以及《民法通则》第133条的规定,监护人违反监督义务是该种特别侵权责任的构成要件。"从该规定看,监督义务人的责任依然是以义务履行上的过失为要件的,并且,这种过失是推定的。如果监督义务人不能对自己没有义务不履行,即'尽了监护义务责任'进行举证证明,就要承担责任。而且,这里即使监护义务人举证证明了自己

'尽了监护义务',也不是免除责任,而是斟酌情况,适当减轻民事责任。"①

三、监护人责任的承担

《民法通则》第 133 条,《侵权责任法》第 32 条,《民通意见》第 159、160 条都对监护人的责任承担进行了较为详细的规定,主要注意以下几点:

1. 监护人适当的责任。监护人如果能够证明自己已经尽到监护责任的,法律适当减轻他们的民事责任,但并不允许其完全免责。

2. 有财产的无民事行为能力人、限制民事行为能力人的责任承担。法律基于公平的考虑,使有财产的无民事行为能力人、限制民事行为能力人因自己的侵权行为而以其财产先承担责任,而不是由监护人完全承担责任。此时,监护人只承担补充责任。这一规定具有中国特色。

3. 依据其他因素公平考虑监护人责任。《民通意见》第 158 条规定:"夫妻离婚后,未成年子女侵害他人权益的,同该子女共同生活的一方应当承担民事责任;如果独立承担民事责任确有困难的,可以责令未与该子女共同生活的一方共同承担民事责任。"这一规定具有公平性。

四、特殊情况下监护人责任的承担

(一) 单位作为监护人的赔偿责任

《民法通则》第 133 条第 2 款规定:"有财产的无民事行为能力人、限制民事行为能力人造成他人损害的,从本人财产中支付赔偿费用。不足部分,由监护人适当赔偿,但单位担任监护人的除外。"而《侵权责任法》第 32 条则并没有《民法通则》第 133 条第 2 款但书的规定,有学者认为,《侵权责任法》第 32 条第 2 款已经将"单位担任监护人的除外"规定删去,单位担任监护人与其他监护人对受害人都要承担损害赔偿责任。《侵权责任法》的修改,加强了对受害人的救济。②

(二) 被监护人自身行为能力发生变化时监护人民事责任的确定

《民通意见》第 161 条规定:"侵权行为发生时行为人不满 18 周岁,在诉讼时已满 18 周岁,并有经济能力的,应当承担民事责任;行为人没有经济能力的,应当由原监护人承担民事责任。行为人致人损害时年满 18 周岁的,应当由本人承担民事责任;没有经济收入的,由扶养人垫付,垫付有困难的,也可以判决或者调解延期给付。"

(三) 监护人不明时的责任承担

在没有明确监护人时,被监护人致人损害的,由顺序在前的有监护能力的人

---

① 崔建远、韩世远、于敏:《债法》,清华大学出版社 2010 年版,第 740 页。
② 同上书,第 742 页。

承担民事责任。如果顺序在前的有监护能力的人为多人时,应当由与被监护人共同生活的监护人承担民事责任;如果与被监护人共同生活的监护人有多人时,应由其共同承担赔偿责任。

第九节 医疗侵权责任

一、医疗侵权责任的概念

医疗侵权责任,是指医疗机构及其医务人员在医疗过程中因过错导致患者在医疗活动中的损害,应当承担的以损害赔偿为主的侵权责任。《侵权责任法》第七章以专章形式对医疗侵权责任进行了规定。

《侵权责任法》使用了"医疗损害责任"这一概念,结束了《医疗事故处理办法》和《医疗事故处理条例》所产生的"医疗事故责任"和"医疗过错责任"双规称谓局面。[①] 该概念具有更高的科学性,是一大进步。

二、医疗侵权责任的构成要件

医疗侵权责任采取的归责原则为过错原则,因此其应当具备一般侵权责任的构成要件。《侵权责任法》第54条规定,患者在诊疗活动中受到损害,医疗机构及其医务人员有过错的,由医疗机构承担赔偿责任。从此可知,医疗侵权责任的构成要件为:

1. 医疗机构及其医务人员实施了侵权行为。没有医疗机构及其医务人员的诊疗行为,就不存在医疗损害责任的基础。医疗机构及其医务人员的诊疗行为绝大多数是合法的,也有少数非法的。只有非法的诊疗行为才可能产生医疗侵权责任。当然,在医疗损害案件中,直接侵权人往往是医务人员,而责任承担主体则为医疗机构。

2. 患者或者其近亲属遭受非正常损害。医疗行为具有侵袭性。诊疗活动中,患者遭受一定的侵袭是正常的。患者的知情同意权意味着其同意此侵袭行为及其后果。但此侵袭必须是正常的诊疗活动所必要的诊疗损失。如果该损失超越了合理范围且无其他正当理由,其即应当承担侵权责任。

3. 医疗机构存在过错。医疗机构在诊疗活动中负有较多的义务,违反这些义务即构成过错。实践中,如果出现了某些事实,法律即推定医疗机构存在过错。如《侵权责任法》第58条规定,患者有损害,因下列情形之一的,推定医疗机构有过错:(1)违反法律、行政法规、规章以及其他有关诊疗规范的规定;(2)隐

---

① 张新宝:《侵权责任法》(第二版),中国人民大学出版社2010年版,第232页。

匿或者拒绝提供与纠纷有关的病历资料;(3)伪造、篡改或者销毁病历资料。

4. 医疗过错行为与患者遭受的非正常损害之间有因果关系。在较为简单的医疗侵权责任案件中,因果关系比较清晰,易于证明。但很多情况下医疗侵权责任中的因果关系是复杂的,因为经常存在多因一果的情况,而且法院以及法官只能依赖权威机构的医疗鉴定进行裁判。需要注意的是,《侵权责任法》并没有因果关系推定的规定,这事实上增加了患者或者患者近亲属的举证责任。

三、医疗机构及其医疗人员的义务

义务的存在是认定医疗机构及其医疗人员的前提。《侵权责任法》重点规定了医疗机构及其医务人员的下列义务:

1. 遵守诊疗规范的义务。医疗机构及其医务人员的一切诊疗都应当遵守诊疗规范。即使有诊疗规范,医疗机构及其医务人员也只能进行适度诊疗而不能进行过度诊疗。《侵权责任法》第 63 条规定,医疗机构及其医务人员不得违反诊疗规范实施不必要的检查。

2. 如实告知及征得同意的义务。医务人员应当对诊疗进行较为全面的说明,以促进患者或者患者近亲属作出理智的决定。而且诊疗活动一般应当取得患者或者其近亲属同意。《侵权责任法》第 55 条规定,医务人员在诊疗活动中应当向患者说明病情和医疗措施。需要实施手术、特殊检查、特殊治疗的,医务人员应当及时向患者说明医疗风险、替代医疗方案等情况,并取得其书面同意;不宜向患者说明的,应当向患者的近亲属说明,并取得其书面同意。但是,法律为了应对挽救他人的生命的紧急情况,对征得同意义务进行了限制。如《侵权责任法》第 56 条规定,因抢救生命垂危的患者等紧急情况,不能取得患者或者其近亲属意见的,经医疗机构负责人或者授权的负责人批准,可以立即实施相应的医疗措施。

3. 如实填写、保管和提供病历资料的义务。病历资料在医疗侵权责任中具有特殊的意义,法律对这些材料的保管进行了明确的规定。《侵权责任法》第 61 条规定,医疗机构及其医务人员应当按照规定填写并妥善保管住院志、医嘱单、检验报告、手术及麻醉记录、病理资料、护理记录、医疗费用等病历资料。患者要求查阅、复制前款规定的病历资料的,医疗机构应当提供。

4. 隐私保密义务。《侵权责任法》第 62 条规定,医疗机构及其医务人员应当对患者的隐私保密。泄露患者隐私或者未经患者同意公开其病历资料,造成患者损害的,应当承担侵权责任。

四、医疗侵权责任的承担主体及免责事由

1. 责任承担主体。医疗侵权责任的承担主体是医疗机构。这是《侵权责任

法》第 54 条明确规定的。

2. 免责事由。医疗侵权责任是一般侵权责任,因此一般侵权责任的免责事由同样适用于医疗侵权责任。《侵权责任法》第 60 条规定,患者有损害,因下列情形之一的,医疗机构不承担赔偿责任:(1)患者或者其近亲属不配合医疗机构进行符合诊疗规范的诊疗;(2)医务人员在抢救生命垂危的患者等紧急情况下已经尽到合理诊疗义务;(3)限于当时的医疗水平难以诊疗。上述第(1)项情形中,医疗机构及其医务人员也有过错的,应当承担相应的赔偿责任。

五、医疗产品的侵权责任

医疗产品责任是指因药品、血液、医疗设备存在缺陷造成患者损害而由产品制造商或者血液提供机构承担的责任。医疗产品责任总体上并不属于医疗侵权责任的范畴。《侵权责任法》第 59 条规定,因药品、消毒药剂、医疗器械的缺陷,或者输入不合格的血液造成患者损害的,患者可以向生产者或者血液提供机构请求赔偿,也可以向医疗机构请求赔偿。患者向医疗机构请求赔偿的,医疗机构赔偿后,有权向负有责任的生产者或者血液提供机构追偿。

第十节 道路交通事故责任

一、道路交通事故责任的概念

道路交通事故责任,是指道路交通参与人因违反道路交通安全法律法规发生交通事故导致他人损害而承担的侵权责任。道路交通事故则是指道路交通参与人因违反道路交通安全法律法规发生导致人身或财产损失的事故。道路交通责任必须发生在道路行驶时。《道路交通安全法》第 119 条第 1 项规定,道路,是指公路、城市道路和虽在单位管辖范围但允许社会机动车通行的地方,包括广场、公共停车场等用于公众通行的场所。道路交通参与人包括机动车驾驶人、非机动车驾驶人以及行人。

二、道路交通事故责任的归责原则

在我国,道路交通事故侵权责任的归责原则因事故参与人的不同而有差别。需要特别说明的是,道路交通事故侵权责任承担的归责原则只是针对强制保险责任限额内赔偿后不足部分的责任承担。

(一)第三者责任强制保险限额内的赔偿责任

《道路交通安全法》第 76 条第 1 款前段规定,机动车发生交通事故造成人身伤亡、财产损失的,由保险公司在机动车第三者责任强制保险责任限额范围内予以赔偿。《道路交通安全法》第 17 条规定,国家实行机动车第三者责任强制保险制度。机动车第三者责任强制保险是解决道路交通安全事故赔偿问题的重要制度。机动车发生交通事故,包括机动车与机动车之间、机动车与非机动车驾驶人、行人之间,首先都是由保险公司在机动车第三者责任保险责任限额内予以充分赔偿。不足的部分才由机动车一方承担赔偿责任。① 这里并不存在所谓的归责原则问题,因为此时赔偿义务人并非是交通事故参与人,而是保险公司。

(二) 强制责任保险限额内赔偿后责任不足部分赔偿的归责原则

道路交通事故责任只有在强制责任保险限额内赔偿后责任不足部分才可能存在归责原则的问题。我国《道路交通安全法》第 76 条对此基于交通事故参与人身份的不同而采纳了不同的归责原则,具有科学性。

1. 过错责任原则。《道路交通安全法》第 76 条第 1 款第 1 项规定,机动车之间发生交通事故的,由有过错的一方承担责任;双方都有过错的,按照各自过错的比例分担责任。机动车之间没有强弱之分,发生交通事故的,适用侵权责任法的一般归责原则即能实现适当的社会结果。

2. 过错责任原则与无过错原则。《道路交通安全法》第 76 条第 1 款第 2 项规定,机动车与非机动车驾驶人、行人之间发生交通事故,非机动车驾驶人、行人没有过错的,由机动车一方承担赔偿责任;有证据证明非机动车驾驶人、行人有过错的,根据过错程度适当减轻机动车一方的赔偿责任;机动车一方没有过错的,承担不超过 10% 的赔偿责任。这一规定表明,机动车与非机动车驾驶人、行人之间发生交通事故,主要适用过错推定原则,同时,机动车一方还要承担一部分无过错责任。②

三、机动车交通事故责任的类型

实践中,《交通安全法》第 76 条并不能解决所有的问题,很多特殊类型的交通事故需要得到明确的处理依据。《侵权责任法》规定了如下五种情况下的责任承担,加强了机动车交通事故责任的可操作性。

(一) 租赁、借用机动车等使用机动车发生交通事故后的责任承担

《侵权责任法》第 49 条规定,因租赁、借用等情形机动车所有人与使用人不是同一人时,发生交通事故后属于该机动车一方责任的,由保险公司在机动车强制保险责任限额范围内予以赔偿。不足部分,由机动车使用人承担赔偿责任;机动车所有人对损害的发生有过错的,承担相应的赔偿责任。机动车承租人和借用人作为机动车的使用人,能够直接支配机动车并能够控制机动车的风险且获

---

① 王胜明主编:《中华人民共和国侵权责任法释义》,法律出版社 2010 年版,第 249 页。
② 同上书,第 252 页。

得运行利益,其应当成为责任承担的主体。而且"使用人"不仅包括承租人、借用人,当然也包括机动车出质期间的质权人、维修期间的维修人、由他人保管期间的保管人等。①

(二) 转让机动车但未办理所有权移转手续期间发生交通事故后的责任承担

《侵权责任法》第 50 条规定,当事人之间已经以买卖等方式转让并交付机动车但未办理所有权转移登记,发生交通事故后属于该机动车一方责任的,由保险公司在机动车强制保险责任限额范围内予以赔偿。不足部分,由受让人承担赔偿责任。

《物权法》第 23 条规定,动产物权的设立和转让,自交付时发生效力,但法律另有规定的除外。第 24 条规定,船舶、航空器和机动车等物权的设立、变更、转让和消灭,未经登记,不得对抗善意第三人。从上述规定看,机动车交通事故的责任判定主要考虑机动车的风险控制,与机动车所有人并无必然联系。因此机动车转让已经交付但未办理所有权的,受让人已经占有机动车并直接支配,具有控制机动车风险的能力,由其承担责任具有合理性。与此相似的是,最高人民法院《关于购买人使用分期付款购买的车辆从事运输因交通事故造成他人财产损失保留车辆所有权的出卖方不应承担民事责任的批复》中明确规定:"采用分期付款方式购车,出卖方在购买方付清全部车款前保留车辆所有权的,在购买方以自己名义与他人订立货物运输合同并使用该车运输时,因交通事故造成他人财产损失的,出卖方不承担民事责任。"

(三) 转让拼装或者报废机动车发生交通事故后的责任承担

《侵权责任法》第 51 条规定,以买卖等方式转让拼装或已达到报废标准的机动车,发生交通事故造成损害的,由转让人和受让人承担连带责任。拼装或者使用报废车是法律禁止的行为。根据《道路交通安全法》第 16 条第 1 项的规定,任何人不得拼装机动车。根据《道路交通安全法》第 100 条的规定,驾驶拼装的机动车或者已达到报废标准的机动车上道路行驶的,公安机关交通管理部门应当予以收缴,强制报废。

买卖拼装机动车或者已经达到报废标准的机动车,是违法行为,是法律所禁止的行为。为了预防并制裁转让、驾驶拼装或已达到报废标准的机动车,维护人民的生命和财产利益,法律对此种情况适用无过错责任,使转让人与受让人承担连带责任。而且此种情况下的责任承担没有法定的免责事由。

(四) 盗窃、抢劫或者抢夺的机动车发生交通事故后的责任承担

《侵权责任法》第 52 条规定,盗窃、抢劫或者抢夺的机动车发生交通事故造成损害的,由盗窃人、抢劫人或者抢夺人承担赔偿责任。保险公司在机动车强制

---

① 王胜明主编:《中华人民共和国侵权责任法释义》,法律出版社 2010 年版,第 262 页。

保险责任限额范围内垫付抢救费用的,有权向交通事故责任人追偿。

　　机动车被盗窃、抢劫或者抢夺后,机动车的所有人已经丧失了对机动车的支配力,而且所有人对其丧失支配力并无过错,即使机动车所有人具有保管上的过失,也与交通事故没有直接关系。因此,法律规定盗窃人、抢劫人或者抢夺人承担责任具有合理性,有利于制裁此类违法行为,保护受害人利益。为了强化受害人的利益保护,《机动车交通事故责任强制保险条例》第22条规定,被保险机动车被盗抢期间肇事的,保险公司在机动车交通事故责任强制保险责任限额范围内垫付抢救费用,并有权向致害人追偿。《侵权责任法》第52条确认了上述规定。

　　(五)发生交通事故后机动车驾驶人逃逸的责任承担

　　《侵权责任法》第53条规定,机动车驾驶人发生交通事故后逃逸,该机动车参加强制保险的,由保险公司在机动车强制保险责任限额范围内予以赔偿;机动车不明或者该机动车未参加强制保险,需要支付被侵权人人身伤亡的抢救、丧葬等费用的,由道路交通事故社会救助基金垫付。道路交通事故社会救助基金垫付后,其管理机构有权向交通事故责任人追偿。

第十一节　教育机构侵权责任

一、教育机构侵权责任的概念

　　教育机构侵权责任,是指学校、幼儿园以及其他教育机构对无行为能力人或限制行为能力人在教育机构学习、生活期间受到的人身伤害承担的赔偿责任。学习、生活期间,是指学生在学校学习期间以及在与教育、教学活动有关的其他活动时间内,不限于在校学习期间。

　　需要注意的有两点,一是教育机构侵权责任是对人身伤害的赔偿责任,《侵权责任法》仅仅对人身伤害作出了明确的规定;二是教育机构侵权责任是对在校学生遭受的人身伤害承担的责任,不包括在校学生等致人损害的赔偿责任。

二、教育机构的教育、管理义务

　　根据《侵权责任法》的规定,教育机构承担责任的前提是教育机构没有尽到"教育、管理职责"。因此,教育机构对教育机构的无行为能力人或限制行为能力人负有教育和管理义务。教育部《学生伤害事故管理办法》第5条第2款规定,学校对学生进行安全教育、管理和保护,应当针对学生年龄、认知能力和法律行为能力的不同,采用相应的内容和预防措施。《人身损害赔偿解释》第7条第1款规定,对未成年人依法负有教育、管理、保护义务的学校、幼儿园或者其他教育机构,未尽职责范围内的相关义务致使未成年人遭受人身损害,或者未成年人致他人人身损害的,应当承担与其过错相应的赔偿责任。

三、教育机构侵权责任的类型

教育机构侵权责任并没有统一的归责原则,也没有统一的规则,而是区别情形规定不同种类和形式的责任。事实上,教育机构侵权责任是多种形式侵权责任的"集合"。

(一) 教育机构对自己不作为过错的责任

教育机构对自己不作为过错责任是一种不作为的责任,自然不需要其积极的加害行为。但是《侵权责任法》针对学生是无民事行为能力人还是限制民事行为能力人而采取不同的归责原则。

《侵权责任法》第 38 条规定,无民事行为能力人在幼儿园、学校或者其他教育机构学习、生活期间受到人身损害的,幼儿园、学校或者其他教育机构应当承担责任,但能够证明其尽到教育、管理职责的,不承担责任。因此,无民事行为能力人在教育机构学习生活期间受到人身伤害的,法律采取过错推定责任。只有教育机构证明其已经尽到教育、管理职责的,其才能够免除责任。教育机构是否违反教育、管理义务的判断,主要看教育机构的硬件设施、食品药品是否存在安全隐患,在教育活动中是否没有尽到对学生的安全保护和照顾义务,是否存在教师体罚等直接性伤害。[①]

《侵权责任法》第 39 条规定,限制民事行为能力人在学校或者其他教育机构学习、生活期间受到人身损害,学校或者其他教育机构未尽到教育、管理职责的,应当承担责任。限制民事行为能力人在教育机构的学习生活期间受到人身伤害的,法律采过错责任原则。此时,受害人一方承担证明责任。

法律之所以因无行为能力人和限制行为能力人而采取不同的归责原则,是因为,限制民事行为能力人的心智发育较无民事行为能力人已经比较成熟,同时尊重限制行为能力人自己参加必要的有利于身心健康的活动,防止过度干预。[②]

(二) 教育机构对第三人致害的责任

《侵权责任法》第 40 条规定,无民事行为能力人或者限制民事行为能力人在幼儿园、学校或者其他教育机构学习、生活期间,受到幼儿园、学校或者其他教育机构以外的人员人身损害的,由侵权人承担侵权责任;幼儿园、学校或者其他教育机构未尽到管理职责的,承担相应的补充责任。

从责任属性上看,这种责任属于教育机构的自己责任,并非教育机构对他人

---

① 张新宝:《侵权责任法》(第二版),中国人民大学出版社 2010 年版,第 197 页。
② 魏振瀛主编:《民法》(第四版),北京大学出版社、高等教育出版社 2010 年版,第 728 页。

的侵权行为而承担的责任。在该种侵权责任情况下,教育机构违反的是管理义务而非教育义务。该种管理义务体现为,教育机构应当配备必要的保安,发现危险时及时报警,帮助学生及时逃生或者降低危险,等等。

四、教育机构侵权责任的承担

(一)教育机构对自己不作为过错的责任承担

《侵权责任法》第38、39条确立了教育机构对学生的人身伤害承担完全赔偿责任,而非适当赔偿、相应的责任。但是在此类侵权责任中,过失相抵的规则可以适用,如果被侵权人或者被侵权人的监护人存在过错,法律应当根据双方的过错程度减轻学校的责任承担。

(二)教育机构对第三人致害的责任承担

根据《侵权责任法》第40条的规定,此种侵权责任中,第三人要承担其侵权导致的在校学生人身伤害,这是自己责任的本质要求。教育机构只是承担补充责任。补充责任意味着两点。一是只有无法找到第三人或者第三人没有能力承担全部赔偿责任时,教育机构才承担侵权责任;二是教育机构只是在其未尽到安全保障义务的范围内承担责任,即根据教育机构未尽到管理职责的程度来确定其承担侵权责任的份额。[①]

第十二节 网络侵权责任

一、网络侵权责任的概念及特征

网络侵权责任,是指网络用户或网络服务提供者通过互联网侵害他人民事权益造成损害而承担的责任。网络的普及,方便了生活,缩小了世界的距离,降低了沟通的成本,但也有很多人利用网络侵害他人权益,而且此种网络侵权行为具有不同于传统侵权行为的匿名性、高速度、范围广等特征。网络侵权责任的设定,要考虑权利人合法权益的保护以及促进网络产业正常发展的利益平衡,不能有失偏颇。

二、网络侵权责任的构成要件

网络侵权责任需要符合以下构成要件:

第一,网络侵权责任主体为网络用户和网络服务提供者。在网络环境中,自己责任依然是主流规则,网络用户自然应对自己的侵权行为承担责任。但是网

[①] 王胜明主编:《中华人民共和国侵权责任法释义》,法律出版社2010年版,第217页。

络的匿名性使侵权责任主体难以确定或者即使能够确定但成本过于高昂,因此侵权责任法也可能基于特别规定而使某些网络服务提供者承担责任。

第二,网络侵权责任发生于网络空间中。与传统侵权责任的发生空间相比,网络侵权责任发生于虚拟的网络空间中。

第三,网络侵权行为损害了受害人的民事权益。网络侵权行为主要侵害的是人身权益而且主要是非物质形态的权益,一般不会直接涉及物质性的人身权,如生命权、健康权和身体权。[①] 但是侵权责任责任绝不以伤害非物质性的人身权益为限,网络侵权也可能直接侵害财产权或者间接侵害物质性的人身权。

三、网络侵权责任的类型

(一) 网络用户和网络服务提供者的侵权责任

网络用户和网络服务提供者直接侵犯他人人身权益,根据自己责任的原则,其应当承担侵权责任。此时,一般侵权责任的构成要件当然适用于网络侵权责任。《侵权责任法》第36条第1款规定,网络用户、网络服务提供者利用网络侵害他人民事权益的,应当承担侵权责任。但是,"确认网络主体承担侵权责任的请求权基础时,应当根据具体情形作必要的区分,不同类型网络服务提供者成立侵权责任的要件、承担责任的方式以及免责事由都是有区别的"[②]。

(二) 网络服务提供者对网络用户侵权行为承担的侵权责任

《侵权责任法》第36条第2款、第3款规定了何种情况下网络服务提供者与网络用户承担连带责任。

1. 网络服务提供者未尽"删除、屏蔽或者断开链接等义务"而承担的责任

《侵权责任法》第36条第2款前段规定,网络用户利用网络服务实施侵权行为的,被侵权人有权通知网络服务提供者采取删除、屏蔽、断开链接等必要措施。本款明确设定了"通知与取下"程序。该程序主要是为了有条件地豁免网络服务提供者对网络用户直接侵权行为所应承担的间接侵权责任。[③] 网络服务提供者不知道网络用户实施的侵权行为,不承担侵权责任;但是网络服务提供者一接到受害人的通知,就应当采取合理措施。国务院《信息网络传播权保护条例》第14条规定了受害人通知的要求,该条规定,对提供信息存储空间或者提供搜索、链接服务的网络服务提供者,权利人认为其服务所涉及的作品、表演、录音录像制品,侵犯自己的信息网络传播权或者删除、改变了自己的权利管理电子信息的,可以向该网络服务提供者提交书面通知,要求网络服务提供者删除该作品、表

---

① 张新宝:《侵权责任法》(第二版),中国人民大学出版社2010年版,第169页。
② 王胜明主编:《中华人民共和国侵权责任法释义》,法律出版社2010年版,第190页。
③ 同上书,第193页。

演、录音录像制品,或者断开与该作品、表演、录音录像制品的链接。通知书应当包含下列内容:(1)权利人的姓名(名称)、联系方式和地址;(2)要求删除或者断开链接的侵权作品、表演、录音录像制品的名称和网络地址;(3)构成侵权的初步证明材料。权利人应当对通知书的真实性负责。在实践中,网络侵权行为需要正确衡量法律所保护的网络监督与谈论自由以及公民人身权益保护的关系。具体案件中,利益平衡点可能因公民身份不同而有差别。"公众人物的工作地点、办公电话、违法行为就不属于隐私,公众有知情权,即便公开了这些信息,也不能构成侵权行为,该公众人物无权要求网络服务提供者删除、屏蔽或者断开链接。"[1]国务院《信息网络传播权保护条例》第15条规定,网络服务提供者接到权利人的通知书后,应当立即删除涉嫌侵权的作品、表演、录音录像制品,或者断开与涉嫌侵权的作品、表演、录音录像制品的链接,并同时将通知书转送提供作品、表演、录音录像制品的服务对象;服务对象网络地址不明、无法转送的,应当将通知书的内容同时在信息网络上公告。但是,需要注意的是,不同类型的网络服务提供者在接到侵权通知书后所承担的义务也应当区别对待,采取相应的合理的删除、屏蔽、断开链接等措施。如果网络服务提供者未能采取上述措施,其就损害的扩大部分与实施侵权行为的用户承担连带责任。

2. 网络服务提供者知道侵权行为未采取必要措施的侵权责任

《侵权责任法》第36条第3款规定,网络服务提供者知道网络用户利用其网络服务侵害他人民事权益,未采取必要措施的,与该网络用户承担连带责任。"知道"包括"明知"和"应知"两个主观状态。如何判断"知道"是理论和实务难题。法官应当综合各种因素,以一个合理标准,在促进网络行业发展与保护受害人合法权益之间寻找适当的平衡点,不能失之过严也不能失之过宽。实践中应具体把握三个原则:提供技术服务的网络服务提供者类型不同,判断标准应当有所不同;根据保护对象的不同,判断标准也应当有所不同;网络服务提供者并没有普遍的审查义务等。[2]

四、网络侵权责任的承担

根据《侵权责任法》第36条第2款的规定,网络服务提供者与网络用户对损害的扩大部分承担连带责任。在侵权通知前已经遭受的损害,实施侵权行为的用户应当单独承担责任,网络服务提供者无须承担任何责任。

根据《侵权责任法》第36条第3款的规定,网络服务提供者与网络用户承担连带责任。此种情况下,网络服务提供者在法律上可以构成共同侵权中的帮助

---

[1] 王胜明主编:《中华人民共和国侵权责任法释义》,法律出版社2010年版,第193页。
[2] 同上书,第195—196页。

侵权,与实施侵权行为的用户承担连带责任。如果网络服务提供者并不知道网络侵权行为的存在,而是管理不当没有意识到该侵权行为的存在,其只应对应当知道而没有知道侵权行为之时产生的损害承担连带责任。

第十三节 用人者责任

关于传统的雇主责任,现在学术界有不同的称呼,有的依然称为"雇主责任"[1],也有的称为"使用人责任"[2]。笔者根据《侵权责任法》的规定,尊重《侵权责任法》的文义,使用"用人者责任"。

一、用人者责任的概念和特征

（一）用人者责任的概念

用人者责任,是指用人者对被使用人在从事职务活动时致人损害的行为承担的赔偿责任。用人者既可以指用人单位,也可以指接受劳务的人,被用人既可以指用人单位的工作人员,也可是提供劳务的人。我国《侵权责任法》第34条、第35条分别以使用人是用人单位还是个人进行了规定。《侵权责任法》第34条规定:"用人单位的工作人员因执行工作任务造成他人损害的,由用人单位承担侵权责任。劳务派遣期间,被派遣的工作人员因执行工作任务造成他人损害的,由接受劳务派遣的用工单位承担侵权责任;劳务派遣单位有过错的,承担相应的补充责任。"第35条规定:"个人之间形成劳务关系,提供劳务一方因劳务造成他人损害的,由接受劳务一方承担侵权责任。提供劳务一方因劳务自己受到损害的,根据双方各自的过错承担相应的责任。"第34条规定意味着,用人单位的工作人员在执行工作任务时造成他人损害的,用人单位承担侵权责任;第35条规定意味着,接受劳务的个人要对提供劳务一方致他人损害的行为承担侵权责任。需要特别注意的是,我国《侵权责任法》基于使用人类型的不同而用两个条文进行分别规定,但是这两种使用人在责任构成以及法律效果上并无不同。只是这种规定避免将"使用人"理解为狭义的"自然人",是基于中国国情而作出的特别处理,易于使社会公众理解法律规则,具有一定的意义。

在《侵权责任法》之前的法律中,《民法通则》只是规定了法人的雇主责任,该法第43条规定:"企业法人对它的法定代表人和其他工作人员的经营活动,承担民事责任。"《民通意见》第58条规定:"企业法人的法定代表人和其他工作人员,以法人名义从事的经营活动,给他人造成经济损失的,企业法人应当承担民事责

---

[1] 周友军:《侵权法学》,中国人民大学出版社2011年版。
[2] 崔建远、韩世远、于敏:《债法》,清华大学出版社2010年版,第743页。

任。"这两条规定并无实质差别。最高人民法院《关于适用〈中华人民共和国民事诉讼法〉若干问题的意见》第45条规定:"个体工商户、农村承包经营户、合伙组织雇佣的人员在进行雇佣合同规定的生产经营活动中造成他人损害的,其雇主是当事人。"该规定反映了法院对雇主责任的态度。《人身损害赔偿司法解释》更为细致地规定了用人者责任的范围,真正确立了我国的用人者责任制度。[①] 其中第9条第1款规定:"雇员在从事雇佣活动中致人损害的,雇主应当承担赔偿责任;雇员因故意或者重大过失致人损害的,应当与雇主承担连带赔偿责任。雇主承担连带赔偿责任的,可以向雇员追偿。"该条解释与《民法通则》《民通意见》以及最高人民法院《关于适用〈中华人民共和国民事诉讼法〉若干问题的意见》相比具有明显进步,对雇主责任承担的范围进行了更为科学的界定。

(二) 用人者责任的特征

用人者责任是一种特殊的侵权责任,其具有以下特征:

1. 用人者责任是一种替代责任。在用人者责任中,实施具体侵权行为的人是用人单位的工作人员或者提供劳务的人员,用人者是指基于用人关系而承担他们的侵权行为而产生的责任,是典型的替代责任。用人者责任自然是自己责任的例外,是法律的特别规定。

2. 用人者责任是无过错责任。只要被使用人在职务活动中致人损害,无论使用人在被使用人的选任、监督等方面是否存在过错,都不影响使用人责任的承担。因此,用人者责任是无过错责任。用人者责任中的无过错责任不考虑用人者的过错,但并非不考虑被使用人的过错。

3. 用人者责任以用人者与被使用人有使用关系为前提。根据《侵权责任法》第34、35条的规定,使用人必须与被使用人有使用关系。使用关系意味着使用人对被使用人往往有一定的支配和监督关系等。

二、用人者责任的构成要件

尽管我国《侵权责任法》对用人者责任采取无过错责任原则,但是用人者责任的构成却必须符合如下构成要件:

(一) 被使用人实施侵权行为

用人者责任属于替代责任,因此使用人承担责任的前提自然是被使用人符合侵权责任的一般构成要件。这一点前面已经论述,此处不赘。需要说明的是,被使用者既可能是自然人,也可能是法人或其他组织。但是《侵权责任法》第34条、第35条的规定似乎将被使用人限于自然人,或者立法者在规则制定过程中将被使用人想象为自然人。有学者认为:"这给法律适用带来一定的困难。如果

---

① 张新宝:《侵权责任法》(第二版),中国人民大学出版社2010年版,第157页。

自然人雇佣法人的情形出现,这两条规定就难以适用……此时,可以通过类推适用的方式来解决。"①笔者认为,此处能够通过文义解释实现立法目的,无须借助于类推适用。

(二)被使用人执行职务

《侵权责任法》第34条使用了"因执行工作任务",第35条使用了"因劳务",但在学理上这些用语都可以统一为"执行职务"。"执行职务"的判定是世界级难题,学界总体上有两种学说:一是主观说。该说又分为用人者意思说和被使用人意思说。前者认为应以使用人的意思作为判断执行职务的标准,即依照被使用人依照使用人指示办理的事件来决定;后者认为应以被使用人的意思作为判断执行职务的标准,即从事的活动是基于使用人指示而为的当然为执行职务,但为了使用人利益或者依据情况灵活处理,也应当认定为执行职务。二是客观说。该说认为,是否执行职务应当根据行为的外观来确定,客观上可以认为是执行职务的,不考虑用人者和被使用人的主观意愿,均属于执行职务。②王泽鉴教授认为:"关于执行职务范围的认定,应采'内在关联'的判断基准,即指凡与雇用人所为职务具有通常合理关联的行为,对此雇用人可以预见,事先防范,并计算其可能的损害,内化于经济成本,予以分散。"③这种标准具有合理性。当然,该标准判断被使用人执行职务并不具有唯一性,其更多的是要解决无法或很难证明工作人员是按照用人单位的授权或者指示进行工作的情况。如果能够证明工作人员是按照用人单位的授权或者指示进行工作的,内在关联标准通常即不再适用。《人身损害赔偿解释》第9条第2款采纳了上述两个标准,但是这两个标准在适用上具有一定的顺序性,该条规定:"前款所称从事雇佣活动,是指从事雇主授权或者指示范围内的生产经营活动或者其他劳务活动。雇员的行为超出授权范围,但其表现形式是履行职务或者与履行职务有内在联系的,应当认定为从事雇佣活动。"

(三)受害人的损害

根据我国《侵权责任法》第34条和第35条的规定,损害都是用人者责任的构成要件。被使用人的行为所导致的他人的损害,既可以是财产损害,也可以是人身损害,乃至精神损害。损害的具体内容与一般侵权责任的构成要件无异,此处不赘。

(四)被使用人的行为与受害人的损害之间有因果关系

因果关系是侵权责任的必备要件。需要注意的是,此处的因果关系是指被

---

① 王利明、周友军、高圣平:《中国侵权责任法教程》,人民法院出版社2010年版,第492页。
② 郑玉波:《民法债编总论》,中国政法大学出版社2004年版,第159页。
③ 王泽鉴:《侵权行为》,北京大学出版社2009年版,第432—433页。

使用人的行为与受害人的损害之间有因果关系,而绝非要求用人者的行为与损害之间存在因果关系,这是替代责任的本质特征所决定的。

(五)被使用人具有过错

用人者责任的前提是,被使用人的行为符合过错责任的构成要件。因此只有被使用人具有过错,用人者才能承担用人者责任。过错既包括故意也包括过失。"只有用人者通过任用被使用者升高了危险时,用人者的责任承担才具有正当性基础。如果像用人者自己实施行为时一样,被使用者谨慎地实施了行为,用人者任用他人的行为就没有升高危险。在这种情况下,用人者就不必为被使用者的行为负责。"①因此如下两种情况下,法律不能认为被使用人有过错进而不能要求用人者承担责任,一是被使用人暂时丧失意识或者失去控制而且对此没有过错;二是被使用者系未成年人或者患有精神病进而不具有侵权责任能力。但是如果上述两种情况构成其他侵权责任,自然依照《侵权责任法》的规定确定侵权责任的承担。

三、用人者责任的承担

(一)用人者责任中的用人者判断

《侵权责任法》第34条中的"用人单位"包括企业、事业单位、国家机关、社会团体等,也包括个体经济组织。《侵权责任法》第35条中的"接受劳务一方"仅指自然人,个体工商户、合伙的雇员因工作发生的纠纷,按照《侵权责任法》第34条的规定处理。②用人者的判断主要考虑两个因素:一是用人者应是任用他人处理事务的人;二是用人者应当是享有指示权的人。③一般情况下用人者与被使用人往往存在劳动合同、雇佣合同,在形式上也不应以书面合同为限,法律此时认可事实上劳动关系和雇佣关系的存在及其合法性。

(二)用人者责任承担中用人单位与被使用人的责任

《侵权责任法》第34条并没有规定被使用人自己的责任,也没有规定用人者与被使用人之间的责任划分。此时我们应当区分对外责任和对内责任两个方面进行分析:

1. 在对外责任上,只要被使用人符合了用人者责任的构成要件,基于侵权责任法的规定,用人单位要承担用人者责任,无论是被使用人是一般过失、重大过失还是故意。

2. 在对内责任上,用人单位对被使用人是否享有追偿权,这是一个见仁见

---

① 王利明、周友军、高圣平:《中国侵权责任法教程》,人民法院出版社2010年版,第499—500页。
② 王胜明主编:《中华人民共和国侵权责任法释义》,法律出版社2010年版,第169、176页。
③ 王利明、周友军、高圣平:《中国侵权责任法教程》,人民法院出版社2010年版,第501页。

智的问题。有学者认为,对于用人者责任中的内部追偿权,法律应适用其他法律和司法解释的相关规定。如《人身损害赔偿解释》第 9 条第 1 款规定:"雇员在从事雇佣活动中致人损害的,雇主应当承担赔偿责任;雇员因故意或者重大过失致人损害的,应当与雇主承担连带赔偿责任。雇主承担连带赔偿责任的,可以向雇员追偿。"但是我们需要注意的是,追偿权的规定一定要谨慎,因为规定了追偿权有不利的一面,如侵权责任主要是解决对外责任的问题,确定用人单位追偿权的规定比较困难,基于我国职工处于弱势,有的用人单位可能要将自己的责任转嫁工作人员等。① 因此,《侵权责任法》刻意没有规定追偿权。但是这不妨碍用人单位和被使用人通过协议约定追偿权或者根据其他法律规定行使追偿权。

(三) 用人者责任承担中提供劳务一方与接受劳务一方的责任

《侵权责任法》第 35 条并没有规定提供劳务一方自己的责任,也没有规定提供劳务者与接受劳务者之间的责任划分。此时我们也应当区分对外责任和对内责任两个方面进行分析:

1. 在对外责任上,只要提供劳务一方符合了用人者责任的构成要件,基于侵权责任法的规定,接受劳务方要承担用人者责任,无论提供劳务方是一般过失、重大过失还是故意。

2. 在对内责任上,接受劳务一方对提供劳务一方原则上享有追偿权。因为接受劳务一方经济实力有限,接受劳务一方对外承担责任后,原则上可以向有过错的提供劳务一方追偿。而且在法政策上,接受劳务一方行使追偿权可以比用人单位行使追偿权的条件略宽。②

(四) 劳务派遣中用人者责任的特殊规定

劳务派遣是近些年来在社会发展以及劳动力使用形式多样化的形势下得到迅速发展。劳务派遣,是指劳务派遣机构与员工订立劳务派遣合同,将工作人员派遣到用工单位工作。其基本特征是员工的雇佣与使用分开,员工与用工单位不产生劳动关系。因此,劳务派遣中的用人者责任需要得到明确的规范。

劳务派遣中用人者责任的规范必须考虑到以下特殊情况,即劳务派遣单位与员工尽管存在劳动合同,但员工的使用都是由具体的用工单位安排和委派并接受其指示的,而派遣单位对员工缺乏具体的使用和管理。因此,贯彻用人者责任中"执行职务"的判断标准,《侵权责任法》第 34 条第 2 款规定:"劳务派遣期间,被派遣的工作人员因执行工作任务造成他人损害的,由接受劳务派遣的用工单位承担侵权责任;劳务派遣单位有过错的,承担相应的补充责任。"对此,我们需要理解三点:

---

① 王胜明主编:《中华人民共和国侵权责任法释义》,法律出版社 2010 年版,第 172 页。
② 同上书,第 177 页。

1. 用工单位是用人者责任承担的第一顺序的责任主体。因为具体的被使用人是接受用工单位的指示和管理工作的。因此用工单位应当是第一顺序的责任人。

2. 劳务派遣单位是第二顺序的责任主体。需要注意的是劳务派遣单位作为第二顺序的责任主体的前提条件是劳务派遣单位有过错。如果没有过错,劳务派遣单位就没有任何责任。劳务派遣单位的过错体现为没有派遣适格的员工或者对员工没有尽到必要的审查义务,等等。

3. 用工单位有权向有过错的劳务派遣单位追偿。对此问题,《侵权责任法》没有规定。但是如果用工单位对外承担了全部赔偿,根据民法一般原理以及《侵权责任法》第34条的规定,它对于有过错的劳务派遣单位应当有权进行追偿,使劳务派遣单位承担与其过错相应的责任。劳务派遣单位的责任范围既可能大于、小于也可能等于用工单位所承担的责任范围。

(五) 提供劳务方因劳务自己受损害时的责任承担

对此,《侵权责任法》的规定有其特定的语境,即个人之间形成劳务关系的,不能适用《工伤保险条例》进而获得医疗救助和经济补偿。提供劳务方因劳务自己受到损害的,若采取无过错责任原则对接受劳务方过于苛刻,也容易使提供劳务一方养成怠惰等恶习,使接受劳务一方的合法权益受到侵犯,有碍于社会经济的发展。因此《侵权责任法》对此采取了传统的过错原则,比较公平,应受肯定。

第二十四章 侵权民事责任

第一节 侵权民事责任的概念与特征

民事责任是以民事义务的存在为前提的,而侵权民事责任一般是以绝对性法律义务的存为前提,是指民事主体实施了侵权行为而应承担的不利的民事法律后果。侵权民事责任作为民事责任中的一种类型,自然具有民事责任的一般特征,同时又有与其他民事责任相区别的特征。

第一,侵权民事责任是民事主体因违反法定的绝对性义务而应承担的不利法律后果。侵权民事责任是以民事义务的存在为前提的,该种民事义务是法定义务,即由法律直接规定的义务。该种义务是法律要求每个社群成员对他人所应负有的一般性义务,具有普遍性。侵权民事责任之所以将其前提性义务限于法定义务、绝对性义务,主要是为了保障普通社会成员进行社会活动时的行动自由。因此,侵权责任也必须实现行为自由与权益保护的统一。只有在特殊情形下,相对性义务才可成为侵权民事责任的内容,即所谓"第三人侵害债权"。

第二,侵权民事责任以侵权行为的存在为前提。侵权责任是行为人因实施了侵权行为而应承担的民事法律后果,没有侵权行为的存在,就不存在侵权责任的适用。

第三,侵权责任主要是但不限于财产责任。侵权责任承担方式主要是损害赔偿,而损害赔偿的前提是损害的存在。损害既可以是财产上的损害也可以是非财产上的损害,在损害他人财产和伤害他人人身而导致财产损失的情形下,侵权人需要以自己的财产对其造成的后果负责,因此侵权责任形式主要是财产责任。但在有些情形下,单纯的财产责任尚不足以保护受害人利益,因此《民法总则》《侵权责任法》以及《民法通则》除规定了赔偿损失、返还财产等财产责任形式外,还规定了停止侵害、恢复名誉、消除影响、赔礼道歉等非财产责任形式。

第四,侵权责任一般是损害填补责任,而非惩罚性责任。此特征在财产上损害场合尤为适用。法律使加害人承担侵权民事责任,是为了使受害人受到损害的权益得到补充或填补,尽可能恢复到受害前的状况,即所谓的"填平原则",而非"惩罚原则"。但在非财产上损害场合,侵权责任的主要功能则为抚慰功能。

第二节 侵权责任承担方式及其适用

一、侵权责任承担方式的概念及类型

（一）概念

侵权责任承担方式，是指在符合侵权责任要件的情况下侵权人应当对受害人一方承担何种形式的财产或人身不利后果。

（二）类型

《侵权责任法》第 15 条规定，承担侵权责任的方式主要有：(1) 停止侵害；(2) 排除妨碍；(3) 消除危险；(4) 返还财产；(5) 恢复原状；(6) 赔偿损失；(7) 赔礼道歉；(8) 消除影响、恢复名誉。以上承担侵权责任的方式，可以单独适用，也可以合并适用。对此，《民法总则》第 179 条也予以确认。

客观地讲，第(1)至(4)应为绝对权请求权，而并非侵权责任承担方式，只是为了当事人适用法律的方便而一并规定于此。须特别注意其构成要求显然不同于侵权责任，至少对于绝对权请求权不要求过错。此外，《侵权责任法》第 15 条规定的 8 种侵权责任承担方式并不是排他性的、封闭性的，而是开放性的，这可从该条规定中的"主要"一词得出。此种立法方式既可以尊重其他特别法对侵权责任方式的具体规定，也可以为司法实践创造更为合适的合法性空间。

二、停止侵害

停止侵害，是指受害人有权要求侵害人停止其正在进行或者延续的侵害行为。停止侵害的功能在于及时制止侵害行为，防止损害的扩大或继续。

停止侵害的适用要件有二，一是有正在侵害民事权益的行为；二是侵害他人合法权益。

停止侵害可以适用于各种侵权行为。其不以侵权人一方有过错为要件，也不以损害结果已经发生为要件。我国一些法律对停止侵害进行了具体化的规定，如《侵权责任法》第 21 条规定，侵权行为危及他人人身、财产安全的，被侵权人可以请求侵权人承担停止侵害的民事责任。《民通意见》第 162 条规定，在诉讼中遇有需停止侵害、排除妨碍、消除危险的情况时，人民法院可以根据当事人的申请或者依职权先行作出裁定。最高人民法院《关于对诉前停止侵犯专利权行为适用法律问题的若干规定》第 1 条规定，根据《专利法》第 61 条的规定，专利权人或者利害关系人可以向人民法院提出诉前责令被申请人停止侵犯专利权行为的申请。

停止侵害作为绝对权请求权，既可以单独适用，也可以与其他侵权责任方式

合并适用。如果侵害尚未造成任何实际损失,可单独适用;如果加害人的加害行为正在进行且已造成受害人的财产损失或精神损害,停止侵害就可以与损害赔偿合并适用;如果侵害行为正在进行且已损害了他人的名誉等,则停止侵害可以与消除影响、恢复名誉、赔礼道歉等合并适用。

三、排除妨碍

排除妨碍,是指受害人有权要求侵害人排除其妨碍他人行使民事权益。

排除妨碍的适用要件有二,一是存在妨碍他人民事权益的状态或行为,妨碍状态绝大多数是人的行为产生,如设置路障、倾倒垃圾等,也有可能是由于自然原因导致的,如树根蔓延至他方土地;二是该种状态或行为必须是不正当的,该行为或状态没有法律根据,也没有约定根据,如果该种妨碍是正当的、合法的,如为了公共利益铺设管道而影响了部分人的通行,不构成"妨碍",也无排除妨碍的适用余地。

《民通意见》规定了具体情况下排除妨碍的适用,其第97条规定,相邻一方因施工临时占用他方使用的土地,占用的一方如未按照双方约定的范围、用途和期限使用的,应当责令其及时清理现场,排除妨碍。第98条规定,一方擅自堵截或者独占自然流水,影响他方正常生产生活的,他方有权请求排除妨碍。

与停止侵害一样,排除妨碍作为绝对权请求权,既可以单独适用,也可以与其他承担侵权责任的方式合并适用。

四、消除危险

消除危险,是指受害人有权要求侵害人消除由其造成的危及他人人身或者财产安全的危险行为。

消除危险责任的构成要件有二,一是存在危及他人人身、财产安全的危险,危险既可以通过人们的一般观念或经验确定,也有可能需要专门鉴定,这要视具体情况而定;二是危险是由人的行为或者人所管控的物造成。

消除危险旨在防止损害和妨碍的发生,其是防患于未然,和损害赔偿相比具有明显的优越性。《民通意见》第154条规定:"从事高度危险作业,没有按有关规定采取必要的安全防护措施,严重威胁他人人身、财产安全的,人民法院应当根据他人的要求,责令作业人消除危险。"这是对消除危险责任方式的实际运用。

消除危险作为绝对权请求权,既可以单独适用,也可以与其他侵权责任方式合并适用。

五、返还财产

返还财产是指受害人有权要求侵害人返还其非法占有的财产,其广泛适用于财产权受到侵害的场合。返还财产包括三种情形：一是不当得利返还，即没有合法根据，取得不当利益，造成他人损失的，应当将取得的利益返还给受损失的人。二是依民事行为所为的给付。即民事行为被确认无效或者被撤销后，第三人因该行为取得的财产，应当返还给受损失的一方。三是非法侵占他人财产的返还。即侵占国家、集体财产或者他人财产的，应当返还财产。侵权责任承担方式中的返还财产是指第三种情形。我国《民法通则》第117条规定，侵占国家的、集体的财产或者他人财产的，应当返还财产，不能返还财产的，应当折价赔偿。

返还财产责任的适用要件有二，一是有侵占或者以其他不合法方式占有他人财产的行为，这是侵权责任法所规定的返还财产的特别之处；二是原财产存在，如果原财产已经灭失，返还财产在客观上已经不可能，所有人只能要求赔偿损失，而不能要求返还财产。如果原财产虽然存在，但已经在价值上遭到减损，可以在返还原物的基础上，再提出损害赔偿之诉。

在返还范围上，返还财产包括返还财产及其孳息，因为既然侵权人是非法无权占有财产，其自然也不能获得孳息的所有权。

六、恢复原状

恢复原状，是指受害人有权要求回复被损坏的财产至侵权行为发生之前的状态。侵权责任的各种方式的基本目的都是为了"恢复原状"。而侵权责任法上的恢复原状是在狭义意义上使用的，它是指使受害人的财产恢复到受侵害之前的状态。广义的恢复原状是指将受侵害的民事权益恢复至受侵害之前的状态，不包括金钱赔偿。最广义的恢复原状是将受到侵害的民事权益恢复到受侵害之前的状态，包括损害赔偿。①

恢复原状责任的构成要件有二，一是受侵害的必须为财产，且要求是有体物；二恢复原状须可能和必要，即受损害的财产在客观上具有恢复的可能。如果恢复费用比较巨大，得不偿失，那么恢复原状即不是合适的责任方式。

七、赔偿损失

赔偿损失，是指行为人因违反民事义务致人损害，应以财产赔偿受害人所受的损失。它是最基本、适用范围最广泛的责任形式，可以适用于违约责任、缔约过失责任和侵权责任。赔偿损失适用于侵权责任时，包括财产损失和精神损害的赔偿，其目的是使受害人的利益恢复到未曾受到侵害的状态。在本章下一节中对此问题有详述。

---

① 魏振瀛主编：《民法》(第四版)，北京大学出版社、高等教育出版社2010年版，第677页。

八、消除影响、恢复名誉

消除影响,是指受害人有权要求加害人在不良影响所及范围内消除对受害人的不利后果。恢复名誉,是指受害人有权要求加害人在其侵害后果所及范围内使受害人的名誉恢复到未曾受损害的状态。《民法通则》第 134 条以及《侵权责任法》第 15 条都对其进行了规定。消除影响是侵害人身权如隐私权、肖像权等的非财产民事责任,恢复名誉则专属于侵害名誉权的民事责任。消除影响、恢复名誉的范围,一般应与侵权行为所造成不良影响的范围相当。[①] 加害人拒不执行生效判决,不为受害人消除影响、恢复名誉的,人民法院可以采取公告、登报等方式,将判决的内容和有关情况公布于众,达到消除影响、恢复名誉的目的。公告、登记的费用由加害人承担。就其在侵害人身权领域的适用问题,最高人民法院在《关于确定民事侵权精神损害赔偿责任若干问题的解释》第 8 条中规定:"因侵权致人精神损害,但未造成严重后果,受害人请求赔偿精神损害的,一般不予支持,人民法院可以根据情形判令侵权人停止侵害、恢复名誉、消除影响、赔礼道歉。因侵权致人精神损害,造成严重后果的,人民法院除判令侵权人承担停止侵害、恢复名誉、消除影响、赔礼道歉等民事责任外,可以根据受害人一方的请求判令其赔偿相应的精神损害抚慰金。"

九、赔礼道歉

赔礼道歉,是指受害人有权要求侵权行为人以口头或者书面的方式向受害人承认侵权、表示歉意。赔礼道歉是我国日常生活中常见的民事责任承担方式,有利于增强侵权人的道德意识,更为有效地化解矛盾,发挥息诉功能,意在尊重人格。

赔礼道歉主要适用于侵害人格权的侵权行为。赔礼道歉既可以以公开方式进行,也可以以非公开方式进行,但一般应当公开进行。由法院判决加害人承担赔礼道歉责任,赔礼道歉的内容,应当经法院审查同意。赔礼道歉可以单独适用,也可与其他侵权责任形式合并适用。

第三节 侵权损害赔偿

一、侵权损害赔偿的概念

侵权损害赔偿,是指加害人因侵权行为造成他人财产或人身损害,依法应承

[①] 参见最高人民法院《关于审理名誉权案件若干问题的解答》(1993 年 8 月 7 日)答问之十、十一。

担的以给付金钱或实物补偿受害人所受损害的民事责任形式。因侵权行为的发生,使本处于绝对性法律关系的当事人之间成立了一种相对性法律关系,受害人享有请求加害人赔偿的权利,加害人负有赔偿受害人损害的义务,即两者之间成立侵权损害赔偿之债。我国《侵权责任法》《民法通则》也主要规定了损害赔偿的侵权责任承担方式。因损害赔偿是侵权责任的承担方式中最为基本与主要的形式,所以本书予以单列。

二、侵权损害赔偿的原则以及损害赔偿确定的考量因素

侵权损害赔偿以填补损害为原则。但在特定情况下,侵权责任法又以预防未来加害行为、制裁侵权人为社会目的,设置了惩罚性赔偿;因赔偿责任以加害人的经济状况为实现条件,所以有考虑当事人经济状况原则;因赔偿责任以加害人的可责性为基础,而特殊侵权责任并不以行为人的过错为前提,为防止加重致害人的负担,所以对特殊侵权责任又有限定赔偿原则;因"挂万漏一"难以实现民法公平、正义之理念,所以应有衡平原则作为补充性原则来纠正当事人之间利益失衡的状态。

(一)侵权损害赔偿的原则

1. 全部赔偿原则

全部赔偿原则,一般是指无论加害人在主观上是故意或过失,亦不问加害人是否承担刑事责任或行政责任,均应根据受害人所受财产损失的多少、精神损害的大小等,确定赔偿的范围与数额。全部赔偿原则在赔偿范围上要求财产损失、精神损害、直接损失和间接损失均应得到赔偿。对于赔偿数额则要求凡是能用金钱计算的,均应按实际数字给予全部赔偿。至于精神损害赔偿,尽管无法用金钱来衡量其损害,但为抚慰受害人、制裁侵权行为人,防止侵权行为的发生,立法上仍应规定一定数量的损害赔偿金。此仍为全面赔偿原则的体现。只不过在精神损害赔偿场合,加害人主观上的过错程度对损害赔偿责任有影响[①],是为例外。

事实上,侵权损害赔偿的全部赔偿原则与个案中的损失是否能够全部赔偿并不完全相同。如死亡赔偿,并不能赔偿失去生命而造成的全部损失。事实上,失去生命所造成的全部损失也受制于法律的局限而不能完全计算出来。因此,民法对侵害生命权的赔偿并非赔偿生命的价值。

2. 统一赔偿原则

统一赔偿原则,是指在不同的侵权场合,对损害赔偿额进行计算时,除非有

---

① 最高人民法院在《关于确定民事侵权精神损害赔偿责任若干问题的解释》之第10条规定:"精神损害的赔偿数额根据以下因素确定:(一)侵权人的过错程度,法律另有规定的除外……"

更为充分且正当的理由,具体项目的计算方法应当统一①,不能因主体身份以及侵权的具体场景而作出歧视性、差别性对待。

(二)损害赔偿确定的考量因素

1. 限定赔偿的可能性

限定赔偿主要适用于无过错责任原则下的特殊侵权责任场合。因在此类侵权责任中,致害人的行为为现代社会所必然发生的,不具有严格的可归责性,如规定全部赔偿,必会使致害人负担过重,从而影响社会经济的正常发展,所以有必要实行限定赔偿原则。

2. 惩罚性赔偿的特定性

惩罚性赔偿实质上与侵权责任法的损害填补功能相悖,因此在一般侵权行为中并不常见。《侵权责任法》只是在产品责任中规定了惩罚性赔偿的,而且将条件限制得比较苛刻,其目的重在保护消费者利益。而且,在适用无过错责任原则的案件中,一般不得判决侵权人支付惩罚性赔偿,除非被侵权人在诉讼中能够证明侵权人有故意的过错。

3. 考虑当事人经济状况

考虑当事人经济状况,是指在侵权赔偿案件中,在确定加害人的民事责任后,确定赔偿数额时还必须考虑当事人的经济状况。这是由损害赔偿的性质所决定的。因民事责任主要是财产责任,如加害人的经济状况较差,无力负担该种财产责任,对他们施以财产制裁实际上也是不可能的。此原则的确立是"社会文明的结果,也是立法的一大进步"②。我国《民法通则》第108条的规定以及最高人民法院《关于确定民事侵权精神损害赔偿责任若干问题的解释》第10条第5项的规定,都是该原则的体现。

4. 衡平原则

衡平原则是民法公平原则在侵权责任承担领域的具体体现,它是指在当事人双方对造成损害均无过错的情况下,法官依造成损害的情况、社会公平观念等衡量当事人双方的情况决定是否分担责任以及如何分担责任的准则。我国《民法通则》第132条规定:"当事人对造成损害都没有过错的,可以根据实际情况,由当事人分担民事责任。"是为例证。但应注意的是,此原则在适用时,与前三个原则相比,应为补充性原则,否则将有违民法之公平观念,导致"和稀泥"之无序状态。

5. 过失相抵规则

过失相抵规则,亦称混合过错,英美法称之为"比较过错",是指受害人对损

---

① 魏振瀛主编:《民法》(第四版),北京大学出版社、高等教育出版社2010年版,第680页。
② 参见王利明主编:《民法·侵权行为法》,中国人民大学出版社1993年版,第571页。

害的发生或者扩大也有过失时可以适当减轻或免除加害人的赔偿责任的规则。《侵权责任法》第 26 条规定,被侵权人对损害的发生也有过错的,可以减轻侵权人的责任。《民法通则》第 131 条规定:"受害人对于损害的发生也有过错的,可以减轻侵害人的民事责任。"这些规则都确认了确定了过失相抵规则。

过失相抵规则的适用应具备如下条件:(1)受害人主观上有过错;(2)受害人的过错与加害人的过错行为一道为损害发生或扩大的共同原因;(3)受害人有过失相抵能力,即有识别能力。① 适用过失相抵规则时应当根据加害人与受害人各自的过错对造成损害的原因力的大小来认定过失程度的比例,从而确定减少或免除加害人赔偿责任的比例。受害人的过错越大,侵权人的赔偿责任就应当减轻更多,受害人的过错越小,侵权人的赔偿责任减轻就越少。

6. 损益相抵规则

损益相抵规则,是指受害人基于损害发生的同一原因而受有利益时,将其利益部分从全部损害赔偿额中扣除的规则。在损益相抵规则的适用中,最关键的问题是如何认识"同一原因"。

损益相抵的构成要件如下:第一,受害人获得了利益,该利益限于财产利益;第二,受害人基于同一损害原因事实而获得利益;第三,受害人获利的扣减必须与获利的目的相协调,如果受害人获得的利益的扣减与其获得的利益的目的相冲突,就不能进行损益相抵。②

三、损害赔偿的范围与数额

(一)财产损害赔偿

因对财产权利的损害事实包括直接损失和间接损失,所以对财产权利造成损害的赔偿,实际上就是赔偿直接损失和间接损失。《侵权责任法》第 19 条规定,侵害他人财产的,财产损失按照损失发生时的市场价格或者其他方式计算。

对直接损失的赔偿,应坚持全部赔偿原则,即对现有财产权益的减少部分加以全部赔偿。我国《民法通则》第 117 条第 2 款规定:"损坏国家的、集体的财产或者他人财产的,应当恢复原状或者折价赔偿。"

对间接损失的赔偿,即对财产的消极损失或可得利益的损失的赔偿,我国《民法通则》于第 117 条第 3 款规定:"受害人因此遭受其他重大损失的,侵害人并应当赔偿损失。"按此规定,只有当受害人因加害人的侵权行为而遭受到重大损失时,方能要求加害人赔偿间接损失。事实上,此规定并不具有科学性,不合

---

① 参见刘士国:《现代侵权损害赔偿研究》,法律出版社 1998 年版,第 114—115 页;魏振瀛主编:《民法》,北京大学出版社、高等教育出版社 2000 年版,第 726 页。
② 王利明:《侵权责任法研究》(上卷),中国人民大学出版社 2010 年版,第 669—670 页。

乎损害赔偿法全部赔偿的原则,不利于受害人权益的保护。司法实践中法院也并非只有在受害人的间接损失达到重大损失时才予以赔偿。

(二) 人身损害赔偿

人身权益的损害,包括对人格权的损害和对身份权的损害。《民法通则》第119条规定,"侵害公民身体造成伤害的,应当赔偿医疗费、因误工减少的收入、残疾者生活补助费等费用;造成死亡的,并应当支付丧葬费、死者生前扶养的人必要的生活费等费用"。除《民法通则》的原则规定之外,最高人民法院《民通意见》、国务院《道路交通事故处理办法》和《国内航空运输旅客身体损害赔偿暂行规定》、《国家赔偿法》等规定也应参考与适用。

《侵权责任法》则根据受害人所遭受人身损害的程度确定人身损害赔偿的赔偿范围。

1. 受害人遭受人身伤害但还没有致残或者死亡时

《侵权责任法》第16条前段规定,侵害他人造成人身损害的,应当赔偿医疗费、护理费、交通费等为治疗和康复支出的合理费用,以及因误工减少的收入。

2. 受害人遭受人身伤害致残时

《侵权责任法》第16条中段规定,造成残疾的,还应当赔偿残疾生活辅助具费和残疾赔偿金。

3. 受害人遭受人身伤害死亡时

《侵权责任法》第16条后段规定,造成死亡的,还应当赔偿丧葬费和死亡赔偿金。关于死亡赔偿金的确定,《侵权责任法》在一定程度上回应了"同命不同价"的问题,第17条规定,因同一侵权行为造成多人死亡的,可以以相同数额确定死亡赔偿金。

(三) 精神损害赔偿

1. 概念

精神损害赔偿,是指自然人的人身权益受到不法侵害而导致严重精神痛苦时,受害人可以就精神痛苦要求精神上的赔偿。《侵权责任法》第22条规定,侵害他人人身权益,造成他人严重精神损害的,被侵权人可以请求精神损害赔偿。

2. 构成要件

精神损害赔偿须具备以下构成要件:第一,侵害他人人身权益。这意味着,精神损害赔偿不适用于违约案件,只可能适用于侵权案件;其只适用于人身权益受损害的案件,而不适用于财产权益受侵害的案件。《侵权责任法》已经否定了最高人民法院《关于确定民事侵权精神损害赔偿责任若干问题的解释》第4条(该条规定:具有人格象征意义的特定纪念物品,因侵权行为而永久性灭失或者毁损,物品所有人以侵权为由,向人民法院起诉请求赔偿精神损害的,人民法院应当依法予以受理。)的适用。第二,须有严重的精神损害后果。严重的精神损害后果,是指社会一般人在权利受侵害的情况下难以忍受和承受的精神痛苦。第三,侵权行为与损害后果之间有因果关系。实践中具有特定亲缘关系身份的人,如父子、配偶等,可以认为其目睹受害人遭受严重损害时会造成精神上的痛苦。

3. 损害赔偿计算时的考量因素

根据最高人民法院《关于确定民事侵权精神损害赔偿责任若干问题的解释》第10条的规定,精神损害赔偿需要综合考虑以下因素进行确定:侵权人的过错程度,法律另有规定的除外;侵害的手段、场合、行为方式等具体情节;侵权行为所造成的后果;侵权人的获利情况;侵权人承担责任的经济能力;受诉法院所在地平均生活水平。

第四节 侵权责任的抗辩事由

在侵权行为法中,抗辩事由有广义与狭义之分,广义的抗辩事由是指所有的证明原告诉讼请求不成立或者不完全成立的事实,包括通过证明侵权行为的构成要件不具备而主张免责,提出抗辩事由主张免责或减轻责任,提出其他事实或法律规定主张免责或减责(如提出诉讼期间经过的抗辩)。狭义的抗辩事由则仅指广义抗辩事由中的第二者,指被告针对原告的诉讼请求而提出的、旨在免除或者减轻其民事责任的主张。本书只研究狭义意义上的免责事由。

侵权责任的抗辩事由可分为两类:正当理由和外来原因。① 前者是指损害确系被告的行为所致,但因其行为具有正当性、合法性,从而无须承担责任,实质上就是指阻却违法事由,主要包括依法执行职务、正当防卫、紧急避险等;后者是指损害并不是被告的行为所造成,而是由一个外在的原因造成的,被告因之而免责或减责的事由,包括不可抗力、第三人过错等。

一、正当理由

(一) 正当防卫

正当防卫在几乎所有国家都被认为是违法阻却事由,我国也不例外。《民法总则》第181条以及《侵权责任法》第30条规定,因正当防卫造成损害的,不承担民事责任。正当防卫超过必要的限度,造成不应有的损害的,正当防卫人应当承担适当的民事责任。这与《民法通则》第128条相同。民法上的正当防卫一般并无特别的构成要件,一般都直接借鉴刑法上正当防卫的规定。

正当防卫的构成要件包括:第一,不法侵害行为的存在,不法侵害既可以针

---

① 参见王利明主编:《民法·侵权行为法》,中国人民大学出版社1993年版,第178页。

对财产,也可以针对人身,既可能针对防卫者本人以及第三人,也可以针对集体利益或国家利益以及公共利益;第二,防卫具有必要性和紧迫性,防卫行为必须针对非法的、不进行防卫就不能排除的侵害行为;第三,防卫必须针对不法侵害者本人实施;第四,必须具有防卫意识,即具有保护合法权益的目的;第五,防卫不得超过必要限度。

根据前述规定,正当防卫完全免责,无须承担任何责任。但是如果防卫过当,则构成侵权行为,如果造成不应有损害的,则要承担适当的民事责任。适当的民事责任是指,"损害赔偿既要与过当的损害后果相一致,同时也要根据案件的具体情况,如防卫人当时所处的境遇、意志状态、行为的合理性、保护的利益以及侵害的利益之间的比例性、损害的严重程度来决定适当的赔偿范围,而不能要求防卫人承担全部赔偿责任"[①]。

(二) 紧急避险

《民法总则》第182条以及《侵权责任法》第31条规定,因紧急避险造成损害的,由引起险情发生的人承担民事责任。如果危险是由自然原因引起的,紧急避险人不承担民事责任,可以给予适当补偿。紧急避险采取措施不当或者超过必要的限度,造成不应有的损害的,紧急避险人应当承担适当的民事责任。该条确认了紧急避险作为侵权责任免责事由的正当性。紧急避险行为是指为了社会公共利益、本人或者他人的合法权益免受现实和紧迫的损害,在不得已的情况下而采取的造成他人少量损失的行为。其属于合法行为。

紧急避险必须符合以下三个构成要件,第一,必须是合法权益面临紧急的危险,而且危险正在发生;第二,必须是不得已的情况下采取避险措施,不得已的情况是指不采取避险措施就不能保全更大的利益;第三,避险行为不得超过必要的限度,不超过必要的限度是指在面临紧急危险时,避险人采取的措施以尽可能小的损害保全较大的法益。

紧急避险能否作为侵权责任的免责事由,各国有不同立场。前述规定确定了紧急避险免责事由的地位,但也应当区分不同情况对待。第一,如果紧急危险由人的行为引起的,险情由谁引起,由谁负责。第二,紧急危险是由自然原因引起的,在一般情况下,紧急避险人不承担民事责任;在特殊情况下,承担适当的民事责任,即依公平责任原则,由受害人和避险人分担损失。第三,紧急避险不当或过当造成不应有损害的,应当承担适当的民事责任,赔偿不当或超过必要限度的部分造成的损失。

(三) 依法执行职务行为

依法执行职务是指依据法律的授权及有关规定行使合法权力、履行法定义

[①] 王利明:《侵权责任法研究》(上卷),中国人民大学出版社2010年版,第449页。

务的行为。依法执行职务作为抗辩事由,其成立必须具备以下四个条件:第一,必须有合法根据或合法授权。第二,执行职务行为必须履行合法程序。第三,造成他人损失的行为必须为执行公务所必需,而且行为造成的损害程度不超过必要限度。

(四) 受害人的同意

受害人的同意,又称受害人承诺,是指不违反法律以及公序良俗的情况下,受害人事先作出的自愿承担某种不利损害结果的明示的意思表示。

受害人同意应当符合如下条件:第一,受害人必须对于该项权利有处分的能力与权限,受害人同意在法律性质上为准法律行为,不能完全适用民法关于行为能力的规定,原则上应当不以行为能力为要件,而应当以具体的识别能力为判断标准。① 第二,受害人的自愿是其真实的意思表示,自愿一般应当采取明示表示。第三,受害人的自愿不得违反法律、公序良俗。第四,受害人的同意必须在不利后果发生前作出。

(五) 自助行为

自助行为是指权利人为受保护的请求权的实现,在情事紧迫而又不能及时请求国家机关予以救助的情况下,对他人的财产或自由施加扣押、拘束或其他相应措施,而为法律或社会公德所认可的行为。② 由于对自助行为争议较大,《侵权责任法》并没有将自助作为减轻或者免除事由作出规定。

自助行为属于私力救济,是生活实践中得到认可的阻却违法事由。其应当符合如下条件:第一,须为保护自己的合法权利;第二,必须是因情事紧迫而来不及请求国家机关的援救;第三,因自助行为在实施前,当事人之间已存在一种债的关系,因此自助方法须为保障请求权所必需;第四,须为法律和社会公共道德所许可;第五,自助行为不得超过必要限度。如果是对其财产实施扣押,以足以保护债权人的权益为限;如果是对其人身实施强制,以足以控制债务人使其无法逃脱为限。在行为人实施自助行为之后,必须立即向有关机关申请援救,行为人无故申请迟延,应立即释放债务人或把扣押的财产归还给债务人,如造成损害的应负赔偿责任。

(六) 自愿实施紧急救助行为

不同社会成员之间的相互救助应受到法律的鼓励,但因此而可能造成的受助人损害也不在少数。更为重要的是,损害是否由实施救助行为一方造成,在紧急救助的情形下也难以证明,往往给救助行为带来极大的"风险"。这不仅不利于在社会上形成广泛的互助风气,也不断地挑战人们的道德底线。为从立法层

---

① 王泽鉴:《侵权行为》,北京大学出版社 2009 年版,第 227 页。
② 王利明:《侵权责任法研究》(上卷),中国人民大学出版社 2010 年版,第 467 页。

面回应这一问题,《民法总则》第 184 条规定:"因自愿实施紧急救助行为造成受助人损害的,救助人不承担民事责任。"据此,一旦构成自愿救助行为,即使确实由救助人造成了受助人的损害,也将完全免责。这实际上是大大减轻了救助人可能承担的责任,从而完全避免了救助他人的"风险"。不过,为避免该条的不当适用,应当对其中的"自愿实施紧急救助行为"在解释上进行严格把握,从而精准地实现立法者的规范目的。

二、外来原因

(一) 不可抗力

《民法总则》第 180 条规定:"因不可抗力不能履行民事义务的,不承担民事责任。法律另有规定的,依照其规定。不可抗力是指不能预见、不能避免且不能克服的客观情况。"《侵权责任法》第 29 条、《民法通则》第 107、153 条与此类似。不可抗力必须具备三个基本条件:第一,它必须独立存在于人的行为之外,是不能为人的意志所左右的客观情况;第二,它必须构成损害结果发生的事实上原因;第三,当事人按其现有的能力和应有的谨慎与勤勉不能对这种客观情况及后果加以预见;第四,不可避免并不能克服。

《侵权责任法》第 73 条规定,从事高空、高压、地下挖掘活动或者使用高速轨道运输工具造成他人损害的,经营者应当承担侵权责任,但能够证明损害是因受害人故意或者不可抗力造成的,不承担责任。被侵权人对损害的发生有过失的,可以减轻经营者的责任。但是法律另有规定的除外。如《邮政法》第 34 条规定,汇款和保价邮件的损失即使是不可抗力造成的,邮政企业也不得免除赔偿责任。需要注意的是《侵权责任法》第 71 条,该条规定,民用航空器造成他人损害的,民用航空器的经营者应当承担侵权责任,但能够证明损害是因受害人故意造成的,不承担责任。"该条并没有列举不可抗力,这事实上是表明,不可抗力不可以作为民用航空器事故责任的免责事由。"[①]

(二) 受害人的过错

受害人的过错是指受害人对于损害的发生或扩大具有过错,其可构成被告免责事由或减责事由。《侵权责任法》第 27 条规定,损害是因受害人故意造成的,行为人不承担责任。《民法通则》第 131 条规定:"受害人对于损害的发生也有过错的,可以减轻侵害人的民事责任。"上述规定是关于受害人过错的规定。从学理上而言,受害人的过错大致包括受害人的故意、受害人的重大过失和受害人的一般过失。受害人的故意是指受害人明知自己的行为会导致损害结果的发生,而希望或者放任此种结果的发生。受害人的故意是侵权责任的免责事由。

---

① 王利明:《侵权责任法研究》(上卷),中国人民大学出版社 2010 年版,第 441 页。

如果受害人和行为人对损失的发生都有过错,此时,法律应适用过错相抵规则。

（三）第三人的过错

第三人的过错是指原告与被告之外的第三人对于损害的发生或者扩大具有过错,此种过错包括故意和过失。第三人的过错造成损失的发生或扩大,既可能致使因果关系中断,使行为人免除责任,也可能因为第三人的原因导致损失的发生或扩大,而使行为人减轻责任。《侵权责任法》第28条规定,损害是因第三人造成的,第三人应当承担侵权责任。该条规定事实上确定了第三人过错可以作为侵权责任的免责事由或者减轻责任的事由。

第三人的过错包括三种情况:一是第三人的过错是损害发生的唯一原因,二是第三人的过错与加害人的过错构成损害发生的共同原因,三是第三人的过错与加害人的过错构成损害扩大的共同原因。如果被告能够证明第三人的过错是损害发生的唯一原因,被告即可免责。如《民法通则》第127条在动物致人损害的责任中,明确规定"由于第三人的过错造成损害的,第三人应当承担民事责任"。如果被告(或原告)能够证明对于损害的发生或损害的扩大第三人具有过错,就可以减轻被告的民事责任,但如第三人与被告的行为符合共同侵权行为的构成要件,则两者应承担连带责任。

术 语 索 引

民法 2
  实质意义民法 3
  形式意义民法 3
  广义民法 3
  狭义民法 3
民法学 3
民法体系 8 以下
  民法内在体系 9—10
  民法外在体系 8—9
民商合一 11
民商分立 11
民法解释 18
  文义解释 19
  体系解释 20
  历史解释 20
  扩张解释 20
  限缩解释 20
  当然解释 20
  目的解释 21
  合宪性解释 21
  比较法解释 21
民法渊源 14
民法作用 21 以下
民法基本原则 35
  平等原则 38
  私法自治原则 39
  公平原则 40
  诚实信用原则 41
  公序良俗原则 43
  禁止权利滥用原则 44
民事法律关系 46 以下
  民事法律关系的主体 53
  民事法律关系的客体 54

民事法律关系的内容 55
民事权利 56
  财产权 57
  人身权 57;72 以下
   人格权 57;75
    物质性人格权 55;76
    精神性人格权 55;76
    特别人格权 76
    一般人格权 76
   身份权 76
  支配权 58
  请求权 58
  抗辩权 58
  形成权 58
  既得权 60
  期待权 60
  绝对权 59
  相对权 59
  主权利 60
  从权利 60
  专属权 60
  非专属权 60
民事义务 61
  法定义务 61
  约定义务 61
  积极义务 61
  消极义务 61
  附随义务 61
民事责任 62
  合同责任 62
  侵权责任 62
  缔约过失责任 481
  无限责任 63

有限责任　63
　　单独责任　63
　　共同责任　63
　　过错责任　63
　　无过错责任　63
民事法律事实　64 以下
自然人　67
自然人的民事权利能力　67
自然人的民事行为能力　71
监护　78
亲权　79
宣告失踪　83
宣告死亡　70;84
生理死亡　69
推定死亡　70
法人　88 以下
　　公法人　90
　　私法人　90
　　社团法人　53;90
　　财团法人　53;91
　　营利法人　91
　　非营利法人　91
法人的民事权利能力　93
法人的民事行为能力　93
法人的民事责任能力　94
法人机关　95
法定代表人　96
法人合并　97
　　吸收式合并　97
　　新设式合并　97
法人分立　97
法人清算　98
法人终止　97
合伙　110 以下
　　民事合伙　111
　　商事合伙　111
　　普通合伙　111
　　隐名合伙　111

个人合伙　111
法人合伙　111
家庭合伙　111
入伙　116
退伙　116
民事行为　65
民事法律行为　118 以下
　　单方法律行为　120
　　双方法律行为　120
　　多方法律行为　120
　　共同法律行为　120
　　有偿法律行为　120
　　无偿法律行为　120
　　诺成法律行为　121
　　实践法律行为　121
　　要物行为　121
　　要式行为　121
　　不要式行为　121
　　主法律行为　121
　　从法律行为　121
　　有因行为　122
　　无因行为　122
　　财产行为　121
　　　　债权行为　121
　　　　物权行为　121;246 以下
　　身份行为　121
　　处分行为　248
　　负担行为　248
　　生前行为　122
　　死因行为　122
无效民事法律行为　129
效力待定民事法律行为　133
可变更、可撤销民事法律行为　131
民事法律行为约款　135
　　附条件民事法律行为　135
　　附期限民事法律行为　136
代理　137
　　委托代理　139

法定代理　139
　　指定代理　140
　　有权代理　140
　　无权代理　140;146
　　表见代理　147
　　本代理　140
　　复代理　140
　　直接代理　141
　　间接代理　141
　　单独代理　141
　　共同代理　141
　　一般代理　142
　　特别代理　142
代理权　143 以下
代理证书　144
期限　152
　　期间　152
　　期日　152
诉讼时效　154
　　普通诉讼时效　154
　　特殊诉讼时效　155
　　诉讼时效的中止　156
　　诉讼时效的中断　157
　　诉讼时效的延长　159
除斥期间　161
权利失效期　163
物权　164
物权法　176 以下
　　广义的物权法　176
　　狭义的物权法　177
物权法的基本原则　180;181 以下
物权法的结构原则　180
　　一物一权原则　180
　　物权客体特定主义　208
　　物权法定原则　180;195 以下
　　物权公示原则　181;239
　　物权公信原则　181;241
自物权　205

他物权　205
动产物权　206
不动产物权　206
权利物权　206
主物权　206
从物权　206
意定物权　207
法定物权　207
动产　213
不动产　213
主物　215
从物　215
原物　216
孳息　216
天然孳息　216
法定孳息　216
成分　211
　　本质成分　212
　　非本质成分　212
合成物　218
集合物　218
物权效力　219
物权的排他效力　221
物权的优先效力　222
物权的追及效力　226
物上请求权　228 以下
物权变动　236
债权意思主义　244
债权形式主义　244
物权形式主义　245
物权行为　247
　　物权行为独立性　248
　　物权行为无因性　249
物权的取得　236
　　原始取得　236
　　继受取得　236
　　　移转继受取得　237
　　　创设继受取得　237

　　　　特定继受取得　237
　　　　概括继受取得　237
物权的变更　237
物权的消灭　237
　　　　物权的绝对消灭　237
　　　　物权的相对消灭　238
不动产登记制度　251
　　　事实登记　252
　　　权利登记　252
　　　　实体权利登记　252
　　　　程序权利登记　252
　　　总登记　252
　　　转移登记　252
　　　变更登记　252
　　　预备登记　252
　　　　预告登记　252
　　　　异议登记　252
　　　终局登记　252
交付　254
　　　现实交付　254
　　　观念交付　254
　　　　简易交付　254
　　　　占有改定　254
　　　　指示交付　255
所有权　260 以下
　　　占有权能　262
　　　使用权能　263
　　　收益权能　263
　　　处分权能　264
　　　　事实处分　264
　　　　法律处分　264
　　　国家所有权　264
　　　集体所有权　266
　　　私人所有权　267
　　　法人所有权　268
共有　269
　　　共同共有　272
　　　按份共有　270

准共有　269
先占　273
时效取得　274
添附　274
　　　混合　274
　　　附合　274
　　　加工　275
没收　276
征收　276
征用　276
建筑物区分所有权　278
　　　专有部分所有权　278
　　　共有部分所有权　279
　　　成员权　280
相邻关系　281 以下
善意取得　243；274；387
用益物权　205；285 以下
土地承包经营权　290
建设用地使用权　300
　　　建设用地空间使用权　308
　　　建设用地使用权的出让　303
　　　建设用地使用权的转让　305
　　　集体建设用地使用权　309
宅基地使用权　310
地役权　313 以下
　　　意定地役权　317
　　　法定地役权　317
　　　积极地役权　317
　　　消极地役权　317
　　　继续地役权　317
　　　表见地役权　318
　　　非表见地役权　318
典权　322 以下
　　　典权人　322
　　　出典人　322
　　　典物　322
　　　典价　322
　　　回赎　324

术语索引

找贴 325
担保物权 205;326 以下
    担保物权的从属性 327
    担保物权的不可分性 328
    担保物权的物上代位性 328
    法定担保物权 331;331
    意定担保物权 331
    留置性担保物权 331
    优先受偿性担保物权 331
    定限性担保物权 331
    移转性担保物权 331
    占有担保物权 332
    非占有担保物权 332
    典型担保 332
    非典型担保 332
抵押权 332
    抵押人 333
    抵押权人 333
    抵押物 333
    法定抵押权 344
    动产抵押权 345
    最高额抵押 345
    共同抵押 346
    财团抵押 346
    浮动担保 347
    所有人抵押权 348
    证券抵押 348
质权 349
    民事质权 351
    商事质权 351
    营业质权 351
    占有质权 352
    收益质权 352
    归属质权 352
    意定质权 352
    法定质权 352
动产质权 352
    转质 357
    责任转质 358
    承诺转质 358
权利质权 361
    有价证券质权 362
    股权质权 362
    知识产权质权 363
    基金份额质权 363
    应收账款质权 363
最高额质权 367
留置权 368
占有 378 以下
    有权占有 383
    无权占有 383
    善意占有 383
        无过失占有 383
        有过失占有 383
    恶意占有 383
    有瑕疵占有 384
    无瑕疵占有 384
    自主占有 384
    他主占有 384
    直接占有 384
    间接占有 384
    占有媒介关系 385
    占有辅助 385
    占有之继承 391
    占有之合并 391
    占有之分离 392
    占有的消灭 392
债 393 以下
    债法 400
    债的要素 395
    债的相对性 394;397
    合同 402;466
    不当得利 403,514 以下
    无因管理 403;522 以下
    法定之债 404
    意定之债 404

特定之债　405
　　种类之债　405
　　单一之债　406
　　多数人之债　406
　　按份之债　406
　　连带之债　407
　　简单之债　408
　　选择之债　408
　　主债　409
　　从债　409
　　财物之债　409
　　劳务之债　409
债的效力　399
　　一般效力　400
　　特殊效力　400
　　积极效力　400
　　消极效力　400
　　对内效力　400
　　对外效力　400
债的履行　409
　　给付不能　415
　　给付拒绝　417
　　给付迟延　417
　　不完全给付　418
　　受领迟延　418
债的保全　419
　　债权人的代位权　420
　　债权人的撤销权　425
债的担保　429
　　保证　433
　　　　一般保证　436
　　　　连带责任保证　436
　　　　单独保证　437
　　　　共同保证　437
　　　　　　连带共同保证　437
　　　　　　按份共同保证　437
　　　　定期保证　437
　　　　无期保证　437

　　　有限保证　438
　　　无限保证　438
　　　最高额保证　439
　　定金　441
　　反担保　432
债的移转　444
　　债权让与　445
　　债务承担　448
　　　　免责的债务承担　449
　　　　并存的债务承担　449
债的消灭　454
　　清偿　455
　　　　代物清偿　457
　　　　清偿抵充　457
　　抵销　457
　　提存　460
　　混同　462
　　债务免除　464
合同之债　402;466
　　单务合同　467
　　双务合同　467
　　有偿合同　468
　　无偿合同　468
　　要式合同　468
　　不要式合同　468
　　有名合同　468
　　无名合同　468
　　诺成性合同　469
　　实践性合同　469
　　主合同　469
　　从合同　469
　　涉他合同　470
　　射幸合同　470
合同的订立　470
　　要约邀请　472
　　要约　471
　　　　要约的撤回　472
　　　　要约的撤销　473

悬赏广告 479
招标投标 480
拍卖 480
承诺 474
格式条款 486
合同的履行 491
　同时履行抗辩权 495
　先履行抗辩权 497
　不安抗辩权 498
　先诉抗辩权 436
　检索抗辩权 436
合同的变更 500
合同的解除 501
　约定解除权 503
　法定解除权 502
违约责任 505
　违约金 507
　　惩罚性违约金 507
　　赔偿性违约金 507
　损害赔偿 508
　继续履行 510
不当得利之债 514
无因管理之债 522
侵权行为 403;529
　一般侵权行为 531
　特殊侵权行为 531
　单独侵权行为 531
　共同侵权行为 531
　作为侵权行为 532
　不作为侵权行为 532
　侵权责任归责原则 534
　　过错责任原则 535

过错推定原则 536
无过错责任原则 537
公平责任原则 538
因果关系 543 以下
过错 545
数人侵权行为 549
　共同加害行为 549
　共同危险行为 552
　教唆行为 554
　帮助行为 555
国家机关及其工作人员职务侵权行为 556
产品责任 558
高度危险责任 560
环境污染责任 563
地面施工致害责任 564
物件致人损害责任 565
　建筑物等脱落、坠落致害责任 566
　建筑物等倒塌致害责任 567
　高空抛物责任 567
　林木折断致害责任 568
　地下设施致人损害责任 568
饲养动物致人损害责任 568
监护人责任 571
医疗侵权责任 573
道路交通事故责任 575
教育机构侵权责任 578
网络侵权责任 580
用人者责任 583
侵权损害赔偿 593
　财产损害赔偿 596
　人身损害赔偿 597
　精神损害赔偿 597